Baugesetzbuch

dtv

Schnellübersicht

Baugesetzbuch

mit Immobilienwertermittlungsverordnung,
Baunutzungsverordnung,
Planzeichenverordnung,
Raumordnungsgesetz,
Raumordnungsverordnung

Textausgabe mit ausführlichem Sachverzeichnis
und einer Einführung
von Professor Dr. Wilhelm Söfker, Ministerialdirigent a. D.

55. Auflage
Stand: 1. März 2023

dtv

www.dtv.de
www.beck.de

Sonderausgabe
dtv Verlagsgesellschaft mbH & Co. KG,
Tumblingerstraße 21, 80337 München
© 2023. Redaktionelle Verantwortung: Verlag C. H. Beck oHG
Gesamtherstellung: Druckerei C. H. Beck, Nördlingen
(Adresse der Druckerei: Wilhelmstraße 9, 80801 München)
Umschlagtypographie auf der Grundlage
der Gestaltung von Celestino Piatti

CO_2
neutral
chbeck.de/nachhaltig

ISBN 978-3-423-53197-9 (dtv)
ISBN 978-3-406-80599-8 (C. H. Beck)

9 783406 805998

Inhaltsverzeichnis

Abkürzungsverzeichnis

ABl.	Amtsblatt
Abs.	Absatz
AG	Ausführungsgesetz
Amtl. Anm.	Amtliche Anmerkung
Anz.	Anzeiger
BAnz.	Bundesanzeiger
BauGB	Baugesetzbuch
BauGB-MaßnahmenG	Maßnahmengesetz zum Baugesetzbuch
BauNVO	Verordnung über die bauliche Nutzung der Grundstücke (Baunutzungsverordnung)
BauZVO	Bauplanungs- und Zulassungsverordnung der DDR
BayRS	Bayerische Rechtssammlung
BBauG	Bundesbaugesetz
Beil.	Beilage
Bek.	Bekanntmachung
ber.	berichtigt
BGB	Bürgerliches Gesetzbuch
BGBl.	Bundesgesetzblatt
BM	Bundesministerium
BNatSchG	Bundesnaturschutzgesetz
BVerfGE	Sammlung der Entscheidungen des Bundesverfassungsgerichts
BVO	Berechnungsverordnung
DVO	Durchführungsverordnung
EAG Bau	Gesetz zur Anpassung des Baugesetzbuchs an EU-Richtlinien (Europarechtsanpassungsgesetz – EAG BAU) v. 24. 6. 2004 (BGBl. I S. 1359)
EG	Europäische Gemeinschaft
EGOWiG	Einführungsgesetz zum Gesetz über Ordnungswidrigkeiten
EU	Europäische Union
EVertr	Einigungsvertrag v. 31. 8. 1990
G	Gesetz
geänd.	geändert
GBl.	Gesetzblatt
GBO	Grundbuchordnung
GG	Grundgesetz für die Bundesrepublik Deutschland
GVBl.	Gesetz- und Verordnungsblatt
GVOBl.	Gesetz- und Verordnungsblatt
hmb.	hamburgisch
idF	in der Fassung
ImmoWertV	Immobilienwertermittlungsverordnung
LBO	Landesbauordnung
LSA	Land Sachsen-Anhalt
MBl.	Ministerialblatt

Abkürzungsverzeichnis

M-V	Mecklenburg-Vorpommern
mWv	mit Wirkung vom
Nds	Niedersachsen, niedersächsisch
NRW	Nordrhein-Westfalen
PlanSiG	Planungssicherstellungsgesetz
PlanZV	Planzeichenverordnung
RdErl.	Runderlass
RGBl.	Reichsgesetzblatt
ROG	Raumordnungsgesetz
RoV	Raumordnungsverordnung
S.	Seite
SaBremR	Sammlung des bremischen Rechts
Sächs.	sächsisch
Schl.-H.	Schleswig-Holstein, schleswig-holsteinisch
StBauFG	Städtebauförderungsgesetz
Thür.	Thüringen, thüringisch
V, VO	Verordnung
vgl.	vergleiche
WertV	Verordnung über Grundsätze für die Ermittlung des Verkehrswerts von Grundstücken
ZPO	Zivilprozessordnung
ZVG	Gesetz über die Zwangsversteigerung und die Zwangsverwaltung

Einführung

von Prof. Dr. Wilhelm Söfker
Ministerialdirigent a. D., Bonn-Bad Godesberg

Gliederungsübersicht

I. Zur Entwicklung der Gesetzgebung auf dem Gebiet des öffentlichen Baurechts

1. Die Entwicklung bis zum Bundesbaugesetz 1960 und dem Bundes-Raumordnungsgesetz 1965

Bis zur Mitte des 19. Jahrhunderts umfasste das öffentliche Baurecht die Gesamtheit der Rechtsvorschriften auf dem Gebiet des Baupolizeirechts, also des Sachbereichs, der sich auf die ordnungsrechtlichen Anforderungen an die zu errichtenden oder bereits bestehenden Bauwerke bezog. Regelungen über die Nutzung des Grund und Bodens besaßen im früheren Baupolizeirecht nur eine nachgeordnete Bedeutung. Als sich mit zunehmender Auswirkung der Gewerbefreiheit, der Mechanisierung und Industrialisierung die Städte stürmisch erweiterten, gewann die Einsicht an Boden, dass der drohenden baulichen Unordnung nur durch eine vorausschauende städtebauliche Planung begegnet werden konnte. So entstanden mit dem Badischen Fluchtliniengesetz von 1868 und dem Preußischen Fluchtliniengesetz von 1875 die Anfänge eines Planungsrechts, das etwa seit 1900 ergänzt wurde durch Vorschriften, die dem Vollzug der Planung durch die städtebauliche Umlegung, Erschließung und Enteignung dienten. Damit war die einheitliche gesetzliche Regelung der Materie aufgegeben worden. Aus dem bisherigen Baupolizeirecht hatte sich eine eigenständige Materie entwickelt, die an die Bodennutzung anknüpfte und namentlich Regelungen über die städtebauliche Planung sowie ihrer Sicherung und ihrer Durchführung zum Gegenstand hatte. Diese Rechtsmaterie wird nunmehr als Städtebaurecht (auch als Bauplanungsrecht) bezeichnet. Trotz dieser Trennung zwischen Städtebaurecht und Baupolizeirecht – das nach der „Entpolizeilichung" dieser Verwaltungsaufgabe Bauordnungsrecht (oder Bauaufsichtsrecht) genannt wird – sind der enge Sachzusammenhang und die Wechselwirkung, die zwischen beiden Disziplinen besteht, unverkennbar. Die Planung enthält sichtlich auch ordnungsrechtliche Elemente, wenn sie zB die allgemeinen Anforderungen an gesunde Wohn- und Arbeitsverhältnisse zu berücksichtigen und auf die Sicherheit der Wohn- und Arbeitsbevölkerung Bedacht zu nehmen hat (§ 1 Abs. 5 BauGB). Umgekehrt dienen die Vorschriften des Bauordnungsrechts (zB über Abstandsflächen) auch Anforderungen, die vom Städtebau her an gesunde Wohn- und Arbeitsverhältnisse gestellt werden. Der funktionellen Verbindung beider Materien lässt sich dadurch Rechnung tragen, dass sie unter dem Oberbegriff „öffentliches Baurecht" zusammengefasst werden.

Die Rechtsentwicklung auf dem Gebiete des öffentlichen Baurechts ging nicht systematisch vor sich. Die anfänglichen Rechtsgrundlagen baupolizeilichen Charakters wurden durch Landesrecht, Reichsrecht und Bundesrecht ergänzt und fortgebildet. Diese gesetzlichen Regelungen sind dadurch gekennzeichnet, dass entsprechend den jeweils auftretenden Bedürfnissen stets nur dringliche Einzelfragen einer Lösung zugeführt wurden. Die Reichsgesetzgebung brachte zwar eine gewisse Vereinheitlichung auf dem Gebiet des Städtebaurechts. Zu einer umfassenden Neugestaltung des Baurechts durch den Reichsgesetzgeber ist es jedoch nicht gekommen. So wurden unter dem Einfluss der zeitlichen und staatsrechtlichen Verhältnisse nur Teillösungen städtebaurechtlicher Probleme gefunden, die ihren Niederschlag in vielen Reichs-, Bundes- und Ländergesetzen fanden. In der Zeit nach dem Zweiten Weltkrieg hatten die damaligen Länder der Bundesrepublik Deutschland sogen. Aufbau- oder Planungsgesetze erlassen, die in wesentlichen Bereichen städtebaurechtlicher Art waren. Hinzu kamen landesrechtliche Verordnungen. Dieses Landesrecht sowie zunächst weitergeltendes Reichsrecht wurden sämtlich mit dem Erlass des Baugesetzbuchs 1960 aufgehoben. Die Vielfältigkeit kam in dem Aufhebungskatalog des § 186 BBauG (1960) zum Ausdruck.

Der Inhalt dieser Regelungen ist im **Bundesbaugesetz** idF v. 23.6.1960 (BGBl. I S. 341) – BBauG 1960 – erstmals zusammengefasst geregelt und sachlich weiterentwickelt worden. Dieses Gesetz schloss eine Gesetzgebungsarbeit ab, deren Anfänge bis in die Weimarer Republik zurückreichen. Der Referentenentwurf für ein Reichsstädtebaugesetz (1931), zu einem Deutschen Baugesetzbuch (1942), zu einem Baugesetz für die Bundesrepublik Deutschland (1950), der von zahlreichen Bundestagsabgeordneten eingebracht wurde (1955), der Baugesetzentwurf der Hauptkommission für die Baugesetzgebung (1956), die Regierungsentwürfe der zweiten Wahlperiode (Drucksache 3028) und der dritten Wahlperiode (Drucksache 336) sind die bemerkenswerten Abschnitte einer nicht immer geradlinig verlaufenen und an Rückschlägen reichen Entwicklung, die in der Folgezeit fortgesetzt wurde.

Mit dem Bundesbaugesetz wurden 1960 die wesentlichen Grundlagen des Städtebaurechts gesetzt, deren Elemente sind: Vorbereitung und Leitung der baulichen und sonstigen Nutzung durch die Bauleitplanung in der Zuständigkeit der Gemeinden, die bauplanungsrechtliche Zulässigkeit unterteilt nach Gebieten mit Bebauungsplänen, im Zusammenhang bebauten Ortsteilen und dem Außenbereich, die Bodenordnung, das Enteignungsrecht und das Erschließungsbeitragsrecht. Diese Elemente des Städtebaurechts wurden bei der nachfolgenden Gesetzgebung bis heute beibehalten, auch wenn das Städtebaurecht in wichtigen Bereichen fortentwickelt wurde.

Nach dem Erlass des Bundesbaugesetzes 1960 wurden die Baunutzungsverordnung, die Wertermittlungsverordnung und die Planzeichenverordnung erlassen, die heute als Verordnungsrecht zum Baugesetzbuch mit zwischenzeitlichen Novellierungen fortgelten.

Das Recht der **Raumordnung und Landesplanung** gehört nicht zum Baurecht. Die Raumordnung ist entwicklungsgeschichtlich aus dem Städtebau hervorgegangen, inzwischen aber längst zu einer selbständigen Materie herangewachsen. Die Raumordnung hat die Aufgabe, unter dem Gesichtspunkt einer regionalen Strukturpolitik für eine Koordinierung und Ausrichtung der verschiedenen Fachplanungen und öffentlichen Investitionen zu sorgen. Sie ist also darauf gerichtet, die strukturelle Entwicklung größerer Gebiete zu beeinflussen. Sie legt zu diesem Zweck materielle Ziele fest, die als zusammenfassendes und übergeordnetes Leitbild für die gemeindliche Bauleitplanung, die Fachplanungen sowie die sonstigen raumbedeutsamen öffentlichen Maßnahmen verbindlich sind. Das Grundgesetz (Art. 75 Nr. 4) erkennt dem Bund für diese Materie nur eine Rahmenkompetenz zu. Er hatte davon mit der Verabschiedung des **Raumordnungsgesetzes** des Bundes vom 8.4.1965 (Nr. **6**) Gebrauch gemacht. Der funktionellen Verzahnung von Raumordnung und städtebaulichen Maßnahmen trägt das Städtebaurecht in § 1 Abs. 4 Baugesetzbuch Rechnung.

2. Ergänzung durch das Städtebauförderungsgesetz 1971

Bereits gegen Ende der parlamentarischen Beratungen des Bundesbaugesetzes war erkennbar geworden, dass der durchgreifende Wandel der Umwelt- und Lebensverhältnisse im sozialen, wirtschaftlichen und technologischen Bereich, der sich bis in unsere Gegenwart vollzieht, auch den Städtebau vor neue Aufgaben stellte. Sie wurden vor allem darin gesehen, überalterte Baugebiete mit ungesunden Wohn- und Arbeitsverhältnissen und abbruchreifer Bausubstanz zu erneuern, Schwächen in den urbanen Funktionen der Gemeinden durch Umbau des überkommenen städtebaulichen Gefüges zu beheben sowie die städtebauliche Entwicklung in den Randzonen der Verdichtungsgebiete wie in den ländlichen Räumen durch Bau neuer Orte zu fördern. Die mit dem Bundesbaugesetz (1960) in den ersten Jahren nach seinem Inkrafttreten gesammelten Erfahrungen führten sehr bald zu der Einsicht, dass das planungs- und bodenrechtliche Instrumentarium dieses Gesetzes zur Bewältigung der anstehenden Aufgaben nicht ausreichte. Das Bundesbaugesetz war prinzipiell auf Sachprobleme zugeschnitten, die sich aus dem Blickpunkt und den Bedürfnissen einer stetig fortschreitenden, organischen städtebaulichen Entwicklung einer Gemeinde ergaben. Die Bauleitplanung war demgemäß darauf ausgerichtet, einen Rahmen aufzustellen, der die Nutzung des Grund und Bodens aus der Sicht des öffentlichen Interesses lenkend begrenzte. Die Verwirklichung der planerischen Festsetzungen hing im Grundsatz allein von der Initiative und Leistungsfähigkeit der Eigentümer ab. Die Bauleitplanung war eine „Auffangplanung", die an einer bestimmten Grenze die Privatinitiative auffing und sie rahmensetzend überwachte. Demgegenüber sind Sanierungs- und Entwicklungsmaßnahmen durch die Besonderheit gekennzeichnet, dass sie im öffentlichen Interesse von der öffentlichen Hand veranlasst, von ihr umfassend geleitet und durch den Einsatz erheblicher öffentlicher Mittel gefördert werden müssen. Dabei bezieht sich das öffentliche Interesse nicht nur auf die Vorbereitung, die Bauleitplanung und die Bodenordnung, sondern vor allem auch auf die alsbaldige Planverwirklichung. Zur Bewältigung dieser Aufgabe wurde mit dem Gesetz über städtebauliche Sanierungs- und Entwicklungsmaßnahmen in den Gemeinden **(Städtebauförderungsgesetz)** v. 27.7.1971 (BGBl. I S. 1125) ein – gegenüber dem Bundesbaugesetz – räumlich und sachlich begrenztes Sonderrecht geschaffen. Das Gesetz stellte ein auf die Besonderheiten dieser städtebaulichen Maßnahmen abgestimmtes, materiell- und verfahrensrechtliches Instrumentarium mit zusätzlichen Vorschriften über die Finanzierung zur Verfügung. Aus dem Instrumentarium sind vor allem bemerkenswert die erstmalige Einführung von Bau-, Modernisierungs- und Abbruchgeboten in das Städtebaurecht, die Sonderregelungen über sanierungsbedingte Bodenwertsteigerungen, die durch öffentliche Maßnahmen und deren Erwartungen eingetreten sind, bei der Bemessung von Ausgleichs- und Entschädigungsleistungen (§ 23 StBauFG), sowie die Vorschrift über den Ausgleichsbetrag, der vom Eigentümer in Höhe der durch die Sanierung bedingten Steigerung des Grundstückswertes zu entrichten ist (§ 41 StBauFG).

3. Die Änderungen des Bundesbaugesetzes 1976, 1979 und 1984

Etwa seit Mitte der 1970er Jahre kündigte sich ein Wendepunkt auch in einigen für den allgemeinen Städtebau maßgebenden Rahmenbedingungen an. Er war vornehmlich gekennzeichnet durch Stagnation und möglichen Rückgang der Geburtenzahlen, eine Verlangsamung des Wirtschaftswachstums, steigende Unterhaltungskosten für Infrastruktureinrichtungen und die zunehmende Verknappung wichtiger natürlicher Hilfsquellen. Zusätzlich wurde das Nutzungsgefüge vieler Gemeinden in gravierender Weise durch fortschreitende Umstrukturierungsprozesse im gewerblichen Bereich verändert. Als Folge dieser Veränderungen zeichnete sich auch eine Veränderung in der städtebaulichen Zielsetzung ab. Für den Städtebau gewann künftig zunehmend die Aufgabe an Bedeutung, neben einer regional differenzierten Wachstumspolitik die vorhandenen Strukturen zu erhalten und zu erneuern. Der Wandel der städtebaulichen Aufgabenstellung bedingte zwangsläufig auch eine Fortentwicklung und Ergänzung der geltenden städtebaulich relevanten Rechtsordnung. Die Reformüberlegungen fanden ihren Ausdruck in dem Gesetz zur Änderung des Bundesbaugesetzes v. 18.8.1976 (BGBl. I S. 2221) – im Folgenden als Novelle 1976 bezeichnet.

Mit dem **Änderungsgesetz 1976** wurden im Wesentlichen die Planungsbefugnisse der Gemeinde verbessert und die Bürger intensiver und frühzeitiger am Planungsgeschehen beteiligt. Zugleich wurde unter dem Leitgedanken einer verstärkt auf aktive Entwicklung abzielenden Planung das planakzessorische Instrumentarium des Städtebauförderungsgesetzes mit fortgebildetem Inhalt in das Bundesbaugesetz übertragen (§§ 39a ff. BBauG 1976). Damit sollten die Gemeinden in die Lage versetzt werden, bei konkreten Bedürfnissen unter den gesetzlich geregelten Voraussetzungen planerische Festsetzungen im Einzelfall auch ohne Zustimmung des Eigentümers zu verwirklichen. Weitere Schwerpunkte waren Vorschriften über die Erweiterung des gemeindlichen Vorkaufsrechts, über das Bauen im Innen- und Außenbereich, Vorschriften zur Beschleunigung des Enteignungsverfahrens, die Neugestaltung des Planungsschadensrechts (§§ 40 ff. BBauG 1976) und die Verbesserung der Vorschriften über die Ermittlung von Grundstückswerten (VII. Teil des BBauG 1976). Die auf Grund dieses Änderungsgesetzes bekanntgemachte Neufassung des BBauG (BGBl. I S. 2256, ber. S. 3618) trat am 1.1.1977 in Kraft.

Die mit dem Änderungsgesetz 1976 eingeleitete Weiterbildung des Städtebaurechts wurde fortgesetzt durch **gesetzgeberische Maßnahmen in den Jahren 1979, 1984, 1986, 1990, 1993 und 1998,** die neben dem Aufgreifen zusätzlicher städtebaulicher Aufgaben stets auch dem Ziel der Erleichterung des Bauens, der Beschleunigung städtebaurechtlicher Verfahren und der Erhöhung der Rechtssicherheit dienten. Erster Schritt war das Gesetz zur Beschleunigung von Verfahren und zur Erleichterung von Investitionsvorhaben im Städtebaurecht vom 6.7.1979 (BGBl. I S. 949). Diese sogenannte Beschleunigungsnovelle – **BBauG 1979** – verfolgte mehrere Anliegen: Vereinfachung von Verfahrensabläufen bei der Aufstellung von Bauleitplänen und der Abwicklung bodenordnender Maßnahmen (Umlegung und Grenzregelung), Erleichterung des

Bodenverkehrs durch Reduzierung der Genehmigungstatbestände (§§ 19ff.), Ergänzung der Vorschriften über die Zulässigkeit von Vorhaben (§§ 31 bis 36), Erweiterung der Regelung über die Heilung einer Verletzung von Verfahrens- und Formvorschriften bei der Aufstellung von Flächennutzungsplänen und Satzungen (§§ 155a bis c).

Mit den Änderungsgesetzen zum Bundesbaugesetz (1976, 1979) wurde auch das **Städtebauförderungsgesetz** an die Neuregelungen im allgemeinen Städtebaurecht angepasst. Außer der bereits erwähnten Überführung der Planverwirklichungsgebote in das Bundesbaugesetz wurden eine Reihe von Klarstellungen vorgenommen und Vorschriften geändert, die sich auf die Durchführung von Sanierungsmaßnahmen verzögernd ausgewirkt hatten. In der städtebaulichen Praxis war in zunehmendem Maße eine Abkehr von der Flächensanierung und eine Hinwendung zu einer mehr objektbezogenen und erhaltenden Erneuerung unter Einbeziehung von Wohnungsbestand und Stadtbildpflege erkennbar geworden. Kleinteilige, behutsame Erneuerungsmaßnahmen wurden gegenüber den Stadterneuerungskonzepten vergangener Jahre in den Vordergrund gestellt. Dieser Entwicklung wurde zusätzlich mit dem **Änderungsgesetz zum Städtebauförderungsgesetz v. 9.11.1984** (BGBl. I S. 1321) Rechnung getragen. Kernstück des Änderungsgesetzes war die Einführung eines vereinfachten Verfahrens der Sanierung ohne Anwendung der besonderen bodenrechtlichen Vorschriften des Städtebauförderungsgesetzes (§ 5 Abs. 1 S. 4 idF der Novelle).

4. Das Baugesetzbuch von 1986

Die städtebauliche Aufgabenstellung hatte seit dem Inkrafttreten der Novellen 1976 und 1979 wiederum neue Akzente erhalten. Fragen der Stadtökologie, des Umweltschutzes und der Umweltvorsorge, der Wiederverwendung brachliegender Flächen im Stadtgebiet, der behutsamen Stadterneuerung sowie der Wiederbelebung der Innenstädte sind in den Vordergrund getreten. Diese Gewichtsverlagerung zur Innenentwicklung hat zu einem weiteren Novellierungsbedarf im Städtebaurecht geführt. Zugleich bestand ein zusätzlicher Bedarf nach Rechts- und Verwaltungsvereinfachung. Diesen Anliegen ist mit dem Erlass des **Baugesetzbuches** (BauGB) v. 8.12.1986 (BGBl. I S. 2253) Rechnung getragen worden. Ihm gingen umfangreiche Vorarbeiten, insbesondere Beratungen in Bund-Länder-Arbeitsgruppen voraus. Das BauGB ist am 1.7.1987 in Kraft getreten. Das BauGB führte zu keiner völligen Neukodifikation des Städtebaurechts. Es besitzt vielmehr den Charakter einer umfassenden Gesamtnovellierung. Im Interesse der Rechtsvereinfachung sind das Bundesbaugesetz und das Städtebauförderungsgesetz in einem einheitlichen Gesetz in übersichtlicher und gestraffter Form zusammengefasst worden. Die Regelungen des bisherigen Städtebaurechts wurden verstärkt auf die Gegenwarts- und Zukunftsaufgaben des Städtebaus ausgerichtet und die dazu erforderlichen Instrumente verbessert. Bestrebungen, Gesetzgebungskompetenzen des Bundes in bestimmten Rechtsbereichen (Enteignungsverfahren, Erschließungsbeitragsrecht, Ausgleichsbetragsrecht in der Sanierung) auf die Länder zurück zu verlagern, wurden in den parlamentarischen Beratungen nicht übernommen. Die aus einer derartigen Regelung resultierende Rechtszersplitterung wurde mit dem nach wie vor maßgebenden Grundanliegen nach Vereinheitlichung des Städtebaurechts als unvereinbar angesehen. Durch die **Verfassungsreform von 1994** wurde jedoch – auch mit Rücksicht auf das Kommunalabgabenrecht der Länder – das Erschließungsbeitragsrecht aus dem Katalog der Gegenstände der konkurrierenden Gesetzgebung des Bundes (Art. 74 Abs. 1 Nr. 18 GG) herausgenommen; die §§ 123 bis 135 BauGB gelten jedoch als Bundesrecht fort, solange sie nicht durch Landesrecht ersetzt worden sind (Art. 125a GG).

5. Die Änderungen der Verordnungen zum Baugesetzbuch bis 1990

Als Folge des BauGB wurden die **Wertermittlungsverordnung** (WertV), die **Baunutzungsverordnung** (BauNVO, Nr. **4**) und die **Planzeichenverordnung** (PlanzV, Nr. **5**) einer Gesamtnovellierung unterzogen. Die WertV vom 6.12.1988 erhielt Anpassungen an das BauGB und die Erfordernisse der Praxis seit der letzten Änderung der WertV im Jahre 1972. Die Änderungen bezogen sich auf materielles Recht sowie auf Systematik und Begriffsbestimmungen. Wichtigstes Anliegen war die Verbesserung der Grundlagen der Wertermittlung; dazu sind erstmals Regelungen über die Ableitung der für die Wertermittlung erforderlichen Daten getroffen und Begriffsbestimmungen vorgenommen worden. Die bewährten Verfahren der Wertermittlung (Vergleichs-, Ertrags- und Sachwertverfahren) sind beibehalten und insbesondere im Bereich der Vergleichswertverfahren fortentwickelt worden. Die **Wertermittlungsrichtlinien** (WertR) sind in Anpassung an die geänderte WertV in Teil I am 11.6.1991 neu gefasst worden.

Die **BauNVO 1990** ist Ergebnis einer umfangreichen Gesamtnovellierung, nachdem diese Verordnung 1968, 1977 und 1986 geändert worden war. Unter Beibehaltung der 11 Baugebietstypen sind die Vorschriften über die Art der baulichen Nutzung an aktuelle und voraussehbare künftige Erfordernisse angepasst worden. Geändert wurden insbesondere: Einbeziehung von Infrastruktureinrichtungen in reine Wohngebiete, strukturelle Änderung der Dorfgebietsvorschrift, Anpassungen von Kleinsiedlungs- und Kerngebieten, umfangreiche Neufassung der Zulässigkeitsvorschriften über Vergnügungsstätten in den Baugebieten sowie Neuordnung der Zulässigkeit von Sportanlagen, erweiterte Festsetzungsmöglichkeiten bei Planungen in Bestandsgebieten zugunsten vorhandener Anlagen, Regelungen zur Konfliktlösung sich gegenseitig beeinträchtigender Nutzungen. Wesentliche Änderungen zum Maß der baulichen Nutzung sind: Die Bestimmung der Höhe baulicher Anlagen als gleichwertiges Element gegenüber den zuvor vorrangigen Maßbestimmungsfaktoren (insbesondere Geschossflächenzahl), Vereinfachung und zT Anhebung der von den Gemeinden in der Bauleitplanung zu beachtenden Obergrenzen für das Maß der baulichen Nutzung, Einbeziehung von Nebenanlagen in die Berechnung der zulässigen Grundfläche zur Beschränkung der Bodenversiegelung, keine Mitrechnung von Aufenthaltsräumen in Nicht-Vollgeschossen auf die zulässige Geschossfläche, dadurch Erleichterung insbesondere des Dachausbaus.

Die **Planzeichenverordnung 1990** berücksichtigt insbesondere die in den §§ 5 und 9 BauGB aus Anlass des Baugesetzbuchs und die mit der BauNVO-Novelle 1990 vorgenommenen Änderungen der Darstellungs- und Festsetzungsmöglichkeiten in den Bauleitplänen.

6. BauGB-Maßnahmengesetz und Einigungsvertrag

Angesichts der Ende der 1980iger Jahre erheblich gestiegenen Nachfrage nach Wohnraum hatte sich der Gesetzgeber dazu entschieden, zusätzliche Regelungen zugunsten des Wohnungsbaus im Städtebaurecht vorzusehen. Dazu trat am 1.6.1990 zunächst ein auf fünf Jahre befristetes **Maßnahmengesetz zum BauGB** (Art. 1 und 2 des Gesetzes zur Erleichterung des Wohnungsbaus im Planungs- und Baurecht sowie zur Änderung mietrechtlicher Vorschriften, Wohnungsbau-Erleichterungsgesetz – WoBauErlG –, v. 17.5.1990, BGBl. I S. 926) in Kraft. Das BauGB-MaßnahmenG enthielt Erleichterungen der Bauleitplanungsverfahren insbesondere durch Verkürzung und Zusammenfassung von Verfahrensschritten; Erweiterung des Vorkaufsrechts einschließlich einer Preislimitierung auf den Verkehrswert; erweiterte Genehmigungsmöglichkeiten für Wohnbauvorhaben in Gebieten mit Bebauungsplänen (Befreiung) und im nicht beplanten Innenbereich sowie im Außenbereich zugunsten der Umnutzung bisher landwirtschaftlich genutzter Gebäude für Wohnzwecke einschließlich der Einführung einer sog. Außenbereichssatzung; Verkürzung von Fristen bei der Erteilung von Genehmigungen nach dem BauGB; Wiedereinführung der im BauGB nicht mehr übernommenen „städtebaulichen Entwicklungsmaßnahmen" mit erweiterten Anwendungsbereichen und durch Gemeindesatzung; Konkretisierung und Erweiterung der Anwendungsvoraussetzungen für Baugebote.

Im Rahmen des **Staatsvertrags vom 18.5.1990** über die Schaffung einer Währungs-, Wirtschafts- und Sozialunion zwischen der Bundesrepublik Deutschland und der Deutschen Demokratischen Republik hatte sich letztere verpflichtet, „zur Planungs- und Investitionssicherheit für bauliche Vorhaben baldmöglichst Rechtsgrundlagen zu schaffen, die dem Baugesetzbuch und dem Raumordnungsgesetz der Bundesrepublik Deutschland entsprechen." Infolgedessen war – nach entsprechenden Vorarbeiten der Bundesregierung – am 31.7.1990 in der Deutschen Demokratischen Republik die Verordnung zur Sicherung einer geordneten städtebaulichen Entwicklung und der Investitionen in den Gemeinden (**Bauplanungs- und Zulassungsverordnung** – BauZVO) in Kraft getreten (BGBl. I S. 739). Die Bauplanungs- und Zulassungsverordnung sollte in einem ersten Schritt wesentliche Teile des BauGB in die Deutsche Demokratische Republik einführen. Mit bestimmten, auf Grund der rechtlichen und tatsächlichen Verhältnisse in der DDR erforderlichen Überleitungsvorschriften wurden eingeführt: Die Vorschriften über die Aufstellung und Sicherung der Bauleitpläne (nur Veränderungssperre) (im Wesentlichen entsprechend §§ 1–18 BauGB) und die Vorschriften über die Zulässigkeit von Vorhaben mit geringen Änderungen (entsprechend §§ 29–38 BauGB), aber ergänzt um das neue Instrument des Vorhaben- und Erschließungsplans; Vorschriften über die städtebaulichen Sanierungsmaßnahmen (weitgehend entsprechend den §§ 136–164 BauGB), ua unter Verzicht auf bestimmte bodenrechtliche Instrumente, wie zB das Ausgleichsbetragsrecht; Erhaltungssatzung sowie Modernisierungs- und Instandsetzungsgebot (entsprechend §§ 172–175, 177 BauGB); Sozialplan und Härteausgleich (im Wesentlichen entsprechend §§ 180 und 181 BauGB); Vorschriften zur Vorbereitung einer Wertermittlung. Die Gesamteinführung des BauGB in den neuen Bundesländern und im ehemaligen Berlin (Ost) ist auf Grund des **Einigungsvertrags v. 31.8.1990** erfolgt. Zugleich waren für diese Gebiete bis zum 31.12.1997 befristete **Sonderregelungen** getroffen worden (§ 246a), die den dortigen Besonderheiten Rechnung tragen sollten. Sämtliches Städtebaurecht der DDR ist mit dem Wirksamwerden des Einigungsvertrages am 3.10.1990 außer Kraft getreten, auch die Bauplanungs- und Zulassungsverordnung, die jedoch, soweit sie abweichende Regelungen gegenüber dem BauGB enthielt, auf Grund des § 246a BauGB in wesentlichen Beziehungen entsprechend befristet weiter galt.

Mit dem am 1. Mai 1993 in Kraft getretenen **Investitionserleichterungs- und Wohnbaulandgesetz** (BGBl. I S. 466) ist das Städtebaurecht unter Gesichtspunkten der Erleichterung des Bauens und der Verfahrensbeschleunigung sowie der Fortentwicklung des Städtebaurechts novelliert worden. Das Gesetz enthielt zahlreiche Änderungen des allgemeinen Städtebaurechts im Baugesetzbuch sowie im BauGB-MaßnahmenG, Änderungen der Sonderregelungen für die neuen Bundesländer sowie die Einführung von Sonderregelungen für Berlin als Hauptstadt der Bundesrepublik Deutschland. Das BauGB-MaßnahmenG und die reduzierten Sonderregelungen für die neuen Länder (§ 246a BauGB) galten einheitlich bis zum 31.12.1997. Im Bereich der Bauleitplanung waren zusätzliche Verpflichtungen und Vereinfachungen im BauGB-MaßnahmenG getroffen worden, unter anderem durch Verfahrensverkürzungen auch für die neuen Bundesländer und Minderung der Rechtsaufsicht. Das in den Sonderregelungen für die neuen Bundesländer enthalten gewesene neue Instrument des Vorhaben- und Erschließungsplans wurde auch für die alten Bundesländer in § 7 BauGB-MaßnahmenG eingeführt. Im Bereich der Zulässigkeit von Vorhaben waren insbesondere neu die Erweiterungen der sog. Abrundungssatzung nach § 34 Abs. 4, die Modifizierungen der sog. begünstigten Vorhaben im Außenbereich (§ 35 Abs. 4), Erweiterungen der Befreiungsvorschriften im Falle dringenden Wohnbedarfs, weitgehender Wegfall des Zustimmungserfordernisses der höheren Verwaltungsbehörde nach § 36. Die städtebauliche Entwicklungsmaßnahme war wieder in das „Dauerrecht" des BauGB übernommen worden (§§ 165 ff.). Das in der Praxis bereits weitgehend gebräuchlich gewesene Instrument der „städtebaulichen Verträge" wurde in § 6 BauGB-MaßnahmenG verankert. Erweiterungen des Vorkaufsrechts, des Umlegungsrechts (auch für nichtbeplante Innenbereiche), des Enteignungsrechts (im Hinblick auf Restitutionsansprüche nach dem Vermögensgesetz der neuen Länder) und erschließungsbeitragsrechtliche Neuregelungen ergänzten die Novellierungen. Wichtig waren die in den §§ 8a bis 8c Bundes-Naturschutzgesetz aufgenommenen Neuregelungen des Verhältnisses der naturschutzrechtlichen Eingriffsregelung zur Bauleitplanung und zur Zulässigkeit von Vorhaben. Änderungen des Gesetzes über die Umweltverträglichkeitsprüfung haben diesen Rechtsbereich dem der Bauleitplanung weiter angepasst.

Zum Abschluss der 12. Legislaturperiode des Deutschen Bundestages wurden **bis Ende 1994** im Rahmen unterschiedlicher Gesetze in einzelnen Bereichen Änderungen des Baugesetzbuchs vorgenommen: In § 38 Aufnahme des Allgemeinen Eisenbahngesetzes (aufgrund Art. 6 des Gesetzes v. 27.12.1993, BGBl. I S. 2378) sowie des Magnetschwebebahnplanungsgesetzes (aufgrund Art. 2 des Gesetzes vom 23.11.1994, BGBl. I S. 3486); in § 135 Abs. 4 Aufnahme einer Stundungsregelung für Kleingärten (auf Grund Art. 2 des Gesetzes v. 8.4.1994, BGBl. I S. 766); Änderung der §§ 159 Abs. 6 und 161 Abs. 3 (auf Grund Art. 5 des Gesetzes v. 5.10.1994, BGBl. I S. 2914); Verdeutlichung des sogenannten Landwirtschaftsprivilegs in § 169 Abs. 4 (auf Grund Art. 3 des Gesetzes v. 14.9.1994, BGBl. I S. 2324).

Durch **Gesetz zur Änderung des BauGB v. 30.7.1996** (BGBl. I S. 1189) wurde durch Ergänzung des § 35 BauGB die Zulässigkeit von Anlagen der Wind- und Wasserenergie als privilegierte Vorhaben im Außenbereich nach bestimmten Maßgaben festgelegt, seinerzeit in § 35 Abs. 1 Nr. 6, heute in Nr. 5 BauGB.

7. Die Änderungen durch das Bau- und Raumordnungsgesetz 1998

Mit dem Gesetz zur Änderung des Baugesetzbuchs und zur Neuregelung des Rechts der Raumordnung (Bau- und Raumordnungsgesetz 1998 – BauROG) v. 18.8.1997 (BGBl. I S. 2081) (Inkrafttretenszeitpunkt: 1.1.1998) wurden eine Vereinheitlichung des Städtebaurechts durch Zusammenführung der Vorschriften des BauGB, der Sondervorschriften für die neuen Länder (§ 246a BauGB) und des BauGB-MaßnahmenG (Außerkrafttreten mit Ablauf des 31.12.1997) sowie eine Fortentwicklung des Städtebaurechts in erheblichem Umfang vorgenommen, ohne allerdings Aufbau, Systematik und die wesentlichen Regelungsbereiche des Baugesetzbuchs zu verändern. Hierzu gehörten insbesondere:

Die Berücksichtigung zentraler umweltschützender Belange in der Bauleitplanung ist in Ergänzung zu § 1 Abs. 5 in einem neuen § 1a BauGB zusammenfassend geregelt worden. Zusätzlich zu der sogen. Bodenschutzklausel des § 1 Abs. 5 Satz 3 aF in § 1a Abs. 1 sind in Absatz 2 weiter aufgenommen: Die Berücksichtigung von Darstellungen umweltschutzbezogener Planungen (Nr. 1), der naturschutzrechtlichen Eingriffsregelung (Nr. 2, ergänzt durch § 1a Abs. 3), der Umweltverträglichkeitsprüfung (Nr. 3) sowie der Erhaltungsziele oder des Schutzzwecks der Gebiete von gemeinschaftsrechtlicher Bedeutung und der Europäischen Vogelschutzrichtlinie (Nr. 4).

Die naturschutzrechtliche Eingriffsregelung, die 1993 mit dem Investitionserleichterungs- und Wohnbaulandgesetz im Verhältnis zum Bauplanungsrecht mit den §§ 8a bis 8c BNatSchG eingeführt wurde, wurde vor allem aus Gründen der Praktikabilität weiterentwickelt. Wesentlich ist, dass naturschützende Ausgleichsmaßnahmen auch außerhalb des Bebauungsplangebiets möglich sind, zugleich ist der Flächennutzungsplan zur Lösung der Eingriffsproblematik gestärkt worden. Zusätzlich können Ausgleichsmaßnahmen zeitlich und räumlich von den Baumaßnahmen abgekoppelt werden. Ergänzt worden sind diese Regelungen durch erweiterte Darstellungs- und Festsetzungsmöglichkeiten in den Bauleitplänen in § 5 Abs. 2a und § 9 Abs. 1a, für die Durchführung und die Regelung der Kostenerstattung durch die §§ 135a bis 135c und für das Verhältnis zu Ersatzmaßnahmen nach dem Landesnaturschutzrecht durch § 200a BauGB. Zugleich sind Anpassungen im Bundesnaturschutzgesetz vorgenommen worden: Der nunmehr einschlägige § 8a BNatSchG bestimmt hinsichtlich der Behandlung der Eingriffsregelung, dass bei Aufstellung von Bauleitplänen und der Satzung nach § 34 Abs. 4 Satz 1 Nr. 3 BauGB die einschlägigen Vorschriften des Baugesetzbuchs und hinsichtlich der Zulässigkeit von Vorhaben nach §§ 34 und 35 BauGB § 8 BNatSchG Anwendung finden.

Mit der Übernahme naturschutzrechtlicher Vorschriften und Zusammenfassung anderer umweltbezogener Regelungsbereiche in § 1a BauGB wird der Beitrag der Bauleitplanung zum Umweltschutz rechtlich verdeutlicht und verankert.

Zur Stärkung der Planungshoheit der Gemeinden sieht das BauGB einen weitgehenden Verzicht auf die Rechtskontrolle von städtebaurechtlichen Satzungen der Gemeinden durch die zuständige Landesbehörde vor, änderbar durch Landesrecht (§ 10 Abs. 2, § 246 Abs. 1a BauGB).

Die Teilungsgenehmigungspflicht ist in den im Zusammenhang bebauten Ortsteilen und im Außenbereich entfallen, für Bebauungsplangebiete kann durch kommunale Satzung die Teilungsgenehmigungspflicht eingeführt werden (§§ 19, 20 BauGB).

Die Vorschriften über das Bauen im Außenbereich (§ 35 BauGB) wurden wiederum zur Begleitung des landwirtschaftlichen Strukturwandels nicht nur zugunsten der Umnutzungsmöglichkeiten ehemals landwirtschaftlich genutzter Gebäude zu Wohnzwecken, sondern auch zu gewerblichen Zwecken fortentwickelt.

Insgesamt wurden wesentliche Anliegen des BauGB-MaßnahmenG in das Dauerrecht des BauGB übernommen; dazu gehören Verfahrenserleichterungen vor allem nach den §§ 3, 4 und 13 BauGB und insbesondere die Übernahme der Regelungen des städtebaulichen Vertrages und des Vorhaben- und Erschließungsplans (§§ 11f. BauGB).

Im Bereich der städtebauförderungsrechtlichen Vorschriften sind die förderungsfähigen Investitionsbereiche und die Verwendungszwecke von Bundesfinanzhilfen schwerpunktmäßig auf bestimmte Bereiche, insbesondere zugunsten der Innenstädte und Ortsteilzentren, der Wiederaufbereitung von Brachflächen sowie der Entschärfung städtebaulicher Brennpunkte verankert worden (insbesondere §§ 164a f. BauGB).

8. Weitere Änderungen des Bundesbaurechts von Ende 1997 bis Anfang 2001

Durch Art. 4 des **Gesetzes v. 15.12.1997** (BGBl. I S. 2902) wurde das Baugesetzbuch in den §§ 1, 27 bis 28, 46, 89, 122, 215a, 217 und 247 zur Bereinigung von redaktionellen Unstimmigkeiten geändert.

Mit Art. 2 Abs. 6 des **Begleitgesetzes zum Telekommunikationsgesetz v. 17.12.1997** (BGBl. I S. 3108) wurden die begrifflichen Konsequenzen aus der Neuordnung des Post- und Fernmeldewesens gezogen und die §§ 26, 35 und 150 BauGB entsprechend angepasst.

Aufgrund dieser Änderungen erfolgte am 16.1.1998 eine **Berichtigung der Bekanntmachung des Baugesetzbuchs** (BGBl. I S. 137).

Im Rahmen der **Reform des Insolvenzrechts** wurden durch Art. 5 Nrn. 1 und 2 des Gesetzes v. 5.10.1994 (BGBl. I S. 2911) **mit Wirkung ab 1.1.1999** die einschlägigen Vorschriften über den Sanierungsträger für den Fall der Eröffnung des Insolvenzverfahrens angepasst (Neufassung des § 159 Abs. 6 und des § 161 Abs. 3 sowie Aufhebung des § 159 Abs. 7 BauGB).

Aufgrund des **Zweiten Gesetzes zur Änderung des Bundesnaturschutzgesetzes v. 30.4.1998** (BGBl. I S. 823) sind die im Blick auf den Aufbau des Europäischen Netzes „Natura 2000" geschaffenen EU-rechtlichen Vorgaben (insbesondere Fauna-Flora-Habitat-Richtlinie 91/43/ EWG v. 21.5.1992) in deutsches Recht umgesetzt worden. Dies hat unmittelbare Bedeutung für das Bauplanungsrecht des Baugesetzbuchs. Bereits mit dem Bau- und Raumordnungsgesetz wurden im Vorgriff auf die Umsetzung der europarechtlichen Vorgaben im Naturschutzrecht die Verpflichtungen zur Berücksichtigung der Erhaltungsziele und der Schutzzwecke der Gebiete von gemeinschaftlicher Bedeutung und der Europäischen Vogelschutzgebiete bei Aufstellung der Bauleitpläne und bei der Genehmigung von Vorhaben nach § 34 in § 1a Abs. 2 Nr. 4 und § 29 Abs. 3 BauGB festgelegt. Diese Anforderungen sind nunmehr konkretisiert in den §§ 19a bis 19 f BNatSchG, insbesondere hinsichtlich der Maßstäbe für die Verträglichkeitsprüfung (sie erstreckt sich auf Planungen und Vorhaben in den Schutzgebieten und auch außerhalb, soweit sie eine negative Ausstrahlungswirkung auf die Schutzgebiete haben). Diese Regeln gelten für die Aufstellung von Bauleitplänen und Satzungen nach § 34 Abs. 4

Satz 1 Nr. 3 sowie für Vorhaben nach §§ 34 und 35 und planfeststellungsersetzende Bebauungspläne (§§ 19d und 19 f Abs. 1 BNatSchG).

9. Änderungen des Bundesbaurechts bis Mitte 2001

Zum Zwecke der weitergehenden Einbeziehung der Umweltverträglichkeitsprüfung (UVP) in das Bauplanungsrecht wurden umfangreiche Änderungen des Baugesetzbuchs durch **Art. 12 des Gesetzes zur Umsetzung der UVP-Richtlinie, der IVU-Richtlinie und weiterer EG-Richtlinien zum Umweltschutz v. 27.7.2001** (BGBl. I S. 1950) vorgenommen. Die Pflicht zur Durchführung der UVP im Rahmen der Aufstellung von Bebauungsplänen ist erweitert worden durch entsprechende Änderungen der Vorschriften des UVP-Gesetzes über die UVP-Pflichtigkeit von Vorhaben, für die Bebauungspläne aufgestellt, geändert oder ergänzt werden (§ 2 Abs. 3 Nr. 3, §§ 3b, 3c und 3e sowie die Anlage zum UVPG, § 1a Abs. 2 Nr. 3 BauGB). Das Baugesetzbuch wurde vor allem um verfahrensrechtliche Verpflichtungen ergänzt: Nach § 2a BauGB – neu – ist bei UVP-pflichtigen Vorhaben ein Umweltbericht in die Planbegründung aufzunehmen. Der wesentliche Inhalt des Katalogs der Informationen des Umweltberichts ist in § 2a BauGB vorgegeben; dazu gehören insbesondere die Beschreibung der Festsetzungen für das Vorhaben, der Umwelt, der Umweltschutzmaßnahmen, der zu erwartenden erheblichen nachteiligen Umweltauswirkungen, der anderweitigen Lösungsmöglichkeiten, der verwendeten technischen Verfahren, zusätzlich eine allgemein verständliche Zusammenfassung dieser Angaben. Der Umweltbericht ist schon bei der Aufstellung des Bebauungsplans zu erstellen. Insbesondere ist er Teil der öffentlichen Auslegung des Planentwurfs und der Beteiligung der Bürger und Träger öffentlicher Belange und der grenzüberschreitenden Unterrichtung, einschließlich der Übertragung dieser Aufgaben auf einen eingeschalteten Dritten (§ 3 Abs. 2 und 3, § 4 Abs. 2 und 4, § 4a, § 4b, § 10 Abs. 4 – neu – BauGB). Die Vorschriften über den Vorhaben- und Erschließungsplan sind entsprechend ergänzt worden (§ 12 Abs. 1 und 2 BauGB). Weitere Anpassungen sind bei den Vorschriften über die Genehmigung von Vorhaben während der Bebauungsplanaufstellung (§ 33 Abs. 1 Nr. 1 BauGB) und zur Planerhaltung (§ 214 Abs. 1 Satz 1, Abs. 1a – neu – BauGB) vorgenommen worden. In städtebauliche Verträge können Vereinbarungen über den Umweltbericht aufgenommen werden (§ 11 Abs. 1 Satz 2 Nr. 1 BauGB).

Durch **Art. 7 Abs. 4 des Mietrechtsreformgesetzes v. 19.6.2001** (BGBl. I S. 1149) – Inkrafttreten: 1.9.2001 – ist eine Anpassung des § 172 Abs. 4 Satz 3 Nr. 6 BauGB an die im BGB geänderten Vorschriften des Mietrechts vorgenommen worden.

10. Änderungen des Bundesbaurechts bis Ende 2001

In der zweiten Hälfte 2001 sind weitere Änderungen des Baugesetzbuchs vorgenommen worden, und zwar im Wesentlichen als Anpassungen im Rahmen von Gesetzgebungsvorhaben in anderen Bereichen.

Auf Grund des Art. 11 des Gesetzes zur Reform des Wohnungsbaurechts v. 13.9.2001 (BGBl. I S. 2376), das insoweit am 1.1.2002 in Kraft trat, sind in den §§ 9 und 27a BauGB Änderungen vorgenommen worden, und zwar im Hinblick darauf, dass die Rechtsgrundlagen für die Förderung des bisherigen „sozialen Wohnungsbaus“ insbesondere im Zweiten Wohnungsbaugesetz mit Wirkung ab 1.1.2002 durch das Gesetz über die soziale Wohnraumförderung ersetzt werden. In § 9 Abs. 1 Nr. 7 BauGB sowie in § 27a Abs. 1 Satz 1 BauGB sind daher die Wörter „sozialer Wohnungsbau“ durch „soziale Wohnraumförderung“ ersetzt worden.

Auf Grund des Art. 62 der **Siebenten Zuständigkeitsanpassungs-Verordnung** v. 29.10.2001 (BGBl. I S. 2785) sind insbesondere wegen der in der 14. Legislaturperiode des Deutschen Bundestages erfolgten Änderungen in den Zuständigkeiten der Bundesministerien auch Anpassungen in den §§ 2 und 37 BauGB vorgenommen worden. Nach § 2 Abs. 5 BauGB ist nunmehr das Bundesministerium für Verkehr, Bau- und Wohnungswesen (bisher Bundesminister für Raumordnung, Bauwesen und Verkehr) für den Erlass der Baunutzungs- und der Planzeichenverordnung zuständig. In § 37 Abs. 2 Satz 2 BauGB ist jeweils die Bezeichnung „Bundesminister“ durch „Bundesministerium“ ersetzt worden.

Auf Grund des Art. 5 Abs. 34 des **Gesetzes zur Modernisierung des Schuldrechts** v. 26.11.2001 (BGBl. I S. 3138), das insoweit am 1.1.2002 in Kraft getreten ist, sind Änderungen der §§ 28 und 51 BauGB in Anpassung an die neuen Vorschriften des Bürgerlichen Gesetzbuchs über das Schuldrecht vorgenommen worden. In § 28 Abs. 2 BauGB wird die Anwendung der neu gefassten Vorschriften zum Vorkaufsrecht (§§ 463, 464 Abs. 2, §§ 645 bis 671 BGB) und in § 28 Abs. 3 und § 51 Abs. 4 BauGB die entsprechende Anwendung der neuen Vorschriften zum Rücktrittsrecht (§§ 346 bis 349 und 351 BGB) vorgesehen.

Auf Grund des Art. 3 des **Zehnten Euro-Anpassungsgesetzes** v. 15.12.2001 (BGBl. I S. 3762), das am 1.1.2002 in Kraft getreten ist, sind die DM-Beträge in § 208 Satz 2 und § 213 Abs. 2 BauGB in Euro-Beträge unter Zugrundelegung eines Umrechnungsverhältnisses von 2:1 geändert worden. Dies bedeutet, dass nach § 208 BauGB die Anordnung zur Erforschung des Sachverhalts durch Androhung und Festsetzung eines Zwangsgeldes bis zu 500 Euro – bisher 1000 Deutsche Mark – durchgesetzt werden kann und das nach § 213 BauGB Ordnungswidrigkeiten mit einer Geldbuße bis zu 500 Euro – bisher 1000 Deutsche Mark – geahndet werden können.

11. Änderungen des Bundesbaurechts bis Ende 2002

In der ersten Hälfte 2002 sind die nachfolgenden Einzeländerungen des Baugesetzbuchs vorgenommen worden, und es wurde das Bundesnaturschutzgesetz neu gestaltet, wobei auch Vorschriften mit unmittelbarer Bedeutung für das Bauplanungsrecht neu gefasst wurden.

Durch Art. 1 Abs. 1 Nr. 1 der **Verordnung zur Ersetzung von Zinssätzen** v. 5.4.2002 (BGBl. I S. 1250) wurde jeweils in § 44 Abs. 3 Satz 3, § 64 Abs. 2 Satz 3 und § 99 Abs. 3 Satz 1 BauGB der bisherige Verweis auf den Diskontsatz der Deutschen Bundesbank durch den Verweis auf den Basiszinssatz nach § 247 BGB ersetzt.

Auf Grund des Art. 12 des **Gesetzes zur Änderung des Rechts der Vertretung durch Rechtsanwälte vor den Oberlandesgerichten** v. 23.7.2002 (BGBl. I S. 2850) sind die Vorschriften des § 222 Abs. 4 und § 229 Abs. 3 BauGB über die Vertretung der Beteiligten durch Rechtsanwälte vor Landgerichten bzw. Oberlandesgerichten als Folge zivilprozessrechtlicher Regelungen aufgehoben worden.

Durch das **Gesetz zur Neuregelung des Rechts des Naturschutzes und der Landschaftspflege und zur Anpassung anderer Rechtsvorschriften** v. 25.3.2002 (BGBl. I S. 1193) ist das Bundesnaturschutzgesetz neu kodifiziert worden. Dabei haben für das Bauplanungsrecht – Bauleitplanung und Zulässigkeit von Vorhaben – insbesondere Bedeutung:

- die Neufassungen der Vorschriften über die Landschaftsplanung (§§ 12ff. BNatSchG), namentlich die Inhalte der Landschaftsplanung sowie die Landschaftspläne (§§ 14 und 16 BNatSchG) wegen ihrer Bedeutung für die Bauleitplanung – insbesondere im Blick auf § 1a Abs. 2 Nr. 1, § 9 Abs. 4 BauGB, auch für Vorhaben nach § 34 BauGB (§ 14 Abs. 2 BNatSchG);
- die Neufassung der Vorschriften über die naturschutzrechtliche Ausgleichsregelung (§§ 18ff. BNatSchG), namentlich – im Blick vor allem auf § 1a Abs. 2, §§ 34 und 35 BauGB – die materiellen Regeln zu den Verursacherpflichten und zur Unzulässigkeit von Eingriffen nach § 19 BNatSchG und über das Verhältnis zum Baurecht nach § 21 BNatSchG;
- die Vorschriften über Schutzgebiete (§§ 22ff. BNatSchG), namentlich über Naturschutzgebiete, Landschaftsschutzgebiete und das Europäische Netz „Natura 2000“ (§§ 23, 26, 32f. BNatSchG), auch im Blick auf § 1 Abs. 2 Nr. 3, § 29 Abs. 3 BauGB.

In der zweiten Hälfte 2002 sind die Wertermittlungsrichtlinien (abgedr. unter Nr. **3**) als **Richtlinien für die Ermittlung der Verkehrswerte (Marktwerte) von Grundstücken (Wertermittlungsrichtlinien 2002 – WertR 2002)** am 19.7.2002 neu gefasst worden. Sie sind mit dem Tag der Bekanntmachung (Bundesanzeiger Nr. 238a, ausgegeben am 20.12.2002) an die Stelle der Wertermittlungsrichtlinien v. 11.6.1991 (BAnz. Nr. 182a v. 27.9.1991), zuletzt geändert durch Erlass des Bundesministeriums für Verkehr, Bau- und Wohnungswesen v. 1.12.2001, getreten. Mit der Neufassung wurden im Wesentlichen redaktionelle Überarbeitungen und Aktualisierungen der bisherigen Wertermittlungsrichtlinien vorgenommen. Eine Umstellung auf den Euro erfolgte nicht. Die Bezugnahme auf die Deutsche Mark ist nach Art. 14 der Verordnung (EG) Nr. 974/98 des Rates vom 3. Mai 1998 über die Einführung des Euro (ABl. L 139 v. 11.5.1998) als Bezugnahme auf den Euro entsprechend dem amtlichen Umrechnungskurs zu verstehen.

12. Das Europarechtsanpassungsgesetz Bau 2004

Das Gesetz zur Anpassung des Baugesetzbuchs an EU-Richtlinien (Europarechtsanpassungsgesetz Bau – EAG Bau) v. 24.6.2004 (BGBl. I S. 1359) diente der Umsetzung der Richtlinie 2001/42/EG des Europäischen Parlaments und des Rates vom 27. Juni 2001 über die Prüfung der Umweltauswirkungen bestimmter Pläne und Programme (ABl. EG Nr. L 197 S. 30) und der Richtlinie 2003/35/EG des Europäischen Parlaments und des Rates vom 26. Mai 2003 über die Beteiligung der Öffentlichkeit bei der Ausarbeitung bestimmter umweltbezogener Pläne und Programme und zur Änderung der Richtlinien 85/337/EWG und 96/61/EG des Rates in Bezug auf die Öffentlichkeitsbeteiligung und den Zugang zu Gerichten (ABl. EG Nr. L 156 S. 17). Folge dieser Umsetzung ist vor allem eine Neufassung der Vorschriften über die Aufstellung der Bauleitpläne (§§ 1 bis 4c und 13), die neben einer notwendig gewordenen Neuordnung der Vorschriften namentlich zur Beteiligung der Öffentlichkeit und der Behörden spezifische Elemente der EU-rechtlichen Umweltprüfung enthält, also zu den Merkmalen der Umweltprüfung (Ermitteln und Bewerten sowie Beschreiben der Umweltauswirkungen), der Darlegung der Umweltauswirkungen in einem Umweltbericht, der den Bauleitplanentwürfen und den in Kraft getretenen Plänen beizufügen ist, der Festlegung des Prüfungsrahmens der Umweltprüfung durch die Gemeinde, die frühzeitige Information der Gemeinde durch die Behörden zum Prüfungsumfang, die Berücksichtigung der Ergebnisse der Umweltprüfung in der Abwägung und schließlich die Überwachung der erheblichen Umweltauswirkungen bei Durchführung der Planung. Bei bestimmten Planungen (insbesondere Änderung von Bauleitplänen) kann unter bestimmten Voraussetzungen auf die förmliche Umweltprüfung verzichtet werden. In Anpassung an die geänderten Vorschriften über die Aufstellung der Bauleitpläne wurden die Vorschriften über die Planerhaltung (§§ 214 f.) auch zum Zwecke der Erhöhung der Bestandssicherheit der Pläne neu gefasst.

Darüber hinaus wurden mit dem EAG Bau in zahlreichen anderen Bereichen des Baugesetzbuchs Anpassungen und Fortentwicklungen vorgenommen. Dazu gehören insbesondere:

Die Vorschriften über die Grundsätze der Bauleitplanung (§§ 1 und 1a) wurden nicht nur im Hinblick auf die Erfordernisse der Umweltprüfung aktualisiert, sondern auch unter Gesichtspunkten der Nachhaltigkeit der städtebaulichen Planung und ihrer Bedeutung für Anpassungen der Städte und ihren Umbau an strukturelle Änderungen der für die Stadtentwicklung maßgeblichen Aspekte. Die Vorschriften über die Inhalte der Bauleitpläne (§§ 5 und 9) wurden namentlich ergänzt um die Möglichkeit der Aufstellung von sachlichen Teilflächennutzungsplänen zur Steuerung von Außenbereichsvorhaben nach § 35 Abs. 3 Satz 3 und die Möglichkeit befristeter und bedingter Festsetzungen zur zulässigen Nutzung sowie auf erneuerbare Energien ausgerichteter Festsetzungen in den Bebauungsplänen. Dies wurde verbunden mit Ergänzungen der Vorschriften über die städtebaulichen Verträge und Vorhaben- und Erschließungspläne. Die Vorschriften über die Sicherung der Bauleitpläne wurden in § 15 Abs. 3 um Regelungen zur Zurückstellung von Baugesuchen bei Flächennutzungsplanungen zur Steuerung von Außenbereichsvorhaben ergänzt, die Regelungen über die Genehmigungspflicht von Grundstücksteilungen sind entfallen und in § 22 – mit Auswirkungen auch auf andere Rechtsbereiche des BauGB – vereinfachte Regelungen über den Grundbuchverkehr eingeführt.

Die Vorschriften über die Zulässigkeit von Vorhaben (§§ 29 bis 35) haben zahlreiche Änderungen erfahren. Die Vorschriften über die Zulässigkeit von Vorhaben während der Planaufstellung (§ 33) wurden an die Regelungen zur förmlichen Umweltprüfung insbesondere in den neuen Absätzen 2 und 3 angepasst. Die Vorschriften über die Zulässigkeit von Vorhaben innerhalb der im Zusammenhang bebauten Ortsteile (§ 34) wurden ergänzt um Regelungen, nach denen Vorhaben keine schädlichen Auswirkungen auf zentrale Versorgungsbereiche haben dürfen (Absatz 3) und nach denen bei Vorhaben im Zusammenhang mit vorhandenen Handwerks- und Gewerbebetrieben vom Einfügenserfordernis des § 34 Abs. 1 abgewichen werden darf (Absatz 3a). Die Vorschriften über die sogen. Innenbereichssatzungen wurden angepasst an die neuen Beteiligungsregelungen der Bauleitplanung, wobei – durch zusätzliche Voraussetzungen flankiert – auf die EU-förmliche Umweltprüfung verzichtet wurde (Absätze 4 bis 6). Die Vorschriften über Vorhaben im Außenbereich (§ 35) wurden ergänzt vor allem um Regelungen über die sogen. Biomasseanlagen als nach Absatz 1 zu beurteilende Vorhaben, um einzelne zu beachtende Belange in Absatz 3 und um eine Vorschrift über die Rückbauverpflichtung in Absatz 5; ergänzt wurde der Katalog der zu beachtenden Belange in Absatz 3, und die Vorschriften über die sogen. Außenbereichssatzung in Absatz 6 wurden wie die über die Innenbereichssatzungen angepasst.

Die Vorschriften über die Bodenordnung (§§ 45 ff.) wurden in einzelnen, die Abläufe erleichternden Beziehungen ergänzt und geändert. Insbesondere wurde zum Zwecke der erweiterten Anwendbarkeit das bisherige Grenzregelungsverfahren in ein vereinfachtes Umlegungsverfahren fortentwickelt (§§ 80 ff.).

Im besonderen Städtebaurecht sind neue Vorschriften über den sogen. Stadtumbau (§§ 171a bis 171d) und die Soziale Stadt (§ 171e) eingefügt worden. Sie können ergänzend oder anstelle der Vorschriften über die städtebaulichen Sanierungs- und Entwicklungsmaßnahmen angewandt werden.

Zum Zwecke der Rechts- und Verwaltungsvereinfachung sind Regelungen getroffen worden, wonach insbesondere auf das Erfordernis der Genehmigung und Zustimmung durch die höhere Verwaltungsbehörde verzichtet wird, so bei Verlängerung der Veränderungssperre nach § 17, beim Erlass der Innenbereichs- und Außenbereichssatzungen sowie der Satzung über den städtebaulichen Entwicklungsbereich.

Das EAG Bau ist am 20.7.2004 in Kraft getreten. Unter Berücksichtigung seiner Änderungen ist die Neufassung des Baugesetzbuchs v. 23.9.2004 am 1.10.2004 bekannt gemacht worden (BGBl. I S. 2414).

13. Die Änderungen des Bundesbaurechts bis Mitte 2005

Nach Art. 2 des **Gesetzes zur Verbesserung des vorbeugenden Hochwasserschutzes** v. 3.5.2005 (BGBl. I S. 1224) wurde das Baugesetzbuch wie folgt geändert: In § 1 Abs. 6 wurde der Katalog der bei der Bauleitplanung zu berücksichtigenden Belange ergänzt um die „Belange des Hochwasserschutzes" (Nr. 12). In den §§ 5 und 6 wurden Ergänzungen in Bezug auf die in den Bauleitplänen aufzunehmenden nachrichtlichen Übernahmen und Vermerke vorgenommen. Danach sind in Flächennutzungsplänen und Bebauungsplänen die nach § 31b Abs. 2 Satz 3 und 4 Wasserhaushaltsgesetz festgesetzten Überschwemmungsgebiete nachrichtlich zu übernehmen sowie die noch nicht festgesetzten Überschwemmungsgebiete und überschwemmungsgefährdeten Gebiete im Sinne des § 31c Wasserhaushaltsgesetz zu vermerken (§ 5 Abs. 4a und § 9 Abs. 6a). Das allgemeine Vorkaufsrecht nach § 24 erstreckt sich auch auf „Gebiete, die zum Zweck des vorbeugenden Hochwasserschutzes von Bebauung freizuhalten sind, insbesondere in Überschwemmungsgebieten" (§ 24 Abs. 1 Nr. 7). Der Katalog der öffentlichen Belange, die Vorhaben im Außenbereich entgegengehalten werden können (§ 35 Abs. 3), wurde ergänzt um die Gefährdung des Hochwasserschutzes. Diese Ergänzungen des Baugesetzbuchs stehen im Zusammenhang mit den durch Art. 1 des Gesetzes zur Verbesserung des vorbeugenden Hochwasserschutzes im Wasserhaushaltsgesetz (WHG) aufgenommenen Vorschriften der §§ 31a ff. WHG über den Hochwasserschutz. Dazu enthält § 31a WHG Grundsätze des Hochwasserschutzes. Danach sind insbesondere oberirdische Gewässer so zu bewirtschaften, dass so weit wie möglich Hochwasser zurückgehalten, der schadlose Wasserabfluss gewährleistet und der Entstehung von Hochwasserschäden vorgebeugt wird. Zentrale Vorschrift ist § 31b WHG: In den von den Ländern nach bestimmten Maßgaben festzulegenden Überschwemmungsgebieten sind von den Ländern dem Hochwasserschutz dienende Vorschriften zu erlassen. In diesen festgelegten Überschwemmungsgebieten dürfen durch Bauleitpläne grundsätzlich keine neuen Baugebiete ausgewiesen werden. Die zuständige Behörde kann die Ausweisung neuer

Baugebiete unter bestimmten Voraussetzungen ausnahmsweise zulassen, insbesondere wenn keine anderen Möglichkeiten der Siedlungsentwicklung bestehen oder geschaffen werden können, bestimmte Anforderungen des vorbeugenden Hochwasserschutzes beachtet werden und Bauvorhaben so errichtet werden, dass keine baulichen Schäden zu erwarten sind. In den Gebieten nach den §§ 30, 34 und 35 BauGB bedarf die Errichtung und Erweiterung baulicher Anlagen der Genehmigung durch die zuständige Behörde, wobei die Genehmigung nur unter bestimmten Voraussetzungen erteilt werden darf. Noch nicht festgesetzte Überschwemmungsgebiete sind von den Ländern in Kartenform darzustellen und vorläufig zu sichern. Weitere Instrumente sind die überschwemmungsgefährdeten Gebiete im Sinne des § 31c WHG sowie die Hochwasserschutzpläne und die Kooperation in den Flussgebieten nach §§ 31d und 32 WHG.

Durch Art. 21 des **Gesetzes zur Umbenennung des Bundesgrenzschutzes in Bundespolizei** v. 21.6.2005 (BGBl. I S. 1818) wurden entsprechende Anpassungen in § 26 Nr. 2 Buchstabe a und § 37 Abs. 2 Satz 1 vorgenommen.

14. Wertermittlungsrichtlinien 2006

Die Wertermittlungsrichtlinien wurden 2006 neu gefasst (WertR 2006 v. 1.3.2006, BAnz. Nr. 108a). Schwerpunkt der Novellierung war das 4. Kapitel der Wertermittlungsrichtlinien über die grundstücksbezogenen Rechte und Belastungen einschließlich der zugehörigen Anlagen. Dies war bei der Neufassung der Wertermittlungsrichtlinien 2002 zurückgestellt worden. Das bisherige 4. Kapitel ging noch auf die Fassung der WertR v. 31.5.1976 (BAnz Nr. 146) zurück. Die wichtigsten Neuerungen waren:

Gliederung und Systematik wurden neu gefasst, die zB durchgängig zwischen Hinweisen zur Wertermittlung der Grundstücks bezogenen Rechte bzw. des begünstigten Grundstücks einerseits und zur Wertermittlung des belasteten Grundstücks andererseits unterscheiden. Als maßgeblicher Zinssatz wird der (angemessene und nutzungstypische) Liegenschaftszinssatz empfohlen, um damit die jeweilige Marktlage zu erfassen und spekulative Elemente auszuschließen.

Im Einzelnen wurden Änderungen vorgenommen beim Erbbaurecht (anstelle Vorgabe von Wertfaktoren Ermittlung nach Marktanpassungsfaktoren), Wohnungsrecht und Nießbrauch (Rückgriff auf die vom Statistischen Bundesamt herausgegebenen Sterbetafeln und Versicherungsbarwerte), Wegerecht und Leitungsrecht (Differenzierung nach beanspruchter Grundstücksfläche) und Überbau (erstmalige Aufnahme von Hinweisen).

15. Gesetz zur Erleichterung von Planungsvorhaben für die Innenentwicklung der Städte, sonstige Änderungen des BauGB bis zum 1.1.2007

Das **Gesetz zur Erleichterung von Planungsvorhaben für die Innenentwicklung der Städte** v. 21.12.2006 (BGBl. I S. 3316) ist am 1.1.2007 in Kraft getreten. Das Gesetz hat für Bebauungspläne der Innenentwicklung ein neues, beschleunigtes Verfahren eingeführt (§ 13a). Dies sind Bebauungspläne für die Wiedernutzbarmachung, die Nachverdichtung und andere Maßnahmen der Innenentwicklung. Hierfür kann unter bestimmten weiteren, europarechtlich gebotener Voraussetzungen (ua Einhaltung bestimmter Größenordnungen:

festgesetzte Grundfläche bis 20000 qm, bei 20000 bis 70000 qm wenn Vorprüfung zum Ergebnis kommt, dass erhebliche Umweltauswirkungen nicht zu erwarten sind) ein beschleunigtes Verfahren durchgeführt werden. Seine Merkmale sind: konzentrierte Öffentlichkeits- und Behördenbeteiligung, Verzicht auf die förmliche Umweltprüfung mit Umweltbericht und auf Ausgleichsmaßnahmen für Eingriffe in Natur und Landschaft, Abweichungsmöglichkeit von Flächennutzungsplan, angemessene Berücksichtigung der Investitionsbelange in der Bauleitplanung.

Zur Erhöhung der Bestandskraft der Bauleitpläne sind die Fristen für die Geltendmachung von Fehlern (§ 215) und für Normenkontrollanträge (§ 47 Abs. 2 VwGO) verkürzt und es ist für Normenkontrollverfahren eine Präklusionsregelung (§ 47 Abs. 2a VwGO) eingeführt worden.

Zu der für die Innenentwicklung und die verbrauchernahe Versorgung der Bevölkerung notwendigen Schaffung und Sicherung zentraler Versorgungsbereiche ist in § 1 Abs. 6 ein entsprechender bei der Bauleitplanung zu berücksichtigender Belang und in § 9 Abs. 2a als neues Instrument ein spezieller Bebauungsplan (Beschränkung zB des Einzelhandels in Gebieten nach § 34 ohne Festsetzung von Baugebieten) aufgenommen worden. Für Bebauungspläne wurde die Möglichkeit der Festsetzung von vom Bauordnungsrecht abweichenden Abstandsflächen eingeführt (§ 9 Abs. 1 Nr. 2a). In vorhabenbezogenen Bebauungsplänen ist die Möglichkeit eröffnet, die Art der baulichen Nutzung auch allgemein festsetzen zu können; zulässig ist die Nutzung, zu der sich der Vorhabenträger gegenüber der Gemeinde verpflichtet hat (§ 12 Abs. 3a).

Auch die Vorschriften über die Zulässigkeit von Vorhaben wurden geändert: § 33 Abs. 3 ist anwendbar auch auf Bebauungspläne der Innenentwicklung. Für Vorhaben zu Wohnzwecken besteht eine erweiterte Genehmigungsmöglichkeit (§ 34 Abs. 3a).

Im Besonderen Städtebaurecht sind Änderungen zu den Vorschriften über städtebauliche Sanierungsmaßnahmen vorgenommen worden. Beim Beschluss über die Sanierungssatzung ist zugleich zu beschließen, innerhalb welcher Frist die Sanierung durchgeführt werden soll (§ 142 Abs. 3, zum Überleitungsrecht s. § 235 Abs. 4). Die Frist, innerhalb derer von der Bauaufsichtsbehörde über die sanierungsrechtliche Genehmigung zu entscheiden ist, beträgt zwei Monate (§ 145 Abs. 1). Der beim Abschluss eines städtebaulichen Sanierungsverfahrens zu erhebende Ausgleichbetrag kann nach den Kosten für den Ausbau und die Verbesserung der Erschließungsanlagen berechnet werden (§ 154 Abs. 2a).

Eingeführt wurde eine Öffnungsklausel für Landesgesetze, nach denen Gebiete festgelegt werden können, in denen in privater Verantwortung Maßnahmen zur Stärkung oder Entwicklung von Bereichen der Innenstädte, Stadtteilzentren, Wohnquartiere und Gewerbezentren usw. getroffen werden können (§ 171f).

Durch das **Föderalismusreform-Begleitgesetz** v. 28.8.2006 (BGBl. I S. 2039) wurden in Anpassung an die geänderten finanzverfassungsrechtlichen Grundlagen für Finanzhilfen des Bundes in Art. 104b GG Änderungen in § 164b und § 245 (Änderung von Absatz 1 und Anfügung von Absatz 3) vorgenommen.

Durch Art. 19 des **Jahressteuergesetzes 2007** v. 13.12.2006 (BGBl. I S. 2878) wurde § 196 Abs. 1 und 2 im Zusammenhang mit der steuerlichen Bewertung des Grundbesitzes in Bezug auf den für die Bewertung maßgeblichen Zeitpunkt geändert.

16. Die Änderungen des Bundesbaurechts bis zum 1.1.2009

In dem **Gesetz zur Reform des Verfahrens in Familiensachen und in Angelegenheiten der freiwilligen Gerichtsbarkeit (FGG – Reformgesetz)** v. 17.12.2008 (BGBl. I S. 2586) wurde durch dessen Artikel 14 in § 207 Satz 1 BauGB eine Anpassung an die geänderten Zuständigkeiten der Gerichte vorgenommen: Das Wort „Vormundschaftsgericht" wurde ersetzt durch die Wörter „Betreuungsgericht, für einen minderjährigen Beteiligten das Familiengericht".

Durch Art. 2 des **Gesetzes zur Neufassung des Raumordnungsgesetzes und zur Änderung anderer Vorschriften (GeROG)** v. 22.12.2008 (BGBl. I S. 2986) wurden zwei Änderungen vorgenommen: Die zeitliche Einschränkung der Ermächtigung an die Länder in § 245b Abs. 2 BauGB, nach der die Länder „bis 31.12.2008" bestimmen können, dass die 7-Jahres- Frist, innerhalb derer Nutzungsänderungen nach Aufgabe eines landwirtschaftlichen Betriebs als sogen. begünstigte Vorhaben im Außenbereich behandelt werden können, ist entfallen. In Anlage 2 zum BauGB wurde Nr. 2.6.8 an den neu gefassten § 2 Abs. 2 Nr. 2 und 5 ROG angepasst (Gebiete mit hoher Bevölkerungsdichte, insbesondere Zentrale Orte, als ein maßgebliches Kriterium für die Vorprüfung).

Durch Art. 4 des **Erbschaftssteuerreformgesetzes** v. 24.12.2008 (BGBl. I S. 3018) wurden §§ 193, 196, 198 und 199 BauGB geändert. In die Aufgabenbestimmung der Gutachterausschüsse sind auch sonstige für die Wertermittlung erforderliche Daten benannt, insbesondere Kapitalisierungszinssätze, Sachwertfaktoren, Umrechungskoeffizienten für das Wertverhältnis von sonst gleichartiger Grundstücke, Vergleichsfaktoren für bebaute Grundstücke (§ 193 Abs. 5 BauGB). Die Vorschriften über die Bodenrichtwerte wurden insbesondere in § 196 Abs. 1 neugefasst, und es wurde die Verpflichtung zur Bildung Oberer Gutachterausschüsse mit Bestimmung ihrer Aufgaben eingeführt (§ 198 BauGB). Die Verordnungsermächtigung für den Erlass der Wertermittlungsverordnung wurde insbesondere ergänzt um die Einbeziehung von Daten der Bodenrichtwerte (§ 199 BauGB).

17. Die Änderungen des Bundesbaurechts bis Mitte 2010

Das BauGB hat folgende Änderungen erfahren: Art. 2 des Gesetzes zur Neuregelung des Rechts des Naturschutzes und der Landschaftspflege v. 29. Juli 2009 (BGBl. I S. 2542) hat Anpassungen an das neue **Bundesnaturschutzgesetz** vorgenommen. Die Erhaltungsziele und der Schutzzweck „der Gebiete von gemeinschaftlicher Bedeutung und der Europäischen Vogelschutzgebiete im Sinne des Bundesnaturschutzgesetzes" ist in solche der „Natura 2000 – Gebiete" geändert worden (§ 1 Abs. 6 Nr. 7 Buchstabe b, Anlage 2 zum BauGB Nr. 2.6.1). Durch Art. 4 des Gesetzes zur Neuregelung des Wasserrechts v. 31.7.2009 (BGBl. I S. 2585) sind in § 5 Abs. 4a, § 9 Abs. 6a und Nummer 2.6.6 der Anlage 2 zum BauGB Anpassungen an die Instrumente des neuen **Wasserhaushaltsgesetzes** zum Hochwasserschutz (§ 73 Abs. 1 und § 76 Abs. 3 WHG) vorgenommen worden.

Die Wertermittlungsverordnung ist durch die **Immobilienwertermittlungsverordnung (ImmoWertV,** abgedruckt unter Nr. **2**) ersetzt worden (Verordnung v. 15.5.2010, BGBl. I S. 639). Sie ist am 1.7.2010 in Kraft getreten. Dadurch ist die vorherige WertV grundlegend überarbeitet worden. Im

Abschnitt 1 sind ua die Begrifflichkeiten systematisiert und an die Entwicklungen angepasst sowie die allgemeinen Verfahrensgrundsätze im Verhältnis zu den einzelnen Wertermittlungsverfahren herausgestellt worden. Im Abschnitt 2 sind die Vorschriften über erforderliche Daten ua an die durch das Erbschaftssteuerreformgesetz geänderte Rechtslage um eine Vorschrift zur Bodenrichtwertermittlung ergänzt worden. Im Abschnitt 3 sind die Vorschriften zum Vergleichswertverfahren zusammengefasst worden. Die Vorschriften zur Bodenwertermittlung sind in einer Vorschrift geregelt und gelten für alle Wertermittlungsverfahren. Beim Ertragswertverfahren werden weitere Verfahrensvarianten berücksichtigt, das vereinfachte Ertragswertverfahren und das sogen. Discounted-Cash-Flow-Verfahren (DCF – Verfahren).

18. Die Änderungen des Bundesbaurechts bis Mitte 2011

Das Bundesministerium für Verkehr, Bau und Stadtentwicklung hat die Richtlinie zur Ermittlung von Bodenrichtwerten (Bodenrichtwertrichtlinie – BRW-RL) v. 11.1.2011 im Bundesanzeiger bekannt gemacht (Bek. v. 11.2.2011, BAnz. Nr. 24, S. 597). Diese Richtlinie gibt Hinweise für die Ermittlung der Bodenwerte nach § 10 der Immobilienwertermittlungsverordnung v. 19.5.2010.

Durch Art. 4 des Europarechtsanpassungsgesetzes Erneuerbare Energien v. 12.4.2011 (BGBl. I S. 619) wurden § 109 Abs. 4 und § 173 Abs. 1 BauGB geändert. Damit ist in beiden Vorschriften geregelt, dass auf die Erteilung von Genehmigungen die Vorschriften des § 22 Abs. 3 Satz 2 bis 5 BauGB über die Fristen für die Erteilung von Genehmigungen einschließlich der Verlängerungsmöglichkeit und der Genehmigungsfiktion bei Fristablauf anzuwenden sind.

19. Gesetz zur Förderung des Klimaschutzes bei der Entwicklung in den Städten und Gemeinden (2011)

Das Gesetz zur Förderung des Klimaschutzes bei der Entwicklung in den Städten und Gemeinden v. 22.7.2011 (BGBl. I S. 1509) hat das Baugesetzbuch sowie die Planzeichenverordnung geändert. Mit diesem Gesetz sind in das BauGB und die PlanZV ergänzende Regelungen zum Klimaschutz aufgenommen worden, wobei Regelungen zur Unterstützung vor allem des Einsatzes erneuerbarer Energien und auch der Energieeinsparung und der Energieeffizienz im Vordergrund stehen.

Im Allgemeinen Städtebaurecht beziehen sich die Änderungen und Ergänzungen auf die Aufgaben und Grundsätze der Bauleitplanung in § 1 Abs. 5 Satz 2 und § 1a Abs. 5 BauGB, die um solche des Klimaschutzes ergänzt worden sind. Die Vorschriften zum Inhalt des Flächennutzungsplans, des Bebauungsplans und des städtebaulichen Vertrages (§§ 5, 9 und 11 BauGB) sind vor allem erweitert worden zu den Bereichen erneuerbare Energien, Anlagen für die Kraft – Wärme – Kopplung und zur energetischen Qualität von Gebäuden. Die Änderungen der Vorschriften über das Bauen im Außenbereich beziehen sich auf die im Außenbereich nach § 35 Abs. 1 BauGB privilegiert zulässigen Vorhaben: Änderung der Leistungsbegrenzung von privilegiert zulässigen Biomasse – Anlagen, Fortfall der privilegierten Zulässigkeit von neuen Kernkraftwerken und Einführung eines neuen Privilegierungstatbestands für Anlagen für die solare Strahlungsenergie im Zusammenhang mit Gebäuden. Neu eingeführt sind „Sonderregelungen zur sparsamen und effizienten Nutzung von Energie" in

§ 248 BauGB – sie regeln die Zulässigkeit von bestimmten Abweichungen von Festsetzungen des Bebauungsplans und vom Einfügensgebot bezüglich des Maßes der baulichen Nutzung, der Bauweise und der überbaubaren Grundstücksfläche bei Maßnahmen der Energieeinsparung und des Anbringens von Anlagen für die solare Strahlungsenergie – sowie die „Sonderregelungen zur Windenergie in der Bauleitplanung" in § 249 BauGB – sie enthält Regelungen bei Ausweisung zusätzlicher Flächen für die Windenergie und für das Verbindlichmachen des Repowering von Windenergieanlagen.

Im Besonderen Städtebaurecht sind im Sanierungsrecht Anlagen und Einrichtungen für erneuerbare Energien und die Energieeffizienz in den Begriff Baumaßnahmen eingeführt worden (§ 148 Abs. 2 BauGB), und in das Stadtumbaurecht sind insbesondere die allgemeinen Anforderungen an den Klimaschutz und die Klimaanpassung einbezogen worden (§ 171a Abs. 2 und 3 BauGB).

Durch Art. 2 des Gesetzes ist die Planzeichenverordnung (PlanZV) um neue Planzeichen für Anlagen für erneuerbare Energien und für Kraft – Wärme – Kopplung ergänzt worden (Ergänzungen der Nummern 4 und 7 der Anlage der Planzeichenverordnung).

20. Gesetz zur Stärkung der Innenentwicklung in den Städten und Gemeinden und weiteren Fortentwicklung des Städtebaurechts (2013)

Das Gesetz zur Stärkung der Innenentwicklung in den Städten und Gemeinden und weiteren Fortentwicklung des Städtebaurechts v. 11.6.2013 (BGBl. I S. 1548) hat das Baugesetzbuch und die Baunutzungsverordnung geändert. Es ist im Wesentlichen am 20.9.2013 in Kraft getreten (Art. 3 des Gesetzes). Seine wesentlichen Inhalte sind:

Durch das Gesetz sind mehrere Änderungen und Ergänzungen im Recht der Bauleitplanung vorgenommen worden. Es enthält neue Planungsgrundsätze zur Innenentwicklung (vorrangige Ausrichtung der Bauleitplanung auf die Innenentwicklung in § 1 Abs. 5 BauGB) und ergänzende Regelungen zum Schutz von land- und forstwirtschaftlichen Flächen vor Inanspruchnahme für bauliche Zwecke und für den Ausgleich von Eingriffen in Natur und Landschaft (§ 1a Abs. 2 und 3 BauGB). Zum Verfahren der Bauleitplanung sind Änderungen und Ergänzungen erfolgt: Einbeziehung der Kinder und Jugendlichen in die frühzeitige Öffentlichkeitsbeteiligung (§ 3 Abs. 1 BauGB), in § 3 Abs. 2 Satz 2 BauGB eine Harmonisierung mit dem Wortlaut des § 47 Abs. 2a VwGO zur sog. Präklusionsregelung, ergänzende Regelungen zur Information der Öffentlichkeit und Mediation in § 4a Abs. 1 und § 4b BauGB. Die Planerhaltungsvorschrift des § 214 Abs. 2a Nr. 1 BauGB zu Bebauungsplänen der Innenentwicklung wurde aufgehoben. Die Darstellungs- und Festsetzungsmöglichkeiten in den Bauleitplänen wurden erweitert: Möglichkeit der Darstellung der Ausstattung des Gemeindegebiets mit zentralen Versorgungsbereichen in Flächennutzungsplänen (§ 5 Abs. 2 Nr. 2 Buchst. d BauGB), in § 9 Abs. 2b BauGB Rechtsgrundlagen für einen einfachen Bebauungsplan zur Steuerung von Vergnügungsstätten in Gebieten nach § 34 BauGB. Zur Sicherung der Bauleitplanung sind zwei Änderungen vorgenommen worden: Zurückstellungsmöglichkeit bei der Steuerung von Außenbereichsvorhaben durch Flächennutzungsplan bis zu einem weiteren Jahr in § 15 Abs. 3 BauGB, Erweiterung der Ausübung von Vorkaufsrechten zu Gunsten Dritter in § 27a BauGB.

Der bisher in § 124 BauGB geregelte Erschließungsvertrag ist in den städtebaulichen Vertrag (§ 11 BauGB) übernommen worden, ergänzt um die Möglichkeit des Abschlusses mit kommunaleigenen Gesellschaften.

Im Zulässigkeitsrecht des § 34 BauGB ist eine erleichterte Umnutzungsmöglichkeit von Gewerbebauten in Wohngebäude geregelt (§ 34 Abs. 3a BauGB). Drei Änderungen des § 35 BauGB über das Bauen im Außenbereich beziehen sich auf die privilegierte Zulässigkeit von gewerblichen Tierhaltungsanlagen und von Biomasse – Anlagen (Abs. 1 Nr. 4 und 6) und auf die Neuerrichtung von Gebäuden im Rahmen von Nutzungsänderungen bisher landwirtschaftlich genutzter Gebäude (Abs. 4 Satz 2).

In Ergänzung zum Änderungsgesetz 2011 (s. oben zu 19.) sind in drei Bereichen Ergänzungen und Änderungen zu den Themen energetische Quartierssanierung, Energiesparmaßnahmen an Gebäuden und erneuerbare Energien vorgenommen worden: im Sanierungsrecht (§ 136 Abs. 2–4 BauGB), im Recht der Erhaltungssatzungen (§ 172 Abs. 4 BauGB) und zur Zulässigkeit von Anlagen für die Nutzung solarer Strahlungsenergie und Kraft-Wärme-Kopplungs-Anlagen in den Baugebieten mit „Rückwirkungsregelungen" (§ 14 Abs. 3 BauNVO, § 245a Abs. 1 und 2 BauGB).

Die Vorschriften zum Rückbau- und Entsiegelungsgebot (§ 179 BauGB) sind in zweifacher Hinsicht ergänzt worden: erweiterter Anwendungsbereich – auch außerhalb von Bebauungsplangebieten – (Abs. 1) und Beteiligung der Grundstückseigentümer an den Beseitigungskosten (Abs. 4).

Die Änderungen im Wertermittlungsrecht beziehen sich auf § 192 Abs. 3 BauGB (Einbeziehung von Bediensteten der Finanzbehörden), § 195 Abs. 1 BauGB (erstmalige und erneute Bestellung von Erbbaurechten), § 197 Abs. 2 BauGB (Beteiligung der Finanzbehörden), § 198 Abs. 2 BauGB (Auswertungen und Analysen des Grundstücksmarktgeschehens), § 196 Abs. 1 Satz 5 und § 199 Abs. 2 BauGB (Häufigkeit der Bodenrichtwertermittlung). Weitere Änderungen sind erfolgt im Verfahrensrecht von § 22 Abs. 8 Satz 4 BauGB und Art. 1 Nr. 20 zu § 171d Abs. 1 BauGB (Erlöschen des Genehmigungsvorbehalts im Grundstücksverkehr), zur Anpassung an die ZPO in § 122 Abs. 2 Satz 2, zur Anpassung an Basiszinssatz im BGB in § 133 Abs. 3 Satz 4 und § 135 Abs. 3 Satz 3 sowie zu Anpassungen an Zitate des Europarechts in § 1a Abs. 4 BauGB und in Anlage 2 zum BauGB.

Anlagen für die Kinderbetreuung sind nunmehr in den reinen Wohngebieten allgemein zulässig, verbunden mit einer differenzierten „Rückwirkungsregelung" (§ 3 BauNVO, § 245a Abs. 1 und 2 BauGB). Die Möglichkeit der Überschreitung der sogen. Obergrenzen des § 17 Abs. 1 BauNVO insbesondere bei den Festsetzungen zum Maß der baulichen Nutzung in Bebauungsplänen ist erweitert worden (§ 17 Abs. 2 BauNVO).

21. Die Änderungen des Bundesbaurechts bis September 2014

Das Bundesministerium für Umwelt, Naturschutz, Bau und Reaktorsicherheit hatte die Richtlinie zur Ermittlung des Vergleichwerts und des Bodenwerts (**Vergleichswertrichtlinie** – VW-RL) vom 20.3.2014 im Bundesanzeiger bekannt gemacht (Bek. v. 11.4.2014, BAnz. AT 11.4.2014 B3). Diese Richtlinie gab Hinweise für die Ermittlung des Vergleichswerts und des Bodenwerts nach den §§ 15 und 16 der Immobilienwertermittlungsverordnung.

Durch das Gesetz zur Einführung einer Länderöffnungsklausel zur Vorgabe von Mindestabständen zwischen Windenergieanlagen und zulässigen Nutzungen v. 15.7.2014 (BGBl. I S. 954), das am 1.8.2014 in Kraft trat, wurde **§ 249 Abs. 3 BauGB** eingeführt. Durch diese Ergänzung des § 249 BauGB (Sonderregelung zur Windenergie) haben die Länder in einem bestimmten Rahmen die Gesetzgebungskompetenz zur Modifizierung der privilegierten Zulässigkeit von Windenergieanlagen im Außenbereich erhalten. Danach können die Länder durch bis zum 31.12.2015 zu verkündende Landesgesetze bestimmen, dass § 35 Abs. 1 Nr. 5 BauGB (Privilegierungstatbestand für Windenergieanlagen im Außenbereich) nur Anwendung findet, wenn die Windenergieanlagen einen bestimmten Abstand zu den im Landesgesetz bezeichneten zulässigen baulichen Nutzungen einhalten. Dabei sind die Einzelheiten, insbesondere zur Abstandfestlegung und zu den Auswirkungen der festgelegten Abstände auf Ausweisungen in geltenden Flächennutzungsplänen und Raumordnungsplänen, in den Landesgesetzen nach Satz 1 zu regeln.

22. Das Gesetz über Maßnahmen im Bauplanungsrecht zur Erleichterung der Unterbringung von Flüchtlingen (2014)

Das Gesetz über Maßnahmen im Bauplanungsrecht zur Erleichterung der Unterbringung von Flüchtlingen v. 20.11.2014, BGBl. I S. 1748, in Kraft getreten am 26.11.2014 (Art. 2 des Gesetzes), enthält Ergänzungen des Bauplanungsrechts im BauGB, die insbesondere der erleichterten Zulassung von Anlagen zur Unterbringung von Asylbegehrenden und Flüchtlingen dienen. Das Gesetz berücksichtigt damit die starken Zunahmen von Flüchtlingen und Asylbegehrenden und deren Unterbringungsbedarf. Dazu wurden geändert: In § 1 Abs. 6 Nr. 13 BauGB als neuer Planungsgrundsatz für die Bauleitplanung die Belange von Flüchtlingen und Asylbegehrenden und ihrer Unterbringung, in § 31 Abs. 3 Nr. 1 BauGB Aufnahme des Bedarfs für die Unterbringung dieser Personen als Befreiungsgrund (Unterfall des Wohls der Allgemeinheit) sowie bis Ende 2019 befristete Sonderregelungen in § 246 Abs. 8 und 10 BauGB: erweiterte Genehmigungsmöglichkeiten für Nutzungsänderungen in den nicht beplanten Innenbereichen (§ 34 Abs. 3a BauGB), die Neuerrichtung solcher Anlagen und Einrichtungen im Außenbereich als begünstigte Vorhaben (§ 35 Abs. 4 BauGB) und die Zulassung in festgesetzten und faktischen Gewerbegebieten (§ 8 BauNVO, § 34 Abs. 2 BauGB).

23. Die Änderungen des Bundesbaurechts bis Ende 2015

Durch **Art. 6 des Asylverfahrensbeschleunigungsgesetzes** vom 10.10.2015, BGBl. I S. 1722, am 24.10.2015 in Kraft getreten, wurden in § 246 durch Änderungen und Ergänzungen weitergehende, ebenfalls bis zum 31.12.2019 befriste Vorschriften zur Abweichung von den §§ 31, 34, 35 und 37 zu Gunsten von Aufnahmeeinrichtungen, Gemeinschaftsunterkünften oder sonstigen Unterkünften für Asylbegehrende und Flüchtlinge eingeführt. Abs. 8 erstreckt sich nun auf Nutzungsänderungen aller baulichen Anlagen zu Gunsten solcher Vorhaben (Anwendung des § 34 Abs. 3a). Die Zulassungsregelungen in § 246 Abs. 11–14 beziehen sich in Abs. 11 auf die erweiterte Zulassung in den Baugebieten mit Wohn- und gemischten Nutzungen, in Abs. 12 auf die auf drei Jahre zu befristende Zulassung von mobilen Unterkünften in allen Baugebieten und von Nutzungsänderungen baulicher Anlagen in Gewerbe-, Industrie- und Sondergebieten, in Abs. 13 auf die auf drei Jahre zu befristende Zulassung von mobilen Unterkünften und auf Nutzungsänderungen von baulichen Anlagen im Außenbereich, in Abs. 14 auf die Möglichkeit der Zulassung durch die höhere Verwaltungsbehörde als allgemeine Abweichung vom Bauplanungsecht. Die ergänzenden Vorschriften in Abs. 15–17 beziehen sich auf Genehmigungsverfahren.

Am 4.12.2015 wurde die **Ertragswertrichtlinie (EW-RL)** im Bundesanzeiger bekannt gemacht worden. Diese Richtlinie enthält Empfehlungen für die Ermittlung des Ertragswerts von Grundstücken. Sie gab dazu Hinweise für die Ermittlung des Ertragswerts nach den §§ 17 bis 20 der ImmoWertV. Ihre Anwendung sollte die Ermittlung des Ertrags- bzw. Verkehrswerts nach einheitlichen und marktgerechten Grundsätzen sicherstellen. Damit existierten nun für sämtliche in der ImmoWertV geregelten Verfahren der Wertermittlung die für ihre Anwendung wichtigen Hinweise. Soweit die Wertermittlungsrichtlinien 2006 nicht durch die vorgenannten Richtlinien ersetzt worden waren, blieb die Wertermittlungsrichtlinien 2006 sinngemäß anwendbar, soweit dies mit der ImmoWertV vereinbar war.

24. Die Änderungen des Bundesbaurechts bis 31. Juli 2017

Das Gesetz zur Umsetzung der Richtlinie 2014/52/EU im Städtebaurecht und zur Stärkung des neuen Zusammenlebens in der Stadt vom 4.5.2017, BGBl. I S. 1057, hat das BauGB, die BauNVO und die PlanzV geändert (in Kraft getreten am 13.5.2017). Es setzt im BauGB die im Titel des Gesetzes genannte UVP–Richtlinie um, und es wurden weitere Änderungen zur Anpassung an neue Entwicklungen im Städtebaurecht vorgenommen. Seine wesentlichen Inhalte sind:

In Umsetzung der UVP-Richtlinie 2014/52/EU sind in den Vorschriften des BauGB über die Aufstellung der Bauleitpläne die zu berücksichtigenden Umweltbelange in § 1 Abs. 6 Nr. 7 Buchst. a, i und j BauGB ergänzt worden um die Auswirkungen auf die Fläche, die Wechselwirkungen auf bestimmte Belange des Umweltschutzes und die Auswirkungen von schweren Unfällen oder Katastrophen. Die Frist zur öffentlichen Auslegung des Entwurfs des Bauleitplans und der Behördenstellungnahmen beträgt mindestens 30 Tage (§ 3 Abs. 2 Satz 1, § 4 Abs. 2 Satz 1 BauGB); zusätzlich Verlängerung der Monatsfrist bei Vorliegen eines wichtigen Grundes für die Dauer einer angemessenen längeren Frist (§ 3 Abs. 2 Abs. 1 BauGB). Die zusammenfassende Erklärung zur Berücksichtigung der Umweltbelange und der Ergebnisse der Öffentlichkeits- und Behördenbeteiligung und von anderweitigen Planungsmöglichkeiten ist (neu) für den Flächennutzungsplan in § 6a Abs. 1 BauGB, für den Bebauungsplan im neuen § 10a Abs. 1 BauGB geregelt; darin und in § 4a Abs. 4 BauGB ist die verbindliche Nutzung des Internets vorgeschrieben. In die Überwachung von Umweltauswirkungen (§ 4a Satz 1 BauGB) ist auch die Durchführung von Ausgleichsmaßnahmen nach § 1a Absatz 3 BauGB einbezogen (Ergänzung von § 4c Satz 1 BauGB). Die Inhalte des Umweltberichts in Anlage 1 sind in umfangreicher Weise angepasst worden. In Anpassung an diese geänderten Vorschriften über das Bauleitplanverfahren und aus weiteren Gründen ist § 214 Abs. 1 und 2a BauGB (Beachtlichkeit der Verletzung von Vorschriften ….) geändert worden.

Flankierend zur Umsetzung der Seveso-III-Richtlinie (Störfallanlagen) sind erweiterte Festsetzungsmöglichkeiten im Bebauungsplan (§ 9 Abs. 1 Nr. 23c und Abs. 2c BauGB) sowie der Ausschluss von vereinfachten und beschleunigten Verfahren (§§ 13, 13a BauGB) und von Satzungen nach §§ 34 und 35 BauGB geregelt.

Es sind zusätzliche Vorschriften zur Berücksichtigung der Wohnbedürfnisse der Bevölkerung eingeführt worden: in die Grundsätze der Bauleitplanung (§ 1 Abs. 5, § 1 Abs. 6 Nr. 2 BauGB) Belange der Wohnbedürfnisse; bis grundsätzlich 31.12.2019 mögliche Aufstellung von Bebauungsplänen im beschleunigten Verfahren (§ 13b BauGB) für Wohnnutzungen auf Außenbereichsflächen; europarechtlich gebotene Konkretisierung städtebaulicher Verträge über sog. Einheimischen-Modelle in § 11 Abs. 1 Satz 2 Nr. 2 BauGB; planerisch mögliche Zulassung des allgemeinen Wohnens in Erholungsgebieten nach § 12 Abs. 7 BauGB; erweiterte Zulassung von Nutzungsänderungen zu Gunsten des Wohnens in den im Zusammenhang bebauten Ortsteilen (§ 34 Abs. 3a BauGB, zugleich redaktionell neu gefasst); Regelung zum Kündigungsschutz bei Umwandlung in Wohnungseigentum in Gebieten mit Erhaltungssatzungen (§ 172 Abs. 4 Satz 3 Nr. 6, § 173 Abs. 3 BauGB).

§ 6a BauNVO regelt die neue Baugebietsvorschrift für urbane Gebiete, verbunden mit Ergänzungen in § 1 Abs. 2 (Abkürzung MU) und § 17 Abs. 1 BauNVO (hohes Maß der baulichen Nutzung möglich) sowie in der PlanzV (Farbe: braun mittel).

In § 22 BauGB sind zur Sicherung von Gebieten mit Fremdenverkehrsfunktionen auch die Einführung von Genehmigungspflichten bei Begründung von Bruchteilseigentum an Grundstücken mit Wohngebäuden oder Beherbergungsbetrieben und Benutzungsregelungen (§§ 1008, 1010 BGB) und bei bestimmter längerer Nutzung von Räumen in Wohngebäuden oder Beherbergungsbetrieben als Nebenwohnung möglich; dies wurde ergänzt um Ordnungswidrigkeiten (§ 213 BauGB). Aufgrund einer Ergänzung in § 11 Abs. 2 Satz 2 BauNVO kann in Sondergebieten für den Fremdenverkehr Dauerwohnen vorgesehen werden. Der neue § 13a BauNVO regelt die Zulässigkeit von Ferienwohnungen in verschiedenen Baugebieten.

Das Gesetz über ergänzende Vorschriften zu Rechtsbehelfen in Umweltangelegenheiten nach der EG-Richtlinie 2003/35/EG (Umwelt-Rechtsbehelfsgesetz – UmwRG) vom 28.5.2017, BGBl. I S. 1298, enthält als Folge der Aufhebung der sog. Präklusionsregelung des § 47 Abs. 2a VwGO aF in Art. 2 Änderungen von § 3 Abs. 2 und § 214 Abs. 1 Satz 1 Nr. 2 BauGB (Aufhebung des diesbezüglichen Hinweises bei der öffentlichen Auslegung). Mit dem Gesetz wurde in § 3 Abs. 3 BauGB eine Hinweisregelung zu der neuen Präklusionsregelung des UmwRG bezüglich nicht fristgemäß geltend gemachter Einwendungen von Umwelt-Vereinigungen gegen Flächennutzungsplanungen eingeführt.

Das Gesetz zur weiteren Verbesserung des Hochwasserschutzes und zur Vereinfachung von Verfahren des Hochwasserschutzes (Hochwasserschutzgesetz II) vom 30.6.2017, BGBl. I S. 2193, enthält über die Änderungen des Wasserhaushaltsgesetzes (WHG) hinaus auch Änderungen des BauGB in §§ 1, 5 und 9: in § 1 Abs. 6 Nr. 12 zu weiteren Belangen des Hochwasserschutzes insbesondere die Vermeidung und Verringerung von Hochwasserschäden; in § 9 Abs. 1 Nr. 16 zusätzliche Festsetzungsmöglichkeiten über bauliche und technische Maßnahmen gegen Hochwasserschäden (Buchst. c) sowie zum Freihalten von Flächen für die natürliche Versickerung von Wasser aus Niederschlägen (Buchst. d). Diese Regelungen sind am 6.7.2017 in Kraft getreten. Das Inkrafttreten der Vorschriften über nachrichtliche Übernahmen von Risikogebieten und Hochwasserentstehungsgebieten des geänderten WHG in den Bauleitplänen (§ 5 Abs. 4a Satz 1, § 9 Abs. 6a BauGB) ist – wie das geänderte WHG insgesamt – der 5.1.2018.

Das Gesetz zur Modernisierung des Rechts der Umweltverträglichkeitsprüfung vom 20.7.2017, BGBl. I S. 2808, enthält in Art. 2 Abs. 3 Änderungen des BauGB, und zwar in der Anlage 2 Nr. 1.1 zum BauGB eine Anpassung an das neu gefasste UVPG sowie Änderungen in § 3 Abs. 2 Satz 1 und § 4 Abs. 2 Satz 2 BauGB (zur Frist von 30 Tagen), in § 214 Abs. 1 Satz 1 Nr. 2 BauGB (Aufhebung des Buchst. c) und in § 245c Abs. 1 BauGB (zur Beteiligung der Behörden nach sonstigen Vorschriften).

25. Die Bekanntmachungen der Neufassungen von BauGB und BauNVO 2017

Nach Art. 4 des Gesetzes zur Umsetzung der Richtlinie 2014/52/EU im Städtebaurecht und zur Stärkung des neuen Zusammenlebens in der Stadt vom 4.5.2017 (s. oben zu Nr. 24) kann das Bundesministerium für Umwelt, Naturschutz, Bau und Reaktorsicherheit das Baugesetzbuch und die Baunutzungsverordnung in der vom 1.10.2017 an geltenden Fassung im Bundesgesetzblatt bekannt machen. Dies ist für das BauGB mit der Bekanntmachung der Neufassung vom 3.11.2017, BGBl. I S. 3634, und für die BauNVO mit der Bekanntmachung der Neufassung vom 21.11.2017, BGBl. I S. 3786, vorgenommen worden. Damit sind insbesondere die seit der letzten Bekanntmachung des BauGB v. 23.9.2004 mehrfach erfolgten Änderungen des BauGB berücksichtigt worden; die BauNVO war zuletzt am 23.1.1990 bekannt gemacht worden.

26. Die Änderungen des Bundesbaurechts bis 31. August 2020

Durch Art. 6 des Gesetzes zum Schutz der Bevölkerung bei einer epidemischen Lage von nationaler Tragweite vom 27.3.2020, BGBl. I S. 587, wurde § 246b BauGB „Sonderregelungen für Anlagen für gesundheitliche Zwecke im Zuge der COVID-19-Pandemie" eingefügt. Damit bestehen bis zum Ablauf des 31.12.2020 weitreichende Zulassungsmöglichkeiten in Abweichung von bauplanungsrechtlichen Vorschriften zugunsten der Errichtung, Änderung oder Nutzungsänderung von baulichen Anlagen zur Versorgung von mit dem Coronavirus SARS-CoV-2 infizierten oder möglicherweise infizierten Personen.

Durch das Gesetz zur Sicherstellung ordnungsgemäßer Planungs- und Genehmigungsverfahren während der COVID-19-Pandemie (Planungssicherstellungsgesetz – PlanSiG) vom 20.5.2020, BGBl. I S. 1041 (Nr. 1b), sind – im Sinne eines „Mantelgesetzes" – für verschiedene Bundesgesetze, so auch für BauGB und ROG, wegen der im Zuge der Pandemie verfügten Kontaktbeschränkungen die Nutzung der Möglichkeiten des Internets bis zum Ablauf des 31.3.2021 erweitern worden. Für ortsübliche und öffentliche Bekanntmachungen sowie für Auslegungen von Unterlagen oder Entscheidungen ist unter bestimmten Voraussetzungen die Ersetzung durch Veröffentlichung im Internet möglich. Dies gilt namentlich für die öffentliche Auslegung von Planentwürfen nach § 3 Abs. 2 BauGB; vgl. auch § 4a, § 13 Abs. 2 S. 1 Nr. 2, § 13a Abs. 2 Nr. 1, § 13b, § 34 Abs. 6 S. 1, § 35 Abs. 6 S. 5 BauGB.

Durch Art. 2 des Gesetzes zur Vereinheitlichung des Energieeinsparrechts für Gebäude und zur Änderung weiterer Gesetze vom 8.8.2020, BGBl. I S. 1728, ist § 249 Abs. 3 BauGB (eingeführt durch Ges. v. 15.7.2014, s. oben zu 21.)

geändert worden. Danach haben die Länder erneut die gesetzgeberische Kompetenz erhalten, die Anwendbarkeit der privilegierten Zulässigkeit von Windenergieanlagen im Außenbereich nach § 35 Abs. 1 Nr. 5 BauGB von der Einhaltung bestimmter Abstände abhängig zu machen. Im Vergleich zu der Fassung von 2014 sind die Merkmale und Voraussetzungen geändert; insbesondere muss sich der Mindestabstand von Windenergieanlagen auf bestimmte bauliche Nutzungen zu Wohnzwecken beziehen und er darf höchstens 1000m betragen und diese Vorschrift ist zeitlich nicht befristet. Mit dem gleichen Gesetz ist § 172 Abs. 4 Satz 3 Nr. 1a BauGB (Genehmigungserteilung bei Anpassungen an die Anforderungen des Energieeinsparrechts) an das neue Gebäudeenergiegesetz angepasst worden.

27. Die Änderungen des Bundesbaurechts bis zum 30. Juni 2021

Das **Planungssicherstellungsgesetz** (Nr. 1b) hat als „Mantelgesetz" auch für das BauGB und das ROG wegen der COVID-19-Pandemie die Nutzung des Internets erweitert (s. oben zu 26.), und zwar bei den einschlägigen Verfahren befristet anwendbar bis zum Ablauf des 31.3.2021. Die Befristung ist durch Art. 1 des Gesetzes v. 18.3.2021, BGBl. I S. 353, bis zum Ablauf des 31.12.2022 verlängert worden (§ 7 Abs. 2 Satz 1 PlanSiG).

Das Gesetz zur Mobilisierung von Bauland (**Baulandmobilisierungsgesetz**) v. 14.6.2021, BGBl. I S. 1802 hat zu umfangreichen Änderungen des BauGB (Nr. 1) und der BauNVO (Nr. 3) sowie zu Anpassungen der PlanZV (Nr. 4) geführt. Die Änderungen sind am 23.6.2021 in Kraft getreten (Art. 4 des Gesetzes). Im Schwerpunkt verfolgt das Gesetz Anliegen des Wohnungsbaus: Im Recht der Bauleitplanung Hervorhebung der Erforderlichkeit von Bauleitplänen für den Wohnungsbau (§ 1 Abs. 3 Satz 1 BauGB); Einführung des sog. sektoralen Bebauungsplans für den Wohnungsbau mit Festsetzungen zur sozialen Wohnraumförderung mit Belegungs- und Mietpreisbindungen (§ 9 Abs. 2d BauGB, § 246 Abs. 6 BauGB); Einführung des neuen Baugebiets dörfliches Wohngebiet (§ 5a BauNVO, § 245d Abs. 1 BauGB); die Obergrenzen für die Festsetzung des Maßes der baulichen Nutzung (§ 17 BauNVO) haben die Bedeutung von Orientierungswerten; Verlängerung der Möglichkeit zur Einbeziehung von Außenbereichsflächen im beschleunigten Verfahren (§ 13b BauGB). Hinzu kommen erleichterte Zulassungsmöglichkeiten von Wohnzwecken dienenden Vorhaben durch: erweiterte Möglichkeiten der Erteilung von Befreiungen von Festsetzungen des Bebauungsplans nach § 31 Abs. 2 Nr. 1 BauGB und nach § 31 Abs. 3 Abs. 3 BauGB in Gebieten nach § 201a BauGB während der Dauer entsprechender Rechtsverordnung der Landesregierung; Abweichung vom Erfordernis des Einfügens (§ 34 Abs. 3a Satz 3 BauGB); Erweiterungen im Katalog begünstigter Vorhaben im Außenbereich (§ 35 Abs. 4 Satz 1 Nr. 1 Eingangsworte und Buchst. f, Nr. 2 Buchst. c BauGB). Neu sind die Vorschriften über die Bestimmung von Gebieten mit einem angespannten Wohnungsmarkt durch Rechtsverordnung der Landesregierung, die spätestens Ende 2026 außer Kraft treten muss (§ 201a BauGB), sowie die Möglichkeit der Einführung von Genehmigungsvorbehalten bei Begründung oder Teilung von Wohnungseigentum oder Teileigentum durch Rechtsverordnung der Landesregierung (§ 250 BauGB). Zur Aktivierung von Bauland zugunsten der Durchführung von Baumaßnahmen sind ergänzt worden die Vorschriften über das Vorkaufsrecht insbesondere für die Mobilisierung von Wohnbauland (§ 24 Abs. 1 Satz 1 Nr. 6 und Nr. 8, Abs. 3 Satz 2, § 25 Abs. 1 Satz 1 Nr. 3 Buchst. b,

Satz 2 und 3, § 28 Abs. 2 Satz 1, Abs. 3 Satz 1 BauGB) sowie die Vorschriften zu den Geboten im allgemeinen (Berücksichtigung angespannter Wohnungsmärkte, § 175 Abs. 2 Satz 2 und Abs. 3 BauGB) und zu den Baugeboten für Zwecke des Wohnungsbaus (§ 176 Abs. 1 Satz 1 Nr. 3 und Satz 2 BauGB) und zum Absehen von Baugeboten in bestimmten Fällen (§ 176 Abs. 3 und 4 Satz 2 BauGB).

Das Gesetz enthält zusätzlich Änderungen zu weiteren städtebaulichen Anliegen: zu Grün- und Freiflächen, zu Naturerfahrungsräumen sowie zum Mobilfunkausbau und zur Elektromobilität (§ 1 Abs. 6 Nr. 8, 9 und 14; § 9 Abs. 1 Nr. 11 und Nr. 15 BauGB). Die Anwendbarkeit des beschleunigten Verfahrens ist auch bei Aufhebung von Bebauungsplänen möglich (§ 13a Abs. 4 BauGB). Die befristete Anwendbarkeit der Sonderregelungen für Flüchtlingsunterkünfte (§ 246 Abs. 12 Satz 2 und 3, Abs. 3 Satz 2 und Satz 3 BauGB) ist – differenziert – verlängert worden. Die Sonderregelungen für Anlagen für gesundheitliche Zwecke im Zuge der COVID-19-Pandemie sind unter Verlängerung (bis 31.12.2022) neugefasst worden.

Die Änderungen der BauNVO (Nr. 3) sind: Einführung des neuen Baugebietstyps „dörfliches Wohngebiet". Bei der Bestimmung des zulässigen Maßes der baulichen Nutzung bestehen nach § 17 BauNVO Orientierungswerte für Obergrenzen. Der eingefügte § 14 Abs. 1a BauNVO enthält Obergrenzen als Orientierungswerte. Der geänderte § 14 Abs. 1a BauNVO enthält eine Ergänzung bezüglich der Telekommunikationsanlagen. Zu Anpassungen an die geänderten Vorschriften und zu Überleitungsvorschriften s. die Änderungen in § 1 Abs. 2 und 3, § 13a, § 14 Abs. 1a und § 25e BauNVO. In der PlanzV (Nr. 4) enthält die Anlage für das neue dörfliche Wohngebiet ein Planzeichen (Nr. 1.2.2).

28. Die Änderungen des Bundesbaurechts bis Ende 2021

Das Gesetz zur baulichen Anpassung von Anlagen der Jungsauen- und Sauenhaltung v. 16.7.2021, BGBl. I S. 2939, hat dem § 245a BauGB Absatz 5 angefügt (erweiterte Zulassung von Vorhaben der Tierhaltung über § 35 Abs. 1 Nr. 1 und 4 BauGB hinaus). Das Gesetz trat am 23.7.2021 in Kraft.

Durch Art. 9 des Aufbauhilfegesetzes v. 10.9.2021 (BGBl. I S. 4147) wurde § 246c BauGB eingeführt mit Sonderregelungen für bestimmte mobile bauliche Anlagen und mobile Infrastruktureinrichtungen in von Hochwasserkatastrophen betroffenen Gemeinden (Möglichkeit des Abweichens vom BauGB für längstens fünf Jahre). Das Gesetz trat am 15.9.2021 in Kraft.

Die Verordnung über die Grundsätze für die Ermittlung der Verkehrswerte von Immobilien und der für die Wertermittlung erforderlichen Daten (Immobilienwertermittlungsverordnung – ImmoWertV – vom 14.7.2021, BGBl. I S. 2805) ist neu gefasst worden. Sie traf am 1.1.2022 in Kraft (§ 54 Satz 1 ImmoWertV). Sie ersetzte die bis zum Ablauf des 31.12.2021 geltende Verordnung über die Grundsätze für die Ermittlung der Verkehrswerte von Grundstücken (Immobilienwertermittlungsverordnung) v. 19.5.2010 (BGBl. I S. 639), zuletzt geändert durch Art. 16 Grundsteuer-Reformgesetz v. 26.11.2019 (BGBl. I S. 1794), § 54 Satz 2 ImmoWertV; damit sind auch die dazu erlassenen Richtlinien (Bodenrichtwertrichtlinie, Sachwertrichtlinie, Vergleichswertrichtlinie und Ertragswertrichtlinie) entfallen.

29. Die Änderungen des Bundesbaurechts bis 31. August 2022

Durch Art. 2 des Gesetzes zur Änderung des Energiewirtschaftsgesetzes zur Einführung von Füllstandsvorgaben für Gasspeicheranlagen sowie zur Änderung des § 246 des Baugesetzbuchs vom 26.4.2022 (BGBl. I S. 674) sind durch Neufassung des § 246 Abs. 14 BauGB die Möglichkeiten der Abweichung von Vorschriften des BauGB zugunsten von Flüchtlingen und Asylbegehrenden bis Ende 2024 verlängert worden.

Aufgrund des Gesetzes zur Erhöhung und Beschleunigung von Windenergie an Land vom 20.7.2022 (BGBl. I S. 1353) wurden das Gesetz zur Festlegung von Flächenbedarfen für Windenergieanlagen an Land (Windenergieflächenbedarfsgesetz – WindBG, Nr. 1c) eingeführt und in Anpassung daran sowie ergänzend dazu Änderungen im BauGB und im ROG vorgenommen. Ziel des WindBG ist nach dessen § 1, den beschleunigten Ausbau der Windenergie an Land zu fördern, indem den Ländern Flächenbeitragswerte vorgeben werden. Dazu enthalten die Vorschriften des WindBG und seine beiden Anlagen Begriffsbestimmungen (§ 1 WindBG), konkretisierte Verpflichtungen (§§ 2 und 3 WindBG), Vorschriften über die anrechenbaren Flächen (§ 4 WindBG) und Vorschriften über Bekanntmachung und Erreichens der Flächenbeitragswerte (§ 5 WindBG). Ergänzend enthält § 6 WindBG Verordnungsermächtigungen.

Die Änderungen und Ergänzungen im BauGB betreffen: Im Schwerpunkt wurde § 249 (Sonderregelungen für Windenergieanlagen an Land) ergänzt und geändert. Diese betreffen die Nichtanwendbarkeit der privilegierten Zulässigkeit von Windenergieanlagen im Außenbereich unter bestimmten Voraussetzungen, insbesondere wenn die Flächenziele des WindBG erreicht sind, sowie Erleichterungen bei der Ausweisung von Windgebieten. Daran angepasst sind die Rechtsgrundlagen für Festsetzungen und Darstellungen zu Rückbauverpflichtungen im Rahmen von Repowering-Maßnahmen (§ 249 Abs. 8 BauGB) sowie für landesrechtliche Vorschriften über Mindestabstände zu Windenergieanlagen (§ 249 Abs. 9 BauGB). Weitere Anpassungen im BauGB an § 249 BauGB beziehen sich auf § 5 Abs. 2b (sachliche Teilflächennutzungspläne) und § 35 Abs. 1 Nr. 5 (Privilegierungstatbestand für Windenergieanlagen). § 9a Abs. 2 BauGB enthält eine Verordnungsermächtigung zur Berücksichtigung von artenschutzrechtlichen Belangen im Rahmen von Umweltprüfungen. § 245e BauGB enthält Überleitungsvorschriften, die sich auf den (künftigen) Wegfall des § 35 Abs. 3 Satz 3 BauGB (Ausschlussplanung) für Windenergieanlagen beziehen.

Das ROG (Nr. 5) enthält in Anpassung an das WindBG (Nr. 1c) und unter Übernahme von geänderten Vorschriften des BauGB: In § 8 Abs. 3 ROG Verordnungsermächtigung zur Berücksichtigung von artenschutzrechtlichen Belangen im Rahmen von Umweltprüfungen und in § 27 Abs. 4 ROG Vorschriften zur entsprechenden Anwendung der Überleitungsvorschrift des neuen § 245e BauGB.

30. Die Änderungen des Bundesbaurechts bis 1. Februar 2023

In Ergänzung zu dem unter 30. angegebenen Gesetz zur Erhöhung und Beschleunigung von Windenergie an Land wurden mit zwei weiteren Gesetzen Änderungen am BauGB vorgenommen. Art. 11 des Gesetzes zur Änderung von energiewirtschaftlichen Vorschriften vom 8.10.2022 (BGBl. I S. 1726) betrifft die Fortgeltung von Plänen mit Ausweisungen zugunsten der Windenergie nach § 245e BauGB; für diese können unter erleichterten Voraussetzungen zusätzliche Flächen ausgewiesen werden, und bei Planänderungen zugunsten von Windenergie können Vorabgenehmigungen erteilt werden. Das Gesetz zur sofortigen Verbesserung der Rahmenbedingungen für die erneuerbaren Energien im Städtebaurecht vom 4.1.2023 (BGBl. I S. 1) beinhaltet Änderungen des BauGB und der BauNVO: Erweiterung der privilegierten Zulässigkeit von Vorhaben für die Nutzung solarer Strahlungsenergie im Außenbereich (§ 35 Abs. 1 Nr. 8 BauGB); Sonderregelung für Vorhaben zur Herstellung oder Speicherung von Wasserstoff aus erneuerbaren Energien (§ 249a BauGB); Verordnungsermächtigungen zum Ausbau der erneuerbaren Energien in Abbaubereichen des Braunkohletagebaus (§ 249b BauGB); Regelung der optisch bedrängenden Wirkung von Windenergieanlagen im Außenbereich (§ 249 Abs. 10 BauGB); erweiterte Zulässigkeit von Anlagen zur Nutzung der Sonnenenergie zur Herstellung oder Speicherung von Wasserstoff in Baugebieten (§ 14 BauNVO); Änderung des WindBG.

31. Zur Entwicklung des Bauordnungsrechts

Mit dem Bundesbaugesetz von 1960 und dem Baugesetzbuch von 1986 sind nur die der Bundesgesetzgebung zugänglichen städtebaurechtlichen Sachgebiete kodifiziert worden. Das Gesetz regelt nicht, wie seine Bezeichnung vermuten ließe, die Materie des Baurechts – Städtebaurecht und Bauordnungsrecht – in ihrer Gesamtheit. Das **Bauordnungsrecht** bleibt nach dem Gutachten des Bundesverfassungsgerichts v. 16.6.1954 (BVerfGE Bd. 3, 407) der Landesgesetzgebung vorbehalten.

Das Bauordnungsrecht wird von den Ländern in den **Landesbauordnungen** geregelt. Es unterscheidet sich vom Städtebaurecht durch seine anders geartete Zielsetzung. Das Städtebaurecht regelt die Nutzung des Grund und Bodens. Es bestimmt insbesondere, ob und in welcher Weise ein Grundstück bebaut werden darf. Das Bauordnungsrecht hingegen hat in bestimmter Weise die Ausführung der baulichen Anlagen zum Gegenstand. Es enthält ordnungsrechtliche Anforderungen an die Errichtung, bauliche Änderung, Nutzungsänderung, Instandhaltung und den Abbruch der einzelnen baulichen Anlagen und bezieht in diesem Zusammenhang teils auch das Baugrundstück ein. Diese Anforderungen bezwecken die Abwehr von Gefahren, die Verhinderung von verunstaltenden baulichen Anlagen, den Schutz des Orts- und Landschaftsbildes gegen Verunstaltung sowie die Verfolgung bestimmter Anliegen an die Bauausführung. Schließlich obliegt ihm die Aufgabe, die Anforderungen in den bauaufsichtlichen Verfahren, insbesondere in Genehmigungs- und anderen bauaufsichtlichen Verfahren, durchzusetzen, die in den Landesbauordnungen sowie nach den planungsrechtlichen und sonstigen öffentlich-rechtlichen Vorschriften an bauliche Anlagen gestellt werden.

Die Regelungsgegenstände der Landesbauordnungen können nach der Musterbauordnung (s. unten) wie folgt umschrieben werden: Allgemeine Vorschriften über Anwendungsbereich, Begriffe und allgemeine Anforderungen; die Vorschriften über das Grundstück und seine Bebauung (Zugänge, Zufahren, Abstandsflächen, Grundstücksteilung, nicht überbaubare Flächen, Kinderspielplätze), die Vorschriften über Anforderungen an die baulichen Anlagen (Gestaltung, Anlagen der Außenwerbung, allgemeine Anforderungen an die Bauausführung wie Standsicherheit, Brandschutz, Wärme- und Schallschutz, an die Bauprodukte und Bauarten, Rettungswege, Öffnungen und Umwehrungen sowie die technische Gebäudeausrüstung und nutzungsbedingte Anforderungen); die Organisation der Bauverwaltung und die bauaufsichtlichen Verfahren (Genehmigungspflicht/-freiheit/-verfahren, bauaufsichtliche Maßnahmen, Bauüberwachung und Baulasten); Ordnungswidrigkeiten und örtliche Bauvorschriften.

Auch in den **neuen Ländern** wurde nach dem Vorbild der Bauordnungen der westdeutschen Länder das Bauordnungsrecht eingeführt, zunächst durch die Bauordnung der ehemaligen DDR vom 20.7.1990, die zunächst als Landesrecht nach dem 3.10.1990 weiter galt, und sodann durch eigene Bauordnungen.

Auch die Bauordnungen der Länder wurden mehrmals novelliert. Im Zusammenhang mit den Fortentwicklungen der Landesbauordnungen sind die sogen. **Musterbauordnungen** zu beurteilen, die von der Bauministerkonferenz (Konferenz der für das Bau- und Wohnungswesen zuständigen Minister und Senatoren der Länder – auch als ARGEBAU benannt –) erarbeitet und beschlossen werden. Sie haben den Zweck, zur Harmonisierung der Landesbauordnungen beizutragen und unter diesem Gesichtspunkt zu neuen Aufgabenstellungen Lösungen vorzuschlagen. Wesentliche Impulse gingen von den **Musterbauordnungen von 1981 und 1992** aus. Die Musterbauordnung von 1992 berücksichtigte namentlich das auf Grund einer EG-Richtlinie erlassene Bauproduktengesetz des Bundes. Die Landesbauordnungen haben insbesondere seit Anfang 1990 weitere erhebliche Änderungen erfahren. Es standen die Berücksichtigung von Belangen des Umweltschutzes, zB die Begrenzung der Bodenversiegelung, und die Vereinfachungen des Verfahrensrechts im Vordergrund. Dabei haben der Ersatz des Baugenehmigungsverfahrens durch andere Verfahren sowie die Ausweitung genehmigungsfreier Vorhaben erhebliche Bedeutung erlangt. Die Gesetzgebung der Länder unterscheidet sich auch in wesentlichen Bereichen deutlich. Um die vor allem im Verfahrens-, aber auch teilweise im materiellen Recht sich zunehmend unterscheidenden Landesbauordnungen wieder näher zusammen zu führen, wurde eine neue Musterbauordnung erarbeitet, die am 8. November 2002 von der Bauministerkonferenz beschlossen wurde. Die Neuerungen dieser **Musterbauordnung 2002** beziehen sich im Verfahrensrecht auf die mit neuen Begriffsbestimmungen versehenen Bereiche „Verfahrensfreiheit und Genehmigungsfreistellung", „Baugenehmigungsverfahren" – hier wurden auch die Auswirkungen auf das Zulässigkeitsrecht des Baugesetzbuchs berücksichtigt – und „bautechnische Nachweise" – hier werden die unterschiedlichen Formen der „Privatisierung" von hoheitlich bautechnischen Prüfungen berücksichtigt. Die wesentliche Harmonisierung besteht in der Verwendung einheitlicher Begriffe, den Ländern bleibt aber die Regelung von in der Sache unterschiedlichen Verfahren unbenommen. Die Neuerungen der Musterbauordnung 2002 beziehen sich im materiellen Recht auf eine Reduzierung der bauordnungsrechtlichen Anforderungen auf sicherheitsrechtlich Zwingendes. In diesem Rahmen wurden namentlich das Abstandsflächenrecht, die Anforderungen an den Brandschutz und die Stellplatzpflicht neu gefasst.

Die Bauministerkonferenz hat die Musterbauordnung 2002 in verschiedenen Bereichen geändert, zuletzt durch Beschlüsse der Bauministerkonferenz v. 27.9.2019 und 25.9.2020 (vgl. www.is-argebau.de).

Ein Verzeichnis der landesrechtlichen Bauordnungen ist in dieser Ausgabe unter Nr. 7 abgedruckt.

32. Zur Entwicklung des Raumordnungsrechts des Bundes

Das **Raumordnungsgesetz (ROG)** wurde erstmals **1965** erlassen (Gesetz v. 8.4.1965, BGBl. I S. 306). Es wurde zunächst durch die **Novelle 1989** (Neubekanntmachung v. 19.7.1989, BGBl. I S. 1461) wesentlich geändert. Dabei wurden die Aufgaben und Leitvorstellungen der Raumordnung (§ 1) und die Grundsätze der Raumordnung (§ 2) insbesondere unter umweltpolitischen Gesichtspunkten und zur Stärkung des ländlichen Raums angepasst. Durch die rahmenrechtliche Regelung des Raumordnungsverfahrens in § 6a wurden die Grundlagen für ein Verfahren vorgegeben, in dem raumbedeutsame Planungen und Maßnahmen untereinander und mit den Erfordernissen der Raumordnung und Landesplanung abgestimmt werden. Die Regelung steht im Zusammenhang mit dem Gesetz über die Umweltverträglichkeitsprüfung; sie wurde ergänzt um die **Raumordnungsverordnung** v. 13.12.1990 (BGBl. I S. 2766), in der überörtlich bedeutsame Vorhaben bezeichnet sind, für die wegen ihrer Raumbedeutsamkeit und möglicherweise erheblichen Auswirkungen auf die Umwelt in der Regel ein Raumordnungsverfahren durchzuführen ist.

Mit dem Wirksamwerden des **Einigungsvertrages** am 3.10.1990 war in den Beitrittsländern auch das Raumordnungsgesetz in Kraft getreten, wobei jedoch bestimmte Sonderregelungen des Gesetzes über die Inkraftsetzung des Raumordnungsgesetzes in der DDR vom 5.7.1990 weitergalten. Im Anschluss an die Herstellung der Einheit Deutschlands stellte sich alsbald ein Novellierungsbedarf im Hinblick auf die neuen raumstrukturellen Aufgaben heraus, der **1991** zu einer Änderung der Aufgaben, Leitvorstellungen und Grundsätze (§§ 1 und 2) im ROG führte. Durch Art. 4 des **Investitionserleichterungs- und Wohnbaulandgesetzes** vom 22.4.1993 wurden ergänzende Raumordnungsgrundsätze zur Erfüllung eines dringenden Wohnbedarfs sowie Verfahrenserleichterungen bei der Abweichung von Zielen der Raumordnung und Landesplanung geschaffen. Erfahrungen mit dem 1990 eingeführten Raumordnungsverfahren führten zu einer Neufassung des § 6a. Dementsprechend wurde die Raumordnungsverordnung durch Änderungsverordnung v. 15.8.1994 (BGBl. I S. 2116) angepasst. Durch Art. 2 Abs. 2 und 4 des Gesetzes vom 23.11.1994 (BGBl. I S. 3486) erfolgten Anpassungen des Raumordnungsgesetzes und der Raumordnungsverordnung auf Grund des Magnetschwebebahnplanungsgesetzes.

Mit dem Gesetz zur Änderung des Baugesetzbuchs und zur Neuregelung des Rechts der Raumordnung (Bau- und Raumordnungsgesetz 1998 – BauROG) v. 18.8.1997 (BGBl. I S. 2081) wurde als Artikel 2 ein **neues Raumordnungsgesetz** (ROG) erlassen. Es handelt sich um eine grundlegende Neukodifizierung des Bundes-Raumordnungsrechts, mit dem vor allem durch eine gründliche Systematisierung unter Berücksichtigung der Rahmengesetzgebungszuständigkeit des Bundes für das Raumordnungsrecht die für die Praxis und die Rechtsetzung vor allem in den Ländern notwendige Neuordnung vorgenommen wurde. Neben allgemeinen Vorschriften (Aufgaben und Leitvorstellungen sowie Grundsätze der Raumordnung, Begriffsbestimmungen sowie Bindungswirkungen) enthält das ROG die Rechtsgrundlagen für die Raumordnung in den Ländern sowie für die Raumordnung im Bund. Mit der Neufassung der Aufgaben, Leitvorstellungen und Grundsätze der Raumordnung in den §§ 1 und 2 ROG wurde die Neuausrichtung der Raumordnung in Bezug auf ihre Integrationswirkung raumordnerischer Planungen zugleich im Sinne einer nachhaltigen Raumentwicklung verbessert und aktualisiert.

Für die Raumordnung in den Ländern sind die Vorschriften über Raumordnungspläne einschließlich der Raumordnungspläne für das Landesgebiet sowie der Regionalpläne, Zielabweichungsverfahren, Untersagung raumordnungswidriger Planungen und Maßnahmen, Verwirklichung der Raumordnungspläne, Abstimmung raumbedeutsamer Planungen und Maßnahmen, Raumordnungsverfahren sowie grenzüberschreitende Abstimmungen von raumbedeutsamen Planungen und Maßnahmen maßgeblich.

Auf Landesebene neu ist die Möglichkeit, zur Regelung in einem Flächennutzungskonzept unter Einbeziehung der Stadt- und Regionalentwicklung zu kommen, und zwar durch den neuen Plantyp des regionalen Flächennutzungslans. Zur Verbesserung der Durchsetzbarkeit von Raumordnungsplänen sind die Bindungswirkungen der Erfordernisse der Raumordnung abschließend geregelt worden.

Die Raumordnung des Bundes enthält die erforderlichen Beteiligungs- und Unterrichtungsregelungen im Verhältnis der Bundes- und Landesraumordnung sowie der Bundesraumordnung im Verhältnis zu den einzelnen Fachbereichen sowie die Vorschriften über den Beirat für Raumordnung und die Raumordnungsberichte.

Mit dem BauROG wurde zugleich die **Raumordnungsverordnung** dadurch erweitert, dass Raumordnungsverfahren auch für großflächige Einzelhandelsbetriebe und vergleichbare Einrichtungen durchzuführen sind.

Das **Europarechtsanpassungsgesetz Bau** (vgl. oben zu 12.) hat in seinem Artikel 2 auch Ergänzungen des Bundes-Raumordnungsgesetzes zur Umsetzung der EU-Richtlinie über die Prüfung der Umweltauswirkungen bestimmter Pläne und Programme vorgenommen. Dabei entsprechen die Ergänzungen dem Charakter des Raumordnungsgesetzes als Rahmenrecht. Die dazu in § 7 Abs. 5 bis 10 ROG vorgesehenen Ergänzungen und Änderungen enthalten im Wesentlichen lediglich Vorgaben für die Umsetzung in den Raumordnungsgesetzen der Länder.

Bei der Aufstellung und Änderung von Raumordnungsplänen ist die Durchführung einer Umweltprüfung im Sinne der eingangs zitierten Plan-UP-Richtlinie vorzusehen (§ 7 Abs. 5 Satz 1 ROG – neu –). Unter bestimmten materiell- und verfahrensrechtlichen Voraussetzungen, ua Beteiligung der öffentlichen Stellen, kann bei geringfügigen Änderungen von Raumordnungsplänen von der Pflicht zur Prüfung der EU-konformen Umweltprüfung abgesehen werden (Sätze 5 bis 7). In Übereinstimmung mit der Richtlinie ist auch der Umweltbericht zu erstellen, der als gesonderter Teil der Begründung aufgenommen werden kann (Sätze 2 und 3). Die berührten öffentlichen Stellen sind bei der Festlegung des Umfangs und Detaillierungsgrads des Umweltberichts zu beteiligen. Im Sinne der eingangs erwähnten „Abschichtungsregelung“ kann bei Regionalplänen die Umweltprüfung im Verhältnis zu Umweltprüfungen auf Raumordnungsplänen der Landesebene beschränkt werden (Satz 8). Der Verfahrenserleichterung dient die Möglichkeit der Zusammenfassung der Umweltprüfung in Raumordnungsplänen mit Umweltprüfungen in anderen Verfahren (Satz 9). In § 7 Abs. 6 ROG wird bestimmt, dass den öffentlichen Stellen und der Öffentlichkeit Gelegenheit zur Stellungnahme zum Planentwurf, seiner Begründung und zum Umweltbericht gegeben wird, dabei ggf. Beteiligung von Nachbarstaaten nach den Grundsätzen des Gesetzes über die Umweltverträglichkeitsprüfung. § 7 Abs. 6 ROG ist ergänzt um die Regelung, nach der der Umweltbericht in der Abwägung zu berücksichtigen ist. Die Ergänzungen des § 7 Abs. 8 ROG sehen Vorgaben zu den europarechtlichen Anforderungen an die Inhalte der Begründung vor, einschließlich der Angaben für Überwachungsmaßnahmen. In den neuen Absätzen 9 und 10 des § 7 ROG sind die Verpflichtungen zur Bekanntmachung der Umweltprüfung und zur Überwachung der erheblichen Auswirkungen bei Durchführung der Raumordnungspläne geregelt.

In § 18a sind neu eingefügt Vorschriften über die Raumordnung in der deutschen ausschließlichen Wirtschaftszone, dh in Gewässern der Nord und Ostsee außerhalb der deutschen Hoheitsgewässer. Danach ist das Bundesministerium für Verkehr, Bau- und Wohnungswesen ermächtigt, in diesen Gewässern bestimmte Ziele und Grundsätze der Raumordnung hinsichtlich der wirtschaftlichen und wissenschaftlichen Nutzung der Gewässer aufzustellen.

Auf Grund Art. 3 des **Gesetzes zur Verbesserung des vorbeugenden Hochwasserschutzes** v. 3.5.2005 (BGBl. I S. 1224) wurde § 7 ROG (Allgemeine Vorschriften über Raumordnungspläne) ergänzt, und zwar wie folgt: Zu den nach § 7 Abs. 2 Nr. 2 ROG in die Raumordnungspläne aufzunehmenden Festlegungen zur Raumstruktur gehören auch die „Freiräume zur Gewährleistung des vorbeugenden Hochwasserschutzes" (Nr. 2d). Zu den nach § 7 Abs. 3 ROG in den Raumordnungsplänen aufzunehmenden Planungen und Maßnahmen von öffentlichen Stellen gehören auch die „raumbedeutsamen Erfordernisse und Maßnahmen des vorbeugenden Hochwasserschutzes nach den Vorschriften des Wasserhaushaltsgesetzes" (Satz 2 Nr. 5). Die Anforderungen an die Gewährleistungen des vorbeugenden Hochwasserschutzes sowie die hierfür erforderlichen Erfordernisse und Maßnahmen ergeben sich im Wesentlichen aus den §§ 31a ff. Wasserhaushaltsgesetz (vgl. auch oben zu Nr. 13).

Das **Gesetz zur Neufassung des Raumordnungsgesetzes und zur Änderung anderer Vorschriften (GeROG)** v. 22.12.2008 (BGBl. I S. 2986) at das Raumordnungsgesetz des Bundes neu geordnet. Wesentliches Anliegen dieses Gesetzes ist die Anpassung an die durch die Föderalismusreform am 1.9.2006 in Kraft getretene Neuordnung der Zuständigkeiten von Bund und Ländern zur Gesetzgebung. Kompetenzrechtliche Grundlage des zuvor geltenden Raumordnungsgesetzes war die Rahmengesetzgebung des Bundes nach Art. 75 Abs. 1 Nr. 4 GG aF Mit der Abschaffung dieses Kompetenztypus wurde der Bereich der „Raumordnung" in den der konkurrierenden Gesetzgebung überführt (Art. 74 Abs. 1 Nr. 31 GG), allerdings mir der Besonderheit, dass die Länder die Befugnis haben, von dem Raumordnungsgesetz des Bundes „abzuweichen" (Art. 72 Abs. 3 Satz 1 Nr. 4 GG). Neben der Berücksichtigung dieser geänderten kompetenzrechtlichen Grundlagen sind auch eine Reihe inhaltlicher Änderungen vorgenommen worden. Der Aufbau des Gesetzes entspricht in seiner Grundstruktur dem des zuvor geltenden Raumordnungsgesetzes.

Abschnitt 1 enthält mit seinen „Allgemeinen Vorschriften" (§§ 1 bis 7 ROG) in Anlehnung an die §§ 1 ff. ROG aF Vorschriften über die Aufgaben und Leitvorstellungen der Raumordnung (§ 1 ROG), die Grundsätze der Raumordnung (§ 2 ROG), die Begriffsbestimmungen (§ 3 ROG), die Vorschriften über die Bindungswirkungen der Raumordnung (§§ 6 und 7 ROG) sowie Vorschriften über Ausnahmen und Zielabweichung und Allgemeine Vorschriften über Raumordnungspläne. **Abschnitt 2** regelt die Raumordnung in den Ländern. Er enthält Vorschriften über die Raumordnungspläne der Länder (§§ 8 bis 12 ROG), und zwar über die verschiedenen Planungstypen, die Aufstellung der Raumordungspläne einschließlich Umweltprüfung und die Planerhaltung. In den §§ 13 bis 16 ROG sind die raumordnerische Zusammenarbeit, die Untersagung raumbedeutsamer Planungen und Maßnahmen und Raumordnungsverfahren geregelt. **Abschnitt 3** befasst sich mit der Raumordnung durch den Bund. In § 17 ROG sind Vorschriften über Raumordnungspläne für den Gesamtraum und die deutsche ausschließliche Wirtschaftszone enthalten. Die §§ 18 bis 22 ROG enthalten dazu – die §§ 9 bis 16 ROG ergänzende – Vorschriften über die Aufstellung dieser Raumordnungspläne des Bundes sowie über Zielabweichung und Untersagung. §§ 23 bis 25 ROG enthalten Vorschriften über die Ermächtigung zum Erlass der Raumordnungsverordnung, den Beirat für Raumentwicklung und die Zuständigkeiten des Bundesamtes für Bauwesen und Raumordnung. **Abschnitt 4** (§§ 26 bis 29 ROG) enthält ergänzende Vorschriften, einschließlich Überleitungsvorschriften.

Nach dieser Neufassung des Raumordnungsgesetzes sind folgende Änderungen vorgenommen worden: Durch Art. 4 des **Gesetzes vom 28. März 2009** (BGBl. I S. 643) wurden redaktionelle Änderungen in § 7 Abs. 1 Satz 2 und Abs. 4 Satz 2 ROG vorgenommen (Korrekturen von Verweisungen auf § 8 Abs. 5 bis 7 ROG). Weiter erfolgten **Anpassungen an die Neufassungen des Bundesnaturschutzgesetzes und des Wasserhaushaltsgesetzes,** und zwar durch Art. 9 des Gesetzes vom 29. Juli 2009 (BGBl. I S. 2542) in § 29 Abs. 3 ROG und in Nummer 2.6.1 der Anlage 2 zum ROG und durch Art. 9 des Gesetzes vom 31. Juli 2009 (BGBl. I S. 2585) in Nummer 2.6.6 der Anlage 2 des ROG.

Das Gesetz zur Änderung raumordnungsrechtlicher Vorschriften vom 23.5.2017, BGBl. I S. 1245, hat das ROG (Nr. 5) – unter Beibehaltung seiner durch das ROG 2009 geschaffenen Struktur - in mehreren Vorschriften geändert. Zur Umsetzung der Richtlinie 2014/89/EU des Europäischen Parlaments und des Rates vom 23.7.2014 zur Schaffung eines Rahmens für die maritime Raumplanung (MRO-Richtlinie) sind im ROG Verfahrensvorschriften zur Abstimmung von Raumordnungsplänen im Meeresbereich eingeführt worden, insbesondere zu § 7 Abs. 1 und 8, § 9 Abs. 1, 2 und 4, § 10 Abs. 4, § 13 Abs. 6, § 17 Abs. 1 und § 25 ROG. Zur Verbesserung der Akzeptanz von Großprojekten ist bei Anwendung des Raumordnungsverfahrens § 15 Abs. 1 und 3 ROG geändert worden (obligatorische Öffentlichkeitsbeteiligung, Alternativenprüfung). Weitere Änderungen betreffen wegen seiner nationalen und europäischen Bedeutung Regelungen in § 17 Abs. 2 ROG über einen Raumordnungsplan des Bundes für einen länderübergreifenden Hochwasserschutz (§ 17 Abs. 2 ROG). Zur Umsetzung der seit dem ROG 2009 gewonnenen Erfahrungen sind Anpassungen vorgenommen worden; dazu gehören: Konkretisierungen bei den Grundsätzen der Raumordnung in § 2 Abs. 1 (ua Möglichkeit von quantifizierten Vorgaben der Flächeninanspruchnahmen); die Regelungen zur Planerhaltung betreffend die Entwicklung der Regionalpläne aus dem landesweiten Raumordnungsplan (§ 11 Abs. 2 ROG); Harmonisierung der Begriffsbestimmungen von Vorrang- und Vorbehaltsgebieten in § 7 Abs. 3 Satz 2 Nr. 1 und 2 ROG; Streichung der Regelung über die „abschließende Abwägung bei Festlegung von Zielen der Raumordnung“ in § 7 Abs. 2 Satz 1 ROG; Übernahme von Vorschriften, die gleichermaßen für die Raumordnungen der Länder und des Bundes gelten, in den Abschnitt 1 „Allgemeine Vorschriften“ (§ 7 Abs. 3 und 4, §§ 8 bis 12 ROG). Das Gesetz v. 23.5.2017 trat am 29.11.2017 in Kraft (Art. 6 des Gesetzes; vgl. Art. 72 Abs. 3 GG: Inkrafttreten einer Änderung des ROG erst 6 Monate nach Verkündung).

Das Gesetz zur Modernisierung des Rechts der Umweltverträglichkeitsprüfung vom 20.7.2017, BGBl. I S. 2808, enthält in Art. 2 Abs. 14a und Abs. 15 Anpassungen des ROG an das geänderte UVPG.

Die Raumordnungsverordnung (Nr. 6) wurde auf Grund des Gesetzes zur Beschleunigung des Energieleitungsausbaus v. 13.5.2019, BGBl I S. 706 geändert (Änderung von § 1 Satz 2 Nr. 14 RoV).

Art. 5 des Gesetzes zur Beschleunigung von Investitionen v. 3.12.2020 (BGBl. I. S. 2694) hat das ROG (Nr. 5) geändert. Sie bezwecken eine Beschleunigung der Verfahren, insbesondere des Raumordnungsverfahrens; dazu gehört auch der Einsatz elektronischer Verfahren. In § 15 (Raumordnungsverfahren) sind geändert worden: Das Erfordernis der Einleitung hängt wesentlich vom Antrag des Trägers der raumbedeutsamen Planung oder Maßnahme ab; die zuständige Landesbehörde soll das Raumordnungsverfahren einleiten, wenn sie raumordnerische Konflikte befürchtet. Bei öffentlichen Planungen oder Maßnahmen obliegt die Entscheidung über die Durchführung des Raumordnungsverfahrens im Wesentlichen der zuständigen Landesbehörde im Benehmen mit den Trägern der Planung oder Maßnahmen. An diese geänderten Vorschriften ist die Raumordnungsverordnung (Nr. 6) angepasst worden. Schließlich sind zum Zweck der Beschleunigung die Vorschriften über die Beteiligung bei Aufstellung von Raumordnungsplänen des Bundes (§ 18 ROG) geändert worden.

Durch Gesetz zur Erhöhung und Beschleunigung von Windenergie an Land vom 20.7.2022 (BGBl. I S. 1353) wurden das Gesetz zur Festlegung von Flächenbedarfen für Windenergieanlagen an Land (Windenergieflächenbedarfsgesetz – WindBG, Nr. 1c) eingeführt und in Anpassung daran sowie ergänzend dazu Änderungen im BauGB und im ROG vorgenommen. Im ROG sind dies:

Das ROG (Nr. 5) enthält in Anpassung an das WindBG (Nr. 1c) und unter Übernahme von geänderten Vorschriften des BauGB (Nr. 1): In § 8 Abs. 3 ROG Verordnungsermächtigung zur Berücksichtigung von artenschutzrechtlichen Belangen im Rahmen von Umweltprüfungen und in § 27 Abs. 4 ROG Vorschriften zur entsprechenden Anwendung der Überleitungsvorschrift des neuen § 245e BauGB.

II. Überblick zu den wichtigsten Regelungen des Baugesetzbuchs[1]

1. Zum allgemeinen Städtebaurecht

a) Bauleitplanung

Das BauGB (Nr. 1) bestimmt in § 1 Abs. 1 als **Aufgabe der Bauleitplanung,** die bauliche und – sofern ein Sachbezug zum Städtebau besteht – die sonstige Nutzung der Grundstücke in der Gemeinde nach Maßgabe des BauGB vorzubereiten und zu leiten. Gegenstand der städtebaulichen Planung ist damit „die Vorbereitung und Leitung der gesamten Bebauung in Stadt und Land, der zu ihr gehörigen baulichen Anlagen und Einrichtungen sowie der mit der Bebauung in Verbindung stehenden Nutzung des Bodens“ (BVerfGE 3, 407). Merkmal der Planung ist seine Entstehung auf Grund eines mehrphasigen Prozesses der Erfassung gegenwärtiger Lagen, der Prognose künftiger Entwicklungen und des Entwurfs einer normativen Ordnung – in Abgrenzung zur gebundenen Verwaltung. Die Bauleitplanung ist maßgebliches Planungsinstrument des Städtebaurechts, dh die städtebauliche Planung erfolgt durch Bauleitplanung nach dem BauGB. Eine Ausdehnung der Eingriffstatbestände durch gesetzlich

[1] §§ ohne Angaben sind solche des Baugesetzbuchs (BauGB).

nicht formulierte Befugnisse ist nicht möglich. Die sog. informellen städtebaulichen Planungen, wie zB städtebauliche Entwicklungspläne und Rahmenpläne, gehören nicht zur Bauleitplanung iSd § 1 Abs. 1; sie dienen im Wesentlichen der internen Entscheidungsvorbereitung und sind bei der Aufstellung der Bauleitpläne im Rahmen der Abwägung zu berücksichtigen (§ 1 Abs. 6 Nr. 11). Ebenso sind planersetzende öffentlich-rechtliche Verträge unzulässig. Die Bauleitplanung ist schließlich abzugrenzen von sonstigen städtebaurechtlichen Instrumenten. Eine Nähe zur Bauleitplanung haben die sog. Innenbereichssatzungen nach § 34 Abs. 4 bis 6 und die Außenbereichssatzung nach § 35 Abs. 6. Weitergehende Aufgaben erfüllen die Erhaltungssatzungen nach § 172, Satzungen zur Sicherung von Gebieten mit Fremdenverkehrsfunktionen nach § 22, städtebauliche Sanierungs- und Entwicklungsmaßnahmen nach §§ 136ff. und §§ 165ff., auch Maßnahmen des Stadtumbaus und der Sozialen Stadt nach §§ 171aff. und § 171e sowie durch Landesrecht zu regelnde Private Initiativen zur Stadtentwicklung im Sinne des § 171f. Auch städtebauliche Verträge (§ 11) gehören zu den städtebaurechtlichen Instrumenten insofern, als die Gemeinde mit den privaten Beteiligten Verträge zur Vorbereitung und Durchführung städtebaulicher Maßnahmen (einschließlich über die Erschließung), zur Förderungen und Sicherung der mit der Bauleitplanung verfolgten Ziele und zur Übernahme von Kosten, die der Gemeinde für städtebauliche Maßnahmen entstehen, schließen kann.

Die Bauleitplanung ist **Aufgabe der Gemeinden** (§ 1 Abs. 1 und 3 Satz 1, § 2 Abs. 1). Bauleitpläne sind aufzustellen, sobald und soweit es für die städtebauliche Entwicklung und Ordnung erforderlich ist. Wesentlich ist das planerische Konzept der Gemeinde in Bezug auf die Festlegung bestimmter Planungsziele und der näheren Einzelheiten, unter Berücksichtigung bestimmter, insbesondere in § 1 enthaltener materiell-rechtlicher Verpflichtungen, ergänzt um die in § 1a bezeichneten umweltschützenden Belange (Bodenschutz, naturschutzrechtliche Eingriffsregelung, Natura 2000 – Gebiete, Klimaschutz).

Bauleitpläne sind der Flächennutzungsplan als vorbereitender Bauleitplan und der Bebauungsplan als verbindlicher Bauleitplan. Im **Flächennutzungsplan** ist die sich aus der beabsichtigten städtebaulichen Entwicklung ergebende Art der Bodennutzung nach den voraussehbaren Bedürfnissen der Gemeinde in den Grundzügen grundsätzlich für das gesamte Gemeindegebiet darzustellen. § 5 Abs. 2 und § 1 Abs. 1 und 2 BauNVO enthalten hierfür einen weitreichenden Katalog an Darstellungsmöglichkeiten. Der **Bebauungsplan** enthält die rechtsverbindlichen Festsetzungen für die städtebauliche Ordnung und bildet die Grundlage für weitere zum Vollzug des BauGB erforderliche Maßnahmen. Er ist grundsätzlich aus dem Flächennutzungsplan zu entwickeln (§ 8) und enthält in § 9 Abs. 1 bis 3 und in der BauNVO abschließend geregelte Festsetzungsmöglichkeiten. Insbesondere ist der Bebauungsplan maßgeblich für die Zulässigkeit von Vorhaben in den Plangebieten (§ 30). Weiter hat er wesentliche Bedeutung für die planakzessorischen Instrumente (Vorkaufsrecht, Umlegung, Enteignung, städtebauliche Sanierung und Entwicklung, städtebauliche Gebote). Der **Vorhaben- und Erschließungsplan** (§ 12) stellt eine besondere Ausgestaltung der Bebauungsplanung dar, der vor allem gekennzeichnet ist durch die Planvorbereitung und -durchführung durch den Vorhabenträger. Die Rechtsfolgen des dazu erlassenen vorhabenbezogenen Bebauungsplans entsprechen im Wesentlichen denen des Bebauungsplans.

Die Regelungsmöglichkeiten der Bauleitpläne nach BauGB werden wesentlich ergänzt durch die **Baunutzungsverordnung** (Nr. 3), erlassen auf der

Grundlage von § 9a BauGB (zuvor § 2 Abs. 10 BauGB 1960, § 2 Abs. 8 BauGB 1976, § 2 Abs. 5 BauGB 1987/1998). Diese enthält für die Darstellung in Flächennutzungsplänen vier Bauflächentypen (§ 1 Abs. 1 BauNVO) und insbesondere für Bebauungspläne zwölf Baugebietstypen (§§ 2–11 BauNVO). Sie unterscheiden sich nach ihrer Zweckbestimmung und den in ihnen allgemein zulässigen sowie ausnahmsweise zulassungsfähigen Anlagen. Mit der Festsetzung eines Baugebiets werden die Zulässigkeitsregelungen der jeweiligen Baugebietsvorschrift der BauNVO Bestandteil des Bebauungsplans; sie sind Maßstab für die Zulässigkeit von Vorhaben nach § 30. Maßgeblich ist die Fassung der Baugebietsvorschrift, die im Zeitpunkt der Aufstellung des Bebauungsplans galt. Die verschiedenen Fassungen der BauNVO sind unter Nr. 3 (geltende Fassung von 2021) und Nr. **3a** (Fassung 1962) abgedruckt und unter Nr. **3b** (Fassungen 1968, 1977, 1990, 2021) gegenübergestellt. Die Gemeinde kann auf der Grundlage von § 1 Abs. 4 bis 10 BauNVO unter den dort näher bestimmten Voraussetzungen die Zulässigkeitsregelungen der Baugebietsvorschriften modifizieren (sog. differenzierende Festsetzungen). Die Vorschriften über das Maß der baulichen Nutzung (§§ 16 bis 21a BauNVO) enthalten die Möglichkeiten zur Bestimmung des Maßes der baulichen Nutzung sowie dabei zu beachtender Obergrenzen als Orientierungswerte, weiterhin Begriffsbestimmungen und Anrechnungsregelungen. Zusätzlich besteht in Bebauungsplänen die Möglichkeit, die Bauweise als offene, geschlossene oder abweichende Bauweise (§ 22 BauNVO) und die überbaubare Grundstücksfläche durch Baugrenzen, Baulinien und Bebauungstiefen (§ 23 BauNVO) festzusetzen.

Die **Planzeichenverordnung** (**Nr. 4**) enthält Vorschriften über die in den Bauleitplänen zu verwendenden Planzeichen. Dazu enthält die Anlage zur PlanZV Planzeichen, die erforderlichenfalls ergänzt werden können.

Die Bauleitpläne werden von der Gemeinde eigenverantwortlich aufgestellt (§ 2 Abs. 1 Satz 1). Mit Rücksicht auf die Weite der Regelungsbefugnisse enthält das BauGB materiell- und verfahrensrechtliche Anforderungen an die Bauleitplanung. Zentrale materiell-rechtliche Verpflichtung ist das aus dem Rechtsstaatsprinzip abgeleitete **Abwägungsgebot,** aus dem sich insbesondere Verpflichtungen zur Ermittlung und Berücksichtigung sowie sachgerechten Behandlung der von der Planung berührten öffentlichen und privaten Belange ergeben (§ 1 Abs. 7, § 2 Abs. 3). Das BauGB konkretisiert diese Grundsätze insbesondere durch den Katalog zu berücksichtigender Belange und einzelner Planungsgrundsätze in § 1 Abs. 5 und 6 sowie in § 1a in Bezug auf umweltschützende Belange. Beispiele dieser Belange sind: allgemeine Anforderungen an gesunde Wohn- und Arbeitsverhältnisse, Wohnbedürfnisse sowie soziale und kulturelle Bedürfnisse der Bevölkerung, Erhaltung, Entwicklung, Anpassung und Umbau der Ortsteile, Erhaltung und Entwicklung zentraler Versorgungsbereiche, Denkmalschutz, Baukultur, Umweltschutz, Klimaschutz, Wirtschaft und Verkehr. Da die Bauleitpläne auch dazu beitragen sollen, eine menschenwürdige Umwelt zu sichern und die natürlichen Lebensgrundlagen zu schützen und zu entwickeln, ist die Berücksichtigung zentraler Anliegen des Umweltschutzes über § 1 Abs. 6 Nr. 7 hinaus in § 1a BauGB – auch zur Abstimmung mit den dort bezeichneten Fachgesetzen – gesondert geregelt: die Berücksichtigung der naturschutzrechtlichen Eingriffsregelung, der Erhaltungsziele und der Schutzzwecke der Natura 2000 – Gebiete sowie der Klimaschutz. Diese Regeln werden entsprechend ergänzt durch Darstellungs- und Festsetzungsmöglichkeiten in den Bauleitplänen und die Pflichten zur Durchführung und Kostenerstattung (§ 5 Abs. 2a, § 9 Abs. 1a, §§ 135a ff. BauGB). Hinzu kommen weitergehende Regelungen aus anderen Fachgesetzen, zB die des § 50 BImSchG über die zweckentsprechende Zuordnung von Flächen mit störenden und zu schützenden Nutzungen sowie die Vorschriften und Regelwerke des Immissionsschutzrechts.

Zur Gewährleistung einer sachgerechten Ermittlung der von der Planung berührten Belange einschließlich der Information und Partizipation der Öffentlichkeit an der Bauleitplanung und unter Berücksichtigung der rechtsstaatlichen Anforderungen an eine Normsetzung durch die planende Verwaltung enthält das BauGB (§§ 2–4b, 6, 10 und 13, 13a) **verfahrensrechtliche Anforderungen:** Im **Grundfall** verlangen die §§ 3ff. eine mindestens zweistufige Beteiligung der Öffentlichkeit und der Behörden, und zwar die frühzeitige Unterrichtung über die allgemeinen Ziele und Zwecke der Planung sowie die förmliche Beteiligung durch öffentliche Auslegung des Planentwurfs (vgl. §§ 3 und 4). Im Falle einer Änderung des Bauleitplanentwurfs auf Grund der öffentlichen Auslegung ist eine erneute Beteiligung erforderlich (§ 4a Abs. 2). Schon dem Bauleitplanentwurf und nicht erst dem beschlossenen Bauleitplan ist eine Begründung beizufügen (§§ 2a, 5 Abs. 5, § 9 Abs. 8). Die Bauleitpläne werden von der Gemeinde beschlossen, der Bebauungsplan als Satzung (§ 10 Abs. 1). Flächennutzungspläne bedürfen stets der Genehmigung durch die höhere Verwaltungsbehörde (§ 6), Bebauungspläne nur in bestimmten Fällen, dh grundsätzlich nicht (vgl. § 10 Abs. 2) oder, wenn landesrechtlich vorgeschrieben (vgl. § 246 Abs. 1a), der Anzeige an die höhere Verwaltungsbehörde. Erforderlich ist eine Bekanntmachung von Genehmigung bzw. Satzungsbeschluss (§ 6 Abs. 5, § 10 Abs. 3).

Besondere verfahrensrechtliche Anforderungen bestehen für die (förmliche) **Umweltprüfung,** die entsprechend den europarechtlichen Vorgaben (s. oben zu I. 12) eingeführt worden sind: Die Pflicht zur Durchführung einer Umweltprüfung nach den europarechtlichen Vorgaben („förmliche Umweltprüfung“) besteht an sich für alle Bauleitplanverfahren (§ 2 Abs. 4 BauGB). Ausgenommen von dieser Pflicht sind die Bauleitplanungen des vereinfachten Verfahrens nach § 13 sowie Bebauungspläne der Innenentwicklung, die im beschleunigten Verfahren aufgestellt werden (§ 13a, § 13b), ebenso die sog. Innenbereichs- und Außenbereichssatzungen nach § 34 Abs. 4 bis 6 und § 35 Abs. 6 BauGB.

Das Verfahren der dem Europarecht entsprechenden Anforderungen an die Umweltprüfung ist als ein Trägerverfahren der Umweltprüfung ausgestaltet, dh die Umweltprüfung erfolgt unter Integration der Umweltprüfung in das bestehende Bauleitplanverfahren innerhalb dieses Verfahrens (§ 2 Abs. 3 und 4). Die Festlegung von Umfang und Detaillierungsgrad der Umweltprüfung erfolgt durch die für die Bauleitplanung zuständige Gemeinde (§ 2 Abs. 4 Satz 2). Erforderlich ist die Erstellung eines Umweltberichts als Teil der Planbegründung zum Bauleitplan (§ 2a), der den Planentwürfen und den in Kraft gesetzten Plänen beizufügen ist (§ 5 Abs. 6, § 9 Abs. 8). Doppelprüfungen auf den verschiedenen Planungsebenen können nach § 2 Abs. 4 Satz 4 vermieden werden: Wenn eine Umweltprüfung auf einer Planungsebene durchgeführt ist, kann die Umweltprüfung in parallelen oder zeitlich nachfolgenden Plan- und Genehmigungsverfahren auf zusätzliche oder andere erhebliche Umweltauswirkungen beschränkt werden. Die Vorschriften über die Beteiligung der Öffentlichkeit und der Behörden sind auch auf die Umweltprüfung ausgerichtet. Nach § 4c sind die in Kraft gesetzten Pläne auf ihre erheblichen Umweltauswirkungen hin zu überwachen.

Verfahrenserleichterungen sind vorgesehen im **vereinfachten Verfahren** nach § 13, das grundsätzlich möglich ist, wenn durch die Änderung oder Ergänzung des Bauleitplans die Grundzüge der Planung nicht berührt sind, sowie in bestimmten anderen Planungsfällen (vgl. § 13 Abs. 1). Im vereinfachten Verfahren kann auf die frühzeitige Öffentlichkeits- und Behördenbeteiligung verzichtet und es kann anstelle der öffentlichen Auslegung des Planentwurfs eine Betroffenenbeteiligung durchgeführt werden; die förmliche Umweltprüfung (s. oben) ist entbehrlich. Für **Bebauungspläne der Innenentwicklung** nach § 13a ist unter bestimmten Voraussetzungen (vgl. § 13a Abs. 1) ein „beschleunigtes Verfahren" möglich. Seine Merkmale (§ 13a Abs. 2) sind: entsprechende Anwendung des vereinfachten Verfahrens im Sinne des § 13 (dh keine förmliche Umweltprüfung, konzentrierte Öffentlichkeits- und Behördenbeteiligung); Möglichkeit der Abweichung vom Flächennutzungsplan; angemessene Berücksichtigung der Investitionsbelange; kein Ausgleich für eventuelle Eingriffe in Natur und Landschaft. Für die Verfahrenserleichterungen im vereinfachten und beschleunigten Verfahren werden zur Wahrung europarechtlicher Anforderungen bestimmte Voraussetzungen verlangt: in beiden Fällen (vgl. § 13 Abs. 1 und § 13a Abs. 1 Satz 3 und 4) wird verlangt, dass solche Planungen nicht zur Zulässigkeit von Vorhaben führen, die einer Pflicht zur Durchführung der Umweltverträglichkeitsprüfung nach Anlage 1 zum Gesetz über die Durchführung der Umweltverträglichkeitsprüfung oder nach Landesrecht unterliegen, und dass keine Anhaltspunkte für eine Beeinträchtigung der Erhaltung und des Schutzzweckes der Gebiete von gemeinschaftlicher Bedeutung und der Europäischen Vogelschutzgebiete im Sinne des Bundesnaturschutzgesetzes vorliegen. Für beschleunigte Verfahren nach § 13a wird die Einhaltung bestimmter Größenordnungen und gegebenenfalls die Durchführung einer Vorprüfung im Blick auf eventuelle erhebliche Umweltauswirkungen verlangt (§ 13a Abs. 1 Satz 2). Bis grundsätzlich Ende 2019 gilt das beschleunigte Verfahren nach § 13a unter bestimmten Voraussetzungen auch für Bebauungspläne für Wohnnutzungen, die auf Außenbereichsflächen aufgestellt werden (§ 13b).

Bebauungspläne unterliegen – wie andere städtebaurechtliche Satzungen auch – der Normenkontrolle (§ 47 VwGO); Sie sind auch Gegenstand gerichtlicher Überprüfungen in anderen gerichtlichen Verfahren. Um die gerichtliche Überprüfung auf ein sachangemessenes, insbesondere die rechtsstaatlichen Anforderungen berücksichtigendes Maß zu beschränken, enthalten die §§ 214 und 215 differenzierte Regelungen über die **Beachtlichkeit von Rechtsverstößen und deren „Heilung"** durch Fristablauf oder ergänzende Verfahren.

Die Bauleitplanung der Gemeinden ist an übergeordnete, überörtliche und sonstige fachplanungsrechtliche Regelungsbereiche gebunden. Die Pflicht zur Anpassung an die in Raumordnungsplänen festgelegten **Ziele der Raumordnung** ist als eine, durch Abwägung nicht überwindbare Beachtenspflicht ausgestaltet (§ 1 Abs. 4). **Überörtlich bedeutsame Planungen und Vorhaben** haben Vorrang vor dem Bauplanungsrecht (§ 38); jedoch haben diese Vorhabenträger bei der von ihnen vorzunehmenden Abwägung die Gemeinden zu beteiligen und die städtebaulichen Belange zu berücksichtigen. Eine wesentliche Abstimmungsfunktion gegenüber den beteiligten öffentlichen Planungsträgern kommt dem Flächennutzungsplan zu, von dem grundsätzlich nur auf Grund von anderweitigen überwiegenden Belangen abgewichen werden darf (§ 7).

b) Sicherung der Bauleitplanung

Zur Sicherung der (in Aufstellung befindlichen sowie verbindlichen) Bauleitpläne enthält das BauGB drei Instrumente:

(1) Die **Veränderungssperre,** kann durch Gemeindesatzung zur Sicherung der Planung für einen künftigen Bebauungsplan vor entgegenstehenden Vorhaben beschlossen werden (§§ 14, 16–18). Sie kann einschl. möglicher Verlängerungen bis zu vier Jahren entschädigungslos dauern. Auch ohne Veränderungssperre können im Einzelfall auf Antrag der Gemeinde zur Sicherung der Bauleitplanung Baugesuche zurückgestellt werden (§ 15 Abs. 1 und 2). Die Zurückstellung von Baugesuchen kommt nach § 15 Abs. 3 auch in Betracht, wenn die Gemeinde zur Steuerung von bestimmten Vorhaben im Außenbereich (vgl. § 35 Abs. 3 Satz 3) Flächennutzungspläne aufstellt, ergänzt oder ändert.

(2) Durch die **Teilung eines Grundstücks** in Gebieten mit Bebauungsplänen dürfen keine Verhältnisse entstehen, die den Festsetzungen des Bebauungsplans widersprechen (§ 19). Eine Genehmigungspflicht für Grundstücksteilungen besteht nicht mehr (zuletzt aufgehoben auch für Gemeindesatzungen in Gebieten mit Bebauungsplänen durch das BauGB – Änderungsgesetz 2004). Es bestehen aber Genehmigungspflichten für Grundstücksteilungen in Umlegungsgebieten, Sanierungsgebieten und Entwicklungsbereichen.

(3) Die **gemeindlichen Vorkaufsrechte** beziehen sich auf den Kauf von Grundstücken, insbesondere um sie der planmäßigen Nutzung oder anderen städtebaulichen Zwecken zuzuführen (§§ 24–28). Die gesetzlich festgelegten allgemeinen Vorkaufsrechte bestehen im Geltungsbereich eines Bebauungsplans für öffentlichen Zwecken gewidmete Flächen, im Umlegungsgebiet, im förmlich festgelegten Sanierungsgebiet, im städtebaulichen Entwicklungsbereich, im Stadtumbaugebiet – in bestimmten Fällen –, im Gebiet einer Erhaltungssatzung, auf unbebauten, für die Wohnnutzung vorgesehenen Flächen, in aus Gründen des Hochwasserschutzes von Bebauung freizuhaltenden Flächen. Die durch Gemeindesatzung erweiterbaren Vorkaufsrechte sind möglich im Geltungsbereich eines Bebauungsplans für unbebaute Grundstücke sowie in Gebieten mit beabichtigten städtebaulichen Maßnahmen. Für bestimmte Erwerbsvorgänge ist das Vorkaufsrecht generell ausgeschlossen; der Käufer hat in weiteren, bestimmten Fällen eine Abwendungsmöglichkeit des Vorkaufsrechts. Grundsätzlich hat die Gemeinde den Kaufpreis zu zahlen; könnte das Grundstück in Bebauungsplangebieten auch enteignet werden, ist der Wert nach dem Enteignungsentschädigungsrecht (Verkehrswert) zugrunde zu legen, ebenso für bestimmte Wohnbauflächen. Das Vorkaufsrecht kann ggf. auch zugunsten Dritter ausgeübt werden.

(4) Ein spezielles, auf **Gebiete mit Fremdenverkehrsfunktionen** ausgerichtetes Sicherungsinstrument ist die nach § 22 durch Gemeindesatzung einzuführende Genehmigungspflicht für die Begründung oder Teilung von Wohnungseigentum oder Teileigentum und von Bruchteilseigentum mit Benutzungsregelungen sowie unter weiteren Voraussetzungen (insbes. Räume sind an mehr als der Hälfte des Jahres unbewohnt) die Nutzung von insbesondere Wohngebäuden als Nebenwohnung zum Zwecke der Sicherung von Gebieten mit Fremdenverkehrsfunktionen. Dabei wird berücksichtigt, dass die Bildung solcher Rechte nach dem Wohnungseigentumsgesetz und nach §§ 1008 und 1010 BGB häufig der Einstieg in die Nutzung vorhandener Unterbringungsmöglichkeiten als „Zweitwohnungen“ ist und damit den Entzug dieser Unterkünfte für touristische Zwecke bedeutet; entsprechendes gilt für die Nutzung

als Nebenwohnung, wenn die Räume die Hälfte des Jahres und mehr unbewohnt sind.

c) Zulässigkeit von Vorhaben

Das Zulässigkeitsrecht (§§ 29–38) gilt für alle Vorhaben, die die Errichtung, Änderung oder Nutzungsänderung von baulichen Anlagen zum Inhalt haben (§ 29). Das Bauplanungsrecht unterscheidet drei Gebietskategorien:

(1) die Zulässigkeit von Vorhaben im Geltungsbereich eines bestimmten, Mindestfestsetzungen enthaltenden, sog. qualifizierten Bebauungsplans, der die Zulässigkeit von Vorhaben im Plangebiet abschließend regelt (§ 30 Abs. 1), sowie in Gebieten mit Vorhaben- und Erschließungsplänen (§ 30 Abs. 2);

(2) die Zulässigkeit von Vorhaben innerhalb der im Zusammenhang bebauten Ortsteile, den sog. nicht beplanten Innenbereichen (§ 34);

(3) die Zulässigkeit von Vorhaben im Außenbereich (§ 35).

Im nicht beplanten Innenbereich und im Außenbereich können die Festsetzungen eines sog. einfachen Bebauungsplans (§ 30 Abs. 3) zu beachten sein.

In **Gebieten mit Bebauungsplänen** sind Vorhaben zulässig, wenn sie seinen Festsetzungen nicht widersprechen (§ 30). Im Bebauungsplan vorgesehene Ausnahmen können im Rahmen einer Ermessensentscheidung zugelassen werden (§ 31 Abs. 1). Von den Festsetzungen des Bebauungsplans können unter bestimmten Voraussetzungen (die Grundzüge der Planung werden nicht berührt und die Befreiung ist aus Gründen des Wohls der Allgemeinheit erforderlich oder sie ist städtebaulich vertretbar oder sie vermeidet eine offenbar nicht beabsichtigte Härte) erteilt werden (§ 31 Abs. 2). Weitergehende Befreiungsmöglichkeiten zugunsten des Wohnungsbaus bestehen (befristet) in bestimmten Gebieten mit angespannten Wohnungsmärkten (§ 31 Abs. 3, § 201a). Im Vorgriff auf den künftigen Bebauungsplan können während des Planverfahrens Genehmigungen nach § 33 möglich sein. Voraussetzungen sind vor allem die materielle und – differenziert geregelt – die formelle Planreife bei den in Betracht kommenden künftigen Festsetzungen (vgl. § 31 Abs. 1 Nr. 1 und 2.

In den **im Zusammenhang bebauten Ortsteilen (§ 34)** sind Vorhaben entsprechend der tatsächlich vorhandenen städtebaulichen Situation zulässig. Maßgeblich ist, dass sich das Vorhaben nach Art und Maß der baulichen Nutzung, der Bauweise und der überbaubaren Grundstücksfläche **in die Eigenart der näheren Umgebung einfügt** (§ 34 Abs. 1). In Ortsteilen, die den Baugebietstypen der BauNVO entsprechen („faktische Baugebiete"), sind die §§ 2ff. BauNVO hinsichtlich der Art der baulichen Nutzung anzuwenden, ebenso die Vorschriften über Ausnahmen und Befreiungen nach § 31 BauGB (§ 34 Abs. 2 BauGB). Vorhaben dürfen keine schädlichen Auswirkungen auf die zentralen Versorgungsbereiche in der Gemeinde oder in anderen Gemeinden haben (§ 34 Abs. 3). Bei Vorhaben im Zusammenhang mit vorhandenen Handwerks- und Gewerbebetrieben und bei Vorhaben zu Wohnzwecken kann unter bestimmten, differenzierten Voraussetzungen vom Erfordernis des Einfügens in die Eigenart der näheren Umgebung abgewichen werden (§ 34 Abs. 3a).

Nach § 34 Abs. 4 bis 6 kann die Gemeinde durch Satzung den im Zusammenhang bebauten Ortsteil deklaratorisch festlegen oder unter bestimmten Voraussetzungen Außenbereichsgrundstücke am Ortsrand oder bebaute Bereiche im Außenbereich in den grundsätzlich bebaubaren Innenbereich einbeziehen bzw. als solchen festlegen.

Die Vorschriften über das **Bauen im Außenbereich** (§ 35) berücksichtigen, dass sich nach dem BauGB die bauliche Entwicklung grundsätzlich in Gebieten mit Bebauungsplänen und innerhalb der im Zusammenhang bebauten Ortsteile vollziehen soll. Sollen Flächen des Außenbereichs einer Bebauung zugeführt werden, bedarf es dazu grundsätzlich der Aufstellung eines Bebauungsplans. Für bestimmte, vor allem auf den Außenbereich angewiesene Vorhaben ist nach § 35 Abs. 1 aber deren Zulässigkeit möglich, sofern nicht im Einzelfall (überwiegende) öffentliche Belange oder vom BauGB unberührt bleibende andere öffentlich-rechtliche Vorschriften (§ 29 Abs. 2) entgegenstehen (sog. im Außenbereich **privilegiert zulässige Vorhaben**). Alle anderen Vorhaben (die **sonstigen Vorhaben**) sind nur zulässig, wenn öffentliche Belange nicht beeinträchtigt werden (§ 35 Abs. 2); dies ist erfahrungsgemäß zumeist der Fall. Vorhaben im Zusammenhang mit im Außenbereich vorhandenen Gebäuden sind nach § 35 Abs. 4 dadurch begünstigt, dass ihnen bestimmte öffentliche Belange nicht entgegengehalten werden können. Die Gemeinde kann diese Fallgestaltungen in bestimmter Weise durch die sog. Außenbereichssatzung (§ 35 Abs. 6) erweitern.

Für Erstaufnahmeeinrichtungen und weitere Vorhaben für die Unterbringung von Flüchtlingen und Asylbegehrenden enthält § 246 Abs. 8 bis 17 teils wesentlich erweiterte Zulassungsreglungen zu den §§ 31, 34, 35 und 37.

Grundsätzlich entscheidet über die Zulässigkeit von Vorhaben nach den §§ 29 ff. die Bauaufsichtsbehörde, geregelt in der jeweiligen Landesbauordnung; ggf. auch die nach anderen Vorschriften zuständige Behörde wie nach dem Bundesimmissionsschutzgesetz (§ 36 Abs. 1 Satz 1 und 2).

Zusätzlich ist nach § 36 das **Einvernehmen der Gemeinde** erforderlich, wenn das Vorhaben nicht entsprechend den Festsetzungen eines Bebauungsplans ausgeführt werden soll. In Fällen des § 30 Abs. 1 stellen die Länder sicher, dass, wenn nach der Landesbauordnung eine Genehmigungspflicht nicht besteht, die Gemeinden durch Unterrichtung von ihren Sicherungsinstrumenten der §§ 14 ff. Gebrauch machen können. Die Zustimmung der höheren Verwaltungsbehörde ist – entgegen früherem Recht – nicht erforderlich; für Außenbereichsvorhaben nach § 35 Abs. 2 und 4 kann das Zustimmungserfordernis durch Rechtsverordnung der Länder eingeführt werden.

Für bauliche **Maßnahmen des Bundes und der Länder** sieht § 37 materielle und verfahrensmäßige Abweichungsmöglichkeiten vor. § 38 regelt insbesondere das Verhältnis zu **baulichen Maßnahmen von überörtlicher Bedeutung auf Grund von Planfeststellungsverfahren**. Liegen die dort genannten Voraussetzungen vor, sind auf diese Vorhaben die §§ 29 bis 37 nicht anzuwenden.

In Ergänzung zum Recht der Bauleitplanung ist der **städtebauliche Vertrag** geregelt (§ 11). Gegenstände dieser Art des öffentlich-rechtlichen Vertrags sind die Vorbereitung und Durchführung städtebaulicher Maßnahmen (einschließlich über die Erschließung), die Förderung und Sicherung der mit der Bauleitplanung verfolgten Ziele und die Übernahme von Kosten, die der Gemeinde bei Durchführung von Maßnahmen entstehen, durch den Vertragspartner. Die vereinbarten Leistungen müssen den gesamten Umständen nach angemessen sein. Das Rechtsinstitut des städtebaulichen Vertrags ist eine wesentliche Grundlage des kooperativen Zusammenwirkens von Gemeinden und Investoren im Städtebau.

d) Bodenordnung (Umlegung)

Wesentlicher Zweck der bodenordnenden Maßnahmen durch Umlegung ist die Vorbereitung der in Bebauungsplänen vorgesehenen und im nicht beplanten Innenbereich zulässigen Nutzung, indem der Zuschnitt der Grundstücke und die Rechtsverhältnisse an den Grundstücken so gestaltet werden, dass sie dem Bebauungsplan oder dem § 34 entsprechend zweckmäßig genutzt werden können. In Umlegungen erfolgt dies gleichermaßen durch erstmalige Baureifmachung von Bauland (Erschließungsumlegung) wie in bereits bebauten Gebieten (Neugestaltungsumlegung). Sind nur Grundstücksneuordnungen durch Tausch benachbarter Grundstücke oder Grundstücksteile oder einseitige Zuteilungen von Grundstücken oder Grundstücksteilen vorgesehen, kann dies durch die vereinfachte Umlegung (§§ 80–84) herbeigeführt werden.

Die Umlegung (§§ 45–79) ist grundsätzlich planakzessorisch; sie kann aber auch außerhalb von Bebauungsplangebieten in den nicht beplanten Innenbereichen (§ 34) vorgenommen werden. Die Umlegung wird von der Gemeinde in eigener Verantwortung angeordnet und durchgeführt, in der Regel durch gemeindliche Umlegungsausschüsse mit selbständigen Entscheidungsbefugnissen. Zum Verfahren gehören der die Umlegung einleitende Umlegungsbeschluss, die Beteiligung der Eigentümer sowie die Aufstellung und das Inkrafttreten des Umlegungsplans. Aus diesem geht der in Aussicht genommene Neuzustand mit allen tatsächlichen und rechtlichen Änderungen hervor, die die im Umlegungsgebiet gelegenen Grundstücke erfahren.

Die im Umlegungsgebiet gelegenen Grundstücke werden nach ihrer Fläche rechnerisch zu einer Masse vereinigt (Umlegungsmasse), aus der bestimmte, insbesondere öffentlichen Zwecken dienende Flächen vorab der Gemeinde oder dem sonstigen Erschließungsträger zugeteilt werden. Die verbleibende Masse (Verteilungsmasse) wird nach bestimmten Verteilungsmaßstäben unter Berücksichtigung des Werts der Grundstücke vor und nach der Umlegung den bisherigen Eigentümern der in das Umlegungsverfahren eingebrachten Grundstücke zugeteilt. Soweit die Eigentümer keine Zuteilung erhalten, ist eine Abfindung in Geld vorgesehen. Umlegungsbedingte Wertsteigerungen der Grundstücke verbleiben bei der Gemeinde.

e) Enteignung, Entschädigung, Wertermittlung

Das BauGB enthält in §§ 85 ff. Rechtsvorschriften für die Enteignung von Grundstücken insbesondere zur Verwirklichung von bestimmten in Bebauungsplänen vorgesehenen Nutzungen. Die Vorschriften enthalten die verfassungsrechtlich (Art. 14 Abs. 3 GG) gebotenen Regelungen über Zweck, Gegenstand und Voraussetzungen der Enteignung sowie in den §§ 93 ff. Vorschriften über die Höhe der Enteignungsentschädigung. Die §§ 104 ff. regeln das förmliche Enteignungsverfahren. Die Enteignungsentschädigung bemisst sich gemäß § 95 nach dem Verkehrswert, auch Marktwert genannt (§ 194), unter Ausschluss bestimmter Bodenwerte.

Neben der Enteignungsentschädigung enthält das BauGB spezielle Entschädigungstatbestände für Bodenwertminderungen auf Grund von anderen städtebaurechtlichen Maßnahmen (vgl. §§ 18, 22, 39 ff., 168, 173, 176, 179, 185).

Zur Konkretisierung der allgemeinen Entschädigungsregelungen des BauGB enthalten die §§ 192 bis 199 sowie die **Immobilienwertermittlungsverordnung** (ImmoWertV, Nr. 2) Vorschriften über die Wertermittlung von Grundstücken. In den §§ 192 bis 199 sind dies die Vorschriften über Gutachterausschüsse und ihre Aufgaben, Befugnisse und Organisation, über den Verkehrswert (Marktwert), die Kaufpreissammlung und die Bodenrichtwerte. Die ImmoWertV ist in fünf Teile gegliedert und enthält: in Teil 1 Begriffsbestimmungen und allgemeine Grundsätze der Wertermittlung, in Teil 2 Bodenrichtwerte und sonstige für die Wertermittlung erforderliche Daten, in Teil 3 Grundsätze zu den einzelnen Wertermittlungsverfahren wie Vergleichswert-, Ertragswert- und Sachwertverfahren, in Teil 4 Bodenwertermittlung über grundstücksbezogene Rechte und Belastungen sowie in Teil 5 Schlussvorschriften. Zusätzlich enthält die ImmoWertV in fünf Anlagen weitere Vorschriften: in Anlage 1 über Modellansätze für die Gesamtnutzungsdauer, in Anlage 2 über Modellansätze zur Ermittlung der Restnutzungsdauer von Wohngebäuden bei Modernisierungen, in Anlage 3 über Modellansätze für Bewertungsverfahren, in Anlage 4 über Normalherstellungskosten 2010 und in Anlage 5 über den Katalog der Grundstückswerte des Bodenrichtwertgrundstücks. Insgesamt enthält damit die neue ImmoWertV die Regelungsbereiche, die zuvor in der vorherigen Rechtsverordnung und den dazu erlassenen Richtwerten enthalten waren, unter Fortentwicklung des bisherigen Rechts.

f) Erschließung, Erschließungsbeitrag, Maßnahmen für den Naturschutz

Allgemeine, der geordneten städtebaulichen Entwicklung entsprechende Voraussetzung für die Zulässigkeit von Vorhaben ist die Erschließung der Grundstücke (vgl. §§ 30, 33 bis 35). Die Erschließung ist Aufgabe der Gemeinde, sie ist grundsätzlich an den Bebauungsplan gebunden (§§ 123 bis 125). Die Gemeinde erhebt zur Deckung ihres Aufwands für Erschließungsanlagen einen Erschließungsbeitrag nach Maßgabe der §§ 127 ff. Die in Betracht kommenden Erschließungsanlagen, der Umfang sowie der beitragsfähige Erschließungsaufwand, die Ermittlung und die Verteilung des Erschließungsaufwands sind in den Grundzügen und in einzelnen Bereichen im BauGB geregelt, näher konkretisiert durch Gemeindesatzung (§ 132). Die Gemeinde kann die Erschließung durch städtebaulichen Vertrag auf Dritte übertragen (§ 11 Abs. 1 S. 2 Nr. 1, bis 20.6.2013 durch Erschließungsvertrag gem. § 124 aF). Gegenstände und Entstehung der Beitragspflicht sind grundstücksbezogen, Beitragspflichtiger ist der Grundstückseigentümer. Das Recht der Erschließungsbeiträge (§§ 127 ff.) ist seit der Grundgesetzänderung vom 27.10.1994 der Gesetzgebungskompetenz des Bundes entzogen (Art. 74 Nr. 18 GG); es gilt fort, sofern es nicht durch Landesrecht ersetzt wird (Art. 125a GG); vgl. die Fußnote zur Übersicht vor § 127 (Nr. **1** BauGB).

Für die Finanzierung von Maßnahmen zum Ausgleich in Natur und Landschaft sind in den §§ 135a bis 135c Regelungen über die Durchführung und Kostenerstattung naturschützender Ausgleichsmaßnahmen, die Verteilungsmaßstäbe sowie für nähere Regelungen durch Gemeindesatzung enthalten, in teilweiser Anlehnung an die Vorschriften über die Erhebung von Erschließungsbeiträgen.

2. Zum besonderen Städtebaurecht

a) Städtebauliche Sanierungs- und Entwicklungsmaßnahmen, Stadtumbaumaßnahmen und Maßnahmen der Sozialen Stadt

Städtebauliche Sanierungsmaßnahmen sind auf die Lösung komplexer städtebaulicher Probleme im Rahmen einer Gesamtmaßnahme ausgerichtet, deren einheitliche Vorbereitung und zügige Durchführung im öffentlichen Interesse liegt (vgl. §§ 136 ff.). Sie dienen der Behebung städtebaulicher Missstände (auch unter Berücksichtigung der Belange des Klimaschutzes und der Klimaanpassung) und von Funktionsstörungen. Verfahrensmäßige Merkmale der städtebaulichen Sanierung sind: Vorbereitende Untersuchungen, förmliche Festlegung des Sanierungsgebiets durch Gemeindesatzung, Bestimmung der Ziele und Zwecke der Sanierung, ggf. städtebauliche Planung, Erörterung und Fortschreibung des Sozialplans. Ergänzende bodenrechtliche Instrumente sind: Verfügungs- und Veränderungssperre, Zahlung eines Ausgleichsbetrags (vgl. §§ 144 f., 152 ff.). Die Durchführung unterscheidet Ordnungsmaßnahmen als Aufgabe der Gemeinde sowie Baumaßnahmen, die grundsätzlich den Eigentümern obliegen.

Durch **städtebauliche Entwicklungsmaßnahmen** werden Ortsteile oder andere Gemeindeteile entsprechend ihrer besonderen Bedeutung für die städtebauliche Entwicklung und Ordnung der Gemeinde oder die Entwicklung des Landesgebiets oder der Region erstmals entwickelt oder im Rahmen einer städtebaulichen Neuordnung einer neuen Entwicklung zugeführt (§ 165). Die Maßnahmen konnten auf Grund des Städtebauförderungsgesetzes (StBauFG) von 1971 eingeleitet werden; das BauGB hatte 1986 nur die Fortführung solcher eingeleiteter Maßnahmen vorgesehen. Aufgrund der §§ 6 und 7 BauGB-MaßnahmenG 1990 konnten städtebauliche Entwicklungsmaßnahmen mit neuem Zuschnitt wiederum neu eingeleitet werden. Mit dem Investitionserleichterungs- und Wohnbaulandgesetz wurde das Instrument in das BauGB eingeführt (§§ 165–171). Verfahrensmäßige Besonderheiten sind: seinerzeit Einleitung durch Rechtsverordnung (nach StBauFG), heute durch Gemeindesatzung (nach BauGB). Wesentliche Merkmale sind die zügige Durchführung der Maßnahmen, grundsätzlicher Erwerb der Grundstücke durch die Gemeinde mit Veräußerungspflicht für Zwecke der Entwicklungsmaßnahme, im Übrigen Ausgleichspflicht des Eigentümers für entwicklungsbedingte Bodenwerterhöhungen.

Durch das BauROG von 1998 wurden die Vorschriften über die **Städtebauförderung** eingeführt: § 164a regelt den Einsatz von Städtebauförderungsmitteln zur Finanzierung von städtebaulichen Sanierungs- und Entwicklungsmaßnahmen, § 164b Grundsätze über die Finanzhilfen des Bundes in diesen Bereichen. Dies gilt auch für die Maßnahmen zum Stadtumbau und zur Sozialen Stadt (§ 171d Abs. 4, § 171e Abs. 6).

Durch das EAG Bau (s. oben I. 12) wurden in 2004 Vorschriften über den Stadtumbau (§§ 171a ff.) und die Soziale Stadt (§ 171e BauGB) eingeführt. **Stadtumbaumaßnahmen** sind Maßnahmen, durch die in von erheblichen städtebaulichen Funktionsverlusten – wie dauerhaftes Überangebot an baulichen Anlagen für bestimmte Nutzungen, namentlich für Wohnzwecke, oder wenn die allgemeinen Anforderungen an den Klimaschutz und die Klimaanpassung nicht erfüllt werden – betroffenen Gebieten Anpassungen zur Herstellung nachhaltiger städtebaulicher Strukturen vorgenommen werden. Wesentlich für Stadtumbaumaßnahmen ist, dass sie auf der Grundlage unter Beteiligung insbesondere der Betroffenen erarbeiteter städtebaulicher Entwicklungskonzepte und, soweit erforderlich, auf der Grundlage städtebaulicher Verträge, dh ohne spezielle hierfür vorgesehene weitere hoheitliche Instrumente, durchgeführt werden (sogen. konzeptionelles, konsensuales Vorgehen), vgl. §§ 171b und 171c; Ausnahme ist die Sicherung nach § 171 d. Stadtumbaumaßnahmen können ergänzend oder anstelle von städtebaulichen Sanierungs- und Entwicklungsmaßnahmen vorgesehen werden. Sie bedürfen eines Beschlusses (nicht Satzungsbeschlusses) der Gemeinde, mit dem die Grenzen des Stadtumbaugebiets auf der Grundlage des städtebaulichen Entwicklungskonzepts festgelegt werden. Zur Sicherung von Durchführungsmaßnahmen kann die Gemeinde eine Satzung erlassen, um dem Stadtumbaukonzept widersprechende Maßnahmen zu vermeiden (§ 171d).

Maßnahmen der **Sozialen Stadt** nach § 171e sind Maßnahmen zur Stabilisierung und Aufwertung von durch soziale Missstände benachteiligte Ortsteile oder andere Teile des Gemeindegebiets, in denen ein besonderer Entwicklungsbedarf besteht. Soziale Missstände in diesem Sinne sind insbesondere gegeben, wenn ein Gebiet auf Grund der Zusammensetzung und wirtschaftlichen Situation der darin lebenden und arbeitenden Menschen erheblich benachteiligt ist. Die Gemeinde legt das Gebiet für Maßnahmen der Sozialen Stadt durch Beschluss (nicht Satzungsbeschluss) fest. Grundlage hierfür ist ein unter Beteiligung der Betroffenen erstelltes Entwicklungskonzept.

Durch das BauGB-Änderungsgesetz v. 21.12.2006 (vgl. I 15) wurde § 171 f über „Private Initiativen zur Stadtentwicklung" eingeführt. Die Vorschrift enthält eine Öffnungsklausel für landesrechtliche Vorschriften, auf deren Grundlage Gebiete festgelegt werden können, in denen in privater Verantwortung in Abstimmung mit den städtebaulichen Zielen der Gemeinde standortbezogene Maßnahmen zur Stärkung oder Entwicklung ua von Bereichen der Innenstädte, Stadtteilzentren, Wohnquartiere und Gewerbezentren durchgeführt werden. Die landesrechtlichen Vorschriften können auch Regelungen zur Finanzierung der Maßnahmen und zur gerechten Verteilung des Aufwands treffen.

b) Erhaltungssatzung, städtebauliche Gebote

Ein besonderes Satzungsinstrument der Gemeinden ist die **Erhaltungssatzung** nach den §§ 172 bis 174. Mit der Erhaltungssatzung kann die Gemeinde die Genehmigungsbedürftigkeit von Rückbau, Änderung und Nutzungsänderung, ggf. auch der Errichtung baulicher Anlagen, festlegen, und zwar zur Erhaltung der städtebaulichen Eigenart des Gebiets auf Grund seiner städtebaulichen Gestalt, zur Erhaltung der Zusammensetzung der Wohnbevölkerung („Milieuschutzsatzung") oder bei städtebaulichen Umstrukturierungen. Die Rechtsfolgen der „Milieuschutzsatzung" können durch Rechtsverordnung der Landesregierung dahin erweitert werden, dass auch die Begründung von Wohnungs- oder Teileigentum nach § 1 des Wohnungseigentumsgesetzes der Genehmigung bedarf.

Die §§ 175–179 enthalten die Rechtsgrundlagen für städtebauliche Gebote. Mit dem **Baugebot** (§ 176) kann die Gemeinde den Eigentümer eines Grundstücks zu dessen – in bestimmter Weise wirtschaftlich zumutbarer – Bebauung vor allem entsprechend dem Bebauungsplan verpflichten. Im Anschluss an § 176 (Baugebot) enthält § 176a Rechtsgrundlagen für ein städtebauliches Entwicklungskonzept zur Stärkung der Innenentwicklung der Gemeinden. Mit dem **Modernisierungs- und Instandsetzungsgebot** (§ 177) kann die Gemeinde die Beseitigung und Behebung von Missständen und Mängeln baulicher Anlagen verlangen, wobei die Vorschriften besondere Regeln über die Kostentragung enthalten. Das **Pflanzgebot** (§ 178) ist auf die Umsetzung entsprechender Festsetzungen in Bebauungsplänen gerichtet. Das **Rückbau- und Entsiegelungsgebot** (§ 179) enthält eine Duldungspflicht des Eigentümers eines Grundstücks zur vollständigen oder teilweisen Beseitigung von baulichen Anlagen, ua wenn sie – soweit vorhanden – den Festsetzungen des Bebauungsplans nicht entsprechen und ihnen nicht angepasst werden können oder wenn sie Missstände oder Mängel aufweisen, die auch durch Modernisierung oder Instandsetzung nicht behoben werden können.

c) Weitere Vorschriften des Besonderen Städtebaurechts

§§ 180 und 181 enthalten Vorschriften über den **Sozialplan** und den **Härteausgleich**, als die verschiedenen städtebaurechtlichen Maßnahmen ergänzende Instrumente zur Berücksichtigung von nachteiligen Auswirkungen auf die wohnenden und arbeitenden Menschen. §§ 182 bis 186 enthalten Vorschriften über die **Aufhebung von Miet- und Pachtverhältnissen** als Folgen von bestimmten städtebaulichen Maßnahmen. §§ 187 bis 191 enthalten Vorschriften zur Abstimmung und Koordination städtebaulicher Maßnahmen im Zusammenhang mit **Maßnahmen zur Verbesserung der Agrarstruktur.**

Das BauGB enthält in den §§ 246–249 eine Reihe als **Sonderregelungen** bezeichneter Vorschriften:

Die Sonderregelungen des § 246 Abs. 1 bis 5 berücksichtigen insbesondere den unterschiedlichen Verwaltungsaufbau in einigen Ländern oder ermächtigen die Länder zu bestimmten aufsichtsrechtlichen Verfahren („Anzeigeverfahren") beim Erlass von Bebauungsplänen und sonstigen Satzungen. § 246 Abs. 7 ermächtigte (bis 31.12.2004) die Länder zur Beschränkung der Zulässigkeit von Einzelhandelsgroßbetrieben in den nicht beplanten Innenbereichen nach § 34 Abs. 1 Satz 1. Die Sonderregelungen des § 246 Abs. 8–17 enthalten (befristet bis zum 31.12.2019) erweiterte Zulassungsregelungen für Aufnahmeeinrichtungen und die Unterbringung von Flüchtlingen und Asylbegehrenden: für Nutzungsänderungen in Fällen des § 34 Abs. 3a, für die Errichtung solcher Anlagen im Außenbereich (Anwendung des § 35 Abs. 4) und für die Errichtung und Änderung solcher Anlagen einschließlich mobiler Unterkünfte in verschiedenen Baugebieten mit Wohn- und gemischten Nutzungen sowie in Gewerbe- und Industriegebieten und Sondergebieten.

§ 247 enthält Sonderregelungen, um die Planungen und Maßnahmen zum Ausbau Berlins als Hauptstadt der Bundesrepublik Deutschland zu fördern. Die Belange und Erfordernisse des Hauptstadtausbaus haben danach ein spezifisches Gewicht im Rahmen der planerischen Abwägung; sie sind Gegenstand von Verhandlungen in einem gemeinsamen Ausschuss von Bund und Berlin. Zusätzlich sind geregelt Verfahrenserleichterungen bei der Aufstellung von Bebauungsplänen, die Einbeziehung von für entsprechende Zwecke vorgesehene Grundstücke in die Vorkaufsrechte und zusätzliche Klarstellungen hinsichtlich städtebaulicher Entwicklungsmaßnahmen sowie das Gewicht der Hauptstadtbelange bei Ermessensentscheidungen.

§ 248 enthält Sonderregelungen zur sparsamen und effizienten Nutzung von Energie. Bei Maßnahmen der Energieeinsparung und beim Anbringen von Anlagen für die Nutzung solarer Strahlungsenergie ist bei bestehenden Gebäuden ein Abweichen vom sonst maßgeblichen Maß der baulichen Nutzung, der Bauweise und der überbaubaren Grundstücksfläche zulässig.

§ 249 enthält Sonderregelungen zur Windenergie an Land, insbesondere in Anpassung an das Windenergiebedarfsgesetz von 2022 (Nr. **1c**). Ergänzend dazu sind die Überleitungsvorschriften des § 245e BauGB zu beachten.

§ 250 enthält Sonderregelungen bei Bildung von Wohnungseigentum in Gebieten mit angespannten Wohnungsmärkten. Danach kann die Landesregierung durch Rechtsverordnung Genehmigungspflichten für die Begründung von

Wohnungseigentum und Teileigentum bei Wohngebäuden begründen. Die Rechtsverordnung muss spätestens Ende 2025 außer Kraft treten.

4. Weitere Vorschriften

Weitere Vorschriften des BauGB sind:

- **Allgemeine Vorschriften** (§§ 200 bis 202) über Grundstücke, Baulandkataster, Begriff der Landwirtschaft und Schutz des Mutterbodens,
- Vorschriften über **Zuständigkeiten** (§§ 203 bis 206) und das **Verwaltungsverfahren** (§§ 207 bis 213),
- Vorschriften zur **Planerhaltung**, nach denen nur bestimmte Verletzungen von Vorschriften über die Aufstellung von Bauleitplänen und Satzungen für die Wirksamkeit beachtlich sind und ggf. durch Zeitablauf geheilt oder rückwirkend behoben werden können (§§ 214 bis 216),
- **Verfahren vor den Kammern für Baulandsachen** (§§ 217 bis 232) sowie
- **Überleitungs- und Schlussvorschriften** (§§ 233 bis 250).

1. Baugesetzbuch (BauGB)[1]

In der Fassung der Bekanntmachung vom 3. November 2017[2] [3]
(BGBl. I S. 3634)

FNA 213-1

zuletzt geänd. durch Art. 1, 2 G zur sofortigen Verbesserung der Rahmenbedingungen für die erneuerbaren Energien im Städtebaurecht v. 4.1.2023 (BGBl. I Nr. 6)

Inhaltsübersicht

Erstes Kapitel. Allgemeines Städtebaurecht

---

[1] **Amtl. Anm.:** Dieses Gesetz dient der Umsetzung folgender Richtlinien:

1. Richtlinie 92/43/EWG des Rates vom 21. Mai 1992 zur Erhaltung der natürlichen Lebensräume sowie der wild lebenden Tiere und Pflanzen (ABl. L 206 vom 22.7.1992, S. 7), die zuletzt durch die Richtlinie 2013/17/EU (ABl. L 158 vom 10.6.2013, S. 193) geändert worden ist,
2. Richtlinie 2001/42/EG des Europäischen Parlaments und des Rates vom 27. Juni 2001 über die Prüfung der Umweltauswirkungen bestimmter Pläne und Programme (ABl. L 197 vom 21.7.2001, S. 30),
3. Richtlinie 2009/147/EG des Europäischen Parlaments und des Rates vom 30. November 2009 über die Erhaltung der wildlebenden Vogelarten (ABl. L 20 vom 26.1.2010, S. 7), die zuletzt durch die Richtlinie 2013/17/EU (ABl. L 158 vom 10.6.2013, S. 193) geändert worden ist,
4. Richtlinie 2011/92/EU des Europäischen Parlaments und des Rates vom 13. Dezember 2011 über die Umweltverträglichkeitsprüfung bei bestimmten öffentlichen und privaten Projekten (ABl. L 26 vom 28.1.2012, S. 1), die zuletzt durch die Richtlinie 2014/52/EU (ABl. L 124 vom 25.4.2014, S. 1) geändert worden ist.

[2] Neubekanntmachung des BauGB idF der Bek. v. 23.9.2004 (BGBl. I S. 2414) in der ab 1.10.2017 geltenden Fassung.

[3] Ein Verzeichnis baurechtlicher Vorschriften der Länder ist unter Nr. **7** abgedruckt.

Erstes Kapitel. Allgemeines Städtebaurecht

Erster Teil. Bauleitplanung

Erster Abschnitt. Allgemeine Vorschriften

§ 1 Aufgabe, Begriff und Grundsätze der Bauleitplanung. (1) Aufgabe der Bauleitplanung ist es, die bauliche und sonstige Nutzung der Grundstücke in der Gemeinde nach Maßgabe dieses Gesetzbuchs vorzubereiten und zu leiten.

(2) Bauleitpläne sind der Flächennutzungsplan (vorbereitender Bauleitplan) und der Bebauungsplan (verbindlicher Bauleitplan).

(3) [1] Die Gemeinden haben die Bauleitpläne aufzustellen, sobald und soweit es für die städtebauliche Entwicklung und Ordnung erforderlich ist; die Aufstellung kann insbesondere bei der Ausweisung von Flächen für den Wohnungsbau in Betracht kommen. [2] Auf die Aufstellung von Bauleitplänen und städtebaulichen Satzungen besteht kein Anspruch; ein Anspruch kann auch nicht durch Vertrag begründet werden.

(4) Die Bauleitpläne sind den Zielen der Raumordnung anzupassen.

(5) [1] Die Bauleitpläne sollen eine nachhaltige städtebauliche Entwicklung, die die sozialen, wirtschaftlichen und umweltschützenden Anforderungen auch in Verantwortung gegenüber künftigen Generationen miteinander in Einklang bringt, und eine dem Wohl der Allgemeinheit dienende sozialgerechte Bodennutzung unter Berücksichtigung der Wohnbedürfnisse der Bevölkerung gewährleisten. [2] Sie sollen dazu beitragen, eine menschenwürdige Umwelt zu sichern, die natürlichen Lebensgrundlagen zu schützen und zu entwickeln sowie den Klimaschutz und die Klimaanpassung, insbesondere auch in der Stadtentwicklung, zu fördern, sowie die städtebauliche Gestalt und das Orts- und Landschaftsbild baukulturell zu erhalten und zu entwickeln. [3] Hierzu soll die städtebauliche Entwicklung vorrangig durch Maßnahmen der Innenentwicklung erfolgen.

(6) Bei der Aufstellung der Bauleitpläne sind insbesondere zu berücksichtigen:

1. die allgemeinen Anforderungen an gesunde Wohn- und Arbeitsverhältnisse und die Sicherheit der Wohn- und Arbeitsbevölkerung,
2. die Wohnbedürfnisse der Bevölkerung, insbesondere auch von Familien mit mehreren Kindern, die Schaffung und Erhaltung sozial stabiler Bewohnerstrukturen, die Eigentumsbildung weiter Kreise der Bevölkerung und die Anforderungen kostensparenden Bauens sowie die Bevölkerungsentwicklung,
3. die sozialen und kulturellen Bedürfnisse der Bevölkerung, insbesondere die Bedürfnisse der Familien, der jungen, alten und behinderten Menschen, unterschiedliche Auswirkungen auf Frauen und Männer sowie die Belange des Bildungswesens und von Sport, Freizeit und Erholung,
4. die Erhaltung, Erneuerung, Fortentwicklung, Anpassung und der Umbau vorhandener Ortsteile sowie die Erhaltung und Entwicklung zentraler Versorgungsbereiche,
5. die Belange der Baukultur, des Denkmalschutzes und der Denkmalpflege, die erhaltenswerten Ortsteile, Straßen und Plätze von geschichtlicher, künstlerischer oder städtebaulicher Bedeutung und die Gestaltung des Orts- und Landschaftsbildes,
6. die von den Kirchen und Religionsgesellschaften des öffentlichen Rechts festgestellten Erfordernisse für Gottesdienst und Seelsorge,
7. die Belange des Umweltschutzes, einschließlich des Naturschutzes und der Landschaftspflege, insbesondere
   a) die Auswirkungen auf Tiere, Pflanzen, Fläche, Boden, Wasser, Luft, Klima und das Wirkungsgefüge zwischen ihnen sowie die Landschaft und die biologische Vielfalt,

b) die Erhaltungsziele und der Schutzzweck der Natura 2000-Gebiete im Sinne des Bundesnaturschutzgesetzes[1],
c) umweltbezogene Auswirkungen auf den Menschen und seine Gesundheit sowie die Bevölkerung insgesamt,
d) umweltbezogene Auswirkungen auf Kulturgüter und sonstige Sachgüter,
e) die Vermeidung von Emissionen sowie der sachgerechte Umgang mit Abfällen und Abwässern,
f) die Nutzung erneuerbarer Energien sowie die sparsame und effiziente Nutzung von Energie,
g) die Darstellungen von Landschaftsplänen sowie von sonstigen Plänen, insbesondere des Wasser-, Abfall- und Immissionsschutzrechts,
h) die Erhaltung der bestmöglichen Luftqualität in Gebieten, in denen die durch Rechtsverordnung zur Erfüllung von Rechtsakten der Europäischen Union festgelegten Immissionsgrenzwerte nicht überschritten werden,
i) die Wechselwirkungen zwischen den einzelnen Belangen des Umweltschutzes nach den Buchstaben a bis d,
j) unbeschadet des § 50 Satz 1 des Bundes-Immissionsschutzgesetzes, die Auswirkungen, die aufgrund der Anfälligkeit der nach dem Bebauungsplan zulässigen Vorhaben für schwere Unfälle oder Katastrophen zu erwarten sind, auf die Belange nach den Buchstaben a bis d und i,

8. die Belange
a) der Wirtschaft, auch ihrer mittelständischen Struktur im Interesse einer verbrauchernahen Versorgung der Bevölkerung,
b) der Land- und Forstwirtschaft,
c) der Erhaltung, Sicherung und Schaffung von Arbeitsplätzen,
d) des Post- und Telekommunikationswesens, insbesondere des Mobilfunkausbaus,
e) der Versorgung, insbesondere mit Energie und Wasser, einschließlich der Versorgungssicherheit,
f) der Sicherung von Rohstoffvorkommen,

9. die Belange des Personen- und Güterverkehrs und der Mobilität der Bevölkerung, auch im Hinblick auf die Entwicklungen beim Betrieb von Kraftfahrzeugen, etwa der Elektromobilität, einschließlich des öffentlichen Personennahverkehrs und des nicht motorisierten Verkehrs, unter besonderer Berücksichtigung einer auf Vermeidung und Verringerung von Verkehr ausgerichteten städtebaulichen Entwicklung,
10. die Belange der Verteidigung und des Zivilschutzes sowie der zivilen Anschlussnutzung von Militärliegenschaften,
11. die Ergebnisse eines von der Gemeinde beschlossenen städtebaulichen Entwicklungskonzeptes oder einer von ihr beschlossenen sonstigen städtebaulichen Planung,
12. die Belange des Küsten- oder Hochwasserschutzes und der Hochwasservorsorge, insbesondere die Vermeidung und Verringerung von Hochwasserschäden,

---

[1] Auszugsweise abgedruckt unter Nr. **1a**.

13. die Belange von Flüchtlingen oder Asylbegehrenden und ihrer Unterbringung,
14. die ausreichende Versorgung mit Grün- und Freiflächen.

(7) Bei der Aufstellung der Bauleitpläne sind die öffentlichen und privaten Belange gegeneinander und untereinander gerecht abzuwägen.

(8) Die Vorschriften dieses Gesetzbuchs über die Aufstellung von Bauleitplänen gelten auch für ihre Änderung, Ergänzung und Aufhebung.

§ 1a Ergänzende Vorschriften zum Umweltschutz. (1) Bei der Aufstellung der Bauleitpläne sind die nachfolgenden Vorschriften zum Umweltschutz anzuwenden.

(2) [1] Mit Grund und Boden soll sparsam und schonend umgegangen werden; dabei sind zur Verringerung der zusätzlichen Inanspruchnahme von Flächen für bauliche Nutzungen die Möglichkeiten der Entwicklung der Gemeinde insbesondere durch Wiedernutzbarmachung von Flächen, Nachverdichtung und andere Maßnahmen zur Innenentwicklung zu nutzen sowie Bodenversiegelungen auf das notwendige Maß zu begrenzen. [2] Landwirtschaftlich, als Wald oder für Wohnzwecke genutzte Flächen sollen nur im notwendigen Umfang umgenutzt werden. [3] Die Grundsätze nach den Sätzen 1 und 2 sind in der Abwägung nach § 1 Absatz 7 zu berücksichtigen. [4] Die Notwendigkeit der Umwandlung landwirtschaftlich oder als Wald genutzter Flächen soll begründet werden; dabei sollen Ermittlungen zu den Möglichkeiten der Innenentwicklung zugrunde gelegt werden, zu denen insbesondere Brachflächen, Gebäudeleerstand, Baulücken und andere Nachverdichtungsmöglichkeiten zählen können.

(3) [1] Die Vermeidung und der Ausgleich voraussichtlich erheblicher Beeinträchtigungen des Landschaftsbildes sowie der Leistungs- und Funktionsfähigkeit des Naturhaushalts in seinen in § 1 Absatz 6 Nummer 7 Buchstabe a bezeichneten Bestandteilen (Eingriffsregelung nach dem Bundesnaturschutzgesetz[1)]) sind in der Abwägung nach § 1 Absatz 7 zu berücksichtigen. [2] Der Ausgleich erfolgt durch geeignete Darstellungen und Festsetzungen nach den §§ 5 und 9 als Flächen oder Maßnahmen zum Ausgleich. [3] Soweit dies mit einer nachhaltigen städtebaulichen Entwicklung und den Zielen der Raumordnung sowie des Naturschutzes und der Landschaftspflege vereinbar ist, können die Darstellungen und Festsetzungen auch an anderer Stelle als am Ort des Eingriffs erfolgen. [4] Anstelle von Darstellungen und Festsetzungen können auch vertragliche Vereinbarungen nach § 11 oder sonstige geeignete Maßnahmen zum Ausgleich auf von der Gemeinde bereitgestellten Flächen getroffen werden. [5] § 15 Absatz 3 des Bundesnaturschutzgesetzes[2)] gilt entsprechend. [6] Ein Ausgleich ist nicht erforderlich, soweit die Eingriffe bereits vor der planerischen Entscheidung erfolgt sind oder zulässig waren.

(4) Soweit ein Gebiet im Sinne des § 1 Absatz 6 Nummer 7 Buchstabe b in seinen für die Erhaltungsziele oder den Schutzzweck maßgeblichen Bestandteilen erheblich beeinträchtigt werden kann, sind die Vorschriften des Bundesnaturschutzgesetzes[1)] über die Zulässigkeit und Durchführung von derartigen

---

[1)] Auszugsweise abgedruckt unter Nr. **1a**.
[2)] Nr. **1a**.

Eingriffen einschließlich der Einholung der Stellungnahme der Europäischen Kommission anzuwenden.

(5) [1] Den Erfordernissen des Klimaschutzes soll sowohl durch Maßnahmen, die dem Klimawandel entgegenwirken, als auch durch solche, die der Anpassung an den Klimawandel dienen, Rechnung getragen werden. [2] Der Grundsatz nach Satz 1 ist in der Abwägung nach § 1 Absatz 7 zu berücksichtigen.

§ 2 Aufstellung der Bauleitpläne. (1) [1] Die Bauleitpläne sind von der Gemeinde in eigener Verantwortung aufzustellen. [2] Der Beschluss, einen Bauleitplan aufzustellen, ist ortsüblich bekannt zu machen.

(2) [1] Die Bauleitpläne benachbarter Gemeinden sind aufeinander abzustimmen. [2] Dabei können sich Gemeinden auch auf die ihnen durch Ziele der Raumordnung zugewiesenen Funktionen sowie auf Auswirkungen auf ihre zentralen Versorgungsbereiche berufen.

(3) Bei der Aufstellung der Bauleitpläne sind die Belange, die für die Abwägung von Bedeutung sind (Abwägungsmaterial), zu ermitteln und zu bewerten.

(4) [1] Für die Belange des Umweltschutzes nach § 1 Absatz 6 Nummer 7 und § 1a wird eine Umweltprüfung durchgeführt, in der die voraussichtlichen erheblichen Umweltauswirkungen ermittelt werden und in einem Umweltbericht beschrieben und bewertet werden; die Anlage 1 zu diesem Gesetzbuch ist anzuwenden. [2] Die Gemeinde legt dazu für jeden Bauleitplan fest, in welchem Umfang und Detaillierungsgrad die Ermittlung der Belange für die Abwägung erforderlich ist. [3] Die Umweltprüfung bezieht sich auf das, was nach gegenwärtigem Wissensstand und allgemein anerkannten Prüfmethoden sowie nach Inhalt und Detaillierungsgrad des Bauleitplans angemessenerweise verlangt werden kann. [4] Das Ergebnis der Umweltprüfung ist in der Abwägung zu berücksichtigen. [5] Wird eine Umweltprüfung für das Plangebiet oder für Teile davon in einem Raumordnungs-, Flächennutzungs- oder Bebauungsplanverfahren durchgeführt, soll die Umweltprüfung in einem zeitlich nachfolgend oder gleichzeitig durchgeführten Bauleitplanverfahren auf zusätzliche oder andere erhebliche Umweltauswirkungen beschränkt werden. [6] Liegen Landschaftspläne oder sonstige Pläne nach § 1 Absatz 6 Nummer 7 Buchstabe g vor, sind deren Bestandsaufnahmen und Bewertungen in der Umweltprüfung heranzuziehen.

§ 2a Begründung zum Bauleitplanentwurf, Umweltbericht. [1] Die Gemeinde hat im Aufstellungsverfahren dem Entwurf des Bauleitplans eine Begründung beizufügen. [2] In ihr sind entsprechend dem Stand des Verfahrens

1. die Ziele, Zwecke und wesentlichen Auswirkungen des Bauleitplans und
2. in dem Umweltbericht nach der Anlage 1 zu diesem Gesetzbuch die auf Grund der Umweltprüfung nach § 2 Absatz 4 ermittelten und bewerteten Belange des Umweltschutzes

darzulegen. [3] Der Umweltbericht bildet einen gesonderten Teil der Begründung.

§ 3 Beteiligung der Öffentlichkeit. (1) [1] Die Öffentlichkeit ist möglichst frühzeitig über die allgemeinen Ziele und Zwecke der Planung, sich wesentlich unterscheidende Lösungen, die für die Neugestaltung oder Entwicklung eines Gebiets in Betracht kommen, und die voraussichtlichen Auswirkungen der Planung öffentlich zu unterrichten; ihr ist Gelegenheit zur Äußerung und

Erörterung zu geben. [2] Auch Kinder und Jugendliche sind Teil der Öffentlichkeit im Sinne des Satzes 1. [3] Von der Unterrichtung und Erörterung kann abgesehen werden, wenn

1. ein Bebauungsplan aufgestellt oder aufgehoben wird und sich dies auf das Plangebiet und die Nachbargebiete nicht oder nur unwesentlich auswirkt oder
2. die Unterrichtung und Erörterung bereits zuvor auf anderer Grundlage erfolgt sind.

[4] An die Unterrichtung und Erörterung schließt sich das Verfahren nach Absatz 2 auch an, wenn die Erörterung zu einer Änderung der Planung führt.

(2) [1] Die Entwürfe der Bauleitpläne sind mit der Begründung und den nach Einschätzung der Gemeinde wesentlichen, bereits vorliegenden umweltbezogenen Stellungnahmen für die Dauer eines Monats, mindestens jedoch für die Dauer von 30 Tagen, oder bei Vorliegen eines wichtigen Grundes für die Dauer einer angemessenen längeren Frist öffentlich auszulegen.[1)] [2] Ort und Dauer der Auslegung sowie Angaben dazu, welche Arten umweltbezogener Informationen verfügbar sind, sind mindestens eine Woche vorher ortsüblich bekannt zu machen; dabei ist darauf hinzuweisen, dass Stellungnahmen während der Auslegungsfrist abgegeben werden können und dass nicht fristgerecht abgegebene Stellungnahmen bei der Beschlussfassung über den Bauleitplan unberücksichtigt bleiben können. [3] Die nach § 4 Absatz 2 Beteiligten sollen von der Auslegung benachrichtigt werden. [4] Die fristgemäß abgegebenen Stellungnahmen sind zu prüfen; das Ergebnis ist mitzuteilen. [5] Haben mehr als 50 Personen Stellungnahmen mit im Wesentlichen gleichem Inhalt abgegeben, kann die Mitteilung dadurch ersetzt werden, dass diesen Personen die Einsicht in das Ergebnis ermöglicht wird; die Stelle, bei der das Ergebnis der Prüfung während der Dienststunden eingesehen werden kann, ist ortsüblich bekannt zu machen. [6] Bei der Vorlage der Bauleitpläne nach § 6 oder § 10 Absatz 2 sind die nicht berücksichtigten Stellungnahmen mit einer Stellungnahme der Gemeinde beizufügen.

(3) Bei Flächennutzungsplänen ist ergänzend zu dem Hinweis nach Absatz 2 Satz 2 Halbsatz 2 darauf hinzuweisen, dass eine Vereinigung im Sinne des § 4 Absatz 3 Satz 1 Nummer 2 des Umwelt-Rechtsbehelfsgesetzes in einem Rechtsbehelfsverfahren nach § 7 Absatz 2 des Umwelt-Rechtsbehelfsgesetzes gemäß § 7 Absatz 3 Satz 1 des Umwelt-Rechtsbehelfsgesetzes mit allen Einwendungen ausgeschlossen ist, die sie im Rahmen der Auslegungsfrist nicht oder nicht rechtzeitig geltend gemacht hat, aber hätte geltend machen können.

§ 4 Beteiligung der Behörden. (1) [1] Die Behörden und sonstigen Träger öffentlicher Belange, deren Aufgabenbereich durch die Planung berührt werden kann, sind entsprechend § 3 Absatz 1 Satz 1 Halbsatz 1 zu unterrichten und zur Äußerung auch im Hinblick auf den erforderlichen Umfang und Detaillierungsgrad der Umweltprüfung nach § 2 Absatz 4 aufzufordern. [2] Hieran schließt sich das Verfahren nach Absatz 2 auch an, wenn die Äußerung zu einer Änderung der Planung führt.

(2) [1] Die Gemeinde holt die Stellungnahmen der Behörden und sonstigen Träger öffentlicher Belange, deren Aufgabenbereich durch die Planung berührt

---

1) Siehe ergänzend PlanSiG (Nr. **1b**).

werden kann, zum Planentwurf und der Begründung ein. [2]Sie haben ihre Stellungnahmen innerhalb eines Monats abzugeben, wobei jedoch die Frist zur Abgabe von Stellungnahmen 30 Tage nicht unterschreiten darf; die Gemeinde soll diese Frist bei Vorliegen eines wichtigen Grundes angemessen verlängern. [3]In den Stellungnahmen sollen sich die Behörden und sonstigen Träger öffentlicher Belange auf ihren Aufgabenbereich beschränken; sie haben auch Aufschluss über von ihnen beabsichtigte oder bereits eingeleitete Planungen und sonstige Maßnahmen sowie deren zeitliche Abwicklung zu geben, die für die städtebauliche Entwicklung und Ordnung des Gebiets bedeutsam sein können. [4]Verfügen sie über Informationen, die für die Ermittlung und Bewertung des Abwägungsmaterials zweckdienlich sind, haben sie diese Informationen der Gemeinde zur Verfügung zu stellen.

(3) Nach Abschluss des Verfahrens zur Aufstellung des Bauleitplans unterrichten die Behörden die Gemeinde, sofern nach den ihnen vorliegenden Erkenntnissen die Durchführung des Bauleitplans erhebliche, insbesondere unvorhergesehene nachteilige Auswirkungen auf die Umwelt hat.

§ 4a Gemeinsame Vorschriften zur Beteiligung. (1) Die Vorschriften über die Öffentlichkeits- und Behördenbeteiligung dienen insbesondere der vollständigen Ermittlung und zutreffenden Bewertung der von der Planung berührten Belange und der Information der Öffentlichkeit.

(2) Die Unterrichtung nach § 3 Absatz 1 kann gleichzeitig mit der Unterrichtung nach § 4 Absatz 1, die Auslegung nach § 3 Absatz 2 kann gleichzeitig mit der Einholung der Stellungnahmen nach § 4 Absatz 2 durchgeführt werden.

(3) [1]Wird der Entwurf des Bauleitplans nach dem Verfahren nach § 3 Absatz 2 oder § 4 Absatz 2 geändert oder ergänzt, ist er erneut auszulegen und sind die Stellungnahmen erneut einzuholen. [2]Dabei kann bestimmt werden, dass Stellungnahmen nur zu den geänderten oder ergänzten Teilen abgegeben werden können; hierauf ist in der erneuten Bekanntmachung nach § 3 Absatz 2 Satz 2 hinzuweisen. [3]Die Dauer der Auslegung und die Frist zur Stellungnahme kann angemessen verkürzt werden. [4]Werden durch die Änderung oder Ergänzung des Entwurfs des Bauleitplans die Grundzüge der Planung nicht berührt, kann die Einholung der Stellungnahmen auf die von der Änderung oder Ergänzung betroffene Öffentlichkeit sowie die berührten Behörden und sonstigen Träger öffentlicher Belange beschränkt werden.

(4) [1]Der Inhalt der ortsüblichen Bekanntmachung nach § 3 Absatz 2 Satz 2 und die nach § 3 Absatz 2 Satz 1 auszulegenden Unterlagen sind zusätzlich in das Internet einzustellen und über ein zentrales Internetportal des Landes zugänglich zu machen. [2]Die Stellungnahmen der Behörden und sonstigen Träger öffentlicher Belange können durch Mitteilung von Ort und Dauer der öffentlichen Auslegung nach § 3 Absatz 2 und der Internetadresse, unter der der Inhalt der Bekanntmachung und die Unterlagen nach Satz 1 im Internet eingesehen werden können, eingeholt werden; die Mitteilung kann elektronisch übermittelt werden. [3]In den Fällen des Satzes 2 hat die Gemeinde der Behörde oder einem sonstigen Träger öffentlicher Belange auf Verlangen den Entwurf des Bauleitplans und der Begründung in Papierform zu übermitteln; § 4 Absatz 2 Satz 2 bleibt unberührt.

(5) [1]Bei Bauleitplänen, die erhebliche Auswirkungen auf Nachbarstaaten haben können, sind die Gemeinden und Behörden des Nachbarstaates nach

den Grundsätzen der Gegenseitigkeit und Gleichwertigkeit zu unterrichten. [2]Abweichend von Satz 1 ist bei Bauleitplänen, die erhebliche Umweltauswirkungen auf einen anderen Staat haben können, dieser nach den Vorschriften des Gesetzes über die Umweltverträglichkeitsprüfung zu beteiligen; für die Stellungnahmen der Öffentlichkeit und Behörden des anderen Staates, einschließlich der Rechtsfolgen nicht rechtzeitig abgegebener Stellungnahmen, sind abweichend von den Vorschriften des Gesetzes über die Umweltverträglichkeitsprüfung die Vorschriften dieses Gesetzbuchs entsprechend anzuwenden. [3]Ist bei Bauleitplänen eine grenzüberschreitende Beteiligung nach Satz 2 erforderlich, ist hierauf bei der Bekanntmachung nach § 3 Absatz 2 Satz 2 hinzuweisen.

(6) [1]Stellungnahmen, die im Verfahren der Öffentlichkeits- und Behördenbeteiligung nicht rechtzeitig abgegeben worden sind, können bei der Beschlussfassung über den Bauleitplan unberücksichtigt bleiben, sofern die Gemeinde deren Inhalt nicht kannte und nicht hätte kennen müssen und deren Inhalt für die Rechtmäßigkeit des Bauleitplans nicht von Bedeutung ist. [2]Satz 1 gilt für in der Öffentlichkeitsbeteiligung abgegebene Stellungnahmen nur, wenn darauf in der Bekanntmachung nach § 3 Absatz 2 Satz 2 zur Öffentlichkeitsbeteiligung hingewiesen worden ist.

§ 4b Einschaltung eines Dritten. [1]Die Gemeinde kann insbesondere zur Beschleunigung des Bauleitplanverfahrens die Vorbereitung und Durchführung von Verfahrensschritten nach den §§ 2a bis 4a einem Dritten übertragen. [2]Sie kann einem Dritten auch die Durchführung einer Mediation oder eines anderen Verfahrens der außergerichtlichen Konfliktbeilegung übertragen.

§ 4c Überwachung. [1]Die Gemeinden überwachen die erheblichen Umweltauswirkungen, die auf Grund der Durchführung der Bauleitpläne eintreten, um insbesondere unvorhergesehene nachteilige Auswirkungen frühzeitig zu ermitteln und in der Lage zu sein, geeignete Maßnahmen zur Abhilfe zu ergreifen; Gegenstand der Überwachung ist auch die Durchführung von Darstellungen oder Festsetzungen nach § 1a Absatz 3 Satz 2 und von Maßnahmen nach § 1a Absatz 3 Satz 4. [2]Sie nutzen dabei die im Umweltbericht nach Nummer 3 Buchstabe b der Anlage 1 zu diesem Gesetzbuch angegebenen Überwachungsmaßnahmen und die Informationen der Behörden nach § 4 Absatz 3.

Zweiter Abschnitt. Vorbereitender Bauleitplan (Flächennutzungsplan)

§ 5 Inhalt des Flächennutzungsplans. (1) [1]Im Flächennutzungsplan ist für das ganze Gemeindegebiet die sich aus der beabsichtigten städtebaulichen Entwicklung ergebende Art der Bodennutzung nach den voraussehbaren Bedürfnissen der Gemeinde in den Grundzügen darzustellen. [2]Aus dem Flächennutzungsplan können Flächen und sonstige Darstellungen ausgenommen werden, wenn dadurch die nach Satz 1 darzustellenden Grundzüge nicht berührt werden und die Gemeinde beabsichtigt, die Darstellung zu einem späteren Zeitpunkt vorzunehmen; in der Begründung sind die Gründe hierfür darzulegen.

(2) Im Flächennutzungsplan können insbesondere dargestellt werden:

1. die für die Bebauung vorgesehenen Flächen nach der allgemeinen Art ihrer baulichen Nutzung (Bauflächen), nach der besonderen Art ihrer baulichen Nutzung (Baugebiete) sowie nach dem allgemeinen Maß der baulichen

Nutzung; Bauflächen, für die eine zentrale Abwasserbeseitigung nicht vorgesehen ist, sind zu kennzeichnen;

2. die Ausstattung des Gemeindegebiets
   a) mit Anlagen und Einrichtungen zur Versorgung mit Gütern und Dienstleistungen des öffentlichen und privaten Bereichs, insbesondere mit der Allgemeinheit dienenden baulichen Anlagen und Einrichtungen des Gemeinbedarfs, wie mit Schulen und Kirchen sowie mit sonstigen kirchlichen, sozialen, gesundheitlichen und kulturellen Zwecken dienenden Gebäuden und Einrichtungen, sowie mit Flächen für Sport- und Spielanlagen,
   b) mit Anlagen, Einrichtungen und sonstigen Maßnahmen, die dem Klimawandel entgegenwirken, insbesondere zur dezentralen und zentralen Erzeugung, Verteilung, Nutzung oder Speicherung von Strom, Wärme oder Kälte aus erneuerbaren Energien oder Kraft-Wärme-Kopplung,
   c) mit Anlagen, Einrichtungen und sonstigen Maßnahmen, die der Anpassung an den Klimawandel dienen,
   d) mit zentralen Versorgungsbereichen;
3. die Flächen für den überörtlichen Verkehr und für die örtlichen Hauptverkehrszüge;
4. die Flächen für Versorgungsanlagen, für die Abfallentsorgung und Abwasserbeseitigung, für Ablagerungen sowie für Hauptversorgungs- und Hauptabwasserleitungen;
5. die Grünflächen, wie Parkanlagen, Dauerkleingärten, Sport-, Spiel-, Zelt- und Badeplätze, Friedhöfe;
6. die Flächen für Nutzungsbeschränkungen oder für Vorkehrungen zum Schutz gegen schädliche Umwelteinwirkungen im Sinne des Bundes-Immissionsschutzgesetzes;
7. die Wasserflächen, Häfen und die für die Wasserwirtschaft vorgesehenen Flächen sowie die Flächen, die im Interesse des Hochwasserschutzes und der Regelung des Wasserabflusses freizuhalten sind;
8. die Flächen für Aufschüttungen, Abgrabungen oder für die Gewinnung von Steinen, Erden und anderen Bodenschätzen;
9. a) die Flächen für die Landwirtschaft und
   b) Wald;
10. die Flächen für Maßnahmen zum Schutz, zur Pflege und zur Entwicklung von Boden, Natur und Landschaft.

(2a) Flächen zum Ausgleich im Sinne des § 1a Absatz 3 im Geltungsbereich des Flächennutzungsplans können den Flächen, auf denen Eingriffe in Natur und Landschaft zu erwarten sind, ganz oder teilweise zugeordnet werden.

(2b) Für die Zwecke des § 35 Absatz 3 Satz 3 oder des § 249 Absatz 2 können sachliche Teilflächennutzungspläne aufgestellt werden; sie können auch für Teile des Gemeindegebiets aufgestellt werden.

(3) Im Flächennutzungsplan sollen gekennzeichnet werden:

1. Flächen, bei deren Bebauung besondere bauliche Vorkehrungen gegen äußere Einwirkungen oder bei denen besondere bauliche Sicherungsmaßnahmen gegen Naturgewalten erforderlich sind;

2. Flächen, unter denen der Bergbau umgeht oder die für den Abbau von Mineralien bestimmt sind;
3. für bauliche Nutzungen vorgesehene Flächen, deren Böden erheblich mit umweltgefährdenden Stoffen belastet sind.

(4) [1] Planungen und sonstige Nutzungsregelungen, die nach anderen gesetzlichen Vorschriften festgesetzt sind, sowie nach Landesrecht denkmalgeschützte Mehrheiten von baulichen Anlagen sollen nachrichtlich übernommen werden. [2] Sind derartige Festsetzungen in Aussicht genommen, sollen sie im Flächennutzungsplan vermerkt werden.

(4a) [1] Festgesetzte Überschwemmungsgebiete im Sinne des § 76 Absatz 2 des Wasserhaushaltsgesetzes, Risikogebiete außerhalb von Überschwemmungsgebieten im Sinne des § 78b Absatz 1 des Wasserhaushaltsgesetzes sowie Hochwasserentstehungsgebiete im Sinne des § 78d Absatz 1 des Wasserhaushaltsgesetzes sollen nachrichtlich übernommen werden. [2] Noch nicht festgesetzte Überschwemmungsgebiete im Sinne des § 76 Absatz 3 des Wasserhaushaltsgesetzes sowie als Risikogebiete im Sinne des § 73 Absatz 1 Satz 1 des Wasserhaushaltsgesetzes bestimmte Gebiete sollen im Flächennutzungsplan vermerkt werden.

(5) Dem Flächennutzungsplan ist eine Begründung mit den Angaben nach § 2a beizufügen.

§ 6 Genehmigung des Flächennutzungsplans. (1) Der Flächennutzungsplan bedarf der Genehmigung der höheren Verwaltungsbehörde.

(2) Die Genehmigung darf nur versagt werden, wenn der Flächennutzungsplan nicht ordnungsgemäß zustande gekommen ist oder diesem Gesetzbuch, den auf Grund dieses Gesetzbuchs erlassenen oder sonstigen Rechtsvorschriften widerspricht.

(3) Können Versagungsgründe nicht ausgeräumt werden, kann die höhere Verwaltungsbehörde räumliche oder sachliche Teile des Flächennutzungsplans von der Genehmigung ausnehmen.

(4) [1] Über die Genehmigung ist binnen drei Monaten zu entscheiden; die höhere Verwaltungsbehörde kann räumliche und sachliche Teile des Flächennutzungsplans vorweg genehmigen. [2] Aus wichtigen Gründen kann die Frist auf Antrag der Genehmigungsbehörde von der zuständigen übergeordneten Behörde verlängert werden, in der Regel jedoch nur bis zu drei Monaten. [3] Die Gemeinde ist von der Fristverlängerung in Kenntnis zu setzen. [4] Die Genehmigung gilt als erteilt, wenn sie nicht innerhalb der Frist unter Angabe von Gründen abgelehnt wird.

(5) [1] Die Erteilung der Genehmigung ist ortsüblich bekannt zu machen. [2] Mit der Bekanntmachung wird der Flächennutzungsplan wirksam. [3] Jedermann kann den Flächennutzungsplan, die Begründung und die zusammenfassende Erklärung nach § 6a Absatz 1 einsehen und über deren Inhalt Auskunft verlangen.

(6) Mit dem Beschluss über eine Änderung oder Ergänzung des Flächennutzungsplans kann die Gemeinde auch bestimmen, dass der Flächennutzungsplan in der Fassung, die er durch die Änderung oder Ergänzung erfahren hat, neu bekannt zu machen ist.

§ 6a Zusammenfassende Erklärung zum Flächennutzungsplan; Einstellen in das Internet. (1) Dem wirksamen Flächennutzungsplan ist eine zusammenfassende Erklärung beizufügen über die Art und Weise, wie die Umweltbelange und die Ergebnisse der Öffentlichkeits- und Behördenbeteiligung in dem Flächennutzungsplan berücksichtigt wurden, und über die Gründe, aus denen der Plan nach Abwägung mit den geprüften, in Betracht kommenden anderweitigen Planungsmöglichkeiten gewählt wurde.

(2) Der wirksame Flächennutzungsplan mit der Begründung und der zusammenfassenden Erklärung soll ergänzend auch in das Internet eingestellt und über ein zentrales Internetportal des Landes zugänglich gemacht werden.

§ 7 Anpassung an den Flächennutzungsplan. [1] Öffentliche Planungsträger, die nach § 4 oder § 13 beteiligt worden sind, haben ihre Planungen dem Flächennutzungsplan insoweit anzupassen, als sie diesem Plan nicht widersprochen haben. [2] Der Widerspruch ist bis zum Beschluss der Gemeinde einzulegen. [3] Macht eine Veränderung der Sachlage eine abweichende Planung erforderlich, haben sie sich unverzüglich mit der Gemeinde ins Benehmen zu setzen. [4] Kann ein Einvernehmen zwischen der Gemeinde und dem öffentlichen Planungsträger nicht erreicht werden, kann der öffentliche Planungsträger nachträglich widersprechen. [5] Der Widerspruch ist nur zulässig, wenn die für die abweichende Planung geltend gemachten Belange die sich aus dem Flächennutzungsplan ergebenden städtebaulichen Belange nicht nur unwesentlich überwiegen. [6] Im Falle einer abweichenden Planung ist § 37 Absatz 3 auf die durch die Änderung oder Ergänzung des Flächennutzungsplans oder eines Bebauungsplans, der aus dem Flächennutzungsplan entwickelt worden ist und geändert, ergänzt oder aufgehoben werden musste, entstehenden Aufwendungen und Kosten entsprechend anzuwenden; § 38 Satz 3 bleibt unberührt.

Dritter Abschnitt. Verbindlicher Bauleitplan (Bebauungsplan)

§ 8 Zweck des Bebauungsplans. (1) [1] Der Bebauungsplan enthält die rechtsverbindlichen Festsetzungen für die städtebauliche Ordnung. [2] Er bildet die Grundlage für weitere, zum Vollzug dieses Gesetzbuchs erforderliche Maßnahmen.

(2) [1] Bebauungspläne sind aus dem Flächennutzungsplan zu entwickeln. [2] Ein Flächennutzungsplan ist nicht erforderlich, wenn der Bebauungsplan ausreicht, um die städtebauliche Entwicklung zu ordnen.

(3) [1] Mit der Aufstellung, Änderung, Ergänzung oder Aufhebung eines Bebauungsplans kann gleichzeitig auch der Flächennutzungsplan aufgestellt, geändert oder ergänzt werden (Parallelverfahren). [2] Der Bebauungsplan kann vor dem Flächennutzungsplan bekannt gemacht werden, wenn nach dem Stand der Planungsarbeiten anzunehmen ist, dass der Bebauungsplan aus den künftigen Darstellungen des Flächennutzungsplans entwickelt sein wird.

(4) [1] Ein Bebauungsplan kann aufgestellt, geändert, ergänzt oder aufgehoben werden, bevor der Flächennutzungsplan aufgestellt ist, wenn dringende Gründe es erfordern und wenn der Bebauungsplan der beabsichtigten städtebaulichen Entwicklung des Gemeindegebiets nicht entgegenstehen wird (vorzeitiger Bebauungsplan). [2] Gilt bei Gebiets- oder Bestandsänderungen von Gemeinden oder anderen Veränderungen der Zuständigkeit für die Aufstellung von Flächennutzungsplänen ein Flächennutzungsplan fort, kann ein vorzeitiger Bebau-

ungsplan auch aufgestellt werden, bevor der Flächennutzungsplan ergänzt oder geändert ist.

§ 9 Inhalt des Bebauungsplans. (1) Im Bebauungsplan können aus städtebaulichen Gründen festgesetzt werden:

1. die Art und das Maß der baulichen Nutzung;
2. die Bauweise, die überbaubaren und die nicht überbaubaren Grundstücksflächen sowie die Stellung der baulichen Anlagen;

2a. vom Bauordnungsrecht abweichende Maße der Tiefe der Abstandsflächen;

3. für die Größe, Breite und Tiefe der Baugrundstücke Mindestmaße und aus Gründen des sparsamen und schonenden Umgangs mit Grund und Boden für Wohnbaugrundstücke auch Höchstmaße;
4. die Flächen für Nebenanlagen, die auf Grund anderer Vorschriften für die Nutzung von Grundstücken erforderlich sind, wie Spiel-, Freizeit- und Erholungsflächen sowie die Flächen für Stellplätze und Garagen mit ihren Einfahrten;
5. die Flächen für den Gemeinbedarf sowie für Sport- und Spielanlagen;
6. die höchstzulässige Zahl der Wohnungen in Wohngebäuden;
7. die Flächen, auf denen ganz oder teilweise nur Wohngebäude, die mit Mitteln der sozialen Wohnraumförderung gefördert werden könnten, errichtet werden dürfen;
8. einzelne Flächen, auf denen ganz oder teilweise nur Wohngebäude errichtet werden dürfen, die für Personengruppen mit besonderem Wohnbedarf bestimmt sind;
9. der besondere Nutzungszweck von Flächen;
10. die Flächen, die von der Bebauung freizuhalten sind, und ihre Nutzung;
11. die Verkehrsflächen sowie Verkehrsflächen besonderer Zweckbestimmung, wie Fußgängerbereiche, Flächen für das Parken von Fahrzeugen, Flächen für Ladeinfrastruktur elektrisch betriebener Fahrzeuge, Flächen für das Abstellen von Fahrrädern sowie den Anschluss anderer Flächen an die Verkehrsflächen; die Flächen können auch als öffentliche oder private Flächen festgesetzt werden;
12. die Versorgungsflächen, einschließlich der Flächen für Anlagen und Einrichtungen zur dezentralen und zentralen Erzeugung, Verteilung, Nutzung oder Speicherung von Strom, Wärme oder Kälte aus erneuerbaren Energien oder Kraft-Wärme-Kopplung;
13. die Führung von oberirdischen oder unterirdischen Versorgungsanlagen und -leitungen;
14. die Flächen für die Abfall- und Abwasserbeseitigung, einschließlich der Rückhaltung und Versickerung von Niederschlagswasser, sowie für Ablagerungen;
15. die öffentlichen und privaten Grünflächen, wie Parkanlagen, Naturerfahrungsräume, Dauerkleingärten, Sport-, Spiel-, Zelt- und Badeplätze, Friedhöfe;
16. a) die Wasserflächen und die Flächen für die Wasserwirtschaft,
    b) die Flächen für Hochwasserschutzanlagen und für die Regelung des Wasserabflusses,

c) Gebiete, in denen bei der Errichtung baulicher Anlagen bestimmte bauliche oder technische Maßnahmen getroffen werden müssen, die der Vermeidung oder Verringerung von Hochwasserschäden einschließlich Schäden durch Starkregen dienen, sowie die Art dieser Maßnahmen,

d) die Flächen, die auf einem Baugrundstück für die natürliche Versickerung von Wasser aus Niederschlägen freigehalten werden müssen, um insbesondere Hochwasserschäden, einschließlich Schäden durch Starkregen, vorzubeugen;

17. die Flächen für Aufschüttungen, Abgrabungen oder für die Gewinnung von Steinen, Erden und anderen Bodenschätzen;

18. a) die Flächen für die Landwirtschaft und

 b) Wald;

19. die Flächen für die Errichtung von Anlagen für die Kleintierhaltung wie Ausstellungs- und Zuchtanlagen, Zwinger, Koppeln und dergleichen;

20. die Flächen oder Maßnahmen zum Schutz, zur Pflege und zur Entwicklung von Boden, Natur und Landschaft;

21. die mit Geh-, Fahr- und Leitungsrechten zugunsten der Allgemeinheit, eines Erschließungsträgers oder eines beschränkten Personenkreises zu belastenden Flächen;

22. die Flächen für Gemeinschaftsanlagen für bestimmte räumliche Bereiche wie Kinderspielplätze, Freizeiteinrichtungen, Stellplätze und Garagen;

23. Gebiete, in denen

 a) zum Schutz vor schädlichen Umwelteinwirkungen im Sinne des Bundes-Immissionsschutzgesetzes bestimmte luftverunreinigende Stoffe nicht oder nur beschränkt verwendet werden dürfen,

 b) bei der Errichtung von Gebäuden oder bestimmten sonstigen baulichen Anlagen bestimmte bauliche und sonstige technische Maßnahmen für die Erzeugung, Nutzung oder Speicherung von Strom, Wärme oder Kälte aus erneuerbaren Energien oder Kraft-Wärme-Kopplung getroffen werden müssen,

 c) bei der Errichtung, Änderung oder Nutzungsänderung von nach Art, Maß oder Nutzungsintensität zu bestimmenden Gebäuden oder sonstigen baulichen Anlagen in der Nachbarschaft von Betriebsbereichen nach § 3 Absatz 5a des Bundes-Immissionsschutzgesetzes bestimmte bauliche und sonstige technische Maßnahmen, die der Vermeidung oder Minderung der Folgen von Störfällen dienen, getroffen werden müssen;

24. die von der Bebauung freizuhaltenden Schutzflächen und ihre Nutzung, die Flächen für besondere Anlagen und Vorkehrungen zum Schutz vor schädlichen Umwelteinwirkungen und sonstigen Gefahren im Sinne des Bundes-Immissionsschutzgesetzes sowie die zum Schutz vor solchen Einwirkungen oder zur Vermeidung oder Minderung solcher Einwirkungen zu treffenden baulichen und sonstigen technischen Vorkehrungen, einschließlich von Maßnahmen zum Schutz vor schädlichen Umwelteinwirkungen durch Geräusche, wobei die Vorgaben des Immissionsschutzrechts unberührt bleiben;

25. für einzelne Flächen oder für ein Bebauungsplangebiet oder Teile davon sowie für Teile baulicher Anlagen mit Ausnahme der für landwirtschaftliche Nutzungen oder Wald festgesetzten Flächen

a) das Anpflanzen von Bäumen, Sträuchern und sonstigen Bepflanzungen,
b) Bindungen für Bepflanzungen und für die Erhaltung von Bäumen, Sträuchern und sonstigen Bepflanzungen sowie von Gewässern;

26. die Flächen für Aufschüttungen, Abgrabungen und Stützmauern, soweit sie zur Herstellung des Straßenkörpers erforderlich sind.

(1a) [1] Flächen oder Maßnahmen zum Ausgleich im Sinne des § 1a Absatz 3 können auf den Grundstücken, auf denen Eingriffe in Natur und Landschaft zu erwarten sind, oder an anderer Stelle sowohl im sonstigen Geltungsbereich des Bebauungsplans als auch in einem anderen Bebauungsplan festgesetzt werden. [2] Die Flächen oder Maßnahmen zum Ausgleich an anderer Stelle können den Grundstücken, auf denen Eingriffe zu erwarten sind, ganz oder teilweise zugeordnet werden; dies gilt auch für Maßnahmen auf von der Gemeinde bereitgestellten Flächen.

(2) [1] Im Bebauungsplan kann in besonderen Fällen festgesetzt werden, dass bestimmte der in ihm festgesetzten baulichen und sonstigen Nutzungen und Anlagen nur

1. für einen bestimmten Zeitraum zulässig oder
2. bis zum Eintritt bestimmter Umstände zulässig oder unzulässig

sind. [2] Die Folgenutzung soll festgesetzt werden.

(2a) [1] Für im Zusammenhang bebaute Ortsteile (§ 34) kann zur Erhaltung oder Entwicklung zentraler Versorgungsbereiche, auch im Interesse einer verbrauchernahen Versorgung der Bevölkerung und der Innenentwicklung der Gemeinden, in einem Bebauungsplan festgesetzt werden, dass nur bestimmte Arten der nach § 34 Absatz 1 und 2 zulässigen baulichen Nutzungen zulässig oder nicht zulässig sind oder nur ausnahmsweise zugelassen werden können; die Festsetzungen können für Teile des räumlichen Geltungsbereichs des Bebauungsplans unterschiedlich getroffen werden. [2] Dabei ist insbesondere ein hierauf bezogenes städtebauliches Entwicklungskonzept im Sinne des § 1 Absatz 6 Nummer 11 zu berücksichtigen, das Aussagen über die zu erhaltenden oder zu entwickelnden zentralen Versorgungsbereiche der Gemeinde oder eines Gemeindeteils enthält. [3] In den zu erhaltenden oder zu entwickelnden zentralen Versorgungsbereichen sollen die planungsrechtlichen Voraussetzungen für Vorhaben, die diesen Versorgungsbereichen dienen, nach § 30 oder § 34 vorhanden oder durch einen Bebauungsplan, dessen Aufstellung förmlich eingeleitet ist, vorgesehen sein.

(2b) Für im Zusammenhang bebaute Ortsteile (§ 34) kann in einem Bebauungsplan, auch für Teile des räumlichen Geltungsbereichs des Bebauungsplans, festgesetzt werden, dass Vergnügungsstätten oder bestimmte Arten von Vergnügungsstätten zulässig oder nicht zulässig sind oder nur ausnahmsweise zugelassen werden können, um

1. eine Beeinträchtigung von Wohnnutzungen oder anderen schutzbedürftigen Anlagen wie Kirchen, Schulen und Kindertagesstätten oder
2. eine Beeinträchtigung der sich aus der vorhandenen Nutzung ergebenden städtebaulichen Funktion des Gebiets, insbesondere durch eine städtebaulich nachteilige Häufung von Vergnügungsstätten,

zu verhindern.

(2c) Für im Zusammenhang bebaute Ortsteile nach § 34 und für Gebiete nach § 30 in der Nachbarschaft von Betriebsbereichen nach § 3 Absatz 5a des

Bundes-Immissionsschutzgesetzes kann zur Vermeidung oder Verringerung der Folgen von Störfällen für bestimmte Nutzungen, Arten von Nutzungen oder für nach Art, Maß oder Nutzungsintensität zu bestimmende Gebäude oder sonstige bauliche Anlagen in einem Bebauungsplan festgesetzt werden, dass diese zulässig, nicht zulässig oder nur ausnahmsweise zulässig sind; die Festsetzungen können für Teile des räumlichen Geltungsbereichs des Bebauungsplans unterschiedlich getroffen werden.

(2d) [1] Für im Zusammenhang bebaute Ortsteile (§ 34) können in einem Bebauungsplan zur Wohnraumversorgung eine oder mehrere der folgenden Festsetzungen getroffen werden:

1. Flächen, auf denen Wohngebäude errichtet werden dürfen;
2. Flächen, auf denen nur Gebäude errichtet werden dürfen, bei denen einzelne oder alle Wohnungen die baulichen Voraussetzungen für eine Förderung mit Mitteln der sozialen Wohnraumförderung erfüllen, oder
3. Flächen, auf denen nur Gebäude errichtet werden dürfen, bei denen sich ein Vorhabenträger hinsichtlich einzelner oder aller Wohnungen dazu verpflichtet, die zum Zeitpunkt der Verpflichtung geltenden Förderbedingungen der sozialen Wohnraumförderung, insbesondere die Miet- und Belegungsbindung, einzuhalten und die Einhaltung dieser Verpflichtung in geeigneter Weise sichergestellt wird.

[2] Ergänzend können eine oder mehrere der folgenden Festsetzungen getroffen werden:

1. das Maß der baulichen Nutzung;
2. die Bauweise, die überbaubaren und die nicht überbaubaren Grundstücksflächen sowie die Stellung der baulichen Anlagen;
3. vom Bauordnungsrecht abweichende Maße der Tiefe der Abstandsflächen;
4. Mindestmaße für die Größe, Breite und Tiefe der Baugrundstücke;
5. Höchstmaße für die Größe, Breite und Tiefe der Wohnbaugrundstücke, aus Gründen des sparsamen und schonenden Umgangs mit Grund und Boden.

[3] Die Festsetzungen nach den Sätzen 1 und 2 können für Teile des räumlichen Geltungsbereichs des Bebauungsplans getroffen werden. [4] Die Festsetzungen nach den Sätzen 1 bis 3 können für Teile des räumlichen Geltungsbereichs des Bebauungsplans oder für Geschosse, Ebenen oder sonstige Teile baulicher Anlagen unterschiedlich getroffen werden. [5] Das Verfahren zur Aufstellung eines Bebauungsplans nach diesem Absatz kann nur bis zum Ablauf des 31. Dezember 2024 förmlich eingeleitet werden. [6] Der Satzungsbeschluss nach § 10 Absatz 1 ist bis zum Ablauf des 31. Dezember 2026 zu fassen.

(3) [1] Bei Festsetzungen nach Absatz 1 kann auch die Höhenlage festgesetzt werden. [2] Festsetzungen nach Absatz 1 für übereinander liegende Geschosse und Ebenen und sonstige Teile baulicher Anlagen können gesondert getroffen werden; dies gilt auch, soweit Geschosse, Ebenen und sonstige Teile baulicher Anlagen unterhalb der Geländeoberfläche vorgesehen sind.

(4) Die Länder können durch Rechtsvorschriften bestimmen, dass auf Landesrecht beruhende Regelungen in den Bebauungsplan als Festsetzungen aufgenommen werden können und inwieweit auf diese Festsetzungen die Vorschriften dieses Gesetzbuchs Anwendung finden.

(5) Im Bebauungsplan sollen gekennzeichnet werden:

1. Flächen, bei deren Bebauung besondere bauliche Vorkehrungen gegen äußere Einwirkungen oder bei denen besondere bauliche Sicherungsmaßnahmen gegen Naturgewalten erforderlich sind;
2. Flächen, unter denen der Bergbau umgeht oder die für den Abbau von Mineralien bestimmt sind;
3. Flächen, deren Böden erheblich mit umweltgefährdenden Stoffen belastet sind.

(6) Nach anderen gesetzlichen Vorschriften getroffene Festsetzungen, gemeindliche Regelungen zum Anschluss- und Benutzungszwang sowie Denkmäler nach Landesrecht sollen in den Bebauungsplan nachrichtlich übernommen werden, soweit sie zu seinem Verständnis oder für die städtebauliche Beurteilung von Baugesuchen notwendig oder zweckmäßig sind.

(6a) [1] Festgesetzte Überschwemmungsgebiete im Sinne des § 76 Absatz 2 des Wasserhaushaltsgesetzes, Risikogebiete außerhalb von Überschwemmungsgebieten im Sinne des § 78b Absatz 1 des Wasserhaushaltsgesetzes sowie Hochwasserentstehungsgebiete im Sinne des § 78d Absatz 1 des Wasserhaushaltsgesetzes sollen nachrichtlich übernommen werden. [2] Noch nicht festgesetzte Überschwemmungsgebiete im Sinne des § 76 Absatz 3 des Wasserhaushaltsgesetzes sowie als Risikogebiete im Sinne des § 73 Absatz 1 Satz 1 des Wasserhaushaltsgesetzes bestimmte Gebiete sollen im Bebauungsplan vermerkt werden.

(7) Der Bebauungsplan setzt die Grenzen seines räumlichen Geltungsbereichs fest.

(8) Dem Bebauungsplan ist eine Begründung mit den Angaben nach § 2a beizufügen.

§ 9a Verordnungsermächtigung. (1) Das Bundesministerium für Wohnen, Stadtentwicklung und Bauwesen wird ermächtigt, mit Zustimmung des Bundesrates durch Rechtsverordnung[1)] Vorschriften zu erlassen über

1. Darstellungen und Festsetzungen in den Bauleitplänen über
   a) die Art der baulichen Nutzung,
   b) das Maß der baulichen Nutzung und seine Berechnung,
   c) die Bauweise sowie die überbaubaren und die nicht überbaubaren Grundstücksflächen;
2. die in den Baugebieten zulässigen baulichen und sonstigen Anlagen;
3. die Zulässigkeit der Festsetzung nach Maßgabe des § 9 Absatz 3 über verschiedenartige Baugebiete oder verschiedenartige in den Baugebieten zulässige bauliche und sonstige Anlagen;
4. die Ausarbeitung der Bauleitpläne einschließlich der dazugehörigen Unterlagen sowie über die Darstellung des Planinhalts, insbesondere über die dabei zu verwendenden Planzeichen und ihre Bedeutung.

(2) [1] Das Bundesministerium für Wohnen, Stadtentwicklung und Bauwesen wird ermächtigt, im Einvernehmen mit dem Bundesministerium für Umwelt, Naturschutz, nukleare Sicherheit und Verbraucherschutz mit Zustimmung des Bundesrates durch Rechtsverordnung Vorgaben zu erlassen zur Berücksichtigung von artenschutzrechtlichen Belangen im Rahmen der Umweltprüfung

---

[1)] Siehe die BaunutzungsVO (Nr. **3**) und die PlanzeichenVO (Nr. **4**).

bei der Aufstellung von Bauleitplänen. [2] Sofern dabei auch Fragen der Windenergie an Land berührt sind, sind die Vorgaben auch im Einvernehmen mit dem Bundesministerium für Wirtschaft und Klimaschutz zu erlassen.

§ 10 Beschluss, Genehmigung und Inkrafttreten des Bebauungsplans.

(1) Die Gemeinde beschließt den Bebauungsplan als Satzung.

(2) [1] Bebauungspläne nach § 8 Absatz 2 Satz 2, Absatz 3 Satz 2 und Absatz 4 bedürfen der Genehmigung der höheren Verwaltungsbehörde. [2] § 6 Absatz 2 und 4 ist entsprechend anzuwenden.

(3) [1] Die Erteilung der Genehmigung oder, soweit eine Genehmigung nicht erforderlich ist, der Beschluss des Bebauungsplans durch die Gemeinde ist ortsüblich bekannt zu machen. [2] Der Bebauungsplan ist mit der Begründung und der zusammenfassenden Erklärung nach § 10a Absatz 1 zu jedermanns Einsicht bereitzuhalten; über den Inhalt ist auf Verlangen Auskunft zu geben. [3] In der Bekanntmachung ist darauf hinzuweisen, wo der Bebauungsplan eingesehen werden kann. [4] Mit der Bekanntmachung tritt der Bebauungsplan in Kraft. [5] Die Bekanntmachung tritt an die Stelle der sonst für Satzungen vorgeschriebenen Veröffentlichung.

§ 10a Zusammenfassende Erklärung zum Bebauungsplan; Einstellen in das Internet. (1) Dem in Kraft getretenen Bebauungsplan ist eine zusammenfassende Erklärung beizufügen über die Art und Weise, wie die Umweltbelange und die Ergebnisse der Öffentlichkeits- und Behördenbeteiligung in dem Bebauungsplan berücksichtigt wurden, und über die Gründe, aus denen der Plan nach Abwägung mit den geprüften, in Betracht kommenden anderweitigen Planungsmöglichkeiten gewählt wurde.

(2) Der in Kraft getretene Bebauungsplan mit der Begründung und der zusammenfassenden Erklärung soll ergänzend auch in das Internet eingestellt und über ein zentrales Internetportal des Landes zugänglich gemacht werden.

Vierter Abschnitt. Zusammenarbeit mit Privaten; vereinfachtes Verfahren

§ 11 Städtebaulicher Vertrag. (1) [1] Die Gemeinde kann städtebauliche Verträge schließen. [2] Gegenstände eines städtebaulichen Vertrags können insbesondere sein:

1. die Vorbereitung oder Durchführung städtebaulicher Maßnahmen durch den Vertragspartner auf eigene Kosten; dazu gehören auch die Neuordnung der Grundstücksverhältnisse, die Bodensanierung und sonstige vorbereitende Maßnahmen, die Erschließung durch nach Bundes- oder nach Landesrecht beitragsfähige sowie nicht beitragsfähige Erschließungsanlagen, die Ausarbeitung der städtebaulichen Planungen sowie erforderlichenfalls des Umweltberichts; die Verantwortung der Gemeinde für das gesetzlich vorgesehene Planaufstellungsverfahren bleibt unberührt;
2. die Förderung und Sicherung der mit der Bauleitplanung verfolgten Ziele, insbesondere die Grundstücksnutzung, auch hinsichtlich einer Befristung oder einer Bedingung, die Durchführung des Ausgleichs im Sinne des § 1a Absatz 3, die Berücksichtigung baukultureller Belange, die Deckung des Wohnbedarfs von Bevölkerungsgruppen mit besonderen Wohnraumversorgungsproblemen sowie der Erwerb angemessenen Wohnraums durch ein-

kommensschwächere und weniger begüterte Personen der örtlichen Bevölkerung;
3. die Übernahme von Kosten oder sonstigen Aufwendungen, die der Gemeinde für städtebauliche Maßnahmen entstehen oder entstanden sind und die Voraussetzung oder Folge des geplanten Vorhabens sind; dazu gehört auch die Bereitstellung von Grundstücken;
4. entsprechend den mit den städtebaulichen Planungen und Maßnahmen verfolgten Zielen und Zwecken die Errichtung und Nutzung von Anlagen und Einrichtungen zur dezentralen und zentralen Erzeugung, Verteilung, Nutzung oder Speicherung von Strom, Wärme oder Kälte aus erneuerbaren Energien oder Kraft-Wärme-Kopplung;
5. entsprechend den mit den städtebaulichen Planungen und Maßnahmen verfolgten Zielen und Zwecken die Anforderungen an die energetische Qualität von Gebäuden.

[3] Die Gemeinde kann städtebauliche Verträge auch mit einer juristischen Person abschließen, an der sie beteiligt ist.

(2) [1] Die vereinbarten Leistungen müssen den gesamten Umständen nach angemessen sein. [2] Die Vereinbarung einer vom Vertragspartner zu erbringenden Leistung ist unzulässig, wenn er auch ohne sie einen Anspruch auf die Gegenleistung hätte. [3] Trägt oder übernimmt der Vertragspartner Kosten oder sonstige Aufwendungen, ist unbeschadet des Satzes 1 eine Eigenbeteiligung der Gemeinde nicht erforderlich.

(3) Ein städtebaulicher Vertrag bedarf der Schriftform, soweit nicht durch Rechtsvorschriften eine andere Form vorgeschrieben ist.

(4) Die Zulässigkeit anderer städtebaulicher Verträge bleibt unberührt.

§ 12 Vorhaben- und Erschließungsplan. (1) [1] Die Gemeinde kann durch einen vorhabenbezogenen Bebauungsplan die Zulässigkeit von Vorhaben bestimmen, wenn der Vorhabenträger auf der Grundlage eines mit der Gemeinde abgestimmten Plans zur Durchführung der Vorhaben und der Erschließungsmaßnahmen (Vorhaben- und Erschließungsplan) bereit und in der Lage ist und sich zur Durchführung innerhalb einer bestimmten Frist und zur Tragung der Planungs- und Erschließungskosten ganz oder teilweise vor dem Beschluss nach § 10 Absatz 1 verpflichtet (Durchführungsvertrag). [2] Die Begründung des Planentwurfs hat die nach § 2a erforderlichen Angaben zu enthalten. [3] Für die grenzüberschreitende Beteiligung ist eine Übersetzung der Angaben vorzulegen, soweit dies nach den Vorschriften des Gesetzes über die Umweltverträglichkeitsprüfung notwendig ist. [4] Für den vorhabenbezogenen Bebauungsplan nach Satz 1 gelten ergänzend die Absätze 2 bis 6.

(2) [1] Die Gemeinde hat auf Antrag des Vorhabenträgers über die Einleitung des Bebauungsplanverfahrens nach pflichtgemäßem Ermessen zu entscheiden. [2] Auf Antrag des Vorhabenträgers oder sofern die Gemeinde es nach Einleitung des Bebauungsplanverfahrens für erforderlich hält, informiert die Gemeinde diesen über den voraussichtlich erforderlichen Untersuchungsrahmen der Umweltprüfung nach § 2 Absatz 4 unter Beteiligung der Behörden nach § 4 Absatz 1.

(3) [1] Der Vorhaben- und Erschließungsplan wird Bestandteil des vorhabenbezogenen Bebauungsplans. [2] Im Bereich des Vorhaben- und Erschließungsplans ist die Gemeinde bei der Bestimmung der Zulässigkeit der Vorhaben nicht

an die Festsetzungen nach § 9 und nach der auf Grund von § 9a erlassenen Verordnung gebunden; die §§ 14 bis 18, 22 bis 28, 39 bis 79, 127 bis 135c sind nicht anzuwenden. [3]Soweit der vorhabenbezogene Bebauungsplan auch im Bereich des Vorhaben- und Erschließungsplans Festsetzungen nach § 9 für öffentliche Zwecke trifft, kann gemäß § 85 Absatz 1 Nummer 1 enteignet werden.

(3a) [1]Wird in einem vorhabenbezogenen Bebauungsplan für den Bereich des Vorhaben- und Erschließungsplans durch Festsetzung eines Baugebiets auf Grund der Baunutzungsverordnung[1)] oder auf sonstige Weise eine bauliche oder sonstige Nutzung allgemein festgesetzt, ist unter entsprechender Anwendung des § 9 Absatz 2 festzusetzen, dass im Rahmen der festgesetzten Nutzungen nur solche Vorhaben zulässig sind, zu deren Durchführung sich der Vorhabenträger im Durchführungsvertrag verpflichtet. [2]Änderungen des Durchführungsvertrags oder der Abschluss eines neuen Durchführungsvertrags sind zulässig.

(4) Einzelne Flächen außerhalb des Bereichs des Vorhaben- und Erschließungsplans können in den vorhabenbezogenen Bebauungsplan einbezogen werden.

(5) [1]Ein Wechsel des Vorhabenträgers bedarf der Zustimmung der Gemeinde. [2]Die Zustimmung darf nur dann verweigert werden, wenn Tatsachen die Annahme rechtfertigen, dass die Durchführung des Vorhaben- und Erschließungsplans innerhalb der Frist nach Absatz 1 gefährdet ist.

(6) [1]Wird der Vorhaben- und Erschließungsplan nicht innerhalb der Frist nach Absatz 1 durchgeführt, soll die Gemeinde den Bebauungsplan aufheben. [2]Aus der Aufhebung können Ansprüche des Vorhabenträgers gegen die Gemeinde nicht geltend gemacht werden. [3]Bei der Aufhebung kann das vereinfachte Verfahren nach § 13 angewendet werden.

(7) Soll in bisherigen Erholungssondergebieten nach § 10 der Baunutzungsverordnung auch Wohnnutzung zugelassen werden, kann die Gemeinde nach Maßgabe der Absätze 1 bis 6 einen vorhabenbezogenen Bebauungsplan aufstellen, der insbesondere die Zulässigkeit von baulichen Anlagen zu Wohnzwecken in diesen Gebieten regelt.

§ 13 Vereinfachtes Verfahren. (1) Werden durch die Änderung oder Ergänzung eines Bauleitplans die Grundzüge der Planung nicht berührt oder wird durch die Aufstellung eines Bebauungsplans in einem Gebiet nach § 34 der sich aus der vorhandenen Eigenart der näheren Umgebung ergebende Zulässigkeitsmaßstab nicht wesentlich verändert oder enthält er lediglich Festsetzungen nach § 9 Absatz 2a oder Absatz 2b, kann die Gemeinde das vereinfachte Verfahren anwenden, wenn

1. die Zulässigkeit von Vorhaben, die einer Pflicht zur Durchführung einer Umweltverträglichkeitsprüfung nach Anlage 1 zum Gesetz über die Umweltverträglichkeitsprüfung oder nach Landesrecht unterliegen, nicht vorbereitet oder begründet wird,
2. keine Anhaltspunkte für eine Beeinträchtigung der in § 1 Absatz 6 Nummer 7 Buchstabe b genannten Schutzgüter bestehen und

---

[1)] Nr. 3.

3. keine Anhaltspunkte dafür bestehen, dass bei der Planung Pflichten zur Vermeidung oder Begrenzung der Auswirkungen von schweren Unfällen nach § 50 Satz 1 des Bundes-Immissionsschutzgesetzes zu beachten sind.

(2) [1] Im vereinfachten Verfahren kann

1. von der frühzeitigen Unterrichtung und Erörterung nach § 3 Absatz 1 und § 4 Absatz 1 abgesehen werden,
2. der betroffenen Öffentlichkeit Gelegenheit zur Stellungnahme innerhalb angemessener Frist gegeben oder wahlweise die Auslegung nach § 3 Absatz 2 durchgeführt werden,
3. den berührten Behörden und sonstigen Trägern öffentlicher Belange Gelegenheit zur Stellungnahme innerhalb angemessener Frist gegeben oder wahlweise die Beteiligung nach § 4 Absatz 2 durchgeführt werden.

[2] Wird nach Satz 1 Nummer 2 die betroffene Öffentlichkeit beteiligt, gilt die Hinweispflicht des § 3 Absatz 2 Satz 2 Halbsatz 2 entsprechend.

(3) [1] Im vereinfachten Verfahren wird von der Umweltprüfung nach § 2 Absatz 4, von dem Umweltbericht nach § 2a, von der Angabe nach § 3 Absatz 2 Satz 2, welche Arten umweltbezogener Informationen verfügbar sind, sowie von der zusammenfassenden Erklärung nach § 6a Absatz 1 und § 10a Absatz 1 abgesehen; § 4c ist nicht anzuwenden. [2] Bei der Beteiligung nach Absatz 2 Nummer 2 ist darauf hinzuweisen, dass von einer Umweltprüfung abgesehen wird.

§ 13a Bebauungspläne der Innenentwicklung. (1) [1] Ein Bebauungsplan für die Wiedernutzbarmachung von Flächen, die Nachverdichtung oder andere Maßnahmen der Innenentwicklung (Bebauungsplan der Innenentwicklung) kann im beschleunigten Verfahren aufgestellt werden. [2] Der Bebauungsplan darf im beschleunigten Verfahren nur aufgestellt werden, wenn in ihm eine zulässige Grundfläche im Sinne des § 19 Absatz 2 der Baunutzungsverordnung[1)] oder eine Größe der Grundfläche festgesetzt wird von insgesamt

1. weniger als 20 000 Quadratmetern, wobei die Grundflächen mehrerer Bebauungspläne, die in einem engen sachlichen, räumlichen und zeitlichen Zusammenhang aufgestellt werden, mitzurechnen sind, oder
2. 20 000 Quadratmetern bis weniger als 70 000 Quadratmetern, wenn auf Grund einer überschlägigen Prüfung unter Berücksichtigung der in Anlage 2 dieses Gesetzes genannten Kriterien die Einschätzung erlangt wird, dass der Bebauungsplan voraussichtlich keine erheblichen Umweltauswirkungen hat, die nach § 2 Absatz 4 Satz 4 in der Abwägung zu berücksichtigen wären (Vorprüfung des Einzelfalls); die Behörden und sonstigen Träger öffentlicher Belange, deren Aufgabenbereiche durch die Planung berührt werden können, sind an der Vorprüfung des Einzelfalls zu beteiligen.

[3] Wird in einem Bebauungsplan weder eine zulässige Grundfläche noch eine Größe der Grundfläche festgesetzt, ist bei Anwendung des Satzes 2 die Fläche maßgeblich, die bei Durchführung des Bebauungsplans voraussichtlich versiegelt wird. [4] Das beschleunigte Verfahren ist ausgeschlossen, wenn durch den Bebauungsplan die Zulässigkeit von Vorhaben begründet wird, die einer Pflicht zur Durchführung einer Umweltverträglichkeitsprüfung nach dem Gesetz über

---

[1)] Nr. **3**.

die Umweltverträglichkeitsprüfung oder nach Landesrecht unterliegen. [5]Das beschleunigte Verfahren ist auch ausgeschlossen, wenn Anhaltspunkte für eine Beeinträchtigung der in § 1 Absatz 6 Nummer 7 Buchstabe b genannten Schutzgüter oder dafür bestehen, dass bei der Planung Pflichten zur Vermeidung oder Begrenzung der Auswirkungen von schweren Unfällen nach § 50 Satz 1 des Bundes-Immissionsschutzgesetzes zu beachten sind.

(2) Im beschleunigten Verfahren

1. gelten die Vorschriften des vereinfachten Verfahrens nach § 13 Absatz 2 und 3 Satz 1 entsprechend;
2. kann ein Bebauungsplan, der von Darstellungen des Flächennutzungsplans abweicht, auch aufgestellt werden, bevor der Flächennutzungsplan geändert oder ergänzt ist; die geordnete städtebauliche Entwicklung des Gemeindegebiets darf nicht beeinträchtigt werden; der Flächennutzungsplan ist im Wege der Berichtigung anzupassen;
3. soll einem Bedarf an Investitionen zur Erhaltung, Sicherung und Schaffung von Arbeitsplätzen, zur Versorgung der Bevölkerung mit Wohnraum oder zur Verwirklichung von Infrastrukturvorhaben in der Abwägung in angemessener Weise Rechnung getragen werden;
4. gelten in den Fällen des Absatzes 1 Satz 2 Nummer 1 Eingriffe, die auf Grund der Aufstellung des Bebauungsplans zu erwarten sind, als im Sinne des § 1a Absatz 3 Satz 6 vor der planerischen Entscheidung erfolgt oder zulässig.

(3) [1]Bei Aufstellung eines Bebauungsplans im beschleunigten Verfahren ist ortsüblich bekannt zu machen,

1. dass der Bebauungsplan im beschleunigten Verfahren ohne Durchführung einer Umweltprüfung nach § 2 Absatz 4 aufgestellt werden soll, in den Fällen des Absatzes 1 Satz 2 Nummer 2 einschließlich der hierfür wesentlichen Gründe, und
2. wo sich die Öffentlichkeit über die allgemeinen Ziele und Zwecke sowie die wesentlichen Auswirkungen der Planung unterrichten kann und dass sich die Öffentlichkeit innerhalb einer bestimmten Frist zur Planung äußern kann, sofern keine frühzeitige Unterrichtung und Erörterung im Sinne des § 3 Absatz 1 stattfindet.

[2]Die Bekanntmachung nach Satz 1 kann mit der ortsüblichen Bekanntmachung nach § 2 Absatz 1 Satz 2 verbunden werden. [3]In den Fällen des Absatzes 1 Satz 2 Nummer 2 erfolgt die Bekanntmachung nach Satz 1 nach Abschluss der Vorprüfung des Einzelfalls.

(4) Die Absätze 1 bis 3 gelten entsprechend für die Änderung, Ergänzung und Aufhebung eines Bebauungsplans.

§ 13b Einbeziehung von Außenbereichsflächen in das beschleunigte Verfahren. [1]Bis zum Ablauf des 31. Dezember 2022 gilt § 13a entsprechend für Bebauungspläne mit einer Grundfläche im Sinne des § 13a Absatz 1 Satz 2 von weniger als 10 000 Quadratmetern, durch die die Zulässigkeit von Wohnnutzungen auf Flächen begründet wird, die sich an im Zusammenhang bebaute Ortsteile anschließen. [2]Das Verfahren zur Aufstellung eines Bebauungsplans nach Satz 1 kann nur bis zum Ablauf des 31. Dezember 2022 förmlich eingeleitet werden; der Satzungsbeschluss nach § 10 Absatz 1 ist bis zum Ablauf des 31. Dezember 2024 zu fassen.

Zweiter Teil. Sicherung der Bauleitplanung

Erster Abschnitt. Veränderungssperre und Zurückstellung von Baugesuchen

§ 14 Veränderungssperre. (1) Ist ein Beschluss über die Aufstellung eines Bebauungsplans gefasst, kann die Gemeinde zur Sicherung der Planung für den künftigen Planbereich eine Veränderungssperre mit dem Inhalt beschließen, dass

1. Vorhaben im Sinne des § 29 nicht durchgeführt oder bauliche Anlagen nicht beseitigt werden dürfen;
2. erhebliche oder wesentlich wertsteigernde Veränderungen von Grundstücken und baulichen Anlagen, deren Veränderungen nicht genehmigungs-, zustimmungs- oder anzeigepflichtig sind, nicht vorgenommen werden dürfen.

(2) [1] Wenn überwiegende öffentliche Belange nicht entgegenstehen, kann von der Veränderungssperre eine Ausnahme zugelassen werden. [2] Die Entscheidung über Ausnahmen trifft die Baugenehmigungsbehörde im Einvernehmen mit der Gemeinde.

(3) Vorhaben, die vor dem Inkrafttreten der Veränderungssperre baurechtlich genehmigt worden sind, Vorhaben, von denen die Gemeinde nach Maßgabe des Bauordnungsrechts Kenntnis erlangt hat und mit deren Ausführung vor dem Inkrafttreten der Veränderungssperre hätte begonnen werden dürfen, sowie Unterhaltungsarbeiten und die Fortführung einer bisher ausgeübten Nutzung werden von der Veränderungssperre nicht berührt.

(4) Soweit für Vorhaben im förmlich festgelegten Sanierungsgebiet oder im städtebaulichen Entwicklungsbereich eine Genehmigungspflicht nach § 144 Absatz 1 besteht, sind die Vorschriften über die Veränderungssperre nicht anzuwenden.

§ 15 Zurückstellung von Baugesuchen. (1) [1] Wird eine Veränderungssperre nach § 14 nicht beschlossen, obwohl die Voraussetzungen gegeben sind, oder ist eine beschlossene Veränderungssperre noch nicht in Kraft getreten, hat die Baugenehmigungsbehörde auf Antrag der Gemeinde die Entscheidung über die Zulässigkeit von Vorhaben im Einzelfall für einen Zeitraum bis zu zwölf Monaten auszusetzen, wenn zu befürchten ist, dass die Durchführung der Planung durch das Vorhaben unmöglich gemacht oder wesentlich erschwert werden würde. [2] Wird kein Baugenehmigungsverfahren durchgeführt, wird auf Antrag der Gemeinde anstelle der Aussetzung der Entscheidung über die Zulässigkeit eine vorläufige Untersagung innerhalb einer durch Landesrecht festgesetzten Frist ausgesprochen. [3] Die vorläufige Untersagung steht der Zurückstellung nach Satz 1 gleich.

(2) Soweit für Vorhaben im förmlich festgelegten Sanierungsgebiet oder im städtebaulichen Entwicklungsbereich eine Genehmigungspflicht nach § 144 Absatz 1 besteht, sind die Vorschriften über die Zurückstellung von Baugesuchen nicht anzuwenden; mit der förmlichen Festlegung des Sanierungsgebiets

oder des städtebaulichen Entwicklungsbereichs wird ein Bescheid über die Zurückstellung des Baugesuchs nach Absatz 1 unwirksam.

(3) [1] Auf Antrag der Gemeinde hat die Baugenehmigungsbehörde die Entscheidung über die Zulässigkeit von Vorhaben nach § 35 Absatz 1 Nummer 2 bis 6 für einen Zeitraum bis zu längstens einem Jahr nach Zustellung der Zurückstellung des Baugesuchs auszusetzen, wenn die Gemeinde beschlossen hat, einen Flächennutzungsplan aufzustellen, zu ändern oder zu ergänzen, mit dem die Rechtswirkungen des § 35 Absatz 3 Satz 3 erreicht werden sollen, und zu befürchten ist, dass die Durchführung der Planung durch das Vorhaben unmöglich gemacht oder wesentlich erschwert werden würde. [2] Auf diesen Zeitraum ist die Zeit zwischen dem Eingang des Baugesuchs bei der zuständigen Behörde bis zur Zustellung der Zurückstellung des Baugesuchs nicht anzurechnen, soweit der Zeitraum für die Bearbeitung des Baugesuchs erforderlich ist. [3] Der Antrag der Gemeinde nach Satz 1 ist nur innerhalb von sechs Monaten, nachdem die Gemeinde in einem Verwaltungsverfahren von dem Bauvorhaben förmlich Kenntnis erhalten hat, zulässig. [4] Wenn besondere Umstände es erfordern, kann die Baugenehmigungsbehörde auf Antrag der Gemeinde die Entscheidung nach Satz 1 um höchstens ein weiteres Jahr aussetzen.

§ 16 Beschluss über die Veränderungssperre. (1) Die Veränderungssperre wird von der Gemeinde als Satzung beschlossen.

(2) [1] Die Gemeinde hat die Veränderungssperre ortsüblich bekannt zu machen. [2] Sie kann auch ortsüblich bekannt machen, dass eine Veränderungssperre beschlossen worden ist; § 10 Absatz 3 Satz 2 bis 5 ist entsprechend anzuwenden.

§ 17 Geltungsdauer der Veränderungssperre. (1) [1] Die Veränderungssperre tritt nach Ablauf von zwei Jahren außer Kraft. [2] Auf die Zweijahresfrist ist der seit der Zustellung der ersten Zurückstellung eines Baugesuchs nach § 15 Absatz 1 abgelaufene Zeitraum anzurechnen. [3] Die Gemeinde kann die Frist um ein Jahr verlängern.

(2) Wenn besondere Umstände es erfordern, kann die Gemeinde die Frist bis zu einem weiteren Jahr nochmals verlängern.

(3) Die Gemeinde kann eine außer Kraft getretene Veränderungssperre ganz oder teilweise erneut beschließen, wenn die Voraussetzungen für ihren Erlass fortbestehen.

(4) Die Veränderungssperre ist vor Fristablauf ganz oder teilweise außer Kraft zu setzen, sobald die Voraussetzungen für ihren Erlass weggefallen sind.

(5) Die Veränderungssperre tritt in jedem Fall außer Kraft, sobald und soweit die Bauleitplanung rechtsverbindlich abgeschlossen ist.

(6) [1] Mit der förmlichen Festlegung des Sanierungsgebiets oder des städtebaulichen Entwicklungsbereichs tritt eine bestehende Veränderungssperre nach § 14 außer Kraft. [2] Dies gilt nicht, wenn in der Sanierungssatzung die Genehmigungspflicht nach § 144 Absatz 1 ausgeschlossen ist.

§ 18 Entschädigung bei Veränderungssperre. (1) [1] Dauert die Veränderungssperre länger als vier Jahre über den Zeitpunkt ihres Beginns oder der ersten Zurückstellung eines Baugesuchs nach § 15 Absatz 1 hinaus, ist den Betroffenen für dadurch entstandene Vermögensnachteile eine angemessene Entschädigung in Geld zu leisten. [2] Die Vorschriften über die Entschädigung im

Zweiten Abschnitt des Fünften Teils sowie § 121 gelten entsprechend; dabei ist der Grundstückswert zugrunde zu legen, der nach den Vorschriften des Zweiten Abschnitts des Dritten Teils zu entschädigen wäre.

(2) [1]Zur Entschädigung ist die Gemeinde verpflichtet. [2]Der Entschädigungsberechtigte kann Entschädigung verlangen, wenn die in Absatz 1 Satz 1 bezeichneten Vermögensnachteile eingetreten sind. [3]Er kann die Fälligkeit des Anspruchs dadurch herbeiführen, dass er die Leistung der Entschädigung schriftlich bei dem Entschädigungspflichtigen beantragt. [4]Kommt eine Einigung über die Entschädigung nicht zustande, entscheidet die höhere Verwaltungsbehörde. [5]Für den Bescheid über die Festsetzung der Entschädigung gilt § 122 entsprechend.

(3) [1]Auf das Erlöschen des Entschädigungsanspruchs findet § 44 Absatz 4 mit der Maßgabe Anwendung, dass bei einer Veränderungssperre, die die Sicherung einer Festsetzung nach § 40 Absatz 1 oder § 41 Absatz 1 zum Gegenstand hat, die Erlöschensfrist frühestens ab Rechtsverbindlichkeit des Bebauungsplans beginnt. [2]In der Bekanntmachung nach § 16 Absatz 2 ist auf die Vorschriften des Absatzes 2 Satz 2 und 3 hinzuweisen.

Zweiter Abschnitt. Teilung von Grundstücken; Gebiete mit Fremdenverkehrsfunktionen

§ 19 Teilung von Grundstücken. (1) Die Teilung eines Grundstücks ist die dem Grundbuchamt gegenüber abgegebene oder sonst wie erkennbar gemachte Erklärung des Eigentümers, dass ein Grundstücksteil grundbuchmäßig abgeschrieben und als selbständiges Grundstück oder als ein Grundstück zusammen mit anderen Grundstücken oder mit Teilen anderer Grundstücke eingetragen werden soll.

(2) Durch die Teilung eines Grundstücks im Geltungsbereich eines Bebauungsplans dürfen keine Verhältnisse entstehen, die den Festsetzungen des Bebauungsplans widersprechen.

§ 20 (weggefallen)

§ 21 (weggefallen)

§ 22 Sicherung von Gebieten mit Fremdenverkehrsfunktionen.

(1) [1]Die Gemeinden, die oder deren Teile überwiegend durch den Fremdenverkehr geprägt sind, können in einem Bebauungsplan oder durch eine sonstige Satzung bestimmen, dass zur Sicherung der Zweckbestimmung von Gebieten mit Fremdenverkehrsfunktionen Folgendes der Genehmigung unterliegt:

1. die Begründung oder Teilung von Wohnungseigentum oder Teileigentum nach § 1 des Wohnungseigentumsgesetzes,
2. die Begründung der in den §§ 30 und 31 des Wohnungseigentumsgesetzes bezeichneten Rechte,
3. die Begründung von Bruchteilseigentum nach § 1008 des Bürgerlichen Gesetzbuchs an Grundstücken mit Wohngebäuden oder Beherbergungsbetrieben, wenn zugleich nach § 1010 Absatz 1 des Bürgerlichen Gesetzbuchs im Grundbuch als Belastung eingetragen werden soll, dass Räume einem oder mehreren Miteigentümern zur ausschließlichen Benutzung zugewiesen sind und die Aufhebung der Gemeinschaft ausgeschlossen ist,

4. bei bestehendem Bruchteilseigentum nach § 1008 des Bürgerlichen Gesetzbuchs an Grundstücken mit Wohngebäuden oder Beherbergungsbetrieben eine im Grundbuch als Belastung einzutragende Regelung nach § 1010 Absatz 1 des Bürgerlichen Gesetzbuchs, wonach Räume einem oder mehreren Miteigentümern zur ausschließlichen Benutzung zugewiesen sind und die Aufhebung der Gemeinschaft ausgeschlossen ist,
5. die Nutzung von Räumen in Wohngebäuden oder Beherbergungsbetrieben als Nebenwohnung, wenn die Räume insgesamt an mehr als der Hälfte der Tage eines Jahres unbewohnt sind.

[2] Voraussetzung für die Bestimmung ist, dass durch die Begründung oder Teilung der Rechte, durch die Regelung nach § 1010 des Bürgerlichen Gesetzbuchs oder durch die Nutzung als Nebenwohnung die vorhandene oder vorgesehene Zweckbestimmung des Gebiets für den Fremdenverkehr und dadurch die geordnete städtebauliche Entwicklung beeinträchtigt werden kann. [3] Die Zweckbestimmung eines Gebiets für den Fremdenverkehr ist insbesondere anzunehmen bei Kurgebieten, Gebieten für die Fremdenbeherbergung, Wochenend- und Ferienhausgebieten, die im Bebauungsplan festgesetzt sind, und bei im Zusammenhang bebauten Ortsteilen, deren Eigenart solchen Gebieten entspricht, sowie bei sonstigen Gebieten mit Fremdenverkehrsfunktionen, die durch Beherbergungsbetriebe und Wohngebäude mit Fremdenbeherbergung geprägt sind.

(2) [1] Die Gemeinde hat die Satzung ortsüblich bekannt zu machen. [2] Sie kann die Bekanntmachung auch in entsprechender Anwendung des § 10 Absatz 3 Satz 2 bis 5 vornehmen. [3] Für Bestimmungen nach Absatz 1 Satz 1 Nummer 1 bis 4 teilt die Gemeinde dem Grundbuchamt den Beschluss über die Satzung, das Datum ihres Inkrafttretens sowie die genaue Bezeichnung der betroffenen Grundstücke vor ihrer Bekanntmachung rechtzeitig mit. [4] Von der genauen Bezeichnung der betroffenen Grundstücke kann in den Fällen des Absatzes 1 Satz 1 Nummer 1 und 2 abgesehen werden, wenn die gesamte Gemarkung betroffen ist und die Gemeinde dies dem Grundbuchamt mitteilt.

(3) (weggefallen)

(4) [1] Die Genehmigung darf nur versagt werden, wenn durch die Begründung oder Teilung der Rechte, durch die Regelung nach § 1010 des Bürgerlichen Gesetzbuchs oder durch die Nutzung als Nebenwohnung die Zweckbestimmung des Gebiets für den Fremdenverkehr und dadurch die städtebauliche Entwicklung und Ordnung beeinträchtigt wird. [2] Die Genehmigung nach Absatz 1 Satz 1 Nummer 1 bis 4 ist zu erteilen, wenn sie erforderlich ist, damit Ansprüche Dritter erfüllt werden können, zu deren Sicherung vor dem Wirksamwerden des Genehmigungsvorbehalts eine Vormerkung im Grundbuch eingetragen oder der Antrag auf Eintragung einer Vormerkung beim Grundbuchamt eingegangen ist; die Genehmigung kann auch von dem Dritten beantragt werden. [3] Die Genehmigung kann erteilt werden, um wirtschaftliche Nachteile zu vermeiden, die für den Eigentümer eine besondere Härte bedeuten.

(5) [1] Über die Genehmigung entscheidet die Baugenehmigungsbehörde im Einvernehmen mit der Gemeinde. [2] Über die Genehmigung ist innerhalb eines Monats nach Eingang des Antrags bei der Baugenehmigungsbehörde zu entscheiden. [3] Kann die Prüfung des Antrags in dieser Zeit nicht abgeschlossen werden, ist die Frist vor ihrem Ablauf in einem dem Antragsteller mitzutei-

lenden Zwischenbescheid um den Zeitraum zu verlängern, der notwendig ist, um die Prüfung abschließen zu können; höchstens jedoch um drei Monate. [4]Die Genehmigung gilt als erteilt, wenn sie nicht innerhalb der Frist versagt wird. [5]Darüber hat die Baugenehmigungsbehörde auf Antrag eines Beteiligten ein Zeugnis auszustellen. [6]Das Einvernehmen gilt als erteilt, wenn es nicht binnen zwei Monaten nach Eingang des Ersuchens der Genehmigungsbehörde verweigert wird; dem Ersuchen gegenüber der Gemeinde steht die Einreichung des Antrags bei der Gemeinde gleich, wenn sie nach Landesrecht vorgeschrieben ist.

(6) [1]Bei einem Grundstück, das im Geltungsbereich einer Satzung nach Absatz 1 liegt, darf das Grundbuchamt die von Absatz 1 Satz 1 Nummer 1 bis 4 erfassten Eintragungen in das Grundbuch nur vornehmen, wenn der Genehmigungsbescheid oder ein Zeugnis gemäß Absatz 5 Satz 5 vorgelegt wird oder wenn die Freistellungserklärung der Gemeinde gemäß Absatz 8 beim Grundbuchamt eingegangen ist. [2]Ist dennoch eine Eintragung in das Grundbuch vorgenommen worden, kann die Baugenehmigungsbehörde, falls die Genehmigung erforderlich war, das Grundbuchamt um die Eintragung eines Widerspruchs ersuchen; § 53 Absatz 1 der Grundbuchordnung bleibt unberührt. [3]Der Widerspruch ist zu löschen, wenn die Baugenehmigungsbehörde darum ersucht oder die Genehmigung erteilt ist.

(7) [1]Wird die Genehmigung versagt, kann der Eigentümer von der Gemeinde unter den Voraussetzungen des § 40 Absatz 2 die Übernahme des Grundstücks verlangen. [2]§ 43 Absatz 1, 4 und 5 sowie § 44 Absatz 3 und 4 sind entsprechend anzuwenden.

(8) [1]Die Gemeinde hat den Genehmigungsvorbehalt aufzuheben oder im Einzelfall einzelne Grundstücke durch Erklärung gegenüber dem Eigentümer vom Genehmigungsvorbehalt freizustellen, wenn die Voraussetzungen für den Genehmigungsvorbehalt entfallen sind. [2]Die Gemeinde teilt dem Grundbuchamt die Aufhebung des Genehmigungsvorbehalts sowie die genaue Bezeichnung der hiervon betroffenen Grundstücke unverzüglich mit. [3]Von der genauen Bezeichnung kann abgesehen werden, wenn die gesamte Gemarkung betroffen ist und die Gemeinde dies dem Grundbuchamt mitteilt. [4]Sobald die Mitteilung über die Aufhebung des Genehmigungsvorbehalts beim Grundbuchamt eingegangen ist, ist Absatz 6 Satz 1 nicht mehr anzuwenden.

(9) [1]In der sonstigen Satzung nach Absatz 1 kann neben der Bestimmung des Genehmigungsvorbehalts die höchstzulässige Zahl der Wohnungen in Wohngebäuden nach Maßgabe des § 9 Absatz 1 Nummer 6 festgesetzt werden. [2]Vor der Festsetzung nach Satz 1 ist der betroffenen Öffentlichkeit und den berührten Behörden und sonstigen Trägern öffentlicher Belange Gelegenheit zur Stellungnahme innerhalb angemessener Frist zu geben.

(10) [1]Der sonstigen Satzung nach Absatz 1 ist eine Begründung beizufügen. [2]In der Begründung zum Bebauungsplan (§ 9 Absatz 8) oder zur sonstigen Satzung ist darzulegen, dass die in Absatz 1 Satz 2 bezeichneten Voraussetzungen für die Festlegung des Gebiets vorliegen.

§ 23 (weggefallen)

Dritter Abschnitt. Gesetzliche Vorkaufsrechte der Gemeinde

§ 24 Allgemeines Vorkaufsrecht. (1) [1]Der Gemeinde steht ein Vorkaufsrecht zu beim Kauf von Grundstücken

1. im Geltungsbereich eines Bebauungsplans, soweit es sich um Flächen handelt, für die nach dem Bebauungsplan eine Nutzung für öffentliche Zwecke oder für Flächen oder Maßnahmen zum Ausgleich im Sinne des § 1a Absatz 3 festgesetzt ist,
2. in einem Umlegungsgebiet,
3. in einem förmlich festgelegten Sanierungsgebiet und städtebaulichen Entwicklungsbereich,
4. im Geltungsbereich einer Satzung zur Sicherung von Durchführungsmaßnahmen des Stadtumbaus und einer Erhaltungssatzung,
5. im Geltungsbereich eines Flächennutzungsplans, soweit es sich um unbebaute Flächen im Außenbereich handelt, für die nach dem Flächennutzungsplan eine Nutzung als Wohnbaufläche oder Wohngebiet dargestellt ist,
6. in Gebieten, die nach den §§ 30, 33 oder 34 Absatz 2 vorwiegend mit Wohngebäuden bebaut werden können, soweit die Grundstücke unbebaut sind, wobei ein Grundstück auch dann als unbebaut gilt, wenn es lediglich mit einer Einfriedung oder zu erkennbar vorläufigen Zwecken bebaut ist,
7. in Gebieten, die zum Zweck des vorbeugenden Hochwasserschutzes von Bebauung freizuhalten sind, insbesondere in Überschwemmungsgebieten, sowie
8. in Gebieten nach den §§ 30, 33 oder 34, wenn
   a) in diesen ein städtebaulicher Missstand im Sinne des § 136 Absatz 2 Satz 2 in Verbindung mit Absatz 3 vorliegt oder
   b) die baulichen Anlagen einen Missstand im Sinne des § 177 Absatz 2 aufweisen

   und die Grundstücke dadurch erhebliche nachteilige Auswirkungen auf das soziale oder städtebauliche Umfeld aufweisen, insbesondere durch ihren baulichen Zustand oder ihre der öffentlichen Sicherheit und Ordnung widersprechende Nutzung.

[2]Im Falle der Nummer 1 kann das Vorkaufsrecht bereits nach Beginn der öffentlichen Auslegung ausgeübt werden, wenn die Gemeinde einen Beschluss gefasst hat, einen Bebauungsplan aufzustellen, zu ändern oder zu ergänzen. [3]Im Falle der Nummer 5 kann das Vorkaufsrecht bereits ausgeübt werden, wenn die Gemeinde einen Beschluss gefasst und ortsüblich bekannt gemacht hat, einen Flächennutzungsplan aufzustellen, zu ändern oder zu ergänzen und wenn nach dem Stand der Planungsarbeiten anzunehmen ist, dass der künftige Flächennutzungsplan eine solche Nutzung darstellen wird.

(2) Das Vorkaufsrecht steht der Gemeinde nicht zu beim Kauf von Rechten nach dem Wohnungseigentumsgesetz und von Erbbaurechten.

(3) [1]Das Vorkaufsrecht darf nur ausgeübt werden, wenn das Wohl der Allgemeinheit dies rechtfertigt. [2]Dem Wohl der Allgemeinheit kann insbesondere die Deckung eines Wohnbedarfs in der Gemeinde dienen. [3]Bei der Ausübung des Vorkaufsrechts hat die Gemeinde den Verwendungszweck des Grundstücks anzugeben.

§ 25 Besonderes Vorkaufsrecht. (1) [1]Die Gemeinde kann

1. im Geltungsbereich eines Bebauungsplans durch Satzung ihr Vorkaufsrecht an unbebauten Grundstücken begründen;
2. in Gebieten, in denen sie städtebauliche Maßnahmen in Betracht zieht, zur Sicherung einer geordneten städtebaulichen Entwicklung durch Satzung Flächen bezeichnen, an denen ihr ein Vorkaufsrecht an den Grundstücken zusteht;
3. im Geltungsbereich eines Bebauungsplans an brachliegenden Grundstücken oder für im Zusammenhang bebaute Ortsteile (§ 34) an unbebauten oder brachliegenden Grundstücken durch Satzung ihr Vorkaufsrecht begründen, wenn
   a) diese vorwiegend mit Wohngebäuden bebaut werden können und
   b) es sich um ein nach § 201a bestimmtes Gebiet mit einem angespannten Wohnungsmarkt handelt.

[2] Ein Grundstück gilt auch dann als unbebaut, wenn es lediglich mit einer Einfriedung oder zu erkennbar vorläufigen Zwecken bebaut ist. [3] Das Vorkaufsrecht nach Satz 1 Nummer 3 erlischt mit dem Ende der Geltungsdauer der Rechtsverordnung nach § 201a. [4] Auf die Satzung ist § 16 Absatz 2 entsprechend anzuwenden.

(2) [1] § 24 Absatz 2 und 3 Satz 1 und 2 ist anzuwenden. [2] Der Verwendungszweck des Grundstücks ist anzugeben, soweit das bereits zum Zeitpunkt der Ausübung des Vorkaufsrechts möglich ist.

§ 26 Ausschluss des Vorkaufsrechts. Die Ausübung des Vorkaufsrechts ist ausgeschlossen, wenn

1. der Eigentümer das Grundstück an seinen Ehegatten oder an eine Person verkauft, die mit ihm in gerader Linie verwandt oder verschwägert oder in der Seitenlinie bis zum dritten Grad verwandt ist,
2. das Grundstück
   a) von einem öffentlichen Bedarfsträger für Zwecke der Landesverteidigung, der Bundespolizei, der Zollverwaltung, der Polizei oder des Zivilschutzes oder
   b) von Kirchen und Religionsgesellschaften des öffentlichen Rechts für Zwecke des Gottesdienstes oder der Seelsorge

   gekauft wird,
3. auf dem Grundstück Vorhaben errichtet werden sollen, für die ein in § 38 genanntes Verfahren eingeleitet oder durchgeführt worden ist, oder
4. das Grundstück entsprechend den Festsetzungen des Bebauungsplans oder den Zielen und Zwecken der städtebaulichen Maßnahme bebaut ist und genutzt wird und eine auf ihm errichtete bauliche Anlage keine Missstände oder Mängel im Sinne des § 177 Absatz 2 und 3 Satz 1 aufweist.

§ 27 Abwendung des Vorkaufsrechts. (1) [1] Der Käufer kann die Ausübung des Vorkaufsrechts abwenden, wenn die Verwendung des Grundstücks nach den baurechtlichen Vorschriften oder den Zielen und Zwecken der städtebaulichen Maßnahme bestimmt oder mit ausreichender Sicherheit bestimmbar ist, der Käufer in der Lage ist, das Grundstück binnen angemessener Frist dementsprechend zu nutzen, und er sich vor Ablauf der Frist nach § 28 Absatz 2 Satz 1 hierzu verpflichtet. [2] Weist eine auf dem Grundstück befindliche bauliche

Anlage Missstände oder Mängel im Sinne des § 177 Absatz 2 und 3 Satz 1 auf, kann der Käufer die Ausübung des Vorkaufsrechts abwenden, wenn er diese Missstände oder Mängel binnen angemessener Frist beseitigen kann und er sich vor Ablauf der Frist nach § 28 Absatz 2 Satz 1 zur Beseitigung verpflichtet. [3]Die Gemeinde hat die Frist nach § 28 Absatz 2 Satz 1 auf Antrag des Käufers um zwei Monate zu verlängern, wenn der Käufer vor Ablauf dieser Frist glaubhaft macht, dass er in der Lage ist, die in Satz 1 oder 2 genannten Voraussetzungen zu erfüllen.

(2) Ein Abwendungsrecht besteht nicht
1. in den Fällen des § 24 Absatz 1 Satz 1 Nummer 1 und
2. in einem Umlegungsgebiet, wenn das Grundstück für Zwecke der Umlegung (§ 45) benötigt wird.

§ 27a Ausübung des Vorkaufsrechts zugunsten Dritter. (1) [1]Die Gemeinde kann
1. ihr Vorkaufsrecht zugunsten eines Dritten ausüben, wenn der Dritte zu der mit der Ausübung des Vorkaufsrechts bezweckten Verwendung des Grundstücks innerhalb angemessener Frist in der Lage ist und sich hierzu verpflichtet, oder
2. das ihr nach § 24 Absatz 1 Satz 1 Nummer 1 zustehende Vorkaufsrecht zugunsten eines öffentlichen Bedarfs- oder Erschließungsträgers sowie das ihr nach § 24 Absatz 1 Satz 1 Nummer 3 zustehende Vorkaufsrecht zugunsten eines Sanierungs- oder Entwicklungsträgers ausüben, wenn der Träger einverstanden ist.

[2]In den Fällen der Nummer 1 hat die Gemeinde bei der Ausübung des Vorkaufsrechts zugunsten eines Dritten die Frist, in der das Grundstück für den vorgesehenen Zweck zu verwenden ist, zu bezeichnen.

(2) [1]Mit der Ausübung des Vorkaufsrechts kommt der Kaufvertrag zwischen dem Begünstigten und dem Verkäufer zustande. [2]Die Gemeinde haftet für die Verpflichtung aus dem Kaufvertrag neben dem Begünstigten als Gesamtschuldnerin.

(3) [1]Für den von dem Begünstigten zu zahlenden Betrag und das Verfahren gilt § 28 Absatz 2 bis 4 entsprechend. [2]Kommt der Begünstigte seiner Verpflichtung nach Absatz 1 Satz 1 Nummer 1 nicht nach, soll die Gemeinde in entsprechender Anwendung des § 102 die Übertragung des Grundstücks zu ihren Gunsten oder zugunsten eines Übernahmewilligen verlangen, der zur Verwirklichung des Verwendungszwecks innerhalb angemessener Frist in der Lage ist und sich hierzu verpflichtet. [3]Für die Entschädigung und das Verfahren gelten die Vorschriften des Fünften Teils über die Rückenteignung entsprechend. [4]Die Haftung der Gemeinde nach § 28 Absatz 3 Satz 7 bleibt unberührt.

§ 28 Verfahren und Entschädigung. (1) [1]Der Verkäufer hat der Gemeinde den Inhalt des Kaufvertrags unverzüglich mitzuteilen; die Mitteilung des Verkäufers wird durch die Mitteilung des Käufers ersetzt. [2]Das Grundbuchamt darf bei Kaufverträgen den Käufer als Eigentümer in das Grundbuch nur eintragen, wenn ihm die Nichtausübung oder das Nichtbestehen des Vorkaufsrechts nachgewiesen ist. [3]Besteht ein Vorkaufsrecht nicht oder wird es nicht ausgeübt, hat die Gemeinde auf Antrag eines Beteiligten darüber unverzüglich ein Zeugnis auszustellen. [4]Das Zeugnis gilt als Verzicht auf die Ausübung des Vorkaufsrechts.

(2) [1]Das Vorkaufsrecht kann nur binnen drei Monaten nach Mitteilung des Kaufvertrags durch Verwaltungsakt gegenüber dem Verkäufer ausgeübt werden. [2]Die §§ 463, 464 Absatz 2, §§ 465 bis 468 und 471 des Bürgerlichen Gesetzbuchs sind anzuwenden. [3]Nach Mitteilung des Kaufvertrags ist auf Ersuchen der Gemeinde zur Sicherung ihres Anspruchs auf Übereignung des Grundstücks eine Vormerkung in das Grundbuch einzutragen; die Gemeinde trägt die Kosten der Eintragung der Vormerkung und ihrer Löschung. [4]Das Vorkaufsrecht ist nicht übertragbar. [5]Bei einem Eigentumserwerb auf Grund der Ausübung des Vorkaufsrechts erlöschen rechtsgeschäftliche Vorkaufsrechte. [6]Wird die Gemeinde nach Ausübung des Vorkaufsrechts im Grundbuch als Eigentümerin eingetragen, kann sie das Grundbuchamt ersuchen, eine zur Sicherung des Übereignungsanspruchs des Käufers im Grundbuch eingetragene Vormerkung zu löschen; sie darf das Ersuchen nur stellen, wenn die Ausübung des Vorkaufsrechts für den Käufer unanfechtbar ist.

(3) [1]Abweichend von Absatz 2 Satz 2 kann die Gemeinde den zu zahlenden Betrag nach dem Verkehrswert des Grundstücks (§ 194) im Zeitpunkt des Kaufes bestimmen, wenn der vereinbarte Kaufpreis den Verkehrswert überschreitet. [2]In diesem Falle ist der Verkäufer berechtigt, bis zum Ablauf eines Monats nach Unanfechtbarkeit des Verwaltungsakts über die Ausübung des Vorkaufsrechts vom Vertrag zurückzutreten. [3]Auf das Rücktrittsrecht sind die §§ 346 bis 349 und 351 des Bürgerlichen Gesetzbuchs entsprechend anzuwenden. [4]Tritt der Verkäufer vom Vertrag zurück, trägt die Gemeinde die Kosten des Vertrags auf der Grundlage des Verkehrswerts. [5]Tritt der Verkäufer vom Vertrag nicht zurück, erlischt nach Ablauf der Rücktrittsfrist nach Satz 2 die Pflicht des Verkäufers aus dem Kaufvertrag, der Gemeinde das Eigentum an dem Grundstück zu übertragen. [6]In diesem Falle geht das Eigentum an dem Grundstück auf die Gemeinde über, wenn auf Ersuchen der Gemeinde der Übergang des Eigentums in das Grundbuch eingetragen ist. [7]Führt die Gemeinde das Grundstück nicht innerhalb einer angemessenen Frist dem mit der Ausübung des Vorkaufsrechts verfolgten Zweck zu, hat sie dem Verkäufer einen Betrag in Höhe des Unterschieds zwischen dem vereinbarten Kaufpreis und dem Verkehrswert zu zahlen. [8]§ 44 Absatz 3 Satz 2 und 3, § 43 Absatz 2 Satz 1 sowie die §§ 121 und 122 sind entsprechend anzuwenden.

(4) [1]In den Fällen des § 24 Absatz 1 Satz 1 Nummer 1 bestimmt die Gemeinde den zu zahlenden Betrag nach den Vorschriften des Zweiten Abschnitts des Fünften Teils, wenn der Erwerb des Grundstücks für die Durchführung des Bebauungsplans erforderlich ist und es nach dem festgesetzten Verwendungszweck enteignet werden könnte. [2]Mit der Unanfechtbarkeit des Bescheids über die Ausübung des Vorkaufsrechts erlischt die Pflicht des Verkäufers aus dem Kaufvertrag, der Gemeinde das Eigentum an dem Grundstück zu übertragen. [3]In diesem Falle geht das Eigentum an dem Grundstück auf die Gemeinde über, wenn auf Ersuchen der Gemeinde der Übergang des Eigentums in das Grundbuch eingetragen ist.

(5) [1]Die Gemeinde kann für das Gemeindegebiet oder für sämtliche Grundstücke einer Gemarkung auf die Ausübung der ihr nach diesem Abschnitt zustehenden Rechte verzichten. [2]Sie kann den Verzicht jederzeit für zukünftig abzuschließende Kaufverträge widerrufen. [3]Der Verzicht und sein Widerruf sind ortsüblich bekannt zu machen. [4]Die Gemeinde teilt dem Grundbuchamt

den Wortlaut ihrer Erklärung mit. [5]Hat die Gemeinde auf die Ausübung ihrer Rechte verzichtet, bedarf es eines Zeugnisses nach Absatz 1 Satz 3 nicht, soweit nicht ein Widerruf erklärt ist.

(6) [1]Hat die Gemeinde das Vorkaufsrecht ausgeübt und sind einem Dritten dadurch Vermögensnachteile entstanden, hat sie dafür Entschädigung zu leisten, soweit dem Dritten ein vertragliches Recht zum Erwerb des Grundstücks zustand, bevor ein gesetzliches Vorkaufsrecht der Gemeinde auf Grund dieses Gesetzbuchs oder solcher landesrechtlicher Vorschriften, die durch § 186 des Bundesbaugesetzes aufgehoben worden sind, begründet worden ist. [2]Die Vorschriften über die Entschädigung im Zweiten Abschnitt des Fünften Teils sind entsprechend anzuwenden. [3]Kommt eine Einigung über die Entschädigung nicht zustande, entscheidet die höhere Verwaltungsbehörde.

Dritter Teil. Regelung der baulichen und sonstigen Nutzung; Entschädigung

Erster Abschnitt. Zulässigkeit von Vorhaben

§ 29 Begriff des Vorhabens; Geltung von Rechtsvorschriften. (1) Für Vorhaben, die die Errichtung, Änderung oder Nutzungsänderung von baulichen Anlagen zum Inhalt haben, und für Aufschüttungen und Abgrabungen größeren Umfangs sowie für Ausschachtungen, Ablagerungen einschließlich Lagerstätten gelten die §§ 30 bis 37.

(2) Die Vorschriften des Bauordnungsrechts und andere öffentlich-rechtliche Vorschriften bleiben unberührt.

§ 30 Zulässigkeit von Vorhaben im Geltungsbereich eines Bebauungsplans. (1) Im Geltungsbereich eines Bebauungsplans, der allein oder gemeinsam mit sonstigen baurechtlichen Vorschriften mindestens Festsetzungen über die Art und das Maß der baulichen Nutzung, die überbaubaren Grundstücksflächen und die örtlichen Verkehrsflächen enthält, ist ein Vorhaben zulässig, wenn es diesen Festsetzungen nicht widerspricht und die Erschließung gesichert ist.

(2) Im Geltungsbereich eines vorhabenbezogenen Bebauungsplans nach § 12 ist ein Vorhaben zulässig, wenn es dem Bebauungsplan nicht widerspricht und die Erschließung gesichert ist.

(3) Im Geltungsbereich eines Bebauungsplans, der die Voraussetzungen des Absatzes 1 nicht erfüllt (einfacher Bebauungsplan), richtet sich die Zulässigkeit von Vorhaben im Übrigen nach § 34 oder § 35.

§ 31 Ausnahmen und Befreiungen. (1) Von den Festsetzungen des Bebauungsplans können solche Ausnahmen zugelassen werden, die in dem Bebauungsplan nach Art und Umfang ausdrücklich vorgesehen sind.

(2) Von den Festsetzungen des Bebauungsplans kann befreit werden, wenn die Grundzüge der Planung nicht berührt werden und

1. Gründe des Wohls der Allgemeinheit, einschließlich der Wohnbedürfnisse der Bevölkerung und des Bedarfs zur Unterbringung von Flüchtlingen oder Asylbegehrenden, die Befreiung erfordern oder
2. die Abweichung städtebaulich vertretbar ist oder
3. die Durchführung des Bebauungsplans zu einer offenbar nicht beabsichtigten Härte führen würde

und wenn die Abweichung auch unter Würdigung nachbarlicher Interessen mit den öffentlichen Belangen vereinbar ist.

(3) [1] In einem Gebiet mit einem angespannten Wohnungsmarkt, das nach § 201a bestimmt ist, kann mit Zustimmung der Gemeinde im Einzelfall von den Festsetzungen des Bebauungsplans zugunsten des Wohnungsbaus befreit werden, wenn die Befreiung auch unter Würdigung nachbarlicher Interessen mit den öffentlichen Belangen vereinbar ist. [2] Von Satz 1 kann nur bis zum Ende der Geltungsdauer der Rechtsverordnung nach § 201a Gebrauch gemacht werden. [3] Die Befristung in Satz 2 bezieht sich nicht auf die Geltungsdauer einer Genehmigung, sondern auf den Zeitraum, bis zu dessen Ende im bauaufsichtlichen Verfahren von der Vorschrift Gebrauch gemacht werden kann. [4] Für die Zustimmung der Gemeinde nach Satz 1 gilt § 36 Absatz 2 Satz 2 entsprechend.

§ 32 Nutzungsbeschränkungen auf künftigen Gemeinbedarfs-, Verkehrs-, Versorgungs- und Grünflächen. [1] Sind überbaute Flächen in dem Bebauungsplan als Baugrundstücke für den Gemeinbedarf oder als Verkehrs-, Versorgungs- oder Grünflächen festgesetzt, dürfen auf ihnen Vorhaben, die eine wertsteigernde Änderung baulicher Anlagen zur Folge haben, nur zugelassen und für sie Befreiungen von den Festsetzungen des Bebauungsplans nur erteilt werden, wenn der Bedarfs- oder Erschließungsträger zustimmt oder der Eigentümer für sich und seine Rechtsnachfolger auf Ersatz der Werterhöhung für den Fall schriftlich verzichtet, dass der Bebauungsplan durchgeführt wird. [2] Dies gilt auch für die dem Bebauungsplan nicht widersprechenden Teile einer baulichen Anlage, wenn sie für sich allein nicht wirtschaftlich verwertbar sind oder wenn bei der Enteignung die Übernahme der restlichen überbauten Flächen verlangt werden kann.

§ 33 Zulässigkeit von Vorhaben während der Planaufstellung.

(1) In Gebieten, für die ein Beschluss über die Aufstellung eines Bebauungsplans gefasst ist, ist ein Vorhaben zulässig, wenn

1. die Öffentlichkeits- und Behördenbeteiligung nach § 3 Absatz 2, § 4 Absatz 2 und § 4a Absatz 2 bis 5 durchgeführt worden ist,
2. anzunehmen ist, dass das Vorhaben den künftigen Festsetzungen des Bebauungsplans nicht entgegensteht,
3. der Antragsteller diese Festsetzungen für sich und seine Rechtsnachfolger schriftlich anerkennt und
4. die Erschließung gesichert ist.

(2) In Fällen des § 4a Absatz 3 Satz 1 kann vor der erneuten Öffentlichkeits- und Behördenbeteiligung ein Vorhaben zugelassen werden, wenn sich die vorgenommene Änderung oder Ergänzung des Bebauungsplanentwurfs nicht auf das Vorhaben auswirkt und die in Absatz 1 Nummer 2 bis 4 bezeichneten Voraussetzungen erfüllt sind.

(3) [1] Wird ein Verfahren nach § 13 oder § 13a durchgeführt, kann ein Vorhaben vor Durchführung der Öffentlichkeits- und Behördenbeteiligung zugelassen werden, wenn die in Absatz 1 Nummer 2 bis 4 bezeichneten Voraussetzungen erfüllt sind. [2] Der betroffenen Öffentlichkeit und den berührten Behörden und sonstigen Trägern öffentlicher Belange ist vor Erteilung der

Genehmigung Gelegenheit zur Stellungnahme innerhalb angemessener Frist zu geben, soweit sie dazu nicht bereits zuvor Gelegenheit hatten.

§ 34 Zulässigkeit von Vorhaben innerhalb der im Zusammenhang bebauten Ortsteile. (1) [1]Innerhalb der im Zusammenhang bebauten Ortsteile ist ein Vorhaben zulässig, wenn es sich nach Art und Maß der baulichen Nutzung, der Bauweise und der Grundstücksfläche, die überbaut werden soll, in die Eigenart der näheren Umgebung einfügt und die Erschließung gesichert ist. [2]Die Anforderungen an gesunde Wohn- und Arbeitsverhältnisse müssen gewahrt bleiben; das Ortsbild darf nicht beeinträchtigt werden.

(2) Entspricht die Eigenart der näheren Umgebung einem der Baugebiete, die in der auf Grund des § 9a erlassenen Verordnung bezeichnet sind, beurteilt sich die Zulässigkeit des Vorhabens nach seiner Art allein danach, ob es nach der Verordnung in dem Baugebiet allgemein zulässig wäre; auf die nach der Verordnung ausnahmsweise zulässigen Vorhaben ist § 31 Absatz 1, im Übrigen ist § 31 Absatz 2 entsprechend anzuwenden.

(3) Von Vorhaben nach Absatz 1 oder 2 dürfen keine schädlichen Auswirkungen auf zentrale Versorgungsbereiche in der Gemeinde oder in anderen Gemeinden zu erwarten sein.

(3a) [1]Vom Erfordernis des Einfügens in die Eigenart der näheren Umgebung nach Absatz 1 Satz 1 kann im Einzelfall abgewichen werden, wenn die Abweichung

1. einem der nachfolgend genannten Vorhaben dient:
   a) der Erweiterung, Änderung, Nutzungsänderung oder Erneuerung eines zulässigerweise errichteten Gewerbe- oder Handwerksbetriebs,
   b) der Erweiterung, Änderung oder Erneuerung eines zulässigerweise errichteten, Wohnzwecken dienenden Gebäudes oder
   c) der Nutzungsänderung einer zulässigerweise errichteten baulichen Anlage zu Wohnzwecken, einschließlich einer erforderlichen Änderung oder Erneuerung,
2. städtebaulich vertretbar ist und
3. auch unter Würdigung nachbarlicher Interessen mit den öffentlichen Belangen vereinbar ist.

[2]Satz 1 findet keine Anwendung auf Einzelhandelsbetriebe, die die verbrauchernahe Versorgung der Bevölkerung beeinträchtigen oder schädliche Auswirkungen auf zentrale Versorgungsbereiche in der Gemeinde oder in anderen Gemeinden haben können. [3]In den Fällen des Satzes 1 Nummer 1 Buchstabe b und c kann darüber hinaus vom Erfordernis des Einfügens im Einzelfall im Sinne des Satzes 1 in mehreren vergleichbaren Fällen abgewichen werden, wenn die übrigen Voraussetzungen des Satzes 1 vorliegen und die Aufstellung eines Bebauungsplans nicht erforderlich ist.

(4) [1]Die Gemeinde kann durch Satzung

1. die Grenzen für im Zusammenhang bebaute Ortsteile festlegen,
2. bebaute Bereiche im Außenbereich als im Zusammenhang bebaute Ortsteile festlegen, wenn die Flächen im Flächennutzungsplan als Baufläche dargestellt sind,

3. einzelne Außenbereichsflächen in die im Zusammenhang bebauten Ortsteile einbeziehen, wenn die einbezogenen Flächen durch die bauliche Nutzung des angrenzenden Bereichs entsprechend geprägt sind.

[2] Die Satzungen können miteinander verbunden werden.

(5) [1] Voraussetzung für die Aufstellung von Satzungen nach Absatz 4 Satz 1 Nummer 2 und 3 ist, dass

1. sie mit einer geordneten städtebaulichen Entwicklung vereinbar sind,
2. die Zulässigkeit von Vorhaben, die einer Pflicht zur Durchführung einer Umweltverträglichkeitsprüfung nach Anlage 1 zum Gesetz über die Umweltverträglichkeitsprüfung oder nach Landesrecht unterliegen, nicht begründet wird und
3. keine Anhaltspunkte für eine Beeinträchtigung der in § 1 Absatz 6 Nummer 7 Buchstabe b genannten Schutzgüter oder dafür bestehen, dass bei der Planung Pflichten zur Vermeidung oder Begrenzung der Auswirkungen von schweren Unfällen nach § 50 Satz 1 des Bundes-Immissionsschutzgesetzes zu beachten sind.

[2] In den Satzungen nach Absatz 4 Satz 1 Nummer 2 und 3 können einzelne Festsetzungen nach § 9 Absatz 1 und 3 Satz 1 sowie Absatz 4 getroffen werden. [3] § 9 Absatz 6 und § 31 sind entsprechend anzuwenden. [4] Auf die Satzung nach Absatz 4 Satz 1 Nummer 3 sind ergänzend § 1a Absatz 2 und 3 und § 9 Absatz 1a entsprechend anzuwenden; ihr ist eine Begründung mit den Angaben entsprechend § 2a Satz 2 Nummer 1 beizufügen.

(6) [1] Bei der Aufstellung der Satzungen nach Absatz 4 Satz 1 Nummer 2 und 3 sind die Vorschriften über die Öffentlichkeits- und Behördenbeteiligung nach § 13 Absatz 2 Satz 1 Nummer 2 und 3 sowie Satz 2 entsprechend anzuwenden. [2] Auf die Satzungen nach Absatz 4 Satz 1 Nummer 1 bis 3 ist § 10 Absatz 3 entsprechend anzuwenden.

§ 35 Bauen im Außenbereich. (1) Im Außenbereich ist ein Vorhaben nur zulässig, wenn öffentliche Belange nicht entgegenstehen, die ausreichende Erschließung gesichert ist und wenn es

1. einem land- oder forstwirtschaftlichen Betrieb dient und nur einen untergeordneten Teil der Betriebsfläche einnimmt,
2. einem Betrieb der gartenbaulichen Erzeugung dient,
3. der öffentlichen Versorgung mit Elektrizität, Gas, Telekommunikationsdienstleistungen, Wärme und Wasser, der Abwasserwirtschaft oder einem ortsgebundenen gewerblichen Betrieb dient,
4. wegen seiner besonderen Anforderungen an die Umgebung, wegen seiner nachteiligen Wirkung auf die Umgebung oder wegen seiner besonderen Zweckbestimmung nur im Außenbereich ausgeführt werden soll, es sei denn, es handelt sich um die Errichtung, Änderung oder Erweiterung einer baulichen Anlage zur Tierhaltung, die dem Anwendungsbereich der Nummer 1 nicht unterfällt und die einer Pflicht zur Durchführung einer standortbezogenen oder allgemeinen Vorprüfung oder einer Umweltverträglichkeitsprüfung nach dem Gesetz über die Umweltverträglichkeitsprüfung unterliegt, wobei bei kumulierenden Vorhaben für die Annahme eines engen Zusammenhangs diejenigen Tierhaltungsanlagen zu berücksichtigen sind,

die auf demselben Betriebs- oder Baugelände liegen und mit gemeinsamen betrieblichen oder baulichen Einrichtungen verbunden sind,

5. der Erforschung, Entwicklung oder Nutzung der Windenergie nach Maßgabe des § 249 oder der Erforschung, Entwicklung oder Nutzung der Wasserenergie dient,
6. der energetischen Nutzung von Biomasse im Rahmen eines Betriebs nach Nummer 1 oder 2 oder eines Betriebs nach Nummer 4, der Tierhaltung betreibt, sowie dem Anschluss solcher Anlagen an das öffentliche Versorgungsnetz dient, unter folgenden Voraussetzungen:
   a) das Vorhaben steht in einem räumlich-funktionalen Zusammenhang mit dem Betrieb,
   b) die Biomasse stammt überwiegend aus dem Betrieb oder überwiegend aus diesem und aus nahe gelegenen Betrieben nach den Nummern 1, 2 oder 4, soweit letzterer Tierhaltung betreibt,
   c) es wird je Hofstelle oder Betriebsstandort nur eine Anlage betrieben und
   d) die Kapazität einer Anlage zur Erzeugung von Biogas überschreitet nicht 2,3 Millionen Normkubikmeter Biogas pro Jahr, die Feuerungswärmeleistung anderer Anlagen überschreitet nicht 2,0 Megawatt,
7. der Erforschung, Entwicklung oder Nutzung der Kernenergie zu friedlichen Zwecken oder der Entsorgung radioaktiver Abfälle dient, mit Ausnahme der Neuerrichtung von Anlagen zur Spaltung von Kernbrennstoffen zur gewerblichen Erzeugung von Elektrizität, oder
8. der Nutzung solarer Strahlungsenergie dient
   a) in, an und auf Dach- und Außenwandflächen von zulässigerweise genutzten Gebäuden, wenn die Anlage dem Gebäude baulich untergeordnet ist, oder
   b) auf einer Fläche längs von
      aa) Autobahnen oder
      bb) Schienenwegen des übergeordneten Netzes im Sinne des § 2b des Allgemeinen Eisenbahngesetzes mit mindestens zwei Hauptgleisen

   und in einer Entfernung zu diesen von bis zu 200 Metern, gemessen vom äußeren Rand der Fahrbahn.

(2) Sonstige Vorhaben können im Einzelfall zugelassen werden, wenn ihre Ausführung oder Benutzung öffentliche Belange nicht beeinträchtigt und die Erschließung gesichert ist.

(3) [1]Eine Beeinträchtigung öffentlicher Belange liegt insbesondere vor, wenn das Vorhaben

1. den Darstellungen des Flächennutzungsplans widerspricht,
2. den Darstellungen eines Landschaftsplans oder sonstigen Plans, insbesondere des Wasser-, Abfall- oder Immissionsschutzrechts, widerspricht,
3. schädliche Umwelteinwirkungen hervorrufen kann oder ihnen ausgesetzt wird,
4. unwirtschaftliche Aufwendungen für Straßen oder andere Verkehrseinrichtungen, für Anlagen der Versorgung oder Entsorgung, für die Sicherheit oder Gesundheit oder für sonstige Aufgaben erfordert,
5. Belange des Naturschutzes und der Landschaftspflege, des Bodenschutzes, des Denkmalschutzes oder die natürliche Eigenart der Landschaft und ihren

Erholungswert beeinträchtigt oder das Orts- und Landschaftsbild verunstaltet,

6. Maßnahmen zur Verbesserung der Agrarstruktur beeinträchtigt, die Wasserwirtschaft oder den Hochwasserschutz gefährdet,
7. die Entstehung, Verfestigung oder Erweiterung einer Splittersiedlung befürchten lässt oder
8. die Funktionsfähigkeit von Funkstellen und Radaranlagen stört.

[2]Raumbedeutsame Vorhaben dürfen den Zielen der Raumordnung nicht widersprechen; öffentliche Belange stehen raumbedeutsamen Vorhaben nach Absatz 1 nicht entgegen, soweit die Belange bei der Darstellung dieser Vorhaben als Ziele der Raumordnung abgewogen worden sind. [3]Öffentliche Belange stehen einem Vorhaben nach Absatz 1 Nummer 2 bis 6 in der Regel auch dann entgegen, soweit hierfür durch Darstellungen im Flächennutzungsplan oder als Ziele der Raumordnung eine Ausweisung an anderer Stelle erfolgt ist.

(4) [1]Den nachfolgend bezeichneten sonstigen Vorhaben im Sinne des Absatzes 2 kann nicht entgegengehalten werden, dass sie Darstellungen des Flächennutzungsplans oder eines Landschaftsplans widersprechen, die natürliche Eigenart der Landschaft beeinträchtigen oder die Entstehung, Verfestigung oder Erweiterung einer Splittersiedlung befürchten lassen, soweit sie im Übrigen außenbereichsverträglich im Sinne des Absatzes 3 sind:

1. die Änderung der bisherigen Nutzung eines Gebäudes, das unter den Voraussetzungen des Absatzes 1 Nummer 1 errichtet wurde, unter folgenden Voraussetzungen:
   a) das Vorhaben dient einer zweckmäßigen Verwendung erhaltenswerter Bausubstanz,
   b) die äußere Gestalt des Gebäudes bleibt im Wesentlichen gewahrt,
   c) die Aufgabe der bisherigen Nutzung liegt nicht länger als sieben Jahre zurück,
   d) das Gebäude ist vor mehr als sieben Jahren zulässigerweise errichtet worden,
   e) das Gebäude steht im räumlich-funktionalen Zusammenhang mit der Hofstelle des land- oder forstwirtschaftlichen Betriebs,
   f) im Falle der Änderung zu Wohnzwecken entstehen neben den bisher nach Absatz 1 Nummer 1 zulässigen Wohnungen höchstens fünf Wohnungen je Hofstelle und
   g) es wird eine Verpflichtung übernommen, keine Neubebauung als Ersatz für die aufgegebene Nutzung vorzunehmen, es sei denn, die Neubebauung wird im Interesse der Entwicklung des Betriebs im Sinne des Absatzes 1 Nummer 1 erforderlich,
2. die Neuerrichtung eines gleichartigen Wohngebäudes an gleicher Stelle unter folgenden Voraussetzungen:
   a) das vorhandene Gebäude ist zulässigerweise errichtet worden,
   b) das vorhandene Gebäude weist Missstände oder Mängel auf,
   c) das vorhandene Gebäude wurde oder wird seit längerer Zeit vom Eigentümer selbst genutzt und
   d) Tatsachen rechtfertigen die Annahme, dass das neu errichtete Gebäude für den Eigenbedarf des bisherigen Eigentümers oder seiner Familie genutzt

wird; hat der Eigentümer das vorhandene Gebäude im Wege der Erbfolge von einem Voreigentümer erworben, der es seit längerer Zeit selbst genutzt hat, reicht es aus, wenn Tatsachen die Annahme rechtfertigen, dass das neu errichtete Gebäude für den Eigenbedarf des Eigentümers oder seiner Familie genutzt wird,

3. die alsbaldige Neuerrichtung eines zulässigerweise errichteten, durch Brand, Naturereignisse oder andere außergewöhnliche Ereignisse zerstörten, gleichartigen Gebäudes an gleicher Stelle,
4. die Änderung oder Nutzungsänderung von erhaltenswerten, das Bild der Kulturlandschaft prägenden Gebäuden, auch wenn sie aufgegeben sind, wenn das Vorhaben einer zweckmäßigen Verwendung der Gebäude und der Erhaltung des Gestaltwerts dient,
5. die Erweiterung eines Wohngebäudes auf bis zu höchstens zwei Wohnungen unter folgenden Voraussetzungen:
   a) das Gebäude ist zulässigerweise errichtet worden,
   b) die Erweiterung ist im Verhältnis zum vorhandenen Gebäude und unter Berücksichtigung der Wohnbedürfnisse angemessen und
   c) bei der Errichtung einer weiteren Wohnung rechtfertigen Tatsachen die Annahme, dass das Gebäude vom bisherigen Eigentümer oder seiner Familie selbst genutzt wird,
6. die bauliche Erweiterung eines zulässigerweise errichteten gewerblichen Betriebs, wenn die Erweiterung im Verhältnis zum vorhandenen Gebäude und Betrieb angemessen ist.

[2] In begründeten Einzelfällen gilt die Rechtsfolge des Satzes 1 auch für die Neuerrichtung eines Gebäudes im Sinne des Absatzes 1 Nummer 1, dem eine andere Nutzung zugewiesen werden soll, wenn das ursprüngliche Gebäude vom äußeren Erscheinungsbild auch zur Wahrung der Kulturlandschaft erhaltenswert ist, keine stärkere Belastung des Außenbereichs zu erwarten ist als in Fällen des Satzes 1 und die Neuerrichtung auch mit nachbarlichen Interessen vereinbar ist; Satz 1 Nummer 1 Buchstabe b bis g gilt entsprechend. [3] In den Fällen des Satzes 1 Nummer 2 und 3 sowie des Satzes 2 sind geringfügige Erweiterungen des neuen Gebäudes gegenüber dem beseitigten oder zerstörten Gebäude sowie geringfügige Abweichungen vom bisherigen Standort des Gebäudes zulässig.

(5) [1] Die nach den Absätzen 1 bis 4 zulässigen Vorhaben sind in einer flächensparenden, die Bodenversiegelung auf das notwendige Maß begrenzenden und den Außenbereich schonenden Weise auszuführen. [2] Für Vorhaben nach Absatz 1 Nummer 2 bis 6 und 8 Buchstabe b ist als weitere Zulässigkeitsvoraussetzung eine Verpflichtungserklärung abzugeben, das Vorhaben nach dauerhafter Aufgabe der zulässigen Nutzung zurückzubauen und Bodenversiegelungen zu beseitigen; bei einer nach Absatz 1 Nummer 2 bis 6 und 8 Buchstabe b zulässigen Nutzungsänderung ist die Rückbauverpflichtung zu übernehmen, bei einer nach Absatz 1 Nummer 1 oder Absatz 2 zulässigen Nutzungsänderung entfällt sie. [3] Die Baugenehmigungsbehörde soll durch nach Landesrecht vorgesehene Baulast oder in anderer Weise die Einhaltung der Verpflichtung nach Satz 2 sowie nach Absatz 4 Satz 1 Nummer 1 Buchstabe g sicherstellen. [4] Im Übrigen soll sie in den Fällen des Absatzes 4 Satz 1 sicherstellen, dass die bauliche oder sonstige Anlage nach Durchführung des Vorhabens nur in der vorgesehenen Art genutzt wird.

(6) [1] Die Gemeinde kann für bebaute Bereiche im Außenbereich, die nicht überwiegend landwirtschaftlich geprägt sind und in denen eine Wohnbebauung von einigem Gewicht vorhanden ist, durch Satzung bestimmen, dass Wohnzwecken dienenden Vorhaben im Sinne des Absatzes 2 nicht entgegengehalten werden kann, dass sie einer Darstellung im Flächennutzungsplan über Flächen für die Landwirtschaft oder Wald widersprechen oder die Entstehung oder Verfestigung einer Splittersiedlung befürchten lassen. [2] Die Satzung kann auch auf Vorhaben erstreckt werden, die kleineren Handwerks- und Gewerbebetrieben dienen. [3] In der Satzung können nähere Bestimmungen über die Zulässigkeit getroffen werden. [4] Voraussetzung für die Aufstellung der Satzung ist, dass

1. sie mit einer geordneten städtebaulichen Entwicklung vereinbar ist,
2. die Zulässigkeit von Vorhaben, die einer Pflicht zur Durchführung einer Umweltverträglichkeitsprüfung nach Anlage 1 zum Gesetz über die Umweltverträglichkeitsprüfung oder nach Landesrecht unterliegen, nicht begründet wird und
3. keine Anhaltspunkte für eine Beeinträchtigung der in § 1 Absatz 6 Nummer 7 Buchstabe b genannten Schutzgüter oder dafür bestehen, dass bei der Planung Pflichten zur Vermeidung oder Begrenzung der Auswirkungen von schweren Unfällen nach § 50 Satz 1 des Bundes-Immissionsschutzgesetzes zu beachten sind.

[5] Bei Aufstellung der Satzung sind die Vorschriften über die Öffentlichkeits- und Behördenbeteiligung nach § 13 Absatz 2 Satz 1 Nummer 2 und 3 sowie Satz 2 entsprechend anzuwenden. [6] § 10 Absatz 3 ist entsprechend anzuwenden. [7] Von der Satzung bleibt die Anwendung des Absatzes 4 unberührt.

§ 36 Beteiligung der Gemeinde und der höheren Verwaltungsbehörde. (1) [1] Über die Zulässigkeit von Vorhaben nach den §§ 31, 33 bis 35 wird im bauaufsichtlichen Verfahren von der Baugenehmigungsbehörde im Einvernehmen mit der Gemeinde entschieden. [2] Das Einvernehmen der Gemeinde ist auch erforderlich, wenn in einem anderen Verfahren über die Zulässigkeit nach den in Satz 1 bezeichneten Vorschriften entschieden wird; dies gilt nicht für Vorhaben der in § 29 Absatz 1 bezeichneten Art, die der Bergaufsicht unterliegen. [3] Richtet sich die Zulässigkeit von Vorhaben nach § 30 Absatz 1, stellen die Länder sicher, dass die Gemeinde rechtzeitig vor Ausführung des Vorhabens über Maßnahmen zur Sicherung der Bauleitplanung nach den §§ 14 und 15 entscheiden kann. [4] In den Fällen des § 35 Absatz 2 und 4 kann die Landesregierung durch Rechtsverordnung allgemein oder für bestimmte Fälle festlegen, dass die Zustimmung der höheren Verwaltungsbehörde erforderlich ist.

(2) [1] Das Einvernehmen der Gemeinde und die Zustimmung der höheren Verwaltungsbehörde dürfen nur aus den sich aus den §§ 31, 33, 34 und 35 ergebenden Gründen versagt werden. [2] Das Einvernehmen der Gemeinde und die Zustimmung der höheren Verwaltungsbehörde gelten als erteilt, wenn sie nicht binnen zwei Monaten nach Eingang des Ersuchens der Genehmigungsbehörde verweigert werden; dem Ersuchen gegenüber der Gemeinde steht die Einreichung des Antrags bei der Gemeinde gleich, wenn sie nach Landesrecht vorgeschrieben ist. [3] Die nach Landesrecht zuständige Behörde kann ein rechtswidrig versagtes Einvernehmen der Gemeinde ersetzen.

§ 37 Bauliche Maßnahmen des Bundes und der Länder. (1) Macht die besondere öffentliche Zweckbestimmung für bauliche Anlagen des Bundes oder eines Landes erforderlich, von den Vorschriften dieses Gesetzbuchs oder den auf Grund dieses Gesetzbuchs erlassenen Vorschriften abzuweichen oder ist das Einvernehmen mit der Gemeinde nach § 14 oder § 36 nicht erreicht worden, entscheidet die höhere Verwaltungsbehörde.

(2) [1] Handelt es sich dabei um Vorhaben, die der Landesverteidigung, dienstlichen Zwecken der Bundespolizei oder dem zivilen Bevölkerungsschutz dienen, ist nur die Zustimmung der höheren Verwaltungsbehörde erforderlich. [2] Vor Erteilung der Zustimmung hat diese die Gemeinde zu hören. [3] Versagt die höhere Verwaltungsbehörde ihre Zustimmung oder widerspricht die Gemeinde dem beabsichtigten Bauvorhaben, entscheidet das zuständige Bundesministerium im Einvernehmen mit den beteiligten Bundesministerien und im Benehmen mit der zuständigen Obersten Landesbehörde.

(3) [1] Entstehen der Gemeinde infolge der Durchführung von Maßnahmen nach den Absätzen 1 und 2 Aufwendungen für Entschädigungen nach diesem Gesetzbuch, sind sie ihr vom Träger der Maßnahmen zu ersetzen. [2] Muss infolge dieser Maßnahmen ein Bebauungsplan aufgestellt, geändert, ergänzt oder aufgehoben werden, sind ihr auch die dadurch entstandenen Kosten zu ersetzen.

(4) [1] Sollen bauliche Anlagen auf Grundstücken errichtet werden, die nach dem Landbeschaffungsgesetz beschafft werden, sind in dem Verfahren nach § 1 Absatz 2 des Landbeschaffungsgesetzes alle von der Gemeinde oder der höheren Verwaltungsbehörde nach den Absätzen 1 und 2 zulässigen Einwendungen abschließend zu erörtern. [2] Eines Verfahrens nach Absatz 2 bedarf es in diesem Falle nicht.

§ 38 Bauliche Maßnahmen von überörtlicher Bedeutung auf Grund von Planfeststellungsverfahren; öffentlich zugängliche Abfallbeseitigungsanlagen. [1] Auf Planfeststellungsverfahren und sonstige Verfahren mit den Rechtswirkungen der Planfeststellung für Vorhaben von überörtlicher Bedeutung sowie auf die auf Grund des Bundes-Immissionsschutzgesetzes für die Errichtung und den Betrieb öffentlich zugänglicher Abfallbeseitigungsanlagen geltenden Verfahren sind die §§ 29 bis 37 nicht anzuwenden, wenn die Gemeinde beteiligt wird; städtebauliche Belange sind zu berücksichtigen. [2] Eine Bindung nach § 7 bleibt unberührt. [3] § 37 Absatz 3 ist anzuwenden.

Zweiter Abschnitt. Entschädigung

§ 39 Vertrauensschaden. [1] Haben Eigentümer oder in Ausübung ihrer Nutzungsrechte sonstige Nutzungsberechtigte im berechtigten Vertrauen auf den Bestand eines rechtsverbindlichen Bebauungsplans Vorbereitungen für die Verwirklichung von Nutzungsmöglichkeiten getroffen, die sich aus dem Bebauungsplan ergeben, können sie angemessene Entschädigung in Geld verlangen, soweit die Aufwendungen durch die Änderung, Ergänzung oder Aufhebung des Bebauungsplans an Wert verlieren. [2] Dies gilt auch für Abgaben nach bundes- oder landesrechtlichen Vorschriften, die für die Erschließung des Grundstücks erhoben wurden.

§ 40 Entschädigung in Geld oder durch Übernahme. (1) [1] Sind im Bebauungsplan

1. Flächen für den Gemeinbedarf sowie für Sport- und Spielanlagen,
2. Flächen für Personengruppen mit besonderem Wohnbedarf,

3. Flächen mit besonderem Nutzungszweck,
4. von der Bebauung freizuhaltende Schutzflächen und Flächen für besondere Anlagen und Vorkehrungen zum Schutz vor Einwirkungen,
5. Verkehrsflächen,
6. Versorgungsflächen,
7. Flächen für die Abfall- und Abwasserbeseitigung, einschließlich der Rückhaltung und Versickerung von Niederschlagswasser, sowie für Ablagerungen,
8. Grünflächen,
9. Flächen für Aufschüttungen, Abgrabungen oder für die Gewinnung von Steinen, Erden und anderen Bodenschätzen,
10. Flächen für Gemeinschaftsstellplätze und Gemeinschaftsgaragen,
11. Flächen für Gemeinschaftsanlagen,
12. von der Bebauung freizuhaltende Flächen,
13. Wasserflächen, Flächen für die Wasserwirtschaft, Flächen für Hochwasserschutzanlagen und Flächen für die Regelung des Wasserabflusses,
14. Flächen zum Schutz, zur Pflege und zur Entwicklung von Boden, Natur und Landschaft

festgesetzt, ist der Eigentümer nach Maßgabe der folgenden Absätze zu entschädigen, soweit ihm Vermögensnachteile entstehen. [2] Dies gilt in den Fällen des Satzes 1 Nummer 1 in Bezug auf Flächen für Sport- und Spielanlagen sowie des Satzes 1 Nummer 4 und 10 bis 14 nicht, soweit die Festsetzungen oder ihre Durchführung den Interessen des Eigentümers oder der Erfüllung einer ihm obliegenden Rechtspflicht dienen.

(2) [1] Der Eigentümer kann die Übernahme der Flächen verlangen,

1. wenn und soweit es ihm mit Rücksicht auf die Festsetzung oder Durchführung des Bebauungsplans wirtschaftlich nicht mehr zuzumuten ist, das Grundstück zu behalten oder es in der bisherigen oder einer anderen zulässigen Art zu nutzen, oder
2. wenn Vorhaben nach § 32 nicht ausgeführt werden dürfen und dadurch die bisherige Nutzung einer baulichen Anlage aufgehoben oder wesentlich herabgesetzt wird.

[2] Der Eigentümer kann anstelle der Übernahme die Begründung von Miteigentum oder eines geeigneten Rechts verlangen, wenn die Verwirklichung des Bebauungsplans nicht die Entziehung des Eigentums erfordert.

(3) [1] Dem Eigentümer ist eine angemessene Entschädigung in Geld zu leisten, wenn und soweit Vorhaben nach § 32 nicht ausgeführt werden dürfen und dadurch die bisherige Nutzung seines Grundstücks wirtschaftlich erschwert wird. [2] Sind die Voraussetzungen des Übernahmeanspruchs nach Absatz 2 gegeben, kann nur dieser Anspruch geltend gemacht werden. [3] Der zur Entschädigung Verpflichtete kann den Entschädigungsberechtigten auf den Übernahmeanspruch verweisen, wenn das Grundstück für den im Bebauungsplan festgesetzten Zweck alsbald benötigt wird.

§ 41 Entschädigung bei Begründung von Geh-, Fahr- und Leitungsrechten und bei Bindungen für Bepflanzungen. (1) [1] Sind im Bebauungsplan Flächen festgesetzt, die mit Geh-, Fahr- und Leitungsrechten zu belasten sind, kann der Eigentümer unter den Voraussetzungen des § 40 Absatz 2 verlangen, dass an diesen Flächen einschließlich der für die Leitungsführungen erforderlichen Schutzstreifen das Recht zugunsten des in § 44 Absatz 1 und 2 Bezeichneten begründet wird. [2]Dies gilt nicht für die Verpflichtung zur Duldung solcher örtlichen Leitungen, die der Erschließung und Versorgung des Grundstücks dienen. [3]Weitergehende Rechtsvorschriften, nach denen der Eigentümer zur Duldung von Versorgungsleitungen verpflichtet ist, bleiben unberührt.

(2) Sind im Bebauungsplan Bindungen für Bepflanzungen und für die Erhaltung von Bäumen, Sträuchern, sonstigen Bepflanzungen und Gewässern sowie das Anpflanzen von Bäumen, Sträuchern und sonstigen Bepflanzungen festgesetzt, ist dem Eigentümer eine angemessene Entschädigung in Geld zu leisten, wenn und soweit infolge dieser Festsetzungen

1. besondere Aufwendungen notwendig sind, die über das bei ordnungsgemäßer Bewirtschaftung erforderliche Maß hinausgehen, oder
2. eine wesentliche Wertminderung des Grundstücks eintritt.

§ 42 Entschädigung bei Änderung oder Aufhebung einer zulässigen Nutzung. (1) Wird die zulässige Nutzung eines Grundstücks aufgehoben oder geändert und tritt dadurch eine nicht nur unwesentliche Wertminderung des Grundstücks ein, kann der Eigentümer nach Maßgabe der folgenden Absätze eine angemessene Entschädigung in Geld verlangen.

(2) Wird die zulässige Nutzung eines Grundstücks innerhalb einer Frist von sieben Jahren ab Zulässigkeit aufgehoben oder geändert, bemisst sich die Entschädigung nach dem Unterschied zwischen dem Wert des Grundstücks auf Grund der zulässigen Nutzung und seinem Wert, der sich infolge der Aufhebung oder Änderung ergibt.

(3) [1]Wird die zulässige Nutzung eines Grundstücks nach Ablauf der in Absatz 2 bezeichneten Frist aufgehoben oder geändert, kann der Eigentümer nur eine Entschädigung für Eingriffe in die ausgeübte Nutzung verlangen, insbesondere wenn infolge der Aufhebung oder Änderung der zulässigen Nutzung die Ausübung der verwirklichten Nutzung oder die sonstigen Möglichkeiten der wirtschaftlichen Verwertung des Grundstücks, die sich aus der verwirklichten Nutzung ergeben, unmöglich gemacht oder wesentlich erschwert werden. [2]Die Höhe der Entschädigung hinsichtlich der Beeinträchtigung des Grundstückswerts bemisst sich nach dem Unterschied zwischen dem Wert des Grundstücks auf Grund der ausgeübten Nutzung und seinem Wert, der sich infolge der in Satz 1 bezeichneten Beschränkungen ergibt.

(4) Entschädigungen für Eingriffe in ausgeübte Nutzungen bleiben unberührt.

(5) Abweichend von Absatz 3 bemisst sich die Entschädigung nach Absatz 2, wenn der Eigentümer an der Verwirklichung eines der zulässigen Nutzung entsprechenden Vorhabens vor Ablauf der in Absatz 2 bezeichneten Frist durch eine Veränderungssperre oder eine befristete Zurückstellung seines Vorhabens gehindert worden ist und er das Vorhaben infolge der Aufhebung oder Änderung der zulässigen Nutzung des Grundstücks nicht mehr verwirklichen kann.

(6) Ist vor Ablauf der in Absatz 2 bezeichneten Frist eine Baugenehmigung oder über die bodenrechtliche Zulässigkeit eines Vorhabens ein Vorbescheid nach Bauaufsichtsrecht erteilt worden und kann der Eigentümer das Vorhaben infolge der Aufhebung oder Änderung der zulässigen Nutzung des Grundstücks

nach Ablauf der Frist nicht mehr verwirklichen oder ist die Verwirklichung dadurch für ihn wirtschaftlich unzumutbar geworden, kann der Eigentümer in Höhe des Unterschieds zwischen dem Wert des Grundstücks unter Zugrundelegung der nach der Genehmigung vorgesehenen Nutzung und dem Wert des Grundstücks, der sich infolge der Aufhebung oder Änderung der zulässigen Nutzung ergibt, Entschädigung verlangen.

(7) [1] Ist vor Ablauf der in Absatz 2 bezeichneten Frist ein Antrag auf Erteilung einer Baugenehmigung oder eines Vorbescheids nach Bauaufsichtsrecht, der die bodenrechtliche Zulässigkeit eines Vorhabens zum Gegenstand hat, rechtswidrig abgelehnt worden und kann nach dem Ergebnis eines Rechtsmittelverfahrens die Genehmigung oder der Vorbescheid mit dem beantragten Inhalt nicht erteilt werden, weil die im Zeitpunkt der Antragstellung zulässige Nutzung aufgehoben oder geändert worden ist, bemisst sich die Entschädigung nach Absatz 6. [2] Entsprechend findet Absatz 6 auch Anwendung, wenn über einen den gesetzlichen Vorschriften entsprechenden und zu genehmigenden Bauantrag oder einen Vorbescheid nach Bauaufsichtsrecht, der die bodenrechtliche Zulässigkeit eines Vorhabens zum Gegenstand hat, innerhalb der in Absatz 2 bezeichneten Frist nicht entschieden wurde, obwohl der Antrag so rechtzeitig gestellt wurde, dass eine Genehmigung innerhalb der Frist hätte erteilt werden können.

(8) [1] In den Fällen der Absätze 5 bis 7 besteht der Anspruch auf Entschädigung nicht, wenn der Eigentümer nicht bereit oder nicht in der Lage war, das beabsichtigte Vorhaben zu verwirklichen. [2] Der Eigentümer hat die Tatsachen darzulegen, die seine Bereitschaft und Möglichkeiten, das Vorhaben zu verwirklichen, aufzeigen.

(9) Wird die zulässige Nutzung eines Grundstücks aufgehoben, besteht auch der Übernahmeanspruch nach § 40 Absatz 2 Satz 1 Nummer 1.

(10) Die Gemeinde hat dem Eigentümer auf Verlangen Auskunft zu erteilen, ob ein sich aus Absatz 2 ergebender vermögensrechtlicher Schutz der zulässigen Nutzung für sein Grundstück besteht und wann dieser durch Ablauf der in Absatz 2 bezeichneten Frist endet.

§ 43 Entschädigung und Verfahren. (1) [1] Ist die Entschädigung durch Übernahme des Grundstücks oder durch Begründung eines Rechts zu leisten und kommt eine Einigung nicht zustande, kann der Eigentümer die Entziehung des Eigentums oder die Begründung des Rechts verlangen. [2] Der Eigentümer kann den Antrag auf Entziehung des Eigentums oder auf Begründung des Rechts bei der Enteignungsbehörde stellen. [3] Auf die Entziehung des Eigentums oder die Begründung des Rechts finden die Vorschriften des Fünften Teils entsprechend Anwendung.

(2) [1] Ist die Entschädigung in Geld zu leisten und kommt eine Einigung über die Geldentschädigung nicht zustande, entscheidet die höhere Verwaltungsbehörde. [2] Die Vorschriften über die Entschädigung im Zweiten Abschnitt des Fünften Teils sowie § 121 gelten entsprechend. [3] Für Bescheide über die Festsetzung der zu zahlenden Geldentschädigung gilt § 122 entsprechend.

(3) [1] Liegen die Voraussetzungen der §§ 40 und 41 Absatz 1 vor, ist eine Entschädigung nur nach diesen Vorschriften zu gewähren. [2] In den Fällen der §§ 40 und 41 sind solche Wertminderungen nicht zu berücksichtigen, die bei Anwendung des § 42 nicht zu entschädigen wären.

(4) Bodenwerte sind nicht zu entschädigen, soweit sie darauf beruhen, dass

1. die zulässige Nutzung auf dem Grundstück den allgemeinen Anforderungen an gesunde Wohn- und Arbeitsverhältnisse oder an die Sicherheit der auf dem Grundstück oder im umliegenden Gebiet wohnenden oder arbeitenden Menschen nicht entspricht oder
2. in einem Gebiet städtebauliche Missstände im Sinne des § 136 Absatz 2 und 3 bestehen und die Nutzung des Grundstücks zu diesen Missständen wesentlich beiträgt.

(5) [1] Nach Vorliegen der Entschädigungsvoraussetzungen bleiben Werterhöhungen unberücksichtigt, die eingetreten sind, nachdem der Entschädigungsberechtigte in der Lage war, den Antrag auf Festsetzung der Entschädigung in Geld zu stellen, oder ein Angebot des Entschädigungspflichtigen, die Entschädigung in Geld in angemessener Höhe zu leisten, abgelehnt hat. [2] Hat der Entschädigungsberechtigte den Antrag auf Übernahme des Grundstücks oder Begründung eines geeigneten Rechts gestellt und hat der Entschädigungspflichtige daraufhin ein Angebot auf Übernahme des Grundstücks oder Begründung des Rechts zu angemessenen Bedingungen gemacht, gilt § 95 Absatz 2 Nummer 3 entsprechend.

§ 44 Entschädigungspflichtige, Fälligkeit und Erlöschen der Entschädigungsansprüche. (1) [1] Zur Entschädigung ist der Begünstigte verpflichtet, wenn er mit der Festsetzung zu seinen Gunsten einverstanden ist. [2] Ist ein Begünstigter nicht bestimmt oder liegt sein Einverständnis nicht vor, ist die Gemeinde zur Entschädigung verpflichtet. [3] Erfüllt der Begünstigte seine Verpflichtung nicht, ist dem Eigentümer gegenüber auch die Gemeinde verpflichtet; der Begünstigte hat der Gemeinde Ersatz zu leisten.

(2) [1] Dient die Festsetzung der Beseitigung oder Minderung von Auswirkungen, die von der Nutzung eines Grundstücks ausgehen, ist der Eigentümer zur Entschädigung verpflichtet, wenn er mit der Festsetzung einverstanden war. [2] Ist der Eigentümer auf Grund anderer gesetzlicher Vorschriften verpflichtet, Auswirkungen, die von der Nutzung seines Grundstücks ausgehen, zu beseitigen oder zu mindern, ist er auch ohne Einverständnis zur Entschädigung verpflichtet, soweit er durch die Festsetzung Aufwendungen erspart. [3] Erfüllt der Eigentümer seine Verpflichtungen nicht, gilt Absatz 1 Satz 3 entsprechend. [4] Die Gemeinde soll den Eigentümer anhören, bevor sie Festsetzungen trifft, die zu einer Entschädigung nach Satz 1 oder 2 führen können.

(3) [1] Der Entschädigungsberechtigte kann Entschädigung verlangen, wenn die in den §§ 39 bis 42 bezeichneten Vermögensnachteile eingetreten sind. [2] Er kann die Fälligkeit des Anspruchs dadurch herbeiführen, dass er die Leistung der Entschädigung schriftlich bei dem Entschädigungspflichtigen beantragt. [3] Entschädigungsleistungen in Geld sind ab Fälligkeit mit 2 vom Hundert über dem Basiszinssatz nach § 247 des Bürgerlichen Gesetzbuchs jährlich zu verzinsen. [4] Ist Entschädigung durch Übernahme des Grundstücks zu leisten, findet auf die Verzinsung § 99 Absatz 3 Anwendung.

(4) Ein Entschädigungsanspruch erlischt, wenn nicht innerhalb von drei Jahren nach Ablauf des Kalenderjahres, in dem die in Absatz 3 Satz 1 bezeichneten Vermögensnachteile eingetreten sind, die Fälligkeit des Anspruchs herbeigeführt wird.

(5) In der Bekanntmachung nach § 10 Absatz 3 ist auf die Vorschriften des Absatzes 3 Satz 1 und 2 sowie des Absatzes 4 hinzuweisen.

Vierter Teil. Bodenordnung

Erster Abschnitt. Umlegung

§ 45 Zweck und Anwendungsbereich. [1] Zur Erschließung oder Neugestaltung von Gebieten können bebaute und unbebaute Grundstücke durch Umlegung in der Weise neu geordnet werden, dass nach Lage, Form und Größe für die bauliche oder sonstige Nutzung zweckmäßig gestaltete Grundstücke entstehen. [2] Die Umlegung kann

1. im Geltungsbereich eines Bebauungsplans im Sinne des § 30 oder
2. innerhalb eines im Zusammenhang bebauten Ortsteils im Sinne des § 34, wenn sich aus der Eigenart der näheren Umgebung oder einem einfachen Bebauungsplan im Sinne des § 30 Absatz 3 hinreichende Kriterien für die Neuordnung der Grundstücke ergeben,

durchgeführt werden.

§ 46 Zuständigkeit und Voraussetzungen. (1) Die Umlegung ist von der Gemeinde (Umlegungsstelle) in eigener Verantwortung anzuordnen und durchzuführen, wenn und sobald sie zur Verwirklichung eines Bebauungsplans oder aus Gründen einer geordneten städtebaulichen Entwicklung zur Verwirklichung der innerhalb eines im Zusammenhang bebauten Ortsteils zulässigen Nutzung erforderlich ist.

(2) Die Landesregierungen können durch Rechtsverordnung bestimmen,

1. dass von der Gemeinde Umlegungsausschüsse mit selbständigen Entscheidungsbefugnissen für die Durchführung der Umlegung gebildet werden,
2. in welcher Weise die Umlegungsausschüsse zusammenzusetzen und mit welchen Befugnissen sie auszustatten sind,
3. dass der Umlegungsausschuss die Entscheidung über Vorgänge nach § 51 von geringer Bedeutung einer Stelle übertragen kann, die seine Entscheidungen vorbereitet,
4. dass zur Entscheidung über einen Rechtsbehelf im Umlegungsverfahren Obere Umlegungsausschüsse gebildet werden und wie diese Ausschüsse zusammenzusetzen sind,
5. dass die Flurbereinigungsbehörde oder eine andere geeignete Behörde verpflichtet ist, auf Antrag der Gemeinde (Umlegungsstelle) die im Umlegungsverfahren zu treffenden Entscheidungen vorzubereiten.

(3) Auf die Anordnung und Durchführung einer Umlegung besteht kein Anspruch.

(4) [1] Die Gemeinde kann ihre Befugnis zur Durchführung der Umlegung auf die Flurbereinigungsbehörde oder eine andere geeignete Behörde für das Gemeindegebiet oder Teile des Gemeindegebiets übertragen. [2] Die Einzelheiten der Übertragung einschließlich der Mitwirkungsrechte der Gemeinde können in einer Vereinbarung zwischen ihr und der die Umlegung durchführenden Behörde geregelt werden. [3] Die Gemeinde kann die Vorbereitung der im Umlegungsverfahren zu treffenden Entscheidungen sowie die zur Durchführung der Umlegung erforderlichen vermessungs- und katastertechnischen Aufgaben öffentlich bestellten Vermessungsingenieuren übertragen.

(5) [1]Die Gemeinde kann dem Umlegungsausschuss für einzelne Fälle oder bestimmte Gebiete die Befugnis zur Ausübung eines ihr nach § 24 Absatz 1 Satz 1 Nummer 2 zustehenden Vorkaufsrechts übertragen; die Gemeinde kann die Übertragung jederzeit widerrufen. [2]Das Recht der Gemeinde, nach der Übertragung ein Vorkaufsrecht zu anderen als Umlegungszwecken auszuüben, bleibt unberührt. [3]Ansprüche Dritter werden durch die Sätze 1 und 2 nicht begründet.

§ 47 Umlegungsbeschluss. (1) [1]Die Umlegung wird nach Anhörung der Eigentümer durch einen Beschluss der Umlegungsstelle eingeleitet. [2]Im Umlegungsbeschluss ist das Umlegungsgebiet (§ 52) zu bezeichnen. [3]Die im Umlegungsgebiet gelegenen Grundstücke sind einzeln aufzuführen.

(2) [1]Soll die Umlegung für den Geltungsbereich eines Bebauungsplans eingeleitet werden, kann das Umlegungsverfahren auch eingeleitet werden, wenn der Bebauungsplan noch nicht aufgestellt ist. [2]In diesem Falle muss der Bebauungsplan vor dem Beschluss über die Aufstellung des Umlegungsplans (§ 66 Absatz 1) in Kraft getreten sein.

§ 48 Beteiligte. (1) Im Umlegungsverfahren sind Beteiligte

1. die Eigentümer der im Umlegungsgebiet gelegenen Grundstücke,
2. die Inhaber eines im Grundbuch eingetragenen oder durch Eintragung gesicherten Rechts an einem im Umlegungsgebiet gelegenen Grundstück oder an einem das Grundstück belastenden Recht,
3. die Inhaber eines nicht im Grundbuch eingetragenen Rechts an dem Grundstück oder an einem das Grundstück belastenden Recht, eines Anspruchs mit dem Recht auf Befriedigung aus dem Grundstück oder eines persönlichen Rechts, das zum Erwerb, zum Besitz oder zur Nutzung des Grundstücks berechtigt oder den Verpflichteten in der Benutzung des Grundstücks beschränkt,
4. die Gemeinde,
5. unter den Voraussetzungen des § 55 Absatz 5 die Bedarfsträger und
6. die Erschließungsträger.

(2) [1]Die in Absatz 1 Nummer 3 bezeichneten Personen werden zu dem Zeitpunkt Beteiligte, in dem die Anmeldung ihres Rechts der Umlegungsstelle zugeht. [2]Die Anmeldung kann bis zur Beschlussfassung über den Umlegungsplan (§ 66 Absatz 1) erfolgen.

(3) [1]Bestehen Zweifel an einem angemeldeten Recht, so hat die Umlegungsstelle dem Anmeldenden unverzüglich eine Frist zur Glaubhaftmachung seines Rechts zu setzen. [2]Nach fruchtlosem Ablauf der Frist ist er bis zur Glaubhaftmachung seines Rechts nicht mehr zu beteiligen.

(4) [1]Der im Grundbuch eingetragene Gläubiger einer Hypothek, Grundschuld oder Rentenschuld, für die ein Brief erteilt ist, sowie jeder seiner Rechtsnachfolger hat auf Verlangen der Umlegungsstelle eine Erklärung darüber abzugeben, ob ein anderer die Hypothek, Grundschuld oder Rentenschuld oder ein Recht daran erworben hat; die Person des Erwerbers hat er dabei zu bezeichnen. [2]§ 208 Satz 2 bis 4 gilt entsprechend.

§ 49 Rechtsnachfolge. Wechselt die Person eines Beteiligten während eines Umlegungsverfahrens, so tritt sein Rechtsnachfolger in dieses Verfahren in dem Zustand ein, in dem es sich im Zeitpunkt des Übergangs des Rechts befindet.

§ 50 Bekanntmachung des Umlegungsbeschlusses. (1) Der Umlegungsbeschluss ist in der Gemeinde ortsüblich bekannt zu machen.

(2) Die Bekanntmachung des Umlegungsbeschlusses hat die Aufforderung zu enthalten, innerhalb eines Monats Rechte, die aus dem Grundbuch nicht ersichtlich sind, aber zur Beteiligung am Umlegungsverfahren berechtigen, bei der Umlegungsstelle anzumelden.

(3) Werden Rechte erst nach Ablauf der in Absatz 2 bezeichneten Frist angemeldet oder nach Ablauf der in § 48 Absatz 3 gesetzten Frist glaubhaft gemacht, so muss ein Berechtigter die bisherigen Verhandlungen und Festsetzungen gegen sich gelten lassen, wenn die Umlegungsstelle dies bestimmt.

(4) Der Inhaber eines in Absatz 2 bezeichneten Rechts muss die Wirkung eines vor der Anmeldung eingetretenen Fristablaufs ebenso gegen sich gelten lassen wie der Beteiligte, dem gegenüber die Frist durch Bekanntmachung des Verwaltungsakts zuerst in Lauf gesetzt worden ist.

(5) Auf die rechtlichen Wirkungen nach den Absätzen 3 und 4 sowie nach § 51 ist in der Bekanntmachung hinzuweisen.

§ 51 Verfügungs- und Veränderungssperre. (1) [1]Von der Bekanntmachung des Umlegungsbeschlusses bis zur Bekanntmachung nach § 71 dürfen im Umlegungsgebiet nur mit schriftlicher Genehmigung der Umlegungsstelle

1. ein Grundstück geteilt oder Verfügungen über ein Grundstück und über Rechte an einem Grundstück getroffen oder Vereinbarungen abgeschlossen werden, durch die einem anderen ein Recht zum Erwerb, zur Nutzung oder Bebauung eines Grundstücks oder Grundstücksteils eingeräumt wird, oder Baulasten neu begründet, geändert oder aufgehoben werden;
2. erhebliche Veränderungen der Erdoberfläche oder wesentlich wertsteigernde sonstige Veränderungen der Grundstücke vorgenommen werden;
3. nicht genehmigungs-, zustimmungs- oder anzeigepflichtige, aber wertsteigernde bauliche Anlagen errichtet oder wertsteigernde Änderungen solcher Anlagen vorgenommen werden;
4. genehmigungs-, zustimmungs- oder anzeigepflichtige bauliche Anlagen errichtet oder geändert werden.

[2]Einer Genehmigung nach Satz 1 bedarf es im förmlich festgelegten Sanierungsgebiet nur, wenn und soweit eine Genehmigungspflicht nach § 144 nicht besteht.

(2) Vorhaben, die vor dem Inkrafttreten der Veränderungssperre baurechtlich genehmigt worden sind, Vorhaben, von denen die Gemeinde nach Maßgabe des Bauordnungsrechts Kenntnis erlangt hat und mit deren Ausführung vor dem Inkrafttreten der Veränderungssperre hätte begonnen werden dürfen, sowie Unterhaltungsarbeiten und die Fortführung einer bisher ausgeübten Nutzung werden von der Veränderungssperre nicht berührt.

(3) [1]Die Genehmigung darf nur versagt werden, wenn Grund zu der Annahme besteht, dass das Vorhaben die Durchführung der Umlegung unmöglich machen oder wesentlich erschweren würde. [2]§ 22 Absatz 5 Satz 2 bis 5 ist entsprechend anzuwenden.

(4) [1]Die Genehmigung kann unter Auflagen und außer bei Verfügungen über Grundstücke und über Rechte an Grundstücken auch unter Bedingungen oder Befristungen erteilt werden. [2]Wird die Genehmigung unter Auflagen, Bedingungen oder Befristungen erteilt, ist die hierdurch betroffene Vertragspartei berechtigt, bis zum Ablauf eines Monats nach Unanfechtbarkeit der Entscheidung vom Vertrag zurückzutreten. [3]Auf das Rücktrittsrecht sind die §§ 346 bis 349 und 351 des Bürgerlichen Gesetzbuchs entsprechend anzuwenden.

(5) [1]Überträgt der Umlegungsausschuss auf Grund einer Verordnung nach § 46 Absatz 2 Nummer 3 der dort bezeichneten Stelle Entscheidungen über Vorgänge nach Absatz 1, unterliegt diese Stelle seinen Weisungen; bei Einlegung von Rechtsbehelfen tritt der Umlegungsausschuss an ihre Stelle. [2]Der Umlegungsausschuss kann die Übertragung jederzeit widerrufen.

§ 52 Umlegungsgebiet. (1) [1]Das Umlegungsgebiet ist so zu begrenzen, dass die Umlegung sich zweckmäßig durchführen lässt. [2]Es kann aus räumlich getrennten Flächen bestehen.

(2) Einzelne Grundstücke, die die Durchführung der Umlegung erschweren, können von der Umlegung ganz oder teilweise ausgenommen werden.

(3) [1]Unwesentliche Änderungen des Umlegungsgebiets können bis zum Beschluss über die Aufstellung des Umlegungsplans (§ 66 Absatz 1) von der Umlegungsstelle nach vorheriger Anhörung der Eigentümer der betroffenen Grundstücke auch ohne ortsübliche Bekanntmachung vorgenommen werden. [2]Die Änderung wird mit ihrer Bekanntgabe an die Eigentümer der betroffenen Grundstücke wirksam.

§ 53 Bestandskarte und Bestandsverzeichnis. (1) [1]Die Umlegungsstelle fertigt eine Karte und ein Verzeichnis der Grundstücke des Umlegungsgebiets an (Bestandskarte und Bestandsverzeichnis). [2]Die Bestandskarte weist mindestens die bisherige Lage und Form der Grundstücke des Umlegungsgebiets und die auf ihnen befindlichen Gebäude aus und bezeichnet die Eigentümer. [3]In dem Bestandsverzeichnis sind für jedes Grundstück mindestens aufzuführen

1. die im Grundbuch eingetragenen Eigentümer,
2. die grundbuch- und katastermäßige Bezeichnung, die Größe und die im Liegenschaftskataster angegebene Nutzungsart der Grundstücke unter Angabe von Straße und Hausnummer sowie
3. die im Grundbuch in Abteilung II eingetragenen Lasten und Beschränkungen.

(2) [1]Die Bestandskarte und die in Absatz 1 Satz 3 Nummer 1 und 2 bezeichneten Teile des Bestandsverzeichnisses sind auf die Dauer eines Monats in der Gemeinde öffentlich auszulegen. [2]Ort und Dauer der Auslegung sind mindestens eine Woche vor der Auslegung ortsüblich bekannt zu machen.

(3) Betrifft die Umlegung nur wenige Grundstücke, so genügt anstelle der ortsüblichen Bekanntmachung die Mitteilung an die Eigentümer und die Inhaber sonstiger Rechte, soweit sie aus dem Grundbuch ersichtlich sind oder ihr Recht bei der Umlegungsstelle angemeldet haben.

(4) In den in Absatz 1 Satz 3 Nummer 3 bezeichneten Teil des Bestandsverzeichnisses ist die Einsicht jedem gestattet, der ein berechtigtes Interesse darlegt.

§ 54 Benachrichtigungen und Umlegungsvermerk. (1) [1]Die Umlegungsstelle teilt dem Grundbuchamt und der für die Führung des Liegenschaftskatasters zuständigen Stelle die Einleitung (§ 47) des Umlegungsverfahrens und die nachträglichen Änderungen des Umlegungsgebiets (§ 52) mit. [2]Das Grundbuchamt hat in die Grundbücher der umzulegenden Grundstücke einzutragen, dass das Umlegungsverfahren eingeleitet ist (Umlegungsvermerk).

(2) [1]Das Grundbuchamt und die für die Führung des Liegenschaftskatasters zuständige Stelle haben die Umlegungsstelle von allen Eintragungen zu benachrichtigen, die nach dem Zeitpunkt der Einleitung des Umlegungsverfahrens im Grundbuch der betroffenen Grundstücke und im Liegenschaftskataster vorgenommen sind oder vorgenommen werden. [2]§ 22 Absatz 6 ist entsprechend anzuwenden.

(3) Ist im Grundbuch die Anordnung der Zwangsversteigerung oder Zwangsverwaltung eingetragen, so gibt die Umlegungsstelle dem Vollstreckungsgericht von dem Umlegungsbeschluss Kenntnis, soweit dieser das Grundstück betrifft, das Gegenstand des Vollstreckungsverfahrens ist.

§ 55 Umlegungsmasse und Verteilungsmasse. (1) Die im Umlegungsgebiet gelegenen Grundstücke werden nach ihrer Fläche rechnerisch zu einer Masse vereinigt (Umlegungsmasse).

(2) [1]Aus der Umlegungsmasse sind vorweg die Flächen auszuscheiden und der Gemeinde oder dem sonstigen Erschließungsträger zuzuteilen, die nach dem Bebauungsplan festgesetzt sind oder aus Gründen der geordneten städtebaulichen Entwicklung zur Verwirklichung der nach § 34 zulässigen Nutzung erforderlich sind als

1. örtliche Verkehrsflächen für Straßen, Wege einschließlich Fuß- und Wohnwege und für Plätze sowie für Sammelstraßen,
2. Flächen für Parkplätze, Grünanlagen einschließlich Kinderspielplätze und Anlagen zum Schutz gegen schädliche Umwelteinwirkungen im Sinne des Bundes-Immissionsschutzgesetzes, soweit sie nicht schon Bestandteil der in Nummer 1 genannten Verkehrsanlagen sind, sowie für Regenklär- und Regenüberlaufbecken, wenn die Flächen überwiegend den Bedürfnissen der Bewohner des Umlegungsgebiets dienen sollen.

[2]Zu den vorweg auszuscheidenden Flächen gehören auch die Flächen zum Ausgleich im Sinne des § 1a Absatz 3 für die in Satz 1 genannten Anlagen. [3]Grünflächen nach Satz 1 Nummer 2 können auch bauflächenbedingte Flächen zum Ausgleich im Sinne des § 1a Absatz 3 umfassen.

(3) Mit der Zuteilung ist die Gemeinde oder der sonstige Erschließungsträger für von ihnen in die Umlegungsmasse eingeworfene Flächen nach Absatz 2 abgefunden.

(4) Die verbleibende Masse ist die Verteilungsmasse.

(5) [1]Sonstige Flächen, für die nach dem Bebauungsplan eine Nutzung für öffentliche Zwecke festgesetzt ist, können einschließlich der Flächen zum Ausgleich im Sinne des § 1a Absatz 3 ausgeschieden und dem Bedarfs- oder Erschließungsträger zugeteilt werden, wenn dieser geeignetes Ersatzland, das auch außerhalb des Umlegungsgebiets liegen kann, in die Verteilungsmasse einbringt. [2]Die Umlegungsstelle soll von dieser Befugnis Gebrauch machen, wenn dies zur alsbaldigen Durchführung des Bebauungsplans zweckmäßig ist.

§ 56 Verteilungsmaßstab. (1) [1]Für die Errechnung der den beteiligten Grundeigentümern an der Verteilungsmasse zustehenden Anteile (Sollanspruch) ist entweder von dem Verhältnis der Flächen oder dem Verhältnis der Werte auszugehen, in dem die früheren Grundstücke vor der Umlegung zueinander gestanden haben. [2]Der Maßstab ist von der Umlegungsstelle nach pflichtmäßigem Ermessen unter gerechter Abwägung der Interessen der Beteiligten je nach Zweckmäßigkeit einheitlich zu bestimmen.

(2) Sind alle Beteiligten einverstanden, so kann die Verteilungsmasse auch nach einem anderen Maßstab aufgeteilt werden.

§ 57 Verteilung nach Werten. [1]Geht die Umlegungsstelle von dem Verhältnis der Werte aus, so wird die Verteilungsmasse in dem Verhältnis verteilt, in dem die zu berücksichtigenden Eigentümer an der Umlegung beteiligt sind. [2]Jedem Eigentümer soll ein Grundstück mindestens mit dem Verkehrswert zugeteilt werden, den sein früheres Grundstück auch unter Berücksichtigung der Pflicht zur Bereitstellung von Flächen zum Ausgleich im Sinne des § 1a Absatz 3 im Zeitpunkt des Umlegungsbeschlusses hatte. [3]Für die zuzuteilenden Grundstücke ist der Verkehrswert, bezogen auf den Zeitpunkt des Umlegungsbeschlusses, zu ermitteln. [4]Dabei sind Wertänderungen, die durch die Umlegung bewirkt werden, zu berücksichtigen; sollen Grundstücke in Bezug auf Flächen nach § 55 Absatz 2 erschließungsbeitragspflichtig zugeteilt werden, bleiben Wertänderungen insoweit unberücksichtigt. [5]Unterschiede zwischen den so ermittelten Verkehrswerten sind in Geld auszugleichen.

§ 58 Verteilung nach Flächen. (1) [1]Geht die Umlegungsstelle von dem Verhältnis der Flächen aus, hat sie von den eingeworfenen Grundstücken unter Anrechnung des Flächenabzugs nach § 55 Absatz 2 einen Flächenbeitrag in einem solchen Umfang abzuziehen, dass die Vorteile ausgeglichen werden, die durch die Umlegung erwachsen; dabei bleiben in den Fällen des § 57 Satz 4 Halbsatz 2 die Vorteile insoweit unberücksichtigt. [2]Der Flächenbeitrag darf in Gebieten, die erstmalig erschlossen werden, nur bis zu 30 vom Hundert, in anderen Gebieten nur bis zu 10 vom Hundert der eingeworfenen Fläche betragen. [3]Die Umlegungsstelle kann statt eines Flächenbeitrags ganz oder teilweise einen entsprechenden Geldbeitrag erheben. [4]Soweit der Umlegungsvorteil den Flächenbeitrag nach Satz 1 übersteigt, ist der Vorteil in Geld auszugleichen.

(2) Kann das neue Grundstück nicht in gleicher oder gleichwertiger Lage zugeteilt werden, so sind dadurch begründete Wertunterschiede in Fläche oder Geld auszugleichen.

(3) Für die Bemessung von Geldbeiträgen und Ausgleichsleistungen sind die Wertverhältnisse im Zeitpunkt des Umlegungsbeschlusses maßgebend.

§ 59 Zuteilung und Abfindung. (1) Aus der Verteilungsmasse sind den Eigentümern dem Umlegungszweck entsprechend nach Möglichkeit Grundstücke einschließlich Flächen zum Ausgleich im Sinne des § 1a Absatz 3 in gleicher oder gleichwertiger Lage wie die eingeworfenen Grundstücke und entsprechend den nach den §§ 57 und 58 errechneten Anteilen zuzuteilen.

(2) [1]Soweit es unter Berücksichtigung der öffentlich-rechtlichen Vorschriften nicht möglich ist, die nach den §§ 57 und 58 errechneten Anteile tatsächlich zuzuteilen, findet ein Ausgleich in Geld statt. [2]Auf den Geldausgleich sind

die Vorschriften über die Entschädigung im Zweiten Abschnitt des Fünften Teils entsprechend anzuwenden, soweit die Zuteilung den Einwurfswert oder mehr als nur unwesentlich den Sollanspruch unterschreitet. [3] Der Geldausgleich bemisst sich nach dem Verkehrswert, bezogen auf den Zeitpunkt der Aufstellung des Umlegungsplans, soweit die Zuteilung den Sollanspruch mehr als nur unwesentlich überschreitet und dadurch die bauplanungsrechtlich zulässige Nutzung ermöglicht.

(3) Beantragt ein Eigentümer, der im Umlegungsgebiet eigen genutzten Wohn- oder Geschäftsraum aufgeben muss und im Umlegungsverfahren kein Grundstück erhält, dass für ihn als Abfindung im Umlegungsverfahren eines der in Absatz 4 Nummer 2 und 3 bezeichneten Rechte vorgesehen wird, so soll dem entsprochen werden, sofern dies in der Umlegung möglich ist.

(4) Mit Einverständnis der betroffenen Eigentümer können als Abfindung

1. Geld oder
2. Grundeigentum außerhalb des Umlegungsgebiets oder
3. die Begründung von Miteigentum an einem Grundstück, die Gewährung von grundstücksgleichen Rechten, Rechten nach dem Wohnungseigentumsgesetz oder sonstigen dinglichen Rechten innerhalb und außerhalb des Umlegungsgebiets

vorgesehen werden.

(5) [1] Sofern die Umlegung im Geltungsbereich eines Bebauungsplans durchgeführt wird, können Eigentümer in Geld oder mit außerhalb des Umlegungsgebiets gelegenen Grundstücken abgefunden werden, wenn sie im Gebiet keine bebauungsfähigen Grundstücke erhalten können oder wenn dies sonst zur Erreichung der Ziele und Zwecke des Bebauungsplans erforderlich ist; wer die Abfindung mit Grundstücken außerhalb des Gebiets ablehnt, kann mit Geld abgefunden werden. [2] Die Vorschriften über die Entschädigung im Zweiten Abschnitt des Fünften Teils sind entsprechend anzuwenden.

(6) [1] Lehnt der Eigentümer eine Abfindung mit den in Absatz 4 Nummer 2 und 3 bezeichneten Rechten ab, obgleich durch eine solche Abfindung für eine größere Anzahl von Beteiligten eine Abfindung in Geld vermieden werden kann und die Abfindung in diesen Rechtsformen mit dem Bebauungsplan vereinbar ist, ist der Eigentümer in Geld abzufinden. [2] Die Vorschriften über die Entschädigung im Zweiten Abschnitt des Fünften Teils sind entsprechend anzuwenden.

(7) Die Umlegungsstelle – der Umlegungsausschuss auf Antrag der Gemeinde – kann bei der Zuteilung von Grundstücken unter den Voraussetzungen des § 176 ein Baugebot, unter den Voraussetzungen des § 177 ein Modernisierungs- oder Instandsetzungsgebot und unter den Voraussetzungen des § 178 ein Pflanzgebot anordnen.

(8) [1] Sofern die Umlegung im Geltungsbereich eines Bebauungsplans durchgeführt wird, sind im Umlegungsplan die Gebäude oder sonstigen baulichen Anlagen zu bezeichnen, die dem Bebauungsplan widersprechen und der Verwirklichung der im Umlegungsplan in Aussicht genommenen Neugestaltung (§ 66 Absatz 2) entgegenstehen. [2] Die Eigentümer und die sonstigen Nutzungsberechtigten haben die Beseitigung der im Umlegungsplan bezeichneten Gebäude und sonstigen baulichen Anlagen zu dulden, wenn die Gemeinde die Beseitigung zum Vollzug des Umlegungsplans durchführt.

(9) Die Befugnis der Gemeinde, ein Baugebot, ein Modernisierungs- oder Instandsetzungsgebot, ein Pflanzgebot oder ein Rückbau- oder Entsiegelungsgebot nach den §§ 176 bis 179 anzuordnen, bleibt unberührt.

§ 60 Abfindung und Ausgleich für bauliche Anlagen, Anpflanzungen und sonstige Einrichtungen. [1] Für bauliche Anlagen, Anpflanzungen und für sonstige Einrichtungen ist nur eine Geldabfindung zu gewähren und im Falle der Zuteilung ein Ausgleich in Geld festzusetzen, soweit das Grundstück wegen dieser Einrichtungen einen über den Bodenwert hinausgehenden Verkehrswert hat. [2] Die Vorschriften über die Entschädigung im Zweiten Abschnitt des Fünften Teils sind entsprechend anzuwenden.

§ 61 Aufhebung, Änderung und Begründung von Rechten.

(1) [1] Grundstücksgleiche Rechte sowie andere Rechte an einem im Umlegungsgebiet gelegenen Grundstück oder an einem das Grundstück belastenden Recht, ferner Ansprüche mit dem Recht auf Befriedigung aus dem Grundstück oder persönliche Rechte, die zum Erwerb, zum Besitz oder zur Nutzung eines im Umlegungsgebiet gelegenen Grundstücks berechtigen oder den Verpflichteten in der Benutzung des Grundstücks beschränken, können durch den Umlegungsplan aufgehoben, geändert oder neu begründet werden. [2] In Übereinstimmung mit den Zielen des Bebauungsplans oder zur Verwirklichung einer nach § 34 zulässigen Nutzung können zur zweckmäßigen und wirtschaftlichen Ausnutzung der Grundstücke Flächen für Zuwege, gemeinschaftliche Hofräume, Kinderspielplätze, Freizeiteinrichtungen, Stellplätze, Garagen, Flächen zum Ausgleich im Sinne des § 1a Absatz 3 oder andere Gemeinschaftsanlagen festgelegt und ihre Rechtsverhältnisse geregelt werden. [3] Im Landesrecht vorgesehene öffentlich-rechtliche Verpflichtungen zu einem das Grundstück betreffenden Tun, Dulden oder Unterlassen (Baulast) können im Einvernehmen mit der Baugenehmigungsbehörde aufgehoben, geändert oder neu begründet werden.

(2) [1] Soweit durch die Aufhebung, Änderung oder Begründung von Rechten oder Baulasten Vermögensnachteile oder Vermögensvorteile entstehen, findet ein Ausgleich in Geld statt. [2] Für den Fall, dass Vermögensnachteile entstehen, sind die Vorschriften über die Entschädigung im Zweiten Abschnitt des Fünften Teils und über den Härteausgleich nach § 181 entsprechend anzuwenden.

(3) Die Absätze 1 und 2 gelten auch für die nach § 55 Absatz 5 in die Verteilungsmasse eingebrachten Grundstücke.

§ 62 Gemeinschaftliches Eigentum; besondere rechtliche Verhältnisse.

(1) Wenn es dem Zweck der Umlegung dient und die Eigentümer zustimmen, kann gemeinschaftliches Eigentum an Grundstücken geteilt werden.

(2) [1] Wenn einem Eigentümer für mehrere verschiedenen Rechtsverhältnissen unterliegende alte Grundstücke oder Berechtigungen ein neues Grundstück zugeteilt wird, so werden entsprechend den verschiedenen Rechtsverhältnissen Bruchteile der Gesamtabfindung bestimmt, die an die Stelle der einzelnen Grundstücke oder Berechtigungen treten. [2] In diesen Fällen kann für jedes eingeworfene Grundstück oder jede Berechtigung anstelle des Bruchteils ein besonderes Grundstück zugeteilt werden.

(3) Wenn gemeinschaftliches Eigentum geteilt wird (Absatz 1) oder einem Eigentümer für sein Grundstück mehrere neue Grundstücke zugeteilt werden, so kann die Umlegungsstelle Grundpfandrechte und Reallasten, mit denen eingeworfene Grundstücke belastet sind, entsprechend den im Umlegungsverfahren ermittelten Werten auf die zuzuteilenden Grundstücke verteilen.

§ 63 Übergang von Rechtsverhältnissen auf die Abfindung. (1) [1]Die zugeteilten Grundstücke treten hinsichtlich der Rechte an den alten Grundstücken und der diese Grundstücke betreffenden Rechtsverhältnisse, die nicht aufgehoben werden, an die Stelle der alten Grundstücke. [2]Die örtlich gebundenen öffentlichen Lasten, die auf den alten Grundstücken ruhen, gehen auf die in deren örtlicher Lage ausgewiesenen neuen Grundstücke über.

(2) Erhält der Eigentümer, dem ein neues Grundstück zugeteilt wird, für das alte Grundstück zum Ausgleich von Wertunterschieden einen Geldausgleich oder nach § 59, § 60 oder § 61 eine Geldabfindung, so sind dinglich Berechtigte, deren Rechte durch die Umlegung beeinträchtigt werden, insoweit auf den Geldanspruch des Eigentümers angewiesen.

§ 64 Geldleistungen. (1) Die Gemeinde ist Gläubigerin und Schuldnerin der im Umlegungsplan festgesetzten Geldleistungen.

(2) [1]Geldleistungen werden mit der Bekanntmachung nach § 71 fällig. [2]Die Fälligkeit der Ausgleichsleistungen für Mehrwerte (§§ 57 bis 61) kann bis zu längstens zehn Jahren hinausgeschoben werden; dabei kann vorgesehen werden, dass die Bezahlung dieser Ausgleichsleistungen ganz oder teilweise in wiederkehrenden Leistungen erfolgt. [3]In den Fällen des Satzes 2 soll die Ausgleichsleistung ab Fälligkeit und bei Anfechtung des Umlegungsplans lediglich wegen der Höhe einer Geldleistung soll diese in Höhe des angefochtenen Betrags ab Inkrafttreten des Umlegungsplans dem Grund nach mit 2 vom Hundert über dem Basiszinssatz nach § 247 des Bürgerlichen Gesetzbuchs jährlich verzinst werden.

(3) Die Verpflichtungen des Eigentümers oder des Erbbauberechtigten zu Geldleistungen nach den §§ 57 bis 61 gelten als Beitrag und ruhen als öffentliche Last auf dem Grundstück oder dem Erbbaurecht.

(4) [1]Wird zur Sicherung eines Kredits, der

1. der Errichtung von Neubauten, dem Wiederaufbau zerstörter Gebäude oder dem Ausbau oder der Erweiterung bestehender Gebäude oder
2. der Durchführung notwendiger außerordentlicher Instandsetzungen an Gebäuden

auf dem belasteten Grundstück dient, ein Grundpfandrecht bestellt, so kann für dieses auf Antrag ein Befriedigungsvorrecht vor der öffentlichen Last nach Absatz 3 oder einem Teil derselben für den Fall der Zwangsvollstreckung in das Grundstück bewilligt werden, wenn dadurch die Sicherheit der öffentlichen Last nicht gefährdet wird und die Zins- und Tilgungssätze für das Grundpfandrecht den üblichen Jahresleistungen für erstrangige Tilgungshypotheken entsprechen. [2]Die Bewilligung kann von der Erfüllung von Bedingungen abhängig gemacht werden.

(5) Soweit die Kosten und Geldleistungen der Umlegung von einem Bedarfs- oder Erschließungsträger verursacht sind, sind sie von ihm der Gemeinde zu erstatten.

(6) Die öffentlichen Lasten (Absatz 3) sind im Grundbuch zu vermerken.

§ 65 Hinterlegung und Verteilungsverfahren. Für die Hinterlegung von Geldleistungen und für das Verteilungsverfahren gelten die Vorschriften der §§ 118 und 119 entsprechend.

§ 66 Aufstellung und Inhalt des Umlegungsplans. (1) [1] Der Umlegungsplan ist von der Umlegungsstelle nach Erörterung mit den Eigentümern durch Beschluss aufzustellen. [2] Er kann auch für Teile des Umlegungsgebiets aufgestellt werden (Teilumlegungsplan).

(2) [1] Aus dem Umlegungsplan muss der in Aussicht genommene Neuzustand mit allen tatsächlichen und rechtlichen Änderungen hervorgehen, die die im Umlegungsgebiet gelegenen Grundstücke erfahren. [2] Der Umlegungsplan muss nach Form und Inhalt zur Übernahme in das Liegenschaftskataster geeignet sein.

(3) Der Umlegungsplan besteht aus der Umlegungskarte und dem Umlegungsverzeichnis.

§ 67 Umlegungskarte. [1] Die Umlegungskarte stellt den künftigen Zustand des Umlegungsgebiets dar. [2] In die Karte sind insbesondere die neuen Grundstücksgrenzen und -bezeichnungen sowie die Flächen im Sinne des § 55 Absatz 2 einzutragen.

§ 68 Umlegungsverzeichnis. (1) Das Umlegungsverzeichnis führt auf

1. die Grundstücke, einschließlich der außerhalb des Umlegungsgebiets zugeteilten, nach Lage, Größe und Nutzungsart unter Gegenüberstellung des alten und neuen Bestands mit Angabe ihrer Eigentümer;
2. die Rechte an einem Grundstück oder einem das Grundstück belastenden Recht, ferner Ansprüche mit dem Recht auf Befriedigung aus dem Grundstück oder persönliche Rechte, die zum Erwerb, zum Besitz oder zur Nutzung eines Grundstücks berechtigen oder den Verpflichteten in der Benutzung des Grundstücks beschränken, soweit sie aufgehoben, geändert oder neu begründet werden;
3. die Grundstückslasten nach Rang und Betrag;
4. die Geldleistungen, deren Fälligkeit und Zahlungsart sowie der Wert der Flächen nach § 55 Absatz 2 bei einer insoweit erschließungsbeitragspflichtigen Zuteilung;
5. diejenigen, zu deren Gunsten oder Lasten Geldleistungen festgesetzt sind;
6. die einzuziehenden und die zu verlegenden Flächen im Sinne des § 55 Absatz 2 und die Wasserläufe;
7. die Gebote nach § 59 Absatz 7 sowie
8. die Baulasten nach § 61 Absatz 1 Satz 3.

(2) Das Umlegungsverzeichnis kann für jedes Grundstück gesondert aufgestellt werden.

§ 69 Bekanntmachung des Umlegungsplans, Einsichtnahme. (1) [1] Die Umlegungsstelle hat den Beschluss über die Aufstellung des Umlegungsplans (§ 66 Absatz 1) in der Gemeinde ortsüblich bekannt zu machen. [2] In der Bekanntmachung ist darauf hinzuweisen, dass der Umlegungsplan an einer zu benennenden Stelle nach Absatz 2 eingesehen werden kann und auszugsweise nach § 70 Absatz 1 Satz 1 zugestellt wird.

(2) Den Umlegungsplan kann jeder einsehen, der ein berechtigtes Interesse darlegt.

§ 70 Zustellung des Umlegungsplans. (1) [1]Den Beteiligten ist ein ihre Rechte betreffender Auszug aus dem Umlegungsplan zuzustellen. [2]Dabei ist darauf hinzuweisen, dass der Umlegungsplan an einer zu benennenden Stelle nach § 69 Absatz 2 eingesehen werden kann.

(2) Hält die Umlegungsstelle Änderungen des Umlegungsplans für erforderlich, so können die Bekanntmachung und die Zustellung des geänderten Umlegungsplans auf die von der Änderung Betroffenen beschränkt werden.

(3) Ist im Grundbuch die Anordnung der Zwangsversteigerung oder Zwangsverwaltung eingetragen, so gibt die Umlegungsstelle dem Vollstreckungsgericht von dem Umlegungsverzeichnis Kenntnis, soweit dieses das Grundstück, das Gegenstand des Vollstreckungsverfahrens ist, und die daran bestehenden Rechte betrifft.

§ 71 Inkrafttreten des Umlegungsplans. (1) [1]Die Umlegungsstelle hat ortsüblich bekannt zu machen, in welchem Zeitpunkt der Umlegungsplan unanfechtbar geworden ist. [2]Dem Eintritt der Unanfechtbarkeit des Umlegungsplans steht es gleich, wenn der Umlegungsplan lediglich wegen der Höhe einer Geldabfindung anfechtbar ist.

(2) [1]Vor Unanfechtbarkeit des Umlegungsplans kann die Umlegungsstelle räumliche und sachliche Teile des Umlegungsplans durch Bekanntmachung in Kraft setzen, wenn sich die Entscheidung über eingelegte Rechtsbehelfe auf diese Teile des Umlegungsplans nicht auswirken kann. [2]Personen, die Rechtsbehelfe eingelegt haben, sind von der Inkraftsetzung zu unterrichten.

§ 72 Wirkungen der Bekanntmachung. (1) [1]Mit der Bekanntmachung nach § 71 wird der bisherige Rechtszustand durch den in dem Umlegungsplan vorgesehenen neuen Rechtszustand ersetzt. [2]Die Bekanntmachung schließt die Einweisung der neuen Eigentümer in den Besitz der zugeteilten Grundstücke ein.

(2) [1]Die Gemeinde hat den Umlegungsplan zu vollziehen, sobald seine Unanfechtbarkeit nach § 71 bekannt gemacht worden ist. [2]Sie hat den Beteiligten die neuen Besitz- und Nutzungsrechte, erforderlichenfalls mit den Mitteln des Verwaltungszwangs, zu verschaffen.

§ 73 Änderung des Umlegungsplans. Die Umlegungsstelle kann den Umlegungsplan auch nach Eintritt der Unanfechtbarkeit ändern, wenn

1. der Bebauungsplan geändert wird,
2. eine rechtskräftige Entscheidung eines Gerichts die Änderung notwendig macht oder
3. die Beteiligten mit der Änderung einverstanden sind.

§ 74 Berichtigung der öffentlichen Bücher. (1) [1]Die Umlegungsstelle übersendet dem Grundbuchamt und der für die Führung des Liegenschaftskatasters zuständigen Stelle eine beglaubigte Abschrift der Bekanntmachung nach § 71 sowie eine beglaubigte Ausfertigung des Umlegungsplans und ersucht diese, die Rechtsänderungen in das Grundbuch und in das Liegenschaftskataster einzutragen sowie den Umlegungsvermerk im Grundbuch zu löschen. [2]Dies gilt auch für außerhalb des Umlegungsgebiets zugeteilte Grundstücke.

(2) [1]Bis zur Berichtigung des Liegenschaftskatasters dienen die Umlegungskarte und das Umlegungsverzeichnis als amtliches Verzeichnis der Grundstücke im Sinne des § 2 Absatz 2 der Grundbuchordnung, wenn die für die Führung des Liegenschaftskatasters zuständige Stelle auf diesen Urkunden bescheinigt hat, dass sie nach Form und Inhalt zur Übernahme in das Liegenschaftskataster geeignet sind. [2]Diese Bescheinigung ist nicht erforderlich, wenn die Flurbereinigungsbehörde die Umlegungskarte und das Umlegungsverzeichnis gefertigt hat (§ 46 Absatz 2 Nummer 5 und Absatz 4).

§ 75 Einsichtnahme in den Umlegungsplan. Bis zur Berichtigung des Grundbuchs ist die Einsicht in den Umlegungsplan jedem gestattet, der ein berechtigtes Interesse darlegt.

§ 76 Vorwegnahme der Entscheidung. [1]Mit Einverständnis der betroffenen Rechtsinhaber können die Eigentums- und Besitzverhältnisse für einzelne Grundstücke sowie andere Rechte nach den §§ 55 bis 62 geregelt werden, bevor der Umlegungsplan aufgestellt ist. [2]Die §§ 70 bis 75 gelten entsprechend.

§ 77 Vorzeitige Besitzeinweisung. (1) Sofern die Umlegung im Geltungsbereich eines Bebauungsplans durchgeführt wird, kann die Umlegungsstelle nach dem Inkrafttreten des Bebauungsplans, wenn das Wohl der Allgemeinheit es erfordert,

1. vor Aufstellung des Umlegungsplans die Gemeinde oder den sonstigen Bedarfs- oder Erschließungsträger in den Besitz der Grundstücke, die in dem Bebauungsplan als Flächen im Sinne des § 9 Absatz 1 Nummer 21 oder des § 55 Absatz 2 und 5 festgesetzt sind, einweisen;
2. nach Aufstellung des Umlegungsplans und Übertragung der Grenzen der neuen Grundstücke in die Örtlichkeit auch sonstige am Umlegungsverfahren Beteiligte in den Besitz der nach dem Umlegungsplan für sie vorgesehenen Grundstücke oder Nutzungsrechte einweisen.

(2) Das Wohl der Allgemeinheit kann die vorzeitige Einweisung in den Besitz insbesondere erfordern

1. in den Fällen des Absatzes 1 Nummer 1 zugunsten der Gemeinde oder eines sonstigen Bedarfs- oder Erschließungsträgers, wenn Maßnahmen zur Verwirklichung des Bebauungsplans bevorstehen und die Flächen für die vorgesehenen Anlagen und Einrichtungen der Erschließung oder Versorgung des Gebiets benötigt werden,
2. in den Fällen des Absatzes 1 Nummer 2 zugunsten sonstiger Umlegungsbeteiligter, wenn dringende städtebauliche Gründe für die Verschaffung des Besitzes bestehen und wenn diese Gründe die Interessen der Betroffenen an der weiteren Ausübung des Besitzes wesentlich überwiegen.

(3) Die §§ 116 und 122 gelten entsprechend.

§ 78 Verfahrens- und Sachkosten. Die Gemeinde trägt die Verfahrenskosten und die nicht durch Beiträge nach § 64 Absatz 3 gedeckten Sachkosten.

§ 79 Abgaben- und Auslagenbefreiung. (1) [1]Geschäfte und Verhandlungen, die der Durchführung oder Vermeidung der Umlegung dienen, einschließlich der Berichtigung der öffentlichen Bücher, sind frei von Gebühren und ähnlichen nichtsteuerlichen Abgaben sowie von Auslagen; dies gilt nicht für die Kosten eines Rechtsstreits. [2]Unberührt bleiben Regelungen nach landesrechtlichen Vorschriften.

(2) Die Abgabenfreiheit ist von der zuständigen Behörde ohne Nachprüfung anzuerkennen, wenn die Umlegungsstelle versichert, dass ein Geschäft oder eine Verhandlung der Durchführung oder Vermeidung der Umlegung dient.

Zweiter Abschnitt. Vereinfachte Umlegung

§ 80 Zweck, Anwendungsbereich, Zuständigkeiten. (1) [1]Die Gemeinde kann eine Umlegung im Sinne des § 45 als vereinfachte Umlegung durchführen, wenn die in § 46 Absatz 1 bezeichneten Voraussetzungen vorliegen und wenn mit der Umlegung lediglich

1. unmittelbar aneinander grenzende oder in enger Nachbarschaft liegende Grundstücke oder Teile von Grundstücken untereinander getauscht oder
2. Grundstücke, insbesondere Splittergrundstücke oder Teile von Grundstücken, einseitig zugeteilt

werden. [2]Die auszutauschenden oder einseitig zuzuteilenden Grundstücke oder Grundstücksteile dürfen nicht selbständig bebaubar sein. [3]Eine einseitige Zuteilung muss im öffentlichen Interesse geboten sein.

(2) [1]Auf die vereinfachte Umlegung sind die Vorschriften des Ersten Abschnitts nur anzuwenden, soweit die Vorschriften dieses Abschnitts dies bestimmen. [2]Einer Anordnung der vereinfachten Umlegung durch die Gemeinde bedarf es nicht.

(3) [1]Die vereinfachte Umlegung ist so durchzuführen, dass jedem Eigentümer nach dem Verhältnis des Werts seines früheren Grundstücks zum Wert der übrigen Grundstücke möglichst ein Grundstück in gleicher oder gleichwertiger Lage zugeteilt wird. [2]Eine durch die vereinfachte Umlegung für den Grundstückseigentümer bewirkte Wertminderung darf nur unerheblich sein. [3]Mit Zustimmung der Eigentümer können von den Sätzen 1 und 2 abweichende Regelungen getroffen werden.

(4) [1]Im Rahmen des Verfahrens der vereinfachten Umlegung betroffene Dienstbarkeiten und Baulasten nach Maßgabe des § 61 Absatz 1 Satz 3 können neu geordnet und zu diesem Zweck auch neu begründet und aufgehoben werden. [2]Betroffene Grundpfandrechte können neu geordnet werden, wenn die Beteiligten dem vorgesehenen neuen Rechtszustand zustimmen.

(5) [1]Die Landesregierungen können durch Rechtsverordnungen bestimmen, dass die nach Maßgabe des § 46 Absatz 2 Nummer 1 und 2 gebildeten Umlegungsausschüsse auch vereinfachte Umlegungsverfahren selbständig durchführen. [2]Die Vorschriften des § 46 Absatz 4 zur Übertragung der Umlegung auf die Flurbereinigungsbehörde oder eine andere geeignete Behörde sind für vereinfachte Umlegungsverfahren entsprechend anzuwenden.

§ 81 Geldleistungen. (1) [1]Vorteile, die durch die vereinfachte Umlegung bewirkt werden, sind von den Eigentümern in Geld auszugleichen. [2]Die Vorschriften über die Entschädigung im Zweiten Abschnitt des Fünften Teils sind entsprechend anzuwenden.

(2) [1]Gläubigerin und Schuldnerin der Geldleistungen ist die Gemeinde. [2]Die Beteiligten können mit Zustimmung der Gemeinde andere Vereinbarungen treffen. [3]Die Geldleistungen werden mit der Bekanntmachung nach § 83 Absatz 1 fällig. [4]§ 64 Absatz 3, 4 und 6 über Beitrag und öffentliche Last ist entsprechend anzuwenden, wenn die Gemeinde Gläubigerin der Geldleistungen ist.

(3) [1]Dinglich Berechtigte, deren Rechte durch die vereinfachte Umlegung beeinträchtigt werden, sind insoweit auf den Geldanspruch des Eigentümers angewiesen. [2]Für die Hinterlegung von Geldleistungen und für das Verteilungsverfahren gelten die Vorschriften der §§ 118 und 119 entsprechend.

§ 82 Beschluss über die vereinfachte Umlegung. (1) [1]Die Gemeinde setzt nach Erörterung mit den Eigentümern durch Beschluss die neuen Grenzen sowie die Geldleistung fest und regelt in ihm, soweit es erforderlich ist, die Neuordnung und zu diesem Zweck auch die Neubegründung und Aufhebung von Dienstbarkeiten, Grundpfandrechten und Baulasten. [2]Beteiligten, deren Rechte ohne Zustimmung durch den Beschluss betroffen werden, ist vorher Gelegenheit zur Stellungnahme zu geben. [3]Der Beschluss muss nach Form und Inhalt zur Übernahme in das Liegenschaftskataster geeignet sein.

(2) [1]Allen Beteiligten ist ein ihre Rechte betreffender Auszug aus dem Beschluss zuzustellen. [2]Dabei ist darauf hinzuweisen, dass der Beschluss bei einer zu benennenden Stelle eingesehen werden kann.

§ 83 Bekanntmachung und Rechtswirkungen der vereinfachten Umlegung. (1) [1]Die Gemeinde hat ortsüblich bekannt zu machen, in welchem Zeitpunkt der Beschluss über die vereinfachte Umlegung unanfechtbar geworden ist. [2]§ 71 Absatz 2 über die vorzeitige Inkraftsetzung ist entsprechend anzuwenden.

(2) [1]Mit der Bekanntmachung wird der bisherige Rechtszustand durch den in dem Beschluss über die vereinfachte Umlegung vorgesehenen neuen Rechtszustand ersetzt. [2]Die Bekanntmachung schließt die Einweisung der neuen Eigentümer in den Besitz der zugeteilten Grundstücke oder Grundstücksteile ein. [3]§ 72 Absatz 2 über die Vollziehung ist entsprechend anzuwenden.

(3) [1]Das Eigentum an ausgetauschten oder einseitig zugeteilten Grundstücksteilen und Grundstücken geht lastenfrei auf die neuen Eigentümer über; Unschädlichkeitszeugnisse sind nicht erforderlich. [2]Sofern Grundstücksteile oder Grundstücke einem Grundstück zugeteilt werden, werden sie Bestandteil dieses Grundstücks. [3]Die dinglichen Rechte an diesem Grundstück erstrecken sich auf die zugeteilten Grundstücksteile und Grundstücke. [4]Satz 1 Halbsatz 1 und Satz 3 gelten nur, soweit sich nicht aus einer Regelung nach § 80 Absatz 4 etwas anderes ergibt.

§ 84 Berichtigung der öffentlichen Bücher. (1) [1]Die Gemeinde übersendet dem Grundbuchamt und der für die Führung des Liegenschaftskatasters zuständigen Stelle eine beglaubigte Abschrift des Beschlusses über die vereinfachte Umlegung, teilt den Zeitpunkt der Bekanntmachung nach § 83 Absatz 1 mit und ersucht diese, die Rechtsänderungen in das Grundbuch und in das Liegenschaftskataster einzutragen. [2]§ 74 Absatz 2 gilt entsprechend.

(2) Für die Kosten der vereinfachten Umlegung gelten die §§ 78 und 79 entsprechend.

Fünfter Teil. Enteignung

Erster Abschnitt. Zulässigkeit der Enteignung

§ 85 Enteignungszweck. (1) Nach diesem Gesetzbuch kann nur enteignet werden, um

1. entsprechend den Festsetzungen des Bebauungsplans ein Grundstück zu nutzen oder eine solche Nutzung vorzubereiten,
2. unbebaute oder geringfügig bebaute Grundstücke, die nicht im Bereich eines Bebauungsplans, aber innerhalb im Zusammenhang bebauter Ortsteile liegen, insbesondere zur Schließung von Baulücken, entsprechend den baurechtlichen Vorschriften zu nutzen oder einer baulichen Nutzung zuzuführen,
3. Grundstücke für die Entschädigung in Land zu beschaffen,
4. durch Enteignung entzogene Rechte durch neue Rechte zu ersetzen,
5. Grundstücke einer baulichen Nutzung zuzuführen, wenn ein Eigentümer die Verpflichtung nach § 176 Absatz 1 oder 2 nicht erfüllt,
6. im Geltungsbereich einer Erhaltungssatzung eine bauliche Anlage aus den in § 172 Absatz 3 bis 5 bezeichneten Gründen zu erhalten oder
7. im Geltungsbereich einer Satzung zur Sicherung von Durchführungsmaßnahmen des Stadtumbaus eine bauliche Anlage aus den in § 171d Absatz 3 bezeichneten Gründen zu erhalten oder zu beseitigen.

(2) Unberührt bleiben

1. die Vorschriften über die Enteignung zu anderen als den in Absatz 1 genannten Zwecken,
2. landesrechtliche Vorschriften über die Enteignung zu den in Absatz 1 Nummer 6 genannten Zwecken.

§ 86 Gegenstand der Enteignung. (1) Durch Enteignung können

1. das Eigentum an Grundstücken entzogen oder belastet werden;
2. andere Rechte an Grundstücken entzogen oder belastet werden;
3. Rechte entzogen werden, die zum Erwerb, zum Besitz oder zur Nutzung von Grundstücken berechtigen oder die den Verpflichteten in der Benutzung von Grundstücken beschränken; hierzu zählen auch Rückübertragensansprüche nach dem Vermögensgesetz;
4. soweit es in den Vorschriften dieses Teils vorgesehen ist, Rechtsverhältnisse begründet werden, die Rechte der in Nummer 3 bezeichneten Art gewähren.

(2) Auf das Zubehör eines Grundstücks sowie auf Sachen, die nur zu einem vorübergehenden Zweck mit dem Grundstück verbunden oder in ein Gebäude eingefügt sind, darf die Enteignung nur nach Maßgabe des § 92 Absatz 4 ausgedehnt werden.

(3) Die für die Entziehung oder Belastung des Eigentums an Grundstücken geltenden Vorschriften sind auf die Entziehung, Belastung oder Begründung

der in Absatz 1 Nummer 2 bis 4 bezeichneten Rechte entsprechend anzuwenden.

§ 87 Voraussetzungen für die Zulässigkeit der Enteignung. (1) Die Enteignung ist im einzelnen Fall nur zulässig, wenn das Wohl der Allgemeinheit sie erfordert und der Enteignungszweck auf andere zumutbare Weise nicht erreicht werden kann.

(2) [1]Die Enteignung setzt voraus, dass der Antragsteller sich ernsthaft um den freihändigen Erwerb des zu enteignenden Grundstücks zu angemessenen Bedingungen, unter den Voraussetzungen des § 100 Absatz 1 und 3 unter Angebot geeigneten anderen Landes, vergeblich bemüht hat. [2]Der Antragsteller hat glaubhaft zu machen, dass das Grundstück innerhalb angemessener Frist zu dem vorgesehenen Zweck verwendet wird.

(3) [1]Die Enteignung eines Grundstücks zu dem Zweck, es für die bauliche Nutzung vorzubereiten (§ 85 Absatz 1 Nummer 1) oder es der baulichen Nutzung zuzuführen (§ 85 Absatz 1 Nummer 2), darf nur zugunsten der Gemeinde oder eines öffentlichen Bedarfs- oder Erschließungsträgers erfolgen. [2]In den Fällen des § 85 Absatz 1 Nummer 5 kann die Enteignung eines Grundstücks zugunsten eines Bauwilligen verlangt werden, der in der Lage ist, die Baumaßnahmen innerhalb angemessener Frist durchzuführen, und sich hierzu verpflichtet. [3]Soweit im förmlich festgelegten Sanierungsgebiet die Enteignung zugunsten der Gemeinde zulässig ist, kann sie auch zugunsten eines Sanierungsträgers erfolgen.

(4) Die Zulässigkeit der Enteignung wird durch die Vorschriften des Sechsten Teils des Zweiten Kapitels nicht berührt.

§ 88 Enteignung aus zwingenden städtebaulichen Gründen. [1]Wird die Enteignung eines Grundstücks von der Gemeinde zu den in § 85 Absatz 1 Nummer 1 und 2 bezeichneten Zwecken aus zwingenden städtebaulichen Gründen beantragt, so genügt anstelle des § 87 Absatz 2 der Nachweis, dass die Gemeinde sich ernsthaft um den freihändigen Erwerb dieses Grundstücks zu angemessenen Bedingungen vergeblich bemüht hat. [2]Satz 1 ist entsprechend anzuwenden, wenn die Enteignung eines im förmlich festgelegten Sanierungsgebiet gelegenen Grundstücks zugunsten der Gemeinde oder eines Sanierungsträgers beantragt wird.

§ 89 Veräußerungspflicht. (1) [1]Die Gemeinde hat Grundstücke zu veräußern,

1. die sie durch Ausübung des Vorkaufsrechts erlangt hat oder
2. die zu ihren Gunsten enteignet worden sind, um sie für eine bauliche Nutzung vorzubereiten oder der baulichen Nutzung zuzuführen.

[2]Dies gilt nicht für Grundstücke, die als Austauschland für beabsichtigte städtebauliche Maßnahmen, zur Entschädigung in Land oder für sonstige öffentliche Zwecke benötigt werden. [3]Die Veräußerungspflicht entfällt, wenn für das Grundstück entsprechendes Ersatzland hergegeben oder Miteigentum an einem Grundstück übertragen wurde oder wenn grundstücksgleiche Rechte, Rechte nach dem Wohnungseigentumsgesetz oder sonstige dingliche Rechte an einem Grundstück begründet oder gewährt wurden.

(2) Die Gemeinde soll ein Grundstück veräußern, sobald der mit dem Erwerb verfolgte Zweck verwirklicht werden kann oder entfallen ist.

(3) [1]Die Gemeinde hat die Grundstücke unter Berücksichtigung weiter Kreise der Bevölkerung an Personen zu veräußern, die sich verpflichten, das Grundstück innerhalb angemessener Frist entsprechend den baurechtlichen Vorschriften oder den Zielen und Zwecken der städtebaulichen Maßnahme zu nutzen. [2]Dabei sind in den Fällen des Absatzes 1 Satz 1 Nummer 1 die früheren Käufer, in den Fällen des Absatzes 1 Satz 1 Nummer 2 die früheren Eigentümer vorrangig zu berücksichtigen.

(4) [1]Die Gemeinde kann ihrer Veräußerungspflicht nachkommen, indem sie

1. das Eigentum an dem Grundstück überträgt,
2. grundstücksgleiche Rechte oder Rechte nach dem Wohnungseigentumsgesetz oder
3. sonstige dingliche Rechte

begründet oder gewährt. [2]Die Verschaffung eines Anspruchs auf den Erwerb solcher Rechte steht ihrer Begründung oder Gewährung oder der Eigentumsübertragung gleich.

§ 90 Enteignung von Grundstücken zur Entschädigung in Land.

(1) Die Enteignung von Grundstücken zur Entschädigung in Land (Ersatzland) ist zulässig, wenn

1. die Entschädigung eines Eigentümers nach § 100 in Land festzusetzen ist,
2. die Bereitstellung von Grundstücken, die im Rahmen der beabsichtigten städtebaulichen Entwicklung als Ersatzland geeignet sind, weder aus dem Grundbesitz des Enteignungsbegünstigten noch aus dem Grundbesitz des Bundes, des Landes, einer Gemeinde (Gemeindeverband) oder einer juristischen Person des Privatrechts, an der der Bund, das Land oder eine Gemeinde (Gemeindeverband) allein oder gemeinsam überwiegend beteiligt sind, möglich und zumutbar ist sowie
3. von dem Enteignungsbegünstigten geeignete Grundstücke freihändig zu angemessenen Bedingungen, insbesondere, soweit ihm dies möglich und zumutbar ist, unter Angebot geeigneten anderen Landes aus dem eigenen Vermögen oder aus dem Besitzstand von juristischen Personen des Privatrechts, an deren Kapital er überwiegend beteiligt ist, nicht erworben werden können.

(2) Grundstücke unterliegen nicht der Enteignung zur Entschädigung in Land, wenn und soweit

1. der Eigentümer oder bei land- oder forstwirtschaftlich genutzten Grundstücken auch der sonstige Nutzungsberechtigte auf das zu enteignende Grundstück mit seiner Berufs- oder Erwerbstätigkeit angewiesen und ihm im Interesse der Erhaltung der Wirtschaftlichkeit seines Betriebs die Abgabe nicht zuzumuten ist oder
2. die Grundstücke oder ihre Erträge unmittelbar öffentlichen Zwecken oder der Wohlfahrtspflege, dem Unterricht, der Forschung, der Kranken- und Gesundheitspflege, der Erziehung, der Körperertüchtigung oder den Aufgaben der Kirchen und anderer Religionsgesellschaften des öffentlichen Rechts sowie deren Einrichtungen dienen oder zu dienen bestimmt sind.

(3) Außerhalb des räumlichen Geltungsbereichs eines Bebauungsplans und außerhalb der im Zusammenhang bebauten Ortsteile können Grundstücke zur

Entschädigung in Land nur enteignet werden, wenn sie land- oder forstwirtschaftlich genutzt werden sollen.

(4) Die Enteignung zum Zweck der Entschädigung eines Eigentümers, dessen Grundstück zur Beschaffung von Ersatzland enteignet wird, ist unzulässig.

§ 91 Ersatz für entzogene Rechte. [1] Die Enteignung zu dem Zweck, durch Enteignung entzogene Rechte durch neue Rechte zu ersetzen, ist nur zulässig, soweit der Ersatz in den Vorschriften des Zweiten Abschnitts vorgesehen ist. [2] Für den Ersatz entzogener Rechte durch neue Rechte im Wege der Enteignung nach § 97 Absatz 2 Satz 3 gelten die in § 90 Absatz 1 und 2 für die Enteignung zur Entschädigung in Land getroffenen Vorschriften entsprechend.

§ 92 Umfang, Beschränkung und Ausdehnung der Enteignung.

(1) [1] Ein Grundstück darf nur in dem Umfang enteignet werden, in dem dies zur Verwirklichung des Enteignungszwecks erforderlich ist. [2] Reicht eine Belastung des Grundstücks mit einem Recht zur Verwirklichung des Enteignungszwecks aus, so ist die Enteignung hierauf zu beschränken.

(2) [1] Soll ein Grundstück mit einem Erbbaurecht belastet werden, kann der Eigentümer anstelle der Belastung die Entziehung des Eigentums verlangen. [2] Soll ein Grundstück mit einem anderen Recht belastet werden, kann der Eigentümer die Entziehung des Eigentums verlangen, wenn die Belastung mit dem dinglichen Recht für ihn unbillig ist.

(3) Soll ein Grundstück oder ein räumlich oder wirtschaftlich zusammenhängender Grundbesitz nur zu einem Teil enteignet werden, kann der Eigentümer die Ausdehnung der Enteignung auf das Restgrundstück oder den Restbesitz insoweit verlangen, als das Restgrundstück oder der Restbesitz nicht mehr in angemessenem Umfang baulich oder wirtschaftlich genutzt werden kann.

(4) Der Eigentümer kann verlangen, dass die Enteignung auf die in § 86 Absatz 2 bezeichneten Gegenstände ausgedehnt wird, wenn und soweit er sie infolge der Enteignung nicht mehr wirtschaftlich nutzen oder in anderer Weise angemessen verwerten kann.

(5) Ein Verlangen nach den Absätzen 2 bis 4 ist schriftlich oder zur Niederschrift bei der Enteignungsbehörde bis zum Schluss der mündlichen Verhandlung geltend zu machen.

Zweiter Abschnitt. Entschädigung

§ 93 Entschädigungsgrundsätze. (1) Für die Enteignung ist Entschädigung zu leisten.

(2) Die Entschädigung wird gewährt

1. für den durch die Enteignung eintretenden Rechtsverlust,
2. für andere durch die Enteignung eintretende Vermögensnachteile.

(3) [1] Vermögensvorteile, die dem Entschädigungsberechtigten (§ 94) infolge der Enteignung entstehen, sind bei der Festsetzung der Entschädigung zu berücksichtigen. [2] Hat bei der Entstehung eines Vermögensnachteils ein Verschulden des Entschädigungsberechtigten mitgewirkt, so gilt § 254 des Bürgerlichen Gesetzbuchs entsprechend.

(4) [1] Für die Bemessung der Entschädigung ist der Zustand des Grundstücks in dem Zeitpunkt maßgebend, in dem die Enteignungsbehörde über den Enteignungsantrag entscheidet. [2] In den Fällen der vorzeitigen Besitzeinweisung ist der Zustand in dem Zeitpunkt maßgebend, in dem diese wirksam wird.

§ 94 Entschädigungsberechtigter und Entschädigungsverpflichteter.
(1) Entschädigung kann verlangen, wer in seinem Recht durch die Enteignung beeinträchtigt wird und dadurch einen Vermögensnachteil erleidet.

(2) [1] Zur Leistung der Entschädigung ist der Enteignungsbegünstigte verpflichtet. [2] Wird Ersatzland enteignet, so ist zur Entschädigung derjenige verpflichtet, der dieses Ersatzland für das zu enteignende Grundstück beschaffen muss.

§ 95 Entschädigung für den Rechtsverlust. (1) [1] Die Entschädigung für den durch die Enteignung eintretenden Rechtsverlust bemisst sich nach dem Verkehrswert (§ 194) des zu enteignenden Grundstücks oder sonstigen Gegenstands der Enteignung. [2] Maßgebend ist der Verkehrswert in dem Zeitpunkt, in dem die Enteignungsbehörde über den Enteignungsantrag entscheidet.

(2) Bei der Festsetzung der Entschädigung bleiben unberücksichtigt

1. Wertsteigerungen eines Grundstücks, die in der Aussicht auf eine Änderung der zulässigen Nutzung eingetreten sind, wenn die Änderung nicht in absehbarer Zeit zu erwarten ist;
2. Wertänderungen, die infolge der bevorstehenden Enteignung eingetreten sind;
3. Werterhöhungen, die nach dem Zeitpunkt eingetreten sind, in dem der Eigentümer zur Vermeidung der Enteignung ein Kauf- oder Tauschangebot des Antragstellers mit angemessenen Bedingungen (§ 87 Absatz 2 Satz 1 und § 88) hätte annehmen können, es sei denn, dass der Eigentümer Kapital oder Arbeit für sie aufgewendet hat;
4. wertsteigernde Veränderungen, die während einer Veränderungssperre ohne Genehmigung der Baugenehmigungsbehörde vorgenommen worden sind;
5. wertsteigernde Veränderungen, die nach Einleitung des Enteignungsverfahrens ohne behördliche Anordnung oder Zustimmung der Enteignungsbehörde vorgenommen worden sind;
6. Vereinbarungen, soweit sie von üblichen Vereinbarungen auffällig abweichen und Tatsachen die Annahme rechtfertigen, dass sie getroffen worden sind, um eine höhere Entschädigungsleistung zu erlangen;
7. Bodenwerte, die nicht zu berücksichtigen wären, wenn der Eigentümer eine Entschädigung in den Fällen der §§ 40 bis 42 geltend machen würde.

(3) [1] Für bauliche Anlagen, deren Rückbau jederzeit auf Grund öffentlichrechtlicher Vorschriften entschädigungslos gefordert werden kann, ist eine Entschädigung nur zu gewähren, wenn es aus Gründen der Billigkeit geboten ist. [2] Kann der Rückbau entschädigungslos erst nach Ablauf einer Frist gefordert werden, so ist die Entschädigung nach dem Verhältnis der restlichen zu der gesamten Frist zu bemessen.

(4) Wird der Wert des Eigentums an dem Grundstück durch Rechte Dritter gemindert, die an dem Grundstück aufrechterhalten, an einem anderen Grundstück neu begründet oder gesondert entschädigt werden, so ist dies bei der Festsetzung der Entschädigung für den Rechtsverlust zu berücksichtigen.

§ 96 Entschädigung für andere Vermögensnachteile. (1) [1] Wegen anderer durch die Enteignung eintretender Vermögensnachteile ist eine Entschädigung nur zu gewähren, wenn und soweit diese Vermögensnachteile nicht bei der Bemessung der Entschädigung für den Rechtsverlust berücksichtigt sind. [2] Die Entschädigung ist unter gerechter Abwägung der Interessen der Allgemeinheit und der Beteiligten festzusetzen, insbesondere für

1. den vorübergehenden oder dauernden Verlust, den der bisherige Eigentümer in seiner Berufstätigkeit, seiner Erwerbstätigkeit oder in Erfüllung der ihm wesensgemäß obliegenden Aufgaben erleidet, jedoch nur bis zu dem Betrag des Aufwands, der erforderlich ist, um ein anderes Grundstück in der gleichen Weise wie das zu enteignende Grundstück zu nutzen;
2. die Wertminderung, die durch die Enteignung eines Grundstücksteils oder eines Teils eines räumlich oder wirtschaftlich zusammenhängenden Grundbesitzes bei dem anderen Teil oder durch Enteignung des Rechts an einem Grundstück bei einem anderen Grundstück entsteht, soweit die Wertminderung nicht schon bei der Festsetzung der Entschädigung nach Nummer 1 berücksichtigt ist;
3. die notwendigen Aufwendungen für einen durch die Enteignung erforderlich werdenden Umzug.

(2) Im Falle des Absatzes 1 Nummer 2 ist § 95 Absatz 2 Nummer 3 anzuwenden.

§ 97 Behandlung der Rechte der Nebenberechtigten. (1) Rechte an dem zu enteignenden Grundstück sowie persönliche Rechte, die zum Besitz oder zur Nutzung des Grundstücks berechtigen oder den Verpflichteten in der Benutzung des Grundstücks beschränken, können aufrechterhalten werden, soweit dies mit dem Enteignungszweck vereinbar ist.

(2) [1] Als Ersatz für ein Recht an einem Grundstück, das nicht aufrechterhalten wird, kann mit Zustimmung des Rechtsinhabers das Ersatzland oder ein anderes Grundstück des Enteignungsbegünstigten mit einem gleichen Recht belastet werden. [2] Als Ersatz für ein persönliches Recht, das nicht aufrechterhalten wird, kann mit Zustimmung des Rechtsinhabers ein Rechtsverhältnis begründet werden, das ein Recht gleicher Art in Bezug auf das Ersatzland oder auf ein anderes Grundstück des Enteignungsbegünstigten gewährt. [3] Als Ersatz für dingliche oder persönliche Rechte eines öffentlichen Verkehrsunternehmens oder eines Trägers der öffentlichen Versorgung mit Elektrizität, Gas, Wärme oder Wasser, der auf diese zur Erfüllung seiner wesensgemäßen Aufgaben angewiesen ist, sind auf seinen Antrag Rechte gleicher Art zu begründen; soweit dazu Grundstücke des Enteignungsbegünstigten nicht geeignet sind, können zu diesem Zweck auch andere Grundstücke in Anspruch genommen werden. [4] Anträge nach Satz 3 müssen vor Beginn der mündlichen Verhandlung schriftlich oder zur Niederschrift der Enteignungsbehörde gestellt werden.

(3) Soweit Rechte nicht aufrechterhalten oder nicht durch neue Rechte ersetzt werden, sind bei der Enteignung eines Grundstücks gesondert zu entschädigen

1. Erbbauberechtigte, Altenteilsberechtigte sowie Inhaber von Dienstbarkeiten und Erwerbsrechten an dem Grundstück,

2. Inhaber von persönlichen Rechten, die zum Besitz oder zur Nutzung des Grundstücks berechtigen, wenn der Berechtigte im Besitz des Grundstücks ist,
3. Inhaber von persönlichen Rechten, die zum Erwerb des Grundstücks berechtigen oder den Verpflichteten in der Nutzung des Grundstücks beschränken.

(4) [1] Berechtigte, deren Rechte nicht aufrechterhalten, nicht durch neue Rechte ersetzt und nicht gesondert entschädigt werden, haben bei der Enteignung eines Grundstücks Anspruch auf Ersatz des Werts ihres Rechts aus der Geldentschädigung für das Eigentum an dem Grundstück, soweit sich ihr Recht auf dieses erstreckt. [2] Das gilt entsprechend für die Geldentschädigungen, die für den durch die Enteignung eintretenden Rechtsverlust in anderen Fällen oder nach § 96 Absatz 1 Satz 2 Nummer 2 festgesetzt werden.

§ 98 Schuldübergang. (1) [1] Haftet bei einer Hypothek, die aufrechterhalten oder durch ein neues Recht an einem anderen Grundstück ersetzt wird, der von der Enteignung Betroffene zugleich persönlich, so übernimmt der Enteignungsbegünstigte die Schuld in Höhe der Hypothek. [2] Die §§ 415 und 416 des Bürgerlichen Gesetzbuchs gelten entsprechend; als Veräußerer im Sinne des § 416 ist der von der Enteignung Betroffene anzusehen.

(2) Das Gleiche gilt, wenn bei einer Grundschuld oder Rentenschuld, die aufrechterhalten oder durch ein neues Recht an einem anderen Grundstück ersetzt wird, der von der Enteignung Betroffene zugleich persönlich haftet, sofern er spätestens in dem nach § 108 anzuberaumenden Termin die gegen ihn bestehende Forderung unter Angabe ihres Betrags und Grunds angemeldet und auf Verlangen der Enteignungsbehörde oder eines Beteiligten glaubhaft gemacht hat.

§ 99 Entschädigung in Geld. (1) [1] Die Entschädigung ist in einem einmaligen Betrag zu leisten, soweit dieses Gesetzbuch nichts anderes bestimmt. [2] Auf Antrag des Eigentümers kann die Entschädigung in wiederkehrenden Leistungen festgesetzt werden, wenn dies den übrigen Beteiligten zuzumuten ist.

(2) Für die Belastung eines Grundstücks mit einem Erbbaurecht ist die Entschädigung in einem Erbbauzins zu leisten.

(3) [1] Einmalige Entschädigungsbeträge sind mit 2 vom Hundert über dem Basiszinssatz nach § 247 des Bürgerlichen Gesetzbuchs jährlich von dem Zeitpunkt an zu verzinsen, in dem die Enteignungsbehörde über den Enteignungsantrag entscheidet. [2] Im Falle der vorzeitigen Besitzeinweisung ist der Zeitpunkt maßgebend, in dem diese wirksam wird.

§ 100 Entschädigung in Land. (1) Die Entschädigung ist auf Antrag des Eigentümers in geeignetem Ersatzland festzusetzen, wenn er zur Sicherung seiner Berufstätigkeit, seiner Erwerbstätigkeit oder zur Erfüllung der ihm wesensgemäß obliegenden Aufgaben auf Ersatzland angewiesen ist und

1. der Enteignungsbegünstigte über als Ersatzland geeignete Grundstücke verfügt, auf die er nicht mit seiner Berufstätigkeit, seiner Erwerbstätigkeit oder zur Erfüllung der ihm wesensgemäß obliegenden Aufgaben angewiesen ist, oder

2. der Enteignungsbegünstigte geeignetes Ersatzland nach pflichtmäßigem Ermessen der Enteignungsbehörde freihändig zu angemessenen Bedingungen beschaffen kann oder
3. geeignetes Ersatzland durch Enteignung nach § 90 beschafft werden kann.

(2) [1] Wird die Entschädigung in Ersatzland festgesetzt, sind auch der Verwendungszweck des Ersatzlands und die Frist, in der das Grundstück zu dem vorgesehenen Zweck zu verwenden ist, zu bezeichnen. [2] Die §§ 102 und 103 gelten entsprechend.

(3) [1] Unter den Voraussetzungen der Nummern 1 bis 3 des Absatzes 1 ist die Entschädigung auf Antrag des Eigentümers auch dann in geeignetem Ersatzland festzusetzen, wenn ein Grundstück enteignet werden soll, das mit einem Eigenheim oder einer Kleinsiedlung bebaut ist. [2] Dies gilt nicht, wenn nach öffentlich-rechtlichen Vorschriften der Rückbau des Gebäudes jederzeit entschädigungslos gefordert werden kann.

(4) Die Entschädigung kann auf Antrag des Enteigneten oder Enteignungsbegünstigten ganz oder teilweise in Ersatzland festgesetzt werden, wenn diese Art der Entschädigung nach pflichtmäßigem Ermessen der Enteignungsbehörde unter gerechter Abwägung der Interessen der Allgemeinheit und der Beteiligten billig ist und bei dem Enteignungsbegünstigten die in Absatz 1 Nummer 1 oder 2 genannten Voraussetzungen vorliegen.

(5) [1] Auf die Ermittlung des Werts des Ersatzlands ist § 95 entsprechend anzuwenden. [2] Hierbei kann eine Werterhöhung berücksichtigt werden, die das übrige Grundvermögen des von der Enteignung Betroffenen durch den Erwerb des Ersatzlands über dessen Wert nach Satz 1 hinaus erfährt. [3] Hat das Ersatzland einen geringeren Wert als das zu enteignende Grundstück, so ist eine dem Wertunterschied entsprechende zusätzliche Geldentschädigung festzusetzen. [4] Hat das Ersatzland einen höheren Wert als das zu enteignende Grundstück, so ist festzusetzen, dass der Entschädigungsberechtigte an den durch die Enteignung Begünstigten eine dem Wertunterschied entsprechende Ausgleichszahlung zu leisten hat. [5] Die Ausgleichszahlung wird mit dem nach § 117 Absatz 5 Satz 1 in der Ausführungsanordnung festgesetzten Tag fällig.

(6) [1] Wird die Entschädigung in Land festgesetzt, sollen dingliche oder persönliche Rechte, soweit sie nicht an dem zu enteignenden Grundstück aufrechterhalten werden, auf Antrag des Rechtsinhabers ganz oder teilweise nach Maßgabe des § 97 Absatz 2 ersetzt werden. [2] Soweit dies nicht möglich ist oder nicht ausreicht, sind die Inhaber der Rechte gesondert in Geld zu entschädigen; dies gilt für die in § 97 Absatz 4 bezeichneten Berechtigungen nur, soweit ihre Rechte nicht durch eine dem Eigentümer nach Absatz 5 zu gewährende zusätzliche Geldentschädigung gedeckt werden.

(7) Anträge nach den Absätzen 1, 3, 4 und 6 sind schriftlich oder zur Niederschrift der Enteignungsbehörde zu stellen, und zwar in den Fällen der Absätze 1, 3 und 4 vor Beginn und im Falle des Absatzes 6 bis zum Schluss der mündlichen Verhandlung (§ 108).

(8) [1] Sind Miteigentum, grundstücksgleiche Rechte oder Rechte nach dem Wohnungseigentumsgesetz ebenso zur Sicherung der Berufs- oder Erwerbstätigkeit des Berechtigten oder zur Erfüllung der ihm wesensgemäß obliegenden Aufgaben geeignet, können dem Eigentümer diese Rechte anstelle des Ersatzlands angeboten werden. [2] Der Eigentümer ist in Geld abzufinden, wenn

er die ihm nach Satz 1 angebotene Entschädigung ablehnt. [3] § 101 bleibt unberührt.

(9) [1] Hat der Eigentümer nach Absatz 1 oder 3 einen Anspruch auf Ersatzland und beschafft er sich mit Zustimmung des Enteignungsbegünstigten außerhalb des Enteignungsverfahrens Ersatzland oder die in Absatz 8 bezeichneten Rechte selbst, so hat er gegen den Enteignungsbegünstigten einen Anspruch auf Erstattung der erforderlichen Aufwendungen. [2] Der Enteignungsbegünstigte ist nur insoweit zur Erstattung verpflichtet, als er selbst Aufwendungen erspart. [3] Kommt eine Einigung über die Erstattung nicht zustande, entscheidet die Enteignungsbehörde; für den Bescheid gilt § 122 entsprechend.

§ 101 Entschädigung durch Gewährung anderer Rechte. (1) [1] Der Eigentümer eines zu enteignenden Grundstücks kann auf seinen Antrag, wenn dies unter Abwägung der Belange der Beteiligten billig ist, ganz oder teilweise entschädigt werden

1. durch Bestellung oder Übertragung von Miteigentum an einem Grundstück, grundstücksgleichen Rechten, Rechten nach dem Wohnungseigentumsgesetz, sonstigen dinglichen Rechten an dem zu enteignenden Grundstück oder an einem anderen Grundstück des Enteignungsbegünstigten oder
2. durch Übertragung von Eigentum an einem bebauten Grundstück des Enteignungsbegünstigten oder
3. durch Übertragung von Eigentum an einem Grundstück des Enteignungsbegünstigten, das mit einem Eigenheim oder einer Kleinsiedlung bebaut werden soll.

[2] Bei Wertunterschieden zwischen den Rechten nach Satz 1 und dem zu enteignenden Grundstück gilt § 100 Absatz 5 entsprechend.

(2) Der Antrag nach Absatz 1 muss bis zum Schluss der mündlichen Verhandlung schriftlich oder zur Niederschrift der Enteignungsbehörde gestellt werden.

§ 102 Rückenteignung. (1) Der enteignete frühere Eigentümer kann verlangen, dass das enteignete Grundstück zu seinen Gunsten wieder enteignet wird (Rückenteignung), wenn und soweit

1. der durch die Enteignung Begünstigte oder sein Rechtsnachfolger das Grundstück nicht innerhalb der festgesetzten Fristen (§ 113 Absatz 2 Nummer 3 und § 114) zu dem Enteignungszweck verwendet oder den Enteignungszweck vor Ablauf der Frist aufgegeben hat oder
2. die Gemeinde ihre Verpflichtung zur Übereignung nach § 89 nicht erfüllt hat.

(2) Die Rückenteignung kann nicht verlangt werden, wenn

1. der Enteignete selbst das Grundstück im Wege der Enteignung nach den Vorschriften dieses Gesetzbuchs oder des Baulandbeschaffungsgesetzes erworben hatte oder
2. ein Verfahren zur Enteignung des Grundstücks nach diesem Gesetzbuch zugunsten eines anderen Bauwilligen eingeleitet worden ist und der enteignete frühere Eigentümer nicht glaubhaft macht, dass er das Grundstück binnen angemessener Frist zu dem vorgesehenen Zweck verwenden wird.

(3) [1]Der Antrag auf Rückenteignung ist binnen zwei Jahren seit Entstehung des Anspruchs bei der zuständigen Enteignungsbehörde einzureichen. [2]§ 206 des Bürgerlichen Gesetzbuchs gilt entsprechend. [3]Der Antrag ist nicht mehr zulässig, wenn in den Fällen des Absatzes 1 mit der zweckgerechten Verwendung begonnen oder die Veräußerung oder Ausgabe des Grundstücks in Erbbaurecht vor Eingang des Antrags bei der Enteignungsbehörde eingeleitet worden ist.

(4) Die Enteignungsbehörde kann die Rückenteignung ablehnen, wenn das Grundstück erheblich verändert oder ganz oder überwiegend Entschädigung in Land gewährt worden ist.

(5) [1]Der frühere Inhaber eines Rechts, das durch Enteignung nach den Vorschriften dieses Gesetzbuchs aufgehoben ist, kann unter den in Absatz 1 bezeichneten Voraussetzungen verlangen, dass ein gleiches Recht an dem früher belasteten Grundstück zu seinen Gunsten durch Enteignung wieder begründet wird. [2]Die Vorschriften über die Rückenteignung gelten entsprechend.

(6) Für das Verfahren gelten die §§ 104 bis 122 entsprechend.

§ 103 Entschädigung für die Rückenteignung. [1]Wird dem Antrag auf Rückenteignung stattgegeben, so hat der Antragsteller dem von der Rückenteignung Betroffenen Entschädigung für den Rechtsverlust zu leisten. [2]§ 93 Absatz 2 Nummer 2 ist nicht anzuwenden. [3]Ist dem Antragsteller bei der ersten Enteignung eine Entschädigung für andere Vermögensnachteile gewährt worden, so hat er diese Entschädigung insoweit zurückzugewähren, als die Nachteile auf Grund der Rückenteignung entfallen. [4]Die dem Eigentümer zu gewährende Entschädigung darf den bei der ersten Enteignung zugrunde gelegten Verkehrswert des Grundstücks nicht übersteigen, jedoch sind Aufwendungen zu berücksichtigen, die zu einer Werterhöhung des Grundstücks geführt haben. [5]Im Übrigen gelten die Vorschriften über die Entschädigung im Zweiten Abschnitt entsprechend.

Dritter Abschnitt. Enteignungsverfahren

§ 104 Enteignungsbehörde. (1) Die Enteignung wird von der höheren Verwaltungsbehörde durchgeführt (Enteignungsbehörde).

(2) Die Landesregierungen können durch Rechtsverordnung bestimmen, dass an den Entscheidungen der Enteignungsbehörde ehrenamtliche Beisitzer mitzuwirken haben.

§ 105 Enteignungsantrag. [1]Der Enteignungsantrag ist bei der Gemeinde, in deren Gemarkung das zu enteignende Grundstück liegt, einzureichen. [2]Die Gemeinde legt ihn mit ihrer Stellungnahme binnen eines Monats der Enteignungsbehörde vor.

§ 106 Beteiligte. (1) In dem Enteignungsverfahren sind Beteiligte

1. der Antragsteller,
2. der Eigentümer und diejenigen, für die ein Recht an dem Grundstück oder an einem das Grundstück belastenden Recht im Grundbuch eingetragen oder durch Eintragung gesichert ist,
3. Inhaber eines nicht im Grundbuch eingetragenen Rechts an dem Grundstück oder an einem das Grundstück belastenden Recht, eines Anspruchs mit dem Recht auf Befriedigung aus dem Grundstück oder eines persönlichen

Rechts, das zum Erwerb, zum Besitz oder zur Nutzung des Grundstücks berechtigt oder die Benutzung des Grundstücks beschränkt,

4. wenn Ersatzland bereitgestellt wird, der Eigentümer und die Inhaber der in den Nummern 2 und 3 genannten Rechte hinsichtlich des Ersatzlands,
5. die Eigentümer der Grundstücke, die durch eine Enteignung nach § 91 betroffen werden, und
6. die Gemeinde.

(2) [1] Die in Absatz 1 Nummer 3 bezeichneten Personen werden in dem Zeitpunkt Beteiligte, in dem die Anmeldung ihres Rechts der Enteignungsbehörde zugeht. [2] Die Anmeldung kann spätestens bis zum Schluss der mündlichen Verhandlung mit den Beteiligten erfolgen.

(3) [1] Bestehen Zweifel an einem angemeldeten Recht, so hat die Enteignungsbehörde dem Anmeldenden unverzüglich eine Frist zur Glaubhaftmachung seines Rechts zu setzen. [2] Nach fruchtlosem Ablauf der Frist ist er bis zur Glaubhaftmachung seines Rechts nicht mehr zu beteiligen.

(4) [1] Der im Grundbuch eingetragene Gläubiger einer Hypothek, Grundschuld oder Rentenschuld, für die ein Brief erteilt ist, sowie jeder seiner Rechtsnachfolger hat auf Verlangen der Enteignungsbehörde eine Erklärung darüber abzugeben, ob ein anderer die Hypothek, Grundschuld oder Rentenschuld oder ein Recht daran erworben hat; die Person eines Erwerbers hat er dabei zu bezeichnen. [2] § 208 Satz 2 bis 4 gilt entsprechend.

§ 107 Vorbereitung der mündlichen Verhandlung. (1) [1] Das Enteignungsverfahren soll beschleunigt durchgeführt werden. [2] Die Enteignungsbehörde soll schon vor der mündlichen Verhandlung alle Anordnungen treffen, die erforderlich sind, um das Verfahren tunlichst in einem Verhandlungstermin zu erledigen. [3] Sie hat dem Eigentümer, dem Antragsteller sowie den Behörden, für deren Geschäftsbereich die Enteignung von Bedeutung ist, Gelegenheit zur Äußerung zu geben. [4] Bei der Ermittlung des Sachverhalts hat die Enteignungsbehörde ein Gutachten des Gutachterausschusses (§ 192) einzuholen, wenn Eigentum entzogen oder ein Erbbaurecht bestellt werden soll.

(2) Die Enteignungsbehörde hat die Landwirtschaftsbehörde zu hören, wenn landwirtschaftlich genutzte Grundstücke, die außerhalb des räumlichen Geltungsbereichs eines Bebauungsplans liegen, zur Entschädigung in Land enteignet werden sollen.

(3) [1] Enteignungsverfahren können miteinander verbunden werden. [2] Sie sind zu verbinden, wenn die Gemeinde es beantragt. [3] Verbundene Enteignungsverfahren können wieder getrennt werden.

§ 108 Einleitung des Enteignungsverfahrens und Anberaumung des Termins zur mündlichen Verhandlung; Enteignungsvermerk. (1) [1] Das Enteignungsverfahren wird durch Anberaumung eines Termins zu einer mündlichen Verhandlung mit den Beteiligten eingeleitet. [2] Zu der mündlichen Verhandlung sind der Antragsteller, der Eigentümer des betroffenen Grundstücks, die sonstigen aus dem Grundbuch ersichtlichen Beteiligten und die Gemeinde zu laden. [3] Die Ladung ist zuzustellen. [4] Die Ladungsfrist beträgt einen Monat.

(2) [1] Das Enteignungsverfahren zugunsten der Gemeinde kann bereits eingeleitet werden, wenn

1. der Entwurf des Bebauungsplans nach § 3 Absatz 2 ausgelegen hat und

2. mit den Beteiligten die Verhandlungen nach § 87 Absatz 2 geführt und die von ihnen gegen den Entwurf des Bebauungsplans fristgemäß vorgebrachten Anregungen erörtert worden sind. Die Gemeinde kann in demselben Termin die Verhandlungen nach § 87 Absatz 2 führen und die Anregungen erörtern.

[2] Das Verfahren ist so zu fördern, dass der Enteignungsbeschluss ergehen kann, sobald der Bebauungsplan rechtsverbindlich geworden ist. [3] Eine Einigung nach § 110 oder § 111 kann auch vor Rechtsverbindlichkeit des Bebauungsplans erfolgen.

(3) Die Ladung muss enthalten

1. die Bezeichnung des Antragstellers und des betroffenen Grundstücks,
2. den wesentlichen Inhalt des Enteignungsantrags mit dem Hinweis, dass der Antrag mit den ihm beigefügten Unterlagen bei der Enteignungsbehörde eingesehen werden kann,
3. die Aufforderung, etwaige Einwendungen gegen den Enteignungsantrag möglichst vor der mündlichen Verhandlung bei der Enteignungsbehörde schriftlich einzureichen oder zur Niederschrift zu erklären, und
4. den Hinweis, dass auch bei Nichterscheinen über den Enteignungsantrag und andere im Verfahren zu erledigende Anträge entschieden werden kann.

(4) Die Ladung von Personen, deren Beteiligung auf einem Antrag auf Entschädigung in Land beruht, muss außer dem in Absatz 3 vorgeschriebenen Inhalt auch die Bezeichnung des Eigentümers, dessen Entschädigung in Land beantragt ist, und des Grundstücks, für das die Entschädigung in Land gewährt werden soll, enthalten.

(5) [1] Die Einleitung des Enteignungsverfahrens ist unter Bezeichnung des betroffenen Grundstücks und des im Grundbuch als Eigentümer Eingetragenen sowie des ersten Termins der mündlichen Verhandlung mit den Beteiligten ortsüblich bekannt zu machen. [2] In der Bekanntmachung sind alle Beteiligten aufzufordern, ihre Rechte spätestens in der mündlichen Verhandlung wahrzunehmen mit dem Hinweis, dass auch bei Nichterscheinen über den Enteignungsantrag und andere im Verfahren zu erledigende Anträge entschieden werden kann.

(6) [1] Die Enteignungsbehörde teilt dem Grundbuchamt die Einleitung des Enteignungsverfahrens mit. [2] Sie ersucht das Grundbuchamt, in das Grundbuch des betroffenen Grundstücks einzutragen, dass das Enteignungsverfahren eingeleitet ist (Enteignungsvermerk); ist das Enteignungsverfahren beendigt, ersucht die Enteignungsbehörde das Grundbuchamt, den Enteignungsvermerk zu löschen. [3] Das Grundbuchamt hat die Enteignungsbehörde von allen Eintragungen zu benachrichtigen, die nach dem Zeitpunkt der Einleitung des Enteignungsverfahrens im Grundbuch des betroffenen Grundstücks vorgenommen sind und vorgenommen werden.

(7) Ist im Grundbuch die Anordnung der Zwangsversteigerung oder Zwangsverwaltung eingetragen, gibt die Enteignungsbehörde dem Vollstreckungsgericht von der Einleitung des Enteignungsverfahrens Kenntnis, soweit dieses das Grundstück betrifft, das Gegenstand des Vollstreckungsverfahrens ist.

§ 109 Genehmigungspflicht. (1) Von der Bekanntmachung über die Einleitung des Enteignungsverfahrens an bedürfen die in § 51 bezeichneten

Rechtsvorgänge, Vorhaben und Teilungen der schriftlichen Genehmigung der Enteignungsbehörde.

(2) Die Enteignungsbehörde darf die Genehmigung nur versagen, wenn Grund zu der Annahme besteht, dass der Rechtsvorgang, das Vorhaben oder die Teilung die Verwirklichung des Enteignungszwecks unmöglich machen oder wesentlich erschweren würde.

(3) [1] Sind Rechtsvorgänge oder Vorhaben nach Absatz 1 vor der Bekanntmachung zu erwarten, kann die Enteignungsbehörde anordnen, dass die Genehmigungspflicht nach Absatz 1 bereits zu einem früheren Zeitpunkt eintritt. [2] Die Anordnung ist ortsüblich bekannt zu machen und dem Grundbuchamt mitzuteilen.

(4) § 22 Absatz 5 Satz 2 bis 5, § 51 Absatz 2 und § 116 Absatz 6 sind entsprechend anzuwenden.

§ 110 Einigung. (1) Die Enteignungsbehörde hat auf eine Einigung zwischen den Beteiligten hinzuwirken.

(2) [1] Einigen sich die Beteiligten, so hat die Enteignungsbehörde eine Niederschrift über die Einigung aufzunehmen. [2] Die Niederschrift muss den Erfordernissen des § 113 Absatz 2 entsprechen. [3] Sie ist von den Beteiligten zu unterschreiben. [4] Ein Bevollmächtigter des Eigentümers bedarf einer öffentlich beglaubigten Vollmacht.

(3) [1] Die beurkundete Einigung steht einem nicht mehr anfechtbaren Enteignungsbeschluss gleich. [2] § 113 Absatz 5 ist entsprechend anzuwenden.

§ 111 Teileinigung. [1] Einigen sich die Beteiligten nur über den Übergang oder die Belastung des Eigentums an dem zu enteignenden Grundstück, jedoch nicht über die Höhe der Entschädigung, so ist § 110 Absatz 2 und 3 entsprechend anzuwenden. [2] Die Enteignungsbehörde hat anzuordnen, dass dem Berechtigten eine Vorauszahlung in Höhe der zu erwartenden Entschädigung zu leisten ist, soweit sich aus der Einigung nichts anderes ergibt. [3] Im Übrigen nimmt das Enteignungsverfahren seinen Fortgang.

§ 112 Entscheidung der Enteignungsbehörde. (1) Soweit eine Einigung nicht zustande kommt, entscheidet die Enteignungsbehörde auf Grund der mündlichen Verhandlung durch Beschluss über den Enteignungsantrag, die übrigen gestellten Anträge sowie über die erhobenen Einwendungen.

(2) [1] Auf Antrag eines Beteiligten hat die Enteignungsbehörde vorab über den Übergang oder die Belastung des Eigentums an dem zu enteignenden Grundstück oder über sonstige durch die Enteignung zu bewirkende Rechtsänderungen zu entscheiden. [2] In diesem Falle hat die Enteignungsbehörde anzuordnen, dass dem Berechtigten eine Vorauszahlung in Höhe der zu erwartenden Entschädigung zu leisten ist.

(3) Gibt die Enteignungsbehörde dem Enteignungsantrag statt, so entscheidet sie zugleich

1. darüber, welche Rechte der in § 97 bezeichneten Berechtigten an dem Gegenstand der Enteignung aufrechterhalten bleiben,
2. darüber, mit welchen Rechten der Gegenstand der Enteignung, das Ersatzland oder ein anderes Grundstück belastet werden,

3. darüber, welche Rechtsverhältnisse begründet werden, die Rechte der in § 86 Absatz 1 Nummer 3 und 4 bezeichneten Art gewähren,
4. im Falle der Entschädigung in Ersatzland über den Eigentumsübergang oder die Enteignung des Ersatzlands.

§ 113 Enteignungsbeschluss. (1) [1]Der Beschluss der Enteignungsbehörde ist den Beteiligten zuzustellen. [2]Der Beschluss ist mit einer Belehrung über Zulässigkeit, Form und Frist des Antrags auf gerichtliche Entscheidung (§ 217) zu versehen.

(2) Gibt die Enteignungsbehörde dem Enteignungsantrag statt, so muss der Beschluss (Enteignungsbeschluss) bezeichnen
1. die von der Enteignung Betroffenen und den Enteignungsbegünstigten;
2. die sonstigen Beteiligten;
3. den Enteignungszweck und die Frist, innerhalb der das Grundstück zu dem vorgesehenen Zweck zu verwenden ist;
4. den Gegenstand der Enteignung, und zwar
a) wenn das Eigentum an einem Grundstück Gegenstand der Enteignung ist, das Grundstück nach Größe, grundbuchmäßiger, katastermäßiger und sonst üblicher Bezeichnung; im Falle der Enteignung eines Grundstücksteils ist zu seiner Bezeichnung auf Vermessungsschriften (Vermessungsrisse und -karten) Bezug zu nehmen, die von einer zu Fortführungsvermessungen befugten Stelle oder von einem öffentlich bestellten Vermessungsingenieur gefertigt sind,
b) wenn ein anderes Recht an einem Grundstück Gegenstand einer selbständigen Enteignung ist, dieses Recht nach Inhalt und grundbuchmäßiger Bezeichnung,
c) wenn ein persönliches Recht, das zum Erwerb, zum Besitz oder zur Nutzung von Grundstücken berechtigt oder den Verpflichteten in der Nutzung von Grundstücken beschränkt, Gegenstand einer selbständigen Enteignung ist, dieses Recht nach seinem Inhalt und dem Grund seines Bestehens,
d) die in § 86 Absatz 2 bezeichneten Gegenstände, wenn die Enteignung auf diese ausgedehnt wird;
5. bei der Belastung eines Grundstücks mit einem Recht die Art, den Inhalt, soweit er durch Vertrag bestimmt werden kann, sowie den Rang des Rechts, den Berechtigten und das Grundstück;
6. bei der Begründung eines Rechts der in Nummer 4 Buchstabe c bezeichneten Art den Inhalt des Rechtsverhältnisses und die daran Beteiligten;
7. die Eigentums- und sonstigen Rechtsverhältnisse vor und nach der Enteignung;
8. die Art und Höhe der Entschädigungen und die Höhe der Ausgleichszahlungen nach § 100 Absatz 5 Satz 4 und § 101 Absatz 1 Satz 2 mit der Angabe, von wem und an wen sie zu leisten sind; Geldentschädigungen, aus denen andere von der Enteignung Betroffene nach § 97 Absatz 4 zu entschädigen sind, müssen von den sonstigen Geldentschädigungen getrennt ausgewiesen werden;
9. bei der Entschädigung in Land das Grundstück in der in Nummer 4 Buchstabe a bezeichneten Weise.

(3) In den Fällen der §§ 111 und 112 Absatz 2 ist der Enteignungsbeschluss entsprechend zu beschränken.

(4) [1] Kann ein Grundstücksteil noch nicht entsprechend Absatz 2 Nummer 4 Buchstabe a bezeichnet werden, so kann der Enteignungsbeschluss ihn auf Grund fester Merkmale in der Natur oder durch Bezugnahme auf die Eintragung in einen Lageplan bezeichnen. [2] Wenn das Ergebnis der Vermessung vorliegt, ist der Enteignungsbeschluss durch einen Nachtragsbeschluss anzupassen.

(5) Ist im Grundbuch die Anordnung der Zwangsversteigerung oder der Zwangsverwaltung eingetragen, gibt die Enteignungsbehörde dem Vollstreckungsgericht von dem Enteignungsbeschluss Kenntnis, wenn dem Enteignungsantrag stattgegeben worden ist.

§ 114 Lauf der Verwendungsfrist. (1) Die Frist, innerhalb der der Enteignungszweck nach § 113 Absatz 2 Nummer 3 zu verwirklichen ist, beginnt mit dem Eintritt der Rechtsänderung.

(2) [1] Die Enteignungsbehörde kann diese Frist vor ihrem Ablauf auf Antrag verlängern, wenn

1. der Enteignungsbegünstigte nachweist, dass er den Enteignungszweck ohne Verschulden innerhalb der festgesetzten Frist nicht erfüllen kann, oder
2. vor Ablauf der Frist eine Gesamtrechtsnachfolge eintritt und der Rechtsnachfolger nachweist, dass er den Enteignungszweck innerhalb der festgesetzten Frist nicht erfüllen kann.

[2] Der enteignete frühere Eigentümer ist vor der Entscheidung über die Verlängerung zu hören.

§ 115 Verfahren bei der Entschädigung durch Gewährung anderer Rechte. (1) Soll die Entschädigung des Eigentümers eines zu enteignenden Grundstücks nach § 101 festgesetzt werden und ist die Bestellung, Übertragung oder die Ermittlung des Werts eines der dort bezeichneten Rechte im Zeitpunkt des Erlasses des Enteignungsbeschlusses noch nicht möglich, kann die Enteignungsbehörde, wenn es der Eigentümer unter Bezeichnung eines Rechts beantragt, im Enteignungsbeschluss neben der Festsetzung der Entschädigung in Geld dem Enteignungsbegünstigten aufgeben, binnen einer bestimmten Frist dem von der Enteignung Betroffenen ein Recht der bezeichneten Art zu angemessenen Bedingungen anzubieten.

(2) [1] Bietet der Enteignungsbegünstigte binnen der bestimmten Frist ein Recht der bezeichneten Art nicht an oder einigt er sich mit dem von der Enteignung Betroffenen nicht, so wird ihm ein solches Recht auf Antrag zugunsten des von der Enteignung Betroffenen durch Enteignung entzogen. [2] Die Enteignungsbehörde setzt den Inhalt des Rechts fest, soweit dessen Inhalt durch Vereinbarung bestimmt werden kann. [3] Die Vorschriften dieses Teils über das Verfahren und die Entschädigung sind entsprechend anzuwenden.

(3) Der Antrag nach Absatz 2 kann nur innerhalb von sechs Monaten nach Ablauf der bestimmten Frist gestellt werden.

§ 116 Vorzeitige Besitzeinweisung. (1) [1] Ist die sofortige Ausführung der beabsichtigten Maßnahme aus Gründen des Wohls der Allgemeinheit dringend geboten, so kann die Enteignungsbehörde den Antragsteller auf Antrag durch

Beschluss in den Besitz des von dem Enteignungsverfahren betroffenen Grundstücks einweisen. ²Die Besitzeinweisung ist nur zulässig, wenn über sie in einer mündlichen Verhandlung verhandelt worden ist. ³Der Beschluss über die Besitzeinweisung ist dem Antragsteller, dem Eigentümer und dem unmittelbaren Besitzer zuzustellen. ⁴Die Besitzeinweisung wird in dem von der Enteignungsbehörde bezeichneten Zeitpunkt wirksam. ⁵Auf Antrag des unmittelbaren Besitzers ist dieser Zeitpunkt auf mindestens zwei Wochen nach Zustellung der Anordnung über die vorzeitige Besitzeinweisung an ihn festzusetzen.

(2) ¹Die Enteignungsbehörde kann die vorzeitige Besitzeinweisung von der Leistung einer Sicherheit in Höhe der voraussichtlichen Entschädigung und von der vorherigen Erfüllung anderer Bedingungen abhängig machen. ²Auf Antrag des Inhabers eines Rechts, das zum Besitz oder zur Nutzung des Grundstücks berechtigt, ist die Einweisung von der Leistung einer Sicherheit in Höhe der ihm voraussichtlich zu gewährenden Entschädigung abhängig zu machen. ³Die Anordnung ist dem Antragsteller, dem Besitzer und dem Eigentümer zuzustellen.

(3) ¹Durch die Besitzeinweisung wird dem Besitzer der Besitz entzogen und der Eingewiesene Besitzer. ²Der Eingewiesene darf auf dem Grundstück das von ihm im Enteignungsantrag bezeichnete Bauvorhaben ausführen und die dafür erforderlichen Maßnahmen treffen.

(4) ¹Der Eingewiesene hat für die durch die vorzeitige Besitzeinweisung entstehenden Vermögensnachteile Entschädigung zu leisten, soweit die Nachteile nicht durch die Verzinsung der Geldentschädigung (§ 99 Absatz 3) ausgeglichen werden. ²Art und Höhe der Entschädigung werden durch die Enteignungsbehörde spätestens in dem in § 113 bezeichneten Beschluss festgesetzt. ³Wird der Beschluss über Art und Höhe der Entschädigung vorher erlassen, so ist er den in Absatz 2 Satz 3 bezeichneten Personen zuzustellen. ⁴Die Entschädigung für die Besitzeinweisung ist ohne Rücksicht darauf, ob ein Antrag auf gerichtliche Entscheidung gestellt wird, zu dem in Absatz 1 Satz 4 bezeichneten Zeitpunkt fällig.

(5) ¹Auf Antrag einer der in Absatz 2 Satz 3 bezeichneten Personen hat die Enteignungsbehörde den Zustand des Grundstücks vor der Besitzeinweisung in einer Niederschrift feststellen zu lassen, soweit er für die Besitzeinweisungs- oder die Enteignungsentschädigung von Bedeutung ist. ²Den Beteiligten ist eine Abschrift der Niederschrift zu übersenden.

(6) ¹Wird der Enteignungsantrag abgewiesen, so ist die vorzeitige Besitzeinweisung aufzuheben und der vorherige unmittelbare Besitzer wieder in den Besitz einzuweisen. ²Der Eingewiesene hat für alle durch die vorzeitige Besitzeinweisung entstandenen besonderen Nachteile Entschädigung zu leisten. ³Absatz 4 Satz 2 gilt entsprechend.

§ 117 Ausführung des Enteignungsbeschlusses. (1) ¹Ist der Enteignungsbeschluss oder sind die Entscheidungen nach § 112 Absatz 2 nicht mehr anfechtbar, so ordnet auf Antrag eines Beteiligten die Enteignungsbehörde die Ausführung des Enteignungsbeschlusses oder der Vorabentscheidung an (Ausführungsanordnung), wenn der durch die Enteignung Begünstigte die Geldentschädigung, im Falle der Vorabentscheidung die nach § 112 Absatz 2 Satz 2 festgesetzte Vorauszahlung gezahlt oder in zulässiger Weise unter Verzicht auf das Recht der Rücknahme hinterlegt hat. ²Auf Antrag des Entschädigungsberechtigten kann im Falle des § 112 Absatz 2 die Enteignungsbehörde die Ausführungsanordnung davon abhängig machen, dass der durch die Enteignung Begünstigte im Übrigen für einen angemessenen Betrag Sicherheit leistet.

(2) [1] In den Fällen des § 111 ist auf Antrag eines Beteiligten die Ausführungsanordnung zu erlassen, wenn der durch die Enteignung Begünstigte den zwischen den Beteiligten unstreitigen Entschädigungsbetrag gezahlt oder in zulässiger Weise unter Verzicht auf das Recht der Rücknahme hinterlegt hat. [2] Absatz 1 Satz 2 gilt entsprechend, soweit sich nicht aus der Einigung etwas anderes ergibt.

(3) [1] Im Falle des § 113 Absatz 4 ist auf Antrag eines Beteiligten die Ausführungsanordnung zu erlassen, wenn der durch die Enteignung Begünstigte die im Enteignungsbeschluss in Verbindung mit dem Nachtragsbeschluss festgesetzte Geldentschädigung gezahlt oder zulässigerweise unter Verzicht auf das Recht der Rücknahme hinterlegt hat. [2] Der Nachtragsbeschluss braucht nicht unanfechtbar zu sein.

(4) [1] Die Ausführungsanordnung ist allen Beteiligten zuzustellen, deren Rechtsstellung durch den Enteignungsbeschluss betroffen wird. [2] Die Ausführungsanordnung ist der Gemeinde abschriftlich mitzuteilen, in deren Bezirk das von der Enteignung betroffene Grundstück liegt. [3] § 113 Absatz 5 gilt entsprechend.

(5) [1] Mit dem in der Ausführungsanordnung festzusetzenden Tag wird der bisherige Rechtszustand durch den im Enteignungsbeschluss geregelten neuen Rechtszustand ersetzt. [2] Gleichzeitig entstehen die nach § 113 Absatz 2 Nummer 6 begründeten Rechtsverhältnisse; sie gelten von diesem Zeitpunkt an als zwischen den an dem Rechtsverhältnis Beteiligten vereinbart.

(6) Die Ausführungsanordnung schließt die Einweisung in den Besitz des enteigneten Grundstücks und des Ersatzlands zu dem festgesetzten Tag ein.

(7) Die Enteignungsbehörde übersendet dem Grundbuchamt eine beglaubigte Abschrift des Enteignungsbeschlusses und der Ausführungsanordnung und ersucht es, die Rechtsänderungen in das Grundbuch einzutragen.

§ 118 Hinterlegung. (1) [1] Geldentschädigungen, aus denen andere Berechtigte nach § 97 Absatz 4 zu befriedigen sind, sind unter Verzicht auf das Recht der Rücknahme zu hinterlegen, soweit mehrere Personen auf sie Anspruch haben und eine Einigung über die Auszahlung nicht nachgewiesen ist. [2] Die Hinterlegung erfolgt bei dem Amtsgericht, in dessen Bezirk das von der Enteignung betroffene Grundstück liegt; § 2 des Zwangsversteigerungsgesetzes gilt entsprechend.

(2) Andere Vorschriften, nach denen die Hinterlegung geboten oder statthaft ist, werden hierdurch nicht berührt.

§ 119 Verteilungsverfahren. (1) Nach Eintritt des neuen Rechtszustands kann jeder Beteiligte sein Recht an der hinterlegten Summe gegen einen Mitbeteiligten, der dieses Recht bestreitet, vor den ordentlichen Gerichten geltend machen oder die Einleitung eines gerichtlichen Verteilungsverfahrens beantragen.

(2) Für das Verteilungsverfahren ist das Amtsgericht zuständig, in dessen Bezirk das von der Enteignung betroffene Grundstück liegt; in Zweifelsfällen gilt § 2 des Zwangsversteigerungsgesetzes entsprechend.

(3) Auf das Verteilungsverfahren sind die Vorschriften über die Verteilung des Erlöses im Falle der Zwangsversteigerung mit folgenden Abweichungen entsprechend anzuwenden:

1. Das Verteilungsverfahren ist durch Beschluss zu eröffnen;
2. die Zustellung des Eröffnungsbeschlusses an den Antragsteller gilt als Beschlagnahme im Sinne des § 13 des Zwangsversteigerungsgesetzes; ist das Grundstück schon in einem Zwangsversteigerungs- oder Zwangsverwaltungsverfahren beschlagnahmt, so hat es hierbei sein Bewenden;
3. das Verteilungsgericht hat bei Eröffnung des Verfahrens von Amts wegen das Grundbuchamt um die in § 19 Absatz 2 des Zwangsversteigerungsgesetzes bezeichneten Mitteilungen zu ersuchen; in die beglaubigte Abschrift des Grundbuchblatts sind die zur Zeit der Zustellung des Enteignungsbeschlusses an den Enteigneten vorhandenen Eintragungen sowie die später eingetragenen Veränderungen und Löschungen aufzunehmen;
4. bei dem Verfahren sind die in § 97 Absatz 4 bezeichneten Entschädigungsberechtigten nach Maßgabe des § 10 des Zwangsversteigerungsgesetzes zu berücksichtigen, wegen der Ansprüche auf wiederkehrende Nebenleistungen jedoch nur für die Zeit bis zur Hinterlegung.

(4) [1] Soweit auf Grund landesrechtlicher Vorschriften die Verteilung des Erlöses im Falle einer Zwangsversteigerung nicht von dem Vollstreckungsgericht, sondern von einer anderen Stelle wahrzunehmen ist, kann durch Landesrecht bestimmt werden, dass diese andere Stelle auch für das Verteilungsverfahren nach den Absätzen 1 bis 3 zuständig ist. [2] Wird die Änderung einer Entscheidung dieser anderen Stelle verlangt, so ist die Entscheidung des Vollstreckungsgerichts nachzusuchen. [3] Die Beschwerde findet gegen die Entscheidung des Vollstreckungsgerichts statt.

§ 120 Aufhebung des Enteignungsbeschlusses. (1) [1] Ist die Ausführungsanordnung noch nicht ergangen, so hat die Enteignungsbehörde den Enteignungsbeschluss auf Antrag aufzuheben, wenn der durch die Enteignung Begünstigte die ihm durch den Enteignungsbeschluss auferlegten Zahlungen nicht innerhalb eines Monats nach dem Zeitpunkt geleistet hat, in dem der Beschluss unanfechtbar geworden ist. [2] Antragsberechtigt ist jeder Beteiligte, dem eine nicht gezahlte Entschädigung zusteht oder der nach § 97 Absatz 4 aus ihr zu befriedigen ist.

(2) [1] Vor der Aufhebung ist der durch die Enteignung Begünstigte zu hören. [2] Der Aufhebungsbeschluss ist allen Beteiligten zuzustellen und der Gemeinde und dem Grundbuchamt abschriftlich mitzuteilen.

§ 121 Kosten. (1) [1] Der Antragsteller hat die Kosten zu tragen, wenn der Antrag auf Enteignung abgelehnt oder zurückgenommen wird. [2] Wird dem Antrag auf Enteignung stattgegeben, so hat der Entschädigungsverpflichtete die Kosten zu tragen. [3] Wird einem Antrag auf Rückenteignung stattgegeben, so hat der von der Rückenteignung Betroffene die Kosten zu tragen. [4] Wird ein Antrag eines sonstigen Beteiligten abgelehnt oder zurückgenommen, sind diesem die durch die Behandlung seines Antrags verursachten Kosten aufzuerlegen, wenn sein Antrag offensichtlich unbegründet war.

(2) [1] Kosten sind die Kosten des Verfahrens und die zur zweckentsprechenden Rechtsverfolgung oder Rechtsverteidigung notwendigen Aufwendungen

der Beteiligten. [2]Die Gebühren und Auslagen eines Rechtsanwalts oder eines sonstigen Bevollmächtigten sind erstattungsfähig, wenn die Zuziehung eines Bevollmächtigten notwendig war. [3]Aufwendungen für einen Bevollmächtigten, für den Gebühren und Auslagen gesetzlich nicht vorgesehen sind, können nur bis zur Höhe der gesetzlichen Gebühren und Auslagen von Rechtsbeiständen erstattet werden.

(3) Aufwendungen, die durch das Verschulden eines Erstattungsberechtigten entstanden sind, hat dieser selbst zu tragen; das Verschulden eines Vertreters ist dem Vertretenen zuzurechnen.

(4) [1]Die Kosten des Verfahrens richten sich nach den landesrechtlichen Vorschriften. [2]Die Enteignungsbehörde setzt die Kosten im Enteignungsbeschluss oder durch besonderen Beschluss fest. [3]Der Beschluss bestimmt auch, ob die Zuziehung eines Rechtsanwalts oder eines sonstigen Bevollmächtigten notwendig war.

§ 122 Vollstreckbarer Titel. (1) [1]Die Zwangsvollstreckung nach den Vorschriften der Zivilprozessordnung über die Vollstreckung von Urteilen in bürgerlichen Rechtsstreitigkeiten[1)] findet statt

1. aus der Niederschrift über eine Einigung wegen der in ihr bezeichneten Leistungen;
2. aus nicht mehr anfechtbarem Enteignungsbeschluss wegen der zu zahlenden Geldentschädigung oder einer Ausgleichszahlung;
3. aus einem Beschluss über die vorzeitige Besitzeinweisung oder deren Aufhebung wegen der darin festgesetzten Leistungen.

[2]Die Zwangsvollstreckung wegen einer Ausgleichszahlung ist erst zulässig, wenn die Ausführungsanordnung wirksam und unanfechtbar geworden ist.

(2) [1]Die vollstreckbare Ausfertigung wird von dem Urkundsbeamten der Geschäftsstelle des Amtsgerichts erteilt, in dessen Bezirk die Enteignungsbehörde ihren Sitz hat und, wenn das Verfahren bei einem Gericht anhängig ist, von dem Urkundsbeamten der Geschäftsstelle dieses Gerichts. [2]In den Fällen der §§ 731, 767 bis 770, 785 und 786 der Zivilprozessordnung tritt das Amtsgericht, in dessen Bezirk die Enteignungsbehörde ihren Sitz hat, an die Stelle des Prozessgerichts.

Sechster Teil. Erschließung

Erster Abschnitt. Allgemeine Vorschriften

§ 123 Erschließungslast. (1) Die Erschließung ist Aufgabe der Gemeinde, soweit sie nicht nach anderen gesetzlichen Vorschriften oder öffentlich-rechtlichen Verpflichtungen einem anderen obliegt.

(2) Die Erschließungsanlagen sollen entsprechend den Erfordernissen der Bebauung und des Verkehrs kostengünstig hergestellt werden und spätestens bis zur Fertigstellung der anzuschließenden baulichen Anlagen benutzbar sein.

(3) Ein Rechtsanspruch auf Erschließung besteht nicht.

(4) Die Unterhaltung der Erschließungsanlagen richtet sich nach landesrechtlichen Vorschriften.

[1)] Siehe §§ 704 ff. ZPO idF der Bek. v. 5.12.2005 (BGBl. I S. 3202, ber. 2006 S. 431, 2007 S. 1781), zuletzt geänd. durch G v. 7.11.2022 (BGBl. I S. 1982).

§ 124 Erschließungspflicht nach abgelehntem Vertragsangebot. Hat die Gemeinde einen Bebauungsplan im Sinne des § 30 Absatz 1 erlassen und lehnt sie das zumutbare Angebot zum Abschluss eines städtebaulichen Vertrags über die Erschließung ab, ist sie verpflichtet, die Erschließung selbst durchzuführen.

§ 125 Bindung an den Bebauungsplan. (1) Die Herstellung der Erschließungsanlagen im Sinne des § 127 Absatz 2 setzt einen Bebauungsplan voraus.

(2) Liegt ein Bebauungsplan nicht vor, so dürfen diese Anlagen nur hergestellt werden, wenn sie den in § 1 Absatz 4 bis 7 bezeichneten Anforderungen entsprechen.

(3) Die Rechtmäßigkeit der Herstellung von Erschließungsanlagen wird durch Abweichungen von den Festsetzungen des Bebauungsplans nicht berührt, wenn die Abweichungen mit den Grundzügen der Planung vereinbar sind und

1. die Erschließungsanlagen hinter den Festsetzungen zurückbleiben oder
2. die Erschließungsbeitragspflichtigen nicht mehr als bei einer plangemäßen Herstellung belastet werden und die Abweichungen die Nutzung der betroffenen Grundstücke nicht wesentlich beeinträchtigen.

§ 126 Pflichten des Eigentümers. (1) [1] Der Eigentümer hat das Anbringen von

1. Haltevorrichtungen und Leitungen für Beleuchtungskörper der Straßenbeleuchtung einschließlich der Beleuchtungskörper und des Zubehörs sowie
2. Kennzeichen und Hinweisschildern für Erschließungsanlagen

auf seinem Grundstück zu dulden. [2] Er ist vorher zu benachrichtigen.

(2) [1] Der Erschließungsträger hat Schäden, die dem Eigentümer durch das Anbringen oder das Entfernen der in Absatz 1 bezeichneten Gegenstände entstehen, zu beseitigen; er kann stattdessen eine angemessene Entschädigung in Geld leisten. [2] Kommt eine Einigung über die Entschädigung nicht zustande, so entscheidet die höhere Verwaltungsbehörde; vor der Entscheidung sind die Beteiligten zu hören.

(3) [1] Der Eigentümer hat sein Grundstück mit der von der Gemeinde festgesetzten Nummer zu versehen. [2] Im Übrigen gelten die landesrechtlichen Vorschriften.

Zweiter Abschnitt. Erschließungsbeitrag[1)]

§ 127 Erhebung des Erschließungsbeitrags. (1) Die Gemeinden erheben zur Deckung ihres anderweitig nicht gedeckten Aufwands für Erschließungsanlagen einen Erschließungsbeitrag nach Maßgabe der folgenden Vorschriften.

(2) Erschließungsanlagen im Sinne dieses Abschnitts sind

1. die öffentlichen zum Anbau bestimmten Straßen, Wege und Plätze;
2. die öffentlichen aus rechtlichen oder tatsächlichen Gründen mit Kraftfahrzeugen nicht befahrbaren Verkehrsanlagen innerhalb der Baugebiete (z.B. Fußwege, Wohnwege);

[1)] Siehe **in Bayern** auch Art. 5a KommunalabgabenG idF der Bek. v. 4.4.1993 (GVBl. S. 264), zuletzt geänd. durch G v. 10.12.2021 (GVBl. S. 638).

3. Sammelstraßen innerhalb der Baugebiete; Sammelstraßen sind öffentliche Straßen, Wege und Plätze, die selbst nicht zum Anbau bestimmt, aber zur Erschließung der Baugebiete notwendig sind;
4. Parkflächen und Grünanlagen mit Ausnahme von Kinderspielplätzen, soweit sie Bestandteil der in den Nummern 1 bis 3 genannten Verkehrsanlagen oder nach städtebaulichen Grundsätzen innerhalb der Baugebiete zu deren Erschließung notwendig sind;
5. Anlagen zum Schutz von Baugebieten gegen schädliche Umwelteinwirkungen im Sinne des Bundes-Immissionsschutzgesetzes, auch wenn sie nicht Bestandteil der Erschließungsanlagen sind.

(3) Der Erschließungsbeitrag kann für den Grunderwerb, die Freilegung und für Teile der Erschließungsanlagen selbständig erhoben werden (Kostenspaltung).

(4) [1] Das Recht, Abgaben für Anlagen zu erheben, die nicht Erschließungsanlagen im Sinne dieses Abschnitts sind, bleibt unberührt. [2] Dies gilt insbesondere für Anlagen zur Ableitung von Abwasser sowie zur Versorgung mit Elektrizität, Gas, Wärme und Wasser.

§ 128 Umfang des Erschließungsaufwands. (1) [1] Der Erschließungsaufwand nach § 127 umfasst die Kosten für

1. den Erwerb und die Freilegung der Flächen für die Erschließungsanlagen;
2. ihre erstmalige Herstellung einschließlich der Einrichtungen für ihre Entwässerung und ihre Beleuchtung;
3. die Übernahme von Anlagen als gemeindliche Erschließungsanlagen.

[2] Der Erschließungsaufwand umfasst auch den Wert der von der Gemeinde aus ihrem Vermögen bereitgestellten Flächen im Zeitpunkt der Bereitstellung. [3] Zu den Kosten für den Erwerb der Flächen für Erschließungsanlagen gehört im Falle einer erschließungsbeitragspflichtigen Zuteilung im Sinne des § 57 Satz 4 und des § 58 Absatz 1 Satz 1 auch der Wert nach § 68 Absatz 1 Nummer 4.

(2) [1] Soweit die Gemeinden nach Landesrecht berechtigt sind, Beiträge zu den Kosten für Erweiterungen oder Verbesserungen von Erschließungsanlagen zu erheben, bleibt dieses Recht unberührt. [2] Die Länder können bestimmen, dass die Kosten für die Beleuchtung der Erschließungsanlagen in den Erschließungsaufwand nicht einzubeziehen sind.

(3) Der Erschließungsaufwand umfasst nicht die Kosten für

1. Brücken, Tunnels und Unterführungen mit den dazugehörigen Rampen;
2. die Fahrbahnen der Ortsdurchfahrten von Bundesstraßen sowie von Landstraßen I. und II. Ordnung, soweit die Fahrbahnen dieser Straßen keine größere Breite als ihre anschließenden freien Strecken erfordern.

§ 129 Beitragsfähiger Erschließungsaufwand. (1) [1] Zur Deckung des anderweitig nicht gedeckten Erschließungsaufwands können Beiträge nur insoweit erhoben werden, als die Erschließungsanlagen erforderlich sind, um die Bauflächen und die gewerblich zu nutzenden Flächen entsprechend den baurechtlichen Vorschriften zu nutzen (beitragsfähiger Erschließungsaufwand). [2] Soweit Anlagen nach § 127 Absatz 2 von dem Eigentümer hergestellt sind oder von ihm auf Grund baurechtlicher Vorschriften verlangt werden, dürfen

Beiträge nicht erhoben werden. [3]Die Gemeinden tragen mindestens 10 vom Hundert des beitragsfähigen Erschließungsaufwands.

(2) Kosten, die ein Eigentümer oder sein Rechtsvorgänger bereits für Erschließungsmaßnahmen aufgewandt hat, dürfen bei der Übernahme als gemeindliche Erschließungsanlagen nicht erneut erhoben werden.

§ 130 Art der Ermittlung des beitragsfähigen Erschließungsaufwands.

(1) [1]Der beitragsfähige Erschließungsaufwand kann nach den tatsächlich entstandenen Kosten oder nach Einheitssätzen ermittelt werden. [2]Die Einheitssätze sind nach den in der Gemeinde üblicherweise durchschnittlich aufzuwendenden Kosten vergleichbarer Erschließungsanlagen festzusetzen.

(2) [1]Der beitragsfähige Erschließungsaufwand kann für die einzelne Erschließungsanlage oder für bestimmte Abschnitte einer Erschließungsanlage ermittelt werden. [2]Abschnitte einer Erschließungsanlage können nach örtlich erkennbaren Merkmalen oder nach rechtlichen Gesichtspunkten (z.B. Grenzen von Bebauungsplangebieten, Umlegungsgebieten, förmlich festgelegten Sanierungsgebieten) gebildet werden. [3]Für mehrere Anlagen, die für die Erschließung der Grundstücke eine Einheit bilden, kann der Erschließungsaufwand insgesamt ermittelt werden.

§ 131 Maßstäbe für die Verteilung des Erschließungsaufwands.

(1) [1]Der ermittelte beitragsfähige Erschließungsaufwand für eine Erschließungsanlage ist auf die durch die Anlage erschlossenen Grundstücke zu verteilen. [2]Mehrfach erschlossene Grundstücke sind bei gemeinsamer Aufwandsermittlung in einer Erschließungseinheit (§ 130 Absatz 2 Satz 3) bei der Verteilung des Erschließungsaufwands nur einmal zu berücksichtigen.

(2) [1]Verteilungsmaßstäbe sind

1. die Art und das Maß der baulichen oder sonstigen Nutzung;
2. die Grundstücksflächen;
3. die Grundstücksbreite an der Erschließungsanlage.

[2]Die Verteilungsmaßstäbe können miteinander verbunden werden.

(3) In Gebieten, die nach dem Inkrafttreten des Bundesbaugesetzes erschlossen werden, sind, wenn eine unterschiedliche bauliche oder sonstige Nutzung zulässig ist, die Maßstäbe nach Absatz 2 in der Weise anzuwenden, dass der Verschiedenheit dieser Nutzung nach Art und Maß entsprochen wird.

§ 132 Regelung durch Satzung. Die Gemeinden regeln durch Satzung

1. die Art und den Umfang der Erschließungsanlagen im Sinne des § 129,
2. die Art der Ermittlung und der Verteilung des Aufwands sowie die Höhe des Einheitssatzes,
3. die Kostenspaltung (§ 127 Absatz 3) und
4. die Merkmale der endgültigen Herstellung einer Erschließungsanlage.

§ 133 Gegenstand und Entstehung der Beitragspflicht. (1) [1]Der Beitragspflicht unterliegen Grundstücke, für die eine bauliche oder gewerbliche Nutzung festgesetzt ist, sobald sie bebaut oder gewerblich genutzt werden dürfen. [2]Erschlossene Grundstücke, für die eine bauliche oder gewerbliche Nutzung nicht festgesetzt ist, unterliegen der Beitragspflicht, wenn sie nach der

Verkehrsauffassung Bauland sind und nach der geordneten baulichen Entwicklung der Gemeinde zur Bebauung anstehen. [3]Die Gemeinde gibt bekannt, welche Grundstücke nach Satz 2 der Beitragspflicht unterliegen; die Bekanntmachung hat keine rechtsbegründende Wirkung.

(2) [1]Die Beitragspflicht entsteht mit der endgültigen Herstellung der Erschließungsanlagen, für Teilbeträge, sobald die Maßnahmen, deren Aufwand durch die Teilbeträge gedeckt werden soll, abgeschlossen sind. [2]Im Falle des § 128 Absatz 1 Satz 1 Nummer 3 entsteht die Beitragspflicht mit der Übernahme durch die Gemeinde.

(3) [1]Für ein Grundstück, für das eine Beitragspflicht noch nicht oder nicht in vollem Umfang entstanden ist, können Vorausleistungen auf den Erschließungsbeitrag bis zur Höhe des voraussichtlichen endgültigen Erschließungsbeitrags verlangt werden, wenn ein Bauvorhaben auf dem Grundstück genehmigt wird oder wenn mit der Herstellung der Erschließungsanlagen begonnen worden ist und die endgültige Herstellung der Erschließungsanlagen innerhalb von vier Jahren zu erwarten ist. [2]Die Vorausleistung ist mit der endgültigen Beitragsschuld zu verrechnen, auch wenn der Vorausleistende nicht beitragspflichtig ist. [3]Ist die Beitragspflicht sechs Jahre nach Erlass des Vorausleistungsbescheids noch nicht entstanden, kann die Vorausleistung zurückverlangt werden, wenn die Erschließungsanlage bis zu diesem Zeitpunkt noch nicht benutzbar ist. [4]Der Rückzahlungsanspruch ist ab Erhebung der Vorausleistung mit 2 vom Hundert über dem Basiszinssatz nach § 247 des Bürgerlichen Gesetzbuchs jährlich zu verzinsen. [5]Die Gemeinde kann Bestimmungen über die Ablösung des Erschließungsbeitrags im Ganzen vor Entstehung der Beitragspflicht treffen.

§ 134 Beitragspflichtiger. (1) [1]Beitragspflichtig ist derjenige, der im Zeitpunkt der Bekanntgabe des Beitragsbescheids Eigentümer des Grundstücks ist. [2]Ist das Grundstück mit einem Erbbaurecht belastet, so ist der Erbbauberechtigte anstelle des Eigentümers beitragspflichtig. [3]Ist das Grundstück mit einem dinglichen Nutzungsrecht nach Artikel 233 § 4 des Einführungsgesetzes zum Bürgerlichen Gesetzbuche belastet, so ist der Inhaber dieses Rechts anstelle des Eigentümers beitragspflichtig. [4]Mehrere Beitragspflichtige haften als Gesamtschuldner; bei Wohnungs- und Teileigentum sind die einzelnen Wohnungs- und Teileigentümer nur entsprechend ihrem Miteigentumsanteil beitragspflichtig.

(2) Der Beitrag ruht als öffentliche Last auf dem Grundstück, im Falle des Absatzes 1 Satz 2 auf dem Erbbaurecht, im Falle des Absatzes 1 Satz 3 auf dem dinglichen Nutzungsrecht, im Falle des Absatzes 1 Satz 4 auf dem Wohnungs- oder dem Teileigentum.

§ 135 Fälligkeit und Zahlung des Beitrags. (1) Der Beitrag wird einen Monat nach der Bekanntgabe des Beitragsbescheids fällig.

(2) [1]Die Gemeinde kann zur Vermeidung unbilliger Härten im Einzelfall, insbesondere soweit dies zur Durchführung eines genehmigten Bauvorhabens erforderlich ist, zulassen, dass der Erschließungsbeitrag in Raten oder in Form einer Rente gezahlt wird. [2]Ist die Finanzierung eines Bauvorhabens gesichert, so soll die Zahlungsweise der Auszahlung der Finanzierungsmittel angepasst, jedoch nicht über zwei Jahre hinaus erstreckt werden.

(3) [1] Lässt die Gemeinde nach Absatz 2 eine Verrentung zu, so ist der Erschließungsbeitrag durch Bescheid in eine Schuld umzuwandeln, die in höchstens zehn Jahresleistungen zu entrichten ist. [2] In dem Bescheid sind Höhe und Zeitpunkt der Fälligkeit der Jahresleistungen zu bestimmen. [3] Der jeweilige Restbetrag ist mit höchstens 2 vom Hundert über dem Basiszinssatz nach § 247 des Bürgerlichen Gesetzbuchs jährlich zu verzinsen. [4] Die Jahresleistungen stehen wiederkehrenden Leistungen im Sinne des § 10 Absatz 1 Nummer 3 des Zwangsversteigerungsgesetzes gleich.

(4) [1] Werden Grundstücke landwirtschaftlich oder als Wald genutzt, ist der Beitrag so lange zinslos zu stunden, wie das Grundstück zur Erhaltung der Wirtschaftlichkeit des landwirtschaftlichen Betriebs genutzt werden muss. [2] Satz 1 gilt auch für die Fälle der Nutzungsüberlassung und Betriebsübergabe an Familienangehörige im Sinne des § 15 der Abgabenordnung. [3] Der Beitrag ist auch zinslos zu stunden, solange Grundstücke als Kleingärten im Sinne des Bundeskleingartengesetzes genutzt werden.

(5) [1] Im Einzelfall kann die Gemeinde auch von der Erhebung des Erschließungsbeitrags ganz oder teilweise absehen, wenn dies im öffentlichen Interesse oder zur Vermeidung unbilliger Härten geboten ist. [2] Die Freistellung kann auch für den Fall vorgesehen werden, dass die Beitragspflicht noch nicht entstanden ist.

(6) Weitergehende landesrechtliche Billigkeitsregelungen bleiben unberührt.

Siebter Teil. Maßnahmen für den Naturschutz

§ 135a Pflichten des Vorhabenträgers; Durchführung durch die Gemeinde; Kostenerstattung. (1) Festgesetzte Maßnahmen zum Ausgleich im Sinne des § 1a Absatz 3 sind vom Vorhabenträger durchzuführen.

(2) [1] Soweit Maßnahmen zum Ausgleich an anderer Stelle den Grundstücken nach § 9 Absatz 1a zugeordnet sind, soll die Gemeinde diese anstelle und auf Kosten der Vorhabenträger oder der Eigentümer der Grundstücke durchführen und auch die hierfür erforderlichen Flächen bereitstellen, sofern dies nicht auf andere Weise gesichert ist. [2] Die Maßnahmen zum Ausgleich können bereits vor den Baumaßnahmen und der Zuordnung durchgeführt werden.

(3) [1] Die Kosten können geltend gemacht werden, sobald die Grundstücke, auf denen Eingriffe zu erwarten sind, baulich oder gewerblich genutzt werden dürfen. [2] Die Gemeinde erhebt zur Deckung ihres Aufwands für Maßnahmen zum Ausgleich einschließlich der Bereitstellung hierfür erforderlicher Flächen einen Kostenerstattungsbetrag. [3] Die Erstattungspflicht entsteht mit der Herstellung der Maßnahmen zum Ausgleich durch die Gemeinde. [4] Der Betrag ruht als öffentliche Last auf dem Grundstück.

(4) Die landesrechtlichen Vorschriften über kommunale Beiträge einschließlich der Billigkeitsregelungen sind entsprechend anzuwenden.

§ 135b Verteilungsmaßstäbe für die Abrechnung. [1] Soweit die Gemeinde Maßnahmen zum Ausgleich nach § 135a Absatz 2 durchführt, sind die Kosten auf die zugeordneten Grundstücke zu verteilen. [2] Verteilungsmaßstäbe sind

1. die überbaubare Grundstücksfläche,
2. die zulässige Grundfläche,
3. die zu erwartende Versiegelung oder

4. die Schwere der zu erwartenden Eingriffe.

[3] Die Verteilungsmaßstäbe können miteinander verbunden werden.

§ 135c Satzungsrecht. Die Gemeinde kann durch Satzung regeln

1. Grundsätze für die Ausgestaltung von Maßnahmen zum Ausgleich entsprechend den Festsetzungen eines Bebauungsplans,
2. den Umfang der Kostenerstattung nach § 135a; dabei ist § 128 Absatz 1 Satz 1 Nummer 1 und 2 und Satz 2 entsprechend anzuwenden,
3. die Art der Kostenermittlung und die Höhe des Einheitssatzes entsprechend § 130,
4. die Verteilung der Kosten nach § 135b einschließlich einer Pauschalierung der Schwere der zu erwartenden Eingriffe nach Biotop- und Nutzungstypen,
5. die Voraussetzungen für die Anforderung von Vorauszahlungen,
6. die Fälligkeit des Kostenerstattungsbetrags.

Zweites Kapitel. Besonderes Städtebaurecht

Erster Teil. Städtebauliche Sanierungsmaßnahmen

Erster Abschnitt. Allgemeine Vorschriften

§ 136 Städtebauliche Sanierungsmaßnahmen. (1) Städtebauliche Sanierungsmaßnahmen in Stadt und Land, deren einheitliche Vorbereitung und zügige Durchführung im öffentlichen Interesse liegen, werden nach den Vorschriften dieses Teils vorbereitet und durchgeführt.

(2) [1] Städtebauliche Sanierungsmaßnahmen sind Maßnahmen, durch die ein Gebiet zur Behebung städtebaulicher Missstände wesentlich verbessert oder umgestaltet wird. [2] Städtebauliche Missstände liegen vor, wenn

1. das Gebiet nach seiner vorhandenen Bebauung oder nach seiner sonstigen Beschaffenheit den allgemeinen Anforderungen an gesunde Wohn- und Arbeitsverhältnisse oder an die Sicherheit der in ihm wohnenden oder arbeitenden Menschen auch unter Berücksichtigung der Belange des Klimaschutzes und der Klimaanpassung nicht entspricht oder
2. das Gebiet in der Erfüllung der Aufgaben erheblich beeinträchtigt ist, die ihm nach seiner Lage und Funktion obliegen.

(3) Bei der Beurteilung, ob in einem städtischen oder ländlichen Gebiet städtebauliche Missstände vorliegen, sind insbesondere zu berücksichtigen

1. die Wohn- und Arbeitsverhältnisse oder die Sicherheit der in dem Gebiet wohnenden und arbeitenden Menschen in Bezug auf
   a) die Belichtung, Besonnung und Belüftung der Wohnungen und Arbeitsstätten,
   b) die bauliche Beschaffenheit von Gebäuden, Wohnungen und Arbeitsstätten,
   c) die Zugänglichkeit der Grundstücke,
   d) die Auswirkungen einer vorhandenen Mischung von Wohn- und Arbeitsstätten,

e) die Nutzung von bebauten und unbebauten Flächen nach Art, Maß und Zustand,
f) die Einwirkungen, die von Grundstücken, Betrieben, Einrichtungen oder Verkehrsanlagen ausgehen, insbesondere durch Lärm, Verunreinigungen und Erschütterungen,
g) die vorhandene Erschließung,
h) die energetische Beschaffenheit, die Gesamtenergieeffizienz der vorhandenen Bebauung und der Versorgungseinrichtungen des Gebiets unter Berücksichtigung der allgemeinen Anforderungen an den Klimaschutz und die Klimaanpassung;

2. die Funktionsfähigkeit des Gebiets in Bezug auf
a) den fließenden und ruhenden Verkehr,
b) die wirtschaftliche Situation und Entwicklungsfähigkeit des Gebiets unter Berücksichtigung seiner Versorgungsfunktion im Verflechtungsbereich,
c) die infrastrukturelle Erschließung des Gebiets, seine Ausstattung mit und die Vernetzung von Grün- und Freiflächen unter Berücksichtigung der Belange des Klimaschutzes und der Klimaanpassung, seine Ausstattung mit Spiel- und Sportplätzen und mit Anlagen des Gemeinbedarfs, insbesondere unter Berücksichtigung der sozialen und kulturellen Aufgaben dieses Gebiets im Verflechtungsbereich.

(4) [1] Städtebauliche Sanierungsmaßnahmen dienen dem Wohl der Allgemeinheit. [2] Sie sollen dazu beitragen, dass

1. die bauliche Struktur in allen Teilen des Bundesgebiets nach den allgemeinen Anforderungen an den Klimaschutz und die Klimaanpassung sowie nach den sozialen, hygienischen, wirtschaftlichen und kulturellen Erfordernissen entwickelt wird,
2. die Verbesserung der Wirtschafts- und Agrarstruktur unterstützt wird,
3. die Siedlungsstruktur den Erfordernissen des Umweltschutzes, den Anforderungen an gesunde Lebens- und Arbeitsbedingungen der Bevölkerung und der Bevölkerungsentwicklung entspricht oder
4. die vorhandenen Ortsteile erhalten, erneuert und fortentwickelt werden, die Gestaltung des Orts- und Landschaftsbilds verbessert und den Erfordernissen des Denkmalschutzes Rechnung getragen wird.

[3] Die öffentlichen und privaten Belange sind gegeneinander und untereinander gerecht abzuwägen.

§ 137 Beteiligung und Mitwirkung der Betroffenen. [1] Die Sanierung soll mit den Eigentümern, Mietern, Pächtern und sonstigen Betroffenen möglichst frühzeitig erörtert werden. [2] Die Betroffenen sollen zur Mitwirkung bei der Sanierung und zur Durchführung der erforderlichen baulichen Maßnahmen angeregt und hierbei im Rahmen des Möglichen beraten werden.

§ 138 Auskunftspflicht. (1) [1] Eigentümer, Mieter, Pächter und sonstige zum Besitz oder zur Nutzung eines Grundstücks, Gebäudes oder Gebäudeteils Berechtigte sowie ihre Beauftragten sind verpflichtet, der Gemeinde oder ihren Beauftragten Auskunft über die Tatsachen zu erteilen, deren Kenntnis zur Beurteilung der Sanierungsbedürftigkeit eines Gebiets oder zur Vorbereitung oder Durchführung der Sanierung erforderlich ist. [2] An personenbezogenen

Daten können insbesondere Angaben der Betroffenen über ihre persönlichen Lebensumstände im wirtschaftlichen und sozialen Bereich, namentlich über die Berufs-, Erwerbs- und Familienverhältnisse, das Lebensalter, die Wohnbedürfnisse, die sozialen Verflechtungen sowie über die örtlichen Bindungen, erhoben werden.

(2) [1] Die nach Absatz 1 erhobenen personenbezogenen Daten dürfen nur zu Zwecken der Sanierung verwendet werden. [2] Wurden die Daten von einem Beauftragten der Gemeinde erhoben, dürfen sie nur an die Gemeinde weitergegeben werden; die Gemeinde darf die Daten an andere Beauftragte im Sinne des § 157 sowie an die höhere Verwaltungsbehörde weitergeben, soweit dies zu Zwecken der Sanierung erforderlich ist. [3] Nach Aufhebung der förmlichen Festlegung des Sanierungsgebiets sind die Daten zu löschen. [4] Soweit die erhobenen Daten für die Besteuerung erforderlich sind, dürfen sie an die Finanzbehörden weitergegeben werden.

(3) [1] Die mit der Erhebung der Daten Beauftragten sind bei Aufnahme ihrer Tätigkeit nach Maßgabe des Absatzes 2 zu verpflichten. [2] Ihre Pflichten bestehen nach Beendigung ihrer Tätigkeit fort.

(4) [1] Verweigert ein nach Absatz 1 Auskunftspflichtiger die Auskunft, ist § 208 Satz 2 bis 4 über die Androhung und Festsetzung eines Zwangsgelds entsprechend anzuwenden. [2] Der Auskunftspflichtige kann die Auskunft auf solche Fragen verweigern, deren Beantwortung ihn selbst oder einen der in § 383 Absatz 1 Nummer 1 bis 3 der Zivilprozessordnung bezeichneten Angehörigen der Gefahr strafrechtlicher Verfolgung oder eines Verfahrens nach dem Gesetz über Ordnungswidrigkeiten aussetzen würde.

§ 139 Beteiligung und Mitwirkung öffentlicher Aufgabenträger.

(1) Der Bund, einschließlich seiner Sondervermögen, die Länder, die Gemeindeverbände und die sonstigen Körperschaften, Anstalten und Stiftungen des öffentlichen Rechts sollen im Rahmen der ihnen obliegenden Aufgaben die Vorbereitung und Durchführung von städtebaulichen Sanierungsmaßnahmen unterstützen.

(2) [1] § 4 Absatz 2 und § 4a Absatz 1 bis 4 und 6 sind bei der Vorbereitung und Durchführung der Sanierung auf Behörden und sonstige Träger öffentlicher Belange sinngemäß anzuwenden. [2] Die Träger öffentlicher Belange haben die Gemeinde auch über Änderungen ihrer Absichten zu unterrichten.

(3) Ist eine Änderung von Zielen und Zwecken der Sanierung oder von Maßnahmen und Planungen der Träger öffentlicher Belange, die aufeinander abgestimmt wurden, beabsichtigt, haben sich die Beteiligten unverzüglich miteinander ins Benehmen zu setzen.

Zweiter Abschnitt. Vorbereitung und Durchführung

§ 140 Vorbereitung. Die Vorbereitung der Sanierung ist Aufgabe der Gemeinde; sie umfasst

1. die vorbereitenden Untersuchungen,
2. die förmliche Festlegung des Sanierungsgebiets,
3. die Bestimmung der Ziele und Zwecke der Sanierung,
4. die städtebauliche Planung; hierzu gehört auch die Bauleitplanung oder eine Rahmenplanung, soweit sie für die Sanierung erforderlich ist,

5. die Erörterung der beabsichtigten Sanierung,
6. die Erarbeitung und Fortschreibung des Sozialplans,
7. einzelne Ordnungs- und Baumaßnahmen, die vor einer förmlichen Festlegung des Sanierungsgebiets durchgeführt werden.

§ 141 Vorbereitende Untersuchungen. (1) [1]Die Gemeinde hat vor der förmlichen Festlegung des Sanierungsgebiets die vorbereitenden Untersuchungen durchzuführen oder zu veranlassen, die erforderlich sind, um Beurteilungsunterlagen zu gewinnen über die Notwendigkeit der Sanierung, die sozialen, strukturellen und städtebaulichen Verhältnisse und Zusammenhänge sowie die anzustrebenden allgemeinen Ziele und die Durchführbarkeit der Sanierung im Allgemeinen. [2]Die vorbereitenden Untersuchungen sollen sich auch auf nachteilige Auswirkungen erstrecken, die sich für die von der beabsichtigten Sanierung unmittelbar Betroffenen in ihren persönlichen Lebensumständen im wirtschaftlichen oder sozialen Bereich voraussichtlich ergeben werden.

(2) Von vorbereitenden Untersuchungen kann abgesehen werden, wenn hinreichende Beurteilungsunterlagen bereits vorliegen.

(3) [1]Die Gemeinde leitet die Vorbereitung der Sanierung durch den Beschluss über den Beginn der vorbereitenden Untersuchungen ein. [2]Der Beschluss ist ortsüblich bekannt zu machen. [3]Dabei ist auf die Auskunftspflicht nach § 138 hinzuweisen.

(4) [1]Mit der ortsüblichen Bekanntmachung des Beschlusses über den Beginn der vorbereitenden Untersuchungen finden die §§ 137, 138 und 139 über die Beteiligung und Mitwirkung der Betroffenen, die Auskunftspflicht und die Beteiligung und Mitwirkung öffentlicher Aufgabenträger Anwendung; ab diesem Zeitpunkt ist § 15 auf die Durchführung eines Vorhabens im Sinne des § 29 Absatz 1 und auf die Beseitigung einer baulichen Anlage entsprechend anzuwenden. [2]Mit der förmlichen Festlegung des Sanierungsgebiets wird ein Bescheid über die Zurückstellung des Baugesuchs sowie ein Bescheid über die Zurückstellung der Beseitigung einer baulichen Anlage nach Satz 1 zweiter Halbsatz unwirksam.

§ 142 Sanierungssatzung. (1) [1]Die Gemeinde kann ein Gebiet, in dem eine städtebauliche Sanierungsmaßnahme durchgeführt werden soll, durch Beschluss förmlich als Sanierungsgebiet festlegen (förmlich festgelegtes Sanierungsgebiet). [2]Das Sanierungsgebiet ist so zu begrenzen, dass sich die Sanierung zweckmäßig durchführen lässt. [3]Einzelne Grundstücke, die von der Sanierung nicht betroffen werden, können aus dem Gebiet ganz oder teilweise ausgenommen werden.

(2) [1]Ergibt sich aus den Zielen und Zwecken der Sanierung, dass Flächen außerhalb des förmlich festgelegten Sanierungsgebiets

1. für Ersatzbauten oder Ersatzanlagen zur räumlich zusammenhängenden Unterbringung von Bewohnern oder Betrieben aus dem förmlich festgelegten Sanierungsgebiet oder
2. für die durch die Sanierung bedingten Gemeinbedarfs- oder Folgeeinrichtungen

in Anspruch genommen werden müssen (Ersatz- und Ergänzungsgebiete), kann die Gemeinde geeignete Gebiete für diesen Zweck förmlich festlegen. [2]Für die förmliche Festlegung und die sich aus ihr ergebenden Wirkungen sind die für förmlich festgelegte Sanierungsgebiete geltenden Vorschriften anzuwenden.

(3) [1]Die Gemeinde beschließt die förmliche Festlegung des Sanierungsgebiets als Satzung (Sanierungssatzung). [2]In der Sanierungssatzung ist das Sanierungsgebiet zu bezeichnen. [3]Bei dem Beschluss über die Sanierungssatzung ist zugleich durch Beschluss die Frist festzulegen, in der die Sanierung durchgeführt werden soll; die Frist soll 15 Jahre nicht überschreiten. [4]Kann die Sanierung nicht innerhalb der Frist durchgeführt werden, kann die Frist durch Beschluss verlängert werden.

(4) In der Sanierungssatzung ist die Anwendung der Vorschriften des Dritten Abschnitts auszuschließen, wenn sie für die Durchführung der Sanierung nicht erforderlich ist und die Durchführung hierdurch voraussichtlich nicht erschwert wird (vereinfachtes Sanierungsverfahren); in diesem Falle kann in der Sanierungssatzung auch die Genehmigungspflicht nach § 144 insgesamt, nach § 144 Absatz 1 oder § 144 Absatz 2 ausgeschlossen werden.

§ 143 Bekanntmachung der Sanierungssatzung, Sanierungsvermerk.

(1) [1]Die Gemeinde hat die Sanierungssatzung ortsüblich bekannt zu machen. [2]Sie kann auch ortsüblich bekannt machen, dass eine Sanierungssatzung beschlossen worden ist; § 10 Absatz 3 Satz 2 bis 5 ist entsprechend anzuwenden. [3]In der Bekanntmachung nach den Sätzen 1 und 2 ist – außer im vereinfachten Sanierungsverfahren – auf die Vorschriften des Dritten Abschnitts hinzuweisen. [4]Mit der Bekanntmachung wird die Sanierungssatzung rechtsverbindlich.

(2) [1]Die Gemeinde teilt dem Grundbuchamt die rechtsverbindliche Sanierungssatzung mit und hat hierbei die von der Sanierungssatzung betroffenen Grundstücke einzeln aufzuführen. [2]Das Grundbuchamt hat in die Grundbücher dieser Grundstücke einzutragen, dass eine Sanierung durchgeführt wird (Sanierungsvermerk). [3]§ 54 Absatz 2 und 3 ist entsprechend anzuwenden. [4]Die Sätze 1 bis 3 sind nicht anzuwenden, wenn in der Sanierungssatzung die Genehmigungspflicht nach § 144 Absatz 2 ausgeschlossen ist.

§ 144 Genehmigungspflichtige Vorhaben und Rechtsvorgänge.

(1) Im förmlich festgelegten Sanierungsgebiet bedürfen der schriftlichen Genehmigung der Gemeinde

1. die in § 14 Absatz 1 bezeichneten Vorhaben und sonstigen Maßnahmen;
2. Vereinbarungen, durch die ein schuldrechtliches Vertragsverhältnis über den Gebrauch oder die Nutzung eines Grundstücks, Gebäudes oder Gebäudeteils auf bestimmte Zeit von mehr als einem Jahr eingegangen oder verlängert wird.

(2) Im förmlich festgelegten Sanierungsgebiet bedürfen der schriftlichen Genehmigung der Gemeinde

1. die rechtsgeschäftliche Veräußerung eines Grundstücks und die Bestellung und Veräußerung eines Erbbaurechts;
2. die Bestellung eines das Grundstück belastenden Rechts; dies gilt nicht für die Bestellung eines Rechts, das mit der Durchführung von Baumaßnahmen im Sinne des § 148 Absatz 2 im Zusammenhang steht;
3. ein schuldrechtlicher Vertrag, durch den eine Verpflichtung zu einem der in Nummer 1 oder 2 genannten Rechtsgeschäfte begründet wird; ist der

schuldrechtliche Vertrag genehmigt worden, gilt auch das in Ausführung dieses Vertrags vorgenommene dingliche Rechtsgeschäft als genehmigt;
4. die Begründung, Änderung oder Aufhebung einer Baulast;
5. die Teilung eines Grundstücks.

(3) Die Gemeinde kann für bestimmte Fälle die Genehmigung für das förmlich festgelegte Sanierungsgebiet oder Teile desselben allgemein erteilen; sie hat dies ortsüblich bekannt zu machen.

(4) Keiner Genehmigung bedürfen
1. Vorhaben und Rechtsvorgänge, wenn die Gemeinde oder der Sanierungsträger für das Treuhandvermögen als Vertragsteil oder Eigentümer beteiligt ist;
2. Rechtsvorgänge nach Absatz 2 Nummer 1 bis 3 zum Zwecke der Vorwegnahme der gesetzlichen Erbfolge;
3. Vorhaben nach Absatz 1 Nummer 1, die vor der förmlichen Festlegung des Sanierungsgebiets baurechtlich genehmigt worden sind, Vorhaben nach Absatz 1 Nummer 1, von denen die Gemeinde nach Maßgabe des Bauordnungsrechts Kenntnis erlangt hat und mit deren Ausführung vor dem Inkrafttreten der Veränderungssperre hätte begonnen werden dürfen, sowie Unterhaltungsarbeiten und die Fortführung einer bisher ausgeübten Nutzung;
4. Rechtsvorgänge nach Absatz 1 Nummer 2 und Absatz 2, die Zwecken der Landesverteidigung dienen;
5. der rechtsgeschäftliche Erwerb eines in ein Verfahren im Sinne des § 38 einbezogenen Grundstücks durch den Bedarfsträger.

§ 145 Genehmigung. (1) [1]Die Genehmigung wird durch die Gemeinde erteilt; § 22 Absatz 5 Satz 2 bis 5 ist entsprechend anzuwenden. [2]Ist eine baurechtliche Genehmigung oder an ihrer Stelle eine baurechtliche Zustimmung erforderlich, wird die Genehmigung durch die Baugenehmigungsbehörde im Einvernehmen mit der Gemeinde erteilt. [3]Im Falle des Satzes 2 ist über die Genehmigung innerhalb von zwei Monaten nach Eingang des Antrags bei der Baugenehmigungsbehörde zu entscheiden; § 22 Absatz 5 Satz 3 bis 6 ist mit der Maßgabe entsprechend anzuwenden, dass die Genehmigungsfrist höchstens um zwei Monate verlängert werden darf.

(2) Die Genehmigung darf nur versagt werden, wenn Grund zur Annahme besteht, dass das Vorhaben, der Rechtsvorgang einschließlich der Teilung eines Grundstücks oder die damit erkennbar bezweckte Nutzung die Durchführung der Sanierung unmöglich machen oder wesentlich erschweren oder den Zielen und Zwecken der Sanierung zuwiderlaufen würde.

(3) Die Genehmigung ist zu erteilen, wenn die wesentliche Erschwerung dadurch beseitigt wird, dass die Beteiligten für den Fall der Durchführung der Sanierung für sich und ihre Rechtsnachfolger
1. in den Fällen des § 144 Absatz 1 Nummer 1 auf Entschädigung für die durch das Vorhaben herbeigeführten Werterhöhungen sowie für werterhöhende Änderungen, die auf Grund der mit dem Vorhaben bezweckten Nutzung vorgenommen werden, verzichten;
2. in den Fällen des § 144 Absatz 1 Nummer 2 oder Absatz 2 Nummer 2 oder 3 auf Entschädigung für die Aufhebung des Rechts sowie für werterhöhende

Änderungen verzichten, die auf Grund dieser Rechte vorgenommen werden.

(4) [1]Die Genehmigung kann unter Auflagen, in den Fällen des § 144 Absatz 1 auch befristet oder bedingt erteilt werden. [2]§ 51 Absatz 4 Satz 2 und 3 ist entsprechend anzuwenden. [3]Die Genehmigung kann auch vom Abschluss eines städtebaulichen Vertrags abhängig gemacht werden, wenn dadurch Versagungsgründe im Sinne des Absatzes 2 ausgeräumt werden.

(5) [1]Wird die Genehmigung versagt, kann der Eigentümer von der Gemeinde die Übernahme des Grundstücks verlangen, wenn und soweit es ihm mit Rücksicht auf die Durchführung der Sanierung wirtschaftlich nicht mehr zuzumuten ist, das Grundstück zu behalten oder es in der bisherigen oder einer anderen zulässigen Art zu nutzen. [2]Liegen die Flächen eines land- oder forstwirtschaftlichen Betriebs sowohl innerhalb als auch außerhalb des förmlich festgelegten Sanierungsgebiets, kann der Eigentümer von der Gemeinde die Übernahme sämtlicher Grundstücke des Betriebs verlangen, wenn die Erfüllung des Übernahmeverlangens für die Gemeinde keine unzumutbare Belastung bedeutet; die Gemeinde kann sich auf eine unzumutbare Belastung nicht berufen, soweit die außerhalb des förmlich festgelegten Sanierungsgebiets gelegenen Grundstücke nicht mehr in angemessenem Umfang baulich oder wirtschaftlich genutzt werden können. [3]Kommt eine Einigung über die Übernahme nicht zustande, kann der Eigentümer die Entziehung des Eigentums an dem Grundstück verlangen. [4]Für die Entziehung des Eigentums sind die Vorschriften des Fünften Teils des Ersten Kapitels entsprechend anzuwenden. [5]§ 43 Absatz 1, 4 und 5 sowie § 44 Absatz 3 und 4 sind entsprechend anzuwenden.

(6) [1]§ 22 Absatz 6 ist entsprechend anzuwenden. [2]Ist eine Genehmigung allgemein erteilt oder nicht erforderlich, hat die Gemeinde darüber auf Antrag eines Beteiligten ein Zeugnis auszustellen.

§ 146 Durchführung. (1) Die Durchführung umfasst die Ordnungsmaßnahmen und die Baumaßnahmen innerhalb des förmlich festgelegten Sanierungsgebiets, die nach den Zielen und Zwecken der Sanierung erforderlich sind.

(2) [1]Auf Grundstücken, die den in § 26 Nummer 2 bezeichneten Zwecken dienen, und auf den in § 26 Nummer 3 bezeichneten Grundstücken dürfen im Rahmen städtebaulicher Sanierungsmaßnahmen einzelne Ordnungs- und Baumaßnahmen nur mit Zustimmung des Bedarfsträgers durchgeführt werden. [2]Der Bedarfsträger soll seine Zustimmung erteilen, wenn auch unter Berücksichtigung seiner Aufgaben ein überwiegendes öffentliches Interesse an der Durchführung der Sanierungsmaßnahmen besteht.

(3) [1]Die Gemeinde kann die Durchführung der Ordnungsmaßnahmen und die Errichtung oder Änderung von Gemeinbedarfs- und Folgeeinrichtungen im Sinne des § 148 Absatz 2 Satz 1 Nummer 3 auf Grund eines Vertrags ganz oder teilweise dem Eigentümer überlassen. [2]Ist die zügige und zweckmäßige Durchführung der vertraglich übernommenen Maßnahmen nach Satz 1 durch einzelne Eigentümer nicht gewährleistet, hat die Gemeinde insoweit für die Durchführung der Maßnahmen zu sorgen oder sie selbst zu übernehmen.

§ 147 Ordnungsmaßnahmen. [1]Die Durchführung der Ordnungsmaßnahmen ist Aufgabe der Gemeinde; hierzu gehören

1. die Bodenordnung einschließlich des Erwerbs von Grundstücken,

2. der Umzug von Bewohnern und Betrieben,
3. die Freilegung von Grundstücken,
4. die Herstellung und Änderung von Erschließungsanlagen sowie
5. sonstige Maßnahmen, die notwendig sind, damit die Baumaßnahmen durchgeführt werden können.

[2] Als Ordnungsmaßnahme gilt auch die Bereitstellung von Flächen und die Durchführung von Maßnahmen zum Ausgleich im Sinne des § 1a Absatz 3, soweit sie gemäß § 9 Absatz 1a an anderer Stelle den Grundstücken, auf denen Eingriffe in Natur und Landschaft zu erwarten sind, ganz oder teilweise zugeordnet sind. [3] Durch die Sanierung bedingte Erschließungsanlagen einschließlich Ersatzanlagen können außerhalb des förmlich festgelegten Sanierungsgebiets liegen.

§ 148 Baumaßnahmen. (1) [1] Die Durchführung von Baumaßnahmen bleibt den Eigentümern überlassen, soweit die zügige und zweckmäßige Durchführung durch sie gewährleistet ist; der Gemeinde obliegt jedoch
1. für die Errichtung und Änderung der Gemeinbedarfs- und Folgeeinrichtungen zu sorgen und
2. die Durchführung sonstiger Baumaßnahmen, soweit sie selbst Eigentümerin ist oder nicht gewährleistet ist, dass diese vom einzelnen Eigentümer zügig und zweckmäßig durchgeführt werden.

[2] Ersatzbauten, Ersatzanlagen und durch die Sanierung bedingte Gemeinbedarfs- und Folgeeinrichtungen können außerhalb des förmlich festgelegten Sanierungsgebiets liegen.

(2) [1] Zu den Baumaßnahmen gehören
1. die Modernisierung und Instandsetzung,
2. die Neubebauung und die Ersatzbauten,
3. die Errichtung und Änderung von Gemeinbedarfs- und Folgeeinrichtungen,
4. die Verlagerung oder Änderung von Betrieben sowie
5. die Errichtung oder Erweiterung von Anlagen und Einrichtungen zur dezentralen und zentralen Erzeugung, Verteilung, Nutzung oder Speicherung von Strom, Wärme oder Kälte aus erneuerbaren Energien oder Kraft-Wärme-Kopplung.

[2] Als Baumaßnahmen gelten auch Maßnahmen zum Ausgleich im Sinne des § 1a Absatz 3, soweit sie auf den Grundstücken durchgeführt werden, auf denen Eingriffe in Natur und Landschaft zu erwarten sind.

§ 149 Kosten- und Finanzierungsübersicht. (1) [1] Die Gemeinde hat nach dem Stand der Planung eine Kosten- und Finanzierungsübersicht aufzustellen. [2] Die Übersicht ist mit den Kosten- und Finanzierungsvorstellungen anderer Träger öffentlicher Belange, deren Aufgabenbereich durch die Sanierung berührt wird, abzustimmen und der höheren Verwaltungsbehörde vorzulegen.

(2) [1] In der Kostenübersicht hat die Gemeinde die Kosten der Gesamtmaßnahme darzustellen, die ihr voraussichtlich entstehen. [2] Die Kosten anderer Träger öffentlicher Belange für Maßnahmen im Zusammenhang mit der Sanierung sollen nachrichtlich angegeben werden.

(3) [1]In der Finanzierungsübersicht hat die Gemeinde ihre Vorstellungen über die Deckung der Kosten der Gesamtmaßnahme darzulegen. [2]Finanzierungs- und Förderungsmittel auf anderer gesetzlicher Grundlage sowie die Finanzierungsvorstellungen anderer Träger öffentlicher Belange sollen nachrichtlich angegeben werden.

(4)[1)] [1]Die Kosten- und Finanzierungsübersicht kann mit Zustimmung der nach Landesrecht zuständigen Behörde auf den Zeitraum der mehrjährigen Finanzplanung der Gemeinde beschränkt werden. [2]Das Erfordernis, die städtebauliche Sanierungsmaßnahme innerhalb eines absehbaren Zeitraums durchzuführen, bleibt unberührt.

(5) Die Gemeinde und die höhere Verwaltungsbehörde können von anderen Trägern öffentlicher Belange Auskunft über deren eigene Absichten im förmlich festgelegten Sanierungsgebiet und ihre Kosten- und Finanzierungsvorstellungen verlangen.

(6) [1]Die höhere Verwaltungsbehörde kann von der Gemeinde Ergänzungen oder Änderungen der Kosten- und Finanzierungsübersicht verlangen. [2]Sie hat für ein wirtschaftlich sinnvolles Zusammenwirken der Gemeinde und der anderen Träger öffentlicher Belange bei der Durchführung ihrer Maßnahmen zu sorgen und die Gemeinde bei der Beschaffung von Förderungsmitteln aus öffentlichen Haushalten zu unterstützen.

§ 150 Ersatz für Änderungen von Einrichtungen, die der öffentlichen Versorgung dienen. (1) [1]Stehen in einem förmlich festgelegten Sanierungsgebiet Anlagen der öffentlichen Versorgung mit Elektrizität, Gas, Wasser, Wärme, Telekommunikationsdienstleistungen oder Anlagen der Abwasserwirtschaft infolge der Durchführung der Sanierung nicht mehr zur Verfügung und sind besondere Aufwendungen erforderlich, die über das bei ordnungsgemäßer Wirtschaft erforderliche Maß hinausgehen, zum Beispiel der Ersatz oder die Verlegung dieser Anlagen, hat die Gemeinde dem Träger der Aufgabe die ihm dadurch entstehenden Kosten zu erstatten. [2]Vorteile und Nachteile, die dem Träger der Aufgabe im Zusammenhang damit entstehen, sind auszugleichen.

(2) Kommt eine Einigung über den Erstattungsbetrag nicht zustande, entscheidet die höhere Verwaltungsbehörde.

§ 151 Abgaben- und Auslagenbefreiung. (1) Frei von Gebühren und ähnlichen nichtsteuerlichen Abgaben sowie von Auslagen sind Geschäfte und Verhandlungen

1. zur Vorbereitung oder Durchführung von städtebaulichen Sanierungsmaßnahmen,
2. zur Durchführung von Erwerbsvorgängen,
3. zur Gründung oder Auflösung eines Unternehmens, dessen Geschäftszweck ausschließlich darauf gerichtet ist, als Sanierungsträger tätig zu werden.

(2) [1]Die Abgabenbefreiung gilt nicht für die Kosten eines Rechtsstreits. [2]Unberührt bleiben Regelungen nach landesrechtlichen Vorschriften.

(3) Erwerbsvorgänge im Sinne des Absatzes 1 Nummer 2 sind

[1)] Siehe hierzu ua:
Schl.-H. BauGB-Zuständigkeitsverordnung v. 2.9.2021 (GVOBl. Schl.-H. S. 1057).

1. der Erwerb eines Grundstücks durch eine Gemeinde oder durch einen Rechtsträger im Sinne der §§ 157 und 205 zur Vorbereitung oder Durchführung von städtebaulichen Sanierungsmaßnahmen. Hierzu gehört auch der Erwerb eines Grundstücks zur Verwendung als Austausch- oder Ersatzland im Rahmen von städtebaulichen Sanierungsmaßnahmen;
2. der Erwerb eines Grundstücks durch eine Person, die zur Vorbereitung oder Durchführung von städtebaulichen Sanierungsmaßnahmen oder zur Verwendung als Austausch- oder Ersatzland ein Grundstück übereignet oder verloren hat. Die Abgabenbefreiung wird nur gewährt
   a) beim Erwerb eines Grundstücks im Sanierungsgebiet, in dem das übereignete oder verlorene Grundstück liegt, bis zum Abschluss der städtebaulichen Sanierungsmaßnahme,
   b) in anderen Fällen bis zum Ablauf von zehn Jahren, gerechnet von dem Zeitpunkt ab, in dem das Grundstück übereignet oder verloren wurde;
3. der Erwerb eines im förmlich festgelegten Sanierungsgebiet gelegenen Grundstücks, soweit die Gegenleistung in der Hingabe eines in demselben Sanierungsgebiet gelegenen Grundstücks besteht;
4. der Erwerb eines Grundstücks, der durch die Begründung, das Bestehen oder die Auflösung eines Treuhandverhältnisses im Sinne des § 160 oder des § 161 bedingt ist.

Dritter Abschnitt. Besondere sanierungsrechtliche Vorschriften

§ 152 Anwendungsbereich. Die Vorschriften dieses Abschnitts sind im förmlich festgelegten Sanierungsgebiet anzuwenden, sofern die Sanierung nicht im vereinfachten Sanierungsverfahren durchgeführt wird.

§ 153 Bemessung von Ausgleichs- und Entschädigungsleistungen, Kaufpreise, Umlegung. (1) [1] Sind auf Grund von Maßnahmen, die der Vorbereitung oder Durchführung der Sanierung im förmlich festgelegten Sanierungsgebiet dienen, nach den Vorschriften dieses Gesetzbuchs Ausgleichs- oder Entschädigungsleistungen zu gewähren, werden bei deren Bemessung Werterhöhungen, die lediglich durch die Aussicht auf die Sanierung, durch ihre Vorbereitung oder ihre Durchführung eingetreten sind, nur insoweit berücksichtigt, als der Betroffene diese Werterhöhungen durch eigene Aufwendungen zulässigerweise bewirkt hat. [2] Änderungen in den allgemeinen Wertverhältnissen auf dem Grundstücksmarkt sind zu berücksichtigen.

(2) [1] Liegt bei der rechtsgeschäftlichen Veräußerung eines Grundstücks sowie bei der Bestellung oder Veräußerung eines Erbbaurechts der vereinbarte Gegenwert für das Grundstück oder das Recht über dem Wert, der sich in Anwendung des Absatzes 1 ergibt, liegt auch hierin eine wesentliche Erschwerung der Sanierung im Sinne des § 145 Absatz 2. [2] Dies gilt nicht, wenn in den Fällen des § 154 Absatz 3 Satz 2 oder 3 die Verpflichtung zur Entrichtung des Ausgleichsbetrags erloschen ist.

(3) [1] Die Gemeinde oder der Sanierungsträger darf beim Erwerb eines Grundstücks keinen höheren Kaufpreis vereinbaren, als er sich in entsprechender Anwendung des Absatzes 1 ergibt. [2] In den Fällen des § 144 Absatz 4 Nummer 4 und 5 darf der Bedarfsträger keinen höheren Kaufpreis vereinbaren, als er sich in entsprechender Anwendung des Absatzes 1 ergibt.

(4) [1]Bei der Veräußerung nach den §§ 89 und 159 Absatz 3 ist das Grundstück zu dem Verkehrswert zu veräußern, der sich durch die rechtliche und tatsächliche Neuordnung des förmlich festgelegten Sanierungsgebiets ergibt. [2]§ 154 Absatz 5 ist dabei auf den Teil des Kaufpreises entsprechend anzuwenden, der der durch die Sanierung bedingten Werterhöhung des Grundstücks entspricht.

(5) Im förmlich festgelegten Sanierungsgebiet sind

1. Absatz 1 auf die Ermittlung von Werten nach § 57 Satz 2 und im Falle der Geldabfindung nach § 59 Absatz 2 und 4 bis 6 sowie den §§ 60 und 61 Absatz 2 entsprechend anzuwenden;
2. Wertänderungen, die durch die rechtliche und tatsächliche Neuordnung des förmlich festgelegten Sanierungsgebiets eintreten, bei der Ermittlung von Werten nach § 57 Satz 3 und 4 und im Falle des Geldausgleichs nach § 59 Absatz 2 sowie den §§ 60 und 61 Absatz 2 zu berücksichtigen;
3. § 58 nicht anzuwenden.

§ 154 Ausgleichsbetrag des Eigentümers. (1) [1]Der Eigentümer eines im förmlich festgelegten Sanierungsgebiet gelegenen Grundstücks hat zur Finanzierung der Sanierung an die Gemeinde einen Ausgleichsbetrag in Geld zu entrichten, der der durch die Sanierung bedingten Erhöhung des Bodenwerts seines Grundstücks entspricht. [2]Miteigentümer haften als Gesamtschuldner; bei Wohnungs- und Teileigentum sind die einzelnen Wohnungs- und Teileigentümer nur entsprechend ihrem Miteigentumsanteil heranzuziehen. [3]Werden im förmlich festgelegten Sanierungsgebiet Erschließungsanlagen im Sinne des § 127 Absatz 2 hergestellt, erweitert oder verbessert, sind Vorschriften über die Erhebung von Beiträgen für diese Maßnahmen auf Grundstücke im förmlich festgelegten Sanierungsgebiet nicht anzuwenden. [4]Satz 3 gilt entsprechend für die Anwendung der Vorschrift über die Erhebung von Kostenerstattungsbeträgen im Sinne des § 135a Absatz 3.

(2) Die durch die Sanierung bedingte Erhöhung des Bodenwerts des Grundstücks besteht aus dem Unterschied zwischen dem Bodenwert, der sich für das Grundstück ergeben würde, wenn eine Sanierung weder beabsichtigt noch durchgeführt worden wäre (Anfangswert), und dem Bodenwert, der sich für das Grundstück durch die rechtliche und tatsächliche Neuordnung des förmlich festgelegten Sanierungsgebiets ergibt (Endwert).

(2a) [1]Die Gemeinde kann durch Satzung bestimmen, dass der Ausgleichsbetrag abweichend von Absatz 1 Satz 1 ausgehend von dem Aufwand (ohne die Kosten seiner Finanzierung) für die Erweiterung oder Verbesserung von Erschließungsanlagen im Sinne des § 127 Absatz 2 Nummer 1 bis 3 (Verkehrsanlagen) in dem Sanierungsgebiet zu berechnen ist; Voraussetzung für den Erlass der Satzung sind Anhaltspunkte dafür, dass die sanierungsbedingte Erhöhung der Bodenwerte der Grundstücke in dem Sanierungsgebiet nicht wesentlich über der Hälfte dieses Aufwands liegt. [2]In der Satzung ist zu bestimmen, bis zu welcher Höhe der Aufwand der Berechnung zu Grunde zu legen ist; sie darf 50 vom Hundert nicht übersteigen. [3]Im Geltungsbereich der Satzung berechnet sich der Ausgleichsbetrag für das jeweilige Grundstück nach dem Verhältnis seiner Fläche zur Gesamtfläche; als Gesamtfläche ist die Fläche des Sanierungsgebiets ohne die Flächen für die Verkehrsanlagen zu Grunde zu legen. [4]§ 128 Absatz 1 und 3 ist entsprechend anzuwenden.

(3) [1]Der Ausgleichsbetrag ist nach Abschluss der Sanierung (§§ 162 und 163) zu entrichten. [2]Die Gemeinde kann die Ablösung im Ganzen vor Abschluss der Sanierung zulassen; dabei kann zur Deckung von Kosten der Sanierungsmaßnahme auch ein höherer Betrag als der Ausgleichsbetrag vereinbart werden. [3]Die Gemeinde soll auf Antrag des Ausgleichsbetragspflichtigen den Ausgleichsbetrag vorzeitig festsetzen, wenn der Ausgleichsbetragspflichtige an der Festsetzung vor Abschluss der Sanierung ein berechtigtes Interesse hat und der Ausgleichsbetrag mit hinreichender Sicherheit ermittelt werden kann.

(4) [1]Die Gemeinde fordert den Ausgleichsbetrag durch Bescheid an; der Betrag wird einen Monat nach der Bekanntgabe des Bescheids fällig. [2]Vor der Festsetzung des Ausgleichsbetrags ist dem Ausgleichsbetragspflichtigen Gelegenheit zur Stellungnahme und Erörterung der für die Wertermittlung seines Grundstücks maßgeblichen Verhältnisse sowie der nach § 155 Absatz 1 anrechenbaren Beträge innerhalb angemessener Frist zu geben. [3]Der Ausgleichsbetrag ruht nicht als öffentliche Last auf dem Grundstück.

(5) [1]Die Gemeinde hat den Ausgleichsbetrag auf Antrag des Eigentümers in ein Tilgungsdarlehen umzuwandeln, sofern diesem nicht zugemutet werden kann, die Verpflichtung bei Fälligkeit mit eigenen oder fremden Mitteln zu erfüllen. [2]Die Darlehensschuld ist mit höchstens 6 vom Hundert jährlich zu verzinsen und mit 5 vom Hundert zuzüglich der ersparten Zinsen jährlich zu tilgen. [3]Der Tilgungssatz kann im Einzelfall bis auf 1 vom Hundert herabgesetzt werden und das Darlehen niedrig verzinslich oder zinsfrei gestellt werden, wenn dies im öffentlichen Interesse oder zur Vermeidung unbilliger Härten oder zur Vermeidung einer von dem Ausgleichsbetragspflichtigen nicht zu vertretenden Unwirtschaftlichkeit der Grundstücksnutzung geboten ist. [4]Die Gemeinde soll den zur Finanzierung der Neubebauung, Modernisierung oder Instandsetzung erforderlichen Grundpfandrechten den Vorrang vor einem zur Sicherung ihres Tilgungsdarlehens bestellten Grundpfandrecht einräumen.

(6) Die Gemeinde kann von den Eigentümern auf den nach den Absätzen 1 bis 4 zu entrichtenden Ausgleichsbetrag Vorauszahlungen verlangen, sobald auf dem Grundstück eine den Zielen und Zwecken der Sanierung entsprechende Bebauung oder sonstige Nutzung zulässig ist; die Absätze 1 bis 5 sind sinngemäß anzuwenden.

§ 155 Anrechnung auf den Ausgleichsbetrag, Absehen. (1) Auf den Ausgleichsbetrag sind anzurechnen

1. die durch die Sanierung entstandenen Vorteile oder Bodenwerterhöhungen des Grundstücks, die bereits in einem anderen Verfahren, insbesondere in einem Enteignungsverfahren berücksichtigt worden sind; für Umlegungsverfahren bleibt Absatz 2 unberührt,
2. die Bodenwerterhöhungen des Grundstücks, die der Eigentümer zulässigerweise durch eigene Aufwendungen bewirkt hat; soweit der Eigentümer gemäß § 146 Absatz 3 Ordnungsmaßnahmen durchgeführt oder Gemeinbedarfs- und Folgeeinrichtungen im Sinne des § 148 Absatz 2 Satz 1 Nummer 3 errichtet oder geändert hat, sind jedoch die ihm entstandenen Kosten anzurechnen,
3. die Bodenwerterhöhungen des Grundstücks, die der Eigentümer beim Erwerb des Grundstücks als Teil des Kaufpreises in einem den Vorschriften der Nummern 1 und 2 sowie des § 154 entsprechenden Betrag zulässigerweise bereits entrichtet hat.

(2) Ein Ausgleichsbetrag entfällt, wenn eine Umlegung nach Maßgabe des § 153 Absatz 5 durchgeführt worden ist.

(3) [1]Die Gemeinde kann für das förmlich festgelegte Sanierungsgebiet oder für zu bezeichnende Teile des Sanierungsgebiets von der Festsetzung des Ausgleichsbetrags absehen, wenn

1. eine geringfügige Bodenwerterhöhung gutachtlich ermittelt worden ist und
2. der Verwaltungsaufwand für die Erhebung des Ausgleichsbetrags in keinem Verhältnis zu den möglichen Einnahmen steht.

[2]Die Entscheidung nach Satz 1 kann auch getroffen werden, bevor die Sanierung abgeschlossen ist.

(4) [1]Die Gemeinde kann im Einzelfall von der Erhebung des Ausgleichsbetrags ganz oder teilweise absehen, wenn dies im öffentlichen Interesse oder zur Vermeidung unbilliger Härten geboten ist. [2]Die Freistellung kann auch vor Abschluss der Sanierung erfolgen.

(5) Im Übrigen sind die landesrechtlichen Vorschriften über kommunale Beiträge einschließlich der Bestimmungen über die Stundung und den Erlass entsprechend anzuwenden.

(6) Sind dem Eigentümer Kosten der Ordnungsmaßnahmen oder Kosten für die Errichtung oder Änderung von Gemeinbedarfs- und Folgeeinrichtungen im Sinne des § 148 Absatz 2 Satz 1 Nummer 3 entstanden, hat die Gemeinde sie ihm zu erstatten, soweit sie über den nach § 154 und Absatz 1 ermittelten Ausgleichsbetrag hinausgehen und die Erstattung nicht vertraglich ausgeschlossen wurde.

§ 156 Überleitungsvorschriften zur förmlichen Festlegung. (1) [1]Beitragspflichten für Erschließungsanlagen im Sinne des § 127 Absatz 2, die vor der förmlichen Festlegung entstanden sind, bleiben unberührt. [2]Entsprechendes gilt für Kostenerstattungsbeträge im Sinne des § 135a Absatz 3.

(2) Hat die Umlegungsstelle vor der förmlichen Festlegung des Sanierungsgebiets in einem Umlegungsverfahren, das sich auf Grundstücke im Gebiet bezieht, den Umlegungsplan nach § 66 Absatz 1 aufgestellt oder ist eine Vorwegentscheidung nach § 76 getroffen worden, bleibt es dabei.

(3) Hat die Enteignungsbehörde vor der förmlichen Festlegung des Sanierungsgebiets den Enteignungsbeschluss nach § 113 für ein in dem Gebiet gelegenes Grundstück erlassen oder ist eine Einigung nach § 110 beurkundet worden, sind die Vorschriften des Ersten Kapitels weiter anzuwenden.

§ 156a Kosten und Finanzierung der Sanierungsmaßnahme. (1) [1]Ergibt sich nach der Durchführung der städtebaulichen Sanierungsmaßnahme und der Übertragung eines Treuhandvermögens des Sanierungsträgers auf die Gemeinde bei ihr ein Überschuss der bei der Vorbereitung und Durchführung der städtebaulichen Sanierungsmaßnahme erzielten Einnahmen über die hierfür getätigten Ausgaben, so ist dieser Überschuss auf die Eigentümer der im Sanierungsgebiet gelegenen Grundstücke zu verteilen. [2]Maßgebend sind die Eigentumsverhältnisse bei der Bekanntmachung des Beschlusses über die förmliche Festlegung des Sanierungsgebiets. [3]Ist nach diesem Zeitpunkt das Eigentum gegen Entgelt übertragen worden, so steht der auf das Grundstück entfallende Anteil dem früheren Eigentümer und dem Eigentümer, der zu einem Ausgleichsbetrag nach § 154 herangezogen worden ist, je zur Hälfte zu.

(2) Die auf die einzelnen Grundstücke entfallenden Anteile des Überschusses sind nach dem Verhältnis der Anfangswerte der Grundstücke im Sinne des § 154 Absatz 2 zu bestimmen.

(3) [1] Die Gemeinde hat bei der Errechnung des Überschusses Zuschüsse abzuziehen, die ihr oder Eigentümern aus Mitteln eines anderen öffentlichen Haushalts zur Deckung von Kosten der Vorbereitung oder Durchführung der Sanierungsmaßnahme gewährt worden sind. [2] Im Übrigen bestimmt sich das Verfahren zur Verteilung des Überschusses nach landesrechtlichen Regelungen.

Vierter Abschnitt. Sanierungsträger und andere Beauftragte

§ 157 Erfüllung von Aufgaben für die Gemeinde. (1) [1] Die Gemeinde kann sich zur Erfüllung von Aufgaben, die ihr bei der Vorbereitung oder Durchführung der Sanierung obliegen, eines geeigneten Beauftragten bedienen. [2] Sie darf jedoch die Aufgabe,

1. städtebauliche Sanierungsmaßnahmen durchzuführen, die der Gemeinde nach den §§ 146 bis 148 obliegen,
2. Grundstücke oder Rechte an ihnen zur Vorbereitung oder Durchführung der Sanierung im Auftrag der Gemeinde zu erwerben,
3. der Sanierung dienende Mittel zu bewirtschaften,

nur einem Unternehmen (Sanierungsträger) übertragen, das die Voraussetzungen für die Übernahme der Aufgaben als Sanierungsträger nach § 158 erfüllt.

(2) Die Gemeinde soll die Ausarbeitung der Bauleitpläne und die Aufgaben eines für eigene Rechnung tätigen Sanierungsträgers nicht demselben Unternehmen oder einem rechtlich oder wirtschaftlich von ihm abhängigen Unternehmen übertragen.

§ 158 Voraussetzungen für die Beauftragung als Sanierungsträger.

Dem Unternehmen können die Aufgaben als Sanierungsträger nur übertragen werden, wenn

1. das Unternehmen nicht selbst als Bauunternehmen tätig oder von einem Bauunternehmen abhängig ist,
2. das Unternehmen nach seiner Geschäftstätigkeit und seinen wirtschaftlichen Verhältnissen geeignet und in der Lage ist, die Aufgaben eines Sanierungsträgers ordnungsgemäß zu erfüllen,
3. das Unternehmen, sofern es nicht bereits kraft Gesetzes einer jährlichen Prüfung seiner Geschäftstätigkeit und seiner wirtschaftlichen Verhältnisse unterliegt, sich einer derartigen Prüfung unterworfen hat oder unterwirft,
4. die zur Vertretung berufenen Personen sowie die leitenden Angestellten die erforderliche geschäftliche Zuverlässigkeit besitzen.

§ 159 Erfüllung der Aufgaben als Sanierungsträger. (1) [1] Der Sanierungsträger erfüllt die ihm von der Gemeinde übertragenen Aufgaben nach § 157 Absatz 1 Satz 2 Nummer 1 oder 2 im eigenen Namen für Rechnung der Gemeinde als deren Treuhänder oder im eigenen Namen für eigene Rechnung. [2] Die ihm von der Gemeinde übertragene Aufgabe nach § 157 Absatz 1 Satz 2 Nummer 3 erfüllt er im eigenen Namen für Rechnung der Gemeinde als deren Treuhänder. [3] Der Sanierungsträger hat der Gemeinde auf Verlangen Auskunft zu erteilen.

(2) [1]Die Gemeinde und der Sanierungsträger legen mindestens die Aufgaben, die Rechtsstellung, in der sie der Sanierungsträger zu erfüllen hat, eine von der Gemeinde hierfür zu entrichtende angemessene Vergütung und die Befugnis der Gemeinde zur Erteilung von Weisungen durch schriftlichen Vertrag fest. [2]Der Vertrag bedarf nicht der Form des § 311b Absatz 1 des Bürgerlichen Gesetzbuchs. [3]Er kann von jeder Seite nur aus wichtigem Grund gekündigt werden.

(3) [1]Der Sanierungsträger ist verpflichtet, die Grundstücke, die er nach Übertragung der Aufgabe zur Vorbereitung oder Durchführung der Sanierung erworben hat, nach Maßgabe des § 89 Absatz 3 und 4 und unter Beachtung der Weisungen der Gemeinde zu veräußern. [2]Er hat die Grundstücke, die er nicht veräußert hat, der Gemeinde anzugeben und auf ihr Verlangen an Dritte oder an sie zu veräußern.

(4) [1]Ist in dem von dem Erwerber an den Sanierungsträger entrichteten Kaufpreis ein Betrag enthalten, der nach den §§ 154 und 155 vom Eigentümer zu tragen wäre, hat der Sanierungsträger diesen Betrag an die Gemeinde abzuführen oder mit ihr zu verrechnen. [2]In den Fällen des § 153 Absatz 4 Satz 2 hat der Sanierungsträger Ansprüche aus dem Darlehen auf Verlangen entweder an die Gemeinde abzutreten und empfangene Zinsen und Tilgungen an sie abzuführen oder sie mit ihr zu verrechnen.

(5) Der Sanierungsträger hat für die Grundstücke, deren Eigentümer er bleibt, an die Gemeinde Ausgleichsbeträge nach Maßgabe der §§ 154 und 155 zu entrichten.

(6) [1]Kündigt die Gemeinde im Falle der Eröffnung des Insolvenzverfahrens über das Vermögen des für eigene Rechnung tätigen Sanierungsträgers den mit diesem geschlossenen Vertrag, kann sie vom Insolvenzverwalter verlangen, ihr die im förmlich festgelegten Sanierungsgebiet gelegenen Grundstücke, die der Sanierungsträger nach Übertragung der Aufgaben zur Vorbereitung oder Durchführung der Sanierung erworben hat, gegen Erstattung der vom Sanierungsträger erbrachten Aufwendungen zu übereignen. [2]Der Insolvenzverwalter ist verpflichtet, der Gemeinde ein Verzeichnis dieser Grundstücke zu übergeben. [3]Die Gemeinde kann ihren Anspruch nur binnen sechs Monaten nach Übergabe des Grundstücksverzeichnisses geltend machen. [4]Im Übrigen haftet die Gemeinde den Gläubigern von Verbindlichkeiten aus der Durchführung der Ordnungsmaßnahmen wie ein Bürge, soweit sie aus dem Vermögen des Sanierungsträgers im Insolvenzverfahren keine vollständige Befriedigung erlangt haben.

§ 160 Treuhandvermögen. (1) [1]Ist dem Sanierungsträger eine Aufgabe als Treuhänder der Gemeinde übertragen, erfüllt er sie mit einem Treuhandvermögen in eigenem Namen für Rechnung der Gemeinde. [2]Der Sanierungsträger erhält von der Gemeinde für den Rechtsverkehr eine Bescheinigung über die Übertragung der Aufgabe als Treuhänder. [3]Er soll bei Erfüllung der Aufgabe seinem Namen einen das Treuhandverhältnis kennzeichnenden Zusatz hinzufügen.

(2) Der als Treuhänder tätige Sanierungsträger hat das in Erfüllung der Aufgabe gebildete Treuhandvermögen getrennt von anderem Vermögen zu verwalten.

(3) [1]Zum Treuhandvermögen gehören die Mittel, die die Gemeinde dem Sanierungsträger zur Erfüllung der Aufgabe zur Verfügung stellt. [2]Zum Treu-

handvermögen gehört auch, was der Sanierungsträger mit Mitteln des Treuhandvermögens oder durch ein Rechtsgeschäft, das sich auf das Treuhandvermögen bezieht, oder auf Grund eines zum Treuhandvermögen gehörenden Rechts oder als Ersatz für die Zerstörung, Beschädigung oder Entziehung eines zum Treuhandvermögen gehörenden Gegenstands erwirbt.

(4) [1] Die Gemeinde gewährleistet die Erfüllung der Verbindlichkeiten, für die der Sanierungsträger mit dem Treuhandvermögen haftet. [2] Mittel, die der Sanierungsträger darlehensweise von einem Dritten erhält, gehören nur dann zum Treuhandvermögen, wenn die Gemeinde der Darlehensaufnahme schriftlich zugestimmt hat. [3] Das Gleiche gilt für eigene Mittel, die der Sanierungsträger einbringt.

(5) [1] Grundstücke im förmlich festgelegten Sanierungsgebiet, die der Sanierungsträger vor oder nach Übertragung der Aufgabe mit Mitteln, die nicht zum Treuhandvermögen gehören, oder unter Hergabe von eigenem Austauschland erworben hat, hat er auf Verlangen der Gemeinde gegen Ersatz seiner Aufwendungen in das Treuhandvermögen zu überführen. [2] Dabei sind als Grundstückswerte die Werte zu berücksichtigen, die sich in Anwendung des § 153 Absatz 1 ergeben.

(6) [1] Der als Treuhänder tätige Sanierungsträger hat der Gemeinde nach Beendigung seiner Tätigkeit Rechenschaft abzulegen. [2] Er hat nach Beendigung seiner Tätigkeit das Treuhandvermögen einschließlich der Grundstücke, die er nicht veräußert hat, auf die Gemeinde zu übertragen. [3] Von der Übertragung an haftet die Gemeinde anstelle des Sanierungsträgers für die noch bestehenden Verbindlichkeiten, für die dieser mit dem Treuhandvermögen gehaftet hat.

(7) [1] Der Sanierungsträger darf vor der Übertragung nach Absatz 6 die Grundstücke des Treuhandvermögens, die er unter Hergabe von entsprechendem nicht zum Treuhandvermögen gehörendem eigenem Austauschland oder mindestens zwei Jahre, bevor ihm die Gemeinde einen mit der Sanierung zusammenhängenden Auftrag erteilt hat, erworben und in das Treuhandvermögen überführt hat, in sein eigenes Vermögen zurücküberführen. [2] Sind die von ihm in das Treuhandvermögen überführten Grundstücke veräußert oder im Rahmen der Ordnungsmaßnahmen zur Bildung neuer Grundstücke verwendet oder sind ihre Grenzen verändert worden, kann der Sanierungsträger andere Grundstücke, die wertmäßig seinen in das Treuhandvermögen überführten Grundstücken entsprechen, in sein eigenes Vermögen zurücküberführen; er bedarf hierzu der Genehmigung der Gemeinde. [3] Er hat dem Treuhandvermögen den Verkehrswert der Grundstücke zu erstatten, der sich durch die rechtliche und tatsächliche Neuordnung des förmlich festgelegten Sanierungsgebiets ergibt.

§ 161 Sicherung des Treuhandvermögens. (1) Der Sanierungsträger haftet Dritten mit dem Treuhandvermögen nicht für Verbindlichkeiten, die sich nicht auf das Treuhandvermögen beziehen.

(2) Wird in das Treuhandvermögen wegen einer Verbindlichkeit, für die der Sanierungsträger nicht mit dem Treuhandvermögen haftet, die Zwangsvollstreckung betrieben, kann die Gemeinde auf Grund des Treuhandverhältnisses gegen die Zwangsvollstreckung nach Maßgabe des § 771 der Zivilprozessordnung Widerspruch, der Sanierungsträger unter entsprechender Anwendung des § 767 Absatz 1 der Zivilprozessordnung Einwendungen geltend machen.

(3) [1] Im Falle der Eröffnung des Insolvenzverfahrens über das Vermögen des Sanierungsträgers gehört das Treuhandvermögen nicht zur Insolvenzmasse. [2] Kündigt die Gemeinde das Treuhandverhältnis, so hat der Insolvenzverwalter das Treuhandvermögen auf die Gemeinde zu übertragen und bis zur Übertragung zu verwalten. [3] Von der Übertragung an haftet die Gemeinde anstelle des Sanierungsträgers für die Verbindlichkeiten, für die dieser mit dem Treuhandvermögen gehaftet hat. [4] Die mit der Eröffnung des Insolvenzverfahrens verbundenen Rechtsfolgen treten hinsichtlich der Verbindlichkeiten nicht ein. [5] § 418 des Bürgerlichen Gesetzbuchs ist nicht anzuwenden.

Fünfter Abschnitt. Abschluss der Sanierung

§ 162 Aufhebung der Sanierungssatzung. (1) [1] Die Sanierungssatzung ist aufzuheben, wenn

1. die Sanierung durchgeführt ist oder
2. die Sanierung sich als undurchführbar erweist oder
3. die Sanierungsabsicht aus anderen Gründen aufgegeben wird oder
4. die nach § 142 Absatz 3 Satz 3 oder 4 für die Durchführung der Sanierung festgelegte Frist abgelaufen ist.

[2] Sind diese Voraussetzungen nur für einen Teil des förmlich festgelegten Sanierungsgebiets gegeben, ist die Satzung für diesen Teil aufzuheben.

(2) [1] Der Beschluss der Gemeinde, durch den die förmliche Festlegung des Sanierungsgebiets ganz oder teilweise aufgehoben wird, ergeht als Satzung. [2] Die Satzung ist ortsüblich bekannt zu machen. [3] Die Gemeinde kann auch ortsüblich bekannt machen, dass eine Satzung zur Aufhebung der förmlichen Festlegung des Sanierungsgebiets beschlossen worden ist; § 10 Absatz 3 Satz 2 bis 5 ist entsprechend anzuwenden. [4] Mit der Bekanntmachung wird die Satzung rechtsverbindlich.

(3) Die Gemeinde ersucht das Grundbuchamt, die Sanierungsvermerke zu löschen.

§ 163 Fortfall von Rechtswirkungen für einzelne Grundstücke.

(1) [1] Die Gemeinde kann die Sanierung für ein Grundstück als abgeschlossen erklären, wenn entsprechend den Zielen und Zwecken der Sanierung

1. das Grundstück bebaut ist oder in sonstiger Weise genutzt wird oder
2. das Gebäude modernisiert oder instand gesetzt ist.

[2] Auf Antrag des Eigentümers hat die Gemeinde die Sanierung für das Grundstück als abgeschlossen zu erklären.

(2) [1] Die Gemeinde kann bereits vor dem in Absatz 1 bezeichneten Zeitpunkt die Durchführung der Sanierung für einzelne Grundstücke durch Bescheid an die Eigentümer für abgeschlossen erklären, wenn die den Zielen und Zwecken der Sanierung entsprechende Bebauung oder sonstige Nutzung oder die Modernisierung oder Instandsetzung auch ohne Gefährdung der Ziele und Zwecke der Sanierung zu einem späteren Zeitpunkt möglich ist. [2] Ein Rechtsanspruch auf Abgabe der Erklärung besteht in diesem Falle nicht.

(3) [1] Mit der Erklärung entfällt die Anwendung der §§ 144, 145 und 153 für dieses Grundstück. [2] Die Gemeinde ersucht das Grundbuchamt, den Sanierungsvermerk zu löschen.

§ 164 Anspruch auf Rückübertragung. (1) Wird die Sanierungssatzung aus den in § 162 Absatz 1 Satz 1 Nummer 2 oder 3 bezeichneten Gründen aufgehoben oder ist im Falle der Aufhebung nach § 162 Absatz 1 Satz 1 Nummer 4 die Sanierung nicht durchgeführt worden, hat der frühere Eigentümer eines Grundstücks einen Anspruch gegenüber dem jeweiligen Eigentümer auf Rückübertragung dieses Grundstücks, wenn es die Gemeinde oder der Sanierungsträger von ihm nach der förmlichen Festlegung des Sanierungsgebiets zur Durchführung der Sanierung freihändig oder nach den Vorschriften dieses Gesetzbuchs ohne Hergabe von entsprechendem Austauschland, Ersatzland oder Begründung von Rechten der in § 101 Absatz 1 Satz 1 Nummer 1 bezeichneten Art erworben hatte.

(2) Der Anspruch besteht nicht, wenn

1. das Grundstück als Baugrundstück für den Gemeinbedarf oder als Verkehrs-, Versorgungs- oder Grünfläche in einem Bebauungsplan festgesetzt ist oder für sonstige öffentliche Zwecke benötigt wird oder
2. der frühere Eigentümer selbst das Grundstück im Wege der Enteignung erworben hatte oder
3. der Eigentümer mit der zweckgerechten Verwendung des Grundstücks begonnen hat oder
4. das Grundstück auf Grund des § 89 oder des § 159 Absatz 3 an einen Dritten veräußert wurde oder
5. die Grundstücksgrenzen erheblich verändert worden sind.

(3) Die Rückübertragung kann nur binnen zwei Jahren seit der Aufhebung der Sanierungssatzung verlangt werden.

(4) Der frühere Eigentümer hat als Kaufpreis den Verkehrswert zu zahlen, den das Grundstück im Zeitpunkt der Rückübertragung hat.

(5) [1] Ein Anspruch auf Rückenteignung nach § 102 bleibt unberührt. [2] Die dem Eigentümer zu gewährende Entschädigung nach § 103 bemisst sich nach dem Verkehrswert des Grundstücks, der sich auf Grund des rechtlichen und tatsächlichen Zustands im Zeitpunkt der Aufhebung der förmlichen Festlegung ergibt.

Sechster Abschnitt. Städtebauförderung

§ 164a Einsatz von Städtebauförderungsmitteln. (1) [1] Zur Deckung der Kosten der einheitlichen Vorbereitung und zügigen Durchführung der städtebaulichen Sanierungsmaßnahme als Einheit (Gesamtmaßnahme) werden Finanzierungs- und Förderungsmittel (Städtebauförderungsmittel) eingesetzt. [2] Für Maßnahmen im Zusammenhang mit der Sanierung, deren Finanzierung oder Förderung auf anderer gesetzlicher Grundlage beruht, sollen die in den jeweiligen Haushaltsgesetzen zur Verfügung gestellten Finanzierungs- oder Förderungsmittel so eingesetzt werden, dass die Maßnahmen im Rahmen der Sanierung durchgeführt werden können.

(2) Städtebauförderungsmittel können eingesetzt werden für

1. die Vorbereitung von Sanierungsmaßnahmen (§ 140),
2. die Durchführung von Ordnungsmaßnahmen nach § 147 einschließlich Entschädigungen, soweit durch sie kein bleibender Gegenwert erlangt wird; zu den Kosten der Ordnungsmaßnahmen gehören nicht die persönlichen oder sachlichen Kosten der Gemeindeverwaltung,

3. die Durchführung von Baumaßnahmen nach § 148,
4. die Gewährung einer angemessenen Vergütung von nach Maßgabe dieses Gesetzes beauftragten Dritten,
5. die Verwirklichung des Sozialplans nach § 180 sowie die Gewährung eines Härteausgleichs nach § 181.

(3) [1] Städtebauförderungsmittel können für Modernisierungs- und Instandsetzungsmaßnahmen im Sinne des § 177 eingesetzt werden. [2] Soweit nichts anderes vereinbart ist, gilt dies auch für entsprechende Maßnahmen, zu deren Durchführung sich der Eigentümer gegenüber der Gemeinde vertraglich verpflichtet hat, sowie für darüber hinausgehende Maßnahmen, die der Erhaltung, Erneuerung und funktionsgerechten Verwendung eines Gebäudes dienen, das wegen seiner geschichtlichen, künstlerischen oder städtebaulichen Bedeutung erhalten bleiben soll.

§ 164b Verwaltungsvereinbarung. (1) [1] Der Bund kann zur Förderung städtebaulicher Sanierungsmaßnahmen nach Artikel 104b des Grundgesetzes den Ländern nach Maßgabe des jeweiligen Haushaltsgesetzes Finanzhilfen für Investitionen der Gemeinden und Gemeindeverbände nach einem in gleicher Weise geltenden, allgemeinen und sachgerechten Maßstab gewähren. [2] Der Maßstab und das Nähere für den Einsatz der Finanzhilfen werden durch Verwaltungsvereinbarung zwischen Bund und Ländern festgelegt.

(2) Schwerpunkt für den Einsatz solcher Finanzhilfen sind

1. die Stärkung von Innenstädten und Ortsteilzentren in ihrer städtebaulichen Funktion unter besonderer Berücksichtigung des Wohnungsbaus sowie der Belange des Denkmalschutzes und der Denkmalpflege,
2. die Wiedernutzung von Flächen, insbesondere der in Innenstädten brachliegenden Industrie-, Konversions- oder Eisenbahnflächen, zur Errichtung von Wohn- und Arbeitsstätten, Gemeinbedarfs- und Folgeeinrichtungen unter Berücksichtigung ihrer funktional sinnvollen Zuordnung (Nutzungsmischung) sowie von umweltschonenden, kosten- und flächensparenden Bauweisen,
3. städtebauliche Maßnahmen zur Behebung sozialer Missstände.

Zweiter Teil. Städtebauliche Entwicklungsmaßnahmen

§ 165 Städtebauliche Entwicklungsmaßnahmen. (1) Städtebauliche Entwicklungsmaßnahmen in Stadt und Land, deren einheitliche Vorbereitung und zügige Durchführung im öffentlichen Interesse liegen, werden nach den Vorschriften dieses Teils vorbereitet und durchgeführt.

(2) Mit städtebaulichen Entwicklungsmaßnahmen nach Absatz 1 sollen Ortsteile und andere Teile des Gemeindegebiets entsprechend ihrer besonderen Bedeutung für die städtebauliche Entwicklung und Ordnung der Gemeinde oder entsprechend der angestrebten Entwicklung des Landesgebiets oder der Region erstmalig entwickelt oder im Rahmen einer städtebaulichen Neuordnung einer neuen Entwicklung zugeführt werden.

(3) [1] Die Gemeinde kann einen Bereich, in dem eine städtebauliche Entwicklungsmaßnahme durchgeführt werden soll, durch Beschluss förmlich als städtebaulichen Entwicklungsbereich festlegen, wenn

1. die Maßnahme den Zielen und Zwecken nach Absatz 2 entspricht,

2. das Wohl der Allgemeinheit die Durchführung der städtebaulichen Entwicklungsmaßnahme erfordert, insbesondere zur Deckung eines erhöhten Bedarfs an Wohn- und Arbeitsstätten, zur Errichtung von Gemeinbedarfs- und Folgeeinrichtungen oder zur Wiedernutzung brachliegender Flächen,
3. die mit der städtebaulichen Entwicklungsmaßnahme angestrebten Ziele und Zwecke durch städtebauliche Verträge nicht erreicht werden können oder Eigentümer der von der Maßnahme betroffenen Grundstücke unter entsprechender Berücksichtigung des § 166 Absatz 3 nicht bereit sind, ihre Grundstücke an die Gemeinde oder den von ihr beauftragten Entwicklungsträger zu dem Wert zu veräußern, der sich in Anwendung des § 169 Absatz 1 Nummer 6 und Absatz 4 ergibt,
4. die zügige Durchführung der Maßnahme innerhalb eines absehbaren Zeitraums gewährleistet ist.

[2] Die öffentlichen und privaten Belange sind gegeneinander und untereinander gerecht abzuwägen.

(4) [1] Die Gemeinde hat vor der förmlichen Festlegung des städtebaulichen Entwicklungsbereichs die vorbereitenden Untersuchungen durchzuführen oder zu veranlassen, die erforderlich sind, um Beurteilungsunterlagen über die Festlegungsvoraussetzungen nach Absatz 3 zu gewinnen. [2] Die §§ 137 bis 141 sind entsprechend anzuwenden.

(5) [1] Der städtebauliche Entwicklungsbereich ist so zu begrenzen, dass sich die Entwicklung zweckmäßig durchführen lässt. [2] Einzelne Grundstücke, die von der Entwicklung nicht betroffen werden, können aus dem Bereich ganz oder teilweise ausgenommen werden. [3] Grundstücke, die den in § 26 Nummer 2 und § 35 Absatz 1 Nummer 7 bezeichneten Zwecken dienen, die in § 26 Nummer 3 bezeichneten Grundstücke sowie Grundstücke, für die nach § 1 Absatz 2 des Landbeschaffungsgesetzes ein Anhörungsverfahren eingeleitet worden ist, und bundeseigene Grundstücke, bei denen die Absicht, sie für Zwecke der Landesverteidigung zu verwenden, der Gemeinde bekannt ist, dürfen nur mit Zustimmung des Bedarfsträgers in den städtebaulichen Entwicklungsbereich einbezogen werden. [4] Der Bedarfsträger soll seine Zustimmung erteilen, wenn auch bei Berücksichtigung seiner Aufgaben ein überwiegendes öffentliches Interesse an der Durchführung der städtebaulichen Entwicklungsmaßnahme besteht.

(6) [1] Die Gemeinde beschließt die förmliche Festlegung des städtebaulichen Entwicklungsbereichs als Satzung (Entwicklungssatzung). [2] In der Entwicklungssatzung ist der städtebauliche Entwicklungsbereich zu bezeichnen.

(7) [1] Der Entwicklungssatzung ist eine Begründung beizufügen. [2] In der Begründung sind die Gründe darzulegen, die die förmliche Festlegung des entwicklungsbedürftigen Bereichs rechtfertigen.

(8) [1] Der Beschluss der Entwicklungssatzung ist ortsüblich bekannt zu machen. [2] § 10 Absatz 3 Satz 2 bis 5 ist entsprechend anzuwenden. [3] In der Bekanntmachung nach Satz 1 ist auf die Genehmigungspflicht nach den §§ 144, 145 und 153 Absatz 2 hinzuweisen. [4] Mit der Bekanntmachung wird die Entwicklungssatzung rechtsverbindlich.

(9) [1] Die Gemeinde teilt dem Grundbuchamt die rechtsverbindliche Entwicklungssatzung mit. [2] Sie hat hierbei die von der Entwicklungssatzung betroffenen Grundstücke einzeln aufzuführen. [3] Das Grundbuchamt hat in die Grundbücher dieser Grundstücke einzutragen, dass eine städtebauliche Ent-

wicklungsmaßnahme durchgeführt wird (Entwicklungsvermerk). [4] § 54 Absatz 2 Satz 1 und Absatz 3 ist entsprechend anzuwenden.

§ 166 Zuständigkeit und Aufgaben. (1) [1] Die Entwicklungsmaßnahme wird von der Gemeinde vorbereitet und durchgeführt, sofern nicht nach Absatz 4 eine abweichende Regelung getroffen wird. [2] Die Gemeinde hat für den städtebaulichen Entwicklungsbereich ohne Verzug Bebauungspläne aufzustellen und, soweit eine Aufgabe nicht nach sonstigen gesetzlichen Vorschriften einem anderen obliegt, alle erforderlichen Maßnahmen zu ergreifen, um die vorgesehene Entwicklung im städtebaulichen Entwicklungsbereich zu verwirklichen.

(2) Die Gemeinde hat die Voraussetzungen dafür zu schaffen, dass ein funktionsfähiger Bereich entsprechend der beabsichtigten städtebaulichen Entwicklung und Ordnung entsteht, der nach seinem wirtschaftlichen Gefüge und der Zusammensetzung seiner Bevölkerung den Zielen und Zwecken der städtebaulichen Entwicklungsmaßnahme entspricht und in dem eine ordnungsgemäße und zweckentsprechende Versorgung der Bevölkerung mit Gütern und Dienstleistungen sichergestellt ist.

(3) [1] Die Gemeinde soll die Grundstücke im städtebaulichen Entwicklungsbereich erwerben. [2] Dabei soll sie feststellen, ob und in welcher Rechtsform die bisherigen Eigentümer einen späteren Erwerb von Grundstücken oder Rechten im Rahmen des § 169 Absatz 6 anstreben. [3] Die Gemeinde soll von dem Erwerb eines Grundstücks absehen, wenn

1. bei einem baulich genutzten Grundstück die Art und das Maß der baulichen Nutzung bei der Durchführung der Entwicklungsmaßnahme nicht geändert werden sollen oder
2. der Eigentümer eines Grundstücks, dessen Verwendung nach den Zielen und Zwecken der städtebaulichen Entwicklungsmaßnahme bestimmt oder mit ausreichender Sicherheit bestimmbar ist, in der Lage ist, das Grundstück binnen angemessener Frist dementsprechend zu nutzen, und er sich hierzu verpflichtet.

[4] Erwirbt die Gemeinde ein Grundstück nicht, ist der Eigentümer verpflichtet, einen Ausgleichsbetrag an die Gemeinde zu entrichten, der der durch die Entwicklungsmaßnahme bedingten Erhöhung des Bodenwerts seines Grundstücks entspricht.

(4) Die Vorbereitung und Durchführung der Entwicklungsmaßnahme kann einem Planungsverband nach § 205 Absatz 4 übertragen werden.

§ 167 Erfüllung von Aufgaben für die Gemeinde; Entwicklungsträger. (1) [1] Die Gemeinde kann sich zur Erfüllung von Aufgaben, die ihr bei der Vorbereitung oder Durchführung der städtebaulichen Entwicklungsmaßnahme obliegen, eines geeigneten Beauftragten, insbesondere eines Entwicklungsträgers, bedienen. [2] § 157 Absatz 1 Satz 2 und § 158 sind entsprechend anzuwenden.

(2) [1] Der Entwicklungsträger erfüllt die ihm von der Gemeinde übertragenen Aufgaben in eigenem Namen für Rechnung der Gemeinde als deren Treuhänder. [2] § 159 Absatz 1 Satz 3 und Absatz 2 sowie die §§ 160 und 161 sind entsprechend anzuwenden.

(3) Der Entwicklungsträger ist verpflichtet, die Grundstücke des Treuhandvermögens nach Maßgabe des § 169 Absatz 5 bis 8 zu veräußern; er ist dabei an Weisungen der Gemeinde gebunden.

§ 168 Übernahmeverlangen. [1]Der Eigentümer eines im städtebaulichen Entwicklungsbereich gelegenen Grundstücks kann von der Gemeinde die Übernahme des Grundstücks verlangen, wenn es ihm mit Rücksicht auf die Erklärung zum städtebaulichen Entwicklungsbereich oder den Stand der Entwicklungsmaßnahme wirtschaftlich nicht mehr zuzumuten ist, das Grundstück zu behalten oder in der bisherigen oder einer anderen zulässigen Art zu nutzen. [2]Die Vorschrift des § 145 Absatz 5 Satz 2 bis 5 ist entsprechend anzuwenden.

§ 169 Besondere Vorschriften für den städtebaulichen Entwicklungsbereich. (1) Im städtebaulichen Entwicklungsbereich sind entsprechend anzuwenden

1. die §§ 137, 138 und 139 (Beteiligung und Mitwirkung der Betroffenen; Auskunftspflicht; Beteiligung und Mitwirkung öffentlicher Aufgabenträger),
2. § 142 Absatz 2 (Ersatz- und Ergänzungsgebiete),
3. die §§ 144 und 145 (Genehmigungspflichtige Vorhaben und Rechtsvorgänge; Genehmigung),
4. die §§ 146 bis 148 (Durchführung; Ordnungsmaßnahmen; Baumaßnahmen),
5. die §§ 150 und 151 (Ersatz für Änderungen von Einrichtungen, die der öffentlichen Versorgung dienen; Abgaben- und Auslagenbefreiung),
6. § 153 Absatz 1 bis 3 (Bemessung von Ausgleichs- und Entschädigungsleistungen; Kaufpreise),
7. die §§ 154 bis 156, ohne § 154 Absatz 2a (Ausgleichsbetrag des Eigentümers; Anrechnung auf den Ausgleichsbetrag, Absehen; Überleitungsvorschriften zur förmlichen Festlegung),
8. §§ 162 bis 164 (Abschluss der Maßnahme),
9. die §§ 164a und 164b (Einsatz von Städtebauförderungsmitteln; Verwaltungsvereinbarung),
10. § 191 (Vorschriften über den Verkehr mit land- und forstwirtschaftlichen Grundstücken).

(2) Die Vorschriften des Vierten Teils des Ersten Kapitels über die Bodenordnung sind im städtebaulichen Entwicklungsbereich nicht anzuwenden.

(3) [1]Die Enteignung ist im städtebaulichen Entwicklungsbereich ohne Bebauungsplan zugunsten der Gemeinde oder des Entwicklungsträgers zur Erfüllung ihrer Aufgaben zulässig. [2]Sie setzt voraus, dass der Antragsteller sich ernsthaft um den freihändigen Erwerb des Grundstücks zu angemessenen Bedingungen bemüht hat. [3]Die §§ 85, 87, 88 und 89 Absatz 1 bis 3 sind im städtebaulichen Entwicklungsbereich nicht anzuwenden.

(4) Auf land- oder forstwirtschaftlich genutzte Grundstücke ist § 153 Absatz 1 mit der Maßgabe entsprechend anzuwenden, dass in den Gebieten, in denen sich kein von dem innerlandwirtschaftlichen Verkehrswert abweichender Verkehrswert gebildet hat, der Wert maßgebend ist, der in vergleichbaren Fällen im gewöhnlichen Geschäftsverkehr auf dem allgemeinen Grundstücksmarkt dort zu erzielen wäre, wo keine Entwicklungsmaßnahmen vorgesehen sind.

(5) Die Gemeinde ist verpflichtet, Grundstücke, die sie zur Durchführung der Entwicklungsmaßnahme freihändig oder nach den Vorschriften dieses Gesetzbuchs erworben hat, nach Maßgabe der Absätze 6 bis 8 zu veräußern mit Ausnahme der Flächen, die als Baugrundstücke für den Gemeinbedarf oder als Verkehrs-, Versorgungs- oder Grünflächen in einem Bebauungsplan festgesetzt sind oder für sonstige öffentliche Zwecke oder als Austauschland oder zur Entschädigung in Land benötigt werden.

(6) [1] Die Grundstücke sind nach ihrer Neuordnung und Erschließung unter Berücksichtigung weiter Kreise der Bevölkerung und unter Beachtung der Ziele und Zwecke der Entwicklungsmaßnahme an Bauwillige zu veräußern, die sich verpflichten, dass sie die Grundstücke innerhalb angemessener Frist entsprechend den Festsetzungen des Bebauungsplans und den Erfordernissen der Entwicklungsmaßnahme bebauen werden. [2] Dabei sind zunächst die früheren Eigentümer zu berücksichtigen. [3] Auf die Veräußerungspflicht ist § 89 Absatz 4 anzuwenden. [4] Zur land- oder forstwirtschaftlichen Nutzung festgesetzte Grundstücke sind Land- oder Forstwirten anzubieten, die zur Durchführung der Entwicklungsmaßnahme Grundstücke übereignet haben oder abgeben mussten.

(7) [1] Die Gemeinde hat bei der Veräußerung dafür zu sorgen, dass die Bauwilligen die Bebauung in wirtschaftlich sinnvoller Aufeinanderfolge derart durchführen, dass die Ziele und Zwecke der städtebaulichen Entwicklung erreicht werden und die Vorhaben sich in den Rahmen der Gesamtmaßnahme einordnen. [2] Sie hat weiter sicherzustellen, dass die neu geschaffenen baulichen Anlagen entsprechend den Zielen und Zwecken der städtebaulichen Entwicklungsmaßnahme dauerhaft genutzt werden.

(8) [1] Zur Finanzierung der Entwicklung ist das Grundstück oder das Recht zu dem Verkehrswert zu veräußern, der sich durch die rechtliche und tatsächliche Neuordnung des städtebaulichen Entwicklungsbereichs ergibt. [2] § 154 Absatz 5 ist auf den Teil des Kaufpreises entsprechend anzuwenden, der der durch die Entwicklung bedingten Werterhöhung des Grundstücks entspricht.

§ 170 Sonderregelung für Anpassungsgebiete. [1] Ergeben sich aus den Zielen und Zwecken der städtebaulichen Entwicklungsmaßnahme in einem im Zusammenhang bebauten Gebiet Maßnahmen zur Anpassung an die vorgesehene Entwicklung, kann die Gemeinde dieses Gebiet in der Entwicklungssatzung förmlich festlegen (Anpassungsgebiet). [2] Das Anpassungsgebiet ist in der Entwicklungssatzung zu bezeichnen. [3] Die förmliche Festlegung darf erst erfolgen, wenn entsprechend § 141 vorbereitende Untersuchungen durchgeführt worden sind. [4] In dem Anpassungsgebiet sind neben den für städtebauliche Entwicklungsmaßnahmen geltenden Vorschriften mit Ausnahme des § 166 Absatz 3 und des § 169 Absatz 2 bis 8 die Vorschriften über städtebauliche Sanierungsmaßnahmen entsprechend anzuwenden, mit Ausnahme der §§ 136, 142 und 143.

§ 171 Kosten und Finanzierung der Entwicklungsmaßnahme.

(1) [1] Einnahmen, die bei der Vorbereitung und Durchführung der Entwicklungsmaßnahme entstehen, sind zur Finanzierung der Entwicklungsmaßnahme zu verwenden. [2] Ergibt sich nach der Durchführung der städtebaulichen Entwicklungsmaßnahme und der Übertragung eines Treuhandvermögens des Entwicklungsträgers auf die Gemeinde bei ihr ein Überschuss der bei der Vor-

bereitung und Durchführung der städtebaulichen Entwicklungsmaßnahme erzielten Einnahmen über die hierfür getätigten Ausgaben, so ist dieser Überschuss in entsprechender Anwendung des § 156a zu verteilen.

(2) [1] Die Gemeinde hat entsprechend § 149 nach dem Stand der Planung eine Kosten- und Finanzierungsübersicht aufzustellen. [2] Zu berücksichtigen sind die Kosten, die nach den Zielen und Zwecken der Entwicklung erforderlich sind.

Dritter Teil. Stadtumbau

§ 171a Stadtumbaumaßnahmen. (1) Stadtumbaumaßnahmen in Stadt- und Ortsteilen, deren einheitliche und zügige Durchführung im öffentlichen Interesse liegen, können auch anstelle von oder ergänzend zu sonstigen Maßnahmen nach diesem Gesetzbuch nach den Vorschriften dieses Teils durchgeführt werden.

(2) [1] Stadtumbaumaßnahmen sind Maßnahmen, durch die in von erheblichen städtebaulichen Funktionsverlusten betroffenen Gebieten Anpassungen zur Herstellung nachhaltiger städtebaulicher Strukturen vorgenommen werden. [2] Erhebliche städtebauliche Funktionsverluste liegen insbesondere vor, wenn ein dauerhaftes Überangebot an baulichen Anlagen für bestimmte Nutzungen, namentlich für Wohnzwecke, besteht oder zu erwarten ist, oder wenn die allgemeinen Anforderungen an den Klimaschutz und die Klimaanpassung nicht erfüllt werden.

(3) [1] Stadtumbaumaßnahmen dienen dem Wohl der Allgemeinheit. [2] Sie sollen insbesondere dazu beitragen, dass

1. die Siedlungsstruktur den Erfordernissen der Entwicklung von Bevölkerung und Wirtschaft sowie den allgemeinen Anforderungen an den Klimaschutz und die Klimaanpassung angepasst wird,
2. die Wohn- und Arbeitsverhältnisse sowie die Umwelt verbessert werden,
3. innerstädtische Bereiche gestärkt werden,
4. nicht mehr bedarfsgerechte bauliche Anlagen einer neuen Nutzung zugeführt werden,
5. einer anderen Nutzung nicht zuführbare bauliche Anlagen zurückgebaut werden,
6. brachliegende oder freigelegte Flächen einer nachhaltigen, insbesondere dem Klimaschutz und der Klimaanpassung dienenden städtebaulichen Entwicklung oder einer mit dieser verträglichen Zwischennutzung zugeführt werden,
7. innerstädtische Altbaubestände nachhaltig erhalten werden.

§ 171b Stadtumbaugebiet, städtebauliches Entwicklungskonzept.

(1) [1] Die Gemeinde legt das Gebiet, in dem Stadtumbaumaßnahmen durchgeführt werden sollen, durch Beschluss als Stadtumbaugebiet fest. [2] Es ist in seinem räumlichen Umfang so festzulegen, dass sich die Maßnahmen zweckmäßig durchführen lassen.

(2) [1] Grundlage für den Beschluss nach Absatz 1 ist ein von der Gemeinde aufzustellendes städtebauliches Entwicklungskonzept, in dem die Ziele und Maßnahmen (§ 171a Absatz 3) im Stadtumbaugebiet schriftlich darzustellen

sind. [2]Die öffentlichen und privaten Belange sind gegeneinander und untereinander gerecht abzuwägen.

(3) Die §§ 137 und 139 sind bei der Vorbereitung und Durchführung der Stadtumbaumaßnahmen entsprechend anzuwenden.

(4) Die §§ 164a und 164b sind im Stadtumbaugebiet entsprechend anzuwenden.

§ 171c Stadtumbauvertrag. [1]Die Gemeinde soll soweit erforderlich zur Umsetzung ihres städtebaulichen Entwicklungskonzeptes die Möglichkeit nutzen, Stadtumbaumaßnahmen auf der Grundlage von städtebaulichen Verträgen im Sinne des § 11 insbesondere mit den beteiligten Eigentümern durchzuführen. [2]Gegenstände der Verträge können insbesondere auch sein

1. die Durchführung des Rückbaus oder der Anpassung baulicher Anlagen innerhalb einer bestimmten Frist und die Kostentragung dafür;
2. der Verzicht auf die Ausübung von Ansprüchen nach den §§ 39 bis 44;
3. der Ausgleich von Lasten zwischen den beteiligten Eigentümern.

§ 171d Sicherung von Durchführungsmaßnahmen. (1) [1]Die Gemeinde kann durch Satzung ein Gebiet bezeichnen, das ein festgelegtes Stadtumbaugebiet (§ 171b Absatz 1) oder Teile davon umfasst und in dem zur Sicherung und sozialverträglichen Durchführung von Stadtumbaumaßnahmen die in § 14 Absatz 1 bezeichneten Vorhaben und sonstigen Maßnahmen der Genehmigung bedürfen. [2]Auf die Satzung ist § 16 Absatz 2 entsprechend anzuwenden.

(2) Ist der Beschluss über die Aufstellung einer Satzung nach Absatz 1 gefasst und ortsüblich bekannt gemacht, ist § 15 Absatz 1 auf die Durchführung der Vorhaben und Maßnahmen im Sinne von Absatz 1 entsprechend anzuwenden.

(3) [1]In den Fällen des Absatzes 1 darf die Genehmigung nur versagt werden, um einen den städtebaulichen und sozialen Belangen Rechnung tragenden Ablauf der Stadtumbaumaßnahmen auf der Grundlage des von der Gemeinde aufgestellten städtebaulichen Entwicklungskonzeptes (§ 171b Absatz 2) oder eines Sozialplans (§ 180) zu sichern. [2]Die Genehmigung ist zu erteilen, wenn auch unter Berücksichtigung des Allgemeinwohls ein Absehen von dem Vorhaben oder der Maßnahme wirtschaftlich nicht zumutbar ist.

(4) Die §§ 138, 173 und 174 sind im Gebiet der Satzung nach Absatz 1 entsprechend anzuwenden.

Vierter Teil. Soziale Stadt

§ 171e Maßnahmen der Sozialen Stadt. (1) Städtebauliche Maßnahmen der Sozialen Stadt in Stadt- und Ortsteilen, deren einheitliche und zügige Durchführung im öffentlichen Interesse liegen, können auch anstelle von oder ergänzend zu sonstigen Maßnahmen nach diesem Gesetzbuch nach den Vorschriften dieses Teils durchgeführt werden.

(2) [1]Städtebauliche Maßnahmen der Sozialen Stadt sind Maßnahmen zur Stabilisierung und Aufwertung von durch soziale Missstände benachteiligten Ortsteilen oder anderen Teilen des Gemeindegebiets, in denen ein besonderer Entwicklungsbedarf besteht. [2]Soziale Missstände liegen insbesondere vor, wenn ein Gebiet auf Grund der Zusammensetzung und wirtschaftlichen Situation der darin lebenden und arbeitenden Menschen erheblich benachteiligt ist. [3]Ein besonderer Entwicklungsbedarf liegt insbesondere vor, wenn es sich um be-

nachteiligte innerstädtische oder innenstadtnah gelegene Gebiete oder verdichtete Wohn- und Mischgebiete handelt, in denen es einer aufeinander abgestimmten Bündelung von investiven und sonstigen Maßnahmen bedarf.

(3) [1] Die Gemeinde legt das Gebiet, in dem die Maßnahmen durchgeführt werden sollen, durch Beschluss fest. [2] Es ist in seinem räumlichen Umfang so festzulegen, dass sich die Maßnahmen zweckmäßig durchführen lassen.

(4) [1] Grundlage für den Beschluss nach Absatz 3 ist ein von der Gemeinde unter Beteiligung der Betroffenen (§ 137) und der öffentlichen Aufgabenträger (§ 139) aufzustellendes Entwicklungskonzept, in dem die Ziele und Maßnahmen schriftlich darzustellen sind. [2] Das Entwicklungskonzept soll insbesondere Maßnahmen enthalten, die der Verbesserung der Wohn- und Arbeitsverhältnisse sowie der Schaffung und Erhaltung sozial stabiler Bewohnerstrukturen dienen.

(5) [1] Bei der Erstellung des Entwicklungskonzeptes und bei seiner Umsetzung sollen die Beteiligten in geeigneter Form einbezogen und zur Mitwirkung angeregt werden. [2] Die Gemeinde soll die Beteiligten im Rahmen des Möglichen fortlaufend beraten und unterstützen. [3] Dazu kann im Zusammenwirken von Gemeinde und Beteiligten eine Koordinierungsstelle eingerichtet werden. [4] Soweit erforderlich, soll die Gemeinde zur Verwirklichung und zur Förderung der mit dem Entwicklungskonzept verfolgten Ziele sowie zur Übernahme von Kosten mit den Eigentümern und sonstigen Maßnahmenträgern städtebauliche Verträge schließen.

(6) [1] Die §§ 164a und 164b sind im Gebiet nach Absatz 3 entsprechend anzuwenden. [2] Dabei ist § 164a Absatz 1 Satz 2 über den Einsatz von Finanzierungs- und Fördermitteln auf Grund anderer gesetzlicher Grundlage insbesondere auch auf sonstige Maßnahmen im Sinne des Absatzes 2 Satz 3 anzuwenden.

Fünfter Teil. Private Initiativen

§ 171f Private Initiativen zur Stadtentwicklung, Landesrecht. [1] Nach Maßgabe des Landesrechts[1]) können unbeschadet sonstiger Maßnahmen nach diesem Gesetzbuch Gebiete festgelegt werden, in denen in privater Verantwortung standortbezogene Maßnahmen durchgeführt werden, die auf der Grundlage eines mit den städtebaulichen Zielen der Gemeinde abgestimmten Konzepts der Stärkung oder Entwicklung von Bereichen der Innenstädte, Stadtteilzentren, Wohnquartiere und Gewerbezentren sowie von sonstigen für die städtebauliche Entwicklung bedeutsamen Bereichen dienen. [2] Zur Finanzierung der Maßnahmen und gerechten Verteilung des damit verbundenen Aufwands können durch Landesrecht Regelungen getroffen werden.

Sechster Teil. Erhaltungssatzung und städtebauliche Gebote

Erster Abschnitt. Erhaltungssatzung

§ 172 Erhaltung baulicher Anlagen und der Eigenart von Gebieten (Erhaltungssatzung) (1) [1] Die Gemeinde kann in einem Bebauungsplan oder durch eine sonstige Satzung Gebiete bezeichnen, in denen

[1]) Siehe hierzu ua G zur Stärkung der Quartiersentwicklung durch Privatinitiative v. 9.12.2014 (GBl. S. 687).

1. zur Erhaltung der städtebaulichen Eigenart des Gebiets auf Grund seiner städtebaulichen Gestalt (Absatz 3),
2. zur Erhaltung der Zusammensetzung der Wohnbevölkerung (Absatz 4) oder
3. bei städtebaulichen Umstrukturierungen (Absatz 5)

der Rückbau, die Änderung oder die Nutzungsänderung baulicher Anlagen der Genehmigung bedürfen. [2] In den Fällen des Satzes 1 Nummer 1 bedarf auch die Errichtung baulicher Anlagen der Genehmigung. [3] Auf die Satzung ist § 16 Absatz 2 entsprechend anzuwenden. [4] Die Landesregierungen werden ermächtigt, für die Grundstücke in Gebieten einer Satzung nach Satz 1 Nummer 2 durch Rechtsverordnung[1)] mit einer Geltungsdauer von höchstens fünf Jahren zu bestimmen, dass die Begründung von Wohnungseigentum oder Teileigentum (§ 1 des Wohnungseigentumsgesetzes) an Gebäuden, die ganz oder teilweise Wohnzwecken zu dienen bestimmt sind, nicht ohne Genehmigung erfolgen darf. [5] Ein solches Verbot gilt als Verbot im Sinne des § 135 des Bürgerlichen Gesetzbuchs. [6] In den Fällen des Satzes 4 ist § 22 Absatz 2 Satz 3 und 4, Absatz 6 und 8 entsprechend anzuwenden.

(2) Ist der Beschluss über die Aufstellung einer Erhaltungssatzung gefasst und ortsüblich bekannt gemacht, ist § 15 Absatz 1 auf die Durchführung eines Vorhabens im Sinne des Absatzes 1 entsprechend anzuwenden.

(3) [1] In den Fällen des Absatzes 1 Satz 1 Nummer 1 darf die Genehmigung nur versagt werden, wenn die bauliche Anlage allein oder im Zusammenhang mit anderen baulichen Anlagen das Ortsbild, die Stadtgestalt oder das Landschaftsbild prägt oder sonst von städtebaulicher, insbesondere geschichtlicher oder künstlerischer Bedeutung ist. [2] Die Genehmigung zur Errichtung der baulichen Anlage darf nur versagt werden, wenn die städtebauliche Gestalt des Gebiets durch die beabsichtigte bauliche Anlage beeinträchtigt wird.

(4) [1] In den Fällen des Absatzes 1 Satz 1 Nummer 2 und Satz 4 darf die Genehmigung nur versagt werden, wenn die Zusammensetzung der Wohnbevölkerung aus besonderen städtebaulichen Gründen erhalten werden soll. [2] Sie ist zu erteilen, wenn auch unter Berücksichtigung des Allgemeinwohls die Erhaltung der baulichen Anlage oder ein Absehen von der Begründung von Wohnungseigentum oder Teileigentum wirtschaftlich nicht mehr zumutbar ist. [3] Die Genehmigung ist ferner zu erteilen, wenn

1. die Änderung einer baulichen Anlage der Herstellung des zeitgemäßen Ausstattungszustands einer durchschnittlichen Wohnung unter Berücksichtigung der bauordnungsrechtlichen Mindestanforderungen dient,

1a. die Änderung einer baulichen Anlage der Anpassung an die baulichen oder anlagentechnischen Mindestanforderungen des Gebäudeenergiegesetzes oder der Energieeinsparverordnung vom 24. Juli 2007 (BGBl. I S. 1519), die zuletzt durch Artikel 257 der Verordnung vom 19. Juni 2020 (BGBl. I S. 1328) geändert worden ist, wenn diese nach § 111 Absatz 1 des Gebäudeenergiegesetzes weiter anzuwenden ist, dient,

2. das Grundstück zu einem Nachlass gehört und Wohnungseigentum oder Teileigentum zugunsten von Miterben oder Vermächtnisnehmern begründet werden soll,

---

[1)] Siehe hierzu ua Umwandlungsgenehmigungs- und Gebietsbestimmungsverordnung v. 28.4.2022 (GVBl. S. 234).

3. das Wohnungseigentum oder Teileigentum zur eigenen Nutzung an Familienangehörige des Eigentümers veräußert werden soll,
4. ohne die Genehmigung Ansprüche Dritter auf Übertragung von Wohnungseigentum oder Teileigentum nicht erfüllt werden können, zu deren Sicherung vor dem Wirksamwerden des Genehmigungsvorbehalts eine Vormerkung im Grundbuch eingetragen ist,
5. das Gebäude im Zeitpunkt der Antragstellung zur Begründung von Wohnungseigentum oder Teileigentum nicht zu Wohnzwecken genutzt wird oder
6. sich der Eigentümer verpflichtet, innerhalb von sieben Jahren ab der Begründung von Wohnungseigentum Wohnungen nur an die Mieter zu veräußern; eine Frist nach § 577a Absatz 2 Satz 1 des Bürgerlichen Gesetzbuchs verkürzt sich um fünf Jahre; die Frist nach § 577a Absatz 1 des Bürgerlichen Gesetzbuchs entfällt.

[4] In den Fällen des Satzes 3 Nummer 6 kann in der Genehmigung bestimmt werden, dass auch die Veräußerung von Wohnungseigentum an dem Gebäude während der Dauer der Verpflichtung der Genehmigung der Gemeinde bedarf. [5] Diese Genehmigungspflicht kann auf Ersuchen der Gemeinde in das Wohnungsgrundbuch eingetragen werden; sie erlischt nach Ablauf der Verpflichtung.

(5) [1] In den Fällen des Absatzes 1 Satz 1 Nummer 3 darf die Genehmigung nur versagt werden, um einen den sozialen Belangen Rechnung tragenden Ablauf auf der Grundlage eines Sozialplans (§ 180) zu sichern. [2] Ist ein Sozialplan nicht aufgestellt worden, hat ihn die Gemeinde in entsprechender Anwendung des § 180 aufzustellen. [3] Absatz 4 Satz 2 ist entsprechend anzuwenden.

§ 173 Genehmigung, Übernahmeanspruch. (1) [1] Die Genehmigung wird durch die Gemeinde erteilt; § 22 Absatz 5 Satz 2 bis 5 ist entsprechend anzuwenden. [2] Ist eine baurechtliche Genehmigung oder an ihrer Stelle eine baurechtliche Zustimmung erforderlich, wird die Genehmigung durch die Baugenehmigungsbehörde im Einvernehmen mit der Gemeinde erteilt; im Baugenehmigungs- oder Zustimmungsverfahren wird über die in § 172 Absatz 3 bis 5 bezeichneten Belange entschieden.

(2) [1] Wird in den Fällen des § 172 Absatz 3 die Genehmigung versagt, kann der Eigentümer von der Gemeinde unter den Voraussetzungen des § 40 Absatz 2 die Übernahme des Grundstücks verlangen. [2] § 43 Absatz 1, 4 und 5 sowie § 44 Absatz 3 und 4 sind entsprechend anzuwenden.

(3) [1] Vor der Entscheidung über den Genehmigungsantrag hat die Gemeinde mit dem Eigentümer oder sonstigen zur Unterhaltung Verpflichteten die für die Entscheidung erheblichen Tatsachen zu erörtern. [2] In den Fällen des § 172 Absatz 4 und 5 hat sie auch Mieter, Pächter und sonstige Nutzungsberechtigte zu hören. [3] In den Fällen des § 172 Absatz 4 Satz 3 Nummer 6 hat sie die nach Satz 2 anzuhörenden Personen über die Erteilung einer Genehmigung zu informieren.

(4) Die landesrechtlichen Vorschriften, insbesondere über den Schutz und die Erhaltung von Denkmälern, bleiben unberührt.

§ 174 Ausnahmen. (1) § 172 ist nicht auf Grundstücke anzuwenden, die den in § 26 Nummer 2 bezeichneten Zwecken dienen, und auf die in § 26 Nummer 3 bezeichneten Grundstücke.

(2) [1]Befindet sich ein Grundstück der in Absatz 1 bezeichneten Art im Geltungsbereich einer Erhaltungssatzung, hat die Gemeinde den Bedarfsträger hiervon zu unterrichten. [2]Beabsichtigt der Bedarfsträger ein Vorhaben im Sinne des § 172 Absatz 1, hat er dies der Gemeinde anzuzeigen. [3]Der Bedarfsträger soll auf Verlangen der Gemeinde von dem Vorhaben absehen, wenn die Voraussetzungen vorliegen, die die Gemeinde berechtigen würden, die Genehmigung nach § 172 zu versagen, und wenn die Erhaltung oder das Absehen von der Errichtung der baulichen Anlage dem Bedarfsträger auch unter Berücksichtigung seiner Aufgaben zuzumuten ist.

Zweiter Abschnitt. Städtebauliche Gebote

§ 175 Allgemeines. (1) [1]Beabsichtigt die Gemeinde, ein Baugebot (§ 176), ein Modernisierungs- oder Instandsetzungsgebot (§ 177), ein Pflanzgebot (§ 178) oder ein Rückbau- oder Entsiegelungsgebot (§ 179) zu erlassen, soll sie die Maßnahme vorher mit den Betroffenen erörtern. [2]Die Gemeinde soll die Eigentümer, Mieter, Pächter und sonstigen Nutzungsberechtigten im Rahmen ihrer Möglichkeiten beraten, wie die Maßnahme durchgeführt werden kann und welche Finanzierungsmöglichkeiten aus öffentlichen Kassen bestehen.

(2) [1]Die Anordnung von Maßnahmen nach den §§ 176 bis 179 setzt voraus, dass die alsbaldige Durchführung der Maßnahmen aus städtebaulichen Gründen erforderlich ist; bei Anordnung eines Baugebots nach § 176 kann dabei auch ein dringender Wohnbedarf der Bevölkerung berücksichtigt werden. [2]Dies ist unter anderem insbesondere dann der Fall, wenn es sich um ein nach § 201a bestimmtes Gebiet mit einem angespannten Wohnungsmarkt handelt.

(3) Mieter, Pächter und sonstige Nutzungsberechtigte haben die Durchführung der Maßnahmen nach den §§ 176 bis 179 zu dulden.

(4) [1]Die §§ 176 bis 179 sind nicht auf Grundstücke anzuwenden, die den in § 26 Nummer 2 bezeichneten Zwecken dienen, und auf die in § 26 Nummer 3 bezeichneten Grundstücke. [2]Liegen für diese Grundstücke die Voraussetzungen für die Anordnung eines Gebots nach den §§ 176 bis 179 vor, soll auf Verlangen der Gemeinde der Bedarfsträger die entsprechenden Maßnahmen durchführen oder ihre Durchführung dulden, soweit dadurch nicht die Erfüllung seiner Aufgaben beeinträchtigt wird.

(5) Die landesrechtlichen Vorschriften, insbesondere über den Schutz und die Erhaltung von Denkmälern, bleiben unberührt.

§ 176 Baugebot. (1) [1]Im Geltungsbereich eines Bebauungsplans kann die Gemeinde den Eigentümer durch Bescheid verpflichten, innerhalb einer zu bestimmenden angemessenen Frist

1. sein Grundstück entsprechend den Festsetzungen des Bebauungsplans zu bebauen,
2. ein vorhandenes Gebäude oder eine vorhandene sonstige bauliche Anlage den Festsetzungen des Bebauungsplans anzupassen oder
3. sein Grundstück mit einer oder mehreren Wohneinheiten zu bebauen, wenn in dem Bebauungsplan Wohnnutzungen zugelassen sind und wenn es sich um ein nach § 201a bestimmtes Gebiet mit einem angespannten Wohnungs-

markt handelt. Dabei kann die Gemeinde auch ein den Festsetzungen des Bebauungsplans entsprechendes Maß der Nutzung anordnen.

[2]Die Wirksamkeit eines nach Satz 1 Nummer 3 erlassenen Baugebots wird durch das Ende der Geltungsdauer der Rechtsverordnung nach § 201a nicht berührt.

(2) Das Baugebot kann außerhalb der in Absatz 1 bezeichneten Gebiete, aber innerhalb im Zusammenhang bebauter Ortsteile angeordnet werden, um unbebaute oder geringfügig bebaute Grundstücke entsprechend den baurechtlichen Vorschriften zu nutzen oder einer baulichen Nutzung zuzuführen, insbesondere zur Schließung von Baulücken.

(3) [1]Die Gemeinde hat von dem Baugebot abzusehen, wenn die Durchführung des Vorhabens aus wirtschaftlichen Gründen einem Eigentümer nicht zuzumuten ist. [2]Die Gemeinde hat weiter bis zum 23. Juni 2026 von dem Baugebot abzusehen, wenn ein Eigentümer im Falle des Absatzes 1 Satz 1 Nummer 3 glaubhaft macht, dass ihm die Durchführung des Vorhabens aus Gründen des Erhalts der Entscheidungsbefugnis über die Nutzung des Grundstücks für seinen Ehegatten oder eine in gerader Linie verwandte Person nicht zuzumuten ist. [3]Die Regelung ist zu evaluieren.

(4) [1]Der Eigentümer kann von der Gemeinde die Übernahme des Grundstücks verlangen, wenn er glaubhaft macht, dass ihm die Durchführung des Vorhabens aus wirtschaftlichen Gründen nicht zuzumuten ist. [2]In diesem Fall kann die Gemeinde das Grundstück zugunsten einer kommunalen Wohnungsbaugesellschaft übernehmen, wenn diese innerhalb angemessener Frist in der Lage ist, das Baugebot zu erfüllen und sich hierzu verpflichtet. [3]§ 43 Absatz 1, 4 und 5 sowie § 44 Absatz 3 und 4 sind entsprechend anzuwenden.

(5) [1]Ist die Durchführung eines Baugebots nur möglich, wenn zuvor eine bauliche Anlage oder Teile davon beseitigt werden, ist der Eigentümer mit dem Baugebot auch zur Beseitigung verpflichtet. [2]§ 179 Absatz 2 und 3 Satz 1, § 43 Absatz 2 und 5 sowie § 44 Absatz 3 und 4 sind entsprechend anzuwenden.

(6) Ist für ein Grundstück eine andere als bauliche Nutzung festgesetzt, sind die Absätze 1 und 3 bis 5 entsprechend anzuwenden.

(7) Mit dem Baugebot kann die Verpflichtung verbunden werden, innerhalb einer zu bestimmenden angemessenen Frist den für eine bauliche Nutzung des Grundstücks erforderlichen Antrag auf Erteilung einer bauaufsichtlichen Genehmigung zu stellen.

(8) Kommt der Eigentümer der Verpflichtung nach Absatz 7 auch nach Vollstreckungsmaßnahmen auf Grund landesrechtlicher Vorschriften nicht nach, kann das Enteignungsverfahren nach § 85 Absatz 1 Nummer 5 auch vor Ablauf der Frist nach Absatz 1 eingeleitet werden.

(9) [1]In dem Enteignungsverfahren ist davon auszugehen, dass die Voraussetzungen des Baugebots vorliegen; die Vorschriften über die Zulässigkeit der Enteignung bleiben unberührt. [2]Bei der Bemessung der Entschädigung bleiben Werterhöhungen unberücksichtigt, die nach Unanfechtbarkeit des Baugebots eingetreten sind, es sei denn, dass der Eigentümer die Werterhöhungen durch eigene Aufwendungen zulässigerweise bewirkt hat.

§ 176a Städtebauliches Entwicklungskonzept zur Stärkung der Innenentwicklung. (1) Die Gemeinde kann ein städtebauliches Entwicklungskonzept beschließen, das Aussagen zum räumlichen Geltungsbereich, zu Zielen und zur Umsetzung von Maßnahmen enthält, die der Stärkung der Innenentwicklung dienen.

(2) Das städtebauliche Entwicklungskonzept nach Absatz 1 soll insbesondere der baulichen Nutzbarmachung auch von im Gemeindegebiet ohne Zusammenhang verteilt liegenden unbebauten oder brachliegenden Grundstücken dienen.

(3) Die Gemeinde kann ein städtebauliches Entwicklungskonzept nach Absatz 1 zum Bestandteil der Begründung eines Bebauungsplans machen.

§ 177 Modernisierungs- und Instandsetzungsgebot. (1) [1] Weist eine bauliche Anlage nach ihrer inneren oder äußeren Beschaffenheit Missstände oder Mängel auf, deren Beseitigung oder Behebung durch Modernisierung oder Instandsetzung möglich ist, kann die Gemeinde die Beseitigung der Missstände durch ein Modernisierungsgebot und die Behebung der Mängel durch ein Instandsetzungsgebot anordnen. [2] Zur Beseitigung der Missstände und zur Behebung der Mängel ist der Eigentümer der baulichen Anlage verpflichtet. [3] In dem Bescheid, durch den die Modernisierung oder Instandsetzung angeordnet wird, sind die zu beseitigenden Missstände oder zu behebenden Mängel zu bezeichnen und eine angemessene Frist für die Durchführung der erforderlichen Maßnahmen zu bestimmen.

(2) Missstände liegen insbesondere vor, wenn die bauliche Anlage nicht den allgemeinen Anforderungen an gesunde Wohn- und Arbeitsverhältnisse entspricht.

(3) [1] Mängel liegen insbesondere vor, wenn durch Abnutzung, Alterung, Witterungseinflüsse oder Einwirkungen Dritter

1. die bestimmungsgemäße Nutzung der baulichen Anlage nicht nur unerheblich beeinträchtigt wird,
2. die bauliche Anlage nach ihrer äußeren Beschaffenheit das Straßen- oder Ortsbild nicht nur unerheblich beeinträchtigt oder
3. die bauliche Anlage erneuerungsbedürftig ist und wegen ihrer städtebaulichen, insbesondere geschichtlichen oder künstlerischen Bedeutung erhalten bleiben soll.

[2] Kann die Behebung der Mängel einer baulichen Anlage nach landesrechtlichen Vorschriften auch aus Gründen des Schutzes und der Erhaltung von Baudenkmälern verlangt werden, darf das Instandsetzungsgebot nur mit Zustimmung der zuständigen Landesbehörde erlassen werden. [3] In dem Bescheid über den Erlass des Instandsetzungsgebots sind die auch aus Gründen des Denkmalschutzes gebotenen Instandsetzungsmaßnahmen besonders zu bezeichnen.

(4) [1] Der Eigentümer hat die Kosten der von der Gemeinde angeordneten Maßnahmen insoweit zu tragen, als er sie durch eigene oder fremde Mittel decken und die sich daraus ergebenden Kapitalkosten sowie die zusätzlich entstehenden Bewirtschaftungskosten aus Erträgen der baulichen Anlage aufbringen kann. [2] Sind dem Eigentümer Kosten entstanden, die er nicht zu tragen hat, hat die Gemeinde sie ihm zu erstatten, soweit nicht eine andere Stelle einen Zuschuss zu ihrer Deckung gewährt. [3] Dies gilt nicht, wenn der Eigentümer auf Grund anderer Rechtsvorschriften verpflichtet ist, die Kosten selbst zu tragen, oder wenn er Instandsetzungen unterlassen hat und nicht nachweisen kann, dass ihre Vornahme wirtschaftlich unvertretbar oder ihm nicht zuzumu-

ten war. [4]Die Gemeinde kann mit dem Eigentümer den Kostenerstattungsbetrag unter Verzicht auf eine Berechnung im Einzelfall als Pauschale in Höhe eines bestimmten Vomhundertsatzes der Modernisierungs- oder Instandsetzungskosten vereinbaren.

(5) Der vom Eigentümer zu tragende Kostenanteil wird nach der Durchführung der Modernisierungs- oder Instandsetzungsmaßnahmen unter Berücksichtigung der Erträge ermittelt, die für die modernisierte oder instand gesetzte bauliche Anlage bei ordentlicher Bewirtschaftung nachhaltig erzielt werden können; dabei sind die mit einem Bebauungsplan, einem Sozialplan, einer städtebaulichen Sanierungsmaßnahme oder einer sonstigen städtebaulichen Maßnahme verfolgten Ziele und Zwecke zu berücksichtigen.

§ 178 Pflanzgebot. Die Gemeinde kann den Eigentümer durch Bescheid verpflichten, sein Grundstück innerhalb einer zu bestimmenden angemessenen Frist entsprechend den nach § 9 Absatz 1 Nummer 25 getroffenen Festsetzungen des Bebauungsplans zu bepflanzen.

§ 179 Rückbau- und Entsiegelungsgebot. (1) [1]Die Gemeinde kann den Eigentümer verpflichten zu dulden, dass eine bauliche Anlage ganz oder teilweise beseitigt wird, wenn sie

1. den Festsetzungen eines Bebauungsplans nicht entspricht und ihnen nicht angepasst werden kann oder
2. Missstände oder Mängel im Sinne des § 177 Absatz 2 und 3 Satz 1 aufweist, die auch durch eine Modernisierung oder Instandsetzung nicht behoben werden können.

[2]Satz 1 Nummer 1 gilt entsprechend für die sonstige Wiedernutzbarmachung von dauerhaft nicht mehr genutzten Flächen, bei denen der durch Bebauung oder Versiegelung beeinträchtigte Boden in seiner Leistungsfähigkeit erhalten oder wiederhergestellt werden soll; die sonstige Wiedernutzbarmachung steht der Beseitigung nach Satz 1 gleich. [3]Diejenigen, für die ein Recht an dem Grundstück oder an einem das Grundstück belastenden Recht im Grundbuch eingetragen oder durch Eintragung gesichert ist, das nicht zur Nutzung berechtigt, sollen von dem Bescheid benachrichtigt werden, wenn sie von der Beseitigung betroffen werden. [4]Unberührt bleibt das Recht des Eigentümers, die Beseitigung selbst vorzunehmen.

(2) [1]Der Bescheid darf bei Wohnraum nur vollzogen werden, wenn im Zeitpunkt der Beseitigung angemessener Ersatzwohnraum für die Bewohner unter zumutbaren Bedingungen zur Verfügung steht. [2]Strebt der Inhaber von Raum, der überwiegend gewerblichen oder beruflichen Zwecken dient (Geschäftsraum), eine anderweitige Unterbringung an, soll der Bescheid nur vollzogen werden, wenn im Zeitpunkt der Beseitigung anderer geeigneter Geschäftsraum unter zumutbaren Bedingungen zur Verfügung steht.

(3) [1]Entstehen dem Eigentümer, Mieter, Pächter oder sonstigen Nutzungsberechtigten durch die Beseitigung Vermögensnachteile, hat die Gemeinde angemessene Entschädigung in Geld zu leisten. [2]Der Eigentümer kann anstelle der Entschädigung nach Satz 1 von der Gemeinde die Übernahme des Grundstücks verlangen, wenn es ihm mit Rücksicht auf das Rückbau- oder Entsiegelungsgebot wirtschaftlich nicht mehr zuzumuten ist, das Grundstück zu behalten. [3]§ 43 Absatz 1, 2, 4 und 5 sowie § 44 Absatz 3 und 4 sind entsprechend anzuwenden.

(4) [1]Im Falle des Absatzes 1 Satz 1 Nummer 2 sind die Beseitigungskosten vom Eigentümer bis zur Höhe der ihm durch die Beseitigung entstehenden Vermögensvorteile zu tragen. [2]Der Kostenerstattungsbetrag kann durch Bescheid geltend gemacht werden, sobald die bauliche Anlage ganz oder teilweise beseitigt ist. [3]Der Betrag ruht als öffentliche Last auf dem Grundstück.

Siebter Teil. Sozialplan und Härteausgleich

§ 180 Sozialplan. (1) [1]Wirken sich Bebauungspläne, städtebauliche Sanierungsmaßnahmen, städtebauliche Entwicklungsmaßnahmen oder Stadtumbaumaßnahmen voraussichtlich nachteilig auf die persönlichen Lebensumstände der in dem Gebiet wohnenden oder arbeitenden Menschen aus, soll die Gemeinde Vorstellungen entwickeln und mit den Betroffenen erörtern, wie nachteilige Auswirkungen möglichst vermieden oder gemildert werden können. [2]Die Gemeinde hat den Betroffenen bei ihren eigenen Bemühungen, nachteilige Auswirkungen zu vermeiden oder zu mildern, zu helfen, insbesondere beim Wohnungs- und Arbeitsplatzwechsel sowie beim Umzug von Betrieben; soweit öffentliche Leistungen in Betracht kommen können, soll die Gemeinde hierauf hinweisen. [3]Sind Betroffene nach ihren persönlichen Lebensumständen nicht in der Lage, Empfehlungen und anderen Hinweisen der Gemeinde zur Vermeidung von Nachteilen zu folgen oder Hilfen zu nutzen oder sind aus anderen Gründen weitere Maßnahmen der Gemeinde erforderlich, hat die Gemeinde geeignete Maßnahmen zu prüfen.

(2) Das Ergebnis der Erörterungen und Prüfungen nach Absatz 1 sowie die voraussichtlich in Betracht zu ziehenden Maßnahmen der Gemeinde und die Möglichkeiten ihrer Verwirklichung sind schriftlich darzustellen (Sozialplan).

(3) [1]Steht die Verwirklichung einer Durchführungsmaßnahme durch einen anderen als die Gemeinde bevor, kann die Gemeinde verlangen, dass der andere im Einvernehmen mit ihr die sich aus Absatz 1 ergebenden Aufgaben übernimmt. [2]Die Gemeinde kann diese Aufgaben ganz oder teilweise auch selbst übernehmen und dem anderen die Kosten auferlegen.

§ 181 Härteausgleich. (1) [1]Soweit es die Billigkeit erfordert, soll die Gemeinde bei der Durchführung dieses Gesetzbuchs zur Vermeidung oder zum Ausgleich wirtschaftlicher Nachteile – auch im sozialen Bereich – auf Antrag einen Härteausgleich in Geld gewähren

1. einem Mieter oder Pächter, wenn das Miet- oder Pachtverhältnis mit Rücksicht auf die Durchführung städtebaulicher Maßnahmen aufgehoben oder enteignet worden ist;
2. einer gekündigten Vertragspartei, wenn die Kündigung zur Durchführung städtebaulicher Maßnahmen erforderlich ist; dies gilt entsprechend, wenn ein Miet- oder Pachtverhältnis vorzeitig durch Vereinbarung der Beteiligten beendigt wird; die Gemeinde hat zu bestätigen, dass die Beendigung des Rechtsverhältnisses im Hinblick auf die alsbaldige Durchführung der städtebaulichen Maßnahmen geboten ist;
3. einer Vertragspartei, wenn ohne Beendigung des Rechtsverhältnisses die vermieteten oder verpachteten Räume ganz oder teilweise vorübergehend unbenutzbar sind und die Gemeinde bestätigt hat, dass dies durch die alsbaldige Durchführung städtebaulicher Maßnahmen bedingt ist;

4. einem Mieter oder Pächter für die Umzugskosten, die dadurch entstehen, dass er nach der Räumung seiner Wohnung vorübergehend anderweitig untergebracht worden ist und später ein neues Miet- oder Pachtverhältnis in dem Gebiet begründet wird, sofern dies im Sozialplan vorgesehen ist.

[2] Voraussetzung ist, dass der Nachteil für den Betroffenen in seinen persönlichen Lebensumständen eine besondere Härte bedeutet, eine Ausgleichs- oder Entschädigungsleistung nicht zu gewähren ist und auch ein Ausgleich durch sonstige Maßnahmen nicht erfolgt.

(2) Absatz 1 ist entsprechend anzuwenden auf andere Vertragsverhältnisse, die zum Gebrauch oder zur Nutzung eines Grundstücks, Gebäudes oder Gebäudeteils oder einer sonstigen baulichen Einrichtung berechtigen.

(3) Ein Härteausgleich wird nicht gewährt, soweit der Antragsteller es unterlassen hat und unterlässt, den wirtschaftlichen Nachteil durch zumutbare Maßnahmen, insbesondere unter Einsatz eigener oder fremder Mittel abzuwenden.

Achter Teil. Miet- und Pachtverhältnisse

§ 182 Aufhebung von Miet- oder Pachtverhältnissen. (1) Erfordert die Verwirklichung der Ziele und Zwecke der Sanierung im förmlich festgelegten Sanierungsgebiet, der Entwicklung im städtebaulichen Entwicklungsbereich oder eine Maßnahme nach den §§ 176 bis 179 die Aufhebung eines Miet- oder Pachtverhältnisses, kann die Gemeinde das Rechtsverhältnis auf Antrag des Eigentümers oder im Hinblick auf ein städtebauliches Gebot mit einer Frist von mindestens sechs Monaten, bei einem land- oder forstwirtschaftlich genutzten Grundstück nur zum Schluss eines Pachtjahres aufheben.

(2) [1] Die Gemeinde darf ein Mietverhältnis über Wohnraum nur aufheben, wenn im Zeitpunkt der Beendigung des Mietverhältnisses angemessener Ersatzwohnraum für den Mieter und die zu seinem Hausstand gehörenden Personen zu zumutbaren Bedingungen zur Verfügung steht. [2] Strebt der Mieter oder Pächter von Geschäftsraum eine anderweitige Unterbringung an, soll die Gemeinde das Miet- oder Pachtverhältnis nur aufheben, wenn im Zeitpunkt der Beendigung des Rechtsverhältnisses anderer geeigneter Geschäftsraum zu zumutbaren Bedingungen zur Verfügung steht.

(3) Wird die Erwerbsgrundlage eines Mieters oder Pächters von Geschäftsraum im förmlich festgelegten Sanierungsgebiet oder in einem städtebaulichen Entwicklungsbereich infolge der Durchführung städtebaulicher Sanierungsmaßnahmen oder städtebaulicher Entwicklungsmaßnahmen wesentlich beeinträchtigt und ist ihm deshalb die Fortsetzung des Miet- oder Pachtverhältnisses nicht mehr zuzumuten, kann die Gemeinde auf Antrag des Mieters oder Pächters das Rechtsverhältnis mit einer Frist von mindestens sechs Monaten aufheben.

§ 183 Aufhebung von Miet- oder Pachtverhältnissen über unbebaute Grundstücke. (1) Ist nach den Festsetzungen des Bebauungsplans für ein unbebautes Grundstück eine andere Nutzung vorgesehen und ist die alsbaldige Änderung der Nutzung beabsichtigt, kann die Gemeinde auf Antrag des Eigentümers Miet- oder Pachtverhältnisse aufheben, die sich auf das Grundstück beziehen und der neuen Nutzung entgegenstehen.

(2) Auf die Aufhebung ist § 182 Absatz 1 entsprechend anzuwenden.

§ 184 Aufhebung anderer Vertragsverhältnisse. Die §§ 182 und 183 sind entsprechend auf andere schuldrechtliche Vertragsverhältnisse anzuwenden, die zum Gebrauch oder zur Nutzung eines Grundstücks, Gebäudes oder Gebäudeteils oder einer sonstigen baulichen Anlage berechtigen.

§ 185 Entschädigung bei Aufhebung von Miet- oder Pachtverhältnissen. (1) [1] Ist ein Rechtsverhältnis auf Grund des § 182, des § 183 oder des § 184 aufgehoben worden, ist den Betroffenen insoweit eine angemessene Entschädigung in Geld zu leisten, als ihnen durch die vorzeitige Beendigung des Rechtsverhältnisses Vermögensnachteile entstehen. [2] Die Vorschriften des Zweiten Abschnitts des Fünften Teils des Ersten Kapitels sind entsprechend anzuwenden.

(2) [1] Zur Entschädigung ist die Gemeinde verpflichtet. [2] Kommt eine Einigung über die Entschädigung nicht zustande, entscheidet die höhere Verwaltungsbehörde.

(3) [1] Wird ein Pachtvertrag über kleingärtnerisch genutztes Land nach § 182, § 183 oder § 184 aufgehoben, ist die Gemeinde außer zur Entschädigung nach Absatz 1 auch zur Bereitstellung oder Beschaffung von Ersatzland verpflichtet. [2] Bei der Entschädigung in Geld ist die Bereitstellung oder Beschaffung des Ersatzlands angemessen zu berücksichtigen. [3] Die höhere Verwaltungsbehörde kann die Gemeinde von der Verpflichtung zur Bereitstellung oder Beschaffung von Ersatzland befreien, wenn die Gemeinde nachweist, dass sie zur Erfüllung außerstande ist.

§ 186 Verlängerung von Miet- oder Pachtverhältnissen. Die Gemeinde kann auf Antrag des Mieters oder Pächters ein Miet- oder Pachtverhältnis über Wohn- oder Geschäftsraum im förmlich festgelegten Sanierungsgebiet, im städtebaulichen Entwicklungsbereich oder im Hinblick auf Maßnahmen nach den §§ 176 bis 179 verlängern, soweit dies zur Verwirklichung des Sozialplans erforderlich ist.

Neunter Teil. Städtebauliche Maßnahmen im Zusammenhang mit Maßnahmen zur Verbesserung der Agrarstruktur

§ 187 Abstimmung von Maßnahmen; Bauleitplanung und Maßnahmen zur Verbesserung der Agrarstruktur. (1) [1] Bei der Vorbereitung und Durchführung städtebaulicher Maßnahmen sind Maßnahmen zur Verbesserung der Agrarstruktur, insbesondere auch die Ergebnisse der Vorplanung nach § 1 Absatz 2 des Gesetzes über die Gemeinschaftsaufgabe „Verbesserung der Agrarstruktur und des Küstenschutzes", zu berücksichtigen. [2] Ist zu erwarten, dass Maßnahmen zur Verbesserung der Agrarstruktur zu Auswirkungen auf die bauliche Entwicklung des Gemeindegebiets führen, hat die Gemeinde darüber zu befinden, ob Bauleitpläne aufzustellen sind und ob sonstige städtebauliche Maßnahmen durchgeführt werden sollen.

(2) Bei der Aufstellung von Bauleitplänen hat die obere Flurbereinigungsbehörde zu prüfen, ob im Zusammenhang damit eine Flurbereinigung oder andere Maßnahmen zur Verbesserung der Agrarstruktur einzuleiten sind.

(3) Die Gemeinde hat die Flurbereinigungsbehörde und, sofern die Maßnahmen zur Verbesserung der Agrarstruktur von anderen Stellen durchgeführt werden, diese bei den Vorarbeiten zur Aufstellung der Bauleitpläne möglichst frühzeitig zu beteiligen.

§ 188 Bauleitplanung und Flurbereinigung. (1) Ist eine Flurbereinigung auf Grund des Flurbereinigungsgesetzes in einer Gemeinde nach Mitteilung der Flurbereinigungsbehörde beabsichtigt oder ist sie bereits angeordnet, ist die Gemeinde verpflichtet, rechtzeitig Bauleitpläne aufzustellen, es sei denn, dass sich die Flurbereinigung auf die bauliche Entwicklung des Gemeindegebiets voraussichtlich nicht auswirkt.

(2) [1] Die Flurbereinigungsbehörde und die Gemeinde sind verpflichtet, ihre das Gemeindegebiet betreffenden Absichten möglichst frühzeitig aufeinander abzustimmen. [2] Die Planungen sollen bis zum Abschluss der Flurbereinigung nur geändert werden, wenn zwischen der Flurbereinigungsbehörde und der Gemeinde Übereinstimmung besteht oder wenn zwingende Gründe die Änderung erfordern.

§ 189 Ersatzlandbeschaffung. (1) [1] Wird bei einer städtebaulichen Maßnahme ein land- oder forstwirtschaftlicher Betrieb ganz oder teilweise in Anspruch genommen, soll die Gemeinde mit dem Eigentümer des Betriebs auch klären, ob er einen anderen land- oder forstwirtschaftlichen Betrieb oder land- oder forstwirtschaftliches Ersatzland anstrebt. [2] Handelt es sich bei dem in Anspruch genommenen Betrieb um eine Siedlerstelle im Sinne des Reichssiedlungsgesetzes, ist die zuständige Siedlungsbehörde des Landes zu beteiligen.

(2) Die Gemeinde soll sich um die Beschaffung oder Bereitstellung geeigneten Ersatzlands bemühen und ihr gehörende Grundstücke als Ersatzland zur Verfügung stellen, soweit sie diese nicht für die ihr obliegenden Aufgaben benötigt.

§ 190 Flurbereinigung aus Anlass einer städtebaulichen Maßnahme.
(1) [1] Werden für städtebauliche Maßnahmen land- oder forstwirtschaftliche Grundstücke in Anspruch genommen, kann auf Antrag der Gemeinde mit Zustimmung der höheren Verwaltungsbehörde nach § 87 Absatz 1 des Flurbereinigungsgesetzes ein Flurbereinigungsverfahren eingeleitet werden, wenn der den Betroffenen entstehende Landverlust auf einen größeren Kreis von Eigentümern verteilt oder Nachteile für die allgemeine Landeskultur, die durch die städtebaulichen Maßnahmen entstehen, vermieden werden sollen. [2] Das Flurbereinigungsverfahren kann bereits angeordnet werden, wenn ein Bebauungsplan noch nicht rechtsverbindlich ist. [3] In diesem Falle muss der Bebauungsplan vor Bekanntgabe des Flurbereinigungsplans (§ 59 Absatz 1 des Flurbereinigungsgesetzes) in Kraft getreten sein. [4] Die Gemeinde ist Träger des Unternehmens im Sinne des § 88 des Flurbereinigungsgesetzes.

(2) Die vorzeitige Ausführung des Flurbereinigungsplans nach § 63 des Flurbereinigungsgesetzes kann bereits angeordnet werden, wenn der Flurbereinigungsplan bekannt gegeben ist.

(3) Die Zulässigkeit einer Enteignung nach den Vorschriften dieses Gesetzbuchs bleibt auch nach Einleitung des Flurbereinigungsverfahrens unberührt.

§ 191 Vorschriften über den Verkehr mit land- und forstwirtschaftlichen Grundstücken. Im räumlichen Geltungsbereich eines Bebauungsplans oder einer Sanierungssatzung sind die Vorschriften über den Verkehr mit land- und forstwirtschaftlichen Grundstücken nicht anzuwenden, es sei denn, dass es sich um die Veräußerung der Wirtschaftsstelle eines land- oder forstwirtschaftlichen Betriebs oder solcher Grundstücke handelt, die im Bebauungsplan als Flächen für die Landwirtschaft oder als Wald ausgewiesen sind.

Drittes Kapitel. Sonstige Vorschriften

Erster Teil. Wertermittlung

§ 192 Gutachterausschuss. (1) Zur Ermittlung von Grundstückswerten und für sonstige Wertermittlungen werden selbständige, unabhängige Gutachterausschüsse gebildet.

(2) Die Gutachterausschüsse bestehen aus einem Vorsitzenden und ehrenamtlichen weiteren Gutachtern.

(3) [1]Der Vorsitzende und die weiteren Gutachter sollen in der Ermittlung von Grundstückswerten oder sonstigen Wertermittlungen sachkundig und erfahren sein und dürfen nicht hauptamtlich mit der Verwaltung der Grundstücke der Gebietskörperschaft, für deren Bereich der Gutachterausschuss gebildet ist, befasst sein. [2]Zur Ermittlung der Bodenrichtwerte sowie der in § 193 Absatz 5 Satz 2 genannten sonstigen für die Wertermittlung erforderlichen Daten ist ein Bediensteter der zuständigen Finanzbehörde mit Erfahrung in der steuerlichen Bewertung von Grundstücken als Gutachter hinzuzuziehen.

(4) Die Gutachterausschüsse bedienen sich einer Geschäftsstelle.

§ 193 Aufgaben des Gutachterausschusses. (1) [1]Der Gutachterausschuss erstattet Gutachten über den Verkehrswert von bebauten und unbebauten Grundstücken sowie Rechten an Grundstücken, wenn

1. die für den Vollzug dieses Gesetzbuchs zuständigen Behörden bei der Erfüllung der Aufgaben nach diesem Gesetzbuch,
2. die für die Feststellung des Werts eines Grundstücks oder der Entschädigung für ein Grundstück oder ein Recht an einem Grundstück auf Grund anderer gesetzlicher Vorschriften zuständigen Behörden,
3. die Eigentümer, ihnen gleichstehende Berechtigte, Inhaber anderer Rechte am Grundstück und Pflichtteilsberechtigte, für deren Pflichtteil der Wert des Grundstücks von Bedeutung ist, oder
4. Gerichte und Justizbehörden

es beantragen. [2]Unberührt bleiben Antragsberechtigungen nach anderen Rechtsvorschriften.

(2) Der Gutachterausschuss kann außer über die Höhe der Entschädigung für den Rechtsverlust auch Gutachten über die Höhe der Entschädigung für andere Vermögensnachteile erstatten.

(3) Die Gutachten haben keine bindende Wirkung, soweit nichts anderes bestimmt oder vereinbart ist.

(4) Eine Abschrift des Gutachtens ist dem Eigentümer zu übersenden.

(5) [1]Der Gutachterausschuss führt eine Kaufpreissammlung, wertet sie aus und ermittelt Bodenrichtwerte und sonstige zur Wertermittlung erforderliche Daten. [2]Zu den sonstigen für die Wertermittlung erforderlichen Daten gehören insbesondere

1. Kapitalisierungszinssätze, mit denen die Verkehrswerte von Grundstücken im Durchschnitt marktüblich verzinst werden (Liegenschaftszinssätze), für die

verschiedenen Grundstücksarten, insbesondere Mietwohngrundstücke, Geschäftsgrundstücke und gemischt genutzte Grundstücke,
2. Faktoren zur Anpassung der Sachwerte an die jeweilige Lage auf dem Grundstücksmarkt (Sachwertfaktoren), insbesondere für die Grundstücksarten Ein- und Zweifamilienhäuser,
3. Umrechnungskoeffizienten für das Wertverhältnis von sonst gleichartigen Grundstücken, z.B. bei unterschiedlichem Maß der baulichen Nutzung und
4. Vergleichsfaktoren für bebaute Grundstücke, insbesondere bezogen auf eine Raum- oder Flächeneinheit der baulichen Anlage (Gebäudefaktor) oder auf den nachhaltig erzielbaren jährlichen Ertrag (Ertragsfaktor).

[3]Die erforderlichen Daten im Sinne der Sätze 1 und 2 sind den zuständigen Finanzämtern für Zwecke der steuerlichen Bewertung mitzuteilen.

§ 194 Verkehrswert. Der Verkehrswert (Marktwert) wird durch den Preis bestimmt, der in dem Zeitpunkt, auf den sich die Ermittlung bezieht, im gewöhnlichen Geschäftsverkehr nach den rechtlichen Gegebenheiten und tatsächlichen Eigenschaften, der sonstigen Beschaffenheit und der Lage des Grundstücks oder des sonstigen Gegenstands der Wertermittlung ohne Rücksicht auf ungewöhnliche oder persönliche Verhältnisse zu erzielen wäre.

§ 195 Kaufpreissammlung. (1) [1]Zur Führung der Kaufpreissammlung ist jeder Vertrag, durch den sich jemand verpflichtet, Eigentum an einem Grundstück gegen Entgelt, auch im Wege des Tausches, zu übertragen oder ein Erbbaurecht erstmals oder erneut zu bestellen, von der beurkundenden Stelle in Abschrift dem Gutachterausschuss zu übersenden. [2]Dies gilt auch für das Angebot und die Annahme eines Vertrags, wenn diese getrennt beurkundet werden, sowie entsprechend für die Einigung vor einer Enteignungsbehörde, den Enteignungsbeschluss, den Beschluss über die Vorwegnahme einer Entscheidung im Umlegungsverfahren, den Beschluss über die Aufstellung eines Umlegungsplans, den Beschluss über eine vereinfachte Umlegung und für den Zuschlag in einem Zwangsversteigerungsverfahren.

(2) [1]Die Kaufpreissammlung darf nur dem zuständigen Finanzamt für Zwecke der Besteuerung übermittelt werden. [2]Vorschriften, nach denen Urkunden oder Akten den Gerichten oder Staatsanwaltschaften vorzulegen sind, bleiben unberührt.

(3) Auskünfte aus der Kaufpreissammlung sind bei berechtigtem Interesse nach Maßgabe landesrechtlicher Vorschriften zu erteilen (§ 199 Absatz 2 Nummer 4).

§ 196 Bodenrichtwerte. (1) [1]Auf Grund der Kaufpreissammlung sind flächendeckend durchschnittliche Lagewerte für den Boden unter Berücksichtigung des unterschiedlichen Entwicklungszustands zu ermitteln (Bodenrichtwerte). [2]In bebauten Gebieten sind Bodenrichtwerte mit dem Wert zu ermitteln, der sich ergeben würde, wenn der Boden unbebaut wäre. [3]Es sind Richtwertzonen zu bilden, die jeweils Gebiete umfassen, die nach Art und Maß der Nutzung weitgehend übereinstimmen. [4]Die wertbeeinflussenden Merkmale des Bodenrichtwertgrundstücks sind darzustellen. [5]Die Bodenrichtwerte sind jeweils zu Beginn jedes zweiten Kalenderjahres zu ermitteln, wenn nicht eine häufigere Ermittlung bestimmt ist. [6]Für Zwecke der steuerlichen Bewertung des Grundbesitzes sind Bodenrichtwerte nach ergänzenden Vorgaben der Finanzverwaltung zum jeweiligen Hauptfeststellungszeitpunkt oder sonstigen Feststellungszeitpunkt zu ermitteln. [7]Auf Antrag der für den Vollzug dieses Gesetzbuchs zuständigen Behörden sind Bodenrichtwerte für einzelne Gebiete bezogen auf einen abweichenden Zeitpunkt zu ermitteln.

(2) [1]Hat sich in einem Gebiet die Qualität des Bodens durch einen Bebauungsplan oder andere Maßnahmen geändert, sind bei der nächsten Fortschreibung der Bodenrichtwerte auf der Grundlage der geänderten Qualität auch Bodenrichtwerte bezogen auf die Wertverhältnisse zum Zeitpunkt der letzten Hauptfeststellung oder dem letzten sonstigen Feststellungszeitpunkt für steuerliche Zwecke zu ermitteln. [2]Die Ermittlung kann unterbleiben, wenn das zuständige Finanzamt darauf verzichtet.

(3) [1]Die Bodenrichtwerte sind zu veröffentlichen und dem zuständigen Finanzamt mitzuteilen. [2]Jedermann kann von der Geschäftsstelle Auskunft über die Bodenrichtwerte verlangen.

§ 197 Befugnisse des Gutachterausschusses. (1) [1]Der Gutachterausschuss kann mündliche oder schriftliche Auskünfte von Sachverständigen und von Personen einholen, die Angaben über das Grundstück und, wenn das zur Ermittlung von Geldleistungen im Umlegungsverfahren, von Ausgleichsbeträgen und von Enteignungsentschädigungen erforderlich ist, über ein Grundstück, das zum Vergleich herangezogen werden soll, machen können. [2]Er kann verlangen, dass Eigentümer und sonstige Inhaber von Rechten an einem Grundstück die zur Führung der Kaufpreissammlung und zur Begutachtung notwendigen Unterlagen vorlegen. [3]Der Eigentümer und der Besitzer des Grundstücks haben zu dulden, dass Grundstücke zur Auswertung von Kaufpreisen und zur Vorbereitung von Gutachten betreten werden. [4]Wohnungen dürfen nur mit Zustimmung der Wohnungsinhaber betreten werden.

(2) [1]Alle Gerichte und Behörden haben dem Gutachterausschuss Rechts- und Amtshilfe zu leisten. [2]Die Finanzbehörden erteilen dem Gutachterausschuss auf Ersuchen Auskünfte über Grundstücke, soweit ihnen die Verhältnisse der Grundstücke bekannt sind und dies zur Ermittlung von Ausgleichsbeträgen und Enteignungsentschädigungen sowie zur Ermittlung von Verkehrswerten und der für die Wertermittlung erforderlichen Daten einschließlich der Bodenrichtwerte erforderlich ist. [3]Die Auskunftspflicht besteht nicht, soweit deren Erfüllung mit einem unverhältnismäßigen Aufwand verbunden wäre.

§ 198 Oberer Gutachterausschuss. (1) [1]Für den Bereich einer oder mehrerer höherer Verwaltungsbehörden sind Obere Gutachterausschüsse oder Zentrale Geschäftsstellen zu bilden, wenn in dem Bereich der höheren Verwaltungsbehörde mehr als zwei Gutachterausschüsse gebildet sind. [2]Auf die Oberen Gutachterausschüsse sind die Vorschriften über die Gutachterausschüsse entsprechend anzuwenden.

(2) [1]Der Obere Gutachterausschuss oder die Zentrale Geschäftsstelle haben insbesondere die Aufgabe, überregionale Auswertungen und Analysen des Grundstücksmarktgeschehens zu erstellen, auch um zu einer bundesweiten Grundstücksmarkttransparenz beizutragen. [2]Ist nach Absatz 1 kein Oberer Gutachterausschuss oder keine Zentrale Geschäftsstelle zu bilden, gilt Satz 1 für die Gutachterausschüsse entsprechend.

(3) Der Obere Gutachterausschuss hat auf Antrag eines Gerichts ein Obergutachten zu erstatten, wenn schon das Gutachten eines Gutachterausschusses vorliegt.

§ 199 Ermächtigungen. (1) Die Bundesregierung wird ermächtigt, mit Zustimmung des Bundesrates durch Rechtsverordnung[1)] Vorschriften über die Anwendung gleicher Grundsätze bei der Ermittlung der Verkehrswerte und bei der Ableitung der für die Wertermittlung erforderlichen Daten einschließlich der Bodenrichtwerte zu erlassen.

(2) Die Landesregierungen werden ermächtigt, durch Rechtsverordnung

1. die Bildung und das Tätigwerden der Gutachterausschüsse und der Oberen Gutachterausschüsse sowie der Zentralen Geschäftsstellen, soweit in diesem Gesetzbuch nicht bereits geschehen, die Mitwirkung der Gutachter und deren Ausschluss im Einzelfall,
2. die Aufgaben des Vorsitzenden,
3. die Einrichtung und die Aufgaben der Geschäftsstelle,
4. die Führung und Auswertung der Kaufpreissammlung, die Häufigkeit der Bodenrichtwertermittlung sowie die Veröffentlichung der Bodenrichtwerte und sonstiger Daten der Wertermittlung und die Erteilung von Auskünften aus der Kaufpreissammlung,
5. die Übermittlung von Daten der Flurbereinigungsbehörden zur Führung und Auswertung der Kaufpreissammlung,
6. die Übertragung weiterer Aufgaben auf den Gutachterausschuss und den Oberen Gutachterausschuss und
7. die Entschädigung der Mitglieder des Gutachterausschusses und des Oberen Gutachterausschusses

zu regeln.

Zweiter Teil. Allgemeine Vorschriften; Zuständigkeiten; Verwaltungsverfahren; Planerhaltung

Erster Abschnitt. Allgemeine Vorschriften

§ 200 Grundstücke; Rechte an Grundstücken; Baulandkataster.

(1) Die für Grundstücke geltenden Vorschriften dieses Gesetzbuchs sind entsprechend auch auf Grundstücksteile anzuwenden.

(2) Die für das Eigentum an Grundstücken bestehenden Vorschriften sind, soweit dieses Gesetzbuch nichts anderes vorschreibt, entsprechend auch auf grundstücksgleiche Rechte anzuwenden.

(3) [1]Die Gemeinde kann sofort oder in absehbarer Zeit bebaubare Flächen in Karten oder Listen auf der Grundlage eines Lageplans erfassen, der Flur- und Flurstücksnummern, Straßennamen und Angaben zur Grundstücksgröße enthält (Baulandkataster). [2]Sie kann die Flächen in Karten oder Listen veröffentlichen, soweit der Grundstückseigentümer nicht widersprochen hat. [3]Die Gemeinde hat ihre Absicht zur Veröffentlichung einen Monat vorher öffentlich bekannt zu geben und dabei auf das Widerspruchsrecht der Grundstückseigentümer hinzuweisen.

---

1) Siehe ua die ImmobilienwertermittlungsVO (Nr. **2**).

§ 200a Ersatzmaßnahmen. [1]Darstellungen für Flächen zum Ausgleich und Festsetzungen für Flächen oder Maßnahmen zum Ausgleich im Sinne des § 1a Absatz 3 umfassen auch Ersatzmaßnahmen. [2]Ein unmittelbarer räumlicher Zusammenhang zwischen Eingriff und Ausgleich ist nicht erforderlich, soweit dies mit einer geordneten städtebaulichen Entwicklung und den Zielen der Raumordnung sowie des Naturschutzes und der Landschaftspflege vereinbar ist.

§ 201 Begriff der Landwirtschaft. Landwirtschaft im Sinne dieses Gesetzbuchs ist insbesondere der Ackerbau, die Wiesen- und Weidewirtschaft einschließlich Tierhaltung, soweit das Futter überwiegend auf den zum landwirtschaftlichen Betrieb gehörenden, landwirtschaftlich genutzten Flächen erzeugt werden kann, die gartenbauliche Erzeugung, der Erwerbsobstbau, der Weinbau, die berufsmäßige Imkerei und die berufsmäßige Binnenfischerei.

§ 201a Verordnungsermächtigung zur Bestimmung von Gebieten mit einem angespannten Wohnungsmarkt. [1]Die Landesregierungen werden ermächtigt, durch Rechtsverordnung[1)] Gebiete mit einem angespannten Wohnungsmarkt zu bestimmen. [2]Die Rechtsverordnung nach Satz 1 gilt für die Anwendung der Regelungen in § 25 Absatz 1 Satz 1 Nummer 3, § 31 Absatz 3, § 175 Absatz 2 Satz 2 und § 176 Absatz 1 Satz 1 Nummer 3. [3]Ein Gebiet mit einem angespannten Wohnungsmarkt liegt vor, wenn die ausreichende Versorgung der Bevölkerung mit Mietwohnungen in einer Gemeinde oder einem Teil der Gemeinde zu angemessenen Bedingungen besonders gefährdet ist. [4]Dies kann insbesondere dann der Fall sein, wenn

1. die Mieten deutlich stärker steigen als im bundesweiten Durchschnitt,
2. die durchschnittliche Mietbelastung der Haushalte den bundesweiten Durchschnitt deutlich übersteigt,
3. die Wohnbevölkerung wächst, ohne dass durch Neubautätigkeit insoweit erforderlicher Wohnraum geschaffen wird, oder
4. geringer Leerstand bei großer Nachfrage besteht.

[5]Eine Rechtsverordnung nach Satz 1 muss spätestens mit Ablauf des 31. Dezember 2026 außer Kraft treten. [6]Sie muss begründet werden. [7]Aus der Begründung muss sich ergeben, auf Grund welcher Tatsachen ein Gebiet mit einem angespannten Wohnungsmarkt im Einzelfall vorliegt. [8]Die betroffenen Gemeinden und die auf Landesebene bestehenden kommunalen Spitzenverbände sollen vor dem Erlass der Rechtsverordnung beteiligt werden.

§ 202 Schutz des Mutterbodens. Mutterboden, der bei der Errichtung und Änderung baulicher Anlagen sowie bei wesentlichen anderen Veränderungen der Erdoberfläche ausgehoben wird, ist in nutzbarem Zustand zu erhalten und vor Vernichtung oder Vergeudung zu schützen.

Zweiter Abschnitt. Zuständigkeiten

§ 203 Abweichende Zuständigkeitsregelung. (1) Die Landesregierung oder die von ihr bestimmte Behörde kann im Einvernehmen mit der Gemeinde

---

[1)] Siehe hierzu ua:
– Hamb. Wohnungsmarkt-Verordnung 2021 v. 13.7.2021 (HmbGVBl. S. 530)
– Umwandlungsgenehmigungs- und Gebietsbestimmungsverordnung v. 28.4.2022 (GVBl. S. 234).

durch Rechtsverordnung bestimmen, dass die nach diesem Gesetzbuch der Gemeinde obliegenden Aufgaben auf eine andere Gebietskörperschaft übertragen werden oder auf einen Verband, an dessen Willensbildung die Gemeinde mitwirkt.

(2) [1]Durch Landesgesetz können Aufgaben der Gemeinden nach diesem Gesetzbuch auf Verbandsgemeinden, Verwaltungsgemeinschaften oder vergleichbare gesetzliche Zusammenschlüsse von Gemeinden, denen nach Landesrecht örtliche Selbstverwaltungsaufgaben der Gemeinde obliegen, übertragen werden. [2]In dem Landesgesetz ist zu regeln, wie die Gemeinden an der Aufgabenerfüllung mitwirken.

(3) Die Landesregierung kann durch Rechtsverordnung die nach diesem Gesetzbuch der höheren Verwaltungsbehörde zugewiesenen Aufgaben auf andere staatliche Behörden, Landkreise oder kreisfreie Gemeinden übertragen.

(4) [1]Unterliegen die Planungsbereiche gemeinsamer Flächennutzungspläne (§ 204) oder von Flächennutzungsplänen und Satzungen eines Planungsverbands (§ 205) der Zuständigkeit verschiedener höherer Verwaltungsbehörden, ist die Oberste Landesbehörde für die Entscheidung im Genehmigungs- und Zustimmungsverfahren zuständig. [2]Liegen die Geltungsbereiche in verschiedenen Ländern, entscheiden die Obersten Landesbehörden im gegenseitigen Einvernehmen.

§ 204 Gemeinsamer Flächennutzungsplan, Bauleitplanung bei Bildung von Planungsverbänden und bei Gebiets- oder Bestandsänderung. (1) [1]Benachbarte Gemeinden sollen einen gemeinsamen Flächennutzungsplan aufstellen, wenn ihre städtebauliche Entwicklung wesentlich durch gemeinsame Voraussetzungen und Bedürfnisse bestimmt wird oder ein gemeinsamer Flächennutzungsplan einen gerechten Ausgleich der verschiedenen Belange ermöglicht. [2]Ein gemeinsamer Flächennutzungsplan soll insbesondere aufgestellt werden, wenn die Ziele der Raumordnung oder wenn Einrichtungen und Anlagen des öffentlichen Verkehrs, sonstige Erschließungsanlagen sowie Gemeinbedarfs- oder sonstige Folgeeinrichtungen eine gemeinsame Planung erfordern. [3]Der gemeinsame Flächennutzungsplan kann von den beteiligten Gemeinden nur gemeinsam aufgehoben, geändert oder ergänzt werden; die Gemeinden können vereinbaren, dass sich die Bindung nur auf bestimmte räumliche oder sachliche Teilbereiche erstreckt. [4]Ist eine gemeinsame Planung nur für räumliche oder sachliche Teilbereiche erforderlich, genügt anstelle eines gemeinsamen Flächennutzungsplans eine Vereinbarung der beteiligten Gemeinden über bestimmte Darstellungen in ihren Flächennutzungsplänen. [5]Sind die Voraussetzungen für eine gemeinsame Planung nach Satz 1 und 4 entfallen oder ist ihr Zweck erreicht, können die beteiligten Gemeinden den Flächennutzungsplan für ihr Gemeindegebiet ändern oder ergänzen; vor Einleitung des Bauleitplanverfahrens ist die Zustimmung der höheren Verwaltungsbehörde erforderlich.

(2) [1]Werden Gemeinden in ihrem Gebiet oder Bestand geändert oder geht die Zuständigkeit zur Aufstellung von Flächennutzungsplänen auf Verbände oder sonstige kommunale Körperschaften über, gelten unbeschadet abweichender landesrechtlicher Regelungen bestehende Flächennutzungspläne fort. [2]Dies gilt auch für räumliche und sachliche Teile der Flächennutzungspläne. [3]Die Befugnis und die Pflicht der Gemeinde, eines Verbands oder einer sonstigen Körperschaft, fortgeltende Flächennutzungspläne aufzuheben oder für das neue

Gemeindegebiet zu ergänzen oder durch einen neuen Flächennutzungsplan zu ersetzen, bleiben unberührt.

(3) [1] Verfahren zur Aufstellung, Änderung, Ergänzung oder Aufhebung von Bebauungsplänen können nach einer Gebiets- oder Bestandsänderung in ihrem jeweiligen Stand fortgeführt werden. [2] Satz 1 gilt entsprechend bei Bildung von Planungsverbänden und für Zusammenschlüsse nach § 205 Absatz 6. [3] Die höhere Verwaltungsbehörde kann verlangen, dass bestimmte Verfahrensabschnitte wiederholt werden.

§ 205 Planungsverbände. (1) [1] Gemeinden und sonstige öffentliche Planungsträger können sich zu einem Planungsverband zusammenschließen, um durch gemeinsame zusammengefasste Bauleitplanung den Ausgleich der verschiedenen Belange zu erreichen. [2] Der Planungsverband tritt nach Maßgabe seiner Satzung für die Bauleitplanung und ihre Durchführung an die Stelle der Gemeinden.

(2) [1] Kommt ein Zusammenschluss nach Absatz 1 nicht zustande, können die Beteiligten auf Antrag eines Planungsträgers zu einem Planungsverband zusammengeschlossen werden, wenn dies zum Wohl der Allgemeinheit dringend geboten ist. [2] Ist der Zusammenschluss aus Gründen der Raumordnung geboten, kann den Antrag auch die für die Landesplanung nach Landesrecht zuständige Stelle stellen. [3] Über den Antrag entscheidet die Landesregierung. [4] Sind Planungsträger verschiedener Länder beteiligt, erfolgt der Zusammenschluss nach Vereinbarung zwischen den beteiligten Landesregierungen. [5] Sollen der Bund oder eine bundesunmittelbare Körperschaft oder Anstalt an dem Planungsverband beteiligt werden, erfolgt der Zusammenschluss nach Vereinbarung zwischen der Bundesregierung und der Landesregierung, sofern die beteiligte Behörde des Bundes oder der bundesunmittelbaren Körperschaft oder Anstalt dem Zusammenschluss durch die Landesregierung widerspricht.

(3) [1] Kommt eine Einigung über die Satzung oder über den Plan unter den Mitgliedern nicht zustande, stellt die zuständige Landesbehörde eine Satzung oder einen Plan auf und legt sie dem Planungsverband zur Beschlussfassung vor. [2] Einigen sich die Mitglieder über diese Satzung oder diesen Plan nicht, setzt die Landesregierung die Satzung oder den Plan fest. [3] Absatz 2 Satz 4 ist entsprechend anzuwenden. [4] Ist der Bund oder eine bundesunmittelbare Körperschaft oder Anstalt an dem Planungsverband beteiligt, wird die Satzung oder der Plan nach Vereinbarung zwischen der Bundesregierung und der Landesregierung festgesetzt, sofern die beteiligte Behörde des Bundes oder der bundesunmittelbaren Körperschaft oder Anstalt der Festsetzung durch die Landesregierung widerspricht.

(4) Dem Planungsverband können nach Maßgabe der Satzung die Aufgaben der Gemeinde, die ihr nach diesem Gesetzbuch obliegen, übertragen werden.

(5) [1] Der Planungsverband ist aufzulösen, wenn die Voraussetzungen für den Zusammenschluss entfallen sind oder der Zweck der gemeinsamen Planung erreicht ist. [2] Kommt ein übereinstimmender Beschluss über die Auflösung nicht zustande, ist unter den in Satz 1 bezeichneten Voraussetzungen die Auflösung auf Antrag eines Mitglieds anzuordnen; im Übrigen ist Absatz 2 entsprechend anzuwenden. [3] Nach Auflösung des Planungsverbands gelten die von ihm aufgestellten Pläne als Bauleitpläne der einzelnen Gemeinden.

(6) Ein Zusammenschluss nach dem Zweckverbandsrecht oder durch besondere Landesgesetze wird durch diese Vorschriften nicht ausgeschlossen.

(7) [1] Wird die Befugnis zur Aufstellung von Bauleitplänen nach den Absätzen 1 bis 3 oder 6 übertragen, sind die Entwürfe der Bauleitpläne mit Begründung vor der Beschlussfassung hierüber oder der Festsetzung nach Absatz 3 Satz 2 oder 4 den Gemeinden, für deren Gebiet der Bauleitplan aufgestellt werden soll, zur Stellungnahme innerhalb angemessener Frist zuzuleiten. [2] Auf die Behandlung der von den Gemeinden fristgemäß vorgebrachten Anregungen ist § 3 Absatz 2 Satz 4 und 6 entsprechend anzuwenden.

§ 206 Örtliche und sachliche Zuständigkeit. (1) [1] Örtlich zuständig ist die Behörde, in deren Bereich das betroffene Grundstück liegt. [2] Werden Grundstücke betroffen, die örtlich oder wirtschaftlich zusammenhängen und demselben Eigentümer gehören, und liegen diese Grundstücke im Bereich mehrerer nach diesem Gesetzbuch sachlich zuständiger Behörden, so wird die örtlich zuständige Behörde durch die nächsthöhere gemeinsame Behörde bestimmt.

(2) Ist eine höhere Verwaltungsbehörde nicht vorhanden, so ist die Oberste Landesbehörde zugleich höhere Verwaltungsbehörde.

Dritter Abschnitt. Verwaltungsverfahren

§ 207 Von Amts wegen bestellter Vertreter. [1] Ist ein Vertreter nicht vorhanden, so hat das Betreuungsgericht, für einen minderjährigen Beteiligten das Familiengericht auf Ersuchen der zuständigen Behörde einen rechts- und sachkundigen Vertreter zu bestellen

1. für einen Beteiligten, dessen Person unbekannt, oder für eine Person, deren Beteiligung ungewiss ist,
2. für einen abwesenden Beteiligten, dessen Aufenthalt unbekannt oder dessen Aufenthalt zwar bekannt, der aber an der Besorgung seiner Vermögensangelegenheiten verhindert ist,
3. für einen Beteiligten, dessen Aufenthalt sich nicht innerhalb des Geltungsbereichs dieses Gesetzbuchs befindet, wenn er der Aufforderung der zuständigen Behörde, einen Vertreter zu bestellen, innerhalb der ihm gesetzten Frist nicht nachgekommen ist,
4. für Gesamthandseigentümer oder Eigentümer nach Bruchteilen sowie für mehrere Inhaber eines sonstigen Rechts an einem Grundstück oder an einem das Grundstück belastenden Recht, wenn sie der Aufforderung der zuständigen Behörden, einen gemeinsamen Vertreter zu bestellen, innerhalb der ihnen gesetzten Fristen nicht nachgekommen sind,
5. bei herrenlosen Grundstücken zur Wahrung der aus dem Eigentum sich ergebenden Rechte und Pflichten.

[2] Für die Bestellung und für das Amt des Vertreters gelten die Vorschriften des Bürgerlichen Gesetzbuchs für die Pflegschaft[1)] entsprechend.

§ 208 Anordnungen zur Erforschung des Sachverhalts. [1] Die Behörden können zur Erforschung des Sachverhalts auch anordnen, dass

1. Beteiligte persönlich erscheinen,

[1)] Siehe §§ 1909–1921 BGB idF der Bek. v. 2.1.2002 (BGBl. I S. 42, ber. S. 2909, 2003 S. 738), zuletzt geänd. durch G v. 7.11.2022 (BGBl. I S. 1982).

2. Urkunden und sonstige Unterlagen vorgelegt werden, auf die sich ein Beteiligter bezogen hat,
3. Hypotheken-, Grundschuld- und Rentenschuldgläubiger die in ihrem Besitz befindlichen Hypotheken-, Grundschuld- und Rentenschuldbriefe vorlegen.

[2] Für den Fall, dass ein Beteiligter der Anordnung nicht nachkommt, kann ein Zwangsgeld bis zu fünfhundert Euro angedroht und festgesetzt werden. [3] Ist Beteiligter eine juristische Person oder eine nichtrechtsfähige Personenvereinigung, so ist das Zwangsgeld dem nach Gesetz oder Satzung Vertretungsberechtigten anzudrohen und gegen ihn festzusetzen. [4] Androhung und Festsetzung können wiederholt werden.

§ 209 Vorarbeiten auf Grundstücken. (1) [1] Eigentümer und Besitzer haben zu dulden, dass Beauftragte der zuständigen Behörden zur Vorbereitung der von ihnen nach diesem Gesetzbuch zu treffenden Maßnahmen Grundstücke betreten und Vermessungen, Boden- und Grundwasseruntersuchungen oder ähnliche Arbeiten ausführen. [2] Die Absicht, solche Arbeiten auszuführen, ist den Eigentümern oder Besitzern vorher bekannt zu geben. [3] Wohnungen dürfen nur mit Zustimmung der Wohnungsinhaber betreten werden.

(2) [1] Entstehen durch eine nach Absatz 1 zulässige Maßnahme dem Eigentümer oder Besitzer unmittelbare Vermögensnachteile, so ist dafür von der Stelle, die den Auftrag erteilt hat, eine angemessene Entschädigung in Geld zu leisten; kommt eine Einigung über die Geldentschädigung nicht zustande, so entscheidet die höhere Verwaltungsbehörde; vor der Entscheidung sind die Beteiligten zu hören. [2] Hat eine Enteignungsbehörde den Auftrag erteilt, so hat der Antragsteller, in dessen Interesse die Enteignungsbehörde tätig geworden ist, dem Betroffenen die Entschädigung zu leisten; kommt eine Einigung über die Geldentschädigung nicht zustande, so setzt die Enteignungsbehörde die Entschädigung fest; vor der Entscheidung sind die Beteiligten zu hören.

§ 210 Wiedereinsetzung. (1) Wenn ein Beteiligter ohne Verschulden verhindert war, eine gesetzliche oder auf Grund dieses Gesetzbuchs bestimmte Frist für eine Verfahrenshandlung einzuhalten, so ist ihm auf Antrag Wiedereinsetzung in den vorigen Stand zu gewähren.

(2) Die nach § 32 Absatz 4 des Verwaltungsverfahrensgesetzes zuständige Behörde kann nach Wiedereinsetzung in den vorigen Stand anstelle einer Entscheidung, die den durch das bisherige Verfahren herbeigeführten neuen Rechtszustand ändern würde, eine Entschädigung festsetzen.

§ 211 Belehrung über Rechtsbehelfe. Den nach diesem Gesetzbuch ergehenden Verwaltungsakten ist eine Erklärung beizufügen, durch die der Beteiligte über den Rechtsbehelf, der gegen den Verwaltungsakt gegeben ist, über die Stelle, bei der der Rechtsbehelf einzulegen ist, und über die Frist belehrt wird.

§ 212 Vorverfahren. (1) Die Landesregierungen können durch Rechtsverordnung bestimmen, dass ein nach dem Vierten oder Fünften Teil des Ersten Kapitels erlassener Verwaltungsakt durch Antrag auf gerichtliche Entscheidung nach § 217 erst angefochten werden kann, nachdem seine Rechtmäßigkeit und Zweckmäßigkeit in einem Vorverfahren nachgeprüft worden ist; das Vorverfahren ist in Anlehnung an die Vorschriften der Verwaltungsgerichtsordnung zu regeln.

(2) [1] Ist ein Vorverfahren vorgesehen, hat der Widerspruch gegen

1. den Umlegungsbeschluss nach § 47 Absatz 1,
2. die Bekanntmachung der Unanfechtbarkeit des Umlegungsplans nach § 71 Absatz 1 sowie
3. die vorzeitige Besitzeinweisung nach § 77 oder § 116

keine aufschiebende Wirkung. [2] § 80 Absatz 4 und 5 der Verwaltungsgerichtsordnung ist entsprechend anzuwenden.

§ 212a Entfall der aufschiebenden Wirkung. (1) Widerspruch und Anfechtungsklage eines Dritten gegen die bauaufsichtliche Zulassung eines Vorhabens haben keine aufschiebende Wirkung.

(2) Widerspruch und Anfechtungsklage gegen die Geltendmachung des Kostenerstattungsbetrags nach § 135a Absatz 3 sowie des Ausgleichsbetrags nach § 154 durch die Gemeinde haben keine aufschiebende Wirkung.

§ 213 Ordnungswidrigkeiten. (1) Ordnungswidrig handelt, wer

1. wider besseres Wissen unrichtige Angaben macht oder unrichtige Pläne oder Unterlagen vorlegt, um einen begünstigenden Verwaltungsakt zu erwirken oder einen belastenden Verwaltungsakt zu verhindern;
2. Pfähle, Pflöcke oder sonstige Markierungen, die Vorarbeiten dienen, wegnimmt, verändert, unkenntlich macht oder unrichtig setzt;
3. einer in einem Bebauungsplan nach § 9 Absatz 1 Nummer 25 Buchstabe b festgesetzten Bindung für Bepflanzungen und für die Erhaltung von Bäumen, Sträuchern und sonstigen Bepflanzungen sowie von Gewässern dadurch zuwiderhandelt, dass diese beseitigt, wesentlich beeinträchtigt oder zerstört werden;
4. eine bauliche Anlage im Geltungsbereich einer Erhaltungssatzung (§ 172 Absatz 1 Satz 1) oder einer Satzung über die Durchführung von Stadtumbaumaßnahmen (§ 171d Absatz 1) ohne Genehmigung rückbaut oder ändert.

(2) Ordnungswidrig handelt, wer vorsätzlich oder fahrlässig ohne Genehmigung nach § 22 Absatz 1 Satz 1 Nummer 5 einen dort genannten Raum als Nebenwohnung nutzt.

(3) Die Ordnungswidrigkeit kann in den Fällen des Absatzes 2 mit einer Geldbuße bis zu fünfzigtausend Euro, in den Fällen des Absatzes 1 Nummer 4 mit einer Geldbuße bis zu dreißigtausend Euro, in den Fällen des Absatzes 1 Nummer 3 mit einer Geldbuße bis zu zehntausend Euro und in den übrigen Fällen mit einer Geldbuße bis zu tausend Euro geahndet werden.

Vierter Abschnitt. Planerhaltung

§ 214 Beachtlichkeit der Verletzung von Vorschriften über die Aufstellung des Flächennutzungsplans und der Satzungen; ergänzendes Verfahren. (1) [1] Eine Verletzung von Verfahrens- und Formvorschriften dieses Gesetzbuchs ist für die Rechtswirksamkeit des Flächennutzungsplans und der Satzungen nach diesem Gesetzbuch nur beachtlich, wenn

1. entgegen § 2 Absatz 3 die von der Planung berührten Belange, die der Gemeinde bekannt waren oder hätten bekannt sein müssen, in wesentlichen Punkten nicht zutreffend ermittelt oder bewertet worden sind und wenn der

Mangel offensichtlich und auf das Ergebnis des Verfahrens von Einfluss gewesen ist;

2. die Vorschriften über die Öffentlichkeits- und Behördenbeteiligung nach § 3 Absatz 2, § 4 Absatz 2, § 4a Absatz 3, Absatz 4 Satz 1 und Absatz 5 Satz 2, nach § 13 Absatz 2 Satz 1 Nummer 2 und 3, auch in Verbindung mit § 13a Absatz 2 Nummer 1 und § 13b, nach § 22 Absatz 9 Satz 2, § 34 Absatz 6 Satz 1 sowie § 35 Absatz 6 Satz 5 verletzt worden sind; dabei ist unbeachtlich, wenn
   a) bei Anwendung der Vorschriften einzelne Personen, Behörden oder sonstige Träger öffentlicher Belange nicht beteiligt worden sind, die entsprechenden Belange jedoch unerheblich waren oder in der Entscheidung berücksichtigt worden sind,
   b) einzelne Angaben dazu, welche Arten umweltbezogener Informationen verfügbar sind, gefehlt haben,
   c) (weggefallen)
   d) bei Vorliegen eines wichtigen Grundes nach § 3 Absatz 2 Satz 1 nicht für die Dauer einer angemessenen längeren Frist ausgelegt worden ist und die Begründung für die Annahme des Nichtvorliegens eines wichtigen Grundes nachvollziehbar ist,
   e) bei Anwendung des § 4a Absatz 4 Satz 1 der Inhalt der Bekanntmachung und die auszulegenden Unterlagen zwar in das Internet eingestellt, aber nicht über das zentrale Internetportal des Landes zugänglich sind,
   f) bei Anwendung des § 13 Absatz 3 Satz 2 die Angabe darüber, dass von einer Umweltprüfung abgesehen wird, unterlassen wurde oder
   g) bei Anwendung des § 4a Absatz 3 Satz 4 oder des § 13, auch in Verbindung mit § 13a Absatz 2 Nummer 1 und § 13b, die Voraussetzungen für die Durchführung der Beteiligung nach diesen Vorschriften verkannt worden sind;
3. die Vorschriften über die Begründung des Flächennutzungsplans und der Satzungen sowie ihrer Entwürfe nach §§ 2a, 3 Absatz 2, § 5 Absatz 1 Satz 2 Halbsatz 2 und Absatz 5, § 9 Absatz 8 und § 22 Absatz 10 verletzt worden sind; dabei ist unbeachtlich, wenn die Begründung des Flächennutzungsplans oder der Satzung oder ihr Entwurf unvollständig ist; abweichend von Halbsatz 2 ist eine Verletzung von Vorschriften in Bezug auf den Umweltbericht unbeachtlich, wenn die Begründung hierzu nur in unwesentlichen Punkten unvollständig ist;
4. ein Beschluss der Gemeinde über den Flächennutzungsplan oder die Satzung nicht gefasst, eine Genehmigung nicht erteilt oder der mit der Bekanntmachung des Flächennutzungsplans oder der Satzung verfolgte Hinweiszweck nicht erreicht worden ist.

[2] Soweit in den Fällen des Satzes 1 Nummer 3 die Begründung in wesentlichen Punkten unvollständig ist, hat die Gemeinde auf Verlangen Auskunft zu erteilen, wenn ein berechtigtes Interesse dargelegt wird.

(2) Für die Rechtswirksamkeit der Bauleitpläne ist auch unbeachtlich, wenn

1. die Anforderungen an die Aufstellung eines selbständigen Bebauungsplans (§ 8 Absatz 2 Satz 2) oder an die in § 8 Absatz 4 bezeichneten dringenden Gründe für die Aufstellung eines vorzeitigen Bebauungsplans nicht richtig beurteilt worden sind;

2. § 8 Absatz 2 Satz 1 hinsichtlich des Entwickelns des Bebauungsplans aus dem Flächennutzungsplan verletzt worden ist, ohne dass hierbei die sich aus dem Flächennutzungsplan ergebende geordnete städtebauliche Entwicklung beeinträchtigt worden ist;
3. der Bebauungsplan aus einem Flächennutzungsplan entwickelt worden ist, dessen Unwirksamkeit sich wegen Verletzung von Verfahrens- oder Formvorschriften einschließlich des § 6 nach Bekanntmachung des Bebauungsplans herausstellt;
4. im Parallelverfahren gegen § 8 Absatz 3 verstoßen worden ist, ohne dass die geordnete städtebauliche Entwicklung beeinträchtigt worden ist.

(2a) Für Bebauungspläne, die im beschleunigten Verfahren nach § 13a, auch in Verbindung mit § 13b, aufgestellt worden sind, gilt ergänzend zu den Absätzen 1 und 2 Folgendes:

1. (weggefallen)
2. Das Unterbleiben der Hinweise nach § 13a Absatz 3 ist für die Rechtswirksamkeit des Bebauungsplans unbeachtlich.
3. Beruht die Feststellung, dass eine Umweltprüfung unterbleiben soll, auf einer Vorprüfung des Einzelfalls nach § 13a Absatz 1 Satz 2 Nummer 2, gilt die Vorprüfung als ordnungsgemäß durchgeführt, wenn sie entsprechend den Vorgaben von § 13a Absatz 1 Satz 2 Nummer 2 durchgeführt worden ist und ihr Ergebnis nachvollziehbar ist; dabei ist unbeachtlich, wenn einzelne Behörden oder sonstige Träger öffentlicher Belange nicht beteiligt worden sind; andernfalls besteht ein für die Rechtswirksamkeit des Bebauungsplans beachtlicher Mangel.
4. Die Beurteilung, dass der Ausschlussgrund nach § 13a Absatz 1 Satz 4 nicht vorliegt, gilt als zutreffend, wenn das Ergebnis nachvollziehbar ist und durch den Bebauungsplan nicht die Zulässigkeit von Vorhaben nach Spalte 1 der Anlage 1 zum Gesetz über die Umweltverträglichkeitsprüfung begründet wird; andernfalls besteht ein für die Rechtswirksamkeit des Bebauungsplans beachtlicher Mangel.

(3) [1] Für die Abwägung ist die Sach- und Rechtslage im Zeitpunkt der Beschlussfassung über den Flächennutzungsplan oder die Satzung maßgebend. [2] Mängel, die Gegenstand der Regelung in Absatz 1 Satz 1 Nummer 1 sind, können nicht als Mängel der Abwägung geltend gemacht werden; im Übrigen sind Mängel im Abwägungsvorgang nur erheblich, wenn sie offensichtlich und auf das Abwägungsergebnis von Einfluss gewesen sind.

(4) Der Flächennutzungsplan oder die Satzung können durch ein ergänzendes Verfahren zur Behebung von Fehlern auch rückwirkend in Kraft gesetzt werden.

§ 215 Frist für die Geltendmachung der Verletzung von Vorschriften.

(1) [1] Unbeachtlich werden

1. eine nach § 214 Absatz 1 Satz 1 Nummer 1 bis 3 beachtliche Verletzung der dort bezeichneten Verfahrens- und Formvorschriften,
2. eine unter Berücksichtigung des § 214 Absatz 2 beachtliche Verletzung der Vorschriften über das Verhältnis des Bebauungsplans und des Flächennutzungsplans und
3. nach § 214 Absatz 3 Satz 2 beachtliche Mängel des Abwägungsvorgangs,

wenn sie nicht innerhalb eines Jahres seit Bekanntmachung des Flächennutzungsplans oder der Satzung schriftlich gegenüber der Gemeinde unter Darlegung des die Verletzung begründenden Sachverhalts geltend gemacht worden sind. [2] Satz 1 gilt entsprechend, wenn Fehler nach § 214 Absatz 2a beachtlich sind.

(2) Bei Inkraftsetzung des Flächennutzungsplans oder der Satzung ist auf die Voraussetzungen für die Geltendmachung der Verletzung von Vorschriften sowie auf die Rechtsfolgen hinzuweisen.

§ 216 Aufgaben im Genehmigungsverfahren. Die Verpflichtung der für das Genehmigungsverfahren zuständigen Behörde, die Einhaltung der Vorschriften zu prüfen, deren Verletzung sich nach den §§ 214 und 215 auf die Rechtswirksamkeit eines Flächennutzungsplans oder einer Satzung nicht auswirkt, bleibt unberührt.

Dritter Teil. Verfahren vor den Kammern (Senaten) für Baulandsachen

§ 217 Antrag auf gerichtliche Entscheidung. (1) [1] Verwaltungsakte nach dem Vierten und Fünften Teil des Ersten Kapitels sowie nach den §§ 18, 28 Absatz 3, 4 und 6, den §§ 39 bis 44, 126 Absatz 2, § 150 Absatz 2, § 179 Absatz 4, den §§ 181, 209 Absatz 2 oder § 210 Absatz 2 können nur durch Antrag auf gerichtliche Entscheidung angefochten werden. [2] Satz 1 ist auch anzuwenden auf andere Verwaltungsakte auf Grund dieses Gesetzbuchs, für die die Anwendung des Zweiten Abschnitts des Fünften Teils des Ersten Kapitels vorgeschrieben ist oder die in einem Verfahren nach dem Vierten oder Fünften Teil des Ersten Kapitels erlassen werden, sowie auf Streitigkeiten über die Höhe der Geldentschädigung nach § 190 in Verbindung mit § 88 Nummer 7 und § 89 Absatz 2 des Flurbereinigungsgesetzes. [3] Mit dem Antrag auf gerichtliche Entscheidung kann auch die Verurteilung zum Erlass eines Verwaltungsakts oder zu einer sonstigen Leistung sowie eine Feststellung begehrt werden. [4] Über den Antrag entscheidet das Landgericht, Kammer für Baulandsachen.

(2) [1] Der Antrag ist binnen eines Monats seit der Zustellung des Verwaltungsakts bei der Stelle einzureichen, die den Verwaltungsakt erlassen hat. [2] Ist die ortsübliche Bekanntmachung des Verwaltungsakts vorgeschrieben, so ist der Antrag binnen sechs Wochen seit der Bekanntmachung einzureichen. [3] Hat ein Vorverfahren (§ 212) stattgefunden, so beginnt die in Satz 1 bestimmte Frist mit der Zustellung des Bescheids, der das Vorverfahren beendet hat.

(3) [1] Der Antrag muss den Verwaltungsakt bezeichnen, gegen den er sich richtet. [2] Er soll die Erklärung, inwieweit der Verwaltungsakt angefochten wird, und einen bestimmten Antrag enthalten. [3] Er soll die Gründe sowie die Tatsachen und Beweismittel angeben, die zur Rechtfertigung des Antrags dienen.

(4) [1] Die Stelle, die den Verwaltungsakt erlassen hat, hat den Antrag mit ihren Akten unverzüglich dem zuständigen Landgericht vorzulegen. [2] Ist das Verfahren vor der Stelle noch nicht abgeschlossen, so sind statt der Akten Abschriften der bedeutsamen Aktenstücke vorzulegen.

§ 218 Wiedereinsetzung in den vorigen Stand. (1) [1] War ein Beteiligter ohne Verschulden verhindert, die Frist nach § 217 Absatz 2 einzuhalten, so ist ihm auf Antrag vom Landgericht, Kammer für Baulandsachen, Wiedereinsetzung in den vorigen Stand zu gewähren, wenn er den Antrag auf gerichtliche Entscheidung binnen zwei Wochen nach Beseitigung des Hindernisses einreicht und die Tatsachen, die die Wiedereinsetzung begründen, glaubhaft macht. [2]Gegen die Entscheidung über den Antrag findet die sofortige Beschwerde an das Oberlandesgericht, Senat für Baulandsachen, statt. [3]Nach Ablauf eines Jahres, vom Ende der versäumten Frist an gerechnet, kann die Wiedereinsetzung nicht mehr beantragt werden.

(2) Ist der angefochtene Verwaltungsakt ein Enteignungsbeschluss und ist der bisherige Rechtszustand bereits durch den neuen Rechtszustand ersetzt (§ 117 Absatz 5), so kann das Gericht im Falle der Wiedereinsetzung den Enteignungsbeschluss nicht aufheben und hinsichtlich des Gegenstands der Enteignung oder der Art der Entschädigung nicht ändern.

§ 219 Örtliche Zuständigkeit der Landgerichte. (1) Örtlich zuständig ist das Landgericht, in dessen Bezirk die Stelle, die den Verwaltungsakt erlassen hat, ihren Sitz hat.

(2) [1]Die Landesregierungen können durch Rechtsverordnung die Verhandlung und Entscheidung über Anträge auf gerichtliche Entscheidung einem Landgericht für die Bezirke mehrerer Landgerichte zuweisen, wenn die Zusammenfassung für eine Förderung oder schnellere Erledigung der Verfahren sachdienlich ist. [2]Die Landesregierungen können diese Ermächtigung auf die Landesjustizverwaltungen übertragen.

§ 220 Zusammensetzung der Kammern für Baulandsachen. (1) [1]Bei den Landgerichten werden eine oder mehrere Kammern für Baulandsachen gebildet. [2]Die Kammer für Baulandsachen entscheidet in der Besetzung mit zwei Richtern des Landgerichts einschließlich des Vorsitzenden sowie einem hauptamtlichen Richter eines Verwaltungsgerichts. [3]Die Vorschriften über den Einzelrichter sind nicht anzuwenden.

(2) Die Richter der Verwaltungsgerichte und die für den Fall ihrer Verhinderung erforderlichen Vertreter werden von der für die Verwaltungsgerichtsbarkeit zuständigen Obersten Landesbehörde auf die Dauer von drei Jahren bestellt.

§ 221 Allgemeine Verfahrensvorschriften. (1) [1]In den Sachen, die auf Grund eines Antrags auf gerichtliche Entscheidung bei den Gerichten anhängig werden, sind die bei Klagen in bürgerlichen Rechtsstreitigkeiten geltenden Vorschriften entsprechend anzuwenden, soweit sich aus den §§ 217 bis 231 nichts anderes ergibt. [2]§ 227 Absatz 3 Satz 1 der Zivilprozessordnung ist nicht anzuwenden.

(2) Das Gericht kann auch von Amts wegen die Aufnahme von Beweisen anordnen und nach Anhörung der Beteiligten auch solche Tatsachen berücksichtigen, die von ihnen nicht vorgebracht worden sind.

(3) Sind gegen denselben Verwaltungsakt mehrere Anträge auf gerichtliche Entscheidung gestellt, so wird über sie gleichzeitig verhandelt und entschieden.

(4) Die Vorschriften über die Vorauszahlung der Gebühr für das Verfahren im Allgemeinen nach § 12 Absatz 1 Satz 1 und 2 des Gerichtskostengesetzes sind nicht anzuwenden.

§ 222 Beteiligte. (1) [1]Wer an dem Verfahren, in dem der Verwaltungsakt erlassen worden ist, Beteiligter war, ist auch in dem gerichtlichen Verfahren Beteiligter, wenn seine Rechte oder Pflichten durch die Entscheidung des

Gerichts betroffen werden können. [2] In dem gerichtlichen Verfahren ist auch die Stelle Beteiligte, die den Verwaltungsakt erlassen hat.

(2) Der Antrag auf gerichtliche Entscheidung ist den übrigen in Absatz 1 Satz 1 bezeichneten Beteiligten, soweit sie bekannt sind, zuzustellen.

(3) [1] Auf die Beteiligten sind die für die Parteien geltenden Vorschriften der Zivilprozessordnung[1)] entsprechend anzuwenden. [2] § 78 der Zivilprozessordnung gilt in dem Verfahren vor dem Landgericht und dem Oberlandesgericht nur für Beteiligte, die Anträge in der Hauptsache stellen.

§ 223 Anfechtung von Ermessensentscheidungen. [1] Soweit die Stelle, die den Verwaltungsakt erlassen hat, ermächtigt ist, nach ihrem Ermessen zu handeln, kann der Antrag nur darauf gestützt werden, dass die Entscheidung rechtswidrig ist, weil die gesetzlichen Grenzen des Ermessens überschritten sind oder von dem Ermessen in einer dem Zweck der Ermächtigung nicht entsprechenden Weise Gebrauch gemacht worden ist. [2] Dies gilt nicht, soweit in dem Verwaltungsakt über einen Anspruch auf eine Geldleistung entschieden worden ist.

§ 224 Entfall der aufschiebenden Wirkung bei Antrag auf gerichtliche Entscheidung. [1] Der Antrag auf gerichtliche Entscheidung gegen

1. den Umlegungsbeschluss nach § 47 Absatz 1,
2. die Bekanntmachung der Unanfechtbarkeit des Umlegungsplans nach § 71 Absatz 1,
3. die vorzeitige Besitzeinweisung nach § 77 oder § 116 sowie
4. die Geltendmachung des Kostenerstattungsbetrags nach § 179 Absatz 4

hat keine aufschiebende Wirkung. [2] § 80 Absatz 5 der Verwaltungsgerichtsordnung ist entsprechend anzuwenden.

§ 225 Vorzeitige Ausführungsanordnung. [1] Ist nur noch die Höhe einer Geldentschädigung streitig, so kann das Gericht auf Antrag des Enteignungsbegünstigten beschließen, dass die Enteignungsbehörde die Ausführung des Enteignungsbeschlusses anzuordnen hat. [2] In dem Beschluss kann bestimmt werden, dass der Enteignungsbegünstigte für den im Streit befindlichen Betrag Sicherheit zu leisten hat. [3] Die Ausführungsanordnung darf erst ergehen, wenn der Enteignungsbegünstigte die festgesetzte Geldentschädigung gezahlt oder zulässigerweise unter Verzicht auf das Recht der Rücknahme hinterlegt hat.

§ 226 Urteil. (1) Über den Antrag auf gerichtliche Entscheidung wird durch Urteil entschieden.

(2) [1] Wird ein Antrag auf gerichtliche Entscheidung, der einen Anspruch auf eine Geldleistung betrifft, für begründet erachtet, so hat das Gericht den Verwaltungsakt zu ändern. [2] Wird in anderen Fällen ein Antrag auf gerichtliche Entscheidung für begründet erachtet, so hat das Gericht den Verwaltungsakt aufzuheben und erforderlichenfalls auszusprechen, dass die Stelle, die den Verwaltungsakt erlassen hat, verpflichtet ist, in der Sache unter Beachtung der Rechtsauffassung des Gerichts anderweit zu entscheiden.

[1)] Siehe §§ 50 ff. ZPO idF der Bek. v. 5.12.2005 (BGBl. I S. 3202, ber. 2006 S. 431, 2007 S. 1781), zuletzt geänd. durch G v. 7.11.2022 (BGBl. I S. 1982).

(3) [1] Einen Enteignungsbeschluss kann das Gericht auch ändern, wenn der Antrag auf gerichtliche Entscheidung nicht einen Anspruch auf Geldleistung betrifft. [2] Es darf in diesem Falle über den Antrag des Beteiligten hinaus, der den Antrag auf gerichtliche Entscheidung gestellt hat, den Enteignungsbeschluss auch ändern, soweit ein anderer Beteiligter es beantragt hat; dabei ist eine Änderung des Enteignungsbeschlusses zum Nachteil dessen, der den Antrag auf gerichtliche Entscheidung gestellt hat, nicht statthaft. [3] Wird ein Enteignungsbeschluss geändert, so ist § 113 Absatz 2 entsprechend anzuwenden. [4] Wird ein Enteignungsbeschluss aufgehoben oder hinsichtlich des Gegenstands der Enteignung geändert, so gibt das Gericht im Falle des § 113 Absatz 5 dem Vollstreckungsgericht von seinem Urteil Kenntnis.

(4) Ist von mehreren Anträgen nur der eine oder ist nur ein Teil eines Antrags zur Endentscheidung reif, so soll das Gericht hierüber ein Teilurteil nur erlassen, wenn es zur Beschleunigung des Verfahrens notwendig erscheint.

§ 227 Säumnis eines Beteiligten. (1) [1] Erscheint der Beteiligte, der den Antrag auf gerichtliche Entscheidung gestellt hat, in einem Termin zur mündlichen Verhandlung, so kann auch dann mündlich verhandelt werden, wenn einer der anderen Beteiligten nicht erscheint. [2] Über einen Antrag, den ein nicht erschienener Beteiligter in einer früheren mündlichen Verhandlung gestellt hat, kann nach Lage der Akten entschieden werden.

(2) Erscheint der Beteiligte, der den Antrag auf gerichtliche Entscheidung gestellt hat, in einem Termin zur mündlichen Verhandlung nicht, so kann jeder andere Beteiligte eine Entscheidung nach Lage der Akten beantragen.

(3) [1] Die §§ 332 bis 335, 336 Absatz 2 und § 337 der Zivilprozessordnung gelten entsprechend. [2] Im Übrigen sind die Vorschriften über die Versäumnisurteile nicht anzuwenden.

§ 228 Kosten des Verfahrens. (1) Soweit der Beteiligte obsiegt, der den Antrag auf gerichtliche Entscheidung gestellt hat, gilt, wenn keiner der Beteiligten dazu im Widerspruch stehende Anträge in der Hauptsache gestellt hat, bei Anwendung der Kostenbestimmungen der Zivilprozessordnung[1)] die Stelle, die den Verwaltungsakt erlassen hat, als unterliegende Partei.

(2) Über die Erstattung der Kosten eines Beteiligten, der zur Hauptsache keinen Antrag gestellt hat, entscheidet das Gericht auf Antrag des Beteiligten nach billigem Ermessen.

§ 229 Berufung, Beschwerde. (1) [1] Über die Berufung und die Beschwerde entscheidet das Oberlandesgericht, Senat für Baulandsachen, in der Besetzung mit zwei Richtern des Oberlandesgerichts einschließlich des Vorsitzenden und einem hauptamtlichen Richter eines Oberverwaltungsgerichts. [2] § 220 Absatz 1 Satz 3 und Absatz 2 gilt entsprechend.

(2) [1] Die Landesregierungen können durch Rechtsverordnung die Verhandlung und Entscheidung über die Berufungen und Beschwerden gegen die Entscheidungen der Kammern für Baulandsachen einem Oberlandesgericht oder dem obersten Landesgericht für die Bezirke mehrerer Oberlandesgerichte zuweisen, wenn die Zusammenfassung für eine Förderung oder schnellere

---

1) Siehe §§ 91 ff. ZPO idF der Bek. v. 5.12.2005 (BGBl. I S. 3202, ber. 2006 S. 431, 2007 S. 1781), zuletzt geänd. durch G v. 7.11.2022 (BGBl. I S. 1982).

Erledigung der Verfahren sachdienlich ist. [2] Die Landesregierungen können diese Ermächtigung durch Rechtsverordnung auf die Landesjustizverwaltungen übertragen.

§ 230 Revision. Über die Revision entscheidet der Bundesgerichtshof.

§ 231 Einigung. [1] Einigen sich die Beteiligten während eines gerichtlichen Verfahrens, das eine Enteignung betrifft, so gelten die §§ 110 und 111 entsprechend. [2] Das Gericht tritt an die Stelle der Enteignungsbehörde.

§ 232 Weitere Zuständigkeit der Kammern (Senate) für Baulandsachen. Die Länder können durch Gesetz den Kammern und Senaten für Baulandsachen die Verhandlung und Entscheidung über Maßnahmen der Enteignung und enteignungsgleiche Eingriffe, die die in § 86 genannten Gegenstände betreffen und auf Landesrecht beruhen oder nach Landesrecht vorgenommen werden, und über Entschädigungsansprüche übertragen sowie die Vorschriften dieses Teils für anwendbar erklären.

Viertes Kapitel. Überleitungs- und Schlussvorschriften

Erster Teil. Überleitungsvorschriften

§ 233 Allgemeine Überleitungsvorschriften. (1) [1] Verfahren nach diesem Gesetz, die vor dem Inkrafttreten einer Gesetzesänderung förmlich eingeleitet worden sind, werden nach den bisher geltenden Rechtsvorschriften abgeschlossen, soweit nachfolgend nichts anderes bestimmt ist. [2] Ist mit gesetzlich vorgeschriebenen einzelnen Schritten des Verfahrens noch nicht begonnen worden, können diese auch nach den Vorschriften dieses Gesetzes durchgeführt werden.

(2) [1] Die Vorschriften des Dritten Kapitels Zweiter Teil Vierter Abschnitt zur Planerhaltung sind auch auf Flächennutzungspläne und Satzungen entsprechend anzuwenden, die auf der Grundlage bisheriger Fassungen dieses Gesetzes in Kraft getreten sind. [2] Unbeschadet des Satzes 1 sind auf der Grundlage bisheriger Fassungen dieses Gesetzes unbeachtliche oder durch Fristablauf unbeachtliche Fehler bei der Aufstellung von Flächennutzungsplänen und Satzungen auch weiterhin für die Rechtswirksamkeit dieser Flächennutzungspläne und Satzungen unbeachtlich. [3] Abweichend von Satz 1 sind für vor dem Inkrafttreten einer Gesetzesänderung in Kraft getretene Flächennutzungspläne und Satzungen die vor dem Inkrafttreten der Gesetzesänderung geltenden Vorschriften über die Geltendmachung der Verletzung von Verfahrens- und Formvorschriften, von Mängeln der Abwägung und von sonstigen Vorschriften einschließlich ihrer Fristen weiterhin anzuwenden.

(3) Auf der Grundlage bisheriger Fassungen dieses Gesetzes wirksame oder übergeleitete Pläne, Satzungen und Entscheidungen gelten fort.

§ 234 Überleitungsvorschriften für das Vorkaufsrecht. (1) Für das Vorkaufsrecht sind die jeweils zur Zeit des Verkaufsfalls geltenden städtebaurechtlichen Vorschriften anzuwenden.

(2) Satzungen, die auf Grund von § 25 des Bundesbaugesetzes erlassen worden sind, gelten als Satzungen nach § 25 Absatz 1 Satz 1 Nummer 2 weiter.

§ 235 Überleitungsvorschriften für städtebauliche Sanierungs- und Entwicklungsmaßnahmen. (1) [1]Auf städtebauliche Sanierungs- und Entwicklungsmaßnahmen, für die vor dem Inkrafttreten einer Gesetzesänderung nach den bisher geltenden Rechtsvorschriften der Beginn der vorbereitenden Untersuchungen oder der Voruntersuchungen beschlossen worden ist, sind abweichend von § 233 Absatz 1 die Vorschriften dieses Gesetzes anzuwenden; abgeschlossene Verfahrensschritte bleiben unberührt. [2]Ist eine städtebauliche Entwicklungsmaßnahme jedoch vor dem 1. Juli 1987 förmlich festgelegt worden, sind die §§ 165 bis 171 in der bis zum 30. April 1993 geltenden Fassung weiter anzuwenden; wird zur zweckmäßigen Durchführung entsprechend den Zielen und Zwecken einer solchen Entwicklungsmaßnahme eine Änderung des Geltungsbereichs der Entwicklungsmaßnahmeverordnung erforderlich, ist § 53 in Verbindung mit § 1 des Städtebauförderungsgesetzes weiter anzuwenden.

(2) [1]Ist eine städtebauliche Sanierungsmaßnahme vor dem 1. Januar 1998 förmlich festgelegt worden und ist nach der Sanierungssatzung nur die Genehmigungspflicht nach § 144 Absatz 2 in der bis zum 31. Dezember 1997 geltenden Fassung ausgeschlossen, bedarf eine Teilung auch weiterhin der schriftlichen Genehmigung der Gemeinde. [2]Die Gemeinde hat dem Grundbuchamt Sanierungssatzungen im Sinne des Satzes 1 in entsprechender Anwendung des ab dem 1. Januar 1998 geltenden § 143 Absatz 2 Satz 1 bis 3 unverzüglich nachträglich mitzuteilen.

(3) In dem Gebiet, in dem das Grundgesetz schon vor dem 3. Oktober 1990 galt, ist § 141 Absatz 4 auf Beschlüsse über den Beginn der vorbereitenden Untersuchungen, die vor dem 1. Mai 1993 bekannt gemacht worden sind, nicht anzuwenden.

(4) Sanierungssatzungen, die vor dem 1. Januar 2007 bekannt gemacht worden sind, sind spätestens bis zum 31. Dezember 2021 mit den Rechtswirkungen des § 162 Absatz 1 Satz 1 Nummer 4 aufzuheben, es sei denn, es ist entsprechend § 142 Absatz 3 Satz 3 oder 4 eine andere Frist für die Durchführung der Sanierung festgelegt worden.

§ 236 Überleitungsvorschriften für das Baugebot und die Erhaltung baulicher Anlagen. (1) § 176 Absatz 9 ist auf Enteignungsverfahren nach § 85 Absatz 1 Nummer 5 anzuwenden, wenn der Eigentümer die Verpflichtung aus einem Baugebot nicht erfüllt, das nach dem 31. Mai 1990 angeordnet worden ist.

(2) [1]§ 172 Absatz 1 Satz 4 bis 6 gilt nicht für die Bildung von Teil- und Wohnungseigentum, dessen Eintragung vor dem 26. Juni 1997 beantragt worden ist. [2]Dies gilt auch, wenn ein Anspruch auf Bildung oder Übertragung von Teil- und Wohnungseigentum vor dem 26. Juni 1997 durch eine Vormerkung gesichert wurde. [3]§ 172 in der ab dem 1. Januar 1998 geltenden Fassung ist auch auf Satzungen, die vor dem 1. Januar 1998 ortsüblich bekannt gemacht worden sind, anzuwenden.

§ 237 (weggefallen)

§ 238 Überleitungsvorschrift für Entschädigungen. [1]Wurde durch die Änderung des § 34 des Bundesbaugesetzes durch das Gesetz zur Änderung des Bundesbaugesetzes vom 18. August 1976 die bis dahin zulässige Nutzung eines

Grundstücks aufgehoben oder wesentlich geändert, ist eine Entschädigung in entsprechender Anwendung der §§ 42, 43 Absatz 1, 2, 4 und 5 und des § 44 Absatz 1 Satz 2, Absatz 3 und 4 zu gewähren; dies gilt nicht, soweit in dem Zeitpunkt, in dem nach § 44 Absatz 3 bis 5 Entschädigung verlangt werden kann, eine entsprechende Aufhebung oder Änderung der zulässigen Nutzung auch nach § 34 des Bundesbaugesetzes in der bis zum 31. Dezember 1976 geltenden Fassung hätte eintreten können, ohne dass die Aufhebung oder Änderung nach § 44 des Bundesbaugesetzes in der bis zum 31. Dezember 1976 geltenden Fassung zu entschädigen gewesen wäre. [2] Wird durch die Änderung des § 34 durch das Europarechtsanpassungsgesetz Bau vom 24. Juni 2004 die bis dahin zulässige Nutzung eines Grundstücks aufgehoben oder wesentlich geändert, ist Satz 1 entsprechend anzuwenden.

§ 239 Überleitungsvorschrift für die Grenzregelung. Hat die Gemeinde den Beschluss über die Grenzregelung (§ 82 in der vor dem 20. Juli 2004 geltenden Fassung) vor dem 20. Juli 2004 gefasst, sind die Vorschriften des Zweiten Abschnitts des Vierten Teils des Ersten Kapitels in der vor dem 20. Juli 2004 geltenden Fassung weiterhin anzuwenden.

§ 240 (weggefallen)

§ 241 (weggefallen)

§ 242 Überleitungsvorschriften für die Erschließung. (1) Für vorhandene Erschließungsanlagen, für die eine Beitragspflicht auf Grund der bis zum 29. Juni 1961 geltenden Vorschriften nicht entstehen konnte, kann auch nach diesem Gesetzbuch kein Beitrag erhoben werden.

(2) Soweit am 29. Juni 1961 zur Erfüllung von Anliegerbeitragspflichten langfristige Verträge oder sonstige Vereinbarungen, insbesondere über das Ansammeln von Mitteln für den Straßenbau in Straßenbaukassen oder auf Sonderkonten bestanden, können die Länder ihre Abwicklung durch Gesetz regeln.

(3) § 125 Absatz 3 ist auch auf Bebauungspläne anzuwenden, die vor dem 1. Juli 1987 in Kraft getreten sind.

(4) [1] § 127 Absatz 2 Nummer 2 ist auch auf Verkehrsanlagen anzuwenden, die vor dem 1. Juli 1987 endgültig hergestellt worden sind. [2] Ist vor dem 1. Juli 1987 eine Beitragspflicht nach Landesrecht entstanden, so verbleibt es dabei.

(5) [1] Ist für einen Kinderspielplatz eine Beitragspflicht bereits auf Grund der vor dem 1. Juli 1987 geltenden Vorschriften (§ 127 Absatz 2 Nummer 3 und 4 des Bundesbaugesetzes) entstanden, so verbleibt es dabei. [2] Die Gemeinde soll von der Erhebung des Erschließungsbeitrags ganz oder teilweise absehen, wenn dies auf Grund der örtlichen Verhältnisse, insbesondere unter Berücksichtigung des Nutzens des Kinderspielplatzes für die Allgemeinheit, geboten ist. [3] Satz 2 ist auch auf vor dem 1. Juli 1987 entstandene Beiträge anzuwenden, wenn

1. der Beitrag noch nicht entrichtet ist oder
2. er entrichtet worden, aber der Beitragsbescheid noch nicht unanfechtbar geworden ist.

(6) § 128 Absatz 1 ist auch anzuwenden, wenn der Umlegungsplan (§ 66 des Bundesbaugesetzes) oder die Vorwegregelung (§ 76 des Bundesbaugesetzes) vor dem 1. Juli 1987 ortsüblich bekannt gemacht worden ist (§ 71 des Bundesbaugesetzes).

(7) Ist vor dem 1. Juli 1987 über die Stundung des Beitrags für landwirtschaftlich genutzte Grundstücke (§ 135 Absatz 4 des Bundesbaugesetzes) entschieden und ist die Entscheidung noch nicht unanfechtbar geworden, ist § 135 Absatz 4 dieses Gesetzbuchs anzuwenden.

(8) [1] § 124 Absatz 2 Satz 2 in der bis zum 21. Juni 2013 geltenden Fassung ist auch auf Kostenvereinbarungen in Erschließungsverträgen anzuwenden, die vor dem 1. Mai 1993 geschlossen worden sind. [2] Auf diese Verträge ist § 129 Absatz 1 Satz 3 weiterhin anzuwenden.

(9) [1] Für Erschließungsanlagen oder Teile von Erschließungsanlagen in dem in Artikel 3 des Einigungsvertrags genannten Gebiet, die vor dem Wirksamwerden des Beitritts bereits hergestellt worden sind, kann nach diesem Gesetz ein Erschließungsbeitrag nicht erhoben werden. [2] Bereits hergestellte Erschließungsanlagen oder Teile von Erschließungsanlagen sind die einem technischen Ausbauprogramm oder den örtlichen Ausbaugepflogenheiten entsprechend fertiggestellten Erschließungsanlagen oder Teile von Erschließungsanlagen. [3] Leistungen, die Beitragspflichtige für die Herstellung von Erschließungsanlagen oder Teilen von Erschließungsanlagen erbracht haben, sind auf den Erschließungsbeitrag anzurechnen. [4] Die Landesregierungen werden ermächtigt, bei Bedarf Überleitungsregelungen durch Rechtsverordnung zu treffen.

§ 243 Überleitungsvorschriften für das Maßnahmengesetz zum Baugesetzbuch und das Bundesnaturschutzgesetz. (1) § 233 ist auf Verfahren, Pläne, Satzungen und Entscheidungen, die auf der Grundlage des Maßnahmengesetzes zum Baugesetzbuch eingeleitet, in Kraft getreten oder wirksam geworden sind, entsprechend anzuwenden.

(2) Bei Bauleitplanverfahren, die vor dem 1. Januar 1998 förmlich eingeleitet worden sind, kann die Eingriffsregelung nach dem Bundesnaturschutzgesetz[1)] in der bis zum 31. Dezember 1997 geltenden Fassung weiter angewendet werden.

§ 244 Überleitungsvorschriften für das Europarechtsanpassungsgesetz Bau. (1) Abweichend von § 233 Absatz 1 werden Verfahren für Bauleitpläne und Satzungen nach § 34 Absatz 4 Satz 1 und § 35 Absatz 6, die nach dem 20. Juli 2004 förmlich eingeleitet worden sind oder die nach dem 20. Juli 2006 abgeschlossen werden, nach den Vorschriften dieses Gesetzes zu Ende geführt.

(2) [1] Abweichend von Absatz 1 finden auf Bebauungsplanverfahren, die in der Zeit vom 14. März 1999 bis zum 20. Juli 2004 förmlich eingeleitet worden sind und die vor dem 20. Juli 2006 abgeschlossen werden, die Vorschriften des Baugesetzbuchs in der vor dem 20. Juli 2004 geltenden Fassung weiterhin Anwendung. [2] Ist mit gesetzlich vorgeschriebenen einzelnen Verfahrensschritten noch nicht begonnen worden, können diese auch nach den Vorschriften dieses Gesetzes durchgeführt werden.

(3) § 4 Absatz 3 und § 4c gelten nur für Bauleitpläne, die nach Absatz 1 oder 2 nach den Vorschriften dieses Gesetzes zu Ende geführt werden.

(4) (weggefallen)

(5) [1] Die Gemeinden können Satzungen, die auf der Grundlage des § 19 in der vor dem 20. Juli 2004 geltenden Fassung erlassen worden sind, durch

---

[1)] Auszugsweise abgedruckt unter Nr. **1a**.

Satzung aufheben. [2]Die Gemeinde hat diese Satzung ortsüblich bekannt zu machen; sie kann die Bekanntmachung auch in entsprechender Anwendung des § 10 Absatz 3 Satz 2 bis 5 vornehmen. [3]Unbeschadet der Sätze 1 und 2 sind Satzungen auf der Grundlage des § 19 in der vor dem 20. Juli 2004 geltenden Fassung nicht mehr anzuwenden. [4]Die Gemeinde hat auf die Nichtanwendbarkeit dieser Satzungen bis zum 31. Dezember 2004 durch ortsübliche Bekanntmachung hinzuweisen. [5]Die Gemeinde hat das Grundbuchamt um Löschung eines von ihr nach § 20 Absatz 3 in der vor dem 20. Juli 2004 geltenden Fassung veranlassten Widerspruchs zu ersuchen.

(6) [1]Für eine auf der Grundlage des § 22 in der vor dem 20. Juli 2004 geltenden Fassung wirksam erlassene Satzung bleibt § 22 in der vor dem 20. Juli 2004 geltenden Fassung bis zum 30. Juni 2005 weiterhin anwendbar. [2]Auf die Satzung ist § 22 in der geltenden Fassung anzuwenden, wenn beim Grundbuchamt vor Ablauf des 30. Juni 2005 eine den Anforderungen des § 22 Absatz 2 Satz 3 und 4 entsprechende Mitteilung der Gemeinde eingegangen ist. [3]Ist die Mitteilung hinsichtlich der Satzung nicht fristgerecht erfolgt, ist die Satzung auf die von ihr erfassten Vorgänge nicht mehr anzuwenden. [4]Eine Aussetzung der Zeugniserteilung nach § 22 Absatz 6 Satz 3 in der vor dem 20. Juli 2004 geltenden Fassung ist längstens bis zum 30. Juni 2005 wirksam. [5]Die Baugenehmigungsbehörde hat das Grundbuchamt um Löschung eines von ihr nach § 20 Absatz 3 in der vor dem 20. Juli 2004 geltenden Fassung oder auf Grundlage von Satz 1 oder 4 in Verbindung mit § 20 Absatz 3 in der vor dem 20. Juli 2004 geltenden Fassung veranlassten Widerspruchs im Grundbuch zu ersuchen, wenn die Satzung nicht mehr anwendbar ist oder die Aussetzung der Zeugniserteilung unwirksam wird.

(7) § 35 Absatz 5 Satz 2 gilt nicht für die Zulässigkeit eines Vorhabens, das die Nutzungsänderung einer baulichen Anlage zum Inhalt hat, deren bisherige Nutzung vor dem 20. Juli 2004 zulässigerweise aufgenommen worden ist.

§ 245 Überleitungsvorschriften für den Stadtumbau, die Soziale Stadt und die Förderung städtebaulicher Maßnahmen. (1) Ein von einer Gemeinde bis zum 20. Juli 2004 im Hinblick auf die Verwaltungsvereinbarungen über die Gewährung von Finanzhilfen des Bundes an die Länder nach Artikel 104a Absatz 4 des Grundgesetzes in seiner bis zum 20. Juli 2004 geltenden Fassung zur Förderung städtebaulicher Maßnahmen beschlossenes Gebiet für Stadtumbaumaßnahmen sowie ein hierfür aufgestelltes städtebauliches Entwicklungskonzept der Gemeinde gilt als Stadtumbaugebiet und städtebauliches Entwicklungskonzept im Sinne des § 171b.

(2) Ein von der Gemeinde bis zum 20. Juli 2004 im Hinblick auf die Verwaltungsvereinbarungen über die Gewährung von Finanzhilfen des Bundes an die Länder nach Artikel 104a Absatz 4 des Grundgesetzes in seiner bis zum 20. Juli 2004 geltenden Fassung zur Förderung städtebaulicher Maßnahmen beschlossenes Gebiet für Maßnahmen der Sozialen Stadt sowie ein hierfür aufgestelltes Konzept der Gemeinde gilt als Gebiet und Entwicklungskonzept im Sinne des § 171e.

(3) Für die zur Förderung städtebaulicher Maßnahmen bis zum 1. September 2006 geschlossenen Verwaltungsvereinbarungen über die Gewährung von Finanzhilfen des Bundes an die Länder nach Artikel 104a Absatz 4 des Grundgesetzes in seiner bis zum 1. September 2006 geltenden Fassung ist § 164b in

seiner bis zum 12. September 2006 geltenden Fassung bis zum 31. Dezember 2019 anzuwenden.

§ 245a Überleitungsvorschriften und Vorschriften im Zusammenhang mit dem Gesetz zur Stärkung der Innenentwicklung in den Städten und Gemeinden und weiteren Fortentwicklung des Städtebaurechts. (1) [1]Die Regelungen zur Zulässigkeit von Anlagen zur Kinderbetreuung sowie von Anlagen zur Nutzung solarer Strahlungsenergie und Kraft-Wärme-Kopplungsanlagen in § 3 Absatz 2 Nummer 2 und § 14 Absatz 3 der Baunutzungsverordnung[1)] in der ab dem 20. September 2013 geltenden Fassung gelten vorbehaltlich des Satzes 2 und des Absatzes 2 auch für Bebauungspläne, die auf der Grundlage der Baunutzungsverordnung in einer Fassung vor dem 20. September 2013 in Kraft getreten sind. [2]Satz 1 gilt nicht in Bezug auf Anlagen zur Kinderbetreuung, wenn vor dem 20. September 2013 die ausnahmsweise Zulässigkeit dieser Anlagen nach § 3 Absatz 3 Nummer 2 der Baunutzungsverordnung in der vom 27. Januar 1990 bis zum 20. September 2013 geltenden Fassung durch Festsetzungen nach § 1 Absatz 6 Nummer 1, Absatz 8 und 9 der Baunutzungsverordnung ausgeschlossen worden ist.

(2) [1]Die sich aus § 3 Absatz 2 Nummer 2 und § 14 Absatz 3 der Baunutzungsverordnung in der ab dem 20. September 2013 geltenden Fassung in Verbindung mit Absatz 1 Satz 1 ergebende Zulässigkeit von Anlagen zur Kinderbetreuung sowie von Anlagen zur Nutzung solarer Strahlungsenergie und von Kraft-Wärme-Kopplungsanlagen kann durch Änderung der Bebauungspläne nach Maßgabe der Vorschriften der Baunutzungsverordnung eingeschränkt oder ausgeschlossen werden; hierauf sind die Vorschriften dieses Gesetzbuchs über die Aufstellung der Bauleitpläne, einschließlich der §§ 14 bis 18, anzuwenden. [2]Das Verfahren für die Änderung von Bebauungsplänen nach Satz 1 kann vor dem 20. September 2013 eingeleitet werden.

(3) [1]Darstellungen in Flächennutzungsplänen, die vor dem 20. September 2013 in Bezug auf bauliche Anlagen zur Tierhaltung im Sinne des § 35 Absatz 1 Nummer 4 die Rechtswirkungen des § 35 Absatz 3 Satz 3 erzielt haben, haben diese Rechtswirkungen auch in Bezug auf bauliche Anlagen zur Tierhaltung im Sinne der ab dem 20. September 2013 geltenden Fassung des § 35 Absatz 1 Nummer 4. [2]Wenn ein Fortgelten der Rechtswirkungen nach Satz 1 der ursprünglichen planerischen Zielsetzung widerspricht, stellt die Gemeinde dies in einem Beschluss fest, der ortsüblich bekannt zu machen ist. [3]Mit der ortsüblichen Bekanntmachung des Beschlusses gelten die entsprechenden Darstellungen als aufgehoben; der Flächennutzungsplan ist im Wege der Berichtigung anzupassen.

(4) Soweit für Zulassungsentscheidungen über Anlagen zur Tierhaltung, die dem § 35 Absatz 1 Nummer 4 unterfallen, vor Ablauf des 4. Juli 2012 bei der zuständigen Behörde ein Antrag eingegangen ist, ist § 35 Absatz 1 Nummer 4 in seiner bis zum 20. September 2013 geltenden Fassung anzuwenden.

(5) [1]Soweit bei einer Zulassungsentscheidung über Anlagen zur Tierhaltung auf Grund von Absatz 4 § 35 Absatz 1 Nummer 4 in seiner bis zum Ablauf des 20. September 2013 geltenden Fassung anzuwenden war, ist die Änderung der danach errichteten baulichen Anlage zur Tierhaltung ebenfalls unter den Vo-

1) Nr. **3**.

raussetzungen des § 35 Absatz 1 Nummer 4 in seiner bis zum Ablauf des 20. September 2013 geltenden Fassung zulässig, wenn

1. es sich ausschließlich um eine Änderung zur Umsetzung eines Betriebs- und Umbaukonzepts zur Umstellung der vorhandenen Haltungseinrichtungen auf Haltungseinrichtungen zum Halten von Jungsauen und Sauen, das den Anforderungen des § 30 Absatz 2 und 2a der Tierschutz-Nutztierhaltungsverordnung in der Fassung der Bekanntmachung vom 22. August 2006 (BGBl. I S. 2043), die zuletzt durch Artikel 1a der Verordnung vom 29. Januar 2021 (BGBl. I S. 146) geändert worden ist, jeweils in Verbindung mit § 24 Absatz 2 der Tierschutz-Nutztierhaltungsverordnung, genügt, oder eines Betriebs- und Umbaukonzepts zur Umstellung der vorhandenen Abferkelbuchten auf Abferkelbuchten zum Halten von Jungsauen und Sauen, das den Anforderungen des § 24 Absatz 3 Satz 3 und Absatz 4 sowie § 30 Absatz 2b der Tierschutz-Nutztierhaltungsverordnung genügt, handelt sowie
2. die Anzahl der Tierplätze nicht erhöht und die Tierart im Sinne der Nummer 7.8 der Anlage 1 zum Gesetz über die Umweltverträglichkeitsprüfung nicht geändert wird.

[2]Satz 1 gilt auch für bauliche Anlagen zur Tierhaltung im Außenbereich nach § 35, die dem Anwendungsbereich des § 35 Absatz 1 Nummer 1 nicht oder nicht mehr unterfallen und deren Zulassungsentscheidung vor dem 20. September 2013 getroffen worden ist. [3]Unbeschadet von Satz 1 und 2 bleibt die Möglichkeit, ein Vorhaben nach § 35 zuzulassen.

§ 245b Überleitungsvorschriften für Vorhaben im Außenbereich.

(1) (weggefallen)

(2) Die Länder können bestimmen, dass die Frist nach § 35 Absatz 4 Satz 1 Nummer 1 Buchstabe c nicht anzuwenden ist.

§ 245c Überleitungsvorschrift aus Anlass des Gesetzes zur Umsetzung der Richtlinie 2014/52/EU im Städtebaurecht und zur Stärkung des neuen Zusammenlebens in der Stadt. (1) [1]Abweichend von § 233 Absatz 1 Satz 1 können Verfahren nach diesem Gesetz, die förmlich vor dem 13. Mai 2017 eingeleitet worden sind, nur dann nach den vor dem 13. Mai 2017 geltenden Rechtsvorschriften abgeschlossen werden, wenn die Beteiligung der Behörden und der sonstigen Träger öffentlicher Belange nach § 4 Absatz 1 Satz 1 oder nach sonstigen Vorschriften dieses Gesetzes vor dem 16. Mai 2017 eingeleitet worden ist. [2]§ 233 Absatz 1 Satz 2 bleibt unberührt.

(2) [1]Bebauungspläne oder Satzungen mit Regelungen nach § 22 Absatz 1 Satz 1 Nummer 3 und 4 finden keine Anwendung, wenn die Regelung nach § 1010 Absatz 1 des Bürgerlichen Gesetzbuchs vor dem 13. Mai 2017 getroffen worden ist. [2]Bebauungspläne oder Satzungen mit Regelungen nach § 22 Absatz 1 Satz 1 Nummer 5 finden keine Anwendung, wenn die Nutzung als Nebenwohnung vor dem 13. Mai 2017 aufgenommen worden ist.

(3) § 34 Absatz 2 findet auf Baugebiete nach § 6a der Baunutzungsverordnung[1] keine Anwendung.

---

[1] Nr. 3.

§ 245d Überleitungsvorschrift aus Anlass des Gesetzes zur Mobilisierung von Bauland. (1) § 34 Absatz 2 findet auf Baugebiete nach § 5a der Baunutzungsverordnung[1)] keine Anwendung.

(2) Im Anwendungsbereich des § 34 Absatz 2 ist § 14 Absatz 1a der Baunutzungsverordnung nicht anzuwenden; für die der öffentlichen Versorgung mit Telekommunikationsdienstleistungen dienenden Nebenanlagen gilt dort § 14 Absatz 2 der Baunutzungsverordnung entsprechend.

§ 245e Überleitungsvorschriften aus Anlass des Gesetzes zur Erhöhung und Beschleunigung des Ausbaus von Windenergieanlagen an Land. (1) [1] Die Rechtswirkungen eines Raumordnungs- oder Flächennutzungsplans gemäß § 35 Absatz 3 Satz 3 in der bis zum 1. Februar 2023 geltenden Fassung für Vorhaben nach § 35 Absatz 1 Nummer 5, die der Erforschung, Entwicklung oder Nutzung der Windenergie dienen, gelten vorbehaltlich des § 249 Absatz 5 Satz 2 fort, wenn der Plan bis zum 1. Februar 2024 wirksam geworden ist. [2] Sie entfallen, soweit für den Geltungsbereich des Plans das Erreichen des Flächenbeitragswerts oder eines daraus abgeleiteten Teilflächenziels gemäß § 5 Absatz 1 oder Absatz 2 des Windenergieflächenbedarfsgesetzes[2)] vom 20. Juli 2022 (BGBl. I S. 1353) festgestellt wird, spätestens aber mit Ablauf des 31. Dezember 2027. [3] Der Plan gilt im Übrigen fort, wenn nicht im Einzelfall die Grundzüge der Planung berührt werden. [4] Die Möglichkeit des Planungsträgers, den Plan zu ändern, zu ergänzen oder aufzuheben, bleibt unberührt. [5] Werden in einem Flächennutzungsplan oder Raumordnungsplan zusätzliche Flächen für die Nutzung von Windenergie dargestellt, kann die Abwägung auf die Belange beschränkt werden, die durch die Darstellung der zusätzlichen Flächen berührt werden. [6] Dabei kann von dem Planungskonzept, das der Abwägung über bereits dargestellte Flächen zu Grunde gelegt wurde, abgewichen werden, sofern die Grundzüge der Planung erhalten werden. [7] Von der Wahrung der Grundzüge der bisherigen Planung ist regelmäßig auszugehen, wenn Flächen im Umfang von nicht mehr als 25 Prozent der schon bislang dargestellten Flächen zusätzlich dargestellt werden. [8] § 249 Absatz 6 bleibt unberührt.

(2) [1] § 15 Absatz 3 ist entsprechend anzuwenden, wenn die Gemeinde beschlossen hat, einen Flächennutzungsplan aufzustellen, zu ändern oder zu ergänzen, um den Flächenbeitragswert im Sinne des § 3 Absatz 1 des Windenergieflächenbedarfsgesetzes oder ein daraus abgeleitetes Teilflächenziel zu erreichen. [2] Die Entscheidung kann längstens bis zum Ablauf des 31. Dezember 2027 ausgesetzt werden.

(3) [1] Die in Absatz 1 Satz 1 genannten Rechtswirkungen gemäß § 35 Absatz 3 Satz 3 können Vorhaben im Sinne des § 16b Absatz 1 und 2 des Bundes-Immissionsschutzgesetzes in der Fassung der Bekanntmachung vom 17. Mai 2013 (BGBl. I S. 1274; 2021 I S. 123), das zuletzt durch Artikel 1 des Gesetzes vom 24. September 2021 (BGBl. I S. 4458) geändert worden ist, nicht entgegengehalten werden, es sei denn, die Grundzüge der Planung werden berührt. [2] Dies gilt nicht, wenn das Vorhaben in einem Natura 2000-Gebiet im Sinne des § 7 Absatz 1 Nummer 8 des Bundesnaturschutzgesetzes[3)] vom 29. Juli

---

1) Nr. **3**.
2) Nr. **1c**.
3) Nr. **1a**.

2009 (BGBl. I S. 2542), das zuletzt durch Artikel 1 des Gesetzes vom 18. August 2021 (BGBl. I S. 3908) geändert worden ist, oder in einem Naturschutzgebiet im Sinne des § 23 des Bundesnaturschutzgesetzes[1] verwirklicht werden soll.

(4) Die in Absatz 1 Satz 1 genannten Rechtswirkungen können Vorhaben nach § 35 Absatz 1 Nummer 5, die der Erforschung, Entwicklung oder Nutzung der Windenergie dienen, nicht entgegengehalten werden, wenn an der Stelle des Vorhabens in einem Planentwurf eine Ausweisung für Vorhaben nach § 35 Absatz 1 Nummer 5, die der Erforschung, Entwicklung oder Nutzung der Windenergie dienen, vorgesehen ist, für den Planentwurf bereits eine Beteiligung nach § 3 Absatz 2, § 4 des Baugesetzbuchs oder § 9 Absatz 2 des Raumordnungsgesetzes[2] durchgeführt wurde und anzunehmen ist, dass das Vorhaben den künftigen Ausweisungen entspricht.

Zweiter Teil. Schlussvorschriften

§ 246 Sonderregelungen für einzelne Länder; Sonderregelungen für Flüchtlingsunterkünfte. (1) In den Ländern Berlin und Hamburg entfallen die in § 6 Absatz 1, § 10 Absatz 2 und § 190 Absatz 1 vorgesehenen Genehmigungen oder Zustimmungen; das Land Bremen kann bestimmen, dass diese Genehmigungen oder Zustimmungen entfallen.

(1a) [1]Die Länder können bestimmen, dass Bebauungspläne, die nicht der Genehmigung bedürfen, und Satzungen nach § 34 Absatz 4 Satz 1, § 35 Absatz 6 und § 165 Absatz 6 vor ihrem Inkrafttreten der höheren Verwaltungsbehörde anzuzeigen sind; dies gilt nicht für Bebauungspläne nach § 13. [2]Die höhere Verwaltungsbehörde hat die Verletzung von Rechtsvorschriften, die eine Versagung der Genehmigung nach § 6 Absatz 2 rechtfertigen würde, innerhalb eines Monats nach Eingang der Anzeige geltend zu machen. [3]Der Bebauungsplan und die Satzungen dürfen nur in Kraft gesetzt werden, wenn die höhere Verwaltungsbehörde die Verletzung von Rechtsvorschriften nicht innerhalb der in Satz 2 bezeichneten Frist geltend gemacht hat.

(2) [1]Die Länder Berlin und Hamburg bestimmen, welche Form der Rechtsetzung an die Stelle der in diesem Gesetzbuch vorgesehenen Satzungen tritt. [2]Das Land Bremen kann eine solche Bestimmung treffen. [3]Die Länder Berlin, Bremen und Hamburg können eine von § 10 Absatz 3, § 16 Absatz 2, § 22 Absatz 2, § 143 Absatz 1, § 162 Absatz 2 Satz 2 bis 4 und § 165 Absatz 8 abweichende Regelung treffen.

(3) § 171f ist auch auf Rechtsvorschriften der Länder anzuwenden, die vor dem 1. Januar 2007 in Kraft getreten sind.

(4) Die Senate der Länder Berlin, Bremen und Hamburg werden ermächtigt, die Vorschriften dieses Gesetzbuchs über die Zuständigkeit von Behörden dem besonderen Verwaltungsaufbau ihrer Länder anzupassen.

(5) Das Land Hamburg gilt für die Anwendung dieses Gesetzbuchs auch als Gemeinde.

(6) § 9 Absatz 2d gilt entsprechend für Pläne, die gemäß § 173 Absatz 3 Satz 1 des Bundesbaugesetzes in Verbindung mit § 233 Absatz 3 als Bebauungspläne fortgelten.

---

[1] Nr. **1a**.
[2] Nr. **5**.

(7) [1]Die Länder können bestimmen, dass § 34 Absatz 1 Satz 1 bis zum 31. Dezember 2004 nicht für Einkaufszentren, großflächige Einzelhandelsbetriebe und sonstige großflächige Handelsbetriebe im Sinne des § 11 Absatz 3 der Baunutzungsverordnung[1)] anzuwenden ist. [2]Wird durch eine Regelung nach Satz 1 die bis dahin zulässige Nutzung eines Grundstücks aufgehoben oder wesentlich geändert, ist § 238 entsprechend anzuwenden.

(8) Bis zum Ablauf des 31. Dezember 2024 gilt § 34 Absatz 3a Satz 1 entsprechend für die Nutzungsänderung zulässigerweise errichteter baulicher Anlagen in bauliche Anlagen, die der Unterbringung von Flüchtlingen oder Asylbegehrenden dienen, und für deren Erweiterung, Änderung oder Erneuerung.

(9) Bis zum Ablauf des 31. Dezember 2024 gilt die Rechtsfolge des § 35 Absatz 4 Satz 1 für Vorhaben entsprechend, die der Unterbringung von Flüchtlingen oder Asylbegehrenden dienen, wenn das Vorhaben im unmittelbaren räumlichen Zusammenhang mit nach § 30 Absatz 1 oder § 34 zu beurteilenden bebauten Flächen innerhalb des Siedlungsbereichs erfolgen soll.

(10) [1]Bis zum Ablauf des 31. Dezember 2024 kann in Gewerbegebieten (§ 8 der Baunutzungsverordnung, auch in Verbindung mit § 34 Absatz 2) für Aufnahmeeinrichtungen, Gemeinschaftsunterkünfte oder sonstige Unterkünfte für Flüchtlinge oder Asylbegehrende von den Festsetzungen des Bebauungsplans befreit werden, wenn an dem Standort Anlagen für soziale Zwecke als Ausnahme zugelassen werden können oder allgemein zulässig sind und die Abweichung auch unter Würdigung nachbarlicher Interessen mit öffentlichen Belangen vereinbar ist. [2]§ 36 gilt entsprechend.

(11) [1]Soweit in den Baugebieten nach den §§ 2 bis 7 der Baunutzungsverordnung (auch in Verbindung mit § 34 Absatz 2) Anlagen für soziale Zwecke als Ausnahme zugelassen werden können, gilt § 31 Absatz 1 mit der Maßgabe, dass dort bis zum Ablauf des 31. Dezember 2024 Aufnahmeeinrichtungen, Gemeinschaftsunterkünfte oder sonstige Unterkünfte für Flüchtlinge oder Asylbegehrende in der Regel zugelassen werden sollen. [2]Satz 1 gilt entsprechend für in übergeleiteten Plänen festgesetzte Baugebiete, die den in Satz 1 genannten Baugebieten vergleichbar sind.

(12) [1]Bis zum Ablauf des 31. Dezember 2024 kann für die auf längstens drei Jahre zu befristende

1. Errichtung mobiler Unterkünfte für Flüchtlinge oder Asylbegehrende,
2. Nutzungsänderung zulässigerweise errichteter baulicher Anlagen in Gewerbe- und Industriegebieten sowie in Sondergebieten nach den §§ 8 bis 11 der Baunutzungsverordnung (auch in Verbindung mit § 34 Absatz 2) in Aufnahmeeinrichtungen, Gemeinschaftsunterkünfte oder sonstige Unterkünfte für Flüchtlinge oder Asylbegehrende

von den Festsetzungen des Bebauungsplans befreit werden, wenn die Befreiung auch unter Würdigung nachbarlicher Interessen mit den öffentlichen Belangen vereinbar ist. [2]Die in Satz 1 genannte Frist von drei Jahren kann bei Vorliegen der dort genannten Befreiungsvoraussetzungen um weitere drei Jahre verlängert werden, längstens jedoch bis zum Ablauf des 31. Dezember 2027. [3]Sofern die Frist bereits abgelaufen ist, gilt Satz 1 auch für die auf drei Jahre, längstens jedoch bis zum Ablauf des 31. Dezember 2027 zu befristende Fortsetzung der

---

[1)] Nr. **3**.

zuvor ausgeübten Nutzung einer bestehenden baulichen Anlage entsprechend. [4] § 36 gilt entsprechend.

(13) [1] Im Außenbereich (§ 35) gilt unbeschadet des Absatzes 9 bis zum Ablauf des 31. Dezember 2024 die Rechtsfolge des § 35 Absatz 4 Satz 1 entsprechend für

1. die auf längstens drei Jahre zu befristende Errichtung mobiler Unterkünfte für Flüchtlinge oder Asylbegehrende,
2. die Nutzungsänderung zulässigerweise errichteter baulicher Anlagen, auch wenn deren bisherige Nutzung aufgegeben wurde, in Aufnahmeeinrichtungen, Gemeinschaftsunterkünfte oder sonstige Unterkünfte für Flüchtlinge oder Asylbegehrende, einschließlich einer erforderlichen Erneuerung oder Erweiterung.

[2] Die in Satz 1 Nummer 1 genannte Frist von drei Jahren kann um weitere drei Jahre, längstens jedoch bis zum Ablauf des 31. Dezember 2027 verlängert werden; für die Verlängerung gilt die Rechtsfolge des § 35 Absatz 4 Satz 1 entsprechend. [3] Sofern die Frist bereits abgelaufen ist, gilt auch für die Entscheidung über die auf drei Jahre, längstens jedoch bis zum Ablauf des 31. Dezember 2027 zu befristende erneute Zulässigkeit einer bereits errichteten mobilen Unterkunft für Flüchtlinge oder Asylbegehrende die Rechtsfolge des § 35 Absatz 4 Satz 1 entsprechend. [4] Für Vorhaben nach Satz 1 gilt § 35 Absatz 5 Satz 2 Halbsatz 1 und Satz 3 entsprechend. [5] Wird zum Zeitpunkt einer Nutzungsänderung nach Satz 1 Nummer 2 eine Nutzung zulässigerweise ausgeübt, kann diese im Anschluss wieder aufgenommen werden; im Übrigen gelten für eine nachfolgende Nutzungsänderung die allgemeinen Regeln. [6] Die Rückbauverpflichtung nach Satz 4 entfällt, wenn eine nach Satz 5 zulässige Nutzung aufgenommen wird oder wenn sich die Zulässigkeit der nachfolgenden Nutzung aus § 30 Absatz 1, 2 oder § 33 ergibt. [7] Die Sicherstellung der Rückbauverpflichtung nach Satz 4 in entsprechender Anwendung des § 35 Absatz 5 Satz 3 ist nicht erforderlich, wenn Vorhabenträger ein Land oder eine Gemeinde ist.

(13a) Von den Absätzen 8 bis 13 darf nur Gebrauch gemacht werden, soweit dringend benötigte Unterkünfte im Gebiet der Gemeinde, in der sie entstehen sollen, nicht oder nicht rechtzeitig bereitgestellt werden können.

(14) [1] Soweit auch bei Anwendung der Absätze 8 bis 13 dringend benötigte Unterkunftsmöglichkeiten im Gebiet der Gemeinde, in der sie entstehen sollen, nicht oder nicht rechtzeitig bereitgestellt werden können, kann bei Aufnahmeeinrichtungen, Gemeinschaftsunterkünften oder sonstigen Unterkünften für Flüchtlinge oder Asylbegehrende bis zum Ablauf des 31. Dezember 2024 von den Vorschriften dieses Gesetzbuchs oder den aufgrund dieses Gesetzbuchs erlassenen Vorschriften in erforderlichem Umfang abgewichen werden. [2] Zuständig ist die höhere Verwaltungsbehörde. [3] Die Gemeinde ist anzuhören; diese Anhörung tritt auch an die Stelle des in § 14 Absatz 2 Satz 2 vorgesehenen Einvernehmens. [4] Satz 3 findet keine Anwendung, wenn Vorhabenträger die Gemeinde oder in deren Auftrag ein Dritter ist. [5] Für Vorhaben nach Satz 1 gilt § 35 Absatz 5 Satz 2 erster Halbsatz und Satz 3 entsprechend. [6] Absatz 13 Satz 5 gilt entsprechend. [7] Die Rückbauverpflichtung nach Satz 5 entfällt, wenn eine nach Satz 6 zulässige Nutzung aufgenommen wird oder wenn sich die Zulässigkeit der nachfolgenden Nutzung aus § 30 Absatz 1, 2 oder § 33 ergibt. [8] Die Sicherstellung der Rückbauverpflichtung nach Satz 5 in entsprechender An-

wendung des § 35 Absatz 5 Satz 3 ist nicht erforderlich, wenn Vorhabenträger ein Land oder eine Gemeinde ist. [9] Wenn Vorhabenträger ein Land oder in dessen Auftrag ein Dritter ist, gilt § 37 Absatz 3 entsprechend; im Übrigen findet § 37 bis zum Ablauf des 31. Dezember 2024 auf Vorhaben nach Satz 1 keine Anwendung.

(15) In Verfahren zur Genehmigung von baulichen Anlagen, die der Unterbringung von Flüchtlingen oder Asylbegehrenden dienen, gilt bis zum Ablauf des 31. Dezember 2024 das Einvernehmen abweichend von § 36 Absatz 2 Satz 2 (auch in Verbindung mit Absatz 10 Satz 2 und Absatz 12 Satz 2) als erteilt, wenn es nicht innerhalb eines Monats verweigert wird.

(16) Bei Vorhaben nach den Absätzen 9 und 13 sowie bei Vorhaben nach Absatz 14 im Außenbereich gilt § 18 Absatz 3 Satz 2 des Bundesnaturschutzgesetzes[1)] bis zum Ablauf des 31. Dezember 2024 entsprechend.

(17) Die Befristung bis zum Ablauf des 31. Dezember 2024 in den Absätzen 8 bis 13 sowie 14 bis 16 bezieht sich nicht auf die Geltungsdauer einer Genehmigung, sondern auf den Zeitraum, bis zu dessen Ende im bauaufsichtlichen Zulassungsverfahren von den Vorschriften Gebrauch gemacht werden kann.

§ 246a Überschwemmungsgebiete, überschwemmungsgefährdete Gebiete. Anlässlich der Neubekanntmachung eines Flächennutzungsplans nach § 6 Absatz 6 sollen die in § 5 Absatz 4a bezeichneten Gebiete nach Maßgabe dieser Bestimmung nachrichtlich übernommen und vermerkt werden.

§ 246b Sonderregelungen für Anlagen für gesundheitliche Zwecke im Zuge der COVID-19-Pandemie. (1) [1] Soweit Anlagen für gesundheitliche Zwecke zur Versorgung von Personen, die sich mit dem Coronavirus SARS-CoV-2 infiziert haben oder möglicherweise infiziert haben oder die gegen das Coronavirus SARS-CoV-2 geimpft oder auf dieses getestet werden sollen, im Gebiet der Gemeinde, in der sie im Wege der Errichtung, Änderung oder Nutzungsänderung von baulichen Anlagen entstehen sollen, nicht oder nicht rechtzeitig bereitgestellt werden können, kann bei der Zulassung dieser Vorhaben bis zum Ablauf des 31. Dezember 2022 von den Vorschriften dieses Gesetzbuchs oder den aufgrund dieses Gesetzbuchs erlassenen Vorschriften in erforderlichem Umfang, erforderlichenfalls auch befristet, unter der Voraussetzung abgewichen werden, dass Vorhabenträger der Bund, ein Land, ein Landkreis oder eine Gemeinde oder ein im Auftrag eines der Vorgenannten tätiger Dritter ist. [2] Zuständig ist die höhere Verwaltungsbehörde. [3] Die Gemeinde ist anzuhören; diese Anhörung tritt auch an die Stelle des in § 14 Absatz 2 Satz 2 vorgesehenen Einvernehmens. [4] Satz 3 findet keine Anwendung, wenn Vorhabenträger die Gemeinde oder in deren Auftrag ein Dritter ist. [5] Für Vorhaben nach Satz 1 gilt § 35 Absatz 5 Satz 2 erster Halbsatz und Satz 3 entsprechend. [6] § 246 Absatz 13 Satz 5 gilt entsprechend auch bei zwischenzeitlichen Nutzungsänderungen zu Anlagen für gesundheitliche Zwecke nach Satz 1. [7] Die Rückbauverpflichtung nach Satz 5 entfällt, wenn eine nach Satz 6 zulässige Nutzung aufgenommen wird oder wenn sich die Zulässigkeit der nachfolgenden Nutzung aus § 30 Absatz 1, 2 oder § 33 ergibt. [8] Die Sicherstellung der Rückbauverpflichtung nach Satz 5 in entsprechender Anwendung des § 35

---

1) Nr. **1a**.

Absatz 5 Satz 3 ist nicht erforderlich, wenn Vorhabenträger der Bund, ein Land, ein Landkreis oder eine Gemeinde ist. [9] Wenn Vorhabenträger der Bund, ein Land, ein Landkreis oder ein im Auftrag eines der Vorgenannten tätiger Dritter ist, gilt § 37 Absatz 3 entsprechend; im Übrigen findet § 37 bis zum Ablauf des 31. Dezember 2022 auf Vorhaben nach Satz 1 keine Anwendung.

(2) In Verfahren zur Genehmigung von baulichen Anlagen im Sinne des Absatzes 1 Satz 1 gilt bis zum Ablauf des 31. Dezember 2022 das Einvernehmen abweichend von § 36 Absatz 2 Satz 2 als erteilt, wenn es nicht innerhalb eines Monats verweigert wird.

(3) Bei Vorhaben nach Absatz 1 im Außenbereich gilt § 18 Absatz 3 Satz 2 des Bundesnaturschutzgesetzes[1)] bis zum Ablauf des 31. Dezember 2022 entsprechend.

(4) Die Befristung in Absatz 1 Satz 1 bezieht sich nicht auf die Geltungsdauer einer Genehmigung, sondern auf den Zeitraum, bis zu dessen Ende im bauaufsichtlichen Zulassungsverfahren von der Vorschrift Gebrauch gemacht werden kann.

§ 246c Sonderregelungen für bestimmte mobile bauliche Anlagen und mobile Infrastruktureinrichtungen in von Hochwasserkatastrophen betroffenen Gemeinden. (1) [1] In Gemeinden, die von einer Hochwasserkatastrophe im Gemeindegebiet betroffen sind, kann bei der Zulassung von Vorhaben, die die Errichtung mobiler baulicher Anlagen zur Wohnnutzung, mobiler Infrastruktureinrichtungen oder mobiler baulicher Anlagen für Läden oder nicht störende Handwerksbetriebe zur Deckung des täglichen Bedarfs der Bewohner der Umgebung zum Inhalt haben, bis zum Ablauf des 31. Dezember 2022 von den Vorschriften dieses Gesetzbuchs oder den auf Grund dieses Gesetzbuchs erlassenen Vorschriften in erforderlichem Umfang auf längstens fünf Jahre befristet abgewichen werden, wenn diese dringend benötigten baulichen Anlagen oder dringend benötigten Infrastruktureinrichtungen im Gebiet der Gemeinde, in der sie entstehen sollen, als mobile oder nicht mobile Anlagen nicht oder nicht rechtzeitig zur Verfügung stehen. [2] Satz 1 ist entsprechend anwendbar, wenn das Vorhaben in einer Nachbargemeinde einer Gemeinde im Sinne des Satzes 1 ausgeführt werden soll und dringend benötigte in Satz 1 genannte bauliche Anlagen oder dringend benötigte Infrastruktureinrichtungen im Gebiet der betroffenen Gemeinde und in dieser Nachbargemeinde als mobile oder nicht mobile Anlagen nicht oder nicht rechtzeitig zur Verfügung stehen.

(2) Bei Vorhaben nach Absatz 1 im Außenbereich gilt § 18 Absatz 3 Satz 2 des Bundesnaturschutzgesetzes[1)] bis zum Ablauf des 31. Dezember 2022 entsprechend.

(3) [1] Die Befristung in Absatz 1 auf den Ablauf des 31. Dezember 2022 bezieht sich auf den Zeitraum, bis zu dessen Ende im bauaufsichtlichen Zulassungsverfahren von der Vorschrift Gebrauch gemacht werden kann. [2] Die in Absatz 1 genannte Frist von fünf Jahren bezieht sich auf die Geltungsdauer der Genehmigung.

(4) Die Länder können durch Landesrecht ergänzende Bestimmungen zum Rückbau der in Absatz 1 genannten Vorhaben treffen.

---

1) Nr. **1a**.

(5) [1] § 36 findet mit der Maßgabe Anwendung, dass das Einvernehmen nur dann aus den sich aus den §§ 31, 33 bis 35 ergebenden Gründen versagt werden kann, wenn die städtebauliche Entwicklung des Gemeindegebiets der Gemeinde, in der das Vorhaben ausgeführt werden soll, beeinträchtigt würde. [2] Abweichend von § 36 Absatz 2 Satz 2 gilt bis zum Ablauf des 31. Dezember 2022 das Einvernehmen als erteilt, wenn es nicht innerhalb eines Monats verweigert wird.

§ 246d Sonderregelung für Biogasanlagen. [1] Vor dem 1. September 2022 errichtete Anlagen zur Erzeugung von Biogas im Sinne des § 35 Absatz 1 Nummer 6 sind bis zum Ablauf des 31. Dezember 2024 abweichend von § 35 Absatz 1 Nummer 6 Buchstabe a, b und d auch dann bauplanungsrechtlich zulässig, wenn die Biogasproduktion erhöht wird und die Biomasse überwiegend aus dem Betrieb oder überwiegend aus diesem und aus weniger als 50 Kilometer entfernten Betrieben nach § 35 Absatz 1 Nummer 1, 2 oder 4 stammt, soweit Letzterer Tierhaltung betreibt. [2] Zu den in Satz 1 genannten Betrieben nach § 35 Absatz 1 Nummer 4 zählen auch solche, die dem Anwendungsbereich des § 245a Absatz 5 Satz 1 oder 2 unterfallen.

§ 247 Sonderregelungen für Berlin als Hauptstadt der Bundesrepublik Deutschland. (1) Bei der Aufstellung von Bauleitplänen und sonstigen Satzungen nach diesem Gesetzbuch soll in der Abwägung den Belangen, die sich aus der Entwicklung Berlins als Hauptstadt Deutschlands ergeben, und den Erfordernissen der Verfassungsorgane des Bundes für die Wahrnehmung ihrer Aufgabe besonders Rechnung getragen werden.

(2) Die Belange und Erfordernisse nach Absatz 1 werden zwischen Bund und Berlin in einem Gemeinsamen Ausschuss erörtert.

(3) [1] Kommt es in dem Ausschuss zu keiner Übereinstimmung, können die Verfassungsorgane des Bundes ihre Erfordernisse eigenständig feststellen; sie haben dabei eine geordnete städtebauliche Entwicklung Berlins zu berücksichtigen. [2] Die Bauleitpläne und sonstigen Satzungen nach diesem Gesetzbuch sind so anzupassen, dass den festgestellten Erfordernissen in geeigneter Weise Rechnung getragen wird.

(4) Haben die Verfassungsorgane des Bundes Erfordernisse nach Absatz 3 Satz 1 festgestellt und ist zu deren Verwirklichung die Aufstellung eines Bauleitplans oder einer sonstigen Satzung nach diesem Gesetzbuch geboten, soll der Bauleitplan oder die Satzung aufgestellt werden.

(5) (weggefallen)

(6) (weggefallen)

(7) Die Entwicklung der Parlaments- und Regierungsbereiche in Berlin entspricht den Zielen und Zwecken einer städtebaulichen Entwicklungsmaßnahme nach § 165 Absatz 2.

(8) [1] Ist im Rahmen von Genehmigungs-, Zustimmungs- oder sonstigen Verfahren für Vorhaben der Verfassungsorgane des Bundes Ermessen auszuüben oder sind Abwägungen oder Beurteilungen vorzunehmen, sind die von den Verfassungsorganen des Bundes entsprechend Absatz 3 festgestellten Erfordernisse mit dem ihnen nach dem Grundgesetz zukommenden Gewicht zu berücksichtigen. [2] Absatz 2 ist entsprechend anzuwenden.

§ 248 Sonderregelung zur sparsamen und effizienten Nutzung von Energie. [1]In Gebieten mit Bebauungsplänen oder Satzungen nach § 34 Absatz 4 Satz 1 Nummer 2 oder 3 sind bei Maßnahmen an bestehenden Gebäuden zum Zwecke der Energieeinsparung geringfügige Abweichungen von dem festgesetzten Maß der baulichen Nutzung, der Bauweise und der überbaubaren Grundstücksfläche zulässig, soweit dies mit nachbarlichen Interessen und baukulturellen Belangen vereinbar ist. [2]Satz 1 gilt entsprechend für Anlagen zur Nutzung solarer Strahlungsenergie in, an und auf Dach- und Außenwandflächen. [3]In den im Zusammenhang bebauten Ortsteilen gelten die Sätze 1 und 2 entsprechend für Abweichungen vom Erfordernis des Einfügens in die Eigenart der näheren Umgebung (§ 34 Absatz 1 Satz 1).

§ 249 Sonderregelungen für Windenergieanlagen an Land. (1) § 35 Absatz 3 Satz 3 ist auf Vorhaben nach § 35 Absatz 1 Nummer 5, die der Erforschung, Entwicklung oder Nutzung der Windenergie dienen, nicht anzuwenden.

(2) [1]Außerhalb der Windenergiegebiete gemäß § 2 Nummer 1 des Windenergieflächenbedarfsgesetzes vom 20. Juli 2022 (BGBl. I S. 1353) richtet sich die Zulässigkeit der in Absatz 1 genannten Vorhaben in einem Land nach § 35 Absatz 2, wenn das Erreichen eines in Anlage 1 des Windenergieflächenbedarfsgesetzes[1)] bezeichneten Flächenbeitragswerts des Landes gemäß § 5 Absatz 1 oder Absatz 2 des Windenergieflächenbedarfsgesetzes festgestellt wurde. [2]Hat ein Land gemäß § 3 Absatz 2 Satz 1 Nummer 2 oder Satz 2 des Windenergieflächenbedarfsgesetzes regionale oder kommunale Teilflächenziele bestimmt und wird deren Erreichen gemäß § 5 Absatz 1 oder Absatz 2 des Windenergieflächenbedarfsgesetzes festgestellt, gilt die Rechtsfolge des Satzes 1 für das Gebiet der jeweiligen Region oder Gemeinde. [3]Der Eintritt der Rechtsfolge der Sätze 1 und 2 ist gesetzliche Folge der Feststellung.

(3) [1]Die Rechtsfolge des Absatzes 2 gilt bis zum Ablauf des 31. Dezember 2030 nicht für Vorhaben im Sinne des § 16b Absatz 1 und 2 des Bundes-Immissionsschutzgesetzes in der Fassung der Bekanntmachung vom 17. Mai 2013 (BGBl. I S. 1274; 2021 I S. 123), das zuletzt durch Artikel 1 des Gesetzes vom 24. September 2021 (BGBl. I S. 4458) geändert worden ist, es sei denn, das Vorhaben soll in einem Natura 2000-Gebiet im Sinne des § 7 Absatz 1 Nummer 8 des Bundesnaturschutzgesetzes[2)] vom 29. Juli 2009 (BGBl. I S. 2542), das zuletzt durch Artikel 1 des Gesetzes vom 18. August 2021 (BGBl. I S. 3908) geändert worden ist, oder in einem Naturschutzgebiet im Sinne des § 23 des Bundesnaturschutzgesetzes[2)] verwirklicht werden.

(4) Die Feststellung des Erreichens eines Flächenbeitragswerts oder Teilflächenziels steht der Ausweisung zusätzlicher Flächen für Vorhaben nach § 35 Absatz 1 Nummer 5, die der Erforschung, Entwicklung oder Nutzung der Windenergie dienen, nicht entgegen.

(5) [1]Der nach § 3 Absatz 2 Satz 1 Nummer 1 oder Nummer 2 des Windenergieflächenbedarfsgesetzes jeweils zuständige Planungsträger ist bei der Ausweisung von Windenergiegebieten gemäß § 2 Nummer 1 des Windenergieflächenbedarfsgesetzes an entgegenstehende Ziele der Raumordnung oder entgegenstehende Darstellungen in Flächennutzungsplänen nicht gebunden, so-

---

[1)] Nr. **1c**.
[2)] Nr. **1a**.

weit dies erforderlich ist, um den Flächenbeitragswert im Sinne des § 3 Absatz 1 des Windenergieflächenbedarfsgesetzes oder ein daraus abgeleitetes Teilflächenziel zu erreichen. [2]Wurden Windenergiegebiete unter Anwendung von Satz 1 ausgewiesen, entfallen innerhalb dieser Gebiete die entsprechenden Bindungen auch im Zulassungsverfahren.

(6) [1]Die Ausweisung von Windenergiegebieten gemäß § 2 Nummer 1 des Windenergieflächenbedarfsgesetzes erfolgt nach den für die jeweiligen Planungsebenen geltenden Vorschriften für Gebietsausweisungen. [2]Für die Rechtswirksamkeit des Plans ist es hingegen unbeachtlich, ob und welche sonstigen Flächen im Planungsraum für die Ausweisung von Windenergiegebieten geeignet sind.

(7) [1]Sobald und solange nach Ablauf des jeweiligen Stichtages gemäß § 3 Absatz 1 Satz 2 des Windenergieflächenbedarfsgesetzes weder der Flächenbeitragswert nach Anlage 1 Spalte 1 oder Spalte 2 des Windenergieflächenbedarfsgesetzes noch ein daraus abgeleitetes Teilflächenziel nach § 3 Absatz 2 Satz 1 Nummer 2 oder Satz 2 des Windenergieflächenbedarfsgesetzes erreicht wird,

1. entfällt die Rechtsfolge des Absatzes 2 und
2. können Darstellungen in Flächennutzungsplänen, Ziele der Raumordnung sowie sonstige Maßnahmen der Landesplanung einem Vorhaben nach § 35 Absatz 1 Nummer 5, das der Erforschung, Entwicklung oder Nutzung der Windenergie dient, nicht entgegengehalten werden.

[2]Landesgesetze nach Absatz 9 Satz 1 und 4 sind nicht mehr anzuwenden, wenn gemäß § 5 Absatz 3 Satz 2 des Windenergieflächenbedarfsgesetzes festgestellt wurde, dass ein Land den Nachweis gemäß § 3 Absatz 3 des Windenergieflächenbedarfsgesetzes bis zum Ablauf des 30. November 2024 nicht erbracht hat oder wenn der Flächenbeitragswert nach Anlage 1 Spalte 1 oder Spalte 2 des Windenergieflächenbedarfsgesetzes zum jeweiligen Stichtag nicht erreicht wird.

(8) [1]Nach § 9 Absatz 2 Satz 1 Nummer 2 kann auch festgesetzt werden, dass die im Bebauungsplan festgesetzten Windenergieanlagen nur zulässig sind, wenn sichergestellt ist, dass nach der Errichtung der im Bebauungsplan festgesetzten Windenergieanlagen andere im Bebauungsplan bezeichnete Windenergieanlagen innerhalb einer im Bebauungsplan zu bestimmenden angemessenen Frist zurückgebaut werden. [2]Die Standorte der zurückzubauenden Windenergieanlagen können auch außerhalb des Bebauungsplangebiets oder außerhalb des Gemeindegebiets liegen. [3]Darstellungen im Flächennutzungsplan können mit Bestimmungen entsprechend den Sätzen 1 und 2 mit Wirkung für die Zulässigkeit der Windenergieanlagen nach § 35 Absatz 1 Nummer 5 verbunden sein.

(9) [1]Die Länder können durch Landesgesetze bestimmen, dass § 35 Absatz 1 Nummer 5 auf Vorhaben, die der Erforschung, Entwicklung oder Nutzung der Windenergie dienen, nur Anwendung findet, wenn sie bestimmte Mindestabstände zu den im Landesgesetz bezeichneten zulässigen baulichen Nutzungen zu Wohnzwecken einhalten. [2]Ein Mindestabstand nach Satz 1 darf höchstens 1000 Meter von der Mitte des Mastfußes der Windenergieanlage bis zur nächstgelegenen im Landesgesetz bezeichneten baulichen Nutzung zu Wohnzwecken betragen. [3]Die weiteren Einzelheiten, insbesondere zur Abstandsfestlegung, sind in den Landesgesetzen nach Satz 1 zu regeln. [4]Auf der Grundlage dieses Absatzes in der bis zum 14. August 2020 oder bis zum 1. Februar 2023

geltenden Fassung erlassene Landesgesetze gelten fort; sie können geändert werden, sofern die wesentlichen Elemente der in dem fortgeltenden Landesgesetz enthaltenen Regelung beibehalten werden. [5] In den Landesgesetzen nach den Sätzen 1 und 4 ist zu regeln, dass die Mindestabstände nicht auf Flächen in Windenergiegebieten gemäß § 2 Nummer 1 des Windenergieflächenbedarfsgesetzes anzuwenden sind. [6] Für Landesgesetze nach Satz 4 ist dies bis zum Ablauf des 31. Mai 2023 zu regeln.

(10) [1] Der öffentliche Belang einer optisch bedrängenden Wirkung steht einem Vorhaben nach § 35 Absatz 1 Nummer 5, das der Erforschung, Entwicklung oder Nutzung der Windenergie dient, in der Regel nicht entgegen, wenn der Abstand von der Mitte des Mastfußes der Windenergieanlage bis zu einer zulässigen baulichen Nutzung zu Wohnzwecken mindestens der zweifachen Höhe der Windenergieanlage entspricht. [2] Höhe im Sinne des Satzes 1 ist die Nabenhöhe zuzüglich Radius des Rotors.

§ 249a Sonderregelung für Vorhaben zur Herstellung oder Speicherung von Wasserstoff aus erneuerbaren Energien. (1) Ein Vorhaben, das der Herstellung oder Speicherung von Wasserstoff dient und in einem räumlich-funktionalen Zusammenhang mit einer Anlage zur Erforschung, Entwicklung oder Nutzung der Windenergie nach § 35 Absatz 1 Nummer 5 steht, gilt unter den in Absatz 4 genannten weiteren Voraussetzungen ebenfalls als Vorhaben nach § 35 Absatz 1 Nummer 5.

(2) Ein Vorhaben, das der Herstellung oder Speicherung von Wasserstoff dient und in einem räumlich-funktionalen Zusammenhang mit einer Anlage zur Nutzung solarer Strahlungsenergie nach § 35 Absatz 1 Nummer 8 Buchstabe b steht, gilt unter den in Absatz 4 genannten weiteren Voraussetzungen ebenfalls als Vorhaben nach § 35 Absatz 1 Nummer 8 Buchstabe b.

(3) Ein Vorhaben, das der Herstellung oder Speicherung von Wasserstoff dient, ist unter den in den Absätzen 4 und 5 genannten weiteren Voraussetzungen im Außenbereich auch dann zulässig, wenn es im unmittelbar an eine vorhandene Anlage zur Nutzung solarer Strahlungsenergie anschließenden Außenbereich verwirklicht werden soll und der dieser Anlage zugrunde liegende Bebauungsplan vor dem 1. Januar 2023 öffentlich ausgelegt worden ist.

(4) Ein Vorhaben ist nach den Absätzen 1 bis 3 nur zulässig, wenn

1. durch technische Vorkehrungen sichergestellt ist, dass der Wasserstoff ausschließlich aus dem Strom der in Absatz 1, 2 oder 3 genannten Anlage oder ergänzend dazu aus dem Strom sonstiger Anlagen zur Nutzung erneuerbarer Energien erzeugt wird,
2. die Größe der Grundfläche der zum Vorhaben gehörenden baulichen Anlagen 100 Quadratmeter und der Höhenunterschied zwischen der Geländeoberfläche im Mittel und dem höchsten Punkt der baulichen Anlagen 3,5 Meter nicht überschreitet,
3. die in Absatz 1, 2 oder 3 genannte Anlage oder die sonstigen Anlagen zur Nutzung erneuerbarer Energien nach Nummer 1 nicht bereits mit einem anderen Vorhaben zur Herstellung oder Speicherung von Wasserstoff verbunden sind und
4. die Kapazität des Wasserstoffspeichers, sofern das Vorhaben einen solchen umfasst, die in der Spalte 4 zu der Zeile 2.44 der Stoffliste in Anhang I der

Störfall-Verordnung genannte Mengenschwelle für Wasserstoff nicht erreicht.

(5) Ein Vorhaben ist nach Absatz 3 nur zulässig, wenn ergänzend zu den in Absatz 4 genannten Voraussetzungen

1. dem Vorhaben öffentliche Belange im Sinne des § 35 Absatz 3 nicht entgegenstehen und das Vorhaben den Zielen der Raumordnung entsprechend § 35 Absatz 3 Satz 2 nicht widerspricht,
2. die ausreichende Erschließung des Vorhabens gesichert ist und
3. die Voraussetzungen des § 35 Absatz 5 Satz 2 erster Halbsatz und Satz 3 gegeben sind.

§ 249b Verordnungsermächtigungen zum Ausbau der erneuerbaren Energien in Abbaubereichen des Braunkohletagebaus. (1) [1]Die Landesregierungen werden ermächtigt, durch Rechtsverordnung zu bestimmen, dass für die Entscheidung über die Zulässigkeit eines Vorhabens nach § 35 Absatz 1 Nummer 5, das der Erforschung, Entwicklung oder Nutzung der Windenergie dient, innerhalb des Abbaubereichs eines Braunkohlen- oder Sanierungsplans folgende Maßgaben gelten, die Zulässigkeitsvoraussetzungen im Übrigen aber unberührt bleiben:

1. Darstellungen in Flächennutzungsplänen und Ziele der Raumordnung stehen dem genannten Vorhaben nicht entgegen; die Rekultivierungsziele nach dem Braunkohlen- oder Sanierungsplan sind aber angemessen zu berücksichtigen und
2. das Vorhaben soll die bergbaulichen Tätigkeiten nicht erheblich beeinträchtigen.

[2]Der Geltungsbereich der Rechtsverordnung kann auf bestimmte Teile eines Abbaubereichs beschränkt werden. [3]Die Rechtsfolge des § 249 Absatz 2 Satz 1 und 2 tritt im Geltungsbereich der Rechtsverordnung nicht ein.

(2) [1]Die Landesregierungen werden ermächtigt, durch Rechtsverordnung zu bestimmen, dass ein Vorhaben zur Nutzung solarer Strahlungsenergie innerhalb des Abbaubereichs eines Braunkohlen- oder Sanierungsplans dann zulässig ist, wenn

1. öffentliche Belange dem Vorhaben nicht entgegenstehen, wobei jedoch Darstellungen in Flächennutzungsplänen und Ziele der Raumordnung dem Vorhaben nicht entgegenstehen, die Rekultivierungsziele nach dem Braunkohlen- oder Sanierungsplan aber angemessen zu berücksichtigen sind,
2. die ausreichende Erschließung des Vorhabens gesichert ist,
3. das Vorhaben die bergbaulichen Tätigkeiten nicht erheblich beeinträchtigt und
4. die Voraussetzungen des § 35 Absatz 5 Satz 2 erster Halbsatz und Satz 3 gegeben sind.

[2]Der Geltungsbereich der Rechtsverordnung kann auf bestimmte Teile eines Abbaubereichs beschränkt werden. [3]Im Geltungsbereich der Rechtsverordnung ist § 36 bei der Entscheidung über die Zulässigkeit eines Vorhabens nach Satz 1 entsprechend anzuwenden.

§ 250 Bildung von Wohnungseigentum in Gebieten mit angespannten Wohnungsmärkten. (1) [1] Sofern Gebiete mit angespannten Wohnungsmärkten im Sinne von § 201a Satz 3 und 4 vorliegen und diese Gebiete nach Satz 3 bestimmt sind, bedarf bei Wohngebäuden, die bereits am Tag des Inkrafttretens der Rechtsverordnung nach Satz 3 bestanden, die Begründung oder Teilung von Wohnungseigentum oder Teileigentum nach § 1 des Wohnungseigentumsgesetzes der Genehmigung. [2] Das Genehmigungserfordernis nach Satz 1 gilt nicht, wenn sich in dem Wohngebäude nicht mehr als fünf Wohnungen befinden. [3] Die Landesregierungen werden ermächtigt, die Gebiete nach Satz 1 durch Rechtsverordnung[1)] zu bestimmen, die spätestens mit Ablauf des 31. Dezember 2025 außer Kraft treten muss. [4] Sie muss begründet werden. [5] Aus der Begründung muss sich ergeben, auf Grund welcher Tatsachen ein Gebiet mit einem angespannten Wohnungsmarkt im Einzelfall vorliegt. [6] In der Rechtsverordnung nach Satz 3 kann eine von Satz 2 abweichende Anzahl an Wohnungen bestimmt werden; diese Anzahl kann zwischen drei und 15 liegen.

(2) [1] Zuständig für die Genehmigung ist die von der Landesregierung bestimmte Stelle. [2] § 173 Absatz 3 gilt entsprechend.

(3) [1] Die Genehmigung ist zu erteilen, wenn

1. das Grundstück zu einem Nachlass gehört und Wohnungseigentum oder Teileigentum zugunsten von Miterben oder Vermächtnisnehmern begründet werden soll,
2. das Wohnungseigentum oder Teileigentum zur eigenen Nutzung an Familienangehörige des Eigentümers veräußert werden soll,
3. das Wohnungseigentum oder Teileigentum zur eigenen Nutzung an mindestens zwei Drittel der Mieter veräußert werden soll,
4. auch unter Berücksichtigung des Allgemeinwohls ein Absehen von der Begründung von Wohnungseigentum oder Teileigentum nicht mehr zumutbar ist oder
5. ohne die Genehmigung Ansprüche Dritter auf Übertragung von Wohnungseigentum oder Teileigentum nicht erfüllt werden können, zu deren Sicherung vor dem Wirksamwerden des Genehmigungsvorbehalts eine Vormerkung im Grundbuch eingetragen ist.

[2] In der Genehmigung kann bestimmt werden, dass auch die Veräußerung von Wohnungseigentum oder Teileigentum der Genehmigung entsprechend Satz 1 Nummer 1 bis 3 bedarf. [3] Diese Genehmigungspflicht ist in das Wohnungs- oder Teileigentumsgrundbuch einzutragen; die Eintragung erfolgt auf Ersuchen der nach Absatz 2 Satz 1 zuständigen Stelle. [4] Die Genehmigungspflicht erlischt mit Außerkrafttreten der Verordnung nach Absatz 1 Satz 3.

(4) [1] Unbeschadet des Absatzes 3 darf eine Genehmigung nur versagt werden, wenn dies für die ausreichende Versorgung der Bevölkerung mit Mietwohnraum erforderlich ist. [2] Unter der Voraussetzung von Satz 1 kann die Genehmigung mit einer Auflage erteilt werden.

(5) [1] Bei einem Grundstück, das im Geltungsbereich einer Rechtsverordnung nach Absatz 1 Satz 3 liegt, darf das Grundbuchamt die Eintragungen in das Grundbuch nur vornehmen, wenn ihm die Genehmigung oder das Nicht-

[1)] Siehe hierzu ua Umwandlungsgenehmigungs- und Gebietsbestimmungsverordnung v. 28.4.2022 (GVBl. S. 234).

bestehen der Genehmigungspflicht nachgewiesen ist. [2] Mit der Eintragung gilt die Genehmigung als erteilt.

(6) [1] Der Genehmigung nach Absatz 1 Satz 1 bedarf ferner

1. die Begründung der in den §§ 30 und 31 des Wohnungseigentumsgesetzes bezeichneten Rechte,
2. die Begründung von Bruchteilseigentum nach § 1008 des Bürgerlichen Gesetzbuchs an Grundstücken mit Wohngebäuden, wenn zugleich nach § 1010 Absatz 1 des Bürgerlichen Gesetzbuchs im Grundbuch als Belastung eingetragen werden soll, dass Räume einem oder mehreren Miteigentümern zur ausschließlichen Benutzung zugewiesen sind und die Aufhebung der Gemeinschaft ausgeschlossen ist, sowie
3. bei bestehendem Bruchteilseigentum nach § 1008 des Bürgerlichen Gesetzbuchs an Grundstücken mit Wohngebäuden eine im Grundbuch als Belastung einzutragende Regelung nach § 1010 Absatz 1 des Bürgerlichen Gesetzbuchs, wonach Räume einem oder mehreren Miteigentümern zur ausschließlichen Benutzung zugewiesen sind und die Aufhebung der Gemeinschaft ausgeschlossen ist.

[2] Die Bestimmungen der Absätze 2 bis 5 gelten sinngemäß.

(7) [1] Diese Vorschrift geht im räumlichen Anwendungsbereich von Rechtsverordnungen nach Absatz 1 Satz 3 den Rechtsverordnungen nach § 172 Absatz 1 Satz 4 vor. [2] Satz 1 findet keine Anwendung, wenn nach Absatz 1 Satz 2 und 6 keine Genehmigungspflicht besteht.

Anlage 1
(zu § 2 Absatz 4 und den §§ 2a und 4c)

Der Umweltbericht nach § 2 Absatz 4 und § 2a Satz 2 Nummer 2 hat folgende Bestandteile:

1. Eine Einleitung mit folgenden Angaben:
   a) Kurzdarstellung des Inhalts und der wichtigsten Ziele des Bauleitplans, einschließlich einer Beschreibung der Festsetzungen des Plans mit Angaben über Standorte, Art und Umfang sowie Bedarf an Grund und Boden der geplanten Vorhaben;
   b) Darstellung der in einschlägigen Fachgesetzen und Fachplänen festgelegten Ziele des Umweltschutzes, die für den Bauleitplan von Bedeutung sind, und der Art, wie diese Ziele und die Umweltbelange bei der Aufstellung des Bauleitplans berücksichtigt wurden;
2. eine Beschreibung und Bewertung der erheblichen Umweltauswirkungen, die in der Umweltprüfung nach § 2 Absatz 4 Satz 1 ermittelt wurden; hierzu gehören folgende Angaben:
   a) eine Bestandsaufnahme der einschlägigen Aspekte des derzeitigen Umweltzustands (Basisszenario), einschließlich der Umweltmerkmale der Gebiete, die voraussichtlich erheblich beeinflusst werden, und eine Übersicht über die voraussichtliche Entwicklung des Umweltzustands bei Nichtdurchführung der Planung, soweit diese Entwicklung gegenüber dem Basisszenario mit zumutbarem Aufwand auf der Grundlage der verfügbaren Umweltinformationen und wissenschaftlichen Erkenntnisse abgeschätzt werden kann;

b) eine Prognose über die Entwicklung des Umweltzustands bei Durchführung der Planung; hierzu sind, soweit möglich, insbesondere die möglichen erheblichen Auswirkungen während der Bau- und Betriebsphase der geplanten Vorhaben auf die Belange nach § 1 Absatz 6 Nummer 7 Buchstabe a bis i zu beschreiben, unter anderem infolge

aa) des Baus und des Vorhandenseins der geplanten Vorhaben, soweit relevant einschließlich Abrissarbeiten,

bb) der Nutzung natürlicher Ressourcen, insbesondere Fläche, Boden, Wasser, Tiere, Pflanzen und biologische Vielfalt, wobei soweit möglich die nachhaltige Verfügbarkeit dieser Ressourcen zu berücksichtigen ist,

cc) der Art und Menge an Emissionen von Schadstoffen, Lärm, Erschütterungen, Licht, Wärme und Strahlung sowie der Verursachung von Belästigungen,

dd) der Art und Menge der erzeugten Abfälle und ihrer Beseitigung und Verwertung,

ee) der Risiken für die menschliche Gesundheit, das kulturelle Erbe oder die Umwelt (zum Beispiel durch Unfälle oder Katastrophen),

ff) der Kumulierung mit den Auswirkungen von Vorhaben benachbarter Plangebiete unter Berücksichtigung etwaiger bestehender Umweltprobleme in Bezug auf möglicherweise betroffene Gebiete mit spezieller Umweltrelevanz oder auf die Nutzung von natürlichen Ressourcen,

gg) der Auswirkungen der geplanten Vorhaben auf das Klima (zum Beispiel Art und Ausmaß der Treibhausgasemissionen) und der Anfälligkeit der geplanten Vorhaben gegenüber den Folgen des Klimawandels,

hh) der eingesetzten Techniken und Stoffe;

die Beschreibung nach Halbsatz 2 soll sich auf die direkten und die etwaigen indirekten, sekundären, kumulativen, grenzüberschreitenden, kurzfristigen, mittelfristigen und langfristigen, ständigen und vorübergehenden sowie positiven und negativen Auswirkungen der geplanten Vorhaben erstrecken; die Beschreibung nach Halbsatz 2 soll zudem den auf Ebene der Europäischen Union oder auf Bundes-, Landes- oder kommunaler Ebene festgelegten Umweltschutzzielen Rechnung tragen;

c) eine Beschreibung der geplanten Maßnahmen, mit denen festgestellte erhebliche nachteilige Umweltauswirkungen vermieden, verhindert, verringert oder soweit möglich ausgeglichen werden sollen, sowie gegebenenfalls geplante Überwachungsmaßnahmen. In dieser Beschreibung ist zu erläutern, inwieweit erhebliche nachteilige Auswirkungen auf die Umwelt vermieden, verhindert, verringert oder ausgeglichen werden, wobei sowohl die Bauphase als auch die Betriebsphase abzudecken ist;

d) in Betracht kommende anderweitige Planungsmöglichkeiten, wobei die Ziele und der räumliche Geltungsbereich des Bauleitplans zu berücksichtigen sind, und die Angabe der wesentlichen Gründe für die getroffene Wahl;

e) eine Beschreibung der erheblichen nachteiligen Auswirkungen nach § 1 Absatz 6 Nummer 7 Buchstabe j; zur Vermeidung von Mehrfachprüfungen können die vorhandenen Ergebnisse anderer rechtlich vorgeschriebener Prüfungen genutzt werden; soweit angemessen, sollte diese Beschreibung Maßnahmen zur Verhinderung oder Verminderung der erheblichen nachteiligen Auswirkungen solcher Ereignisse auf die Umwelt sowie Einzelheiten in Bezug auf die Bereitschafts- und vorgesehenen Bekämpfungsmaßnahmen für derartige Krisenfälle erfassen;

3. zusätzliche Angaben:
   a) eine Beschreibung der wichtigsten Merkmale der verwendeten technischen Verfahren bei der Umweltprüfung sowie Hinweise auf Schwierigkeiten, die bei der Zusammenstellung der Angaben aufgetreten sind, zum Beispiel technische Lücken oder fehlende Kenntnisse,
   b) eine Beschreibung der geplanten Maßnahmen zur Überwachung der erheblichen Auswirkungen der Durchführung des Bauleitplans auf die Umwelt,
   c) eine allgemein verständliche Zusammenfassung der erforderlichen Angaben nach dieser Anlage,
   d) eine Referenzliste der Quellen, die für die im Bericht enthaltenen Beschreibungen und Bewertungen herangezogen wurden.

Anlage 2
(zu § 13a Absatz 1 Satz 2 Nummer 2)

Nachstehende Kriterien sind anzuwenden, soweit auf Anlage 2 Bezug genommen wird.

1. Merkmale des Bebauungsplans, insbesondere in Bezug auf

1.1 das Ausmaß, in dem der Bebauungsplan einen Rahmen im Sinne des § 35 Absatz 3 des Gesetzes über die Umweltverträglichkeitsprüfung setzt;

1.2 das Ausmaß, in dem der Bebauungsplan andere Pläne und Programme beeinflusst;

1.3 die Bedeutung des Bebauungsplans für die Einbeziehung umweltbezogener, einschließlich gesundheitsbezogener Erwägungen, insbesondere im Hinblick auf die Förderung der nachhaltigen Entwicklung;

1.4 die für den Bebauungsplan relevanten umweltbezogenen, einschließlich gesundheitsbezogener Probleme;

1.5 die Bedeutung des Bebauungsplans für die Durchführung nationaler und europäischer Umweltvorschriften.

2. Merkmale der möglichen Auswirkungen und der voraussichtlich betroffenen Gebiete, insbesondere in Bezug auf

2.1 die Wahrscheinlichkeit, Dauer, Häufigkeit und Umkehrbarkeit der Auswirkungen;

2.2 den kumulativen und grenzüberschreitenden Charakter der Auswirkungen;

2.3 die Risiken für die Umwelt, einschließlich der menschlichen Gesundheit (zum Beispiel bei Unfällen);

2.4 den Umfang und die räumliche Ausdehnung der Auswirkungen;

2.5 die Bedeutung und die Sensibilität des voraussichtlich betroffenen Gebiets auf Grund der besonderen natürlichen Merkmale, des kulturellen Erbes, der Intensität der Bodennutzung des Gebiets jeweils unter Berücksichtigung der Überschreitung von Umweltqualitätsnormen und Grenzwerten;

2.6 folgende Gebiete:

2.6.1 Natura 2000-Gebiete nach § 7 Absatz 1 Nummer 8 des Bundesnaturschutzgesetzes[1],

2.6.2 Naturschutzgebiete gemäß § 23 des Bundesnaturschutzgesetzes[1], soweit nicht bereits von Nummer 2.6.1 erfasst,

2.6.3 Nationalparke gemäß § 24 des Bundesnaturschutzgesetzes[1], soweit nicht bereits von Nummer 2.6.1 erfasst,

2.6.4 Biosphärenreservate und Landschaftsschutzgebiete gemäß den §§ 25 und 26 des Bundesnaturschutzgesetzes[1],

2.6.5 gesetzlich geschützte Biotope gemäß § 30 des Bundesnaturschutzgesetzes[1],

2.6.6 Wasserschutzgebiete gemäß § 51 des Wasserhaushaltsgesetzes, Heilquellenschutzgebiete gemäß § 53 Absatz 4 des Wasserhaushaltsgesetzes sowie Überschwemmungsgebiete gemäß § 76 des Wasserhaushaltsgesetzes,

2.6.7 Gebiete, in denen die in Rechtsakten der Europäischen Union festgelegten Umweltqualitätsnormen bereits überschritten sind,

2.6.8 Gebiete mit hoher Bevölkerungsdichte, insbesondere Zentrale Orte im Sinne des § 2 Absatz 2 Nummer 2 des Raumordnungsgesetzes[2],

2.6.9 in amtlichen Listen oder Karten verzeichnete Denkmäler, Denkmalensembles, Bodendenkmäler oder Gebiete, die von der durch die Länder bestimmten Denkmalschutzbehörde als archäologisch bedeutende Landschaften eingestuft worden sind.

---

[1] Nr. **1a**.
[2] Nr. **5**.

1a. Gesetz über Naturschutz und Landschaftspflege (Bundesnaturschutzgesetz – BNatSchG)[1) 2) 3)]

Vom 29. Juli 2009
(BGBl. I S. 2542)

FNA 791-9

zuletzt geänd. durch Art. 3 Erstes G zur Änd. des Elektro- und ElektronikgeräteG, der EntsorgungsfachbetriebeVO und des BundesnaturschutzG v. 8.12.2022 (BGBl. I S. 2240)

– Auszug –

Zu abweichendem Landesrecht siehe:

- **Baden-Württemberg:** Abweichungen im NaturschutzG mWv 14.7.2015 vgl. Hinweis v. 30.4.2018 (BGBl. I S. 533);
- **Bayern:** Abweichungen im Bay. NaturschutzG mWv 1.3.2011, vgl. Hinweis v. 11.3.2011 (BGBl. I S. 365); mWv 1.8.2019, vgl. Hinweis v. 5.3.2020 (BGBl. I S. 319); mWv 1.3.2020, vgl. Hinweis v. 6.3.2020 (BGBl. I S. 423); mWv 3.6.2020, vgl. Hinweis v. 19.7.2021 (BGBl. I S. 2870).
- **Berlin:** Abweichungen im NatSchG Bln mWv 9.6.2013, vgl. Hinweis v. 31.7.2013 (BGBl. I S. 2829);
- **Hamburg:** Abweichungen im Hbg G zur Ausführung des BNatSchG mWv 1.6.2010, vgl. Hinweis v. 28.1.2011 (BGBl. I S. 93), Hinweis v. 19.4.2013 (BGBl. I S. 821); Hinweis v. 11.2.2015 (BGBl. I S. 123) und mWv 8.2.2020, vgl. Hinweis v. 25.2.2021 (BGBl. I S. 261);
- **Hessen:** Abweichungen im AusführungsG zum BNatSchG mWv 29.12.2010, vgl. Hinweis v. 29.4.2011 (BGBl. I S. 663);
- **Mecklenburg-Vorpommern:** Abweichungen im NaturschutzausführungsG mWv 1.3.2010, vgl. Hinweis v. 24.11.2010 (BGBl. I S. 1621);
- **Niedersachsen:** Abweichungen im Nds. AusführungsG zum BNatschG mWv 1.3.2010, vgl. Hinweis v. 26.7.2010 (BGBl. I S. 970), und mWv 4.12.2020, vgl. Hinweis v. 3.3.2021 (BGBl. I S. 314);
- **Nordrhein-Westfalen** Abweichungen im Landesnaturschutzgesetz mWv 25.11.2016, vgl. Hinweis v. 31.8.2017 (BGBl. I S. 3285);
- **Rheinland-Pfalz:** Abweichungen im LandesG zu dem Staatsvertrag zwischen dem Land Rheinland-Pfalz und dem Saarland über die Errichtung und Unterhaltung des Nationalparks Hunsrück-Hochwald (Nationalparkgesetz Hunsrück-Hochwald) mWv 1.3.2015, vgl. Hinweis v. 31.7.2015 (BGBl. I S. 1423); im LandesnaturschutzG mWv 16.10.2015, vgl. Hinweis v. 4.2.2016 (BGBl. I S. 158);

[1)] Verkündet als Art. 1 G zur Neuregelung des Rechts des Naturschutzes und der Landschaftspflege v. 29.7.2009 (BGBl. I S. 2542); Inkrafttreten gem. Art. 27 dieses G am 1.3.2010.

[2)] **Amtl. Anm. an der Überschrift des MantelG:** Dieses Gesetz dient der Umsetzung der
- Richtlinie 79/409/EWG des Rates vom 2. April 1979 über die Erhaltung der wildlebenden Vogelarten (ABl. L 103 vom 25.4.1979, S. 1), die zuletzt durch die Richtlinie 2008/102/EG (ABl. L 323 vom 3.12.2008, S. 31) geändert worden ist,
- Richtlinie 83/129/EWG des Rates vom 28. März 1983 betreffend die Einfuhr in die Mitgliedstaaten von Fellen bestimmter Jungrobben und Waren daraus (ABl. L 91 vom 9. 4.1983, S. 30), die zuletzt durch die Richtlinie 89/370/EWG (ABl. L 163 vom 14.6.1989, S. 37) geändert worden ist,
- Richtlinie 92/43/EWG des Rates vom 21. Mai 1992 zur Erhaltung der natürlichen Lebensräume sowie der wildlebenden Tiere und Pflanzen (ABl. L 206 vom 22.7.1992, S. 7), die zuletzt durch die Richtlinie 2006/105/EG (ABl. L 363 vom 20.12.2006, S. 368) geändert worden ist,
- Richtlinie 1999/22/EG des Rates vom 29. März 1999 über die Haltung von Wildtieren in Zoos (ABl. L 94 vom 9.4.1999, S. 24).

[3)] Zur Sicherstellung ordnungsgemäßer Planungs-und Genehmigungsverfahren während der COVID-19-Pandemie siehe das PlanungssicherstellungsG (Nr. **1b**).

– **Saarland:** Abweichungen im Gesetz Nr. 1842 über die Zustimmung zu dem Staatsvertrag zwischen dem Land Rheinland-Pfalz und dem Saarland über die Errichtung und Unterhaltung des Nationalparks Hunsrück-Hochwald (Nationalparkgesetz Hunsrück-Hochwald) mWv 1.3.2015, vgl. Hinweis v. 31.7.2015 (BGBl. I S. 1423);

– **Sachsen:** Abweichungen im Sächs. G über Naturschutz und Landschaftspflege mWv 15.5.2010, vgl. Hinweis v. 17.5.2011 (BGBl. I S. 842);

– **Sachsen-Anhalt:** Abweichungen im NaturschutzG SA mWv 17.12.2010 und mWv 22.1.2015, vgl. Hinweis v. 17.1.2011 (BGBl. I S. 30) und Hinweis v. 3.3.2015 (BGBl. I S. 183);

– **Schleswig-Holstein:** Abweichungen im LandesnaturschutzG mWv 29.7.2011 und mWv 24.6. 2016, vgl. Hinweis v. 6.10.2011 (BGBl. I S. 1979) und Hinweis v. 14.7.2016 (BGBl. I S. 1646);

– **Thüringen:** Abweichungen im Thüringer NaturschutzG mWv 20.8.2019, vgl. Hinweis v. 13.2. 2020 (BGBl. I S. 160).

Kapitel 1. Allgemeine Vorschriften

§ 1 Ziele des Naturschutzes und der Landschaftspflege. (1) Natur und Landschaft sind auf Grund ihres eigenen Wertes und als Grundlage für Leben und Gesundheit des Menschen auch in Verantwortung für die künftigen Generationen im besiedelten und unbesiedelten Bereich nach Maßgabe der nachfolgenden Absätze so zu schützen, dass

1. die biologische Vielfalt,
2. die Leistungs- und Funktionsfähigkeit des Naturhaushalts einschließlich der Regenerationsfähigkeit und nachhaltigen Nutzungsfähigkeit der Naturgüter sowie
3. die Vielfalt, Eigenart und Schönheit sowie der Erholungswert von Natur und Landschaft

auf Dauer gesichert sind; der Schutz umfasst auch die Pflege, die Entwicklung und, soweit erforderlich, die Wiederherstellung von Natur und Landschaft (allgemeiner Grundsatz).

(2) Zur dauerhaften Sicherung der biologischen Vielfalt sind entsprechend dem jeweiligen Gefährdungsgrad insbesondere

1. lebensfähige Populationen wild lebender Tiere und Pflanzen einschließlich ihrer Lebensstätten zu erhalten und der Austausch zwischen den Populationen sowie Wanderungen und Wiederbesiedelungen zu ermöglichen,
2. Gefährdungen von natürlich vorkommenden Ökosystemen, Biotopen und Arten entgegenzuwirken,
3. Lebensgemeinschaften und Biotope mit ihren strukturellen und geografischen Eigenheiten in einer repräsentativen Verteilung zu erhalten; bestimmte Landschaftsteile sollen der natürlichen Dynamik überlassen bleiben.

(3) Zur dauerhaften Sicherung der Leistungs- und Funktionsfähigkeit des Naturhaushalts sind insbesondere

1. die räumlich abgrenzbaren Teile seines Wirkungsgefüges im Hinblick auf die prägenden biologischen Funktionen, Stoff- und Energieflüsse sowie landschaftlichen Strukturen zu schützen; Naturgüter, die sich nicht erneuern, sind sparsam und schonend zu nutzen; sich erneuernde Naturgüter dürfen nur so genutzt werden, dass sie auf Dauer zur Verfügung stehen,

2. Böden so zu erhalten, dass sie ihre Funktion im Naturhaushalt erfüllen können; nicht mehr genutzte versiegelte Flächen sind zu renaturieren, oder, soweit eine Entsiegelung nicht möglich oder nicht zumutbar ist, der natürlichen Entwicklung zu überlassen,
3. Meeres- und Binnengewässer vor Beeinträchtigungen zu bewahren und ihre natürliche Selbstreinigungsfähigkeit und Dynamik zu erhalten; dies gilt insbesondere für natürliche und naturnahe Gewässer einschließlich ihrer Ufer, Auen und sonstigen Rückhalteflächen; Hochwasserschutz hat auch durch natürliche oder naturnahe Maßnahmen zu erfolgen; für den vorsorgenden Grundwasserschutz sowie für einen ausgeglichenen Niederschlags-Abflusshaushalt ist auch durch Maßnahmen des Naturschutzes und der Landschaftspflege Sorge zu tragen,
4. Luft und Klima auch durch Maßnahmen des Naturschutzes und der Landschaftspflege zu schützen; dies gilt insbesondere für Flächen mit günstiger lufthygienischer oder klimatischer Wirkung wie Frisch- und Kaltluftentstehungsgebiete, Luftaustauschbahnen oder Freiräume im besiedelten Bereich; dem Aufbau einer nachhaltigen Energieversorgung insbesondere durch zunehmende Nutzung erneuerbarer Energien kommt eine besondere Bedeutung zu,
5. wild lebende Tiere und Pflanzen, ihre Lebensgemeinschaften sowie ihre Biotope und Lebensstätten auch im Hinblick auf ihre jeweiligen Funktionen im Naturhaushalt, einschließlich ihrer Stoffumwandlungs- und Bestäubungsleistungen, zu erhalten,
6. der Entwicklung sich selbst regulierender Ökosysteme auf hierfür geeigneten Flächen Raum und Zeit zu geben.

(4) Zur dauerhaften Sicherung der Vielfalt, Eigenart und Schönheit sowie des Erholungswertes von Natur und Landschaft sind insbesondere

1. Naturlandschaften und historisch gewachsene Kulturlandschaften, auch mit ihren Kultur-, Bau- und Bodendenkmälern, vor Verunstaltung, Zersiedelung und sonstigen Beeinträchtigungen zu bewahren,
2. Vorkommen von Tieren und Pflanzen sowie Ausprägungen von Biotopen und Gewässern auch im Hinblick auf ihre Bedeutung für das Natur- und Landschaftserlebnis zu bewahren und zu entwickeln,
3. zum Zweck der Erholung in der freien Landschaft nach ihrer Beschaffenheit und Lage geeignete Flächen vor allem im besiedelten und siedlungsnahen Bereich sowie großflächige Erholungsräume zu schützen und zugänglich zu machen.

(5) [1] Großflächige, weitgehend unzerschnittene Landschaftsräume sind vor weiterer Zerschneidung zu bewahren. [2] Die erneute Inanspruchnahme bereits bebauter Flächen sowie die Bebauung unbebauter Flächen im beplanten und unbeplanten Innenbereich, soweit sie nicht als Grünfläche oder als anderer Freiraum für die Verwirklichung der Ziele des Naturschutzes und der Landschaftspflege vorgesehen oder erforderlich sind, hat Vorrang vor der Inanspruchnahme von Freiflächen im Außenbereich. [3] Verkehrswege, Energieleitungen und ähnliche Vorhaben sollen landschaftsgerecht geführt, gestaltet und so gebündelt werden, dass die Zerschneidung und die Inanspruchnahme der Landschaft sowie Beeinträchtigungen des Naturhaushalts vermieden oder so gering wie möglich gehalten werden. [4] Beim Aufsuchen und bei der Gewinnung von Bodenschätzen, bei Abgrabungen und Aufschüttungen sind dauernde

Schäden des Naturhaushalts und Zerstörungen wertvoller Landschaftsteile zu vermeiden; unvermeidbare Beeinträchtigungen von Natur und Landschaft sind insbesondere durch Förderung natürlicher Sukzession, Renaturierung, naturnahe Gestaltung, Wiedernutzbarmachung oder Rekultivierung auszugleichen oder zu mindern.

(6) Freiräume im besiedelten und siedlungsnahen Bereich einschließlich ihrer Bestandteile, wie Grünzüge, Parkanlagen, Kleingartenanlagen und sonstige Grünflächen, Wälder, Waldränder und andere Gehölzstrukturen einschließlich Einzelbäume, Fluss- und Bachläufe mit ihren Uferzonen und Auenbereichen, stehende Gewässer und ihre Uferzonen, gartenbau- und landwirtschaftlich genutzte Flächen, Flächen für natürliche Entwicklungsprozesse, Naturerfahrungsräume sowie naturnahe Bereiche im Umfeld von Verkehrsflächen und anderen Nutzungen einschließlich wegebegleitender Säume, sind zu erhalten und dort, wo sie nicht in ausreichendem Maße und hinreichender Qualität vorhanden sind, neu zu schaffen oder zu entwickeln.

(7) Den Zielen des Naturschutzes und der Landschaftspflege können auch Maßnahmen dienen, die den Zustand von Biotopen und Arten durch Nutzung, Pflege oder das Ermöglichen ungelenkter Sukzession auf einer Fläche nur für einen begrenzten Zeitraum verbessern.

§ 2 Verwirklichung der Ziele. (1) Jeder soll nach seinen Möglichkeiten zur Verwirklichung der Ziele des Naturschutzes und der Landschaftspflege beitragen und sich so verhalten, dass Natur und Landschaft nicht mehr als nach den Umständen unvermeidbar beeinträchtigt werden.

(2) Die Behörden des Bundes und der Länder haben im Rahmen ihrer Zuständigkeit die Verwirklichung der Ziele des Naturschutzes und der Landschaftspflege zu unterstützen.

(3) Die Ziele des Naturschutzes und der Landschaftspflege sind zu verwirklichen, soweit es im Einzelfall möglich, erforderlich und unter Abwägung aller sich aus § 1 Absatz 1 ergebenden Anforderungen untereinander und gegen die sonstigen Anforderungen der Allgemeinheit an Natur und Landschaft angemessen ist.

(4) Bei der Bewirtschaftung von Grundflächen im Eigentum oder Besitz der öffentlichen Hand sollen die Ziele des Naturschutzes und der Landschaftspflege in besonderer Weise berücksichtigt werden.

(5) [1]Die europäischen Bemühungen auf dem Gebiet des Naturschutzes und der Landschaftspflege werden insbesondere durch Aufbau und Schutz des Netzes „Natura 2000" unterstützt. [2]Die internationalen Bemühungen auf dem Gebiet des Naturschutzes und der Landschaftspflege werden insbesondere durch den Schutz des Kultur- und Naturerbes im Sinne des Übereinkommens vom 16. November 1972 zum Schutz des Kultur- und Naturerbes der Welt (BGBl. 1977 II S. 213, 215) unterstützt.

(6) [1]Das allgemeine Verständnis für die Ziele des Naturschutzes und der Landschaftspflege ist mit geeigneten Mitteln zu fördern. [2]Erziehungs-, Bildungs- und Informationsträger klären auf allen Ebenen über die Bedeutung von Natur und Landschaft, über deren Bewirtschaftung und Nutzung sowie über die Aufgaben des Naturschutzes und der Landschaftspflege auf und wecken das Bewusstsein für einen verantwortungsvollen Umgang mit Natur und Landschaft.

(7) [1]Der Bereitschaft privater Personen, Unternehmen und Einrichtungen der öffentlichen Hand zur Mitwirkung und Zusammenarbeit kommt bei der Verwirklichung der Ziele des Naturschutzes und der Landschaftspflege eine besondere Bedeutung zu. [2]Soweit sich der Zustand von Biotopen und Arten aufgrund freiwilliger Maßnahmen wie vertraglicher Vereinbarungen oder der Teilnahme an öffentlichen Programmen zur Bewirtschaftungsbeschränkung auf einer Fläche verbessert, ist dieser Beitrag bei behördlichen Entscheidungen nach diesem Gesetz oder nach dem Naturschutzrecht der Länder im Zusammenhang mit der Wiederaufnahme einer Nutzung oder einer sonstigen Änderung des Zustandes dieser Fläche, auch zur Förderung der allgemeinen Kooperationsbereitschaft, begünstigend zu berücksichtigen.

(8) [1]Für Naturschutzgebiete, Nationalparke, Nationale Naturmonumente, Naturdenkmäler, Gebiete von gemeinschaftlicher Bedeutung im Sinne des § 7 Absatz 1 Nummer 6 und gesetzlich geschützte Biotope im Sinne des § 30 können die Länder freiwillige Vereinbarungen zur Förderung der Biodiversität und zu einer nachhaltigen Bewirtschaftungsweise anbieten. [2]Als freiwillige Vereinbarung nach Satz 1 gelten insbesondere von den Landesregierungen mit den Verbänden der Landwirtschaft und des Naturschutzes geschlossene Grundsatzvereinbarungen und Maßnahmenpakete für den Naturschutz. [3]Bestandteil freiwilliger Vereinbarungen nach Satz 1 können auch finanzielle Anreize durch Förderung oder Ausgleich sein.

§ 3 Zuständigkeiten, Aufgaben und Befugnisse, vertragliche Vereinbarungen, Zusammenarbeit der Behörden. (1) Die für Naturschutz und Landschaftspflege zuständigen Behörden im Sinne dieses Gesetzes sind

1. die nach Landesrecht für Naturschutz und Landschaftspflege zuständigen Behörden oder
2. das Bundesamt für Naturschutz, soweit ihm nach diesem Gesetz Zuständigkeiten zugewiesen werden.

(2) Die für Naturschutz und Landschaftspflege zuständigen Behörden überwachen die Einhaltung der Vorschriften dieses Gesetzes und der auf Grund dieses Gesetzes erlassenen Vorschriften und treffen nach pflichtgemäßem Ermessen die im Einzelfall erforderlichen Maßnahmen, um deren Einhaltung sicherzustellen, soweit nichts anderes bestimmt ist.

(3) Bei Maßnahmen des Naturschutzes und der Landschaftspflege soll vorrangig geprüft werden, ob der Zweck mit angemessenem Aufwand auch durch vertragliche Vereinbarungen erreicht werden kann.

(4) [1]Mit der Ausführung landschaftspflegerischer und -gestalterischer Maßnahmen sollen die zuständigen Behörden nach Möglichkeit land- und forstwirtschaftliche Betriebe, Vereinigungen, in denen Gemeinden oder Gemeindeverbände, Landwirte und Vereinigungen, die im Schwerpunkt die Ziele des Naturschutzes und der Landschaftspflege fördern, gleichberechtigt vertreten sind (Landschaftspflegeverbände), anerkannte Naturschutzvereinigungen oder Träger von Naturparken beauftragen. [2]Hoheitliche Befugnisse können nicht übertragen werden.

(5) [1]Die Behörden des Bundes und der Länder haben die für Naturschutz und Landschaftspflege zuständigen Behörden bereits bei der Vorbereitung aller öffentlichen Planungen und Maßnahmen, die die Belange des Naturschutzes und der Landschaftspflege berühren können, hierüber zu unterrichten und

ihnen Gelegenheit zur Stellungnahme zu geben, soweit nicht eine weiter gehende Form der Beteiligung vorgesehen ist. [2]Die Beteiligungspflicht nach Satz 1 gilt für die für Naturschutz und Landschaftspflege zuständigen Behörden entsprechend, soweit Planungen und Maßnahmen des Naturschutzes und der Landschaftspflege den Aufgabenbereich anderer Behörden berühren können.

(6) Die für Naturschutz und Landschaftspflege zuständigen Behörden gewährleisten einen frühzeitigen Austausch mit Betroffenen und der interessierten Öffentlichkeit über ihre Planungen und Maßnahmen.

(7) Aufgaben nach diesem Gesetz obliegen einer Gemeinde oder einem Gemeindeverband nur, wenn der Gemeinde oder dem Gemeindeverband die Aufgaben durch Landesrecht übertragen worden sind.

§ 4 Funktionssicherung bei Flächen für öffentliche Zwecke. [1]Bei Maßnahmen des Naturschutzes und der Landschaftspflege ist auf Flächen, die ausschließlich oder überwiegend Zwecken

1. der Verteidigung, einschließlich der Erfüllung internationaler Verpflichtungen und des Schutzes der Zivilbevölkerung,
2. der Bundespolizei,
3. des öffentlichen Verkehrs als öffentliche Verkehrswege,
4. der See- oder Binnenschifffahrt,
5. der Versorgung, einschließlich der hierfür als schutzbedürftig erklärten Gebiete, und der Entsorgung,
6. des Schutzes vor Überflutung durch Hochwasser oder
7. der Telekommunikation

dienen oder in einem verbindlichen Plan für die genannten Zwecke ausgewiesen sind, die bestimmungsgemäße Nutzung zu gewährleisten. [2]Die Ziele des Naturschutzes und der Landschaftspflege sind zu berücksichtigen.

§ 5 Land-, Forst- und Fischereiwirtschaft. (1) Bei Maßnahmen des Naturschutzes und der Landschaftspflege ist die besondere Bedeutung einer natur- und landschaftsverträglichen Land-, Forst- und Fischereiwirtschaft für die Erhaltung der Kultur- und Erholungslandschaft zu berücksichtigen.

(2) Bei der landwirtschaftlichen Nutzung sind neben den Anforderungen, die sich aus den für die Landwirtschaft geltenden Vorschriften und aus § 17 Absatz 2 des Bundes-Bodenschutzgesetzes ergeben, insbesondere die folgenden Grundsätze der guten fachlichen Praxis zu beachten:

1. die Bewirtschaftung muss standortangepasst erfolgen und die nachhaltige Bodenfruchtbarkeit und langfristige Nutzbarkeit der Flächen muss gewährleistet werden;
2. die natürliche Ausstattung der Nutzfläche (Boden, Wasser, Flora, Fauna) darf nicht über das zur Erzielung eines nachhaltigen Ertrages erforderliche Maß hinaus beeinträchtigt werden;
3. die zur Vernetzung von Biotopen erforderlichen Landschaftselemente sind zu erhalten und nach Möglichkeit zu vermehren;
4. die Tierhaltung hat in einem ausgewogenen Verhältnis zum Pflanzenbau zu stehen und schädliche Umweltauswirkungen sind zu vermeiden;

5. auf erosionsgefährdeten Hängen, in Überschwemmungsgebieten, auf Standorten mit hohem Grundwasserstand sowie auf Moorstandorten ist ein Grünlandumbruch zu unterlassen;
6. die Anwendung von Düngemitteln und Pflanzenschutzmitteln hat nach Maßgabe des landwirtschaftlichen Fachrechtes zu erfolgen; es sind eine Dokumentation über die Anwendung von Düngemitteln nach Maßgabe des § 10 der Düngeverordnung vom 26. Mai 2017 (BGBl. I S. 1305) in der jeweils geltenden Fassung sowie eine Dokumentation über die Anwendung von Pflanzenschutzmitteln nach Maßgabe des Artikels 67 Absatz 1 Satz 2 der Verordnung (EG) Nr. 1107/2009 des Europäischen Parlaments und des Rates vom 21. Oktober 2009 über das Inverkehrbringen von Pflanzenschutzmitteln und zur Aufhebung der Richtlinien 79/117/EWG und 91/414/EWG des Rates (ABl. L 309 vom 24.11.2009, S. 1) zu führen.

(3) [1] Bei der forstlichen Nutzung des Waldes ist das Ziel zu verfolgen, naturnahe Wälder aufzubauen und diese ohne Kahlschläge nachhaltig zu bewirtschaften. [2] Ein hinreichender Anteil standortheimischer Forstpflanzen ist einzuhalten.

(4) [1] Bei der fischereiwirtschaftlichen Nutzung der oberirdischen Gewässer sind diese einschließlich ihrer Uferzonen als Lebensstätten und Lebensräume für heimische Tier- und Pflanzenarten zu erhalten und zu fördern. [2] Der Besatz dieser Gewässer mit nichtheimischen Tierarten ist grundsätzlich zu unterlassen. [3] Bei Fischzuchten und Teichwirtschaften der Binnenfischerei sind Beeinträchtigungen der heimischen Tier- und Pflanzenarten auf das zur Erzielung eines nachhaltigen Ertrages erforderliche Maß zu beschränken.

§ 6 Beobachtung von Natur und Landschaft. (1) Der Bund und die Länder beobachten im Rahmen ihrer Zuständigkeiten Natur und Landschaft (allgemeiner Grundsatz).

(2) Die Beobachtung dient der gezielten und fortlaufenden Ermittlung, Beschreibung und Bewertung des Zustands von Natur und Landschaft und ihrer Veränderungen einschließlich der Ursachen und Folgen dieser Veränderungen.

(3) Die Beobachtung umfasst insbesondere
1. den Zustand von Landschaften, Biotopen und Arten zur Erfüllung völkerrechtlicher Verpflichtungen,
2. den Erhaltungszustand der natürlichen Lebensraumtypen und Arten von gemeinschaftlichem Interesse einschließlich des unbeabsichtigten Fangs oder Tötens der Tierarten, die in Anhang IV Buchstabe a der Richtlinie 92/43/EWG des Rates vom 21. Mai 1992 zur Erhaltung der natürlichen Lebensräume sowie der wildlebenden Tiere und Pflanzen (ABl. L 206 vom 22.7.1992, S. 7), die zuletzt durch die Richtlinie 2006/105/EG (ABl. L 363 vom 20.12.2006, S. 368) geändert worden ist, aufgeführt sind, sowie der europäischen Vogelarten und ihrer Lebensräume; dabei sind die prioritären natürlichen Lebensraumtypen und prioritären Arten besonders zu berücksichtigen,
3. den Zustand weiterer in Anhang III Tabelle 1 der Richtlinie 2008/56/EG des Europäischen Parlaments und des Rates vom 17. Juni 2008 zur Schaffung eines Ordnungsrahmens für Maßnahmen der Gemeinschaft im Bereich der Meeresumwelt (Meeresstrategie-Rahmenrichtlinie) (ABl. L 164 vom 25.6.2008, S. 19) aufgeführter Biotoptypen und sonstiger biologischer Merkmale,

4. das Vorkommen invasiver Arten gemäß § 7 Absatz 2 Nummer 9 Buchstabe a nach Maßgabe des Artikels 14 der Verordnung (EU) Nr. 1143/2014 des Europäischen Parlaments und des Rates vom 22. Oktober 2014 über die Prävention und das Management der Einbringung und Ausbreitung invasiver gebietsfremder Arten (ABl. L 317 vom 4.11.2014, S. 35).

(4) [1] Die zuständigen Behörden des Bundes und der Länder unterstützen sich bei der Beobachtung. [2] Sie sollen ihre Beobachtungsmaßnahmen aufeinander abstimmen.

(5) Das Bundesamt für Naturschutz nimmt die Aufgaben des Bundes auf dem Gebiet der Beobachtung von Natur und Landschaft wahr, soweit in Rechtsvorschriften nichts anderes bestimmt ist.

(6) Rechtsvorschriften über die Geheimhaltung, über den Schutz personenbezogener Daten sowie über den Schutz von Betriebs- und Geschäftsgeheimnissen bleiben unberührt.

§ 7 Begriffsbestimmungen. (1) Für dieses Gesetz gelten folgende Begriffsbestimmungen:

1. biologische Vielfalt
   die Vielfalt der Tier- und Pflanzenarten einschließlich der innerartlichen Vielfalt sowie die Vielfalt an Formen von Lebensgemeinschaften und Biotopen;
2. Naturhaushalt
   die Naturgüter Boden, Wasser, Luft, Klima, Tiere und Pflanzen sowie das Wirkungsgefüge zwischen ihnen;
3. Erholung
   natur- und landschaftsverträglich ausgestaltetes Natur- und Freizeiterleben einschließlich natur- und landschaftsverträglicher sportlicher Betätigung in der freien Landschaft, soweit dadurch die sonstigen Ziele des Naturschutzes und der Landschaftspflege nicht beeinträchtigt werden;
4. natürliche Lebensraumtypen von gemeinschaftlichem Interesse
   die in Anhang I der Richtlinie 92/43/EWG aufgeführten Lebensraumtypen;
5. prioritäre natürliche Lebensraumtypen
   die in Anhang I der Richtlinie 92/43/EWG mit dem Zeichen (*) gekennzeichneten Lebensraumtypen;
6. Gebiete von gemeinschaftlicher Bedeutung
   die in die Liste nach Artikel 4 Absatz 2 Unterabsatz 3 der Richtlinie 92/43/EWG aufgenommenen Gebiete, auch wenn ein Schutz im Sinne des § 32 Absatz 2 bis 4 noch nicht gewährleistet ist;
7. Europäische Vogelschutzgebiete
   Gebiete im Sinne des Artikels 4 Absatz 1 und 2 der Richtlinie 2009/147/EG des Europäischen Parlaments und des Rates vom 30. November 2009 über die Erhaltung der wildlebenden Vogelarten (ABl. L 20 vom 26.1.2010, S. 7), wenn ein Schutz im Sinne des § 32 Absatz 2 bis 4 bereits gewährleistet ist;
8. Natura 2000-Gebiete
   Gebiete von gemeinschaftlicher Bedeutung und Europäische Vogelschutzgebiete;

9. Erhaltungsziele
Ziele, die im Hinblick auf die Erhaltung oder Wiederherstellung eines günstigen Erhaltungszustands eines natürlichen Lebensraumtyps von gemeinschaftlichem Interesse, einer in Anhang II der Richtlinie 92/43/EWG oder in Artikel 4 Absatz 2 oder Anhang I der Richtlinie 2009/147/EG aufgeführten Art für ein Natura 2000-Gebiet festgelegt sind;
10. günstiger Erhaltungszustand
Zustand im Sinne von Artikel 1 Buchstabe e und i der Richtlinie 92/43/EWG und von Artikel 2 Nummer 4 der Richtlinie 2004/35/EG des Europäischen Parlaments und des Rates vom 21. April 2004 über Umwelthaftung zur Vermeidung und Sanierung von Umweltschäden (ABl. L 143 vom 30.4.2004, S. 56), die zuletzt durch die Richtlinie 2009/31/EG (ABl. L 140 vom 5.6.2009, S. 114) geändert worden ist.

(2) [1] Für dieses Gesetz gelten folgende weitere Begriffsbestimmungen:

1. Tiere
   a) wild lebende, gefangene oder gezüchtete und nicht herrenlos gewordene sowie tote Tiere wild lebender Arten,
   b) Eier, auch im leeren Zustand, sowie Larven, Puppen und sonstige Entwicklungsformen von Tieren wild lebender Arten,
   c) ohne Weiteres erkennbare Teile von Tieren wild lebender Arten und
   d) ohne Weiteres erkennbar aus Tieren wild lebender Arten gewonnene Erzeugnisse;
2. Pflanzen
   a) wild lebende, durch künstliche Vermehrung gewonnene sowie tote Pflanzen wild lebender Arten,
   b) Samen, Früchte oder sonstige Entwicklungsformen von Pflanzen wild lebender Arten,
   c) ohne Weiteres erkennbare Teile von Pflanzen wild lebender Arten und
   d) ohne Weiteres erkennbar aus Pflanzen wild lebender Arten gewonnene Erzeugnisse;

   als Pflanzen im Sinne dieses Gesetzes gelten auch Flechten und Pilze;
3. Art
jede Art, Unterart oder Teilpopulation einer Art oder Unterart; für die Bestimmung einer Art ist ihre wissenschaftliche Bezeichnung maßgebend;
4. Biotop
Lebensraum einer Lebensgemeinschaft wild lebender Tiere und Pflanzen;
5. Lebensstätte
regelmäßiger Aufenthaltsort der wild lebenden Individuen einer Art;
6. Population
eine biologisch oder geografisch abgegrenzte Zahl von Individuen einer Art;

7., 8. *(aufgehoben)*

9. invasive Art
eine invasive gebietsfremde Art im Sinne des Artikels 3 Nummer 2 der Verordnung (EU) Nr. 1143/2014

a) die in der Unionsliste nach Artikel 4 Absatz 1 der Verordnung (EU) Nr. 1143/2014 aufgeführt ist,

b) für die Dringlichkeitsmaßnahmen nach Artikel 10 Absatz 4 oder für die Durchführungsrechtsakte nach Artikel 11 Absatz 2 Satz 2 der Verordnung (EU) Nr. 1143/2014 in Kraft sind, soweit die Verordnung (EU) Nr. 1143/2014 nach den genannten Rechtsvorschriften anwendbar ist oder

c) die in einer Rechtsverordnung nach § 54 Absatz 4 Satz 1 Nummer 1 oder Nummer 3 aufgeführt ist;

10. Arten von gemeinschaftlichem Interesse
die in Anhang II, IV oder V der Richtlinie 92/43/EWG aufgeführten Tier- und Pflanzenarten;

11. prioritäre Arten
die in Anhang II der Richtlinie 92/43/EWG mit dem Zeichen (*) gekennzeichneten Tier- und Pflanzenarten;

12. europäische Vogelarten
in Europa natürlich vorkommende Vogelarten im Sinne des Artikels 1 der Richtlinie 2009/147/EG;

13. besonders geschützte Arten

a) Tier- und Pflanzenarten, die in Anhang A oder Anhang B der Verordnung (EG) Nr. 338/97 des Rates vom 9. Dezember 1996 über den Schutz von Exemplaren wildlebender Tier- und Pflanzenarten durch Überwachung des Handels (ABl. L 61 vom 3.3.1997, S. 1, L 100 vom 17.4.1997, S. 72, L 298 vom 1.11.1997, S. 70, L 113 vom 27.4.2006, S. 26), die zuletzt durch die Verordnung (EG) Nr. 709/2010 (ABl. L 212 vom 12.8.2010, S. 1) geändert worden ist, aufgeführt sind,

b) nicht unter Buchstabe a fallende

aa) Tier- und Pflanzenarten, die in Anhang IV der Richtlinie 92/43/EWG aufgeführt sind,

bb) europäische Vogelarten,

c) Tier- und Pflanzenarten, die in einer Rechtsverordnung nach § 54 Absatz 1 aufgeführt sind;

14. streng geschützte Arten
besonders geschützte Arten, die

a) in Anhang A der Verordnung (EG) Nr. 338/97,

b) in Anhang IV der Richtlinie 92/43/EWG,

c) in einer Rechtsverordnung nach § 54 Absatz 2

aufgeführt sind;

15. gezüchtete Tiere
Tiere, die in kontrollierter Umgebung geboren oder auf andere Weise erzeugt und deren Elterntiere rechtmäßig erworben worden sind;

16. künstlich vermehrte Pflanzen
Pflanzen, die aus Samen, Gewebekulturen, Stecklingen oder Teilungen unter kontrollierten Bedingungen herangezogen worden sind;

17. Anbieten
Erklärung der Bereitschaft zu verkaufen oder zu kaufen und ähnliche Handlungen, einschließlich der Werbung, der Veranlassung zur Werbung oder der Aufforderung zu Verkaufs- oder Kaufverhandlungen;

18. Inverkehrbringen
das Anbieten, Vorrätighalten zur Abgabe, Feilhalten und jedes Abgeben an andere;
19. rechtmäßig
in Übereinstimmung mit den jeweils geltenden Rechtsvorschriften zum Schutz der betreffenden Art im jeweiligen Staat sowie mit Rechtsakten der Europäischen Gemeinschaft auf dem Gebiet des Artenschutzes und dem Übereinkommen vom 3. März 1973 über den internationalen Handel mit gefährdeten Arten freilebender Tiere und Pflanzen (BGBl. 1975 II S. 773, 777) – Washingtoner Artenschutzübereinkommen – im Rahmen ihrer jeweiligen räumlichen und zeitlichen Geltung oder Anwendbarkeit;
20. Mitgliedstaat
ein Staat, der Mitglied der Europäischen Union ist;
21. Drittstaat
ein Staat, der nicht Mitglied der Europäischen Union ist.

(3) Soweit in diesem Gesetz auf Anhänge der
1. Verordnung (EG) Nr. 338/97,
2. Verordnung (EWG) Nr. 3254/91 des Rates vom 4. November 1991 zum Verbot von Tellereisen in der Gemeinschaft und der Einfuhr von Pelzen und Waren von bestimmten Wildtierarten aus Ländern, die Tellereisen oder den internationalen humanen Fangnormen nicht entsprechende Fangmethoden anwenden (ABl. L 308 vom 9.11.1991, S. 1),
3. Richtlinien 92/43/EWG und 2009/147/EG,
4. Richtlinie 83/129/EWG des Rates vom 28. März 1983 betreffend die Einfuhr in die Mitgliedstaaten von Fellen bestimmter Jungrobben und Waren daraus (ABl. L 91 vom 9.4.1983, S. 30), die zuletzt durch die Richtlinie 89/370/EWG (ABl. L 163 vom 14.6.1989, S. 37) geändert worden ist,

oder auf Vorschriften der genannten Rechtsakte verwiesen wird, in denen auf Anhänge Bezug genommen wird, sind die Anhänge jeweils in der sich aus den Veröffentlichungen im Amtsblatt Teil L der Europäischen Union ergebenden geltenden Fassung maßgeblich.

(4) Das Bundesministerium für Umwelt, Naturschutz und nukleare Sicherheit gibt die besonders geschützten und die streng geschützten Arten sowie den Zeitpunkt ihrer jeweiligen Unterschutzstellung bekannt.

(5) [1] Wenn besonders geschützte Arten bereits auf Grund der bis zum 8. Mai 1998 geltenden Vorschriften unter besonderem Schutz standen, gilt als Zeitpunkt der Unterschutzstellung derjenige, der sich aus diesen Vorschriften ergibt. [2] Entsprechendes gilt für die streng geschützten Arten, soweit sie nach den bis zum 8. Mai 1998 geltenden Vorschriften als vom Aussterben bedroht bezeichnet waren.

Kapitel 2. Landschaftsplanung

§ 8 Allgemeiner Grundsatz. Die Ziele des Naturschutzes und der Landschaftspflege werden als Grundlage vorsorgenden Handelns im Rahmen der Landschaftsplanung überörtlich und örtlich konkretisiert und die Erfordernisse und Maßnahmen zur Verwirklichung dieser Ziele dargestellt und begründet.

§ 9 Aufgaben und Inhalte der Landschaftsplanung; Ermächtigung zum Erlass von Rechtsverordnungen. (1) Die Landschaftsplanung hat die Aufgabe, die Ziele des Naturschutzes und der Landschaftspflege für den jeweiligen Planungsraum zu konkretisieren und die Erfordernisse und Maßnahmen zur Verwirklichung dieser Ziele auch für die Planungen und Verwaltungsverfahren aufzuzeigen, deren Entscheidungen sich auf Natur und Landschaft im Planungsraum auswirken können.

(2) [1] Inhalte der Landschaftsplanung sind die Darstellung und Begründung der konkretisierten Ziele des Naturschutzes und der Landschaftspflege und der ihrer Verwirklichung dienenden Erfordernisse und Maßnahmen. [2] Darstellung und Begründung erfolgen nach Maßgabe der §§ 10 und 11 in Landschaftsprogrammen, Landschaftsrahmenplänen, Landschaftsplänen sowie Grünordnungsplänen.

(3) [1] Die Pläne sollen Angaben enthalten über

1. den vorhandenen und den zu erwartenden Zustand von Natur und Landschaft,
2. die konkretisierten Ziele des Naturschutzes und der Landschaftspflege,
3. die Beurteilung des vorhandenen und zu erwartenden Zustands von Natur und Landschaft nach Maßgabe dieser Ziele einschließlich der sich daraus ergebenden Konflikte,
4. die Erfordernisse und Maßnahmen zur Umsetzung der konkretisierten Ziele des Naturschutzes und der Landschaftspflege, insbesondere
   a) zur Vermeidung, Minderung oder Beseitigung von Beeinträchtigungen von Natur und Landschaft,
   b) zum Schutz bestimmter Teile von Natur und Landschaft im Sinne des Kapitels 4 sowie der Biotope, Lebensgemeinschaften und Lebensstätten der Tiere und Pflanzen wild lebender Arten,
   c) auf Flächen, die wegen ihres Zustands, ihrer Lage oder ihrer natürlichen Entwicklungsmöglichkeit für künftige Maßnahmen des Naturschutzes und der Landschaftspflege, insbesondere zur Kompensation von Eingriffen in Natur und Landschaft sowie zum Einsatz natur- und landschaftsbezogener Fördermittel besonders geeignet sind,
   d) zum Aufbau und Schutz eines Biotopverbunds, der Biotopvernetzung und des Netzes „Natura 2000“,
   e) zum Schutz, zur Qualitätsverbesserung und zur Regeneration von Böden, Gewässern, Luft und Klima,
   f) zur Erhaltung und Entwicklung von Vielfalt, Eigenart und Schönheit sowie des Erholungswertes von Natur und Landschaft,
   g) zur Erhaltung und Entwicklung von Freiräumen im besiedelten und unbesiedelten Bereich,
   h) zur Sicherung und Förderung der biologischen Vielfalt im Planungsraum einschließlich ihrer Bedeutung für das Naturerlebnis.

[2] Auf die Verwertbarkeit der Darstellungen der Landschaftsplanung für die Raumordnungspläne und Bauleitpläne ist Rücksicht zu nehmen. [3] Das Bundesministerium für Umwelt, Naturschutz und nukleare Sicherheit wird ermächtigt, durch Rechtsverordnung mit Zustimmung des Bundesrates die für die Darstellung der Inhalte zu verwendenden Planzeichen zu regeln.

(4) [1] Die Landschaftsplanung ist fortzuschreiben, sobald und soweit dies im Hinblick auf Erfordernisse und Maßnahmen im Sinne des Absatzes 3 Satz 1 Nummer 4 erforderlich ist, insbesondere weil wesentliche Veränderungen von Natur und Landschaft im Planungsraum eingetreten, vorgesehen oder zu erwarten sind. [2] Die Fortschreibung kann als sachlicher oder räumlicher Teilplan erfolgen, sofern die Umstände, die die Fortschreibung begründen, sachlich oder räumlich begrenzt sind.

(5) [1] In Planungen und Verwaltungsverfahren sind die Inhalte der Landschaftsplanung zu berücksichtigen. [2] Insbesondere sind die Inhalte der Landschaftsplanung für die Beurteilung der Umweltverträglichkeit und der Verträglichkeit im Sinne des § 34 Absatz 1 dieses Gesetzes sowie bei der Aufstellung der Maßnahmenprogramme im Sinne der §§ 45h und 82 des Wasserhaushaltsgesetzes heranzuziehen. [3] Soweit den Inhalten der Landschaftsplanung in den Entscheidungen nicht Rechnung getragen werden kann, ist dies zu begründen.

§ 10 Landschaftsprogramme und Landschaftsrahmenpläne. (1) [1] Die überörtlichen konkretisierten Ziele, Erfordernisse und Maßnahmen des Naturschutzes und der Landschaftspflege werden für den Bereich eines Landes im Landschaftsprogramm oder für Teile des Landes in Landschaftsrahmenplänen dargestellt. [2] Die Ziele der Raumordnung sind zu beachten; die Grundsätze und sonstigen Erfordernisse der Raumordnung sind zu berücksichtigen.

(2) [1] Landschaftsprogramme können aufgestellt werden. [2] Landschaftsrahmenpläne sind für alle Teile des Landes aufzustellen, soweit nicht ein Landschaftsprogramm seinen Inhalten und seinem Konkretisierungsgrad nach einem Landschaftsrahmenplan entspricht.

(3) Die konkretisierten Ziele, Erfordernisse und Maßnahmen des Naturschutzes und der Landschaftspflege sind, soweit sie raumbedeutsam sind, in der Abwägung nach § 7 Absatz 2 des Raumordnungsgesetzes[1)] zu berücksichtigen.

(4) [1] Landschaftsrahmenpläne und Landschaftsprogramme im Sinne des Absatzes 2 Satz 2 sind mindestens alle zehn Jahre fortzuschreiben. [2] Mindestens alle zehn Jahre ist zu prüfen, ob und in welchem Umfang eine Aufstellung oder Fortschreibung sonstiger Landschaftsprogramme erforderlich ist.

(5) [1] Die landschaftsplanerischen Inhalte werden eigenständig erarbeitet und dargestellt. [2] Im Übrigen richten sich die Zuständigkeit, das Verfahren der Aufstellung und das Verhältnis von Landschaftsprogrammen und Landschaftsrahmenplänen zu Raumordnungsplänen nach § 13 des Raumordnungsgesetzes nach Landesrecht.

§ 11 Landschaftspläne und Grünordnungspläne. (1) [1] Die für die örtliche Ebene konkretisierten Ziele, Erfordernisse und Maßnahmen des Naturschutzes und der Landschaftspflege werden auf der Grundlage der Landschaftsrahmenpläne für die Gebiete der Gemeinden in Landschaftsplänen, für Teile eines Gemeindegebiets in Grünordnungsplänen dargestellt. [2] Die Ziele der Raumordnung sind zu beachten; die Grundsätze und sonstigen Erfordernisse der Raumordnung sind zu berücksichtigen. [3] Die Pläne sollen die in § 9 Absatz 3 genannten Angaben enthalten, soweit dies für die Darstellung der für die örtliche Ebene konkretisierten Ziele, Erfordernisse und Maßnahmen erforderlich ist. [4] Abweichende Vorschriften der Länder zum Inhalt von Landschafts-

[1)] Nr. **5**.

und Grünordnungsplänen sowie Vorschriften zu deren Rechtsverbindlichkeit bleiben unberührt.

(2) Landschaftspläne sind aufzustellen, sobald und soweit dies im Hinblick auf Erfordernisse und Maßnahmen im Sinne des § 9 Absatz 3 Satz 1 Nummer 4 erforderlich ist, insbesondere weil wesentliche Veränderungen von Natur und Landschaft im Planungsraum eingetreten, vorgesehen oder zu erwarten sind.

(3) Die in den Landschaftsplänen für die örtliche Ebene konkretisierten Ziele, Erfordernisse und Maßnahmen des Naturschutzes und der Landschaftspflege sind in der Abwägung nach § 1 Absatz 7 des Baugesetzbuches[1)] zu berücksichtigen und können als Darstellungen oder Festsetzungen nach den §§ 5 und 9 des Baugesetzbuches in die Bauleitpläne aufgenommen werden.

(4) Landschaftspläne sind mindestens alle zehn Jahre daraufhin zu prüfen, ob und in welchem Umfang mit Blick auf die in Absatz 2 Satz 1 genannten Kriterien eine Fortschreibung erforderlich ist.

(5) Werden in den Ländern Berlin, Bremen und Hamburg die örtlichen Erfordernisse und Maßnahmen des Naturschutzes und der Landschaftspflege in Landschaftsrahmenplänen oder Landschaftsprogrammen dargestellt, so ersetzen diese die Landschaftspläne.

(6) [1] Grünordnungspläne können aufgestellt werden. [2] Insbesondere können sie aufgestellt werden zur

1. Freiraumsicherung und -pflege einschließlich der Gestaltung des Ortsbildes sowie Entwicklung der grünen Infrastruktur in Wohn-, Gewerbe- und sonstigen baulich genutzten Gebieten,
2. Gestaltung, Pflege und Entwicklung von Parks und anderen Grünanlagen, Gewässern mit ihren Uferbereichen, urbanen Wäldern oder anderen größeren Freiräumen mit besonderer Bedeutung für die siedlungsbezogene Erholung sowie des unmittelbaren Stadt- bzw. Ortsrandes,
3. Gestaltung, Pflege und Entwicklung von Teilräumen bestimmter Kulturlandschaften mit ihren jeweiligen Kulturlandschaftselementen sowie von Bereichen mit einer besonderen Bedeutung für die Erholung in der freien Landschaft.

[3] Besteht ein Landschaftsplan, so sind Grünordnungspläne aus diesem zu entwickeln.

(7) [1] Die Inhalte der Landschaftspläne und Grünordnungspläne werden eigenständig erarbeitet und dargestellt. [2] Im Übrigen richten sich die Zuständigkeit und das Verfahren zur Aufstellung und Durchführung nach Landesrecht.

§ 12 Zusammenwirken der Länder bei der Planung. [1] Bei der Aufstellung und Fortschreibung von Programmen und Plänen nach den §§ 10 und 11 für Gebiete, die an andere Länder angrenzen, sind deren entsprechende Programme und Pläne zu berücksichtigen. [2] Soweit dies erforderlich ist, stimmen sich die Länder untereinander ab.

---

1) Nr. **1**.

Kapitel 3. Allgemeiner Schutz von Natur und Landschaft

§ 13 Allgemeiner Grundsatz. [1] Erhebliche Beeinträchtigungen von Natur und Landschaft sind vom Verursacher vorrangig zu vermeiden. [2] Nicht vermeidbare erhebliche Beeinträchtigungen sind durch Ausgleichs- oder Ersatzmaßnahmen oder, soweit dies nicht möglich ist, durch einen Ersatz in Geld zu kompensieren.

§ 14 Eingriffe in Natur und Landschaft. (1) Eingriffe in Natur und Landschaft im Sinne dieses Gesetzes sind Veränderungen der Gestalt oder Nutzung von Grundflächen oder Veränderungen des mit der belebten Bodenschicht in Verbindung stehenden Grundwasserspiegels, die die Leistungs- und Funktionsfähigkeit des Naturhaushalts oder das Landschaftsbild erheblich beeinträchtigen können.

(2) [1] Die land-, forst- und fischereiwirtschaftliche Bodennutzung ist nicht als Eingriff anzusehen, soweit dabei die Ziele des Naturschutzes und der Landschaftspflege berücksichtigt werden. [2] Entspricht die land-, forst- und fischereiwirtschaftliche Bodennutzung den in § 5 Absatz 2 bis 4 dieses Gesetzes genannten Anforderungen sowie den sich aus § 17 Absatz 2 des Bundes-Bodenschutzgesetzes und dem Recht der Land-, Forst- und Fischereiwirtschaft ergebenden Anforderungen an die gute fachliche Praxis, widerspricht sie in der Regel nicht den Zielen des Naturschutzes und der Landschaftspflege.

(3) Nicht als Eingriff gilt die Wiederaufnahme einer land-, forst- und fischereiwirtschaftlichen Bodennutzung, wenn sie zeitweise eingeschränkt oder unterbrochen war

1. auf Grund vertraglicher Vereinbarungen oder auf Grund der Teilnahme an öffentlichen Programmen zur Bewirtschaftungsbeschränkung und wenn die Wiederaufnahme innerhalb von zehn Jahren nach Auslaufen der Einschränkung oder Unterbrechung erfolgt,
2. auf Grund der Durchführung von vorgezogenen Kompensationsmaßnahmen, die vorgezogene Maßnahme aber nicht für eine Kompensation in Anspruch genommen wird.

§ 15 Verursacherpflichten, Unzulässigkeit von Eingriffen; Ermächtigung zum Erlass von Rechtsverordnungen. (1) [1] Der Verursacher eines Eingriffs ist verpflichtet, vermeidbare Beeinträchtigungen von Natur und Landschaft zu unterlassen. [2] Beeinträchtigungen sind vermeidbar, wenn zumutbare Alternativen, den mit dem Eingriff verfolgten Zweck am gleichen Ort ohne oder mit geringeren Beeinträchtigungen von Natur und Landschaft zu erreichen, gegeben sind. [3] Soweit Beeinträchtigungen nicht vermieden werden können, ist dies zu begründen.

(2) [1] Der Verursacher ist verpflichtet, unvermeidbare Beeinträchtigungen durch Maßnahmen des Naturschutzes und der Landschaftspflege auszugleichen (Ausgleichsmaßnahmen) oder zu ersetzen (Ersatzmaßnahmen). [2] Ausgeglichen ist eine Beeinträchtigung, wenn und sobald die beeinträchtigten Funktionen des Naturhaushalts in gleichartiger Weise wiederhergestellt sind und das Landschaftsbild landschaftsgerecht wiederhergestellt oder neu gestaltet ist. [3] Ersetzt ist eine Beeinträchtigung, wenn und sobald die beeinträchtigten Funktionen des Naturhaushalts in dem betroffenen Naturraum in gleichwertiger Weise

hergestellt sind und das Landschaftsbild landschaftsgerecht neu gestaltet ist. [4]Festlegungen von Entwicklungs- und Wiederherstellungsmaßnahmen für Gebiete im Sinne des § 20 Absatz 2 Nummer 1 bis 4 und in Bewirtschaftungsplänen nach § 32 Absatz 5, von Maßnahmen nach § 34 Absatz 5 und § 44 Absatz 5 Satz 3 dieses Gesetzes sowie von Maßnahmen in Maßnahmenprogrammen im Sinne des § 82 des Wasserhaushaltsgesetzes stehen der Anerkennung solcher Maßnahmen als Ausgleichs- und Ersatzmaßnahmen nicht entgegen. [5]Bei der Festsetzung von Art und Umfang der Ausgleichs- und Ersatzmaßnahmen sind die Programme und Pläne nach den §§ 10 und 11 zu berücksichtigen.

(3) [1]Bei der Inanspruchnahme von land- oder forstwirtschaftlich genutzten Flächen für Ausgleichs- und Ersatzmaßnahmen ist auf agrarstrukturelle Belange Rücksicht zu nehmen, insbesondere sind für die landwirtschaftliche Nutzung besonders geeignete Böden nur im notwendigen Umfang in Anspruch zu nehmen. [2]Es ist vorrangig zu prüfen, ob der Ausgleich oder Ersatz auch durch Maßnahmen zur Entsiegelung, durch Maßnahmen zur Wiedervernetzung von Lebensräumen oder durch Bewirtschaftungs- oder Pflegemaßnahmen, die der dauerhaften Aufwertung des Naturhaushalts oder des Landschaftsbildes dienen, erbracht werden kann, um möglichst zu vermeiden, dass Flächen aus der Nutzung genommen werden.

(4) [1]Ausgleichs- und Ersatzmaßnahmen sind in dem jeweils erforderlichen Zeitraum zu unterhalten und rechtlich zu sichern. [2]Der Unterhaltungszeitraum ist durch die zuständige Behörde im Zulassungsbescheid festzusetzen. [3]Verantwortlich für Ausführung, Unterhaltung und Sicherung der Ausgleichs- und Ersatzmaßnahmen ist der Verursacher oder dessen Rechtsnachfolger.

(5) Ein Eingriff darf nicht zugelassen oder durchgeführt werden, wenn die Beeinträchtigungen nicht zu vermeiden oder nicht in angemessener Frist auszugleichen oder zu ersetzen sind und die Belange des Naturschutzes und der Landschaftspflege bei der Abwägung aller Anforderungen an Natur und Landschaft anderen Belangen im Range vorgehen.

(6) [1]Wird ein Eingriff nach Absatz 5 zugelassen oder durchgeführt, obwohl die Beeinträchtigungen nicht zu vermeiden oder nicht in angemessener Frist auszugleichen oder zu ersetzen sind, hat der Verursacher Ersatz in Geld zu leisten. [2]Die Ersatzzahlung bemisst sich nach den durchschnittlichen Kosten der nicht durchführbaren Ausgleichs- und Ersatzmaßnahmen einschließlich der erforderlichen durchschnittlichen Kosten für deren Planung und Unterhaltung sowie die Flächenbereitstellung unter Einbeziehung der Personal- und sonstigen Verwaltungskosten. [3]Sind diese nicht feststellbar, bemisst sich die Ersatzzahlung nach Dauer und Schwere des Eingriffs unter Berücksichtigung der dem Verursacher daraus erwachsenden Vorteile. [4]Die Ersatzzahlung ist von der zuständigen Behörde im Zulassungsbescheid oder, wenn der Eingriff von einer Behörde durchgeführt wird, vor der Durchführung des Eingriffs festzusetzen. [5]Die Zahlung ist vor der Durchführung des Eingriffs zu leisten. [6]Es kann ein anderer Zeitpunkt für die Zahlung festgelegt werden; in diesem Fall soll eine Sicherheitsleistung verlangt werden. [7]Die Ersatzzahlung ist zweckgebunden für Maßnahmen des Naturschutzes und der Landschaftspflege möglichst in dem betroffenen Naturraum zu verwenden, für die nicht bereits nach anderen Vorschriften eine rechtliche Verpflichtung besteht.

(7) [1]Das Bundesministerium für Umwelt, Naturschutz und nukleare Sicherheit wird ermächtigt, im Einvernehmen mit dem Bundesministerium für

Ernährung und Landwirtschaft, dem Bundesministerium für Verkehr und digitale Infrastruktur und dem Bundesministerium für Wirtschaft und Energie durch Rechtsverordnung mit Zustimmung des Bundesrates das Nähere zur Kompensation von Eingriffen zu regeln, insbesondere

1. zu Inhalt, Art und Umfang von Ausgleichs- und Ersatzmaßnahmen einschließlich Maßnahmen zur Entsiegelung, zur Wiedervernetzung von Lebensräumen und zur Bewirtschaftung und Pflege sowie zur Festlegung diesbezüglicher Standards, insbesondere für vergleichbare Eingriffsarten,
2. die Höhe der Ersatzzahlung und das Verfahren zu ihrer Erhebung.

[2] Solange und soweit das Bundesministerium für Umwelt, Naturschutz und nukleare Sicherheit von seiner Ermächtigung keinen Gebrauch macht, richtet sich das Nähere zur Kompensation von Eingriffen nach Landesrecht, soweit dieses den vorstehenden Absätzen nicht widerspricht.

(8) [1] Das Bundesministerium für Umwelt, Naturschutz und nukleare Sicherheit wird ermächtigt, im Einvernehmen mit dem Bundesministerium für Ernährung und Landwirtschaft, dem Bundesministerium für Verkehr und digitale Infrastruktur und dem Bundesministerium für Wirtschaft und Energie durch Rechtsverordnung[1)] ohne Zustimmung des Bundesrates das Nähere zur Vermeidung von Beeinträchtigungen im Sinne von Absatz 1 Satz 1 sowie zur Kompensation von Eingriffen im Sinne von Absatz 7 Satz 1 zu regeln, soweit die Verordnung und Vorschriften dieses Kapitels ausschließlich durch die Bundesverwaltung, insbesondere bundeseigene Verwaltung oder bundesunmittelbare Körperschaften oder Anstalten des öffentlichen Rechts, ausgeführt werden. [2] Die Rechtsverordnung ist bis zum 1. März 2020 dem Bundestag zuzuleiten. [3] Sie kann durch Beschluss des Bundestages geändert oder abgelehnt werden. [4] Der Beschluss des Bundestages wird dem Bundesministerium für Umwelt, Naturschutz und nukleare Sicherheit zugeleitet. [5] Das Bundesministerium für Umwelt, Naturschutz und nukleare Sicherheit ist bei der Verkündung der Rechtsverordnung an den Beschluss gebunden. [6] Hat sich der Bundestag nach Ablauf von drei Sitzungswochen seit Eingang einer Rechtsverordnung nicht mit ihr befasst, so wird die unveränderte Rechtsverordnung dem Bundesministerium für Umwelt, Naturschutz und nukleare Sicherheit zur Verkündung zugeleitet. [7] Absatz 7 Satz 2 ist entsprechend anzuwenden.

§ 16 Bevorratung von Kompensationsmaßnahmen. (1) [1] Maßnahmen des Naturschutzes und der Landschaftspflege, die im Hinblick auf zu erwartende Eingriffe durchgeführt worden sind, sind als Ausgleichs- oder Ersatzmaßnahmen anzuerkennen, soweit

1. die Voraussetzungen des § 15 Absatz 2 erfüllt sind,
2. sie ohne rechtliche Verpflichtung durchgeführt wurden,
3. dafür keine öffentlichen Fördermittel in Anspruch genommen wurden,
4. sie Programmen und Plänen nach den §§ 10 und 11 nicht widersprechen und
5. eine Dokumentation des Ausgangszustands der Flächen vorliegt; Vorschriften der Länder zu den Anforderungen an die Dokumentation bleiben unberührt.

[1)] Siehe die BundeskompensationsVO v. 14.5.2020 (BGBl. I S. 1088).

[2] Absatz 1 Satz 1 Nummer 3 ist nicht auf durchgeführte oder zugelassene Maßnahmen des Naturschutzes und der Landschaftspflege anzuwenden, die der Kompensation von zu erwartenden Eingriffen durch Maßnahmen des Küsten- oder Hochwasserschutzes dienen und durch Träger von Küsten- oder Hochwasserschutzvorhaben durchgeführt werden oder durchgeführt worden sind.

(2) [1] Die Bevorratung von vorgezogenen Ausgleichs- und Ersatzmaßnahmen mittels Ökokonten, Flächenpools oder anderer Maßnahmen, insbesondere die Erfassung, Bewertung oder Buchung vorgezogener Ausgleichs- und Ersatzmaßnahmen in Ökokonten, deren Genehmigungsbedürftigkeit und Handelbarkeit sowie der Übergang der Verantwortung nach § 15 Absatz 4 auf Dritte, die vorgezogene Ausgleichs- und Ersatzmaßnahmen durchführen, richtet sich nach Landesrecht. [2] Im Bereich der deutschen ausschließlichen Wirtschaftszone und des Festlandsockels richtet sich die Bevorratung nach § 56a.

§ 17 Verfahren; Ermächtigung zum Erlass von Rechtsverordnungen.

(1)[1)] Bedarf ein Eingriff nach anderen Rechtsvorschriften einer behördlichen Zulassung oder einer Anzeige an eine Behörde oder wird er von einer Behörde durchgeführt, so hat diese Behörde zugleich die zur Durchführung des § 15 erforderlichen Entscheidungen und Maßnahmen im Benehmen mit der für Naturschutz und Landschaftspflege zuständigen Behörde zu treffen, soweit nicht nach Bundes- oder Landesrecht eine weiter gehende Form der Beteiligung vorgeschrieben ist oder die für Naturschutz und Landschaftspflege zuständige Behörde selbst entscheidet.

(2) Soll bei Eingriffen, die von Behörden des Bundes zugelassen oder durchgeführt werden, von der Stellungnahme der für Naturschutz und Landschaftspflege zuständigen Behörde abgewichen werden, entscheidet hierüber die fachlich zuständige Behörde des Bundes im Benehmen mit der obersten Landesbehörde für Naturschutz und Landschaftspflege, soweit nicht eine weiter gehende Form der Beteiligung vorgesehen ist.

(3) [1] Für einen Eingriff, der nicht von einer Behörde durchgeführt wird und der keiner behördlichen Zulassung oder Anzeige nach anderen Rechtsvorschriften bedarf, ist eine Genehmigung der für Naturschutz und Landschaftspflege zuständigen Behörde erforderlich. [2] Die Genehmigung ist schriftlich zu beantragen. [3] Die Genehmigung ist zu erteilen, wenn die Anforderungen des § 15 erfüllt sind. [4] Die für Naturschutz und Landschaftspflege zuständige Behörde trifft die zur Durchführung des § 15 erforderlichen Entscheidungen und Maßnahmen.

(4) [1] Vom Verursacher eines Eingriffs sind zur Vorbereitung der Entscheidungen und Maßnahmen zur Durchführung des § 15 in einem nach Art und Umfang des Eingriffs angemessenen Umfang die für die Beurteilung des Eingriffs erforderlichen Angaben zu machen, insbesondere über

1. Ort, Art, Umfang und zeitlichen Ablauf des Eingriffs sowie
2. die vorgesehenen Maßnahmen zur Vermeidung, zum Ausgleich und zum Ersatz der Beeinträchtigungen von Natur und Landschaft einschließlich

[1)] Beachte zur Anwendung von § 17 Abs. 1 hinsichtlich der Zulassung einer Anlage nach § 2 Abs. 1 Nr. 1, 3, 4 und 5 LNGG v. 24.5.2022 (BGBl. I S. 802), geänd. durch G v. 8.10.2022 (BGBl. I S. 1726) die Maßgabe gem. § 6 LNGG v. 24.5.2022 (BGBl. I S. 802), geänd. durch G v. 8.10.2022 (BGBl. I S. 1726) iVm § 13 LNGG v. 24.5.2022 (BGBl. I S. 802), geänd. durch G v. 8.10.2022 (BGBl. I S. 1726).

Angaben zur tatsächlichen und rechtlichen Verfügbarkeit der für Ausgleich und Ersatz benötigten Flächen.

[2]Die zuständige Behörde kann die Vorlage von Gutachten verlangen, soweit dies zur Beurteilung der Auswirkungen des Eingriffs und der Ausgleichs- und Ersatzmaßnahmen erforderlich ist. [3]Bei einem Eingriff, der auf Grund eines nach öffentlichem Recht vorgesehenen Fachplans vorgenommen werden soll, hat der Planungsträger die erforderlichen Angaben nach Satz 1 im Fachplan oder in einem landschaftspflegerischen Begleitplan in Text und Karte darzustellen. [4]Dieser soll auch Angaben zu den zur Sicherung des Zusammenhangs des Netzes „Natura 2000" notwendigen Maßnahmen nach § 34 Absatz 5 und zu vorgezogenen Ausgleichsmaßnahmen nach § 44 Absatz 5 enthalten, sofern diese Vorschriften für das Vorhaben von Belang sind. [5]Der Begleitplan ist Bestandteil des Fachplans.

(5) [1]Die zuständige Behörde kann die Leistung einer Sicherheit bis zur Höhe der voraussichtlichen Kosten für die Ausgleichs- oder Ersatzmaßnahmen verlangen, soweit dies erforderlich ist, um die Erfüllung der Verpflichtungen nach § 15 zu gewährleisten. [2]Auf Sicherheitsleistungen sind die §§ 232 bis 240 des Bürgerlichen Gesetzbuches anzuwenden.

(6) [1]Die Ausgleichs- und Ersatzmaßnahmen und die dafür in Anspruch genommenen Flächen werden in einem Kompensationsverzeichnis erfasst. [2]Hierzu übermitteln die nach den Absätzen 1 und 3 zuständigen Behörden der für die Führung des Kompensationsverzeichnisses zuständigen Stelle die erforderlichen Angaben.

(7) [1]Die nach Absatz 1 oder Absatz 3 zuständige Behörde prüft die frist- und sachgerechte Durchführung der Vermeidungs- sowie der festgesetzten Ausgleichs- und Ersatzmaßnahmen einschließlich der erforderlichen Unterhaltungsmaßnahmen. [2]Hierzu kann sie vom Verursacher des Eingriffs die Vorlage eines Berichts verlangen.

(8) [1]Wird ein Eingriff ohne die erforderliche Zulassung oder Anzeige vorgenommen, soll die zuständige Behörde die weitere Durchführung des Eingriffs untersagen. [2]Soweit nicht auf andere Weise ein rechtmäßiger Zustand hergestellt werden kann, soll sie entweder Maßnahmen nach § 15 oder die Wiederherstellung des früheren Zustands anordnen. [3]§ 19 Absatz 4 ist zu beachten.

(9) [1]Die Beendigung oder eine länger als ein Jahr dauernde Unterbrechung eines Eingriffs ist der zuständigen Behörde anzuzeigen. [2]Eine nur unwesentliche Weiterführung des Eingriffs steht einer Unterbrechung gleich. [3]Wird der Eingriff länger als ein Jahr unterbrochen, kann die Behörde den Verursacher verpflichten, vorläufige Maßnahmen zur Sicherung der Ausgleichs- und Ersatzmaßnahmen durchzuführen oder, wenn der Abschluss des Eingriffs in angemessener Frist nicht zu erwarten ist, den Eingriff in dem bis dahin vorgenommenen Umfang zu kompensieren.

(10) Handelt es sich bei einem Eingriff um ein Vorhaben, das nach dem Gesetz über die Umweltverträglichkeitsprüfung einer Umweltverträglichkeitsprüfung unterliegt, so muss das Verfahren, in dem Entscheidungen nach § 15 Absatz 1 bis 5 getroffen werden, den Anforderungen des genannten Gesetzes entsprechen.

(11) [1]Die Landesregierungen werden ermächtigt, durch Rechtsverordnung das Nähere zu dem in den Absätzen 1 bis 10 geregelten Verfahren einschließlich

des Kompensationsverzeichnisses zu bestimmen. [2] Sie können die Ermächtigung nach Satz 1 durch Rechtsverordnung auf andere Landesbehörden übertragen.

§ 18 Verhältnis zum Baurecht. (1) Sind auf Grund der Aufstellung, Änderung, Ergänzung oder Aufhebung von Bauleitplänen oder von Satzungen nach § 34 Absatz 4 Satz 1 Nummer 3 des Baugesetzbuches[1)] Eingriffe in Natur und Landschaft zu erwarten, ist über die Vermeidung, den Ausgleich und den Ersatz nach den Vorschriften des Baugesetzbuches zu entscheiden.

(2) [1] Auf Vorhaben in Gebieten mit Bebauungsplänen nach § 30 des Baugesetzbuches, während der Planaufstellung nach § 33 des Baugesetzbuches und im Innenbereich nach § 34 des Baugesetzbuches sind die §§ 14 bis 17 nicht anzuwenden. [2] Für Vorhaben im Außenbereich nach § 35 des Baugesetzbuches sowie für Bebauungspläne, soweit sie eine Planfeststellung ersetzen, bleibt die Geltung der §§ 14 bis 17 unberührt.

(3) [1] Entscheidungen über Vorhaben nach § 35 Absatz 1 und 4 des Baugesetzbuches und über die Errichtung von baulichen Anlagen nach § 34 des Baugesetzbuches ergehen im Benehmen mit den für Naturschutz und Landschaftspflege zuständigen Behörden. [2] Äußert sich in den Fällen des § 34 des Baugesetzbuches die für Naturschutz und Landschaftspflege zuständige Behörde nicht binnen eines Monats, kann die für die Entscheidung zuständige Behörde davon ausgehen, dass Belange des Naturschutzes und der Landschaftspflege von dem Vorhaben nicht berührt werden. [3] Das Benehmen ist nicht erforderlich bei Vorhaben in Gebieten mit Bebauungsplänen und während der Planaufstellung nach den §§ 30 und 33 des Baugesetzbuches sowie in Gebieten mit Satzungen nach § 34 Absatz 4 Satz 1 Nummer 3 des Baugesetzbuches.

(4) [1] Ergeben sich bei Vorhaben nach § 34 des Baugesetzbuches im Rahmen der Herstellung des Benehmens nach Absatz 3 Anhaltspunkte dafür, dass das Vorhaben eine Schädigung im Sinne des § 19 Absatz 1 Satz 1 verursachen kann, ist dies auch dem Vorhabenträger mitzuteilen. [2] Auf Antrag des Vorhabenträgers hat die für die Erteilung der Zulassung zuständige Behörde im Benehmen mit der für Naturschutz und Landschaftspflege zuständigen Behörde die Entscheidungen nach § 15 zu treffen, soweit sie der Vermeidung, dem Ausgleich oder dem Ersatz von Schädigungen nach § 19 Absatz 1 Satz 1 dienen; in diesen Fällen gilt § 19 Absatz 1 Satz 2. [3] Im Übrigen bleibt Absatz 2 Satz 1 unberührt.

§ 19 Schäden an bestimmten Arten und natürlichen Lebensräumen.

(1) [1] Eine Schädigung von Arten und natürlichen Lebensräumen im Sinne des Umweltschadensgesetzes ist jeder Schaden, der erhebliche nachteilige Auswirkungen auf die Erreichung oder Beibehaltung des günstigen Erhaltungszustands dieser Lebensräume oder Arten hat. [2] Abweichend von Satz 1 liegt keine Schädigung vor bei zuvor ermittelten nachteiligen Auswirkungen von Tätigkeiten einer verantwortlichen Person, die von der zuständigen Behörde nach den §§ 34, 35, 45 Absatz 7 oder § 67 Absatz 2 oder, wenn eine solche Prüfung nicht erforderlich ist, nach § 15 oder auf Grund der Aufstellung eines Bebauungsplans nach § 30 oder § 33 des Baugesetzbuches[1)] genehmigt wurden oder zulässig sind.

(2) Arten im Sinne des Absatzes 1 sind die Arten, die in

[1)] Nr. **1**.

1. Artikel 4 Absatz 2 oder Anhang I der Richtlinie 2009/147/EG oder
2. den Anhängen II und IV der Richtlinie 92/43/EWG

aufgeführt sind.

(3) Natürliche Lebensräume im Sinne des Absatzes 1 sind die

1. Lebensräume der Arten, die in Artikel 4 Absatz 2 oder Anhang I der Richtlinie 2009/147/EG oder in Anhang II der Richtlinie 92/43/EWG aufgeführt sind,
2. natürlichen Lebensraumtypen von gemeinschaftlichem Interesse sowie
3. Fortpflanzungs- und Ruhestätten der in Anhang IV der Richtlinie 92/43/EWG aufgeführten Arten.

(4) Hat eine verantwortliche Person nach dem Umweltschadensgesetz eine Schädigung geschützter Arten oder natürlicher Lebensräume verursacht, so trifft sie die erforderlichen Sanierungsmaßnahmen gemäß Anhang II Nummer 1 der Richtlinie 2004/35/EG.

(5) [1] Ob Auswirkungen nach Absatz 1 erheblich sind, ist mit Bezug auf den Ausgangszustand unter Berücksichtigung der Kriterien des Anhangs I der Richtlinie 2004/35/EG zu ermitteln. [2] Eine erhebliche Schädigung liegt dabei in der Regel nicht vor bei

1. nachteiligen Abweichungen, die geringer sind als die natürlichen Fluktuationen, die für den betreffenden Lebensraum oder die betreffende Art als normal gelten,
2. nachteiligen Abweichungen, die auf natürliche Ursachen zurückzuführen sind oder aber auf eine äußere Einwirkung im Zusammenhang mit der normalen Bewirtschaftung der betreffenden Gebiete, die den Aufzeichnungen über den Lebensraum oder den Dokumenten über die Erhaltungsziele oder der früheren Bewirtschaftungsweise der jeweiligen Eigentümer oder Betreiber entspricht,
3. einer Schädigung von Arten oder Lebensräumen, die sich nachweislich ohne äußere Einwirkung in kurzer Zeit so weit regenerieren werden, dass entweder der Ausgangszustand erreicht wird oder aber allein auf Grund der Dynamik der betreffenden Art oder des Lebensraums ein Zustand erreicht wird, der im Vergleich zum Ausgangszustand als gleichwertig oder besser zu bewerten ist.

Kapitel 4. Schutz bestimmter Teile von Natur und Landschaft

Abschnitt 1. Biotopverbund und Biotopvernetzung; geschützte Teile von Natur und Landschaft

§ 20 Allgemeine Grundsätze. (1) Es wird ein Netz verbundener Biotope (Biotopverbund) geschaffen, das mindestens 10 Prozent der Fläche eines jeden Landes umfassen soll.

(2) Teile von Natur und Landschaft können geschützt werden

1. nach Maßgabe des § 23 als Naturschutzgebiet,
2. nach Maßgabe des § 24 als Nationalpark oder als Nationales Naturmonument,
3. als Biosphärenreservat,
4. nach Maßgabe des § 26 als Landschaftsschutzgebiet,

5. als Naturpark,
6. als Naturdenkmal oder
7. als geschützter Landschaftsbestandteil.

(3) Die in Absatz 2 genannten Teile von Natur und Landschaft sind, soweit sie geeignet sind, Bestandteile des Biotopverbunds.

§ 21 Biotopverbund, Biotopvernetzung. (1) [1] Der Biotopverbund dient der dauerhaften Sicherung der Populationen wild lebender Tiere und Pflanzen einschließlich ihrer Lebensstätten, Biotope und Lebensgemeinschaften sowie der Bewahrung, Wiederherstellung und Entwicklung funktionsfähiger ökologischer Wechselbeziehungen. [2] Er soll auch zur Verbesserung des Zusammenhangs des Netzes „Natura 2000" beitragen.

(2) [1] Der Biotopverbund soll länderübergreifend erfolgen. [2] Die Länder stimmen sich hierzu untereinander ab.

(3) [1] Der Biotopverbund besteht aus Kernflächen, Verbindungsflächen und Verbindungselementen. [2] Bestandteile des Biotopverbunds sind

1. Nationalparke und Nationale Naturmonumente,
2. Naturschutzgebiete, Natura 2000-Gebiete und Biosphärenreservate oder Teile dieser Gebiete,
3. gesetzlich geschützte Biotope im Sinne des § 30,
4. weitere Flächen und Elemente, einschließlich solcher des Nationalen Naturerbes, des Grünen Bandes sowie Teilen von Landschaftsschutzgebieten und Naturparken,

wenn sie zur Erreichung des in Absatz 1 genannten Zieles geeignet sind.

(4) Die erforderlichen Kernflächen, Verbindungsflächen und Verbindungselemente sind durch Erklärung zu geschützten Teilen von Natur und Landschaft im Sinne des § 20 Absatz 2, durch planungsrechtliche Festlegungen, durch langfristige vertragliche Vereinbarungen oder andere geeignete Maßnahmen rechtlich zu sichern, um den Biotopverbund dauerhaft zu gewährleisten.

(5) [1] Unbeschadet des § 30 sind die oberirdischen Gewässer einschließlich ihrer Randstreifen, Uferzonen und Auen als Lebensstätten und Biotope für natürlich vorkommende Tier- und Pflanzenarten zu erhalten. [2] Sie sind so weiterzuentwickeln, dass sie ihre großräumige Vernetzungsfunktion auf Dauer erfüllen können.

(6) Auf regionaler Ebene sind insbesondere in von der Landwirtschaft geprägten Landschaften zur Vernetzung von Biotopen erforderliche lineare und punktförmige Elemente, insbesondere Hecken und Feldraine sowie Trittsteinbiotope, zu erhalten und dort, wo sie nicht in ausreichendem Maße vorhanden sind, zu schaffen (Biotopvernetzung).

§ 22[1)] Erklärung zum geschützten Teil von Natur und Landschaft.

(1) [1] Die Unterschutzstellung von Teilen von Natur und Landschaft erfolgt durch Erklärung. [2] Die Erklärung bestimmt den Schutzgegenstand, den Schutzzweck, die zur Erreichung des Schutzzwecks notwendigen Gebote und Ver-

---

[1)] Zur Änd. durch Art. 10 KitafinanzhilfenÄndG v. 25.6.2021 (BGBl. I S. 2020) siehe Art. 11 Abs. 4 dieses G: „Artikel 10 tritt am 31. Dezember 2026 außer Kraft. Eine bis zu diesem Zeitpunkt erfolgte Heilung nach oder entsprechend § 22 Absatz 2a Satz 6 bleibt wirksam." Die Aufhebung der *Änderungsvorschrift* des Art. 10 KitafinanzhilfenÄndG hat allerdings keine Auswirkungen auf die im →

bote, und, soweit erforderlich, die Pflege-, Entwicklungs- und Wiederherstellungsmaßnahmen oder enthält die erforderlichen Ermächtigungen hierzu. [3]Schutzgebiete können in Zonen mit einem entsprechend dem jeweiligen Schutzzweck abgestuften Schutz gegliedert werden; hierbei kann auch die für den Schutz notwendige Umgebung einbezogen werden.

(2) [1]Soweit in den Absätzen 2a und 2b nichts Näheres bestimmt ist, richten sich Form und Verfahren der Unterschutzstellung, die Beachtlichkeit von Form- und Verfahrensfehlern und die Möglichkeit ihrer Behebung sowie die Fortgeltung bestehender Erklärungen zum geschützten Teil von Natur und Landschaft nach Landesrecht. [2]Die Unterschutzstellung kann auch länderübergreifend erfolgen.

(2a) [1]Erklärungen zur Unterschutzstellung nach Absatz 1, die

1. durch Gesetz, Rechtsverordnung oder Satzung erfolgt sind und
2. mit Vorgaben der Richtlinie 2001/42/EG des Europäischen Parlaments und des Rates vom 27. Juni 2001 über die Prüfung der Umweltauswirkungen bestimmter Pläne und Programme (ABl. L 197 vom 21.7.2001, S. 30) unvereinbar sind, weil eine danach erforderliche Strategische Umweltprüfung nicht durchgeführt wurde,

gelten fort, wenn sich die Unvereinbarkeit mit diesen Vorgaben aus einer Entscheidung des Gerichtshofes der Europäischen Union ergibt und soweit und solange nach der Entscheidung eine Fortgeltung zulässig ist. [2]Die zur Beseitigung der Unvereinbarkeit mit den Vorgaben der Richtlinie 2001/42/EG erforderlichen Handlungen müssen im Rahmen eines ergänzenden Verfahrens unverzüglich nachgeholt werden. [3]Die Erklärung zur Unterschutzstellung muss, sofern sich infolge der nachgeholten Handlungen eine Erforderlichkeit dafür ergibt, angepasst werden. [4]Für die Nachholung der erforderlichen Handlungen nach Satz 2 und Anpassungen nach Satz 3 gelten die Bestimmungen dieses Gesetzes sowie des Gesetzes über die Umweltverträglichkeitsprüfung oder entsprechender landesrechtlicher Vorschriften entsprechend. [5]Der Zeitraum, innerhalb dessen die erforderlichen Handlungen nach Satz 2 und Anpassungen nach Satz 3 nachgeholt werden müssen, richtet sich nach der Entscheidung des Gerichtshofes der Europäischen Union und hat nur den Zeitraum zu umfassen, der zwingend notwendig ist, um Maßnahmen zu treffen, die die Beseitigung der Unvereinbarkeit mit den Vorgaben der Richtlinie 2001/42/EG ermöglichen. [6]Sind die erforderlichen Handlungen nach Satz 2 und Anpassungen nach Satz 3 innerhalb der Frist nach Satz 5 nachgeholt, ist die Unvereinbarkeit mit den Vorgaben der Richtlinie 2001/42/EG geheilt. [7]Sind die erforderlichen Handlungen nach Satz 2 und Anpassungen nach Satz 3 bei Ablauf der Frist nach Satz 5 nicht nachgeholt worden, tritt die Erklärung zur Unterschutzstellung außer Kraft.

(2b) [1]Absatz 2a findet auch Anwendung auf Erklärungen zur Unterschutzstellung nach der rahmenrechtlichen Vorschrift des § 22 Absatz 1 und 2 des Bundesnaturschutzgesetzes in der bis zum 28. Februar 2010 geltenden Fassung sowie nach ausfüllendem Landesrecht. [2]Pläne zur Durchführung von Pflege-,

---

(Fortsetzung der Anm. von voriger Seite)
BNatSchG als *Stammvorschrift* vorgenommenen Änderungen (vgl. Rdnr. 680 des Handbuchs der Rechtsförmlichkeit des BMJ).

Entwicklungs- und Wiederherstellungsmaßnahmen im Sinne des Absatzes 1 Satz 2 bleiben gültig.

(3) [1] Teile von Natur und Landschaft, deren Schutz beabsichtigt ist, können für einen Zeitraum von bis zu zwei Jahren einstweilig sichergestellt werden, wenn zu befürchten ist, dass durch Veränderungen oder Störungen der beabsichtigte Schutzzweck gefährdet wird. [2] Die einstweilige Sicherstellung kann unter den Voraussetzungen des Satzes 1 einmalig bis zu weiteren zwei Jahren verlängert werden. [3] In dem einstweilig sichergestellten Teil von Natur und Landschaft sind Handlungen und Maßnahmen nach Maßgabe der Sicherstellungserklärung verboten, die geeignet sind, den Schutzgegenstand nachteilig zu verändern. [4] Die einstweilige Sicherstellung ist ganz oder teilweise aufzuheben, wenn ihre Voraussetzungen nicht mehr oder nicht mehr in vollem Umfang gegeben sind. [5] Absatz 2 gilt entsprechend.

(4) [1] Geschützte Teile von Natur und Landschaft sind zu registrieren und zu kennzeichnen. [2] Das Nähere richtet sich nach Landesrecht.

(5) Die Erklärung zum Nationalpark oder Nationalen Naturmonument einschließlich ihrer Änderung ergeht im Benehmen mit dem Bundesministerium für Umwelt, Naturschutz und nukleare Sicherheit und dem Bundesministerium für Verkehr und digitale Infrastruktur.

§ 23 Naturschutzgebiete. (1) Naturschutzgebiete sind rechtsverbindlich festgesetzte Gebiete, in denen ein besonderer Schutz von Natur und Landschaft in ihrer Ganzheit oder in einzelnen Teilen erforderlich ist

1. zur Erhaltung, Entwicklung oder Wiederherstellung von Lebensstätten, Biotopen oder Lebensgemeinschaften bestimmter wild lebender Tier- und Pflanzenarten,
2. aus wissenschaftlichen, naturgeschichtlichen oder landeskundlichen Gründen oder
3. wegen ihrer Seltenheit, besonderen Eigenart oder hervorragenden Schönheit.

(2) [1] Alle Handlungen, die zu einer Zerstörung, Beschädigung oder Veränderung des Naturschutzgebiets oder seiner Bestandteile oder zu einer nachhaltigen Störung führen können, sind nach Maßgabe näherer Bestimmungen verboten. [2] Soweit es der Schutzzweck erlaubt, können Naturschutzgebiete der Allgemeinheit zugänglich gemacht werden.

(3) In Naturschutzgebieten ist die Errichtung von Anlagen zur Durchführung von Gewässerbenutzungen im Sinne des § 9 Absatz 2 Nummer 3 und 4 des Wasserhaushaltsgesetzes verboten.

(4) [1] In Naturschutzgebieten ist im Außenbereich nach § 35 des Baugesetzbuches[1)] die Neuerrichtung von Beleuchtungen an Straßen und Wegen sowie von beleuchteten oder lichtemittierenden Werbeanlagen verboten. [2] Von dem Verbot des Satzes 1 kann auf Antrag eine Ausnahme zugelassen werden, soweit

1. die Schutzzwecke des Gebietes nicht beeinträchtigt werden können oder
2. dies aus Gründen der Verkehrssicherheit oder anderer Interessen der öffentlichen Sicherheit erforderlich ist.

---

1) Nr. **1**.

[3]Weitergehende Schutzvorschriften, insbesondere solche des § 41a und einer auf Grund von § 54 Absatz 4d erlassenen Rechtsverordnung sowie solche des Landesrechts, bleiben unberührt.

§ 24 Nationalparke, Nationale Naturmonumente. (1) Nationalparke sind rechtsverbindlich festgesetzte einheitlich zu schützende Gebiete, die

1. großräumig, weitgehend unzerschnitten und von besonderer Eigenart sind,
2. in einem überwiegenden Teil ihres Gebiets die Voraussetzungen eines Naturschutzgebiets erfüllen und
3. sich in einem überwiegenden Teil ihres Gebiets in einem vom Menschen nicht oder wenig beeinflussten Zustand befinden oder geeignet sind, sich in einen Zustand zu entwickeln oder in einen Zustand entwickelt zu werden, der einen möglichst ungestörten Ablauf der Naturvorgänge in ihrer natürlichen Dynamik gewährleistet.

(2) [1]Nationalparke haben zum Ziel, in einem überwiegenden Teil ihres Gebiets den möglichst ungestörten Ablauf der Naturvorgänge in ihrer natürlichen Dynamik zu gewährleisten. [2]Soweit es der Schutzzweck erlaubt, sollen Nationalparke auch der wissenschaftlichen Umweltbeobachtung, der naturkundlichen Bildung und dem Naturerlebnis der Bevölkerung dienen.

(3) [1]Nationalparke sind unter Berücksichtigung ihres besonderen Schutzzwecks sowie der durch die Großräumigkeit und Besiedlung gebotenen Ausnahmen wie Naturschutzgebiete zu schützen. [2]§ 23 Absatz 3 und 4 gilt in Nationalparken entsprechend.

(4) [1]Nationale Naturmonumente sind rechtsverbindlich festgesetzte Gebiete, die

1. aus wissenschaftlichen, naturgeschichtlichen, kulturhistorischen oder landeskundlichen Gründen und
2. wegen ihrer Seltenheit, Eigenart oder Schönheit

von herausragender Bedeutung sind. [2]Nationale Naturmonumente sind wie Naturschutzgebiete zu schützen.

§ 25 Biosphärenreservate. (1) Biosphärenreservate sind einheitlich zu schützende und zu entwickelnde Gebiete, die

1. großräumig und für bestimmte Landschaftstypen charakteristisch sind,
2. in wesentlichen Teilen ihres Gebiets die Voraussetzungen eines Naturschutzgebiets, im Übrigen überwiegend eines Landschaftsschutzgebiets erfüllen,
3. vornehmlich der Erhaltung, Entwicklung oder Wiederherstellung einer durch hergebrachte vielfältige Nutzung geprägten Landschaft und der darin historisch gewachsenen Arten- und Biotopvielfalt, einschließlich Wild- und früherer Kulturformen wirtschaftlich genutzter oder nutzbarer Tier- und Pflanzenarten, dienen und
4. beispielhaft der Entwicklung und Erprobung von die Naturgüter besonders schonenden Wirtschaftsweisen dienen.

(2) Biosphärenreservate dienen, soweit es der Schutzzweck erlaubt, auch der Forschung und der Beobachtung von Natur und Landschaft sowie der Bildung für nachhaltige Entwicklung.

(3) [1]Biosphärenreservate sind unter Berücksichtigung der durch die Großräumigkeit und Besiedlung gebotenen Ausnahmen über Kernzonen, Pflegezo-

nen und Entwicklungszonen zu entwickeln und wie Naturschutzgebiete oder Landschaftsschutzgebiete zu schützen. [2] § 23 Absatz 4 gilt in Kern- und Pflegezonen von Biosphärenreservaten entsprechend.

(4) Biosphärenreservate können auch als Biosphärengebiete oder Biosphärenregionen bezeichnet werden.

§ 26 Landschaftsschutzgebiete. (1) Landschaftsschutzgebiete sind rechtsverbindlich festgesetzte Gebiete, in denen ein besonderer Schutz von Natur und Landschaft erforderlich ist

1. zur Erhaltung, Entwicklung oder Wiederherstellung der Leistungs- und Funktionsfähigkeit des Naturhaushalts oder der Regenerationsfähigkeit und nachhaltigen Nutzungsfähigkeit der Naturgüter, einschließlich des Schutzes von Lebensstätten und Lebensräumen bestimmter wild lebender Tier- und Pflanzenarten,
2. wegen der Vielfalt, Eigenart und Schönheit oder der besonderen kulturhistorischen Bedeutung der Landschaft oder
3. wegen ihrer besonderen Bedeutung für die Erholung.

(2) In einem Landschaftsschutzgebiet sind unter besonderer Beachtung des § 5 Absatz 1 und nach Maßgabe näherer Bestimmungen alle Handlungen verboten, die den Charakter des Gebiets verändern oder dem besonderen Schutzzweck zuwiderlaufen.

(3) [1] In einem Landschaftsschutzgebiet sind die Errichtung und der Betrieb von Windenergieanlagen sowie der zugehörigen Nebenanlagen nicht verboten, wenn sich der Standort der Windenergieanlagen in einem Windenergiegebiet nach § 2 Nummer 1 des Windenergieflächenbedarfsgesetzes[1)] vom 20. Juli 2022 (BGBl. I S. 1353) befindet. [2] Satz 1 gilt auch, wenn die Erklärung zur Unterschutzstellung nach § 22 Absatz 1 entgegenstehende Bestimmungen enthält. [3] Für die Durchführung eines im Übrigen zulässigen Vorhabens bedarf es insoweit keiner Ausnahme oder Befreiung. [4] Bis gemäß § 5 des Windenergieflächenbedarfsgesetzes festgestellt wurde, dass das jeweilige Land den Flächenbeitragswert nach Anlage 1 Spalte 2 des Windenergieflächenbedarfsgesetzes oder der jeweilige regionale oder kommunale Planungsträger ein daraus abgeleitetes Teilflächenziel erreicht hat, gelten die Sätze 1 bis 3 auch außerhalb von für die Windenergienutzung ausgewiesenen Gebieten im gesamten Landschaftsschutzgebiet entsprechend. [5] Die Sätze 1 bis 4 gelten nicht, wenn der Standort in einem Natura 2000-Gebiet oder einer Stätte, die nach Artikel 11 des Übereinkommens vom 16. November 1972 zum Schutz des Kultur- und Naturerbes der Welt (BGBl. 1977 II S. 213, 215) in die Liste des Erbes der Welt aufgenommen wurde, liegt.

§ 27 Naturparke. (1) Naturparke sind einheitlich zu entwickelnde und zu pflegende Gebiete, die

1. großräumig sind,
2. überwiegend Landschaftsschutzgebiete oder Naturschutzgebiete sind,
3. sich wegen ihrer landschaftlichen Voraussetzungen für die Erholung besonders eignen und in denen ein nachhaltiger Tourismus angestrebt wird,
4. nach den Erfordernissen der Raumordnung für Erholung vorgesehen sind,

---

[1)] Nr. **1c**.

5. der Erhaltung, Entwicklung oder Wiederherstellung einer durch vielfältige Nutzung geprägten Landschaft und ihrer Arten- und Biotopvielfalt dienen und in denen zu diesem Zweck eine dauerhaft umweltgerechte Landnutzung angestrebt wird und
6. besonders dazu geeignet sind, eine nachhaltige Regionalentwicklung zu fördern.

(2) Naturparke sollen auch der Bildung für nachhaltige Entwicklung dienen.

(3) Naturparke sollen entsprechend ihren in Absatz 1 beschriebenen Zwecken unter Beachtung der Ziele des Naturschutzes und der Landschaftspflege geplant, gegliedert, erschlossen und weiterentwickelt werden.

§ 28 Naturdenkmäler. (1) Naturdenkmäler sind rechtsverbindlich festgesetzte Einzelschöpfungen der Natur oder entsprechende Flächen bis zu fünf Hektar, deren besonderer Schutz erforderlich ist

1. aus wissenschaftlichen, naturgeschichtlichen oder landeskundlichen Gründen oder
2. wegen ihrer Seltenheit, Eigenart oder Schönheit.

(2) Die Beseitigung des Naturdenkmals sowie alle Handlungen, die zu einer Zerstörung, Beschädigung oder Veränderung des Naturdenkmals führen können, sind nach Maßgabe näherer Bestimmungen verboten.

§ 29 Geschützte Landschaftsbestandteile. (1) [1] Geschützte Landschaftsbestandteile sind rechtsverbindlich festgesetzte Teile von Natur und Landschaft, deren besonderer Schutz erforderlich ist

1. zur Erhaltung, Entwicklung oder Wiederherstellung der Leistungs- und Funktionsfähigkeit des Naturhaushalts,
2. zur Belebung, Gliederung oder Pflege des Orts- oder Landschaftsbildes,
3. zur Abwehr schädlicher Einwirkungen oder
4. wegen ihrer Bedeutung als Lebensstätten bestimmter wild lebender Tier- und Pflanzenarten.

[2] Der Schutz kann sich für den Bereich eines Landes oder für Teile des Landes auf den gesamten Bestand an Alleen, einseitigen Baumreihen, Bäumen, Hecken oder anderen Landschaftsbestandteilen erstrecken.

(2) [1] Die Beseitigung des geschützten Landschaftsbestandteils sowie alle Handlungen, die zu einer Zerstörung, Beschädigung oder Veränderung des geschützten Landschaftsbestandteils führen können, sind nach Maßgabe näherer Bestimmungen verboten. [2] Für den Fall der Bestandsminderung kann die Verpflichtung zu einer angemessenen und zumutbaren Ersatzpflanzung oder zur Leistung von Ersatz in Geld vorgesehen werden.

(3) Vorschriften des Landesrechts über den gesetzlichen Schutz von Alleen bleiben unberührt.

§ 30 Gesetzlich geschützte Biotope. (1) Bestimmte Teile von Natur und Landschaft, die eine besondere Bedeutung als Biotope haben, werden gesetzlich geschützt (allgemeiner Grundsatz).

(2) [1] Handlungen, die zu einer Zerstörung oder einer sonstigen erheblichen Beeinträchtigung folgender Biotope führen können, sind verboten:

1. natürliche oder naturnahe Bereiche fließender und stehender Binnengewässer einschließlich ihrer Ufer und der dazugehörigen uferbegleitenden natürlichen oder naturnahen Vegetation sowie ihrer natürlichen oder naturnahen Verlandungsbereiche, Altarme und regelmäßig überschwemmten Bereiche,
2. Moore, Sümpfe, Röhrichte, Großseggenrieder, seggen- und binsenreiche Nasswiesen, Quellbereiche, Binnenlandsalzstellen,
3. offene Binnendünen, offene natürliche Block-, Schutt- und Geröllhalden, Lehm- und Lösswände, Zwergstrauch-, Ginster- und Wacholderheiden, Borstgrasrasen, Trockenrasen, Schwermetallrasen, Wälder und Gebüsche trockenwarmer Standorte,
4. Bruch-, Sumpf- und Auenwälder, Schlucht-, Blockhalden- und Hangschuttwälder, subalpine Lärchen- und Lärchen-Arvenwälder,
5. offene Felsbildungen, Höhlen sowie naturnahe Stollen, alpine Rasen sowie Schneetälchen und Krummholzgebüsche,
6. Fels- und Steilküsten, Küstendünen und Strandwälle, Strandseen, Boddengewässer mit Verlandungsbereichen, Salzwiesen und Wattflächen im Küstenbereich, Seegraswiesen und sonstige marine Makrophytenbestände, Riffe, sublitorale Sandbänke, Schlickgründe mit bohrender Bodenmegafauna sowie artenreiche Kies-, Grobsand- und Schillgründe im Meeres- und Küstenbereich,
7. magere Flachland-Mähwiesen und Berg-Mähwiesen nach Anhang I der Richtlinie 92/43/EWG, Streuobstwiesen, Steinriegel und Trockenmauern.

[2] Die Verbote des Satzes 1 gelten auch für weitere von den Ländern gesetzlich geschützte Biotope. [3] Satz 1 Nummer 5 gilt nicht für genutzte Höhlen- und Stollenbereiche sowie für Maßnahmen zur Verkehrssicherung von Höhlen und naturnahen Stollen. [4] Satz 1 Nummer 7 gilt nicht für die Unterhaltung von Funktionsgrünland auf Flugbetriebsflächen.

(3) Von den Verboten des Absatzes 2 kann auf Antrag eine Ausnahme zugelassen werden, wenn die Beeinträchtigungen ausgeglichen werden können.

(4) [1] Sind auf Grund der Aufstellung, Änderung oder Ergänzung von Bebauungsplänen Handlungen im Sinne des Absatzes 2 zu erwarten, kann auf Antrag der Gemeinde über eine erforderliche Ausnahme oder Befreiung von den Verboten des Absatzes 2 vor der Aufstellung des Bebauungsplans entschieden werden. [2] Ist eine Ausnahme zugelassen oder eine Befreiung gewährt worden, bedarf es für die Durchführung eines im Übrigen zulässigen Vorhabens keiner weiteren Ausnahme oder Befreiung, wenn mit der Durchführung des Vorhabens innerhalb von sieben Jahren nach Inkrafttreten des Bebauungsplans begonnen wird.

(5) Bei gesetzlich geschützten Biotopen, die während der Laufzeit einer vertraglichen Vereinbarung oder der Teilnahme an öffentlichen Programmen zur Bewirtschaftungsbeschränkung entstanden sind, gilt Absatz 2 nicht für die Wiederaufnahme einer zulässigen land-, forst-, oder fischereiwirtschaftlichen Nutzung innerhalb von zehn Jahren nach Beendigung der betreffenden vertraglichen Vereinbarung oder der Teilnahme an den betreffenden öffentlichen Programmen.

(6) Bei gesetzlich geschützten Biotopen, die auf Flächen entstanden sind, bei denen eine zulässige Gewinnung von Bodenschätzen eingeschränkt oder unter-

brochen wurde, gilt Absatz 2 nicht für die Wiederaufnahme der Gewinnung innerhalb von fünf Jahren nach der Einschränkung oder Unterbrechung.

(7) [1]Die gesetzlich geschützten Biotope werden registriert und die Registrierung wird in geeigneter Weise öffentlich zugänglich gemacht. [2]Die Registrierung und deren Zugänglichkeit richten sich nach Landesrecht.

(8) Weiter gehende Schutzvorschriften einschließlich der Bestimmungen über Ausnahmen und Befreiungen sowie bestehende landesrechtliche Regelungen, die die in Absatz 2 Satz 1 Nummer 7 genannten Biotope betreffen, bleiben unberührt.

§ 30a Ausbringung von Biozidprodukten. [1]Außerhalb geschlossener Räume ist in Naturschutzgebieten, Nationalparken, Nationalen Naturmonumenten, Kern- und Pflegezonen von Biosphärenreservaten, Naturdenkmälern sowie in gesetzlich geschützten Biotopen verboten:

1. der flächige Einsatz von Biozidprodukten der Produktart 18 (Insektizide, Akarizide und Produkte gegen andere Arthropoden) des Anhangs V der Verordnung (EU) Nr. 528/2012 des Europäischen Parlaments und des Rates vom 22. Mai 2012 über die Bereitstellung auf dem Markt und die Verwendung von Biozidprodukten (ABl. L 167 vom 27.6.2012, S. 1; L 303 vom 20.11.2015, S. 109; L 280 vom 28.10.2017, S. 57), die zuletzt durch die Delegierte Verordnung (EU) 2019/1825 (ABl. L 279 vom 31.10.2019, S. 19) geändert worden ist,
2. das Auftragen von Biozidprodukten der Produktart 8 (Holzschutzmittel) des Anhangs V der Verordnung (EU) Nr. 528/2012 durch Spritzen oder Sprühen.

[2]Die für Naturschutz und Landschaftspflege zuständige Behörde kann im Einzelfall auf Antrag Ausnahmen von dem Verbot des Satzes 1 Nummer 1 zulassen, soweit dies zum Schutz der Gesundheit von Mensch und Tier erforderlich ist. [3]Die Länder können unter den Voraussetzungen nach Satz 2 Ausnahmen für bestimmte Fallgruppen auch in der Erklärung im Sinne von § 22 Absatz 1 zulassen. [4]§ 34 und weitergehende Schutzvorschriften des Landesrechts sowie Maßnahmen zur Bekämpfung von Gesundheitsschädlingen nach den Vorschriften des Infektionsschutzgesetzes vom 20. Juli 2000 (BGBl. I S. 1045), das zuletzt durch Artikel 1 des Gesetzes vom 28. Mai 2021 (BGBl. I S. 1174) geändert worden ist, in der jeweils geltenden Fassung oder nach den auf der Grundlage des Infektionsschutzgesetzes erlassenen Verordnungen der Länder bleiben unberührt.

Abschnitt 2. Netz „Natura 2000“

§ 31 Aufbau und Schutz des Netzes „Natura 2000“. Der Bund und die Länder erfüllen die sich aus den Richtlinien 92/43/EWG und 2009/147/EG ergebenden Verpflichtungen zum Aufbau und Schutz des zusammenhängenden europäischen ökologischen Netzes „Natura 2000“ im Sinne des Artikels 3 der Richtlinie 92/43/EWG.

§ 32[1)] **Schutzgebiete.** (1) [1]Die Länder wählen die Gebiete, die der Kommission nach Artikel 4 Absatz 1 der Richtlinie 92/43/EWG und Artikel 4 Absatz 1 und 2 der Richtlinie 2009/147/EG zu benennen sind, nach den in diesen Vorschriften genannten Maßgaben aus. [2]Sie stellen das Benehmen mit dem Bundesministerium für Umwelt, Naturschutz und nukleare Sicherheit her. [3]Dieses beteiligt die anderen fachlich betroffenen Bundesministerien und benennt die ausgewählten Gebiete der Kommission. [4]Es übermittelt der Kommission gleichzeitig Schätzungen über eine finanzielle Beteiligung der Gemeinschaft, die zur Erfüllung der Verpflichtungen nach Artikel 6 Absatz 1 der Richtlinie 92/43/EWG einschließlich der Zahlung eines finanziellen Ausgleichs insbesondere für die Land- und Forstwirtschaft erforderlich ist.

(2) Die in die Liste nach Artikel 4 Absatz 2 Unterabsatz 3 der Richtlinie 92/43/EWG aufgenommenen Gebiete sind nach Maßgabe des Artikels 4 Absatz 4 dieser Richtlinie und die nach Artikel 4 Absatz 1 und 2 der Richtlinie 2009/147/EG benannten Gebiete entsprechend den jeweiligen Erhaltungszielen zu geschützten Teilen von Natur und Landschaft im Sinne des § 20 Absatz 2 zu erklären.

(3) [1]Die Schutzerklärung bestimmt den Schutzzweck entsprechend den jeweiligen Erhaltungszielen und die erforderlichen Gebietsbegrenzungen. [2]Es soll dargestellt werden, ob prioritäre natürliche Lebensraumtypen oder prioritäre Arten zu schützen sind. [3]Durch geeignete Gebote und Verbote sowie Pflege- und Entwicklungsmaßnahmen ist sicherzustellen, dass den Anforderungen des Artikels 6 der Richtlinie 92/43/EWG entsprochen wird. [4]Weiter gehende Schutzvorschriften bleiben unberührt.

(4) Die Unterschutzstellung nach den Absätzen 2 und 3 kann unterbleiben, soweit nach anderen Rechtsvorschriften einschließlich dieses Gesetzes und gebietsbezogener Bestimmungen des Landesrechts, nach Verwaltungsvorschriften, durch die Verfügungsbefugnis eines öffentlichen oder gemeinnützigen Trägers oder durch vertragliche Vereinbarungen ein gleichwertiger Schutz gewährleistet ist.

(5) Für Natura 2000-Gebiete können Bewirtschaftungspläne selbständig oder als Bestandteil anderer Pläne aufgestellt werden.

(6) Die Auswahl und die Erklärung von Gebieten im Sinne des Absatzes 1 Satz 1 und des Absatzes 2 im Bereich der deutschen ausschließlichen Wirtschaftszone und des Festlandsockels zu geschützten Teilen von Natur und Landschaft im Sinne des § 20 Absatz 2 richten sich nach § 57.

(7) [1]Für Schutzerklärungen im Sinne der Absätze 2 und 3, für den Schutz nach anderen Rechtsvorschriften im Sinne von Absatz 4 sowie für Pläne im Sinne von Absatz 5 gilt § 22 Absatz 2a und 2b entsprechend. [2]Dies gilt auch für Schutzerklärungen nach § 33 Absatz 2 bis 4 des Bundesnaturschutzgesetzes in der bis zum 28. Februar 2010 geltenden Fassung.

§ 33 Allgemeine Schutzvorschriften. (1) [1]Alle Veränderungen und Störungen, die zu einer erheblichen Beeinträchtigung eines Natura 2000-Gebiets in seinen für die Erhaltungsziele oder den Schutzzweck maßgeblichen Bestandteilen führen können, sind unzulässig. [2]Die für Naturschutz und Landschaftspflege zuständige Behörde kann unter den Voraussetzungen des § 34 Absatz 3

[1)] Zur Änd. durch Art. 10 KitafinanzhilfenÄndG v. 25.6.2021 (BGBl. I S. 2020) siehe die Anm. zu § 22.

bis 5 Ausnahmen von dem Verbot des Satzes 1 sowie von Verboten im Sinne des § 32 Absatz 3 zulassen.

(1a) [1] In Natura 2000-Gebieten ist die Errichtung von Anlagen zu folgenden Zwecken verboten:

1. zum Aufbrechen von Schiefer-, Ton- oder Mergelgestein oder von Kohleflözgestein unter hydraulischem Druck zur Aufsuchung oder Gewinnung von Erdgas,
2. zur untertägigen Ablagerung von Lagerstättenwasser, das bei Maßnahmen nach Nummer 1 anfällt.

[2] § 34 findet insoweit keine Anwendung.

(2) [1] Bei einem Gebiet im Sinne des Artikels 5 Absatz 1 der Richtlinie 92/43/EWG gilt während der Konzertierungsphase bis zur Beschlussfassung des Rates Absatz 1 Satz 1 im Hinblick auf die in ihm vorkommenden prioritären natürlichen Lebensraumtypen und prioritären Arten entsprechend. [2] Die §§ 34 und 36 finden keine Anwendung.

§ 34 Verträglichkeit und Unzulässigkeit von Projekten; Ausnahmen.

(1) [1] Projekte sind vor ihrer Zulassung oder Durchführung auf ihre Verträglichkeit mit den Erhaltungszielen eines Natura 2000-Gebiets zu überprüfen, wenn sie einzeln oder im Zusammenwirken mit anderen Projekten oder Plänen geeignet sind, das Gebiet erheblich zu beeinträchtigen, und nicht unmittelbar der Verwaltung des Gebiets dienen. [2] Soweit ein Natura 2000-Gebiet ein geschützter Teil von Natur und Landschaft im Sinne des § 20 Absatz 2 ist, ergeben sich die Maßstäbe für die Verträglichkeit aus dem Schutzzweck und den dazu erlassenen Vorschriften, wenn hierbei die jeweiligen Erhaltungsziele bereits berücksichtigt wurden. [3] Der Projektträger hat die zur Prüfung der Verträglichkeit sowie der Voraussetzungen nach den Absätzen 3 bis 5 erforderlichen Unterlagen vorzulegen.

(2) Ergibt die Prüfung der Verträglichkeit, dass das Projekt zu erheblichen Beeinträchtigungen des Gebiets in seinen für die Erhaltungsziele oder den Schutzzweck maßgeblichen Bestandteilen führen kann, ist es unzulässig.

(3) Abweichend von Absatz 2 darf ein Projekt nur zugelassen oder durchgeführt werden, soweit es

1. aus zwingenden Gründen des überwiegenden öffentlichen Interesses, einschließlich solcher sozialer oder wirtschaftlicher Art, notwendig ist und
2. zumutbare Alternativen, den mit dem Projekt verfolgten Zweck an anderer Stelle ohne oder mit geringeren Beeinträchtigungen zu erreichen, nicht gegeben sind.

(4) [1] Können von dem Projekt im Gebiet vorkommende prioritäre natürliche Lebensraumtypen oder prioritäre Arten betroffen werden, können als zwingende Gründe des überwiegenden öffentlichen Interesses nur solche im Zusammenhang mit der Gesundheit des Menschen, der öffentlichen Sicherheit, einschließlich der Verteidigung und des Schutzes der Zivilbevölkerung, oder den maßgeblich günstigen Auswirkungen des Projekts auf die Umwelt geltend gemacht werden. [2] Sonstige Gründe im Sinne des Absatzes 3 Nummer 1 können nur berücksichtigt werden, wenn die zuständige Behörde zuvor über das Bundesministerium für Umwelt, Naturschutz und nukleare Sicherheit eine Stellungnahme der Kommission eingeholt hat.

(5) [1]Soll ein Projekt nach Absatz 3, auch in Verbindung mit Absatz 4, zugelassen oder durchgeführt werden, sind die zur Sicherung des Zusammenhangs des Netzes „Natura 2000“ notwendigen Maßnahmen vorzusehen. [2]Die zuständige Behörde unterrichtet die Kommission über das Bundesministerium für Umwelt, Naturschutz und nukleare Sicherheit über die getroffenen Maßnahmen.

(6) [1]Bedarf ein Projekt im Sinne des Absatzes 1 Satz 1, das nicht von einer Behörde durchgeführt wird, nach anderen Rechtsvorschriften keiner behördlichen Entscheidung oder Anzeige an eine Behörde, so ist es der für Naturschutz und Landschaftspflege zuständigen Behörde anzuzeigen. [2]Diese kann die Durchführung des Projekts zeitlich befristen oder anderweitig beschränken, um die Einhaltung der Voraussetzungen der Absätze 1 bis 5 sicherzustellen. [3]Trifft die Behörde innerhalb eines Monats nach Eingang der Anzeige keine Entscheidung, kann mit der Durchführung des Projekts begonnen werden. [4]Wird mit der Durchführung eines Projekts ohne die erforderliche Anzeige begonnen, kann die Behörde die vorläufige Einstellung anordnen. [5]Liegen im Fall des Absatzes 2 die Voraussetzungen der Absätze 3 bis 5 nicht vor, hat die Behörde die Durchführung des Projekts zu untersagen. [6]Die Sätze 1 bis 5 sind nur insoweit anzuwenden, als Schutzvorschriften der Länder, einschließlich der Vorschriften über Ausnahmen und Befreiungen, keine strengeren Regelungen für die Zulässigkeit von Projekten enthalten.

(7) [1]Für geschützte Teile von Natur und Landschaft im Sinne des § 20 Absatz 2 und gesetzlich geschützte Biotope im Sinne des § 30 sind die Absätze 1 bis 6 nur insoweit anzuwenden, als die Schutzvorschriften, einschließlich der Vorschriften über Ausnahmen und Befreiungen, keine strengeren Regelungen für die Zulässigkeit von Projekten enthalten. [2]Die Verpflichtungen nach Absatz 4 Satz 2 zur Beteiligung der Kommission und nach Absatz 5 Satz 2 zur Unterrichtung der Kommission bleiben unberührt.

(8) Die Absätze 1 bis 7 gelten mit Ausnahme von Bebauungsplänen, die eine Planfeststellung ersetzen, nicht für Vorhaben im Sinne des § 29 des Baugesetzbuches[1)] in Gebieten mit Bebauungsplänen nach § 30 des Baugesetzbuches und während der Planaufstellung nach § 33 des Baugesetzbuches.

§ 35 Gentechnisch veränderte Organismen. Auf

1. Freisetzungen gentechnisch veränderter Organismen im Sinne des § 3 Nummer 5 des Gentechnikgesetzes und
2. die land-, forst- und fischereiwirtschaftliche Nutzung von rechtmäßig in Verkehr gebrachten Produkten, die gentechnisch veränderte Organismen enthalten oder aus solchen bestehen, sowie den sonstigen, insbesondere auch nicht erwerbswirtschaftlichen, Umgang mit solchen Produkten, der in seinen Auswirkungen den vorgenannten Handlungen vergleichbar ist, innerhalb eines Natura 2000-Gebiets

ist § 34 Absatz 1 und 2 entsprechend anzuwenden.

§ 36 Pläne. [1]Auf

1. Linienbestimmungen nach § 16 des Bundesfernstraßengesetzes und § 13 des Bundeswasserstraßengesetzes sowie

---

1) Nr. **1**.

2. Pläne, die bei behördlichen Entscheidungen zu beachten oder zu berücksichtigen sind

ist § 34 Absatz 1 bis 5 entsprechend anzuwenden. [2]Bei Raumordnungsplänen im Sinne des § 3 Absatz 1 Nummer 7 des Raumordnungsgesetzes[1)] und bei Bauleitplänen und Satzungen nach § 34 Absatz 4 Satz 1 Nummer 3 des Baugesetzbuches[2)] findet § 34 Absatz 1 Satz 1 keine Anwendung.

Kapitel 5. Schutz der wild lebenden Tier- und Pflanzenarten, ihrer Lebensstätten und Biotope

Abschnitt 1. Allgemeine Vorschriften

§ 37 Aufgaben des Artenschutzes. (1) [1]Die Vorschriften dieses Kapitels sowie § 6 Absatz 3 dienen dem Schutz der wild lebenden Tier- und Pflanzenarten. [2]Der Artenschutz umfasst

1. den Schutz der Tiere und Pflanzen wild lebender Arten und ihrer Lebensgemeinschaften vor Beeinträchtigungen durch den Menschen und die Gewährleistung ihrer sonstigen Lebensbedingungen,
2. den Schutz der Lebensstätten und Biotope der wild lebenden Tier- und Pflanzenarten sowie
3. die Wiederansiedlung von Tieren und Pflanzen verdrängter wild lebender Arten in geeigneten Biotopen innerhalb ihres natürlichen Verbreitungsgebiets.

(2) [1]Die Vorschriften des Pflanzenschutzrechts, des Tierschutzrechts, des Seuchenrechts sowie des Forst-, Jagd- und Fischereirechts bleiben von den Vorschriften dieses Kapitels und den auf Grund dieses Kapitels erlassenen Rechtsvorschriften unberührt. [2]Soweit in jagd- oder fischereirechtlichen Vorschriften keine besonderen Bestimmungen zum Schutz und zur Pflege der betreffenden Arten bestehen oder erlassen werden, sind vorbehaltlich der Rechte der Jagdausübungs- oder Fischereiberechtigten die Vorschriften dieses Kapitels und die auf Grund dieses Kapitels erlassenen Rechtsvorschriften anzuwenden.

§ 38 Allgemeine Vorschriften für den Arten-, Lebensstätten- und Biotopschutz. (1) Zur Vorbereitung und Durchführung der Aufgaben nach § 37 Absatz 1 erstellen die für Naturschutz und Landschaftspflege zuständigen Behörden des Bundes und der Länder auf der Grundlage der Beobachtung nach § 6 Schutz-, Pflege- und Entwicklungsziele und verwirklichen sie.

(2) [1]Soweit dies zur Umsetzung völker- und gemeinschaftsrechtlicher Vorgaben oder zum Schutz von Arten, die in einer Rechtsverordnung nach § 54 Absatz 1 Nummer 2 aufgeführt sind, einschließlich deren Lebensstätten, erforderlich ist, ergreifen die für Naturschutz und Landschaftspflege zuständigen Behörden des Bundes und der Länder wirksame und aufeinander abgestimmte vorbeugende Schutzmaßnahmen oder stellen Artenhilfsprogramme auf. [2]Sie treffen die erforderlichen Maßnahmen, um sicherzustellen, dass der unbeabsichtigte Fang oder das unbeabsichtigte Töten keine erheblichen nachteiligen Auswirkungen auf die streng geschützten Arten haben.

[1)] Nr. **5**.
[2)] Nr. **1**.

(3) Die erforderliche Forschung und die notwendigen wissenschaftlichen Arbeiten im Sinne des Artikels 18 der Richtlinie 92/43/EWG und des Artikels 10 der Richtlinie 2009/147/EG werden gefördert.

...

Abschnitt 3. Besonderer Artenschutz

§ 44 Vorschriften für besonders geschützte und bestimmte andere Tier- und Pflanzenarten. (1) Es ist verboten,

1. wild lebenden Tieren der besonders geschützten Arten nachzustellen, sie zu fangen, zu verletzen oder zu töten oder ihre Entwicklungsformen aus der Natur zu entnehmen, zu beschädigen oder zu zerstören,
2. wild lebende Tiere der streng geschützten Arten und der europäischen Vogelarten während der Fortpflanzungs-, Aufzucht-, Mauser-, Überwinterungs- und Wanderungszeiten erheblich zu stören; eine erhebliche Störung liegt vor, wenn sich durch die Störung der Erhaltungszustand der lokalen Population einer Art verschlechtert,
3. Fortpflanzungs- oder Ruhestätten der wild lebenden Tiere der besonders geschützten Arten aus der Natur zu entnehmen, zu beschädigen oder zu zerstören,
4. wild lebende Pflanzen der besonders geschützten Arten oder ihre Entwicklungsformen aus der Natur zu entnehmen, sie oder ihre Standorte zu beschädigen oder zu zerstören

(Zugriffsverbote).

(2) [1] Es ist ferner verboten,

1. Tiere und Pflanzen der besonders geschützten Arten in Besitz oder Gewahrsam zu nehmen, in Besitz oder Gewahrsam zu haben oder zu be- oder verarbeiten
   (Besitzverbote),
2. Tiere und Pflanzen der besonders geschützten Arten im Sinne des § 7 Absatz 2 Nummer 13 Buchstabe b und c
   a) zu verkaufen, zu kaufen, zum Verkauf oder Kauf anzubieten, zum Verkauf vorrätig zu halten oder zu befördern, zu tauschen oder entgeltlich zum Gebrauch oder zur Nutzung zu überlassen,
   b) zu kommerziellen Zwecken zu erwerben, zur Schau zu stellen oder auf andere Weise zu verwenden

   (Vermarktungsverbote).

[2] Artikel 9 der Verordnung (EG) Nr. 338/97 bleibt unberührt.

(3) Die Besitz- und Vermarktungsverbote gelten auch für Waren im Sinne des Anhangs der Richtlinie 83/129/EWG, die entgegen den Artikeln 1 und 3 dieser Richtlinie nach dem 30. September 1983 in die Gemeinschaft gelangt sind.

(4) [1] Entspricht die land-, forst- und fischereiwirtschaftliche Bodennutzung und die Verwertung der dabei gewonnenen Erzeugnisse den in § 5 Absatz 2 bis 4 dieses Gesetzes genannten Anforderungen sowie den sich aus § 17 Absatz 2 des Bundes-Bodenschutzgesetzes und dem Recht der Land-, Forst- und Fischereiwirtschaft ergebenden Anforderungen an die gute fachliche Praxis, verstößt sie nicht gegen die Zugriffs-, Besitz- und Vermarktungsverbote. [2] Sind in

Anhang IV der Richtlinie 92/43/EWG aufgeführte Arten, europäische Vogelarten oder solche Arten, die in einer Rechtsverordnung nach § 54 Absatz 1 Nummer 2 aufgeführt sind, betroffen, gilt dies nur, soweit sich der Erhaltungszustand der lokalen Population einer Art durch die Bewirtschaftung nicht verschlechtert. [3]Soweit dies nicht durch anderweitige Schutzmaßnahmen, insbesondere durch Maßnahmen des Gebietsschutzes, Artenschutzprogramme, vertragliche Vereinbarungen oder gezielte Aufklärung sichergestellt ist, ordnet die zuständige Behörde gegenüber den verursachenden Land-, Forst- oder Fischwirten die erforderlichen Bewirtschaftungsvorgaben an. [4]Befugnisse nach Landesrecht zur Anordnung oder zum Erlass entsprechender Vorgaben durch Allgemeinverfügung oder Rechtsverordnung bleiben unberührt.

(5) [1]Für nach § 15 Absatz 1 unvermeidbare Beeinträchtigungen durch Eingriffe in Natur und Landschaft, die nach § 17 Absatz 1 oder Absatz 3 zugelassen oder von einer Behörde durchgeführt werden, sowie für Vorhaben im Sinne des § 18 Absatz 2 Satz 1 gelten die Zugriffs-, Besitz- und Vermarktungsverbote nach Maßgabe der Sätze 2 bis 5. [2]Sind in Anhang IV Buchstabe a der Richtlinie 92/43/EWG aufgeführte Tierarten, europäische Vogelarten oder solche Arten betroffen, die in einer Rechtsverordnung nach § 54 Absatz 1 Nummer 2 aufgeführt sind, liegt ein Verstoß gegen

1. das Tötungs- und Verletzungsverbot nach Absatz 1 Nummer 1 nicht vor, wenn die Beeinträchtigung durch den Eingriff oder das Vorhaben das Tötungs- und Verletzungsrisiko für Exemplare der betroffenen Arten nicht signifikant erhöht und diese Beeinträchtigung bei Anwendung der gebotenen, fachlich anerkannten Schutzmaßnahmen nicht vermieden werden kann,
2. das Verbot des Nachstellens und Fangens wild lebender Tiere und der Entnahme, Beschädigung oder Zerstörung ihrer Entwicklungsformen nach Absatz 1 Nummer 1 nicht vor, wenn die Tiere oder ihre Entwicklungsformen im Rahmen einer erforderlichen Maßnahme, die auf den Schutz der Tiere vor Tötung oder Verletzung oder ihrer Entwicklungsformen vor Entnahme, Beschädigung oder Zerstörung und die Erhaltung der ökologischen Funktion der Fortpflanzungs- oder Ruhestätten im räumlichen Zusammenhang gerichtet ist, beeinträchtigt werden und diese Beeinträchtigungen unvermeidbar sind,
3. das Verbot nach Absatz 1 Nummer 3 nicht vor, wenn die ökologische Funktion der von dem Eingriff oder Vorhaben betroffenen Fortpflanzungs- und Ruhestätten im räumlichen Zusammenhang weiterhin erfüllt wird.

[3]Soweit erforderlich, können auch vorgezogene Ausgleichsmaßnahmen festgelegt werden. [4]Für Standorte wild lebender Pflanzen der in Anhang IV Buchstabe b der Richtlinie 92/43/EWG aufgeführten Arten gelten die Sätze 2 und 3 entsprechend. [5]Sind andere besonders geschützte Arten betroffen, liegt bei Handlungen zur Durchführung eines Eingriffs oder Vorhabens kein Verstoß gegen die Zugriffs-, Besitz- und Vermarktungsverbote vor.

(6) [1]Die Zugriffs- und Besitzverbote gelten nicht für Handlungen zur Vorbereitung gesetzlich vorgeschriebener Prüfungen, die von fachkundigen Personen unter größtmöglicher Schonung der untersuchten Exemplare und der übrigen Tier- und Pflanzenwelt im notwendigen Umfang vorgenommen werden. [2]Die Anzahl der verletzten oder getöteten Exemplare von europäischen Vogelarten und Arten der in Anhang IV Buchstabe a der Richtlinie 92/43/

EWG aufgeführten Tierarten ist von der fachkundigen Person der für Naturschutz und Landschaftspflege zuständigen Behörde jährlich mitzuteilen.

§ 45 Ausnahmen; Ermächtigung zum Erlass von Rechtsverordnungen. (1) [1] Von den Besitzverboten sind, soweit sich aus einer Rechtsverordnung nach § 54 Absatz 5 nichts anderes ergibt, ausgenommen

1. Tiere und Pflanzen der besonders geschützten Arten, die rechtmäßig
   a) in der Gemeinschaft gezüchtet und nicht herrenlos geworden sind, durch künstliche Vermehrung gewonnen oder aus der Natur entnommen worden sind,
   b) aus Drittstaaten in die Gemeinschaft gelangt sind,
2. Tiere und Pflanzen der Arten, die in einer Rechtsverordnung nach § 54 Absatz 4 aufgeführt und vor ihrer Aufnahme in die Rechtsverordnung rechtmäßig in der Gemeinschaft erworben worden sind.

[2] Satz 1 Nummer 1 Buchstabe b gilt nicht für Tiere und Pflanzen der Arten im Sinne des § 7 Absatz 2 Nummer 13 Buchstabe b, die nach dem 3. April 2002 ohne eine Ausnahme oder Befreiung nach § 43 Absatz 8 Satz 2 oder § 62 des Bundesnaturschutzgesetzes in der bis zum 1. März 2010 geltenden Fassung oder nach dem 1. März 2010 ohne eine Ausnahme nach Absatz 8 aus einem Drittstaat unmittelbar in das Inland gelangt sind. [3] Abweichend von Satz 2 dürfen tote Vögel von europäischen Vogelarten im Sinne des § 7 Absatz 2 Nummer 13 Buchstabe b Doppelbuchstabe bb, soweit diese nach § 2 Absatz 1 des Bundesjagdgesetzes dem Jagdrecht unterliegen, zum persönlichen Gebrauch oder als Hausrat ohne eine Ausnahme oder Befreiung aus einem Drittstaat unmittelbar in das Inland verbracht werden.

(2) [1] Soweit nach Absatz 1 Tiere und Pflanzen der besonders geschützten Arten keinen Besitzverboten unterliegen, sind sie auch von den Vermarktungsverboten ausgenommen. [2] Dies gilt vorbehaltlich einer Rechtsverordnung nach § 54 Absatz 5 nicht für aus der Natur entnommene

1. Tiere und Pflanzen der streng geschützten Arten und
2. Tiere europäischer Vogelarten.

(3) Von den Vermarktungsverboten sind auch ausgenommen

1. Tiere und Pflanzen der streng geschützten Arten, die vor ihrer Unterschutzstellung als vom Aussterben bedrohte oder streng geschützte Arten rechtmäßig erworben worden sind,
2. Tiere europäischer Vogelarten, die vor dem 6. April 1981 rechtmäßig erworben worden oder in Anhang III Teil A der Richtlinie 2009/147/EG aufgeführt sind,
3. Tiere und Pflanzen der Arten, die den Richtlinien 92/43/EWG und 2009/147/EG unterliegen und die in einem Mitgliedstaat in Übereinstimmung mit den Richtlinien zu den in § 44 Absatz 2 Satz 1 Nummer 2 genannten Handlungen freigegeben worden sind.

(4) Abweichend von den Besitz- und Vermarktungsverboten ist es vorbehaltlich jagd- und fischereirechtlicher Vorschriften zulässig, tot aufgefundene Tiere und Pflanzen aus der Natur zu entnehmen und an die von der für Naturschutz und Landschaftspflege zuständigen Behörde bestimmte Stelle abzugeben oder, soweit sie nicht zu den streng geschützten Arten gehören, für Zwecke der Forschung oder Lehre oder zur Präparation für diese Zwecke zu verwenden.

(5) [1] Abweichend von den Verboten des § 44 Absatz 1 Nummer 1 sowie den Besitzverboten ist es vorbehaltlich jagdrechtlicher Vorschriften ferner zulässig, verletzte, hilflose oder kranke Tiere aufzunehmen, um sie gesund zu pflegen. [2] Die Tiere sind unverzüglich freizulassen, sobald sie sich selbständig erhalten können. [3] Im Übrigen sind sie an die von der für Naturschutz und Landschaftspflege zuständigen Behörde bestimmte Stelle abzugeben. [4] Handelt es sich um Tiere der streng geschützten Arten, so hat der Besitzer die Aufnahme des Tieres der für Naturschutz und Landschaftspflege zuständigen Behörde zu melden. [5] Diese kann die Herausgabe des aufgenommenen Tieres verlangen.

(6) [1] Die nach Landesrecht zuständigen Behörden können Ausnahmen von den Besitz- und Vermarktungsverboten zulassen, soweit dies für die Verwertung beschlagnahmter oder eingezogener Tiere und Pflanzen erforderlich ist und Rechtsakte der Europäischen Gemeinschaft dem nicht entgegenstehen. [2] Ist für die Beschlagnahme oder Einziehung eine Bundesbehörde zuständig, kann diese Behörde Ausnahmen von den Besitz- und Vermarktungsverboten im Sinne von Satz 1 zulassen.

(7) [1] Die für Naturschutz und Landschaftspflege zuständigen Behörden sowie im Fall des Verbringens aus dem Ausland das Bundesamt für Naturschutz können von den Verboten des § 44 im Einzelfall weitere Ausnahmen zulassen

1. zur Abwendung ernster land-, forst-, fischerei- oder wasserwirtschaftlicher oder sonstiger ernster wirtschaftlicher Schäden,
2. zum Schutz der natürlich vorkommenden Tier- und Pflanzenwelt,
3. für Zwecke der Forschung, Lehre, Bildung oder Wiederansiedlung oder diesen Zwecken dienende Maßnahmen der Aufzucht oder künstlichen Vermehrung,
4. im Interesse der Gesundheit des Menschen, der öffentlichen Sicherheit, einschließlich der Verteidigung und des Schutzes der Zivilbevölkerung, oder der maßgeblich günstigen Auswirkungen auf die Umwelt oder
5. aus anderen zwingenden Gründen des überwiegenden öffentlichen Interesses einschließlich solcher sozialer oder wirtschaftlicher Art.

[2] Eine Ausnahme darf nur zugelassen werden, wenn zumutbare Alternativen nicht gegeben sind und sich der Erhaltungszustand der Populationen einer Art nicht verschlechtert, soweit nicht Artikel 16 Absatz 1 der Richtlinie 92/43/EWG weiter gehende Anforderungen enthält. [3] Artikel 16 Absatz 3 der Richtlinie 92/43/EWG und Artikel 9 Absatz 2 der Richtlinie 2009/147/EG sind zu beachten. [4] Die Landesregierungen können Ausnahmen auch allgemein durch Rechtsverordnung zulassen. [5] Sie können die Ermächtigung nach Satz 4 durch Rechtsverordnung auf andere Landesbehörden übertragen.

(8) Das Bundesamt für Naturschutz kann im Fall des Verbringens aus dem Ausland von den Verboten des § 44 unter den Voraussetzungen des Absatzes 7 Satz 2 und 3 im Einzelfall weitere Ausnahmen zulassen, um unter kontrollierten Bedingungen und in beschränktem Ausmaß eine vernünftige Nutzung von Tieren und Pflanzen bestimmter Arten im Sinne des § 7 Absatz 2 Nummer 13 Buchstabe b sowie für gezüchtete und künstlich vermehrte Tiere oder Pflanzen dieser Arten zu ermöglichen.

…

Abschnitt 4. Zuständige Behörden, Verbringen von Tieren und Pflanzen

§ 48 Zuständige Behörden für den Schutz von Exemplaren wild lebender Tier- und Pflanzenarten durch Überwachung des Handels.

(1) Vollzugsbehörden im Sinne des Artikels 13 Absatz 1 der Verordnung (EG) Nr. 338/97 und des Artikels IX des Washingtoner Artenschutzübereinkommens sind

1. das Bundesministerium für Umwelt, Naturschutz und nukleare Sicherheit für den Verkehr mit anderen Vertragsparteien und mit dem Sekretariat (Artikel IX Absatz 2 des Washingtoner Artenschutzübereinkommens), mit Ausnahme der in Nummer 2 Buchstabe a und c sowie Nummer 4 genannten Aufgaben, und für die in Artikel 12 Absatz 1, 3 und 5, den Artikeln 13 und 15 Absatz 1 und 5 und Artikel 20 der Verordnung (EG) Nr. 338/97 genannten Aufgaben,
2. das Bundesamt für Naturschutz
   a) für die Erteilung von Ein- und Ausfuhrgenehmigungen und Wiederausfuhrbescheinigungen im Sinne des Artikels 4 Absatz 1 und 2 und des Artikels 5 Absatz 1 und 4 der Verordnung (EG) Nr. 338/97 sowie von sonstigen Dokumenten im Sinne des Artikels IX Absatz 1 Buchstabe a des Washingtoner Artenschutzübereinkommens sowie für den Verkehr mit dem Sekretariat, der Kommission der Europäischen Gemeinschaften und mit Behörden anderer Vertragsstaaten und Nichtvertragsstaaten im Zusammenhang mit der Bearbeitung von Genehmigungsanträgen oder bei der Verfolgung von Ein- und Ausfuhrverstößen sowie für die in Artikel 15 Absatz 4 Buchstabe a und c der Verordnung (EG) Nr. 338/97 genannten Aufgaben,
   b) für die Zulassung von Ausnahmen nach Artikel 8 Absatz 3 der Verordnung (EG) Nr. 338/97 im Fall der Einfuhr,
   c) für die Anerkennung von Betrieben, in denen im Sinne des Artikels VII Absatz 4 des Washingtoner Artenschutzübereinkommens Exemplare für Handelszwecke gezüchtet oder künstlich vermehrt werden sowie für die Meldung des in Artikel 7 Absatz 1 Nummer 4 der Verordnung (EG) Nr. 338/97 genannten Registrierungsverfahrens gegenüber dem Sekretariat (Artikel IX Absatz 2 des Washingtoner Artenschutzübereinkommens),
   d) die Erteilung von Bescheinigungen nach den Artikeln 30, 37 und 44a der Verordnung (EG) Nr. 865/2006 der Kommission vom 4. Mai 2006 mit Durchführungsbestimmungen zur Verordnung (EG) Nr. 338/97 des Rates über den Schutz von Exemplaren wild lebender Tier- und Pflanzenarten durch Überwachung des Handels (ABl. L 166 vom 19.6.2006, S. 1), die durch die Verordnung (EG) Nr. 100/2008 (ABl. L 31 vom 5.2.2008, S. 3) geändert worden ist, im Fall der Ein- und Ausfuhr,
   e) die Registrierung von Kaviarverpackungsbetrieben nach Artikel 66 der Verordnung (EG) Nr. 865/2006,
   f) für die Verwertung der von den Zollstellen nach § 51 eingezogenen lebenden Tieren und Pflanzen sowie für die Verwertung der von Zollbehörden nach § 51 eingezogenen toten Tiere und Pflanzen sowie Teilen davon und Erzeugnisse daraus, soweit diese von streng geschützten Arten stammen,

3. die Bundeszollverwaltung für den Informationsaustausch mit dem Sekretariat in Angelegenheiten der Bekämpfung der Artenschutzkriminalität,
4. die nach Landesrecht für Naturschutz und Landschaftspflege zuständigen Behörden für alle übrigen Aufgaben im Sinne der Verordnung (EG) Nr. 338/97.

(2) Wissenschaftliche Behörde im Sinne des Artikels 13 Absatz 2 der Verordnung (EG) Nr. 338/97 ist das Bundesamt für Naturschutz.

...

Kapitel 8. Mitwirkung von anerkannten Naturschutzvereinigungen

§ 63 Mitwirkungsrechte. (1) Einer nach § 3 des Umwelt-Rechtsbehelfsgesetzes vom Bund anerkannten Vereinigung, die nach ihrem satzungsgemäßen Aufgabenbereich im Schwerpunkt die Ziele des Naturschutzes und der Landschaftspflege fördert (anerkannte Naturschutzvereinigung), ist Gelegenheit zur Stellungnahme und zur Einsicht in die einschlägigen Sachverständigengutachten zu geben

1. bei der Vorbereitung von Verordnungen und anderen im Rang unter dem Gesetz stehenden Rechtsvorschriften auf dem Gebiet des Naturschutzes und der Landschaftspflege durch die Bundesregierung oder das Bundesministerium für Umwelt, Naturschutz und nukleare Sicherheit,
2. vor der Erteilung von Befreiungen von Geboten und Verboten zum Schutz von geschützten Meeresgebieten im Sinne des § 57 Absatz 2 sowie vor dem Erlass von Abweichungsentscheidungen nach § 34 Absatz 3 bis 5 auch in Verbindung mit § 36 Satz 1 Nummer 2, auch wenn diese durch eine andere Entscheidung eingeschlossen oder ersetzt werden,
3. in Planfeststellungsverfahren, die von Behörden des Bundes oder im Bereich der deutschen ausschließlichen Wirtschaftszone und des Festlandsockels von Behörden der Länder durchgeführt werden, wenn es sich um Vorhaben handelt, die mit Eingriffen in Natur und Landschaft verbunden sind,
4. bei Plangenehmigungen, die von Behörden des Bundes erlassen werden und an die Stelle einer Planfeststellung im Sinne der Nummer 3 treten, wenn eine Öffentlichkeitsbeteiligung vorgesehen ist,

soweit sie durch das Vorhaben in ihrem satzungsgemäßen Aufgabenbereich berührt wird.

(2) Einer nach § 3 des Umwelt-Rechtsbehelfsgesetzes von einem Land anerkannten Naturschutzvereinigung, die nach ihrer Satzung landesweit tätig ist, ist Gelegenheit zur Stellungnahme und zur Einsicht in die einschlägigen Sachverständigengutachten zu geben

1. bei der Vorbereitung von Verordnungen und anderen im Rang unter dem Gesetz stehenden Rechtsvorschriften der für Naturschutz und Landschaftspflege zuständigen Behörden der Länder,
2. bei der Vorbereitung von Programmen und Plänen im Sinne der §§ 10 und 11,
3. bei der Vorbereitung von Plänen im Sinne des § 36 Satz 1 Nummer 2,
4. bei der Vorbereitung von Programmen staatlicher und sonstiger öffentlicher Stellen zur Wiederansiedlung von Tieren und Pflanzen verdrängter wild lebender Arten in der freien Natur,

4a. vor der Erteilung einer Genehmigung für die Errichtung, die Erweiterung, eine wesentliche Änderung oder den Betrieb eines Zoos nach § 42 Absatz 2 Satz 1,

4b. vor der Zulassung einer Ausnahme nach § 45 Absatz 7 Satz 1 durch Rechtsverordnung oder durch Allgemeinverfügung,

5. vor der Erteilung von Befreiungen von Geboten und Verboten zum Schutz von Gebieten im Sinne des § 32 Absatz 2, Natura 2000-Gebieten, Naturschutzgebieten, Nationalparken, Nationalen Naturmonumenten und Biosphärenreservaten sowie von Abweichungsentscheidungen nach § 34 Absatz 3 bis 5, auch in Verbindung mit § 36 Satz 1 Nummer 2, auch wenn diese durch eine andere Entscheidung eingeschlossen oder ersetzt werden,

6. in Planfeststellungsverfahren, wenn es sich um Vorhaben im Gebiet des anerkennenden Landes handelt, die mit Eingriffen in Natur und Landschaft verbunden sind,

7. bei Plangenehmigungen, die an die Stelle einer Planfeststellung im Sinne der Nummer 6 treten, wenn eine Öffentlichkeitsbeteiligung vorgesehen ist,

8. in weiteren Verfahren zur Ausführung von landesrechtlichen Vorschriften, wenn das Landesrecht dies vorsieht,

soweit sie durch das Vorhaben in ihrem satzungsgemäßen Aufgabenbereich berührt wird.

(3) [1] § 28 Absatz 2 Nummer 1 und 2, Absatz 3 und § 29 Absatz 2 des Verwaltungsverfahrensgesetzes gelten entsprechend. [2] Eine in anderen Rechtsvorschriften des Bundes oder der Länder vorgeschriebene inhaltsgleiche oder weiter gehende Form der Mitwirkung bleibt unberührt.

(4) Die Länder können bestimmen, dass in Fällen, in denen Auswirkungen auf Natur und Landschaft nicht oder nur im geringfügigen Umfang zu erwarten sind, von einer Mitwirkung abgesehen werden kann.

§ 64 Rechtsbehelfe. (1) Eine anerkannte Naturschutzvereinigung kann, soweit § 1 Absatz 3 des Umwelt-Rechtsbehelfsgesetzes nicht entgegensteht, ohne in eigenen Rechten verletzt zu sein, Rechtsbehelfe nach Maßgabe der Verwaltungsgerichtsordnung einlegen gegen Entscheidungen nach § 63 Absatz 1 Nummer 2 bis 4 und Absatz 2 Nummer 4a bis 7, wenn die Vereinigung

1. geltend macht, dass die Entscheidung Vorschriften dieses Gesetzes, Rechtsvorschriften, die auf Grund dieses Gesetzes erlassen worden sind oder fortgelten, Naturschutzrecht der Länder oder anderen Rechtsvorschriften, die bei der Entscheidung zu beachten und zumindest auch den Belangen des Naturschutzes und der Landschaftspflege zu dienen bestimmt sind, widerspricht,

2. in ihrem satzungsgemäßen Aufgaben- und Tätigkeitsbereich, soweit sich die Anerkennung darauf bezieht, berührt wird und

3. zur Mitwirkung nach § 63 Absatz 1 Nummer 2 oder Absatz 2 Nummer 4a bis 5 berechtigt war und sie sich hierbei in der Sache geäußert hat oder ihr keine Gelegenheit zur Äußerung gegeben worden ist; dies gilt auch für die Mitwirkung nach § 63 Absatz 1 Nummer 3 und Absatz 2 Nummer 6, sofern für ein solches Planfeststellungsverfahren eine Anwendung des Bundesnaturschutzgesetzes nicht nach § 1 Absatz 3 des Umwelt-Rechtsbehelfsgesetzes ausgeschlossen ist.

(2) § 1 Absatz 1 Satz 3 und 4, § 2 Absatz 3 Satz 1 und § 5 des Umwelt-Rechtsbehelfsgesetzes gelten entsprechend.

(3) Die Länder können Rechtsbehelfe von anerkannten Naturschutzvereinigungen auch in anderen Fällen zulassen, in denen nach § 63 Absatz 2 Nummer 8 eine Mitwirkung vorgesehen ist.

Kapitel 9. Eigentumsbindung, Befreiungen

§ 65 Duldungspflicht. (1) [1]Eigentümer und sonstige Nutzungsberechtigte von Grundstücken haben Maßnahmen des Naturschutzes und der Landschaftspflege auf Grund von Vorschriften dieses Gesetzes, Rechtsvorschriften, die auf Grund dieses Gesetzes erlassen worden sind oder fortgelten, oder Naturschutzrecht der Länder zu dulden, soweit dadurch die Nutzung des Grundstücks nicht unzumutbar beeinträchtigt wird. [2]Weiter gehende Regelungen der Länder bleiben unberührt.

(2) Vor der Durchführung der Maßnahmen sind die Berechtigten in geeigneter Weise zu benachrichtigen.

(3) Die Befugnis der Bediensteten und Beauftragten der Naturschutzbehörden, zur Erfüllung ihrer Aufgaben Grundstücke zu betreten, richtet sich nach Landesrecht.

§ 66 Vorkaufsrecht. (1) [1]Den Ländern steht ein Vorkaufsrecht zu an Grundstücken,

1. die in Nationalparken, Nationalen Naturmonumenten, Naturschutzgebieten oder als solchen einstweilig sichergestellten Gebieten liegen,
2. auf denen sich Naturdenkmäler oder als solche einstweilig sichergestellte Gegenstände befinden,
3. auf denen sich oberirdische Gewässer befinden.

[2]Liegen die Merkmale des Satzes 1 Nummer 1 bis 3 nur bei einem Teil des Grundstücks vor, so erstreckt sich das Vorkaufsrecht nur auf diesen Teil. [3]Der Eigentümer kann verlangen, dass sich der Vorkauf auf das gesamte Grundstück erstreckt, wenn ihm der weitere Verbleib in seinem Eigentum wirtschaftlich nicht zuzumuten ist.

(2) Das Vorkaufsrecht darf nur ausgeübt werden, wenn dies aus Gründen des Naturschutzes und der Landschaftspflege einschließlich der Erholungsvorsorge erforderlich ist.

(3) [1]Das Vorkaufsrecht bedarf nicht der Eintragung in das Grundbuch. [2]Es geht rechtsgeschäftlich und landesrechtlich begründeten Vorkaufsrechten mit Ausnahme solcher auf den Gebieten des Grundstücksverkehrs und des Siedlungswesens im Rang vor. [3]Bei einem Eigentumserwerb auf Grund der Ausübung des Vorkaufsrechts erlöschen durch Rechtsgeschäft begründete Vorkaufsrechte. [4]Die §§ 463 bis 469, 471, 1098 Absatz 2 und die §§ 1099 bis 1102 des Bürgerlichen Gesetzbuches finden Anwendung. [5]Das Vorkaufsrecht erstreckt sich nicht auf einen Verkauf, der an einen Ehegatten, eingetragenen Lebenspartner oder einen Verwandten ersten Grades erfolgt.

(4) Das Vorkaufsrecht kann von den Ländern auf Antrag auch zugunsten von Körperschaften und Stiftungen des öffentlichen Rechts und anerkannten Naturschutzvereinigungen ausgeübt werden.

(5) Abweichende Vorschriften der Länder bleiben unberührt.

§ 67 Befreiungen. (1) [1]Von den Geboten und Verboten dieses Gesetzes, in einer Rechtsverordnung auf Grund des § 57 sowie nach dem Naturschutzrecht der Länder kann auf Antrag Befreiung gewährt werden, wenn

1. dies aus Gründen des überwiegenden öffentlichen Interesses, einschließlich solcher sozialer und wirtschaftlicher Art, notwendig ist oder
2. die Durchführung der Vorschriften im Einzelfall zu einer unzumutbaren Belastung führen würde und die Abweichung mit den Belangen von Naturschutz und Landschaftspflege vereinbar ist.

[2]Im Rahmen des Kapitels 5 gilt Satz 1 nur für die §§ 39 und 40, 42 und 43.

(2) [1]Von den Verboten des § 33 Absatz 1 Satz 1 und des § 44 sowie von Geboten und Verboten im Sinne des § 32 Absatz 3 kann auf Antrag Befreiung gewährt werden, wenn die Durchführung der Vorschriften im Einzelfall zu einer unzumutbaren Belastung führen würde. [2]Im Fall des Verbringens von Tieren oder Pflanzen aus dem Ausland wird die Befreiung vom Bundesamt für Naturschutz gewährt.

(3) [1]Die Befreiung kann mit Nebenbestimmungen versehen werden. [2]§ 15 Absatz 1 bis 4 und Absatz 6 sowie § 17 Absatz 5 und 7 finden auch dann Anwendung, wenn kein Eingriff in Natur und Landschaft im Sinne des § 14 vorliegt.

§ 68 Beschränkungen des Eigentums; Entschädigung und Ausgleich.

(1) Führen Beschränkungen des Eigentums, die sich auf Grund von Vorschriften dieses Gesetzes, Rechtsvorschriften, die auf Grund dieses Gesetzes erlassen worden sind oder fortgelten, oder Naturschutzrecht der Länder ergeben, im Einzelfall zu einer unzumutbaren Belastung, der nicht durch andere Maßnahmen, insbesondere durch die Gewährung einer Ausnahme oder Befreiung, abgeholfen werden kann, ist eine angemessene Entschädigung zu leisten.

(2) [1]Die Entschädigung ist in Geld zu leisten. [2]Sie kann in wiederkehrenden Leistungen bestehen. [3]Der Eigentümer kann die Übernahme eines Grundstücks verlangen, wenn ihm der weitere Verbleib in seinem Eigentum wirtschaftlich nicht zuzumuten ist. [4]Das Nähere richtet sich nach Landesrecht.

(3) Die Enteignung von Grundstücken zum Wohl der Allgemeinheit aus Gründen des Naturschutzes und der Landschaftspflege richtet sich nach Landesrecht.

(4) Die Länder können vorsehen, dass Eigentümern und Nutzungsberechtigten, denen auf Grund von Vorschriften dieses Gesetzes, Rechtsvorschriften, die auf Grund dieses Gesetzes erlassen worden sind oder fortgelten, oder Naturschutzrecht der Länder insbesondere die land-, forst- und fischereiwirtschaftliche Nutzung von Grundstücken wesentlich erschwert wird, ohne dass eine Entschädigung nach den Absätzen 1 bis 3 zu leisten ist, auf Antrag ein angemessener Ausgleich nach Maßgabe des jeweiligen Haushaltsgesetzes gezahlt werden kann.

1b. Gesetz zur Sicherstellung ordnungsgemäßer Planungs- und Genehmigungsverfahren während der COVID-19-Pandemie (Planungssicherstellungsgesetz – PlanSiG)[1) 2)]

Vom 20. Mai 2020
(BGBl. I S. 1041)

FNA 2129-66

zuletzt geänd. durch Art. 1 ÄndG v. 8.12.2022 (BGBl. I S. 2234)

Der Bundestag hat mit Zustimmung des Bundesrates das folgende Gesetz beschlossen:

§ 1[3)] **Anwendungsbereich.** [1] Dieses Gesetz gilt für Verfahren nach

1. dem Gesetz über die Umweltverträglichkeitsprüfung in der Fassung der Bekanntmachung vom 24. Februar 2010 (BGBl. I S. 94), das zuletzt durch Artikel 2 des Gesetzes vom 12. Dezember 2019 (BGBl. I S. 2513) geändert worden ist;
2. dem Bundes-Immissionsschutzgesetz in der Fassung der Bekanntmachung vom 17. Mai 2013 (BGBl. I S. 1274), das zuletzt durch Artikel 1 des Gesetzes vom 8. April 2019 (BGBl. I S. 432) geändert worden ist;
3. dem Kreislaufwirtschaftsgesetz vom 24. Februar 2012 (BGBl. I S. 212), das zuletzt durch Artikel 2 Absatz 9 des Gesetzes vom 20. Juli 2017 (BGBl. I S. 2808) geändert worden ist;
4. dem Baugesetzbuch[4)] in der Fassung der Bekanntmachung vom 3. November 2017 (BGBl. I S. 3634), das durch Artikel 6 des Gesetzes vom 27. März 2020 (BGBl. I S. 587) geändert worden ist;
5. dem Raumordnungsgesetz[5)] vom 22. Dezember 2008 (BGBl. I S. 2986), das zuletzt durch Artikel 2 Absatz 15 des Gesetzes vom 20. Juli 2017 (BGBl. I S. 2808) geändert worden ist;
6. dem Bundesberggesetz vom 13. August 1980 (BGBl. I S. 1310), das zuletzt durch Artikel 2 des Gesetzes vom 29. April 2020 (BGBl. I S. 864) geändert worden ist;

[1)] **Amtl. Anm.:** Dieses Gesetz dient der Umsetzung der Richtlinie 2011/92/EU des Europäischen Parlaments und des Rates vom 13. Dezember 2011 über die Umweltverträglichkeitsprüfung bei bestimmten öffentlichen und privaten Projekten (ABl. L 26 vom 28.1.2012, S. 1), die durch die Richtlinie 2014/52/EU (ABl. L 124 vom 25.4.2014, S. 1) geändert worden ist, Richtlinie 2010/75/EU des Europäischen Parlaments und des Rates vom 24. November 2010 über Industrieemissionen (integrierte Vermeidung und Verminderung der Umweltverschmutzung), (ABl. L 334 vom 17.12.2010, S. 17), Richtlinie 2001/42/EG des Europäischen Parlaments und des Rates vom 27. Juni 2001 über die Prüfung der Umweltauswirkungen bestimmter Pläne und Programme (ABl. L 197 vom 21.7.2001, S. 30), Richtlinie 2012/18/EU des Europäischen Parlaments und des Rates vom 4. Juli 2012 zur Beherrschung der Gefahren schwerer Unfälle mit gefährlichen Stoffen, zur Änderung und anschließenden Aufhebung der Richtlinie 96/82/EG des Rates (ABl. L 197 vom 24.7.2012, S. 1).

[2)] Das Gesetz **tritt mit Ablauf des 30.9.2028 außer Kraft**, mit Ausnahme der §§ 1–5, die **bereits mit Ablauf des 31.12.2023 außer Kraft treten**, vgl. § 7 Abs. 2.

[3)] Beachte zum Außerkrafttreten § 7 Abs. 2 Satz 1.

[4)] Nr. **1**.

[5)] Nr. **5**.

7. dem Atomgesetz in der Fassung der Bekanntmachung vom 15. Juli 1985 (BGBl. I S. 1565), das zuletzt durch Artikel 2 des Gesetzes vom 12. Dezember 2019 (BGBl. I S. 2510) geändert worden ist;
8. dem Strahlenschutzgesetz vom 27. Juni 2017 (BGBl. I S. 1966), das zuletzt durch Artikel 11 des Gesetzes vom 12. Dezember 2019 (BGBl. I S. 2510) geändert worden ist;
9. dem Energiewirtschaftsgesetz vom 7. Juli 2005 (BGBl. I S. 1970, 3621), das zuletzt durch Artikel 1 des Gesetzes vom 5. Dezember 2019 (BGBl. I S. 2002) geändert worden ist;
10. dem Netzausbaubeschleunigungsgesetz Übertragungsnetz vom 28. Juli 2011 (BGBl. I S. 1690), das zuletzt durch Artikel 2 des Gesetzes vom 13. Mai 2019 (BGBl. I S. 706) geändert worden ist;
11. dem Wasserhaushaltsgesetz vom 31. Juli 2009 (BGBl. I S. 2585), das zuletzt durch Artikel 2 des Gesetzes vom 4. Dezember 2018 (BGBl. I S. 2254) geändert worden ist;
12. dem Windenergie-auf-See-Gesetz vom 13. Oktober 2016 (BGBl. I S. 2258, 2310), das zuletzt durch Artikel 21 des Gesetzes vom 13. Mai 2019 (BGBl. I S. 706) geändert worden ist;
13. dem Flurbereinigungsgesetz in der Fassung der Bekanntmachung vom 16. März 1976 (BGBl. I S. 546), das zuletzt durch Artikel 17 des Gesetzes vom 19. Dezember 2008 (BGBl. I S. 2794) geändert worden ist;
14. dem Bundesnaturschutzgesetz[1] vom 29. Juli 2009 (BGBl. I S. 2542), das zuletzt durch Artikel 1 des Gesetzes vom 4. März 2020 (BGBl. I S. 440) geändert worden ist;
15. dem Postgesetz vom 22. Dezember 1997 (BGBl. I S. 3294), das zuletzt durch Artikel 6 des Gesetzes vom 30. November 2019 (BGBl. I S. 1942) geändert worden ist;
16. dem Telekommunikationsgesetz vom 22. Juni 2004 (BGBl. I S. 1190), das zuletzt durch Artikel 1 des Gesetzes vom 6. Februar 2020 (BGBl. I S. 146) geändert worden ist;
17. dem Bundesfernstraßengesetz in der Fassung der Bekanntmachung vom 28. Juni 2007 (BGBl. I S. 1206), das zuletzt durch Artikel 2 des Gesetzes vom 3. März 2020 (BGBl. I S. 433) geändert worden ist;
18. dem Personenbeförderungsgesetz in der Fassung der Bekanntmachung vom 8. August 1990 (BGBl. I S. 1690), das zuletzt durch Artikel 4 des Gesetzes vom 3. März 2020 (BGBl. I S. 433) geändert worden ist;
19. dem Allgemeinen Eisenbahngesetz vom 27. Dezember 1993 (BGBl. I S. 2378, 2396; 1994 I S. 2439), das zuletzt durch Artikel 1 des Gesetzes vom 16. März 2020 (BGBl. I S. 501) geändert worden ist;
20. dem Eisenbahnregulierungsgesetz vom 29. August 2016 (BGBl. I S. 2082), das durch Artikel 1 des Gesetzes vom 8. Juli 2019 (BGBl. I S. 1040) geändert worden ist;
21. dem Bundeswasserstraßengesetz in der Fassung der Bekanntmachung vom 23. Mai 2007 (BGBl. I S. 962; 2008 I S. 1980), das zuletzt durch Artikel 4 des Gesetzes vom 29. November 2018 (BGBl. I S. 2237) geändert worden ist;

---

[1] Auszugsweise abgedruckt unter Nr. **1a**.

22. dem Luftverkehrsgesetz in der Fassung der Bekanntmachung vom 10. Mai 2007 (BGBl. I S. 698), das zuletzt durch Artikel 2 des Gesetzes vom 22. April 2020 (BGBl. I S. 840) geändert worden ist;
23. dem Gentechnikgesetz in der Fassung der Bekanntmachung vom 16. Dezember 1993 (BGBl. I S. 2066), das zuletzt durch Artikel 21 des Gesetzes vom 20. November 2019 (BGBl. I S. 1626) geändert worden ist;
24. dem Maßnahmengesetzvorbereitungsgesetz vom 22. März 2020 (BGBl. I S. 640), das durch Artikel 4 des Gesetzes vom 8. August 2020 (BGBl. I S. 1795) geändert worden ist.

[2]Die in den Nummern 1 bis 24 genannten Gesetze sind in ihrer jeweils geltenden Fassung anzuwenden.

§ 2[1)] Ortsübliche und öffentliche Bekanntmachungen. (1) [1]Ist in Verfahren nach den in § 1 genannten Gesetzen eine ortsübliche oder öffentliche Bekanntmachung angeordnet und ist nach den dafür geltenden Vorschriften der Anschlag an einer Amtstafel oder die Auslegung zur Einsichtnahme vorgesehen, so können der Anschlag oder die Auslegung durch eine Veröffentlichung des Inhalts der Bekanntmachung im Internet ersetzt werden, wenn die jeweilige Bekanntmachungsfrist spätestens mit Ablauf des 31. Dezember 2023 endet. [2]Zusätzlich hat zumindest eine Bekanntmachung in einem amtlichen Veröffentlichungsblatt oder einer örtlichen Tageszeitung zu erfolgen.

(2) Für die Veröffentlichung im Internet gilt § 27a Absatz 1 Satz 2 und Absatz 2 des Verwaltungsverfahrensgesetzes entsprechend.

§ 3[1)] Auslegung von Unterlagen oder Entscheidungen. (1) [1]Ist in Verfahren nach den in § 1 genannten Gesetzen eine Auslegung von Unterlagen oder Entscheidungen angeordnet, auf die nach den für die Auslegung geltenden Vorschriften nicht verzichtet werden kann, so kann die Auslegung durch eine Veröffentlichung im Internet ersetzt werden, wenn die jeweilige Auslegungsfrist spätestens mit Ablauf des 31. Dezember 2023 endet. [2]Für die Veröffentlichung im Internet gilt § 27a Absatz 1 Satz 2 des Verwaltungsverfahrensgesetzes entsprechend. [3]In der Bekanntmachung der Auslegung ist darauf hinzuweisen, dass und wo die Veröffentlichung im Internet erfolgt. [4]Soweit Regelungen in den in § 1 genannten Gesetzen den Zugang über ein zentrales Internetportal vorsehen, bleiben diese unberührt. [5]Der Vorhabenträger hat Anspruch darauf, dass seine Betriebs- und Geschäftsgeheimnisse von der Behörde nicht unbefugt offenbart werden. [6]Er kann der Veröffentlichung im Internet widersprechen, wenn er die Gefährdung von Betriebs- oder Geschäftsgeheimnissen oder wichtiger Sicherheitsbelange befürchtet. [7]Widerspricht der Vorhabenträger der Veröffentlichung im Internet, hat die Behörde das Verfahren bis zu einer Auslegung auszusetzen.

(2) [1]Die angeordnete Auslegung soll daneben als zusätzliches Informationsangebot erfolgen, soweit dies nach Feststellung der zuständigen Behörde den Umständen nach möglich ist. [2]Unterbleibt eine Auslegung, hat die zuständige Behörde zusätzlich zur Veröffentlichung nach Absatz 1 Satz 1 andere leicht zu erreichende Zugangsmöglichkeiten, etwa durch öffentlich zugängliche Lesegeräte oder in begründeten Fällen durch Versendung zur Verfügung zu stellen.

---

1) Beachte zum Außerkraftreten § 7 Abs. 2 Satz 1.

[3] Auf diese Zugangsmöglichkeiten ist in der Bekanntmachung nach § 2 Absatz 1 hinzuweisen.

(3) Die Behörde kann von einem Vorhabenträger verlangen, dass er die Unterlagen, die er bei der Behörde zum Zwecke der Bekanntmachung durch die Behörde einzureichen hat, in einem verkehrsüblichen elektronischen Format einreicht.

§ 4[1)] Erklärungen zur Niederschrift. (1) In Verfahren nach den in § 1 genannten Gesetzen kann die Abgabe von Erklärungen zur Niederschrift bei der Behörde ausgeschlossen werden, wenn die jeweilige Erklärungsfrist spätestens mit Ablauf des 31. Dezember 2023 endet und die zuständige Behörde festgestellt hat, dass innerhalb der Erklärungsfrist eine Entgegennahme zur Niederschrift nicht oder nur mit unverhältnismäßigem Aufwand möglich sein würde.

(2) [1] In Fällen des Absatzes 1 hat die zuständige Behörde einen Zugang für die Abgabe von elektronischen Erklärungen bereitzuhalten. [2] In den Bekanntmachungen, in denen sonst auf die Möglichkeit der Abgabe von Erklärungen zur Niederschrift hingewiesen wird, ist auf die Möglichkeit der Abgabe elektronischer Erklärungen und den Ausschluss der Abgabe von Erklärungen zur Niederschrift hinzuweisen.

§ 5[1)] Erörterungstermine, mündliche Verhandlungen und Antragskonferenzen. (1) Ist in Verfahren nach den in § 1 genannten Gesetzen die Durchführung eines Erörterungstermins oder einer mündlichen Verhandlung in das Ermessen der Behörde gestellt, können bei der Ermessensentscheidung auch geltende Beschränkungen aufgrund der COVID-19-Pandemie und das Risiko der weiteren Ausbreitung des Virus berücksichtigt werden.

(2) Ist in Verfahren nach den in § 1 genannten Gesetzen die Durchführung eines Erörterungstermins oder einer mündlichen Verhandlung angeordnet, auf die nach den dafür geltenden Vorschriften nicht verzichtet werden kann, genügt eine Online-Konsultation nach Absatz 4.

(3) [1] Die zur Teilnahme an einem Erörterungstermin oder einer mündlichen Verhandlung Berechtigten sind von der Durchführung der ersatzweisen Online-Konsultation zu benachrichtigen. [2] § 73 Absatz 6 Satz 2 bis 4 des Verwaltungsverfahrensgesetzes gilt entsprechend.

(4) [1] Für die Online-Konsultation werden den zur Teilnahme Berechtigten die sonst im Erörterungstermin oder der mündlichen Verhandlung zu behandelnden Informationen zugänglich gemacht. [2] Ihnen ist innerhalb einer vorher bekannt zu machenden angemessenen Frist Gelegenheit zu geben, sich schriftlich oder elektronisch dazu zu äußern. [3] Die zuständige Behörde hat geeignete Vorkehrungen dafür zu treffen, dass nur die nach den Sätzen 1 und 2 Berechtigten Zugang zu der Online-Konsultation haben. [4] Die Regelungen über die Online-Konsultation lassen den bereits eingetretenen Ausschluss von Einwendungen unberührt. [5] § 3 Absatz 1 Sätze 5 bis 7 gelten entsprechend.

(5) [1] Die Online-Konsultation nach Absatz 4 kann mit Einverständnis der zur Teilnahme Berechtigten durch eine Telefon- oder Videokonferenz ersetzt werden. [2] Absatz 4 gilt mit Ausnahme von Satz 2 in diesem Fall entsprechend. [3] Über die Telefon- oder Videokonferenz ist ein Protokoll zu führen.

[1)] Beachte zum Außerkrafttreten § 7 Abs. 2 Satz 1.

(6) In Verfahren nach den in § 1 genannten Gesetzen kann die zuständige Behörde anstelle der Durchführung einer Antragskonferenz Gelegenheit zur schriftlichen oder elektronischen Stellungnahme geben.

(7) § 3 Absatz 3 gilt entsprechend.

§ 6 Übergangsregelung. (1) [1]Die Regelungen dieses Gesetzes sind auch auf bereits vor Inkrafttreten dieses Gesetzes begonnene, aber noch nicht abgeschlossene Verfahren anwendbar. [2]Ein Verfahrensschritt, der bereits begonnen wurde, ist jedoch zu wiederholen, wenn er nach diesem Gesetz durchgeführt werden soll. [3]Abweichend von Satz 2 ist ein Verfahrensschritt, der bereits vor dem 16. März 2020 begonnen wurde, nicht zu wiederholen, wenn der Beteiligungsschritt in diesem Verfahrensschritt, der teilweise oder ganz entfallen oder erschwert worden ist, nach diesem Gesetz hätte entfallen können und lediglich der Hinweis auf das Unterbleiben einer einzelnen Beteiligungsmöglichkeit vorab nicht erteilt werden konnte.

(2) Für Verfahrensschritte, bei denen von einer Regelung nach den §§ 2 bis 5 Gebrauch gemacht worden ist und die mit Ablauf des 31. Dezember 2023 noch nicht abgeschlossen sind, gelten die Bestimmungen dieses Gesetzes bis zum Abschluss des jeweiligen Verfahrensschrittes weiter.

(3) [1]Die für die in § 1 genannten Verfahren geltenden Fehlerfolgenregelungen sind entsprechend anzuwenden und bleiben im Übrigen unberührt. [2]Fehler bei Bekanntmachungen haben keine Auswirkung auf die Rechtmäßigkeit der Verfahren, wenn der Hinweiszweck der Bekanntmachung erfüllt ist.

§ 7 Inkrafttreten, Außerkrafttreten. (1) Dieses Gesetz tritt am Tag nach der Verkündung[1)] in Kraft.

(2) [1]Die §§ 1 bis 5 des Planungssicherstellungsgesetzes treten mit Ablauf des 31. Dezember 2023 außer Kraft. [2]Im Übrigen tritt das Gesetz mit Ablauf des 30. September 2028 außer Kraft.

[1)] Verkündet am 28.5.2020.

1c. Gesetz zur Festlegung von Flächenbedarfen für Windenergieanlagen an Land (Windenergieflächenbedarfsgesetz – WindBG)[1)]

Vom 20. Juli 2022
(BGBl. I S. 1353)

FNA 754-33

geänd. durch Art. 5 G zur sofortigen Verbesserung der Rahmenbedingungen für die erneuerbaren Energien im Städtebaurecht v. 4.1.2023 (BGBl. I Nr. 6)

§ 1 Ziel des Gesetzes. (1) Ziel dieses Gesetzes ist es, im Interesse des Klima- und Umweltschutzes die Transformation zu einer nachhaltigen und treibhausgasneutralen Stromversorgung, die vollständig auf erneuerbaren Energien beruht, durch den beschleunigten Ausbau der Windenergie an Land zu fördern.

(2) Hierfür gibt dieses Gesetz den Ländern verbindliche Flächenziele (Flächenbeitragswerte) vor, die für den Ausbau der Windenergie an Land benötigt werden, um die Ausbauziele und Ausbaupfade des Erneuerbare-Energien-Gesetzes vom 21. Juli 2014 (BGBl. I S. 1066), das zuletzt durch Artikel 8 des Gesetzes vom 20. Juli 2022 (BGBl. I S. 1325) geändert worden ist, zu erreichen.

§ 2 Begriffsbestimmungen. Im Sinne dieses Gesetzes sind

1. Windenergiegebiete:
   folgende Ausweisungen von Flächen für die Windenergie an Land in Raumordnungs- oder Bauleitplänen:
   a) Vorranggebiete und mit diesen vergleichbare Gebiete in Raumordnungsplänen sowie Sonderbauflächen, Sondergebiete und mit diesen vergleichbare Ausweisungen in Flächennutzungsplänen und Bebauungsplänen;
   b) für die Flächenbeitragswerte nach Anlage 1 Spalte 1 zusätzlich Eignungs- und Vorbehaltsgebiete in Raumordnungsplänen, wenn der Raumordnungsplan spätestens am 1. Februar 2024 wirksam geworden ist;
2. Rotor-innerhalb-Flächen:
   Flächen im Sinne der Nummer 1, die in einem Raumordnungsplan oder Bauleitplan ausgewiesen wurden, der bestimmt, dass die Rotorblätter von Windenergieanlagen innerhalb der ausgewiesenen Fläche liegen müssen, oder, solange der Planungsträger nicht einen Beschluss nach § 5 Absatz 4 gefasst und öffentlich bekannt gegeben oder verkündet hat, der keine Bestimmung im Hinblick auf die Platzierung der Rotorblätter außerhalb einer ausgewiesenen Fläche trifft;
3. Windenergieanlagen an Land:
   jede Anlage zur Erzeugung von Strom aus Windenergie, die keine Windenergieanlage auf See im Sinne des § 3 Nummer 11 des Windenergie-auf-See-Gesetzes ist.

[1)] Verkündet als Art. 1 G v. 20.7.2022 (BGBl. I S. 1353); Inkrafttreten gem. Art. 5 dieses G am 1.2.2023.

§ 3 Verpflichtungen der Länder. (1) [1] In jedem Bundesland ist ein prozentualer Anteil der Landesfläche nach Maßgabe der Anlage 1 (Flächenbeitragswert) für die Windenergie an Land auszuweisen. [2] Dabei sind bis zum 31. Dezember 2027 mindestens die Flächenbeitragswerte nach Anlage 1 Spalte 1 und bis zum 31. Dezember 2032 mindestens die Flächenbeitragswerte nach Anlage 1 Spalte 2 auszuweisen. [3] Zum Zwecke der Bestimmung der Größe der hiernach auszuweisenden Flächen ist die Größe der Landesflächen der Bundesländer insgesamt der Anlage 1 Spalte 3 zu entnehmen.

(2) [1] Die Länder erfüllen die Pflicht nach Absatz 1, indem sie

1. die zur Erreichung der Flächenbeitragswerte notwendigen Flächen selbst in landesweiten oder regionalen Raumordnungsplänen ausweisen oder
2. eine Ausweisung der zur Erreichung der Flächenbeitragswerte notwendigen Flächen durch von ihnen abweichende regionale oder kommunale Planungsträger sicherstellen; dabei legt das jeweilige Land hierzu regionale oder kommunale Teilflächenziele fest, die in Summe den Flächenbeitragswert erreichen, und macht diese durch ein Landesgesetz oder als Ziele der Raumordnung verbindlich.

[2] Im Fall des Satzes 1 Nummer 1 kann das Land durch ein Landesgesetz oder als Ziele der Raumordnung regionale Teilflächenziele für eigene regionale Raumordnungspläne festlegen, die in Summe die Flächenbeitragswerte erreichen.

(3) Die Länder sind außerdem verpflichtet, bis zum 31. Mai 2024 im Rahmen ihrer Berichterstattung nach § 98 Absatz 1 des Erneuerbare-Energien-Gesetzes einmalig Folgendes nachzuweisen:

1. im Fall des Absatzes 2 Satz 1 Nummer 1 Planaufstellungsbeschlüsse zur Ausweisung der zur Erreichung der Flächenbeitragswerte nach Anlage 1 Spalte 1 notwendigen Flächen,
2. im Fall des Absatzes 2 Satz 1 Nummer 2 und Satz 2 das Inkrafttreten von Landesgesetzen oder Raumordnungsplänen, die regionale oder kommunale Teilflächenziele festsetzen; dabei müssen die Teilflächenziele in der Summe den Flächenbeitragswert nach Anlage 1 Spalte 1 für das Land erreichen.

§ 4 Anrechenbare Fläche. (1) [1] Für die Windenergie an Land im Sinne des § 3 Absatz 1 ausgewiesen sind alle Flächen, die in Windenergiegebieten liegen. [2] Soweit sich Ausweisungen in Plänen verschiedener Planungsebenen auf dieselbe Fläche beziehen, ist die ausgewiesene Fläche nur einmalig auf den Flächenbeitragswert anzurechnen. [3] Auf den Flächenbeitragswert nach Anlage 1 Spalte 2 werden auch Flächen angerechnet, die keine Windenergiegebiete sind, wenn sie im Umkreis von einer Rotorblattlänge um eine Windenergieanlage liegen und der jeweilige Planungsträger dies in dem Beschluss nach § 5 Absatz 1 feststellt. [4] Die Anrechnungsmöglichkeit besteht nur, solange die Windenergieanlage in Betrieb ist. [5] Flächen, die in Plänen ausgewiesen werden, die nach dem 1. Februar 2023 wirksam geworden sind und Bestimmungen zur Höhe baulicher Anlagen enthalten, sind nicht anzurechnen.

(2) [1] Ausgewiesene Flächen sind anrechenbar, sobald und solange der jeweilige Plan wirksam ist. [2] Soweit ein Plan durch Entscheidung eines Gerichtes für unwirksam erklärt oder dessen Unwirksamkeit in den Entscheidungsgründen angenommen worden ist, bleiben die ausgewiesenen Flächen für ein Jahr ab Rechtskraft der Entscheidung weiter anrechenbar. [3] Ein Plan, der vor Ablauf der in § 3 Absatz 1 Satz 2 genannten Stichtage beschlossen, aber noch nicht

wirksam geworden ist, wird für sieben Monate ab Beschluss des Plans angerechnet.

(3) [1]Ausgewiesene Flächen nach Absatz 1 sind grundsätzlich in vollem Umfang auf die Flächenbeitragswerte anzurechnen. [2]Rotor-innerhalb-Flächen sind nur anteilig auf die Flächenbeitragswerte anzurechnen. [3]Hierfür ist mittels Analyse der standardisierten Daten geografischer Informationssysteme (GIS-Daten) flächenscharf der einfache Rotorradius abzüglich des Turmfußradius einer Standardwindenergieanlage an Land von den Grenzen der ausgewiesenen Fläche abzuziehen. [4]Der Rotorradius einer Standardwindenergieanlage an Land abzüglich des Turmfußradius wird zu diesem Zweck mit einem Wert von 75 Metern festgesetzt. [5]Rotor-innerhalb-Flächen, für die keine GIS-Daten vorliegen, werden abhängig von ihrer Gesamtgröße mit den Anrechnungsfaktoren nach Anlage 2 angerechnet.

(4) Flächen innerhalb des Abbaubereichs eines Braunkohlen- oder Sanierungsplans, für die durch Rechtsverordnung der jeweiligen Landesregierung bis zum 31. Mai 2024 ausschließlich eine Bestimmung nach § 249b Absatz 1 des Baugesetzbuchs[1)], nicht aber auch zusätzlich nach § 249b Absatz 2 des Baugesetzbuchs getroffen wurde, sind auf die Flächenbeitragswerte nach Anlage 1 Spalte 1 anteilig mit einem Anrechnungsfaktor von 0,5 anzurechnen.

§ 5 Feststellung und Bekanntmachung des Erreichens der Flächenbeitragswerte. (1) [1]Der Planungsträger stellt in dem Beschluss über den Plan fest, dass der Plan mit den Flächenbeitragswerten oder mit den Teilflächenzielen nach § 3 Absatz 2 Satz 1 Nummer 2 oder Satz 2 im Einklang steht; dabei ist der Flächenbeitragswert oder das Teilflächenziel unter Angabe des jeweiligen Stichtages nach Anlage 1 zu bezeichnen und auszuführen, welche Flächen in Windenergiegebieten nach § 2 Nummer 1 sowie welche Flächen nach § 4 Absatz 1 Satz 3 und Absatz 4 angerechnet wurden, jeweils unter Angabe des Umfangs der angerechneten Fläche. [2]Bedarf der Plan der Genehmigung, trifft die nach Landesrecht zuständige Stelle die Feststellung nach Satz 1 in ihrer Genehmigungsentscheidung. [3]Die Feststellung nimmt an der Bekanntgabe oder der Verkündung des Plans, der Genehmigung oder des Beschlusses teil, die jeweils nach den dafür einschlägigen Vorschriften erfolgt.

(2) [1]Werden die Flächenbeitragswerte oder die daraus abgeleiteten regionalen oder kommunalen Teilflächenziele nach § 3 Absatz 2 Satz 1 Nummer 2 oder Satz 2 ohne eine Ausweisung von neuen Windenergiegebieten erreicht, stellt ein Planungsträger dies bis zu den in § 3 Absatz 1 Satz 2 genannten Zeitpunkten fest. [2]Die Feststellung ist öffentlich bekannt zu geben oder zu verkünden.

(3) [1]Das Bundesministerium für Wirtschaft und Klimaschutz stellt bis zum 30. Juni 2024 fest, ob und welche Länder ihre Nachweispflicht nach § 3 Absatz 3 erfüllt haben. [2]Im Fall des Pflichtverstoßes stellt das Bundesministerium für Wirtschaft und Klimaschutz bis zum 31. Dezember 2024 fest, ob und welche Länder den Nachweis nach § 3 Absatz 3 bis zum 30. November 2024 nachträglich erbracht haben. [3]Die Feststellung wird öffentlich bekannt gegeben.

[1)] Nr. **1**.

(4) [1] Bei einem Raumordnungs- oder Flächennutzungsplan, der keine Bestimmung im Hinblick auf die Platzierung der Rotorblätter von Windenergieanlagen außerhalb einer ausgewiesenen Fläche trifft, kann der Planungsträger, der den Beschluss über den Plan gefasst hat, durch Beschluss bestimmen, dass die Rotorblätter nicht innerhalb der ausgewiesenen Fläche liegen müssen, wenn der Plan bis zum 1. Februar 2024 wirksam geworden ist. [2] Der Beschluss ist öffentlich bekannt zu geben oder zu verkünden.

§ 6 Evaluierung; Verordnungsermächtigung. (1) Die Bundesregierung berichtet ab dem 1. Januar 2024 nach § 98 Absatz 4 des Erneuerbare-Energien-Gesetzes zum Stand der Umsetzung dieses Gesetzes.

(2) Das Bundesministerium für Wirtschaft und Klimaschutz veröffentlicht den Bericht nach Absatz 1 sowie eine vereinfachte graphische Darstellung der Umsetzung der Flächenbeitragswerte in den einzelnen Ländern auf seiner Internetseite.

(3) Kommt die Bundesregierung in ihrem Bericht nach § 98 Absatz 4 des Erneuerbare-Energien-Gesetzes zu dem Ergebnis, dass es weiterer gesetzgeberischer Maßnahmen bedarf, um die Erreichung der Flächenbeitragswerte oder die Anpassung der Flächenbeitragswerte an die Ausbauziele nach dem Erneuerbare-Energien-Gesetz in der jeweils geltenden Fassung zu ermöglichen, legt sie spätestens zum 1. Juli 2025 und danach alle vier Jahre einen Entwurf zur Anpassung dieses Gesetzes vor.

(4) [1] Das Bundesministerium für Wirtschaft und Klimaschutz passt durch Rechtsverordnung die Flächenbeitragswerte in Anlage 1 entsprechend an, wenn sich ein Land durch Staatsvertrag gegenüber einem anderen Land verpflichtet, mehr Fläche als gemäß § 3 Absatz 1 gefordert (Flächenüberhang) für die Windenergie an Land bereitzustellen und diesen Staatsvertrag dem Bundesministerium für Wirtschaft und Klimaschutz bis zum 31. Mai 2024 unter Bezifferung des Flächenüberhangs in Quadratkilometern übermittelt, es sei denn, der Staatsvertrag ist zum Erreichen der Flächenbeitragswerte der vertragsschließenden Länder offensichtlich ungeeignet. [2] Durch die Rechtsverordnung nach Satz 1 darf sich der Flächenbeitragswert von Berlin, Bremen und Hamburg jeweils um höchstens 75 Prozent und von den übrigen Ländern jeweils um höchstens 50 Prozent mindern oder erhöhen.

(5) Das Bundesministerium für Wirtschaft und Klimaschutz wird ermächtigt und verpflichtet, unter den in Absatz 4 genannten Voraussetzungen und in dem in Absatz 4 genannten Umfang durch Rechtsverordnung mit Zustimmung des Bundesrates die Flächenbeitragswerte nach Anlage 1 zu ändern.

(6) [1] Die Bundesregierung evaluiert spätestens bis zum 30. Juni 2028 den Stand des Windenergieausbaus auf den in § 4 Absatz 4 genannten Flächen. [2] Kommt sie hierbei zu dem Ergebnis, dass der Ausbau von Windenergieanlagen an Land auf diesen Flächen dem vorhandenen oder noch zu erwartenden Ausbau von Windenergieanlagen in Windenergiegebieten im Sinne des § 2 Nummer 1 Buchstabe a im Wesentlichen entspricht, soll sie einen Gesetzentwurf zur Anrechenbarkeit der in § 4 Absatz 4 genannten Flächen auf die Flächenbeitragswerte gemäß Anlage 1 Spalte 2 vorlegen.

Anlage 1
(zu § 3 Absatz 1)

Flächenbeitragswerte

Bundesland	Spalte 1: Flächenbeitragswert, der bis zum 31. Dezember 2027 zu erreichen ist (Anteil der Landesfläche in Prozent)	Spalte 2: Flächenbeitragswert, der bis zum 31. Dezember 2032 zu erreichen ist (Anteil der Landesfläche in Prozent)	Spalte 3: Landesflächen (in km²)[1]
Baden-Württemberg	1,1	1,8	35 747,82
Bayern	1,1	1,8	70 541,57
Berlin	0,25	0,50	891,12
Brandenburg	1,8	2,2	29 654,35
Bremen	0,25	0,50	419,62
Hamburg	0,25	0,50	755,09
Hessen	1,8	2,2	21 115,64
Mecklenburg-Vorpommern	1,4	2,1	23 295,45
Niedersachsen	1,7	2,2	47 709,82
Nordrhein-Westfalen	1,1	1,8	34 112,44
Rheinland-Pfalz	1,4	2,2	19 858,00
Saarland	1,1	1,8	2 571,11
Sachsen	1,3	2,0	18 449,93
Sachsen-Anhalt	1,8	2,2	20 459,12
Schleswig-Holstein	1,3	2,0	15 804,30
Thüringen	1,8	2,2	16 202,39

Anlage 2
(zu § 4 Absatz 3 Satz 5)

Anrechnungsfaktoren für Rotor-innerhalb-Flächen, für die keine GIS-Daten vorliegen

Gesamtgröße der Rotor-innerhalb-Fläche, für die keine GIS-Daten vorliegen (in Hektar)	Anrechnungsfaktor auf den Flächenbeitragswert
0 bis 20	0,2
über 20 bis 40	0,3
über 40 bis 60	0,4
über 60 bis 100	0,5
über 100 bis 250	0,6
über 250	0,7

[1] **Amtl. Anm.:** Quelle: Statistisches Bundesamt, Daten aus dem Gemeindeverzeichnis: Bundesländer mit Hauptstädten nach Fläche, Bevölkerung und Bevölkerungsdichte, Gebietsstand: 31.12. 2020, Erscheinungsmonat: September 2021.

2. Verordnung über die Grundsätze für die Ermittlung der Verkehrswerte von Immobilien und der für die Wertermittlung erforderlichen Daten (Immobilienwertermittlungsverordnung – ImmoWertV)[1]

Vom 14. Juli 2021
(BGBl. I S. 2805)

FNA 213-1-8

Auf Grund des § 199 Absatz 1 des Baugesetzbuchs[2] in der Fassung der Bekanntmachung vom 3. November 2017 (BGBl. I S. 3634) verordnet die Bundesregierung:

Inhaltsübersicht

---

[1] Gem. Bek. v 16.12.2021 (BAnz AT 31.12.2021 B11) werden mit Inkrafttreten dieser VO am 1.1. 2022 folgende Richtlinien gegenstandslos:
- Richtlinie zur Ermittlung von Bodenrichtwerten (Bodenrichtwertrichtlinie – BRW-RL) v. 11.1. 2011 (BAnz. Nr. 24 S. 597),
- Richtlinie zur Ermittlung des Sachwerts (Sachwertrichtlinie – SW-RL) v. 5.9.2012 (BAnz AT 18.10.2012 B1),
- Richtlinie zur Ermittlung des Vergleichswerts und des Bodenwerts (Vergleichswertrichtlinie – VW-RL) v. 20.3.2014 (BAnz AT 11.04.2014 B3),
- Richtlinie zur Ermittlung des Ertragswerts (Ertragswertrichtlinie – EW-RL) v. 12.11.2015 (BAnz AT 04.12.2015 B4),
- Richtlinien für die Ermittlung der Verkehrswerte (Marktwerte) von Grundstücken (Wertermittlungsrichtlinien 2006 – WertR 2006) v. 1.3.2006 (BAnz. Nr. 108a S. 1, ber. S. 4798), zuletzt geänd. durch RL v. 12.11.2015 (BAnz AT 04.12.2015 B4).

[2] Nr. **1**.

Anlage 4 (zu § 12 Absatz 5 Satz 3) Normalherstellungskosten 2010 (NHK 2010)
Anlage 5 (zu § 16 Absatz 3) Katalog der Grundstücksmerkmale des Bodenrichtwertgrundstücks

Teil 1. Allgemeines

Abschnitt 1. Anwendungsbereich; Gegenstand und Grundlagen der Wertermittlung

§ 1 Anwendungsbereich; Wertermittlungsobjekt. (1) Diese Verordnung ist anzuwenden

1. bei der Ermittlung der Verkehrswerte (Marktwerte) der in Absatz 2 bezeichneten Gegenstände, auch wenn diese nicht marktfähig oder marktgängig sind (Wertermittlung), und
2. bei der Ermittlung der für die Wertermittlung erforderlichen Daten.

(2) Gegenstände der Wertermittlung (Wertermittlungsobjekte) sind

1. Grundstücke und Grundstücksteile einschließlich ihrer Bestandteile sowie ihres Zubehörs,
2. grundstücksgleiche Rechte, Rechte an diesen und Rechte an Grundstücken (grundstücksbezogene Rechte) sowie grundstücksbezogene Belastungen.

§ 2 Grundlagen der Wertermittlung. (1) Der Wertermittlung sind die allgemeinen Wertverhältnisse auf dem Grundstücksmarkt zum Wertermittlungsstichtag und der Grundstückszustand zum Qualitätsstichtag zugrunde zu legen.

(2) Die allgemeinen Wertverhältnisse richten sich nach der Gesamtheit der am Wertermittlungsstichtag für die Preisbildung von Grundstücken im gewöhnlichen Geschäftsverkehr maßgebenden Umstände, wie nach der allgemeinen Wirtschaftssituation, nach den Verhältnissen am Kapitalmarkt sowie nach den wirtschaftlichen und demografischen Entwicklungen des Gebiets.

(3) [1] Der Grundstückszustand ergibt sich aus der Gesamtheit der rechtlichen Gegebenheiten, der tatsächlichen Eigenschaften, der sonstigen Beschaffenheit und der Lage des Wertermittlungsobjekts (Grundstücksmerkmale). [2] Zu den Grundstücksmerkmalen können insbesondere zählen

1. der Entwicklungszustand,
2. die Art und das Maß der baulichen oder sonstigen Nutzung,
3. die tatsächliche Nutzung,
4. der beitragsrechtliche Zustand,
5. die Lagemerkmale,
6. die Ertragsverhältnisse,
7. die Grundstücksgröße,
8. der Grundstückszuschnitt,
9. die Bodenbeschaffenheit,
10. bei bebauten Grundstücken zusätzlich
    a) die Art der baulichen Anlagen,
    b) die Bauweise und die Baugestaltung der baulichen Anlagen,
    c) die Größe der baulichen Anlagen,
    d) die Ausstattung und die Qualität der baulichen Anlagen einschließlich ihrer energetischen Eigenschaften und ihrer Barrierefreiheit,

e) der bauliche Zustand der baulichen Anlagen,
f) das Alter, die Gesamtnutzungsdauer und die Restnutzungsdauer der baulichen Anlagen,

11. bei landwirtschaftlichen Grundstücken Dauerkulturen und bei forstwirtschaftlichen Grundstücken die Bestockung,
12. die grundstücksbezogenen Rechte und Belastungen.

(4) Der Wertermittlungsstichtag ist der Zeitpunkt, auf den sich die Wertermittlung bezieht und der für die Ermittlung der allgemeinen Wertverhältnisse maßgeblich ist.

(5) [1] Der Qualitätsstichtag ist der Zeitpunkt, auf den sich der für die Wertermittlung maßgebliche Grundstückszustand bezieht. [2] Er entspricht dem Wertermittlungsstichtag, es sei denn, dass aus rechtlichen oder sonstigen Gründen der Zustand des Grundstücks zu einem anderen Zeitpunkt maßgeblich ist.

Abschnitt 2. Begriffsbestimmungen zu einzelnen Grundstücksmerkmalen

§ 3 Entwicklungszustand; sonstige Flächen. (1) Flächen der Land- oder Forstwirtschaft sind Flächen, die, ohne Bauerwartungsland, Rohbauland oder baureifes Land zu sein, land- oder forstwirtschaftlich nutzbar sind.

(2) Bauerwartungsland sind Flächen, die nach ihren weiteren Grundstücksmerkmalen eine bauliche Nutzung aufgrund konkreter Tatsachen, insbesondere nach dem Stand der Bauleitplanung und nach der sonstigen städtebaulichen Entwicklung des Gebiets, mit hinreichender Sicherheit erwarten lassen.

(3) Rohbauland sind Flächen, die nach den §§ 30, 33 oder 34 des Baugesetzbuchs[1)] für eine bauliche Nutzung bestimmt sind, deren Erschließung aber noch nicht gesichert ist oder die nach Lage, Form oder Größe für eine bauliche Nutzung unzureichend gestaltet sind.

(4) Baureifes Land sind Flächen, die nach öffentlich-rechtlichen Vorschriften und nach den tatsächlichen Gegebenheiten baulich nutzbar sind.

(5) Sonstige Flächen sind Flächen, die sich keinem der Entwicklungszustände nach den Absätzen 1 bis 4 zuordnen lassen.

§ 4 Alter, Gesamt- und Restnutzungsdauer. (1) Das Alter einer baulichen Anlage ergibt sich aus der Differenz zwischen dem Kalenderjahr des maßgeblichen Stichtags und dem Baujahr.

(2) Die Gesamtnutzungsdauer bezeichnet die Anzahl der Jahre, in denen eine bauliche Anlage bei ordnungsgemäßer Bewirtschaftung vom Baujahr an gerechnet üblicherweise wirtschaftlich genutzt werden kann.

(3) [1] Die Restnutzungsdauer bezeichnet die Anzahl der Jahre, in denen eine bauliche Anlage bei ordnungsgemäßer Bewirtschaftung voraussichtlich noch wirtschaftlich genutzt werden kann. [2] Die Restnutzungsdauer wird in der Regel auf Grundlage des Unterschiedsbetrags zwischen der Gesamtnutzungsdauer und dem Alter der baulichen Anlage am maßgeblichen Stichtag unter Berücksichtigung individueller Gegebenheiten des Wertermittlungsobjekts ermittelt. [3] Individuelle Gegebenheiten des Wertermittlungsobjekts wie beispielsweise durchgeführte Instandsetzungen oder Modernisierungen oder unterlassene In-

---

1) Nr. **1**.

standhaltungen des Wertermittlungsobjekts können die sich aus dem Unterschiedsbetrag nach Satz 2 ergebende Dauer verlängern oder verkürzen.

§ 5 Weitere Grundstücksmerkmale. (1) [1]Art und Maß der baulichen oder sonstigen Nutzung ergeben sich vorbehaltlich des Satzes 2 aus den für die planungsrechtliche Zulässigkeit von Vorhaben maßgeblichen Vorschriften des Städtebaurechts und aus den sonstigen Vorschriften, die die Nutzbarkeit betreffen. [2]Wird vom städtebaulich zulässigen Maß im Sinne des Satzes 1 in der Umgebung regelmäßig abgewichen oder wird das Maß bei der Kaufpreisbemessung regelmäßig abweichend von den für die planungsrechtliche Zulässigkeit maßgeblichen Vorschriften des Städtebaurechts bestimmt, so ist das Maß der Nutzung maßgebend, das auf dem jeweiligen Grundstücksmarkt üblicherweise zugrunde gelegt wird.

(2) [1]Für den beitragsrechtlichen Zustand des Grundstücks ist die Verpflichtung zur Entrichtung von grundstücksbezogenen Beiträgen maßgebend. [2]Als Beiträge im Sinne des Satzes 1 gelten auch grundstücksbezogene Sonderabgaben und beitragsähnliche Abgaben.

(3) [1]Die Ertragsverhältnisse ergeben sich aus den tatsächlich erzielten und aus den marktüblich erzielbaren Erträgen. [2]Marktüblich erzielbare Erträge sind die nach den Marktverhältnissen am Wertermittlungsstichtag für die jeweilige Nutzung in vergleichbaren Fällen durchschnittlich erzielten Erträge.

(4) Lagemerkmale von Grundstücken ergeben sich aus der räumlichen Position des Grundstücks und beziehen sich insbesondere auf die Verkehrsanbindung, die Nachbarschaft, die Wohn- und Geschäftslage sowie die Umwelteinflüsse.

(5) Die Bodenbeschaffenheit umfasst beispielsweise die Bodengüte, die Eignung als Baugrund und das Vorhandensein von Bodenverunreinigungen.

Abschnitt 3. Allgemeine Grundsätze der Wertermittlung

§ 6 Wertermittlungsverfahren; Ermittlung des Verkehrswerts.

(1) [1]Grundsätzlich sind zur Wertermittlung das Vergleichswertverfahren, das Ertragswertverfahren, das Sachwertverfahren oder mehrere dieser Verfahren heranzuziehen. [2]Die Verfahren sind nach der Art des Wertermittlungsobjekts unter Berücksichtigung der im gewöhnlichen Geschäftsverkehr bestehenden Gepflogenheiten und der sonstigen Umstände des Einzelfalls, insbesondere der Eignung der zur Verfügung stehenden Daten, zu wählen; die Wahl ist zu begründen.

(2) In den in Absatz 1 Satz 1 genannten Wertermittlungsverfahren sind regelmäßig in folgender Reihenfolge zu berücksichtigen:

1. die allgemeinen Wertverhältnisse;
2. die besonderen objektspezifischen Grundstücksmerkmale.

(3) [1]Die in Absatz 1 Satz 1 genannten Wertermittlungsverfahren gliedern sich in folgende Verfahrensschritte:

1. Ermittlung des vorläufigen Verfahrenswerts;
2. Ermittlung des marktangepassten vorläufigen Verfahrenswerts;
3. Ermittlung des Verfahrenswerts.

[2] Bei der Ermittlung des vorläufigen Verfahrenswerts und des marktangepassten vorläufigen Verfahrenswerts sind § 7 und § 8 Absatz 2 zu beachten; bei der Ermittlung des Verfahrenswerts ist § 8 Absatz 3 zu beachten.

(4) Der Verkehrswert ist aus dem Verfahrenswert des oder der angewendeten Wertermittlungsverfahren unter Würdigung seiner oder ihrer Aussagefähigkeit zu ermitteln.

§ 7 Berücksichtigung der allgemeinen Wertverhältnisse. (1) Die Berücksichtigung der allgemeinen Wertverhältnisse erfolgt

1. im Vergleichswertverfahren bei Ermittlung des vorläufigen Verfahrenswerts insbesondere durch den Ansatz von Vergleichspreisen, Vergleichsfaktoren und Indexreihen,
2. im Ertragswertverfahren bei Ermittlung des vorläufigen Verfahrenswerts insbesondere durch den Ansatz von marktüblich erzielbaren Erträgen und Liegenschaftszinssätzen und
3. im Sachwertverfahren bei Ermittlung des marktangepassten vorläufigen Verfahrenswerts insbesondere durch den Ansatz von Sachwertfaktoren.

(2) Lassen sich die allgemeinen Wertverhältnisse bei Verwendung der Daten nach Absatz 1 auch durch eine Anpassung nach § 9 Absatz 1 Satz 2 nicht ausreichend berücksichtigen, ist zur Ermittlung des marktangepassten vorläufigen Verfahrenswerts eine Marktanpassung durch marktübliche Zu- oder Abschläge erforderlich.

§ 8 Berücksichtigung der allgemeinen und besonderen objektspezifischen Grundstücksmerkmale. (1) Im Rahmen der Wertermittlung sind Grundstücksmerkmale zu berücksichtigen, denen der Grundstücksmarkt einen Werteinfluss beimisst.

(2) [1] Allgemeine Grundstücksmerkmale sind wertbeeinflussende Grundstücksmerkmale, die hinsichtlich Art und Umfang auf dem jeweiligen Grundstücksmarkt regelmäßig auftreten. [2] Ihr Werteinfluss wird bei der Ermittlung des vorläufigen Verfahrenswerts berücksichtigt.

(3) [1] Besondere objektspezifische Grundstücksmerkmale sind wertbeeinflussende Grundstücksmerkmale, die nach Art oder Umfang erheblich von dem auf dem jeweiligen Grundstücksmarkt Üblichen oder erheblich von den zugrunde gelegten Modellen oder Modellansätzen abweichen. [2] Besondere objektspezifische Grundstücksmerkmale können insbesondere vorliegen bei

1. besonderen Ertragsverhältnissen,
2. Baumängeln und Bauschäden,
3. baulichen Anlagen, die nicht mehr wirtschaftlich nutzbar sind (Liquidationsobjekte) und zur alsbaldigen Freilegung anstehen,
4. Bodenverunreinigungen,
5. Bodenschätzen sowie
6. grundstücksbezogenen Rechten und Belastungen.

[3] Die besonderen objektspezifischen Grundstücksmerkmale werden, wenn sie nicht bereits anderweitig berücksichtigt worden sind, erst bei der Ermittlung der Verfahrenswerte insbesondere durch marktübliche Zu- oder Abschläge berücksichtigt. [4] Bei paralleler Durchführung mehrerer Wertermittlungsverfah-

ren sind die besonderen objektspezifischen Grundstücksmerkmale, soweit möglich, in allen Verfahren identisch anzusetzen.

§ 9 Eignung und Anpassung der Daten; ungewöhnliche oder persönliche Verhältnisse; Herkunft der Daten. (1) [1]Kaufpreise sowie weitere Daten wie insbesondere Bodenrichtwerte und sonstige für die Wertermittlung erforderliche Daten sind zur Wertermittlung geeignet, wenn die Daten hinsichtlich Aktualität in Bezug auf den maßgeblichen Stichtag und hinsichtlich Repräsentativität den jeweiligen Grundstücksmarkt zutreffend abbilden und etwaige Abweichungen in den allgemeinen Wertverhältnissen sowie wertbeeinflussende Abweichungen der Grundstücksmerkmale des Wertermittlungsobjekts nach Maßgabe der Sätze 2 und 3 berücksichtigt werden können. [2]Bei Abweichungen der allgemeinen Wertverhältnisse sind die Daten durch geeignete Indexreihen oder in anderer Weise an die Wertverhältnisse am Wertermittlungsstichtag anzupassen. [3]Wertbeeinflussende Abweichungen der Grundstücksmerkmale des Wertermittlungsobjekts sind durch geeignete Umrechnungskoeffizienten, durch eine Anpassung mittels marktüblicher Zu- oder Abschläge oder in anderer Weise zu berücksichtigen. [4]Die Kaufpreise sind um die Werteinflüsse besonderer objektspezifischer Grundstücksmerkmale zu bereinigen.

(2) [1]Zur Wertermittlung sind solche Kaufpreise und andere Daten wie beispielsweise Mieten heranzuziehen, bei denen angenommen werden kann, dass sie nicht durch ungewöhnliche oder persönliche Verhältnisse beeinflusst worden sind. [2]Eine Beeinflussung durch ungewöhnliche oder persönliche Verhältnisse kann angenommen werden, wenn die Kaufpreise und anderen Daten erheblich von den Kaufpreisen und anderen Daten in vergleichbaren Fällen abweichen.

(3) [1]Maßstab für die Wahl der Quelle, aus der die Daten herangezogen werden, ist ihre Eignung nach Absatz 1 Satz 1. [2]Stehen keine geeigneten sonstigen für die Wertermittlung erforderlichen Daten zur Verfügung, können sie oder die entsprechenden Werteinflüsse auch sachverständig geschätzt werden; die Grundlagen der Schätzung sind zu dokumentieren.

§ 10 Grundsatz der Modellkonformität. (1) [1]Bei Anwendung der sonstigen für die Wertermittlung erforderlichen Daten sind dieselben Modelle und Modellansätze zu verwenden, die der Ermittlung dieser Daten zugrunde lagen (Grundsatz der Modellkonformität). [2]Hierzu ist die nach § 12 Absatz 6 erforderliche Modellbeschreibung zu berücksichtigen.

(2) Liegen für den maßgeblichen Stichtag lediglich solche für die Wertermittlung erforderlichen Daten vor, die nicht nach dieser Verordnung ermittelt worden sind, ist bei Anwendung dieser Daten im Rahmen der Wertermittlung von dieser Verordnung abzuweichen, soweit dies zur Wahrung des Grundsatzes der Modellkonformität erforderlich ist.

§ 11 Künftige Änderungen des Grundstückszustands. (1) Künftige Änderungen des Grundstückszustands sind zu berücksichtigen, wenn sie am Qualitätsstichtag mit hinreichender Sicherheit aufgrund konkreter Tatsachen zu erwarten sind.

(2) Bei künftigen Änderungen des Grundstückszustands ist die voraussichtliche Dauer bis zum Eintritt dieser Änderung (Wartezeit) auch in Verbindung

mit einer verbleibenden Unsicherheit des Eintritts dieser Änderung (Realisierungsrisiko) angemessen zu berücksichtigen.

Teil 2. Für die Wertermittlung erforderliche Daten

Abschnitt 1. Allgemeines

§ 12 Allgemeines zu den für die Wertermittlung erforderlichen Daten. (1) [1] Zu den für die Wertermittlung erforderlichen Daten gehören die Bodenrichtwerte und die sonstigen für die Wertermittlung erforderlichen Daten. [2] Sonstige für die Wertermittlung erforderliche Daten sind insbesondere

1. Indexreihen,
2. Umrechnungskoeffizienten,
3. Vergleichsfaktoren,
4. Liegenschaftszinssätze,
5. Sachwertfaktoren,
6. Erbbaurechts- und Erbbaugrundstücksfaktoren sowie
7. Erbbaurechts- und Erbbaugrundstückskoeffizienten.

[3] Die sonstigen für die Wertermittlung erforderlichen Daten sind auf einen Stichtag zu beziehen.

(2) Die für die Wertermittlung erforderlichen Daten werden insbesondere aus der Kaufpreissammlung auf der Grundlage einer ausreichenden Anzahl geeigneter Kaufpreise ermittelt.

(3) [1] Geeignet im Sinne des Absatzes 2 sind Kaufpreise, die hinsichtlich der allgemeinen Wertverhältnisse und des jeweiligen Grundstückszustands hinreichend übereinstimmen. [2] Eine hinreichende Übereinstimmung liegt vor, wenn sich etwaige Abweichungen

1. bei Vorliegen einer hinreichend großen Anzahl von Kaufpreisen in ihren Auswirkungen auf die Preise ausgleichen oder
2. in entsprechender Anwendung des § 9 Absatz 1 Satz 2 und 3 berücksichtigen lassen.

[3] Die Kaufpreise sind um die Werteinflüsse besonderer objektspezifischer Grundstücksmerkmale zu bereinigen. [4] Hinsichtlich einer Beeinflussung durch ungewöhnliche oder persönliche Verhältnisse gilt § 9 Absatz 2 entsprechend.

(4) Zur Ermittlung der sonstigen für die Wertermittlung erforderlichen Daten sind geeignete statistische Verfahren heranzuziehen.

(5) [1] Bei Ermittlung der sonstigen für die Wertermittlung erforderlichen Daten sind zur Festlegung der Gesamtnutzungsdauer die Modellansätze der Anlage 1 und ist zur Ermittlung der Restnutzungsdauer im Fall der Modernisierung von Wohngebäuden das in Anlage 2 beschriebene Modell zugrunde zu legen. [2] Bei Ermittlung der Liegenschaftszinssätze sind als Bewirtschaftungskosten im Sinne des § 32 Absatz 1 Satz 2 Nummer 1 bis 3 die Modellansätze der Anlage 3 zugrunde zu legen. [3] Bei Ermittlung der Sachwertfaktoren sind der Ermittlung der durchschnittlichen Herstellungskosten im Sinne des § 36 Absatz 2 die Normalherstellungskosten nach Anlage 4 zugrunde zu legen.

(6) Zur Sicherstellung der nach § 10 Absatz 1 gebotenen modellkonformen Anwendung der sonstigen für die Wertermittlung erforderlichen Daten sind die zugrunde gelegten Modellansätze, Modelle und Bezugseinheiten sowie weitere

Informationen in einer Modellbeschreibung anzugeben; hierzu gehören insbesondere

1. die Angabe von Rahmendaten zum Beispiel zum Stichtag, auf den sich das zur Wertermittlung erforderliche Datum bezieht, zum sachlichen und räumlichen Anwendungsbereich und zur Datengrundlage,
2. die Beschreibung der Stichprobe,
3. die Beschreibung der Ermittlungsmethodik,
4. die Beschreibung der verwendeten Parameter und der zugrunde gelegten Bezugseinheiten sowie
5. sonstige Selektionsparameter.

Abschnitt 2. Bodenrichtwerte

§ 13 Bodenrichtwert und Bodenrichtwertgrundstück. (1) Der Bodenrichtwert ist bezogen auf einen Quadratmeter Grundstücksfläche des Bodenrichtwertgrundstücks.

(2) [1] Das Bodenrichtwertgrundstück ist ein unbebautes und fiktives Grundstück, dessen Grundstücksmerkmale weitgehend mit den vorherrschenden grund- und bodenbezogenen wertbeeinflussenden Grundstücksmerkmalen in der nach § 15 gebildeten Bodenrichtwertzone übereinstimmen. [2] Je Bodenrichtwertzone ist ein Bodenrichtwert anzugeben. [3] Bodenrichtwertspannen sind nicht zulässig.

§ 14 Grundlagen der Bodenrichtwertermittlung. (1) [1] Bodenrichtwerte sind vorrangig im Vergleichswertverfahren nach den §§ 24 und 25 zu ermitteln. [2] Für die Anpassung der Kaufpreise an die Grundstücksmerkmale des Bodenrichtwertgrundstücks und an den Bodenrichtwertstichtag gilt § 9 Absatz 1 Satz 2 und 3 entsprechend.

(2) [1] Für die Bodenrichtwertermittlung in Gebieten ohne oder mit geringem Grundstücksverkehr können Kaufpreise und Bodenrichtwerte aus vergleichbaren Gebieten oder aus vorangegangenen Jahren herangezogen werden; Absatz 1 Satz 2 gilt entsprechend. [2] Darüber hinaus können deduktive oder andere geeignete Verfahrensweisen angewendet werden.

(3) Bei der Bodenrichtwertermittlung in bebauten Gebieten können der Zustand und die Struktur der das Gebiet prägenden Bebauung zu berücksichtigen sein.

(4) Bodenrichtwerte enthalten keinen Wertanteil für den Aufwuchs.

(5) [1] Das oder die angewendeten Verfahren für die Ermittlung der Bodenrichtwerte sind zu dokumentieren. [2] Einzelne Bodenrichtwerte sind nicht zu begründen.

§ 15 Bildung der Bodenrichtwertzonen. (1) [1] Eine Bodenrichtwertzone besteht aus einem räumlich zusammenhängenden Gebiet. [2] Die Bodenrichtwertzonen sind so abzugrenzen, dass lagebedingte Wertunterschiede zwischen den Grundstücken, für die der Bodenrichtwert gelten soll, und dem Bodenrichtwertgrundstück grundsätzlich nicht mehr als 30 Prozent betragen. [3] Wertunterschiede, die sich aus nicht mit dem Bodenrichtwertgrundstück übereinstimmenden Grundstücksmerkmalen einzelner Grundstücke ergeben, sind bei der Abgrenzung nicht zu berücksichtigen.

(2) Einzelne Grundstücke oder Grundstücksteile mit einer vom Bodenrichtwertgrundstück abweichenden Art der Nutzung oder Qualität, wie zum Beispiel Grünflächen, Waldflächen, Wasserflächen, Verkehrsflächen und Gemeinbedarfsflächen, können Bestandteil der Bodenrichtwertzone sein; der dort angegebene Bodenrichtwert gilt nicht für diese Grundstücke.

(3) [1] Bodenrichtwertzonen können sich in begründeten Fällen deckungsgleich überlagern; dies gilt insbesondere, wenn sich aufgrund der unregelmäßigen Verteilung von Grundstücken mit unterschiedlichen Nutzungen oder anderen erheblichen Unterschieden in wertbeeinflussenden Grundstücksmerkmalen keine eigenen Bodenrichtwertzonen abgrenzen lassen. [2] Bei der Bildung von sich deckungsgleich überlagernden Bodenrichtwertzonen muss eine eindeutige Zuordnung der Grundstücke zu einem Bodenrichtwertgrundstück möglich sein; hierbei ist unschädlich, wenn sich einzelne Grundstücke nicht eindeutig zuordnen lassen. [3] Bei Bodenrichtwerten nach § 196 Absatz 1 Satz 7 des Baugesetzbuchs[1)] können sich die Bodenrichtwertzonen auch nicht deckungsgleich überlagern.

(4) [1] Bei der Bildung von Bodenrichtwertzonen für die Entwicklungszustände Bauerwartungsland und Rohbauland sind Bauleitpläne sowie die Entwicklung am Grundstücksmarkt zu berücksichtigen. [2] Die Bodenrichtwertzonen sind so abzugrenzen, dass in der Bodenrichtwertzone ein überwiegend einheitlicher Entwicklungsgrad der Grundstücke gegeben ist.

§ 16 Grundstücksmerkmale des Bodenrichtwertgrundstücks.

(1) [1] Das Bodenrichtwertgrundstück weist keine Grundstücksmerkmale auf, die nur im Rahmen einer Einzelbegutachtung ermittelt werden können; dies betrifft insbesondere nur für einzelne Grundstücke bestehende privatrechtliche, öffentlich-rechtliche und tatsächliche Besonderheiten. [2] Satz 1 findet keine Anwendung auf wertbeeinflussende Grundstücksmerkmale, die in der Bodenrichtwertzone vorherrschend sind.

(2) [1] Von den wertbeeinflussenden Grundstücksmerkmalen des Bodenrichtwertgrundstücks sind der Entwicklungszustand und die Art der Nutzung darzustellen. [2] Weitere Grundstücksmerkmale sind darzustellen, wenn sie wertbeeinflussend sind; hierzu können insbesondere gehören

1. das Maß der baulichen Nutzung nach § 5 Absatz 1,
2. die Bauweise oder die Gebäudestellung zur Nachbarbebauung,
3. die Grundstücksgröße,
4. die Grundstückstiefe und
5. die Bodengüte als Acker- oder Grünlandzahl.

[3] Bei baureifem Land gehört zu den darzustellenden Grundstücksmerkmalen zusätzlich stets der beitragsrechtliche Zustand. [4] Bei förmlich festgelegten Sanierungsgebieten und förmlich festgelegten Entwicklungsbereichen ist zusätzlich darzustellen, ob sich der Bodenrichtwert auf den sanierungs- oder entwicklungsunbeeinflussten Zustand oder auf den sanierungs- oder entwicklungsbeeinflussten Zustand bezieht; dies gilt nicht, wenn nach § 142 Absatz 4 des Baugesetzbuchs[1)] ein vereinfachtes Sanierungsverfahren durchgeführt wird.

---

1) Nr. 1.

(3) Die wertbeeinflussenden Grundstücksmerkmale des Bodenrichtwertgrundstücks sind nach Anlage 5 zu spezifizieren.

(4) [1] Wird beim Maß der baulichen Nutzung auf das Verhältnis der Flächen der Geschosse zur Grundstücksfläche abgestellt und ist hierbei nach § 5 Absatz 1 Satz 2 ein gegenüber den planungsrechtlichen Zulässigkeitsvorschriften abweichend bestimmtes Maß wertbeeinflussend, so sind zur Ermittlung dieses Maßes die Flächen aller oberirdischen Geschosse mit Ausnahme von nicht ausbaufähigen Dachgeschossen nach den jeweiligen Außenmaßen zu berücksichtigen. [2] Geschosse gelten in Abgrenzung zu Kellergeschossen als oberirdische Geschosse, soweit ihre Deckenoberkanten im Mittel mehr als 1,40 Meter über die Geländeoberfläche hinausragen; § 20 Absatz 1 der Baunutzungsverordnung[1)] findet keine Anwendung. [3] Ausgebaute oder ausbaufähige Dachgeschosse sind mit 75 Prozent ihrer Fläche zu berücksichtigen. [4] Staffelgeschosse werden in vollem Umfang berücksichtigt. [5] Hohlräume zwischen der obersten Decke und der Bedachung, in denen Aufenthaltsräume nicht möglich sind, sind keine Geschosse. [6] Das nach Satz 1 bis 5 ermittelte Verhältnis der Flächen der oberirdischen Geschosse zur Grundstücksfläche ist die wertrelevante Geschossflächenzahl (WGFZ).

(5) [1] Bodenrichtwerte für baureifes Land sind vorbehaltlich des Satzes 2 für beitragsfreie Grundstücke zu ermitteln. [2] Aufgrund örtlicher Gegebenheiten können vorübergehend Bodenrichtwerte für Grundstücke ermittelt werden, für die noch Beiträge zu entrichten oder zu erwarten sind.

§ 17 Automatisiertes Führen der Bodenrichtwerte. Die Bodenrichtwerte sind in automatisierter Form auf der Grundlage der amtlichen Geobasisdaten zu führen.

Abschnitt 3. Sonstige für die Wertermittlung erforderliche Daten

§ 18 Indexreihen. (1) Indexreihen dienen der Berücksichtigung von im Zeitverlauf eintretenden Änderungen der allgemeinen Wertverhältnisse.

(2) [1] Indexreihen bestehen aus Indexzahlen, die sich aus dem durchschnittlichen Verhältnis der Preise eines Erhebungszeitraums zu den Preisen eines Basiszeitraums mit der Indexzahl 100 ergeben. [2] Die Indexzahlen können auch auf bestimmte Zeitpunkte innerhalb des Erhebungs- und Basiszeitraums bezogen werden.

(3) Die Indexzahlen werden aus geeigneten Kaufpreisen für Grundstücke bestimmter räumlicher und sachlicher Teilmärkte ermittelt.

§ 19 Umrechnungskoeffizienten. (1) Umrechnungskoeffizienten dienen der Berücksichtigung von Wertunterschieden ansonsten gleichartiger Grundstücke, die sich aus Abweichungen einzelner Grundstücksmerkmale, insbesondere aus dem unterschiedlichen Maß der baulichen Nutzung oder der Grundstücksgröße und -tiefe, ergeben.

(2) Umrechnungskoeffizienten geben das Verhältnis des Werts eines Grundstücks mit einer bestimmten Ausprägung eines Grundstücksmerkmals zu dem Wert eines Grundstücks mit einer bestimmten Basisausprägung dieses Grundstücksmerkmals (Normgrundstück) an.

[1)] Nr. **3**.

(3) Die Umrechnungskoeffizienten werden aus geeigneten Kaufpreisen für solche Grundstücke abgeleitet, die sich abgesehen von solchen Abweichungen, die durch Anpassung der Kaufpreise nach § 9 Absatz 1 Satz 2 und 3 berücksichtigt werden, im Wesentlichen nur in dem Grundstücksmerkmal unterscheiden, für das die Umrechnungskoeffizienten abgeleitet werden.

§ 20 Vergleichsfaktoren. (1) Vergleichsfaktoren dienen der Ermittlung von Vergleichswerten insbesondere für bebaute Grundstücke.

(2) Vergleichsfaktoren sind durchschnittliche, auf eine geeignete Bezugseinheit bezogene Werte für Grundstücke mit bestimmten wertbeeinflussenden Grundstücksmerkmalen (Normobjekte).

(3) Vergleichsfaktoren werden ermittelt auf der Grundlage von

1. geeigneten Kaufpreisen und
2. der diesen Kaufpreisen entsprechenden Flächen- oder Raumeinheit (Gebäudefaktoren), den diesen Kaufpreisen entsprechenden marktüblich erzielbaren jährlichen Erträgen (Ertragsfaktoren) oder einer sonstigen geeigneten Bezugseinheit.

§ 21 Liegenschaftszinssätze; Sachwertfaktoren. (1) Liegenschaftszinssätze und Sachwertfaktoren dienen der Berücksichtigung der allgemeinen Wertverhältnisse auf dem jeweiligen Grundstücksmarkt, soweit diese nicht auf andere Weise zu berücksichtigen sind.

(2) [1] Liegenschaftszinssätze sind Kapitalisierungszinssätze, mit denen Verkehrswerte von Grundstücken je nach Grundstücksart im Durchschnitt marktüblich verzinst werden. [2] Liegenschaftszinssätze werden nach den Grundsätzen des Ertragswertverfahrens nach den §§ 27 bis 34 auf der Grundlage von geeigneten Kaufpreisen und den ihnen entsprechenden Reinerträgen ermittelt.

(3) [1] Sachwertfaktoren geben das Verhältnis des vorläufigen marktangepassten Sachwerts zum vorläufigen Sachwert an. [2] Die Sachwertfaktoren werden nach den Grundsätzen des Sachwertverfahrens nach den §§ 35 bis 38 auf der Grundlage von geeigneten Kaufpreisen und den ihnen entsprechenden vorläufigen Sachwerten ermittelt.

§ 22 Erbbaurechts- und Erbbaugrundstücksfaktoren. (1) Erbbaurechts- und Erbbaugrundstücksfaktoren dienen im Wesentlichen der Berücksichtigung der dem Erbbaurecht allgemein beizumessenden Werteinflüsse, soweit sie nicht bereits im finanzmathematischen Wert berücksichtigt sind.

(2) [1] Erbbaurechtsfaktoren geben das Verhältnis des vorläufigen Vergleichswerts des Erbbaurechts zum finanzmathematischen Wert des Erbbaurechts an. [2] Erbbaugrundstücksfaktoren geben das Verhältnis des vorläufigen Vergleichswerts des Erbbaugrundstücks zum finanzmathematischen Wert des Erbbaugrundstücks an.

(3) Die Erbbaurechtsfaktoren und Erbbaugrundstücksfaktoren werden nach den Grundsätzen der §§ 50 und 52 auf der Grundlage von geeigneten Kaufpreisen und den diesen Kaufpreisen entsprechenden finanzmathematischen Werten ermittelt.

§ 23 Erbbaurechts- und Erbbaugrundstückskoeffizienten. (1) Erbbaurechts- und Erbbaugrundstückskoeffizienten dienen im Wesentlichen der Berücksichtigung der dem Erbbaurecht allgemein beizumessenden Werteinflüsse.

(2) [1] Die Erbbaurechtskoeffizienten geben das Verhältnis des vorläufigen Vergleichswerts des Erbbaurechts zum Wert des fiktiven Volleigentums im Sinne des § 49 Absatz 1 Satz 2 an. [2] Die Erbbaugrundstückskoeffizienten geben das Verhältnis des vorläufigen Vergleichswerts des Erbbaugrundstücks zum Bodenwert des fiktiv unbelasteten Grundstücks im Sinne des § 47 Absatz 1 Satz 1 Nummer 2 an.

(3) [1] Die Erbbaurechtskoeffizienten werden auf der Grundlage von geeigneten Kaufpreisen und den diesen Kaufpreisen entsprechenden Werten des fiktiven Volleigentums ermittelt. [2] Die Erbbaugrundstückskoeffizienten werden auf der Grundlage von geeigneten Kaufpreisen und den diesen Kaufpreisen entsprechenden Bodenwerten der fiktiv unbelasteten Grundstücke ermittelt.

Teil 3. Besondere Grundsätze zu den einzelnen Wertermittlungsverfahren

Abschnitt 1. Vergleichswertverfahren

§ 24 Grundlagen des Vergleichswertverfahrens. (1) [1] Im Vergleichswertverfahren wird der Vergleichswert aus einer ausreichenden Anzahl von Vergleichspreisen im Sinne des § 25 ermittelt. [2] Neben oder anstelle von Vergleichspreisen können insbesondere bei bebauten Grundstücken ein objektspezifisch angepasster Vergleichsfaktor im Sinne des § 26 Absatz 1 und bei der Bodenwertermittlung ein objektspezifisch angepasster Bodenrichtwert im Sinne des § 26 Absatz 2 herangezogen werden.

(2) Der vorläufige Vergleichswert kann ermittelt werden

1. auf Grundlage einer statistischen Auswertung einer ausreichenden Anzahl von Vergleichspreisen oder
2. durch Multiplikation eines objektspezifisch angepassten Vergleichsfaktors oder eines objektspezifisch angepassten Bodenrichtwerts mit der entsprechenden Bezugsgröße des Wertermittlungsobjekts.

(3) Der marktangepasste vorläufige Vergleichswert entspricht nach Maßgabe des § 7 dem vorläufigen Vergleichswert.

(4) Der Vergleichswert ergibt sich aus dem marktangepassten vorläufigen Vergleichswert und der Berücksichtigung vorhandener besonderer objektspezifischer Grundstücksmerkmale des Wertermittlungsobjekts.

§ 25 Vergleichspreise. [1] Zur Ermittlung von Vergleichspreisen sind Kaufpreise solcher Grundstücke (Vergleichsgrundstücke) heranzuziehen, die mit dem zu bewertenden Grundstück hinreichend übereinstimmende Grundstücksmerkmale aufweisen und die zu Zeitpunkten verkauft worden sind (Vertragszeitpunkte), die in hinreichender zeitlicher Nähe zum Wertermittlungsstichtag stehen. [2] Die Kaufpreise sind auf ihre Eignung im Sinne des § 9 Absatz 1 Satz 1 zu prüfen und bei etwaigen Abweichungen nach Maßgabe des § 9 Absatz 1 Satz 2 und 3 an die Gegebenheiten des Wertermittlungsobjekts anzupassen.

§ 26 Objektspezifisch angepasster Vergleichsfaktor; objektspezifisch angepasster Bodenrichtwert. (1) Zur Ermittlung des objektspezifisch angepassten Vergleichsfaktors ist der nach § 20 ermittelte Vergleichsfaktor auf seine Eignung im Sinne des § 9 Absatz 1 Satz 1 zu prüfen und bei etwaigen

Abweichungen nach Maßgabe des § 9 Absatz 1 Satz 2 und 3 an die Gegebenheiten des Wertermittlungsobjekts anzupassen.

(2) Zur Ermittlung des objektspezifisch angepassten Bodenrichtwerts sind die nach den §§ 13 bis 16 ermittelten Bodenrichtwerte auf ihre Eignung im Sinne des § 9 Absatz 1 Satz 1 zu prüfen und bei etwaigen Abweichungen nach Maßgabe des § 9 Absatz 1 Satz 2 und 3 an die Gegebenheiten des Wertermittlungsobjekts anzupassen.

Abschnitt 2. Ertragswertverfahren

Unterabschnitt 1. Allgemeines

§ 27 Grundlagen des Ertragswertverfahrens. (1) [1] Im Ertragswertverfahren wird der Ertragswert auf der Grundlage marktüblich erzielbarer Erträge ermittelt. [2] Soweit die Ertragsverhältnisse mit hinreichender Sicherheit aufgrund konkreter Tatsachen wesentlichen Veränderungen unterliegen oder wesentlich von den marktüblich erzielbaren Erträgen abweichen, kann der Ertragswert auf der Grundlage periodisch unterschiedlicher Erträge ermittelt werden.

(2) Der vorläufige Ertragswert wird auf der Grundlage des nach den §§ 40 bis 43 zu ermittelnden Bodenwerts und des Reinertrags im Sinne des § 31 Absatz 1, der Restnutzungsdauer im Sinne des § 4 Absatz 3 und des objektspezifisch angepassten Liegenschaftszinssatzes im Sinne des § 33 ermittelt.

(3) Der marktangepasste vorläufige Ertragswert entspricht nach Maßgabe des § 7 dem vorläufigen Ertragswert.

(4) Der Ertragswert ergibt sich aus dem marktangepassten vorläufigen Ertragswert und der Berücksichtigung vorhandener besonderer objektspezifischer Grundstücksmerkmale des Wertermittlungsobjekts.

(5) Für die Ermittlung des Ertragswerts stehen folgende Verfahrensvarianten zur Verfügung:

1. das allgemeine Ertragswertverfahren;
2. das vereinfachte Ertragswertverfahren;
3. das periodische Ertragswertverfahren.

Unterabschnitt 2. Verfahrensvarianten

§ 28 Allgemeines Ertragswertverfahren. [1] Im allgemeinen Ertragswertverfahren wird der vorläufige Ertragswert ermittelt durch Bildung der Summe aus

1. dem kapitalisierten jährlichen Reinertragsanteil der baulichen Anlagen zum Wertermittlungsstichtag, der unter Abzug des Bodenwertverzinsungsbetrags ermittelt wurde (vorläufiger Ertragswert der baulichen Anlagen), und
2. dem Bodenwert.

[2] Der Ermittlung des Bodenwertverzinsungsbetrags und der Kapitalisierung des jährlichen Reinertragsanteils der baulichen Anlagen ist jeweils derselbe objektspezifisch angepasste Liegenschaftszinssatz zugrunde zu legen. [3] Die Kapitalisierungsdauer entspricht der Restnutzungsdauer der baulichen Anlagen.

§ 29 Vereinfachtes Ertragswertverfahren. [1] Im vereinfachten Ertragswertverfahren wird der vorläufige Ertragswert ermittelt durch Bildung der Summe aus

1. dem kapitalisierten jährlichen Reinertrag zum Wertermittlungsstichtag (Barwert des Reinertrags) und
2. dem über die Restnutzungsdauer der baulichen Anlagen abgezinsten Bodenwert.

[2]Der Kapitalisierung des jährlichen Reinertrags und der Abzinsung des Bodenwerts ist jeweils derselbe objektspezifisch angepasste Liegenschaftszinssatz zugrunde zu legen. [3]Die Kapitalisierungs- oder Abzinsungsdauer entspricht der Restnutzungsdauer der baulichen Anlagen.

§ 30 Periodisches Ertragswertverfahren. (1) Im periodischen Ertragswertverfahren kann der vorläufige Ertragswert ermittelt werden durch Bildung der Summe aus

1. den zu addierenden und auf den Wertermittlungsstichtag abgezinsten, aus gesicherten Daten abgeleiteten Reinerträgen der Perioden innerhalb des Betrachtungszeitraums und
2. dem über den Betrachtungszeitraum auf den Wertermittlungsstichtag abgezinsten Restwert des Grundstücks.

(2) [1]Der Betrachtungszeitraum, für den die periodisch unterschiedlichen Erträge ermittelt werden, ist so zu wählen, dass die Höhe der im Betrachtungszeitraum anfallenden Erträge mit hinreichender Sicherheit ermittelt werden kann; hierbei sollen zehn Jahre nicht überschritten werden. [2]Der Abzinsung ist in der Regel der objektspezifisch angepasste Liegenschaftszinssatz zugrunde zu legen.

(3) [1]Der Restwert des Grundstücks kann ermittelt werden durch Bildung der Summe aus

1. dem Barwert des Reinertrags der Restperiode und
2. dem über die Restperiode abgezinsten Bodenwert.

[2]Die Restperiode ist die um den Betrachtungszeitraum reduzierte Restnutzungsdauer. [3]Die Kapitalisierung des Reinertrags der Restperiode erfolgt über die Dauer der Restperiode. [4]Der Kapitalisierung und der Abzinsung ist jeweils derselbe objektspezifisch angepasste Liegenschaftszinssatz zugrunde zu legen.

Unterabschnitt 3. Ermittlung des Ertragswerts

§ 31 Reinertrag; Rohertrag. (1) Der jährliche Reinertrag ergibt sich aus dem jährlichen Rohertrag abzüglich der Bewirtschaftungskosten.

(2) [1]Der Rohertrag ergibt sich aus den bei ordnungsgemäßer Bewirtschaftung und zulässiger Nutzung marktüblich erzielbaren Erträgen; hierbei sind die tatsächlichen Erträge zugrunde zu legen, wenn sie marktüblich erzielbar sind. [2]Bei Anwendung des periodischen Ertragswertverfahrens ergibt sich der Rohertrag insbesondere aus den vertraglichen Vereinbarungen.

§ 32 Bewirtschaftungskosten. (1) [1]Bewirtschaftungskosten sind die für eine ordnungsgemäße Bewirtschaftung und zulässige Nutzung entstehenden regelmäßigen Aufwendungen, die nicht durch Umlagen oder sonstige Kostenübernahmen gedeckt sind. [2]Zu den Bewirtschaftungskosten gehören

1. die Verwaltungskosten,
2. die Instandhaltungskosten,

3. das Mietausfallwagnis und
4. die Betriebskosten im Sinne des § 556 Absatz 1 Satz 2 des Bürgerlichen Gesetzbuchs.

(2) Verwaltungskosten umfassen insbesondere die Kosten der zur Verwaltung des Grundstücks erforderlichen Arbeitskräfte und Einrichtungen, die Kosten der Aufsicht und die Kosten der Geschäftsführung sowie den Gegenwert der von Eigentümerseite persönlich geleisteten Verwaltungsarbeit.

(3) Instandhaltungskosten umfassen die Kosten, die im langjährigen Mittel infolge Abnutzung oder Alterung zur Erhaltung des der Wertermittlung zugrunde gelegten Ertragsniveaus der baulichen Anlagen während ihrer Restnutzungsdauer marktüblich aufgewendet werden müssten.

(4) Das Mietausfallwagnis umfasst

1. das Risiko einer Ertragsminderung, die durch uneinbringliche Zahlungsrückstände von Mieten, Pachten und sonstigen Einnahmen oder durch vorübergehenden Leerstand von Grundstücken oder Grundstücksteilen entstehen, die zur Vermietung, Verpachtung oder sonstigen Nutzung bestimmt sind,
2. das Risiko von bei uneinbringlichen Zahlungsrückständen oder bei vorübergehendem Leerstand anfallenden, vom Eigentümer zusätzlich zu tragenden Bewirtschaftungskosten sowie
3. das Risiko von uneinbringlichen Kosten einer Rechtsverfolgung auf Zahlung, auf Aufhebung eines Mietverhältnisses oder auf Räumung.

§ 33 Objektspezifisch angepasster Liegenschaftszinssatz. Zur Ermittlung des objektspezifisch angepassten Liegenschaftszinssatzes ist der nach § 21 Absatz 2 ermittelte Liegenschaftszinssatz auf seine Eignung im Sinne des § 9 Absatz 1 Satz 1 zu prüfen und bei etwaigen Abweichungen nach Maßgabe des § 9 Absatz 1 Satz 2 und 3 an die Gegebenheiten des Wertermittlungsobjekts anzupassen.

§ 34 Barwertfaktor. (1) Der Kapitalisierung und der Abzinsung sind Barwertfaktoren auf der Grundlage der Restnutzungsdauer und des objektspezifisch angepassten Liegenschaftszinssatzes zugrunde zu legen.

(2) Der jährlich nachschüssige Rentenbarwertfaktor für die Kapitalisierung (Kapitalisierungsfaktor) ist nach der folgenden Formel zu ermitteln:

$$\text{Kapitalisierungsfaktor (KF)} = \frac{q^n - 1}{q^n \times (q - 1)}$$

$$q = 1 + LZ \qquad LZ = \frac{p}{100}$$

LZ = Liegenschaftszinssatz
p = Zinsfuß
n = Restnutzungsdauer

(3) Der Barwertfaktor für die Abzinsung (Abzinsungsfaktor) ist nach der folgenden Formel zu ermitteln:

$$\text{Abzinsungsfaktor (AF)} = \frac{1}{q^n}$$

$$q = 1 + LZ \qquad LZ = \frac{p}{100}$$

LZ = Liegenschaftszinssatz
p = Zinsfuß
n = Restnutzungsdauer

Abschnitt 3. Sachwertverfahren

§ 35 Grundlagen des Sachwertverfahrens. (1) Im Sachwertverfahren wird der Sachwert des Grundstücks aus den vorläufigen Sachwerten der nutzbaren baulichen und sonstigen Anlagen sowie aus dem Bodenwert ermittelt.

(2) Der vorläufige Sachwert des Grundstücks ergibt sich durch Bildung der Summe aus

1. dem vorläufigen Sachwert der baulichen Anlagen im Sinne des § 36,
2. dem vorläufigen Sachwert der baulichen Außenanlagen und sonstigen Anlagen im Sinne des § 37 und
3. dem nach den §§ 40 bis 43 zu ermittelnden Bodenwert.

(3) [1] Der marktangepasste vorläufige Sachwert des Grundstücks ergibt sich durch Multiplikation des vorläufigen Sachwerts mit einem objektspezifisch angepassten Sachwertfaktor im Sinne des § 39. [2] Nach Maßgabe des § 7 Absatz 2 kann zusätzlich eine Marktanpassung durch marktübliche Zu- oder Abschläge erforderlich sein.

(4) Der Sachwert des Grundstücks ergibt sich aus dem marktangepassten vorläufigen Sachwert und der Berücksichtigung vorhandener besonderer objektspezifischer Grundstücksmerkmale des Wertermittlungsobjekts.

§ 36 Vorläufiger Sachwert der baulichen Anlagen; durchschnittliche Herstellungskosten. (1) Zur Ermittlung des vorläufigen Sachwerts der baulichen Anlagen, ohne bauliche Außenanlagen, sind die durchschnittlichen Herstellungskosten mit dem Regionalfaktor und dem Alterswertminderungsfaktor zu multiplizieren.

(2) [1] Die durchschnittlichen Herstellungskosten der baulichen Anlagen stehen für die aufzuwendenden Kosten, die sich unter Beachtung wirtschaftlicher Gesichtspunkte für die Errichtung eines dem Wertermittlungsobjekt nach Art und Standard vergleichbaren Neubaus am Wertermittlungsstichtag unter Zugrundelegung zeitgemäßer, wirtschaftlicher Bauweisen ergeben würden. [2] Der Ermittlung der durchschnittlichen Herstellungskosten sind in der Regel modellhafte Kostenkennwerte zugrunde zu legen, die auf eine Flächen-, Raum- oder sonstige Bezugseinheit bezogen sind (Normalherstellungskosten), und mit

der Anzahl der entsprechenden Bezugseinheiten der baulichen Anlage zu multiplizieren. [3]Von den Normalherstellungskosten nicht erfasste werthaltige einzelne Bauteile sind durch marktübliche Zuschläge bei den durchschnittlichen Herstellungskosten zu berücksichtigen. [4]Zur Umrechnung auf den Wertermittlungsstichtag ist der für den Wertermittlungsstichtag aktuelle und für die jeweilige Art der baulichen Anlage zutreffende Preisindex für die Bauwirtschaft des Statistischen Bundesamtes (Baupreisindex) zu verwenden. [5]Ausnahmsweise können die durchschnittlichen Herstellungskosten der baulichen Anlagen nach den durchschnittlichen Kosten einzelner Bauleistungen ermittelt werden.

(3) Der Regionalfaktor ist ein vom örtlich zuständigen Gutachterausschuss festgelegter Modellparameter zur Anpassung der durchschnittlichen Herstellungskosten an die Verhältnisse am örtlichen Grundstücksmarkt.

§ 37 Vorläufiger Sachwert der baulichen Außenanlagen und sonstigen Anlagen. [1]Der vorläufige Sachwert der für die jeweilige Gebäudeart üblichen baulichen Außenanlagen und sonstigen Anlagen ist gesondert zu ermitteln, soweit die Anlagen wertbeeinflussend sind und nicht bereits anderweitig erfasst wurden. [2]Der vorläufige Sachwert kann entsprechend § 36 nach den durchschnittlichen Herstellungskosten, nach Erfahrungssätzen oder hilfsweise durch sachverständige Schätzung ermittelt werden. [3]Werden durchschnittliche Herstellungskosten zugrunde gelegt, richtet sich die bei Ermittlung der Alterswertminderung anzusetzende Restnutzungsdauer in der Regel nach der Restnutzungsdauer der baulichen Anlage.

§ 38 Alterswertminderungsfaktor. Der Alterswertminderungsfaktor entspricht dem Verhältnis der Restnutzungsdauer zur Gesamtnutzungsdauer.

§ 39 Objektspezifisch angepasster Sachwertfaktor. Zur Ermittlung des objektspezifisch angepassten Sachwertfaktors ist der nach § 21 Absatz 3 ermittelte Sachwertfaktor auf seine Eignung im Sinne des § 9 Absatz 1 Satz 1 zu prüfen und bei etwaigen Abweichungen nach § 9 Absatz 1 Satz 2 und 3 an die Gegebenheiten des Wertermittlungsobjekts anzupassen.

Teil 4. Bodenwertermittlung; grundstücksbezogene Rechte und Belastungen

Abschnitt 1. Bodenwertermittlung

§ 40 Allgemeines zur Bodenwertermittlung. (1) Der Bodenwert ist vorbehaltlich des Absatzes 5 ohne Berücksichtigung der vorhandenen baulichen Anlagen auf dem Grundstück vorrangig im Vergleichswertverfahren nach den §§ 24 bis 26 zu ermitteln.

(2) Neben oder anstelle von Vergleichspreisen kann nach Maßgabe des § 26 Absatz 2 ein objektspezifisch angepasster Bodenrichtwert verwendet werden.

(3) [1]Steht keine ausreichende Anzahl von Vergleichspreisen oder steht kein geeigneter Bodenrichtwert zur Verfügung, kann der Bodenwert deduktiv oder in anderer geeigneter Weise ermittelt werden. [2]Werden hierbei die allgemeinen Wertverhältnisse nicht ausreichend berücksichtigt, ist eine Marktanpassung durch marktübliche Zu- oder Abschläge erforderlich.

(4) [1] Bei der Ermittlung der sanierungs- oder entwicklungsbedingten Bodenwerterhöhung zur Bemessung von Ausgleichsbeträgen nach § 154 Absatz 1 oder § 166 Absatz 3 Satz 4 des Baugesetzbuchs[1)] sind die Anfangs- und Endwerte bezogen auf denselben Wertermittlungsstichtag zu ermitteln. [2] Der jeweilige Grundstückszustand ist nach Maßgabe des § 154 Absatz 2 des Baugesetzbuchs zu ermitteln.

(5) Die tatsächliche bauliche Nutzung kann insbesondere in folgenden Fällen den Bodenwert beeinflussen:

1. wenn dies dem gewöhnlichen Geschäftsverkehr entspricht, ist ein erhebliches Abweichen der tatsächlichen von der nach § 5 Absatz 1 maßgeblichen Nutzung bei der Ermittlung des Bodenwerts bebauter Grundstücke zu berücksichtigen;
2. wenn bauliche Anlagen auf einem Grundstück im Außenbereich rechtlich und wirtschaftlich weiterhin nutzbar sind, ist dieser Umstand bei der Ermittlung des Bodenwerts in der Regel werterhöhend zu berücksichtigen;
3. wenn bei einem Grundstück mit einem Liquidationsobjekt im Sinne des § 8 Absatz 3 Satz 2 Nummer 3 mit keiner alsbaldigen Freilegung zu rechnen ist, gilt § 43.

§ 41 Erhebliche Überschreitung der marktüblichen Grundstücksgröße. Bei einer erheblichen Überschreitung der marktüblichen Grundstücksgröße kommt eine getrennte Ermittlung des Werts der über die marktübliche Grundstücksgröße hinausgehenden selbstständig nutzbaren oder sonstigen Teilfläche in Betracht; der Wert der Teilfläche ist in der Regel als besonderes objektspezifisches Grundstücksmerkmal zu berücksichtigen.

§ 42 Bodenwert von Bauerwartungsland und Rohbauland. Der Bodenwert von Bauerwartungs- oder Rohbauland kann in Anwendung des § 40 Absatz 3 ausgehend vom Bodenwert für entsprechend genutztes oder nutzbares baureifes Land deduktiv durch angemessene Berücksichtigung der auf dem örtlichen Grundstücksmarkt marktüblichen Kosten der Baureifmachung und unter Berücksichtigung der Wartezeit in Verbindung mit einem Realisierungsrisiko nach Maßgabe des § 11 Absatz 2 oder in sonstiger geeigneter Weise ermittelt werden.

§ 43 Nutzungsabhängiger Bodenwert bei Liquidationsobjekten.

(1) Ist bei einem Grundstück mit einem Liquidationsobjekt im Sinne des § 8 Absatz 3 Satz 2 Nummer 3 insbesondere aus rechtlichen Gründen mit der Freilegung erst zu einem späteren Zeitpunkt zu rechnen (aufgeschobene Freilegung) oder ist langfristig nicht mit einer Freilegung zu rechnen, so ist bei der Bodenwertermittlung von dem sich unter Berücksichtigung der tatsächlichen Nutzung ergebenden Bodenwert (nutzungsabhängiger Bodenwert) auszugehen, soweit dies marktüblich ist.

(2) [1] Im Fall einer aufgeschobenen Freilegung ist der Wertvorteil, der sich aus der künftigen Nutzbarkeit ergibt, bei der Wertermittlung als besonderes objektspezifisches Grundstücksmerkmal zu berücksichtigen, soweit dies marktüblich ist. [2] Der Wertvorteil ergibt sich aus der abgezinsten Differenz zwischen dem Bodenwert, den das Grundstück ohne das Liquidationsobjekt haben

---

[1)] Nr. **1**.

würde, und dem nutzungsabhängigen Bodenwert. [3]Die Freilegungskosten sind über den Zeitraum bis zur Freilegung abzuzinsen und als besonderes objektspezifisches Grundstücksmerkmal zu berücksichtigen, soweit dies marktüblich ist.

§ 44 Gemeinbedarfsflächen. [1]Gemeinbedarfsflächen sind Flächen, für die eine öffentlichen Zweckbindung besteht. [2]Bei Ermittlung des Werts ist danach zu differenzieren, ob es sich um Gemeinbedarfsflächen handelt, die

1. weiterhin für denselben öffentlichen Zweck genutzt werden oder die unter der Änderung der öffentlichen Zweckbindung einem anderen Gemeinbedarf zugeführt werden sollen (bleibende Gemeinbedarfsflächen),
2. ihre öffentliche Zweckbindung verlieren (abgehende Gemeinbedarfsflächen) oder
3. bislang keiner öffentlichen Zweckbestimmung unterlagen und erst für Gemeinbedarfszwecke zu beschaffen sind (künftige Gemeinbedarfsflächen).

§ 45 Wasserflächen. [1]Der Verkehrswert von Wasserflächen hängt in erster Linie von der rechtlich zulässigen Nutzungsmöglichkeit ab. [2]Dabei kann insbesondere eine Abhängigkeit von dem Verkehrswert einer mit der Wasserfläche in unmittelbarem wirtschaftlichen Zusammenhang stehenden Landfläche bestehen oder eine ertragsorientierte Nutzung der Wasserfläche maßgeblich sein.

Abschnitt 2. Grundstücksbezogene Rechte und Belastungen

Unterabschnitt 1. Allgemeines

§ 46 Allgemeines zu grundstücksbezogenen Rechten und Belastungen. (1) Grundstücksbezogene Rechte und Belastungen können den Wert des begünstigten und den Wert des belasteten Grundstücks beeinflussen sowie Gegenstand einer eigenständigen Wertermittlung sein.

(2) Als grundstücksbezogene Rechte und Belastungen kommen insbesondere in Betracht

1. grundstücksgleiche Rechte,
2. weitere beschränkte dingliche Rechte,
3. Baulasten,
4. grundstücksbezogene gesetzliche Beschränkungen des Eigentums sowie
5. miet-, pacht- und wohnungsrechtliche Bindungen.

§ 47 Grundsätze der Wertermittlung bei Rechten und Belastungen.

(1) [1]Der Wert des begünstigten oder des belasteten Grundstücks kann ermittelt werden

1. aus Vergleichspreisen oder
2. ausgehend vom Wert des fiktiv nicht begünstigten oder des fiktiv unbelasteten Grundstücks.

[2]Hierbei sind die allgemeinen Wertverhältnisse im Hinblick auf das Recht oder die Belastung zu berücksichtigen.

(2) In den Fällen nach Absatz 1 Satz 1 Nummer 2 kann der Wert des begünstigten oder des belasteten Grundstücks ermittelt werden

1. durch den Ansatz von Umrechnungskoeffizienten oder

2. durch Berücksichtigung des Werteinflusses des Rechts oder der Belastung.

(3) Der Werteinfluss im Sinne des Absatzes 2 Nummer 2 kann ermittelt werden

1. durch Berücksichtigung der wirtschaftlichen Vor- und Nachteile oder
2. in anderer geeigneter Weise.

(4) [1] Der Wert eines Rechts oder einer Belastung kann ermittelt werden

1. aus dem Vergleich mit Kaufpreisen für vergleichbare Rechte oder Belastungen,
2. durch Berücksichtigung der wirtschaftlichen Vor- und Nachteile,
3. ausgehend vom Wert des fiktiv nicht begünstigten oder des fiktiv unbelasteten Grundstücks oder
4. in anderer geeigneter Weise.

[2] Hierbei sind die allgemeinen Wertverhältnisse im Hinblick auf das Recht oder die Belastung zu berücksichtigen.

(5) [1] Wird der Werteinfluss oder der Wert des Rechts oder der Belastung aus wirtschaftlichen Vor- und Nachteilen ermittelt, so sind die jährlichen Vor- und Nachteile über die Restlaufzeit des Rechts oder der Belastung zu kapitalisieren. [2] Sind Rechte oder Belastungen an das Leben gebunden, ist mit Leibrentenbarwertfaktoren zu kapitalisieren. [3] Ist der Berechtigte eine juristische Person, ist von einem angemessenen Zeitrentenbarwertfaktor auszugehen.

Unterabschnitt 2. Erbbaurecht und Erbbaugrundstück

§ 48 Allgemeines zum Erbbaurecht und Erbbaugrundstück. [1] Der Verkehrswert des Erbbaurechts und der Verkehrswert des Erbbaugrundstücks sind unter Berücksichtigung der vertraglichen Vereinbarungen und der sonstigen wertbeeinflussenden Umstände in Abhängigkeit von den zur Verfügung stehenden Daten zu ermitteln. [2] Der Verkehrswert des Erbbaurechts kann im Vergleichswertverfahren nach den §§ 49 und 50 oder auf andere geeignete Weise ermittelt werden. [3] Der Verkehrswert des Erbbaugrundstücks kann im Vergleichswertverfahren nach den §§ 51 und 52 oder auf andere geeignete Weise ermittelt werden.

§ 49 Vergleichswertverfahren für das Erbbaurecht. (1) [1] Im Vergleichswertverfahren kann der Wert des Erbbaurechts insbesondere ermittelt werden

1. aus Vergleichspreisen für veräußerte Erbbaurechte,
2. ausgehend von dem nach § 50 zu ermittelnden finanzmathematischen Wert des Erbbaurechts oder
3. ausgehend vom Wert des fiktiven Volleigentums im Sinne des Satzes 2.

[2] Der Wert des fiktiven Volleigentums ist der Wert des fiktiv unbelasteten Grundstücks, der dem marktangepassten vorläufigen Vergleichs-, Ertrags- oder Sachwert ohne Berücksichtigung von besonderen objektspezifischen Grundstücksmerkmalen entspricht.

(2) [1] Der vorläufige Vergleichswert des Erbbaurechts kann insbesondere ermittelt werden

1. auf der Grundlage einer statistischen Auswertung einer ausreichenden Anzahl von Vergleichspreisen,

2. durch Multiplikation des finanzmathematischen Werts des Erbbaurechts mit einem objektspezifisch angepassten Erbbaurechtsfaktor oder
3. durch Multiplikation des Werts des fiktiven Volleigentums mit einem objektspezifisch angepassten Erbbaurechtskoeffizienten.

[2] Zur Ermittlung des objektspezifisch angepassten Erbbaurechtsfaktors und des objektspezifisch angepassten Erbbaurechtskoeffizienten ist das nach dem § 22 oder § 23 *emittelte*[1)] Datum auf seine Eignung im Sinne des § 9 Absatz 1 Satz 1 zu prüfen und bei etwaigen *Abweichnungen*[2)] nach Maßgabe des § 9 Absatz 1 Satz 2 und 3 an die Gegebenheiten des Wertermittlungsobjekts anzupassen.

(3) Der marktangepasste vorläufige Vergleichswert des Erbbaurechts entspricht nach Maßgabe des § 7 dem vorläufigen Vergleichswert des Erbbaurechts.

(4) Der Vergleichswert des Erbbaurechts ergibt sich aus dem marktangepassten vorläufigen Vergleichswert des Erbbaurechts und der Berücksichtigung vorhandener besonderer objektspezifischer Grundstücksmerkmale des Wertermittlungsobjekts.

§ 50 Finanzmathematischer Wert des Erbbaurechts. (1) Ausgangsgröße für die Ermittlung des finanzmathematischen Werts des Erbbaurechts ist der Wert des fiktiven Volleigentums im Sinne des § 49 Absatz 1 Satz 2.

(2) [1] Der finanzmathematische Wert des Erbbaurechts wird ermittelt durch Bildung der Summe aus

1. dem Wert des fiktiven Volleigentums abzüglich des Bodenwerts des fiktiv unbelasteten Grundstücks und
2. der über die Restlaufzeit des Erbbaurechts kapitalisierten Differenz aus dem angemessenen und dem erzielbaren Erbbauzins oder ausnahmsweise der Differenz aus dem jeweils über die Restlaufzeit des Erbbaurechts kapitalisierten angemessenen und erzielbaren Erbbauzins.

[2] Bei einer über die Restlaufzeit des Erbbaurechts hinausgehenden Restnutzungsdauer der baulichen Anlagen ist ergänzend zu Satz 1 der bei Zeitablauf nicht zu entschädigende Wertanteil der baulichen Anlagen abzuzinsen und abzuziehen.

(3) [1] Der angemessene Erbbauzins wird in der Regel auf der Grundlage des angemessenen Erbbauzinssatzes und des Bodenwerts des Grundstücks, an dem das Erbbaurecht bestellt wird, ermittelt. [2] Der angemessene Erbbauzinssatz ist der Zinssatz, der sich bei Neubestellung von Erbbaurechten der betroffenen Grundstücksart am Wertermittlungsstichtag im gewöhnlichen Geschäftsverkehr ergibt oder ein anderer geeigneter Zinssatz.

(4) Der erzielbare Erbbauzins ist der Betrag, der sich aus dem im Erbbaurechtsvertrag vereinbarten Erbbauzins unter Berücksichtigung vertraglich vereinbarter und gesetzlich zulässiger Anpassungsmöglichkeiten ergibt.

§ 51 Vergleichswertverfahren für das Erbbaugrundstück. (1) Im Vergleichswertverfahren kann der Wert des Erbbaugrundstücks insbesondere ermittelt werden

---

1) Richtig wohl: „ermittelte".
2) Richtig wohl: „Abweichungen".

1. aus Vergleichspreisen für veräußerte Erbbaugrundstücke,
2. ausgehend von dem nach § 52 zu ermittelnden finanzmathematischen Wert des Erbbaugrundstücks oder
3. ausgehend vom Bodenwert des fiktiv unbelasteten Grundstücks.

(2) [1] Der vorläufige Vergleichswert des Erbbaugrundstücks kann insbesondere ermittelt werden

1. auf Grundlage einer statistischen Auswertung einer ausreichenden Anzahl von Vergleichspreisen für Erbbaugrundstücke,
2. durch Multiplikation des finanzmathematischen Werts des Erbbaugrundstücks mit einem objektspezifisch angepassten Erbbaugrundstücksfaktor oder
3. durch Multiplikation des Bodenwerts des fiktiv unbelasteten Grundstücks mit einem objektspezifisch angepassten Erbbaugrundstückskoeffizienten.

[2] Für die Ermittlung des objektspezifisch angepassten Erbbaugrundstücksfaktors und des objektspezifisch angepassten Erbbaugrundstückskoeffizienten gilt § 49 Absatz 2 Satz 2 entsprechend.

(3) Der marktangepasste vorläufige Vergleichswert des Erbbaugrundstücks entspricht nach Maßgabe des § 7 dem vorläufigen Vergleichswert des Erbbaugrundstücks.

(4) Der Vergleichswert des Erbbaugrundstücks ergibt sich aus dem marktangepassten vorläufigen Vergleichswert des Erbbaugrundstücks und der Berücksichtigung vorhandener besonderer objektspezifischer Grundstücksmerkmale des Wertermittlungsobjekts.

§ 52 Finanzmathematischer Wert des Erbbaugrundstücks. (1) Ausgangsgröße für die Ermittlung des finanzmathematischen Werts des Erbbaugrundstücks ist der Bodenwert des fiktiv unbelasteten Grundstücks.

(2) [1] Der finanzmathematische Wert des Erbbaugrundstücks wird ermittelt durch Bildung der Summe aus

1. dem über die Restlaufzeit des Erbbaurechts abgezinsten Bodenwert des fiktiv unbelasteten Grundstücks und
2. dem über die Restlaufzeit des Erbbaurechts kapitalisierten erzielbaren Erbbauzins im Sinne des § 50 Absatz 4.

[2] Bei einer über die Restlaufzeit hinausgehenden Restnutzungsdauer der baulichen Anlagen ist ergänzend zu Satz 1 der bei Zeitablauf nicht zu entschädigende Wertanteil der baulichen und sonstigen Anlagen abzuzinsen und hinzuzuaddieren.

Teil 5. Schlussvorschriften

§ 53 Übergangsregelungen. (1) Bei Verkehrswertgutachten, die ab dem 1. Januar 2022 erstellt werden, ist unabhängig vom Wertermittlungsstichtag diese Verordnung anzuwenden.

(2) Bis zum Ablauf des 31. Dezember 2024 kann bei Ermittlung der sonstigen für die Wertermittlung erforderlichen Daten die Gesamtnutzungsdauer abweichend von § 12 Absatz 5 Satz 1 und Anlage 1 festgelegt sowie die Restnutzungsdauer abweichend von § 12 Absatz 5 Satz 1 und Anlage 2 ermittelt werden.

§ 54 Inkrafttreten, Außerkrafttreten. [1] Diese Verordnung tritt am 1. Januar 2022 in Kraft. [2] Gleichzeitig tritt die Immobilienwertermittlungsverordnung vom 19. Mai 2010 (BGBl. I S. 639), die durch Artikel 16 des Gesetzes vom 26. November 2019 (BGBl. I S. 1794) geändert worden ist, außer Kraft.

Der Bundesrat hat zugestimmt.

Berlin, den 14. Juli 2021

Die Bundeskanzlerin
Dr. Angela Merkel

Der Bundesminister des Innern, für Bau und Heimat
Horst Seehofer

Anlage 1
(zu § 12 Absatz 5 Satz 1)

Modellansätze für die Gesamtnutzungsdauer

Zur Festlegung der Gesamtnutzungsdauer sind bei Ermittlung der sonstigen für die Wertermittlung erforderlichen Daten die nachfolgenden Modellansätze zugrunde zu legen.

Art der baulichen Anlage	Gesamtnutzungsdauer
freistehende Ein- und Zweifamilienhäuser, Doppelhäuser, Reihenhäuser	80 Jahre
Mehrfamilienhäuser	80 Jahre
Wohnhäuser mit Mischnutzung	80 Jahre
Geschäftshäuser	60 Jahre
Bürogebäude, Banken	60 Jahre
Gemeindezentren, Saalbauten, Veranstaltungsgebäude	40 Jahre
Kindergärten, Schulen	50 Jahre
Wohnheime, Alten- und Pflegeheime	50 Jahre
Krankenhäuser, Tageskliniken	40 Jahre
Beherbergungsstätten, Verpflegungseinrichtungen	40 Jahre
Sporthallen, Freizeitbäder, Heilbäder	40 Jahre
Verbrauchermärkte, Autohäuser	30 Jahre
Kauf- und Warenhäuser	50 Jahre
Einzelgaragen	60 Jahre
Tief- und Hochgaragen als Einzelbauwerk	40 Jahre
Betriebs- und Werkstätten, Produktionsgebäude	40 Jahre
Lager- und Versandgebäude	40 Jahre
Landwirtschaftliche Betriebsgebäude	30 Jahre

Für nicht aufgeführte Arten baulicher Anlagen ist die Gesamtnutzungsdauer aus der Gesamtnutzungsdauer vergleichbarer baulicher Anlagen abzuleiten.

Anlage 2
(zu § 12 Absatz 5 Satz 1)

Modell zur Ermittlung der Restnutzungsdauer von Wohngebäuden bei Modernisierungen

Bei Ermittlung der sonstigen für die Wertermittlung erforderlichen Daten ist zur Ermittlung der Restnutzungsdauer von Wohngebäuden im Fall von Modernisierungen das nachfolgend beschriebene Modell zugrunde zu legen.

Die Verwendung des nachfolgenden Modells ersetzt nicht die erforderliche sachverständige Würdigung des Einzelfalls.

I. Ermittlung der Modernisierungspunktzahl

Die Modernisierungspunktzahl kann durch Punktevergabe für einzelne Modernisierungselemente nach Nummer 1 oder durch sachverständige Einschätzung des Modernisierungsgrades nach Nummer 2 ermittelt werden.

1. Punktevergabe für einzelne Modernisierungselemente

Auf der Grundlage der nachfolgenden Tabelle 1 sind unter Berücksichtigung der zum Stichtag oder der kurz vor dem Stichtag durchgeführten Modernisierungsmaßnahmen entsprechende Punkte für Modernisierungselemente zu vergeben. Aus den für die einzelnen Modernisierungselemente vergebenen Punkten ist eine Gesamtpunktzahl für die Modernisierung (Modernisierungspunkte) zu bilden.

Liegen die Maßnahmen weiter zurück, ist zu prüfen, ob nicht weniger als die maximal zu vergebenden Punkte anzusetzen sind. Wenn nicht modernisierte Bauelemente noch zeitgemäßen Ansprüchen genügen, sind mit einer Modernisierung vergleichbare Punkte zu vergeben.

Modernisierungselemente	Maximal zu vergebende Punkte
Dacherneuerung inklusive Verbesserung der Wärmedämmung	4
Modernisierung der Fenster und Außentüren	2
Modernisierung der Leitungssysteme (Strom, Gas, Wasser, Abwasser)	2
Modernisierung der Heizungsanlage	2
Wärmedämmung der Außenwände	4
Modernisierung von Bädern	2
Modernisierung des Innenausbaus, z.B. Decken, Fußböden, Treppen	2
Wesentliche Verbesserung der Grundrissgestaltung	2

Tabelle 1: einzelne Modernisierungselemente mit den maximal zu vergebenden Punkten.

2. Sachverständige Einschätzung des Modernisierungsgrades

Auf der Grundlage einer sachverständigen Einschätzung des Modernisierungsgrades kann aufgrund der Tabelle 2 eine Gesamtpunktzahl für die Modernisierung ermittelt werden.

Modernisierungsgrad	Modernisierungs-punktzahl
nicht modernisiert	0 bis 1 Punkt
kleine Modernisierungen im Rahmen der Instandhaltung	2 bis 5 Punkte
mittlerer Modernisierungsgrad	6 bis 10 Punkte
überwiegend modernisiert	11 bis 17 Punkte
umfassend modernisiert	18 bis 20 Punkte

Tabelle 2: Ermittlung des Modernisierungsgrades.

II. Ermittlung der Restnutzungsdauer bei Modernisierungen

1. Allgemeines

Aus der nach I. ermittelten Modernisierungspunktzahl ergibt sich die Restnutzungsdauer der baulichen Anlage unter Nutzung der Formel unter II.2 auf der Grundlage der zugrunde gelegten Gesamtnutzungsdauer und des Alters der baulichen Anlage.

Davon abweichend kann die Restnutzungsdauer bei kernsanierten Objekten bis zu 90 Prozent der jeweiligen Gesamtnutzungsdauer betragen. Durch eine Kernsanierung wird das Gebäude in einen Zustand versetzt, der nahezu einem neuen Gebäude entspricht. Bei einer Kernsanierung ist als Baujahr das Jahr der fachgerechten Sanierung zugrunde zu legen. Die teilweise noch verbliebene alte Bausubstanz oder der von neuen Gebäuden abweichende Zustand z.B. des Kellers ist durch einen Abschlag zu berücksichtigen.

2. Formel zur Ermittlung der Restnutzungsdauer

Der Ermittlung der Restnutzungsdauer im Fall von Modernisierungen liegt ein theoretischer Modellansatz zugrunde. Das Modell geht davon aus, dass die Restnutzungsdauer (RND) auf maximal 70 Prozent der jeweiligen Gesamtnutzungsdauer (GND) gestreckt und nach der folgenden Formel berechnet wird:

$$\text{RND} = a \times \frac{\text{Alter}^2}{\text{GND}} - b \times \text{Alter} + c \times \text{GND}$$

Für die Variablen a, b und c sind die Werte der Tabelle 3 zu verwenden. Dabei ist zu beachten, dass Modernisierungen erst ab einem bestimmten Alter der baulichen Anlagen Auswirkungen auf die Restnutzungsdauer haben. Aus diesem Grund ist die Formel in Abhängigkeit von der anzusetzenden Gesamtnutzungsdauer erst ab einem bestimmten Alter (relatives Alter) anwendbar.

Das relative Alter wird nach der folgenden Formel ermittelt:

$$\frac{\text{Alter}}{\text{GND}} \times 100\ \%$$

Liegt das relative Alter unterhalb des in der Tabelle 3 angegebenen Wertes, gilt für die Ermittlung der Restnutzungsdauer die Formel:

RND = GND – Alter

Modernisierungspunkte	a	b	c	ab einem relativen Alter von
0	1,2500	2,6250	1,5250	60 %
1	1,2500	2,6250	1,5250	60 %
2	1,0767	2,2757	1,3878	55 %
3	0,9033	1,9263	1,2505	55 %
4	0,7300	1,5770	1,1133	40 %
5	0,6725	1,4578	1,0850	35 %
6	0,6150	1,3385	1,0567	30 %
7	0,5575	1,2193	1,0283	25 %
8	0,5000	1,1000	1,0000	20 %
9	0,4660	1,0270	0,9906	19 %
10	0,4320	0,9540	0,9811	18 %
11	0,3980	0,8810	0,9717	17 %
12	0,3640	0,8080	0,9622	16 %
13	0,3300	0,7350	0,9528	15 %
14	0,3040	0,6760	0,9506	14 %
15	0,2780	0,6170	0,9485	13 %
16	0,2520	0,5580	0,9463	12 %
17	0,2260	0,4990	0,9442	11 %
18	0,2000	0,4400	0,9420	10 %
19	0,2000	0,4400	0,9420	10 %
20	0,2000	0,4400	0,9420	10 %

Tabelle 3: Angabe der Variablen a, b, c und des relativen Alters für die Anwendung der Formel zur Ermittlung der Restnutzungsdauer.

Anlage 3
(zu § 12 Absatz 5 Satz 2)

Modellansätze für Bewirtschaftungskosten

Bei Ermittlung der Liegenschaftszinssätze sind die nachfolgenden Modellansätze zugrunde zu legen.

I. Bewirtschaftungskosten für Wohnnutzung

1. Verwaltungskosten (Stand 1. Januar 2021)

298 Euro	jährlich je Wohnung bzw. je Wohngebäude bei Ein- und Zweifamilienhäusern
357 Euro	jährlich je Eigentumswohnung
39 Euro	jährlich je Garage oder ähnlichem Einstellplatz

Die vorstehend genannten Werte gelten für das Jahr 2021. Für Wertermittlungsstichtage in den Folgejahren sind sie wie unter III. dargestellt anzupassen.

2. Instandhaltungskosten (Stand 1. Januar 2021)

11,70 Euro	jährlich je Quadratmeter Wohnfläche, wenn die Schönheitsreparaturen von den Mietern getragen werden
88 Euro	jährlich je Garage oder ähnlichem Einstellplatz einschließlich der Kosten für Schönheitsreparaturen

Die vorstehend genannten Beträge gelten für das Jahr 2021. Für Wertermittlungsstichtage in den Folgejahren sind die Beträge wie unter III. dargestellt anzupassen.

3. Mietausfallwagnis

2 Prozent	des marktüblich erzielbaren Rohertrags bei Wohnnutzung

II. Bewirtschaftungskosten für gewerbliche Nutzung

1. Verwaltungskosten

3 Prozent	des marktüblich erzielbaren Rohertrags bei reiner und gemischter gewerblicher Nutzung

2. Instandhaltungskosten

Den Instandhaltungskosten für gewerbliche Nutzung wird jeweils ein Prozentsatz der Instandhaltungskosten für Wohnnutzung zugrunde gelegt.

100 Prozent	für gewerbliche Nutzung wie z.B. Büros, Praxen, Geschäfte und vergleichbare Nutzungen bzw. gewerblich genutzte Objekte mit vergleichbaren Baukosten, wenn der Vermieter die Instandhaltung für „Dach und Fach" trägt
50 Prozent	für gewerbliche Nutzung wie z.B. SB-Verbrauchermärkte und vergleichbare Nutzungen bzw. gewerblich genutzte Objekte mit vergleichbaren Baukosten, wenn der Vermieter die Instandhaltung für „Dach und Fach" trägt
30 Prozent	für gewerbliche Nutzung wie z.B. Lager-, Logistik- und Produktionshallen und vergleichbare Nutzungen bzw. gewerblich genutzte Objekte mit vergleichbaren Baukosten, wenn der Vermieter die Instandhaltung für „Dach und Fach" trägt

3. Mietausfallwagnis

4 Prozent	des marktüblich erzielbaren Rohertrags bei reiner bzw. gemischter gewerblicher Nutzung

III. Jährliche Anpassung

Die Anpassung der Werte nach den Nummern I.1 und I.2 erfolgt jährlich auf der Grundlage der in Satz 3 genannten Basiswerte mit dem Prozentsatz, um den sich der vom Statistischen Bundesamt festgestellte Verbraucherpreisindex für Deutschland für den Monat Oktober 2001 gegenüber demjenigen für den Monat Oktober des Jahres, das dem Stichtag der Ermittlung des Liegenschaftszinssatzes vorausgeht, erhöht oder verringert hat. Die Werte für die Instandhaltungskosten pro m² sind auf eine Nachkommastelle und bei den Instandhaltungskosten pro Garage oder ähnlichem Einstellplatz sowie bei Verwaltungskosten kaufmännisch auf den vollen Euro zu runden. Es wird von folgenden Basiswerten für die Verwaltungs- und Instandhaltungskosten ausgegangen:

1. Verwaltungskosten

230 Euro	jährlich je Wohnung bzw. je Wohngebäude bei Ein- und Zweifamilienhäusern
275 Euro	jährlich je Eigentumswohnung
30 Euro	jährlich je Garage oder ähnlichem Einstellplatz

2. Instandhaltungskosten

9,00 Euro	jährlich je Quadratmeter Wohnfläche, wenn die Schönheitsreparaturen von den Mietern getragen werden
68 Euro	jährlich je Garage oder ähnlichem Einstellplatz einschließlich der Kosten für Schönheitsreparaturen

Anlage 4
(zu § 12 Absatz 5 Satz 3)

Normalherstellungskosten 2010 (NHK 2010)

I. Grundlagen

1. Allgemeines

(1) Bei Ermittlung der Sachwertfaktoren sind der Ermittlung der durchschnittlichen Herstellungskosten die Modellkosten dieser Anlage zugrunde zu legen.

(2) [1]Die Kostenkennwerte der Normalherstellungskosten 2010 nach Nummer II beziehen sich auf eine Art der baulichen Anlage (Gebäudeart) unter Berücksichtigung einer Standardstufe. [2]Die Zuordnung des Wertermittlungsobjekts zu einer Gebäudeart erfolgt aufgrund seiner Nutzung. [3]Die Zuordnung zu einer Standardstufe erfolgt nach Nummer III aufgrund seiner Standardmerkmale; dabei sind zur Ermittlung eines zutreffenden Kostenkennwerts alle wertrelevanten Standardmerkmale des Wertermittlungsobjekts sachverständig einzustufen, auch wenn sie nicht in Nummer III beschrieben sind.

(3) [1]Die Normalherstellungskosten 2010 erfassen die Kostengruppen 300 und 400 der DIN 276[1)], die Umsatzsteuer und die üblicherweise entstehenden Baunebenkosten (Kostengruppen 730 und 771 der DIN 276[1)]), insbesondere Kosten für Planung, Baudurchführung, behördliche Prüfungen und Genehmigungen. [2]Darüber hinaus enthalten sie weitere Angaben zur Höhe der eingerechneten Baunebenkosten, teilweise Korrekturfaktoren zur Anpassung des jeweiligen Kostenkennwerts wegen der speziellen Merkmale des Wertermittlungsobjekts sowie teilweise weitergehende Erläuterungen.

(4) [1]Die Kostenkennwerte der Normalherstellungskosten sind in Euro pro Quadratmeter Grundfläche angegeben. [2]Sie sind bezogen auf den im Jahresdurchschnitt bestehenden Kostenstand des Jahres 2010.

[1)] **Amtl. Anm.:** DIN 276-1:2006-11, Kosten im Bauwesen – Teil 1: Hochbau. Das Normblatt ist bei der Beuth Verlag GmbH, 10772 Berlin, zu beziehen und ist bei dem Deutschen Patentamt archivmäßig gesichert niedergelegt.

2. Brutto-Grundfläche

(1) [1]Die Brutto-Grundfläche (BGF) ist die Summe der bezogen auf die jeweilige Gebäudeart marktüblich nutzbaren Grundflächen aller Grundrissebenen eines Bauwerks. [2]Für die Ermittlung der Brutto-Grundfläche ist die DIN 277[1)] anzuwenden, deren Vorgaben für die Anwendung der Normalherstellungskosten durch die nachfolgenden Absätze teilweise ergänzt werden.

(2) [1]In Anlehnung an die DIN 277[1)] sind bei den Grundflächen folgende Bereiche zu unterscheiden:

a) Bereich a: überdeckt und allseitig in voller Höhe umschlossen,

b) Bereich b: überdeckt, jedoch nicht allseitig in voller Höhe umschlossen,

c) Bereich c: nicht überdeckt.

[2]Für die Ermittlung der Brutto-Grundfläche sind nur die Grundflächen der Bereiche a und b zu berücksichtigen. [3]Balkone, einschließlich überdeckter Balkone, sind dem Bereich c zuzuordnen.

(3) Für die Ermittlung der Brutto-Grundfläche sind die äußeren Maße der Baukonstruktionen einschließlich Bekleidung in Höhe der Oberseite der Boden- oder Deckenbeläge anzusetzen.

(4) Nicht zur Brutto-Grundfläche gehören beispielsweise Flächen von neben dem Dachgeschoss bestehenden weiteren untergeordneten Ebenen innerhalb des Dachraums (Spitzböden), Flächen von Kriechkellern, Flächen, die ausschließlich der Wartung, Inspektion und Instandsetzung von Baukonstruktionen und technischen Anlagen dienen, sowie Flächen unter konstruktiven Hohlräumen, zum Beispiel über abgehängten Decken.

(5) [1]Im Dachgeschoss richtet sich die Anrechenbarkeit der Grundflächen nach ihrer Nutzbarkeit. [2]Ausreichend ist, wenn eine untergeordnete Nutzung möglich ist, die beispielsweise als Lager- und Abstellraum der Hauptnutzung dient (eingeschränkte Nutzbarkeit). [3]Die Nutzbarkeit von Dachgeschossen setzt eine lichte Höhe von circa 1,25 Metern und ihre Begehbarkeit voraus; eine Begehbarkeit setzt eine feste Decke und die Zugänglichkeit voraus, wobei sich die Art der Zugänglichkeit nach der Intensität der Nutzung richtet. [4]Nicht nutzbare Dachgeschossebenen sind nicht anzurechnen.

3. Besonderheiten und Grad der wirtschaftlichen Nutzbarkeit bei freistehenden Ein- und Zweifamilienhäusern, Doppelhäusern und Reihenhäusern

(1) Freistehende Ein- und Zweifamilienhäuser, Doppelhäuser und Reihenhäuser mit nicht nutzbaren Grundrissebenen im Dachraum sind der Gebäudeart mit Flachdach oder flach geneigtem Dach zuzuordnen.

(2) Trotz gleicher Brutto-Grundfläche können sich bei freistehenden Ein- und Zweifamilienhäusern, Doppelhäusern und Reihenhäusern mit ausgebautem oder ausbaufähigem Dachgeschoss im Sinne der Absätze 3 und 4 Unterschiede hinsichtlich des Grades der wirtschaftlichen Nutzbarkeit ergeben, die insbesondere auf Unterschieden der Dachkonstruktion, der Gebäudegeometrie und der Giebelhöhe beruhen können.

[1)] **Amtl. Anm.:** DIN 277-1:2005-02, Grundflächen und Rauminhalte von Bauwerken im Hochbau – Teil 1: Begriffe, Ermittlungsgrundlagen. Das Normblatt ist bei der Beuth Verlag GmbH, 10772 Berlin, zu beziehen und ist bei dem Deutschen Patentamt archivmäßig gesichert niedergelegt.

(3) [1] Bei Gebäuden mit nicht ausgebautem Dachgeschoss ist zu unterscheiden zwischen

a) Gebäuden mit Dachgeschossen, die nicht zu einer Wohnnutzung als Hauptnutzung ausbaubar sind, jedoch im Unterschied zur Gebäudeart mit Flachdach oder flach geneigten Dach eine untergeordnete Nutzung zulassen (nicht ausbaufähig) und

b) Gebäuden mit Dachgeschossen, die für eine Wohnnutzung als Hauptnutzung ausbaubar sind.

[2] Bei nicht ausgebauten Dachgeschossen, die nicht im Sinne des Satzes 1 Buchstabe a ausbaufähig sind, ist in der Regel ein Abschlag vom Kostenkennwert anzusetzen.

(4) [1] Bei Gebäuden mit ausgebautem Dachgeschoss bestimmt sich der Grad der wirtschaftlichen Nutzbarkeit des Dachgeschosses insbesondere nach dem Verhältnis der vorhandenen Wohnfläche zur Grundfläche. [2] Die Wohnfläche ist im Wesentlichen abhängig von Dachneigung, Giebelbreite und Drempelhöhe. [3] Ein fehlender Drempel ist in der Regel durch Abschläge zu berücksichtigen. [4] Ein ausgebauter Spitzboden im Sinne von Nummer 2 Absatz 4 ist in der Regel durch Zuschläge zu berücksichtigen.

(5) Ein teilweiser Ausbau des Dachgeschosses oder eine teilweise Unterkellerung können durch anteilige Heranziehung der jeweiligen Kostenkennwerte für die verschiedenen Gebäudearten berücksichtigt werden (Mischkalkulation).

II. Kostenkennwerte – Normalherstellungskosten 2010 (NHK 2010)

Inhaltsübersicht

1. Kostenkennwerte für freistehende Ein- und Zweifamilienhäuser, Doppelhäuser, Reihenhäuser[1]

Keller-, Erdgeschoss		Dachgeschoss voll ausgebaut						Dachgeschoss nicht ausgebaut						Flachdach oder flach geneigtes Dach				
Standardstufe		1	2	3	4	5		1	2	3	4	5		1	2	3	4	5
freistehende Einfamilienhäuser[2]	1.01	655	725	835	1005	1260	1.02	545	605	695	840	1050	1.03	705	785	900	1085	1360
Doppel- und Reihenendhäuser	2.01	615	685	785	945	1180	2.02	515	570	655	790	985	2.03	665	735	845	1020	1275
Reihenmittelhäuser	3.01	575	640	735	885	1105	3.02	480	535	615	740	925	3.03	620	690	795	955	1195

Keller-, Erd-, Obergeschoss		Dachgeschoss voll ausgebaut						Dachgeschoss nicht ausgebaut						Flachdach oder flach geneigtes Dach				
Standardstufe		1	2	3	4	5		1	2	3	4	5		1	2	3	4	5
freistehende Einfamilienhäuser[2]	1.11	655	725	835	1005	1260	1.12	570	635	730	880	1100	1.13	665	740	850	1025	1285
Doppel- und Reihenendhäuser	2.11	615	685	785	945	1180	2.12	535	595	685	825	1035	2.13	625	695	800	965	1205
Reihenmittelhäuser	3.11	575	640	735	885	1105	3.12	505	560	640	775	965	3.13	585	650	750	905	1130

Erdgeschoss, nicht unterkellert		Dachgeschoss voll ausgebaut						Dachgeschoss nicht ausgebaut						Flachdach oder flach geneigtes Dach				
Standardstufe		1	2	3	4	5		1	2	3	4	5		1	2	3	4	5
freistehende Einfamilienhäuser[2]	1.21	790	875	1005	1215	1515	1.22	585	650	745	900	1125	1.23	920	1025	1180	1420	1775
Doppel- und Reihenendhäuser	2.21	740	825	945	1140	1425	2.22	550	610	700	845	1055	2.23	865	965	1105	1335	1670
Reihenmittelhäuser	3.21	695	770	885	1065	1335	3.22	515	570	655	790	990	3.23	810	900	1035	1250	1560

Erd-, Obergeschoss, nicht unterkellert		Dachgeschoss voll ausgebaut						Dachgeschoss nicht ausgebaut						Flachdach oder flach geneigtes Dach				
Standardstufe		1	2	3	4	5		1	2	3	4	5		1	2	3	4	5
freistehende Einfamilienhäuser[2]	1.31	720	800	920	1105	1385	1.32	620	690	790	955	1190	1.33	785	870	1000	1205	1510
Doppel- und Reihenendhäuser	2.31	675	750	865	1040	1300	2.32	580	645	745	895	1120	2.33	735	820	940	1135	1415
Reihenmittelhäuser	3.31	635	705	810	975	1215	3.32	545	605	695	840	1050	3.33	690	765	880	1060	1325

[1] einschließlich Baunebenkosten in Höhe von 17%
[2] Korrekturfaktor für freistehende Zweifamilienhäuser: 1,05

2. Kostenkennwerte für Mehrfamilienhäuser[3]

		Standardstufe 3	Standardstufe 4	Standardstufe 5
4.1	Mehrfamilienhäuser[4 5] mit bis zu 6 WE	825	985	1 190
4.2	Mehrfamilienhäuser[4 5] mit 7 bis 20 WE	765	915	1 105
4.3	Mehrfamilienhäuser[4 5] mit mehr als 20 WE	755	900	1 090

[3] einschließlich Baunebenkosten in Höhe von — Gebäudeart 4.1 – 4.3 — 19 %

[4] Korrekturfaktoren für die Wohnungsgröße — ca. 35 m² WF/WE = 1,10; ca. 50 m² WF/WE = 1,00; ca. 135 m² WF/WE = 0,85

[5] Korrekturfaktoren für die Grundrissart — Einspänner = 1,05; Zweispänner = 1,00; Dreispänner = 0,97; Vierspänner = 0,95

3. Kostenkennwerte für Wohnhäuser mit Mischnutzung, Banken und Geschäftshäuser[6]

		Standardstufe 3	Standardstufe 4	Standardstufe 5
5.1	Wohnhäuser mit Mischnutzung[7 8 9]	860	1 085	1 375
5.2	Banken und Geschäftshäuser mit Wohnungen[10]	890	1 375	1 720
5.3	Banken und Geschäftshäuser ohne Wohnungen	930	1 520	1 900

[6] einschließlich Baunebenkosten in Höhe von — Gebäudeart 5.1 — 18 %; Gebäudeart 5.2 – 5.3 — 22 %

[7] Korrekturfaktoren für die Wohnungsgröße — ca. 35 m² WF/WE = 1,10; ca. 50 m² WF/WE = 1,00; ca. 135 m² WF/WE = 0,85

[8] Korrekturfaktoren für die Grundrissart — Einspänner = 1,05; Zweispänner = 1,00; Dreispänner = 0,97; Vierspänner = 0,95

[9] Wohnhäuser mit Mischnutzung sind Gebäude mit überwiegend Wohnnutzung und einem geringen gewerblichen Anteil. Anteil der Wohnfläche ca. 75 %. Bei deutlich abweichenden Nutzungsanteilen ist eine Ermittlung durch Gebäudemix sinnvoll.

[10] Geschäftshäuser sind Gebäude mit überwiegend gewerblicher Nutzung und einem geringen Wohnanteil. Anteil der Wohnfläche ca. 20 – 25 %.

4. Kostenkennwerte für Bürogebäude[11]

		Standardstufe 3	Standardstufe 4	Standardstufe 5
6.1	Bürogebäude, Massivbau	1 040	1 685	1 900
6.2	Bürogebäude, Stahlbetonskelettbau	1 175	1 840	2 090

[11] einschließlich Baunebenkosten in Höhe von — Gebäudeart 6.1 – 6.2 — 18 %

5. Kostenkennwerte für Gemeindezentren, Saalbauten, Veranstaltungsgebäude[12]

		Standardstufe 3	Standardstufe 4	Standardstufe 5
7.1	Gemeindezentren	1 130	1 425	1 905
7.2	Saalbauten/Veranstaltungsgebäude	1 355	1 595	2 085

[12] einschließlich Baunebenkosten in Höhe von — Gebäudeart 7.1 – 7.2 — 18 %

6. Kostenkennwerte für Kindergärten, Schulen[13]

		Standardstufe		
		3	4	5
8.1	Kindergärten	1 300	1 495	1 900
8.2	Allgemeinbildende Schulen, Berufsbildende Schulen	1 450	1 670	2 120
8.3	Sonderschulen	1 585	1 820	2 315

[13] einschließlich Baunebenkosten in Höhe von

Gebäudeart	8.1	20 %
Gebäudeart	8.2	21 %
Gebäudeart	8.3	17 %

7. Kostenkennwerte für Wohnheime, Alten- oder Pflegeheime[14]

		Standardstufe		
		3	4	5
9.1	Wohnheime/Internate	1 000	1 225	1 425
9.2	Alten-/Pflegeheime	1 170	1 435	1 665

[14] einschließlich Baunebenkosten in Höhe von Gebäudeart 9.1 – 9.2 18 %

8. Kostenkennwerte für Krankenhäuser, Tageskliniken[15]

		Standardstufe		
		3	4	5
10.1	Krankenhäuser/Kliniken	1 720	2 080	2 765
10.2	Tageskliniken/Ärztehäuser	1 585	1 945	2 255

[15] einschließlich Baunebenkosten in Höhe von Gebäudeart 10.1 – 10.2 21 %

9. Kostenkennwerte für Beherbergungsstätten, Verpflegungseinrichtungen[16]

		Standardstufe		
		3	4	5
11.1	Hotels	1 385	1 805	2 595

[16] einschließlich Baunebenkosten in Höhe von Gebäudeart 11.1 21 %

10. Kostenkennwerte für Sporthallen, Freizeitbäder oder Heilbäder[17]

		Standardstufe		
		3	4	5
12.1	Sporthallen (Einfeldhallen)	1 320	1 670	1 955
12.2	Sporthallen (Dreifeldhallen/Mehrzweckhallen)	1 490	1 775	2 070
12.3	Tennishallen	1 010	1 190	1 555
12.4	Freizeitbäder/Heilbäder	2 450	2 985	3 840

[17] einschließlich Baunebenkosten in Höhe von

Gebäudeart	12.1 + 12.3	17 %
Gebäudeart	12.2	19 %
Gebäudeart	12.4	24 %

11. Kostenkennwerte für Verbrauchermärkte, Kauf- oder Warenhäuser, Autohäuser[18]

		Standardstufe		
		3	4	5
13.1	Verbrauchermärkte	720	870	1 020
13.2	Kauf-/Warenhäuser	1 320	1 585	1 850
13.3	Autohäuser ohne Werkstatt	940	1 240	1 480

[18] einschließlich Baunebenkosten in Höhe von

Gebäudeart	13.1	16 %
Gebäudeart	13.2	22 %
Gebäudeart	13.3	21 %

12. Kostenkennwerte für Garagen[19]

		Standardstufe		
		3	4	5
14.1	Einzelgaragen/Mehrfachgaragen[20]	245	485	780
14.2	Hochgaragen	480	655	780
14.3	Tiefgaragen	560	715	850
14.4	Nutzfahrzeuggaragen	530	680	810

[19] einschließlich Baunebenkosten in Höhe von

Gebäudeart	14.1	12 %
Gebäudeart	14.2 – 14.3	15 %
Gebäudeart	14.4	13 %

[20] Standardstufe 3: Fertiggaragen; Standardstufe 4: Garagen in Massivbauweise; Standardstufe 5: individuelle Garagen in Massivbauweise mit besonderen Ausführungen wie Ziegeldach, Gründach, Bodenbeläge, Fliesen o.ä., Wasser, Abwasser und Heizung

13. Kostenkennwerte für Betriebs- oder Werkstätten, Produktionsgebäude[21]

		Standardstufe		
		3	4	5
15.1	Betriebs-/Werkstätten, eingeschossig	970	1 165	1 430
15.2	Betriebs-/Werkstätten, mehrgeschossig ohne Hallenanteil	910	1 090	1 340
15.3	Betriebs-/Werkstätten, mehrgeschossig, hoher Hallenanteil	620	860	1 070
15.4	Industrielle Produktionsgebäude, Massivbauweise	950	1 155	1 440
15.5	Industrielle Produktionsgebäude, überwiegend Skelettbauweise	700	965	1 260

[21] einschließlich Baunebenkosten in Höhe von

Gebäudeart	15.1 – 15.4	19 %
Gebäudeart	15.5	18 %

14. Kostenkennwerte für Lagergebäude[22]

		Standardstufe		
		3	4	5
16.1	Lagergebäude ohne Mischnutzung, Kaltlager	350	490	640
16.2	Lagergebäude mit bis zu 25 % Mischnutzung[23]	550	690	880
16.3	Lagergebäude mit mehr als 25 % Mischnutzung[23]	890	1 095	1 340

[22] einschließlich Baunebenkosten in Höhe von

Gebäudeart	16.1	16 %
Gebäudeart	16.2	17 %
Gebäudeart	16.3	18 %

[23] Lagergebäude mit Mischnutzung sind Gebäude mit einem überwiegenden Anteil an Lagernutzung und einem geringeren Anteil an anderen Nutzungen wie Büro, Sozialräume, Ausstellungs- oder Verkaufsflächen etc.

15. Kostenkennwerte für sonstige Gebäude (Museen, Theater, Sakralbauten, Friedhofsgebäude)[24]

		Standardstufe		
		3	4	5
17.1	Museen	1 880	2 295	2 670
17.2	Theater	2 070	2 625	3 680
17.3	Sakralbauten	1 510	2 060	2 335
17.4	Friedhofsgebäude	1 320	1 490	1 720

[24] einschließlich Baunebenkosten in Höhe von

Gebäudeart	17.1	18 %
Gebäudeart	17.2	22 %
Gebäudeart	17.3	16 %
Gebäudeart	17.4	19 %

16. Kostenkennwerte für Reithallen

18.1.1 Reithallen			
Standardstufe	3	4	5
300 Bauwerk – Baukonstruktion	215	235	280
400 Bauwerk – Technische Anlagen	20	25	30
Bauwerk	235	260	310
einschließlich Baunebenkosten in Höhe von	12 %		
Traufhöhe	5,00 m		
BGF/Nutzeinheit	–		
Korrekturfaktoren	Gebäudegröße BGF 500 m² 1,20 1 000 m² 1,00 1 500 m² 0,90		

17. Kostenkennwerte für Pferdeställe

18.1.2 Pferdeställe			
Standardstufe	3	4	5
300 Bauwerk – Baukonstruktion	310	450	535
400 Bauwerk – Technische Anlagen	55	70	90
Bauwerk	365	520	625
einschließlich Baunebenkosten in Höhe von	12 %		
Traufhöhe	3,50 m		
BGF/Nutzeinheit	15,00 – 20,00 m²/Tier		
Korrekturfaktoren	Gebäudegröße BGF 250 m² 1,20 500 m² 1,00 750 m² 0,90		

18. Kostenkennwerte für Kälberställe

18.2.1 Kälberställe			
Standardstufe	3	4	5
300 Bauwerk – Baukonstruktion	335	375	455
400 Bauwerk – Technische Anlagen	145	165	195
Bauwerk	480	540	650
einschließlich Baunebenkosten in Höhe von	12 %		
Traufhöhe	3,00 m		
BGF/Nutzeinheit	4,00 – 4,50 m²/Tier		
Korrekturfaktoren	Gebäudegröße BGF 100 m² 1,20 150 m² 1,00 250 m² 0,90	Unterbau Güllekanäle (Tiefe 1,00 m) 1,05 ohne Güllekanäle 1,00	

19. Kostenkennwerte für Jungvieh-, Mastbullen- oder Milchviehställe ohne Melkstand und Warteraum

18.2.2 Jungvieh-/Mastbullen-/Milchviehställe ohne Melkstand und Warteraum			
Standardstufe	3	4	5
300 Bauwerk – Baukonstruktion	235	260	310
400 Bauwerk – Technische Anlagen	55	65	80
Bauwerk	290	325	390
einschließlich Baunebenkosten in Höhe von	12 %		
Traufhöhe	4,00 m		
BGF/Nutzeinheit	6,50 – 10,50 m²/Tier		
Korrekturfaktoren	Gebäudegröße BGF 500 m² 1,20 1 000 m² 1,00 1 500 m² 0,90	Unterbau Güllekanäle (Tiefe 1,00 m) 1,20 ohne Güllekanäle 1,00 Güllelagerraum (Tiefe 2,00 m) 1,40	

20. Kostenkennwerte für Milchviehställe mit Melkstand und Milchlager

18.2.3 Milchviehställe mit Melkstand und Milchlager			
Standardstufe	3	4	5
300 Bauwerk – Baukonstruktion	225	255	310
400 Bauwerk – Technische Anlagen	100	110	130
Bauwerk	325	365	440
einschließlich Baunebenkosten in Höhe von	12 %		
Traufhöhe	4,00 m		
BGF/Nutzeinheit	10,00 – 15,00 m²/Tier		
Korrekturfaktoren	Gebäudegröße BGF 1 000 m² 1,20 1 500 m² 1,00 2 000 m² 0,90	Unterbau Güllekanäle (Tiefe 1,00 m) 1,20 ohne Güllekanäle 1,00 Güllelagerraum (Tiefe 2,00 m) 1,40	

21. Kostenkennwerte für Melkhäuser mit Milchlager und Nebenräumen als Einzelgebäude ohne Warteraum und Selektion

18.2.4 Melkhäuser mit Milchlager und Nebenräumen als Einzelgebäude ohne Warteraum und Selektion			
Standardstufe	3	4	5
300 Bauwerk – Baukonstruktion	700	780	935
400 Bauwerk – Technische Anlagen	470	520	625
Bauwerk	1 170	1 300	1 560
einschließlich Baunebenkosten in Höhe von	12 %		
Traufhöhe	3,00 m		
BGF/Nutzeinheit	–		
Korrekturfaktoren	Gebäudegröße BGF 100 m² 1,20 150 m² 1,00 250 m² 0,90		

22. Kostenkennwerte für Ferkelaufzuchtställe

18.3.1 Ferkelaufzuchtställe			
Standardstufe	3	4	5
300 Bauwerk – Baukonstruktion	300	330	395
400 Bauwerk – Technische Anlagen	155	175	215
Bauwerk	455	505	610
einschließlich Baunebenkosten in Höhe von	12 %		
Traufhöhe	3,00 m		
BGF/Nutzeinheit	0,45 – 0,65 m²/Tier		
Korrekturfaktoren	Gebäudegröße BGF 400 m² 1,20 600 m² 1,00 800 m² 0,90	Unterbau Güllekanäle (Tiefe 0,60 m) 1,10 ohne Güllekänale 1,00 Güllelagerraum (Tiefe 1,50 m) 1,20	

23. Kostenkennwerte für Mastschweineställe

18.3.2 Mastschweineställe			
Standardstufe	3	4	5
300 Bauwerk – Baukonstruktion	290	325	400
400 Bauwerk – Technische Anlagen	125	145	170
Bauwerk	415	470	570
einschließlich Baunebenkosten in Höhe von	12 %		
Traufhöhe	3,00 m		
BGF/Nutzeinheit	0,90 – 1,30 m²/Tier		
Korrekturfaktoren	Gebäudegröße BGF 750 m² 1,20 1 250 m² 1,00 2 000 m² 0,90	Unterbau Güllekanäle (Tiefe 0,60 m) 1,10 ohne Güllekänale 1,00 Güllelagerraum (Tiefe 1,50 m) 1,20	

24. Kostenkennwerte für Zuchtschweineställe, Deck-, Warte- oder Abferkelbereich

18.3.3 Zuchtschweineställe, Deck-/Warte-/Abferkelbereich				
Standardstufe	3		4	5
300 Bauwerk – Baukonstruktion	305		340	405
400 Bauwerk – Technische Anlagen	165		180	220
Bauwerk	470		520	625
einschließlich Baunebenkosten in Höhe von	12 %			
Traufhöhe	3,00 m			
BGF/Nutzeinheit	4,50 – 5,00 m²/Tier			
Korrekturfaktoren	Gebäudegröße BGF		Unterbau	
	750 m²	1,20	Güllekanäle (Tiefe 0,60 m)	1,10
	1 250 m²	1,00	ohne Güllekanäle	1,00
	2 000 m²	0,90	Güllelagerraum (Tiefe 1,50 m)	1,20

25. Kostenkennwerte für Abferkelstall als Einzelgebäude

18.3.4 Abferkelstall als Einzelgebäude				
Standardstufe	3		4	5
300 Bauwerk – Baukonstruktion	320		350	420
400 Bauwerk – Technische Anlagen	205		235	280
Bauwerk	525		585	700
einschließlich Baunebenkosten in Höhe von	12 %			
Traufhöhe	3,00 m			
BGF/Nutzeinheit	6,30 – 6,50 m²/Tier			
Korrekturfaktoren	Gebäudegröße BGF		Unterbau	
	200 m²	1,20	Güllekanäle (Tiefe 0,60 m)	1,10
	400 m²	1,00	ohne Güllekanäle	1,00
	600 m²	0,90		

26. Kostenkennwerte für Mastgeflügel, Bodenhaltung (Hähnchen, Puten, Gänse)

18.4.1 Mastgeflügel, Bodenhaltung (Hähnchen, Puten, Gänse)				
Standardstufe	3		4	5
300 Bauwerk – Baukonstruktion	210		235	280
400 Bauwerk – Technische Anlagen	50		55	70
Bauwerk	260		290	350
einschließlich Baunebenkosten in Höhe von	12 %			
Traufhöhe	3,00 m			
BGF/Nutzeinheit	0,05 – 0,06 m²/Tier			
Korrekturfaktoren	Gebäudegröße BGF			
	1 000 m²	1,20		
	1 900 m²	1,00		
	3 800 m²	0,90		

27. Kostenkennwerte für Legehennen, Bodenhaltung

18.4.2 Legehennen, Bodenhaltung			
Standardstufe	3	4	5
300 Bauwerk - Baukonstruktion	290	325	390
400 Bauwerk - Technische Anlagen	130	145	170
Bauwerk	420	470	560
einschließlich Baunebenkosten in Höhe von	12 %		
Traufhöhe	3,00 m		
BGF/Nutzeinheit	0,15 – 0,20 m²/Tier		
Korrekturfaktoren	Gebäudegröße BGF 1 000 m² 1,20 2 500 m² 1,00 3 500 m² 0,90	Unterbau Kotgrube (Tiefe 1,00 m) 1,10	

28. Kostenkennwerte für Legehennen, Volierenhaltung

18.4.3 Legehennen, Volierenhaltung			
Standardstufe	3	4	5
300 Bauwerk – Baukonstruktion	335	370	445
400 Bauwerk – Technische Anlagen	275	305	365
Bauwerk	610	675	810
einschließlich Baunebenkosten in Höhe von	12 %		
Traufhöhe	3,00 m		
BGF/Nutzeinheit	0,07 – 0,10 m²/Tier		
Korrekturfaktoren	Gebäudegröße BGF 500 m² 1,20 1 600 m² 1,00 2 200 m² 0,90		

29. Kostenkennwerte für Legehennen, Kleingruppenhaltung, ausgestalteter Käfig

18.4.4 Legehennen, Kleingruppenhaltung, ausgestalteter Käfig			
Standardstufe	3	4	5
300 Bauwerk – Baukonstruktion	340	370	450
400 Bauwerk – Technische Anlagen	335	370	445
Bauwerk	675	740	895
einschließlich Baunebenkosten in Höhe von	12%		
Traufhöhe	3,00 m		
BGF/Nutzeinheit	0,05 – 0,07 m²/Tier		
Korrekturfaktoren	Gebäudegröße BGF 500 m² 1,20 1 200 m² 1,00 1 500 m² 0,90		

30. Kostenkennwerte für landwirtschaftliche Mehrzweckhallen

18.5 Landwirtschaftliche Mehrzweckhallen			
Standardstufe	3	4	5
300 Bauwerk – Baukonstruktion	230	255	330
400 Bauwerk – Technische Anlagen	15	15	20
Bauwerk	245	270	350
einschließlich Baunebenkosten in Höhe von	11 %		
Traufhöhe	5,00 m		
BGF/Nutzeinheit	–		
Korrekturfaktoren	Gebäudegröße BGF 250 m² 1,20 800 m² 1,00 1 500 m² 0,90	Unterbau Remise (ohne Betonboden) 0,80	

31. Kostenkennwerte für Außenanlagen zu allen landwirtschaftlichen Betriebsgebäuden

Raufutter-Fahrsilo	60–100	€/m³ Nutzraum
Kraftfutter-Hochsilo	170–350	€/m³ Nutzraum
Fertigfutter-Hochsilo	170–350	€/m³ Nutzraum
Mistlager	60–100	€/m³ Nutzraum
Beton-Güllebehälter	30–60	€/m³ Nutzraum
Waschplatz (4,00 x 5,00 m) mit Kontrollschacht und Ölabscheider	4 000–5 000	€/Stck.
Vordach am Hauptdach angeschleppt	80–100	€/m²
Hofbefestigung aus Beton-Verbundsteinen	40–50	€/m²
Laufhof für Rinder	70–100	€/m² Nutzfläche
Auslauf mit Spaltenboden	150–220	€/m² Nutzfläche
Auslauf, Wintergarten für Geflügel	100–120	€/m² Nutzfläche
Schüttwände bis 3,00 m Höhe	100–125	€/m²

III. Beschreibung der Standards der baulichen Anlagen (Gebäudestandards) zur Ermittlung der Kostenkennwerte

Inhaltsübersicht

1. Beschreibung der Gebäudestandards für freistehende Ein- und Zweifamilienhäuser, Doppelhäuser und Reihenhäuser

	Standardstufe					Wägungsanteil
	1	2	3	4	5	
Außenwände	Holzfachwerk, Ziegelmauerwerk; Fugenglattstrich, Putz, Verkleidung mit Faserzementplatten, Bitumen-Schindeln oder einfachen Kunststoffplatten; kein oder deutlich nicht zeitgemäßer Wärmeschutz (vor ca. 1980)	ein-/zweischaliges Mauerwerk, z.B. Gitterziegel oder Hohlblocksteine; verputzt und gestrichen oder Holzverkleidung; nicht zeitgemäßer Wärmeschutz (vor ca. 1995)	ein-/zweischaliges Mauerwerk, z.B. aus Leichtziegeln, Kalksandsteinen, Gasbetonsteinen; Edelputz; Wärmedämmverbundsystem oder Wärmedämmputz (nach ca. 1995)	Verblendmauerwerk, zweischalig, hinterlüftet, Vorhangfassade (z.B. Naturschiefer); Wärmedämmung (nach ca. 2005)	aufwendig gestaltete Fassaden mit konstruktiver Gliederung (Säulenstellungen, Erker etc.), Sichtbeton-Fertigteile, Natursteinfassade, Elemente aus Kupfer-/Eloxalblech, mehrgeschossige Glasfassaden; Dämmung im Passivhausstandard	23
Dach	Dachpappe, Faserzementplatten/Wellplatten; keine bis geringe Dachdämmung	einfache Betondachsteine oder Tondachziegel, Bitumenschindeln; nicht zeitgemäße Dachdämmung (vor ca. 1995)	Faserzement-Schindeln, beschichtete Betondachsteine und Tondachziegel, Folienabdichtung; Rinnen und Fallrohre aus Zinkblech;	glasierte Tondachziegel, Flachdachausbildung tlw. als Dachterrassen; Konstruktion in Brettschichtholz, schweres Massivflachdach; besondere Dachformen, z.B. Mansarden-, Walmdach;	hochwertige Eindeckung z.B. aus Schiefer oder Kupfer, Dachbegrünung, befahrbares Flachdach; aufwendig gegliederte Dachlandschaft, sichtbare Bogendachkonstruktionen; Rinnen und Fallrohre aus Kupfer;	15

	Standardstufe					Wägungsanteil
	1	2	3	4	5	
			Dachdämmung (nach ca. 1995)	Aufsparrendämmung, überdurchschnittliche Dämmung (nach ca. 2005)	Dämmung im Passivhausstandard	
Fenster und Außentüren	Einfachverglasung; einfache Holztüren	Zweifachverglasung (vor ca. 1995); Haustür mit nicht zeitgemäßem Wärmeschutz (vor ca. 1995)	Zweifachverglasung (nach ca. 1995), Rollläden (manuell); Haustür mit zeitgemäßem Wärmeschutz (nach ca. 1995)	Dreifachverglasung, Sonnenschutzglas, aufwendigere Rahmen, Rollläden (elektr.); höherwertige Türanlage z.B. mit Seitenteil, besonderer Einbruchschutz	große, feststehende Fensterflächen, Spezialverglasung (Schall- und Sonnenschutz); Außentüren in hochwertigen Materialien	11
Innenwände und -türen	Fachwerkwände, einfache Putze/Lehmputze, einfache Kalkanstriche; Füllungstüren, gestrichen, mit einfachen Beschlägen ohne Dichtungen	massive tragende Innenwände, nicht tragende Wände in Leichtbauweise (z.B. Holzständerwände mit Gipskarton), Gipsdielen; leichte Türen, Stahlzargen	nicht tragende Innenwände in massiver Ausführung bzw. mit Dämmmaterial gefüllte Ständerkonstruktionen; schwere Türen, Holzzargen	Sichtmauerwerk, Wandvertäfelungen (Holzpaneele); Massivholztüren, Schiebetürelemente, Glastüren, strukturierte Türblätter	gestaltete Wandabläufe (z.B. Pfeilervorlagen, abgesetzte oder geschwungene Wandpartien); Vertäfelungen (Edelholz, Metall), Akkustikputz, Brandschutzverkleidung; raumhohe aufwendige Türelemente	11
Deckenkonstruk-	Holzbalkendecken ohne Fül-	Holzbalkendecken mit Fül-	Beton- und Holzbalkendecken mit Tritt-	Decken mit größerer Spannweite, Deckenverkleidung	Decken mit großen Spannweiten, gegliedert, Deckenvertäfe-	11

	Standardstufe					Wägungsanteil
	1	2	3	4	5	
tion und Treppen	lung, Spalierputz; Weichholztreppen in einfacher Art und Ausführung; kein Trittschallschutz	lung, Kappendecken; Stahl- oder Hartholztreppen in einfacher Art und Ausführung	und Luftschallschutz (z.B. schwimmender Estrich); geradläufige Treppen aus Stahlbeton oder Stahl, Harfentreppe, Trittschallschutz	(Holzpaneele/Kassetten); gewendelte Treppen aus Stahlbeton oder Stahl, Hartholztreppenanlage in besserer Art und Ausführung	lungen (Edelholz, Metall); breite Stahlbeton-, Metall- oder Hartholztreppenanlage mit hochwertigem Geländer	
Fußböden	ohne Belag	Linoleum-, Teppich-, Laminat- und PVC-Böden einfacher Art und Ausführung	Linoleum-, Teppich-, Laminat- und PVC-Böden besserer Art und Ausführung, Fliesen, Kunststeinplatten	Natursteinplatten, Fertigparkett, hochwertige Fliesen, Terrazzobelag, hochwertige Massivholzböden auf gedämmter Unterkonstruktion	hochwertiges Parkett, hochwertige Natursteinplatten, hochwertige Edelholzböden auf gedämmter Unterkonstruktion	5
Sanitäreinrichtungen	einfaches Bad mit Stand-WC; Installation auf Putz; Ölfarbenanstrich, einfache PVC-Bodenbeläge	1 Bad mit WC, Dusche oder Badewanne; einfache Wand- und Bodenfliesen, teilweise gefliest	1 Bad mit WC, Dusche und Badewanne, Gäste-WC; Wand- und Bodenfliesen, raumhoch gefliest	1 bis 2 Bäder mit tlw. zwei Waschbecken, tlw. Bidet/Urinal, Gäste-WC, bodengleiche Dusche; Wand- und Bodenfliesen; jeweils in gehobener Qualität	mehrere großzügige, hochwertige Bäder, Gäste-WC; hochwertige Wand- und Bodenplatten (oberflächenstrukturiert, Einzel- und Flächendekors)	9

	Standardstufe					Wägungsanteil
	1	2	3	4	5	
Heizung	Einzelöfen, Schwerkraftheizung	Fern- oder Zentralheizung, einfache Warmluftheizung, einzelne Gasaußenwandthermen, Nachtstromspeicher-, Fußbodenheizung (vor ca. 1995)	elektronisch gesteuerte Fern- oder Zentralheizung, Niedertemperatur- oder Brennwertkessel	Fußbodenheizung, Solarkollektoren für Warmwassererzeugung, zusätzlicher Kaminanschluss	Solarkollektoren für Warmwassererzeugung und Heizung, Blockheizkraftwerk, Wärmepumpe, Hybrid-Systeme; aufwendige zusätzliche Kaminanlage	9
Sonstige technische Ausstattung	sehr wenige Steckdosen, Schalter und Sicherungen, kein Fehlerstromschutzschalter (FI-Schalter), Leitungen teilweise auf Putz	wenige Steckdosen, Schalter und Sicherungen	zeitgemäße Anzahl an Steckdosen und Lichtauslässen, Zählerschrank (ab ca. 1985) mit Unterverteilung und Kippsicherungen	zahlreiche Steckdosen und Lichtauslässe, hochwertige Abdeckungen, dezentrale Lüftung mit Wärmetauscher, mehrere LAN- und Fernsehanschlüsse	Video- und zentrale Alarmanlage, zentrale Lüftung mit Wärmetauscher, Klimaanlage, Bussystem	6

2. Beschreibung der Gebäudestandards für Mehrfamilienhäuser, Wohnhäuser mit Mischnutzung

	Standardstufe		
	3	4	5
Außenwände	ein-/zweischaliges Mauerwerk, z.B. aus Leichtziegeln, Kalksandsteinen, Gasbetonsteinen; Edelputz;	Verblendmauerwerk, zweischalig, hinterlüftet, Vorhangfassade (z.B. Naturschiefer); Wärmedämmung (nach ca. 2005)	aufwendig gestaltete Fassaden mit konstruktiver Gliederung (Säulenstellungen, Erker etc.), Sichtbeton-Fertigteile, Natursteinfassade, Elemente aus Kupfer-/Eloxal-

	Standardstufe		
	3	4	5
	Wärmedämmverbundsystem oder Wärmedämmputz (nach ca. 1995)		blech, mehrgeschossige Glasfassaden; hochwertigste Dämmung
Dach	Faserzement-Schindeln, beschichtete Betondachsteine und Tondachziegel, Folienabdichtung; Dachdämmung (nach ca. 1995)	glasierte Tondachziegel; Flachdachausbildung tlw. als Dachterrasse; Konstruktion in Brettschichtholz, schweres Massivflachdach; besondere Dachform, z.B. Mansarden-, Walmdach; Aufsparrendämmung, überdurchschnittliche Dämmung (nach ca. 2005)	hochwertige Eindeckung z.B. aus Schiefer oder Kupfer, Dachbegrünung, befahrbares Flachdach; stark überdurchschnittliche Dämmung
Fenster und Außentüren	Zweifachverglasung (nach ca. 1995), Rollläden (manuell); Haustür mit zeitgemäßem Wärmeschutz (nach ca. 1995)	Dreifachverglasung, Sonnenschutzglas, aufwendigere Rahmen, Rollläden (elektr.); höherwertige Türanlagen z.B. mit Seitenteil, besonderer Einbruchschutz	große, feststehende Fensterflächen, Spezialverglasung (Schall- und Sonnenschutz); Außentüren in hochwertigen Materialien
Innenwände und -türen	nicht tragende Innenwände in massiver Ausführung bzw. mit Dämmmaterial gefüllte Ständerkonstruktionen; schwere Türen	Sichtmauerwerk; Massivholztüren, Schiebetürelemente, Glastüren, strukturierte Türblätter	gestaltete Wandabläufe (z.B. Pfeilervorlagen, abgesetzte oder geschwungene Wandpartien); Brandschutzverkleidung; raumhohe aufwendige Türelemente
Deckenkonstruktion	Betondecken mit Tritt- und Luftschallschutz (z.B. schwimmender Estrich);	zusätzlich Deckenverkleidung	Deckenvertäfelungen (Edelholz, Metall)

	Standardstufe		
	3	4	5
	einfacher Putz		
Fußböden	Linoleum-, Teppich-, Laminat- und PVC-Böden besserer Art und Ausführung, Fliesen, Kunststeinplatten	Natursteinplatten, Fertigparkett, hochwertige Fliesen, Terrazzobelag, hochwertige Massivholzböden auf gedämmter Unterkonstruktion	hochwertiges Parkett, hochwertige Natursteinplatten, hochwertige Edelholzböden auf gedämmter Unterkonstruktion
Sanitäreinrichtungen	1 Bad mit WC je Wohneinheit; Dusche und Badewanne; Wand- und Bodenfliesen, raumhoch gefliest	1 bis 2 Bäder je Wohneinheit mit tlw. zwei Waschbecken, tlw. Bidet/Urinal, Gäste-WC, bodengleiche Dusche; Wand- und Bodenfliesen jeweils in gehobener Qualität	2 und mehr Bäder je Wohneinheit; hochwertige Wand- und Bodenplatten (oberflächenstrukturiert, Einzel- und Flächendekors)
Heizung	elektronisch gesteuerte Fern- oder Zentralheizung, Niedertemperatur- oder Brennwertkessel	Fußbodenheizung, Solarkollektoren für Warmwassererzeugung	Solarkollektoren für Warmwassererzeugung und Heizung, Blockheizkraftwerk, Wärmepumpe, Hybrid-Systeme
Sonstige technische Ausstattung	zeitgemäße Anzahl an Steckdosen und Lichtauslässen; Zählerschrank (ab ca. 1985) mit Unterverteilung und Kippsicherungen	zahlreiche Steckdosen und Lichtauslässe, hochwertige Abdeckungen, dezentrale Lüftung mit Wärmetauscher, mehrere LAN- und Fernsehanschlüsse, Personenaufzugsanlagen	Video- und zentrale Alarmanlage, zentrale Lüftung mit Wärmetauscher, Klimaanlage; Bussystem; aufwendige Personenaufzugsanlagen

3. Beschreibung der Gebäudestandards für Bürogebäude, Banken, Geschäftshäuser

	Standardstufe		
	3	4	5
Außenwände	ein-/zweischalige Konstruktion; Wärmedämmverbundsystem oder Wärmedämmputz (nach ca. 1995)	Verblendmauerwerk, zweischalig, hinterlüftet, Vorhangfassade (z.B. Naturschiefer); Wärmedämmung (nach ca. 2005)	aufwendig gestaltete Fassaden mit konstruktiver Gliederung (Säulenstellungen, Erker etc.), Sichtbeton-Fertigteile, Natursteinfassade, Elemente aus Kupfer-/Eloxalblech, mehrgeschossige Glasfassaden; Vorhangfassade aus Glas; stark überdurchschnittliche Dämmung
Dach	Faserzement-Schindeln, beschichtete Betondachsteine und Tondachziegel, Folienabdichtung; Dachdämmung (nach ca. 1995)	glasierte Tondachziegel; schweres Massivflachdach; besondere Dachform; überdurchschnittliche Dämmung (nach ca. 2005)	hochwertige Eindeckung z.B. aus Schiefer oder Kupfer; Dachbegrünung; befahrbares Flachdach; aufwendig gegliederte Dachlandschaft; stark überdurchschnittliche Dämmung
Fenster und Außentüren	Zweifachverglasung (nach ca. 1995)	Dreifachverglasung, Sonnenschutzglas, aufwendigere Rahmen, höherwertige Türanlagen	große, feststehende Fensterflächen, Spezialverglasung (Schall- und Sonnenschutz); Außentüren in hochwertigen Materialien; Automatiktüren
Innenwände und -türen	nicht tragende Innenwände in massiver Ausführung; schwere Türen	Sichtmauerwerk, Massivholztüren, Schiebetürelemente, Glastüren, Innenwände für flexible	gestaltete Wandabläufe (z.B. Pfeilervorlagen, abgesetzte oder geschwungene Wandpartien);

	Standardstufe		
	3	4	5
		Raumkonzepte (größere statische Spannweiten der Decken)	Wände aus großformatigen Glaselementen, Akustikputz, tlw. Automatiktüren; rollstuhlgerechte Bedienung
Deckenkonstruktion	Betondecken mit Tritt- und Luftschallschutz; einfacher Putz; abgehängte Decken	höherwertige abgehängte Decken	Deckenvertäfelungen (Edelholz, Metall)
Fußböden	Linoleum- oder Teppich-Böden besserer Art und Ausführung; Fliesen, Kunststeinplatten	Natursteinplatten, Fertigparkett, hochwertige Fliesen, Terrazzobelag, hochwertige Massivholzböden auf gedämmter Unterkonstruktion	hochwertiges Parkett, hochwertige Natursteinplatten, hochwertige Edelholzböden auf gedämmter Unterkonstruktion
Sanitäreinrichtungen	ausreichende Anzahl von Toilettenräumen in Standard-Ausführung	Toilettenräume in gehobenem Standard	großzügige Toilettenanlagen jeweils mit Sanitäreinrichtung in gehobener Qualität
Heizung	elektronisch gesteuerte Fern- oder Zentralheizung, Niedertemperatur- oder Brennwertkessel	Fußbodenheizung; Solarkollektoren für Warmwassererzeugung	Solarkollektoren für Warmwassererzeugung und Heizung, Blockheizkraftwerk, Wärmepumpe, Hybrid-Systeme; Klimaanlage
Sonstige technische Ausstattung	zeitgemäße Anzahl an Steckdosen und Lichtauslässen; Zählerschrank (ab ca. 1985) mit Unterverteilung und Kippsicherungen; Kabelkanäle; Blitzschutz	zahlreiche Steckdosen und Lichtauslässe; hochwertige Abdeckungen, hochwertige Beleuchtung; Doppelboden mit Bodentanks zur Verkabelung;	Video- und zentrale Alarmanlage; zentrale Lüftung mit Wärmetauscher, Klimaanlage; Bussystem; aufwendige Personenaufzugsanlagen

	Standardstufe		
	3	4	5
		ausreichende Anzahl von LAN-Anschlüssen; dezentrale Lüftung mit Wärmetauscher, Messverfahren von Verbrauch, Regelung von Raumtemperatur und Raumfeuchte, Sonnenschutzsteuerung; elektronische Zugangskontrolle; Personenaufzugsanlagen	

4. Beschreibung der Gebäudestandards für Gemeindezentren, Saalbauten, Veranstaltungsgebäude, Kindergärten, Schulen

	Standardstufe		
	3	4	5
Außenwände	ein-/zweischalige Konstruktion; Wärmedämmverbundsystem oder Wärmedämmputz (nach ca. 1995)	Verblendmauerwerk, zweischalig, hinterlüftet; Vorhangfassade (z.B. Naturschiefer); Wärmedämmung (nach ca. 2005)	aufwendig gestaltete Fassaden mit konstruktiver Gliederung (Säulenstellungen, Erker etc.), Sichtbeton-Fertigteile, Natursteinfassade, Elemente aus Kupfer-/Eloxalblech, mehrgeschossige Glasfassaden; stark überdurchschnittliche Dämmung
Dach	Faserzement-Schindeln, beschichtete Betondachsteine und Tondachziegel, Folienabdichtung; Dachdämmung (nach ca. 1995)	glasierte Tondachziegel; besondere Dachform; Dämmung (nach ca. 2005)	hochwertige Eindeckung z.B. aus Schiefer oder Kupfer, Dachbegrünung, befahrbares Flachdach; aufwendig gegliederte Dachlandschaft, stark überdurchschnittliche Dämmung

	Standardstufe		
	3	4	5
Fenster und Außentüren	Zweifachverglasung (nach ca. 1995)	Dreifachverglasung, Sonnenschutzglas, aufwendigere Rahmen, höherwertige Türanlagen	große, feststehende Fensterflächen, Spezialverglasung (Schall- und Sonnenschutz); Außentüren in hochwertigen Materialien
Innenwände und -türen	nicht tragende Innenwände in massiver Ausführung bzw. mit Dämmmaterial gefüllte Ständerkonstruktionen; schwere und große Türen	Sichtmauerwerk, Massivholztüren, Schiebetürelemente, Glastüren	gestaltete Wandabläufe (z.B. Pfeilervorlagen, abgesetzte oder geschwungene Wandpartien); Vertäfelungen (Edelholz, Metall), Akustikputz, raumhohe aufwendige Türelemente; tlw. Automatiktüren; rollstuhlgerechte Bedienung
Deckenkonstruktion	Betondecken mit Tritt- und Luftschallschutz; einfacher Putz; abgehängte Decken	Decken mit großen Spannweiten, Deckenverkleidung	Decken mit größeren Spannweiten
Fußböden	Linoleum- oder Teppich-Böden besserer Art und Ausführung; Fliesen, Kunststeinplatten	Natursteinplatten, hochwertige Fliesen, Terrazzobelag, hochwertige Massivholzböden auf gedämmter Unterkonstruktion	hochwertiges Parkett, hochwertige Natursteinplatten, hochwertige Edelholzböden auf gedämmter Unterkonstruktion
Sanitäreinrichtungen	ausreichende Anzahl von Toilettenräumen in Standard-Ausführung	Toilettenräume in gehobenem Standard	großzügige Toilettenanlagen mit Sanitäreinrichtung in gehobener Qualität
Heizung	elektronisch gesteuerte Fern- oder Zentralheizung, Niedertemperatur- oder Brennwertkessel	Solarkollektoren für Warmwassererzeugung; Fußbodenheizung	Solarkollektoren für Warmwassererzeugung und Heizung; Blockheizkraftwerk, Wärmepumpe, Hybrid-Systeme;

	Standardstufe		
	3	4	5
			Klimaanlage
Sonstige technische Ausstattung	zeitgemäße Anzahl an Steckdosen und Lichtauslässen; Zählerschrank (ab 1985) mit Unterverteilung und Kippsicherungen; Kabelkanäle; Blitzschutz	zahlreiche Steckdosen und Lichtauslässe; hochwertige Abdeckungen, hochwertige Beleuchtung; Doppelboden mit Bodentanks zur Verkabelung, ausreichende Anzahl von LAN-Anschlüssen; dezentrale Lüftung mit Wärmetauscher, Messverfahren von Raumtemperatur, Raumfeuchte, Verbrauch, Einzelraumregelung, Sonnenschutzsteuerung; elektronische Zugangskontrolle; Personenaufzugsanlagen	Video- und zentrale Alarmanlage; zentrale Lüftung mit Wärmetauscher, Klimaanlage; Bussystem

5. Beschreibung der Gebäudestandards für Wohnheime, Alten- oder Pflegeheime, Krankenhäuser, Tageskliniken, Beherbergungsstätten, Verpflegungseinrichtungen

	Standardstufe		
	3	4	5
Außenwände	ein-/zweischalige Konstruktion; Wärmedämmverbundsystem oder Wärmedämmputz (nach ca. 1995)	Verblendmauerwerk, zweischalig, hinterlüftet, Vorhangfassade (z.B. Naturschiefer); Wärmedämmung (nach ca. 2005)	aufwendig gestaltete Fassaden mit konstruktiver Gliederung (Säulenstellungen, Erker etc.), Sichtbeton-Fertigteile, Natursteinfassade, Elemente aus Kupfer-/Eloxalblech, mehrgeschossige Glasfassaden; hochwertigste Dämmung

	Standardstufe		
	3	4	5
Dach	Faserzement-Schindeln, beschichtete Betondachsteine und Tondachziegel, Folienabdichtung; Dachdämmung (nach ca. 1995)	glasierte Tondachziegel; besondere Dachformen; überdurchschnittliche Dämmung (nach ca. 2005)	hochwertige Eindeckung z.B. aus Schiefer oder Kupfer, Dachbegrünung, befahrbares Flachdach; aufwendig gegliederte Dachlandschaft; sichtbare hochwertigste Dämmung
Fenster und Außentüren	Zweifachverglasung (nach ca. 1995) nur Wohnheime, Altenheime, Pflegeheime, Krankenhäuser und Tageskliniken: Automatik-Eingangstüren	Dreifachverglasung, Sonnenschutzglas, aufwendigere Rahmen; nur Beherbergungsstätten und Verpflegungseinrichtungen: Automatik-Eingangstüren	große, feststehende Fensterflächen, Spezialverglasung (Schall- und Sonnenschutz)
Innenwände und -türen	nicht tragende Innenwände in massiver Ausführung bzw. mit Dämmmaterial gefüllte Ständerkonstruktionen; schwere Türen; nur Wohnheime, Altenheime, Pflegeheime, Krankenhäuser und Tageskliniken: Automatik-Flurzwischentüren; rollstuhlgerechte Bedienung	Sichtmauerwerk; nur Beherbergungsstätten und Verpflegungseinrichtungen: Automatik-Flurzwischentüren; rollstuhlgerechte Bedienung	gestaltete Wandabläufe (z.B. Pfeilervorlagen, abgesetzte oder geschwungene Wandpartien); Akustikputz, raumhohe aufwendige Türelemente
Deckenkonstruktion und Treppen	Betondecken mit Tritt- und Luftschallschutz; Deckenverkleidung, einfacher Putz	Decken mit großen Spannweiten	Decken mit größeren Spannweiten; hochwertige breite Stahlbeton-, Metalltreppenanlage mit hochwertigem Geländer

	Standardstufe		
	3	4	5
Fußböden	Linoleum- oder PVC-Böden besserer Art und Ausführung; Fliesen, Kunststeinplatten	Natursteinplatten, hochwertige Fliesen, Terrazzobelag, hochwertige Massivholzböden auf gedämmter Unterkonstruktion	hochwertiges Parkett, hochwertige Natursteinplatten, hochwertige Edelholzböden auf gedämmter Unterkonstruktion
Sanitäreinrichtungen	mehrere WCs und Duschbäder je Geschoss; Waschbecken im Raum	je Raum ein Duschbad mit WC nur Wohnheime, Altenheime, Pflegeheime, Krankenhäuser und Tageskliniken: behindertengerecht	je Raum ein Duschbad mit WC in guter Ausstattung; nur Wohnheime, Altenheime, Pflegeheime, Krankenhäuser und Tageskliniken: behindertengerecht
Heizung	elektronisch gesteuerte Fern- oder Zentralheizung, Niedertemperatur- oder Brennwertkessel	Solarkollektoren für Warmwassererzeugung	Solarkollektoren für Warmwassererzeugung und Heizung; Blockheizkraftwerk, Wärmepumpe, Hybrid-Systeme; Klimaanlage
Sonstige technische Ausstattung	zeitgemäße Anzahl an Steckdosen und Lichtauslässen; Blitzschutz, Personenaufzugsanlagen	zahlreiche Steckdosen und Lichtauslässe; hochwertige Abdeckungen; dezentrale Lüftung mit Wärmetauscher; mehrere LAN- und Fernsehanschlüsse	Video- und zentrale Alarmanlage, zentrale Lüftung mit Wärmetauscher, Klimaanlage, Bussystem; aufwendige Aufzugsanlagen

6. Beschreibung der Gebäudestandards für Sporthallen, Freizeitbäder oder Heilbäder

	Standardstufe		
	3	4	5
Außenwände	ein-/zweischalige Konstruktion;	Verblendmauerwerk, zweischalig, hinterlüftet;	aufwendig gestaltete Fassaden mit konstruktiver Gliederung (Säulen-

	Standardstufe		
	3	4	5
	Wärmedämmverbundsystem oder Wärmedämmputz (nach ca. 1995)	Vorhangfassade (z.B. Naturschiefer); Wärmedämmung (nach ca. 2005)	stellungen, Erker etc.), Sichtbeton-Fertigteile, Elemente aus Kupfer-/Eloxalblech, mehrgeschossige Glasfassaden; hochwertigste Dämmung
Dach	Faserzement-Schindeln, beschichtete Betondachsteine und Tondachziegel, Folienabdichtung; Dachdämmung (nach ca. 1995)	glasierte Tondachziegel; besondere Dachformen, überdurchschnittliche Dämmung (nach ca. 2005)	hochwertige Eindeckung z.B. aus Schiefer oder Kupfer, Dachbegrünung; aufwendig gegliederte Dachlandschaft, sichtbare Bogendachkonstruktionen; hochwertigste Dämmung
Fenster und Außentüren	Zweifachverglasung (nach ca. 1995)	Dreifachverglasung, Sonnenschutzglas, aufwendigere Rahmen, höherwertige Türanlagen	große, feststehende Fensterflächen, Spezialverglasung (Schall- und Sonnenschutz); Automatik-Eingangstüren
Innenwände und -türen	nicht tragende Innenwände in massiver Ausführung bzw. mit Dämmmaterial gefüllte Ständerkonstruktionen; schwere Türen	Sichtmauerwerk; rollstuhlgerechte Bedienung	gestaltete Wandabläufe (z.B. Pfeilervorlagen, abgesetzte oder geschwungene Wandpartien); Akustikputz, raumhohe aufwendige Türelemente
Deckenkonstruktion und Treppen	Betondecke	Decken mit großen Spannweiten	Decken mit größeren Spannweiten; hochwertige breite Stahlbeton-, Metalltreppenanlage mit hochwertigem Geländer
Fußböden	nur Sporthallen: Beton, Asphaltbeton, Estrich oder Gussasphalt auf Beton; Teppichbelag, PVC;	nur Sporthallen: hochwertigere flächenstatische Fußbodenkonstruktion, Spezialteppich mit	nur Sporthallen: hochwertigste flächenstatische Fußbodenkonstruktion, Spezialteppich mit

	Standardstufe		
	3	4	5
	nur Freizeitbäder/Heilbäder: Fliesenbelag	Gummigranulatauflage; hochwertigerer Schwingboden	Gummigranulatauflage; hochwertigster Schwingboden;nur Freizeitbäder/Heilbäder: hochwertiger Fliesenbelag und Natursteinboden
Sanitäreinrichtungen	wenige Toilettenräume und Duschräume bzw. Waschräume	ausreichende Anzahl von Toilettenräumen und Duschräumen in besserer Qualität	großzügige Toilettenanlagen und Duschräume mit Sanitäreinrichtung in gehobener Qualität
Heizung	elektronisch gesteuerte Fern- oder Zentralheizung, Niedertemperatur- oder Brennwertkessel	Fußbodenheizung; Solarkollektoren für Warmwassererzeugung	Solarkollektoren für Warmwassererzeugung und Heizung, Blockheizkraftwerk, Wärmepumpe, Hybrid-Systeme
Sonstige technische Ausstattung	zeitgemäße Anzahl an Steckdosen und Lichtauslässen; Blitzschutz	zahlreiche Steckdosen und Lichtauslässe, hochwertige Abdeckungen, Lüftung mit Wärmetauscher	Video- und zentrale Alarmanlage; Klimaanlage; Bussystem

7. Beschreibung der Gebäudestandards für Verbrauchermärkte, Kauf- oder Warenhäuser, Autohäuser

	Standardstufe		
	3	4	5
Außenwände	ein-/zweischalige Konstruktion, Wärmedämmverbundsystem oder Wärmedämmputz (nach ca. 1995)	Verblendmauerwerk, zweischalig, hinterlüftet; Vorhangfassade (z.B. Naturschiefer); Wärmedämmung (nach ca. 2005)	aufwendig gestaltete Fassaden mit konstruktiver Gliederung (Säulenstellungen, Erker etc.), Sichtbeton-Fertigteile, Natursteinfassade, Elemente aus Kupfer-/Eloxalblech, mehrgeschossige Glasfassaden; hochwertigste Dämmung

	Standardstufe		
	3	4	5
Dach	Faserzement-Schindeln, beschichtete Betondachsteine und Tondachziegel, Folienabdichtung; Rinnen und Fallrohre aus Zinkblech; Dachdämmung (nach ca. 1995)	glasierte Tondachziegel; besondere Dachform; überdurchschnittliche Dämmung (nach ca. 2005)	hochwertige Eindeckung z.B. aus Schiefer oder Kupfer, Dachbegrünung; aufwendig gegliederte Dachlandschaft; hochwertigste Dämmung
Fenster und Außentüren	Zweifachverglasung (nach ca. 1995)	Dreifachverglasung, Sonnenschutzglas, aufwendigere Rahmen, höherwertige Türanlagen	große, feststehende Fensterflächen, Spezialverglasung (Schall- und Sonnenschutz); Außentüren in hochwertigen Materialien
Innenwände und -türen	nicht tragende Innenwände in massiver Ausführung bzw. mit Dämmmaterial gefüllte Ständerkonstruktionen; schwere Türen	Sichtmauerwerk	gestaltete Wandabläufe (z.B. Pfeilervorlagen, abgesetzte oder geschwungene Wandpartien); Akustikputz, raumhohe aufwendige Türelemente; rollstuhlgerechte Bedienung, Automatiktüren
Deckenkonstruktion	Betondecken mit Tritt- und Luftschallschutz, einfacher Putz, Deckenverkleidung	Decken mit großen Spannweiten	Decken mit größeren Spannweiten, Deckenvertäfelungen (Edelholz, Metall)
Fußböden	Linoleum- oder Teppich-Böden besserer Art und Ausführung; Fliesen, Kunststeinplatten	Natursteinplatten, Fertigparkett, hochwertige Fliesen, Terrazzobelag, hochwertige Massivholzböden auf gedämmter Unterkonstruktion	hochwertiges Parkett, hochwertige Natursteinplatten, hochwertige Edelholzböden auf gedämmter Unterkonstruktion

	Standardstufe		
	3	4	5
Sanitäreinrichtungen	Toilettenräume	ausreichende Anzahl von Toilettenräumen, jeweils in gehobenem Standard	großzügige Toilettenanlagen mit Sanitäreinrichtung in gehobener Qualität
Heizung	elektronisch gesteuerte Fern- oder Zentralheizung; Niedertemperatur- oder Brennwertkessel	Fußbodenheizung; Solarkollektoren für Warmwassererzeugung	Solarkollektoren für Warmwassererzeugung und Heizung; Blockheizkraftwerk, Wärmepumpe, Hybrid-Systeme; Klimaanlage
Sonstige technische Ausstattung	zeitgemäße Anzahl an Steckdosen und Lichtauslässen, Zählerschrank (ab 1985) mit Unterverteilung und Kippsicherungen; Kabelkanäle; Blitzschutz; Personenaufzugsanlagen	zahlreiche Steckdosen und Lichtauslässe; hochwertige Abdeckungen, hochwertige Beleuchtung; Doppelboden mit Bodentanks zur Verkabelung, ausreichende Anzahl von LAN-Anschlüssen; dezentrale Lüftung mit Wärmetauscher, Messverfahren von Raumtemperatur, Raumfeuchte, Verbrauch, Einzelraumregelung, Sonnenschutzsteuerung	Video- und zentrale Alarmanlage; zentrale Lüftung mit Wärmetauscher, Klimaanlage; Bussystem; Doppelboden mit Bodentanks zur Verkabelung; aufwendigere Aufzugsanlagen

8. Beschreibung der Gebäudestandards für Garagen

	Standardstufe		
	3	4	5
Außenwände	offene Konstruktion	Einschalige Konstruktion	aufwendig gestaltete Fassaden mit konstruktiver Gliederung (Säulenstellungen, Erker etc.)
Konstruktion	Stahl- und Betonfertigteile	überwiegend Betonfertigteile;	größere stützenfreie Spannweiten

	Standardstufe		
	3	4	5
		große stützenfreie Spannweiten	
Dach	Flachdach, Folienabdichtung	Flachdachausbildung; Wärmedämmung	befahrbares Flachdach (Parkdeck)
Fenster und Außentüren	einfache Metallgitter	begrünte Metallgitter, Glasbausteine	Außentüren in hochwertigen Materialien
Fußböden	Beton	Estrich, Gussasphalt	beschichteter Beton oder Estrichboden
Sonstige technische Ausstattung	Strom- und Wasseranschluss; Löschwasseranlage; Treppenhaus; Brandmelder	Sprinkleranlage; Rufanlagen; Rauch- und Wärmeabzugsanlagen; mechanische Be- und Entlüftungsanlagen; Parksysteme für zwei PKW übereinander; Personenaufzugsanlagen	Video- und zentrale Alarmanlage; Beschallung; Parksysteme für drei oder mehr PKW übereinander; aufwendigere Aufzugsanlagen

9. Beschreibung der Gebäudestandards für Betriebs- oder Werkstätten, Produktionsgebäude, Lagergebäude

	Standardstufe		
	3	4	5
Außenwände	ein-/zweischaliges Mauerwerk, z.B. aus Leichtziegeln, Kalksandsteinen, Gasbetonsteinen; Edelputz; gedämmte Metall-Sandwichelemente;	Verblendmauerwerk, zweischalig, hinterlüftet; Vorhangfassade (z.B. Naturschiefer); Wärmedämmung (nach ca. 2005)	Sichtbeton-Fertigteile; Natursteinfassade, Elemente aus Kupfer-/Eloxalblech; mehrgeschossige Glasfassaden; hochwertigste Dämmung

	Standardstufe		
	3	4	5
	Wärmedämmverbundsystem oder Wärmedämmputz (nach ca. 1995)		
Konstruktion	Stahl- und Betonfertigteile	überwiegend Betonfertigteile; große stützenfreie Spannweiten; hohe Deckenhöhen; hohe Belastbarkeit der Decken und Böden	größere stützenfreie Spannweiten; hohe Deckenhöhen; höhere Belastbarkeit der Decken und Böden
Dach	Faserzement-Schindeln, beschichtete Betondachsteine und Tondachziegel; Folienabdichtung; Dachdämmung (nach ca. 1995)	schweres Massivflachdach; besondere Dachformen; überdurchschnittliche Dämmung (nach ca. 2005)	hochwertige Eindeckung z.B. aus Schiefer oder Kupfer, hochwertigste Dämmung
Fenster und Außentüren	Zweifachverglasung (nach ca. 1995)	Dreifachverglasung, Sonnenschutzglas, aufwendigere Rahmen; höherwertige Türanlage	große, feststehende Fensterflächen, Spezialverglasung (Schall- und Sonnenschutz); Außentüren in hochwertigen Materialien
Innenwände und -türen	Anstrich	tlw. gefliest, Sichtmauerwerk; Schiebetürelemente, Glastüren	überwiegend gefliest; Sichtmauerwerk; gestaltete Wandabläufe
Fußböden	Beton	Estrich, Gussasphalt	beschichteter Beton oder Estrichboden; Betonwerkstein, Verbundpflaster
Sanitäreinrichtungen	einfache und wenige Toilettenräume	ausreichende Anzahl von Toilettenräumen	großzügige Toilettenanlagen

	Standardstufe		
	3	4	5
Heizung	elektronisch gesteuerte Fern- oder Zentralheizung; Niedertemperatur- oder Brennwertkessel	Fußbodenheizung; Solarkollektoren für Warmwassererzeugung; zusätzlicher Kaminanschluss	Solarkollektoren für Warmwassererzeugung und Heizung; Blockheizkraftwerk; Wärmepumpe; Hybrid-Systeme; aufwendige zusätzliche Kaminanlage
Sonstige technische Ausstattung	zeitgemäße Anzahl an Steckdosen und Lichtauslässen; Blitzschutz; Teeküchen	zahlreiche Steckdosen und Lichtauslässe; hochwertige Abdeckungen; Kabelkanäle; dezentrale Lüftung mit Wärmetauscher; kleinere Einbauküchen mit Kochgelegenheit, Aufenthaltsräume; Aufzugsanlagen	Video- und zentrale Alarmanlage; zentrale Lüftung mit Wärmetauscher, Klimaanlage; Bussystem; Küchen, Kantinen; aufwendigere Aufzugsanlagen

10. Beschreibung der Gebäudestandards für Reithallen

	Standardstufe		
	3	4	5
Außenwände	Holzfachwerkwand; Holzstützen, Vollholz; Brettschalung oder Profilblech auf Holz-Unterkonstruktion	Kalksandstein- oder Ziegel-Mauerwerk; Metallstützen, Profil; Holz-Blockbohlen zwischen Stützen, Wärmedämmverbundsystem, Putz	Betonwand, Fertigteile, mehrschichtig; Stahlbetonstützen, Fertigteil; Kalksandstein-Vormauerung oder Klinkerverblendung mit Dämmung

	Standardstufe		
	3	4	5
Dach	Holzkonstruktionen, Nagelbrettbinder; Bitumenwellplatten, Profilblech	Stahlrahmen mit Holzpfetten; Faserzementwellplatten; Hartschaumplatten	Brettschichtholzbinder; Betondachsteine oder Dachziegel; Dämmung mit Profilholz oder Paneelen
Fenster und Außentüren bzw. -tore	Lichtplatten aus Kunststoff, Holz-Brettertüren	Kunststofffenster, Windnetze aus Kunststoff, Jalousien mit Motorantrieb	Türen und Tore mehrschichtig mit Wärmedämmung, Holzfenster, hoher Fensteranteil
Innenwände	keine	tragende bzw. nicht tragende Innenwände aus Holz; Anstrich	tragende bzw. nicht tragende Innenwände als Mauerwerk; Sperrholz, Gipskarton, Fliesen
Deckenkonstruktion	keine	Holzkonstruktionen über Nebenräumen; Hartschaumplatten	Stahlbetonplatte über Nebenräumen; Dämmung mit Profilholz oder Paneelen
Fußböden	Tragschicht: Schotter, Trennschicht: Vlies, Tretschicht: Sand	zusätzlich/alternativ: Tragschicht: Schotter, Trennschicht: Kunststoffgewebe, Tretschicht: Sand und Holzspäne	Estrich auf Dämmung, Fliesen oder Linoleum in Nebenräumen; zusätzlich/alternativ: Tragschicht: Schotter, Trennschicht: Kunststoffplatten, Tretschicht: Sand und Textilflocken, Betonplatte im Bereich der Nebenräume
baukonstruktive Einbauten	Reithallenbande aus Nadelholz zur Abgrenzung der Reitfläche	zusätzlich/alternativ: Vollholztafeln fest eingebaut	zusätzlich/alternativ: Vollholztafeln, Fertigteile zum Versetzen
Abwasser-, Wasser-, Gasanlagen	Regenwasserableitung	zusätzlich/alternativ: Abwasserleitungen, Sanitärobjekte (einfache Qualität)	zusätzlich/alternativ: Sanitärobjekte (gehobene Qualität), Gasanschluss

	Standardstufe		
	3	4	5
Wärmeversorgungsanlagen	keine	Raumheizflächen in Nebenräumen, Anschluss an Heizsystem	zusätzlich/alternativ: Heizkessel
lufttechnische Anlagen	keine	Firstentlüftung	Be- und Entlüftungsanlage
Starkstrom-Anlage	Leitungen, Schalter, Dosen, Langfeldleuchten	zusätzlich/alternativ: Sicherungen und Verteilerschrank	zusätzlich/alternativ: Metall-Dampfleuchten
nutzungsspezifische Anlagen	keine	Reitbodenbewässerung (einfache Ausführung)	Reitbodenbewässerung (komfortable Ausführung)

11. Beschreibung der Gebäudestandards für Pferdeställe

	Standardstufe		
	3	4	5
Außenwände	Holzfachwerkwand; Holzstützen, Vollholz; Brettschalung oder Profilblech auf Holz-Unterkonstruktion	Kalksandstein- oder Ziegel-Mauerwerk; Metallstützen, Profil; Holz-Blockbohlen zwischen Stützen, Wärmedämmverbundsystem, Putz	Betonwand, Fertigteile, mehrschichtig; Stahlbetonstützen, Fertigteil; Kalksandstein-Vormauerung oder Klinkerverblendung mit Dämmung
Dach	Holzkonstruktionen, Vollholzbalken; Nagelbrettbinder; Bitumenwellplatten, Profilblech	Stahlrahmen mit Holzpfetten; Faserzementwellplatten; Hartschaumplatten	Brettschichtholzbinder; Betondachsteine oder Dachziegel; Dämmung mit Profilholz oder Paneelen
Fenster und Außentüren bzw. -tore	Lichtplatten aus Kunststoff, Holz-Brettertüren	Kunststofffenster, Windnetze aus Kunststoff, Jalousien mit Motorantrieb	Türen und Tore mehrschichtig mit Wärmedämmung, Holzfenster, hoher Fensteranteil
Innenwände	keine	tragende bzw. nicht tragende Innenwände aus Holz;	tragende bzw. nicht tragende Innenwände als Mauerwerk;

	Standardstufe		
	3	4	5
		Anstrich	Sperrholz, Putz, Fliesen
Deckenkonstruktion	keine	Holzkonstruktionen über Nebenräumen; Hartschaumplatten	Stahlbetonplatten über Nebenräumen; Dämmung mit Profilholz oder Paneelen
Fußböden	Beton-Verbundpflaster in Stallgassen, Stahlbetonplatte im Tierbereich	zusätzlich/alternativ: Stahlbetonplatte; Anstrich, Gummimatten im Tierbereich	zusätzlich/alternativ: Stahlbetonplatte als Stallprofil mit versetzten Ebenen; Nutzestrich auf Dämmung, Anstrich oder Fliesen in Nebenräumen, Kautschuk im Tierbereich
baukonstruktive Einbauten	Fütterung: Futtertrog PVC	Fütterung: Krippenschalen aus Polyesterbeton	Fütterung: Krippenschalen aus Steinzeug
Abwasser-, Wasser-, Gasanlagen	Regenwasserableitung, Wasserleitung	zusätzlich/alternativ: Abwasserleitungen, Sanitärobjekte (einfache Qualität) in Nebenräumen	zusätzlich/alternativ: Sanitärobjekte (gehobene Qualität), Gasanschluss
Wärmeversorgungsanlagen	keine	Elektroheizung in Sattelkammer	zusätzlich/alternativ: Raumheizflächen, Heizkessel
lufttechnische Anlagen	keine	Firstentlüftung	Be- und Entlüftungsanlage
Starkstrom-Anlage	Leitungen, Schalter, Dosen, Langfeldleuchten	zusätzlich/alternativ: Sicherungen und Verteilerschrank	zusätzlich/alternativ: Metall-Dampfleuchten
nutzungsspezifische Anlagen	Aufstallung: Boxentrennwände aus Holz, Anbindevorrichtungen Fütterung: Tränken, Futterraufen	Aufstallung: zusätzlich/alternativ: Boxentrennwände: Hartholz/Metall Fütterung: zusätzlich/alternativ: Fressgitter, Futterautomaten, Rollraufe mit elektr. Steuerung	Aufstallung: zusätzlich/alternativ: Komfort-Pferdeboxen, Pferde-Solarium Fütterung: zusätzlich/alternativ: Futter-Abrufstationen für Rau- und Kraftfutter mit elektr. Tier-

	Standardstufe		
	3	4	5
			erkennung und Selektion, Automatische Futterzuteilung für Boxenställe

12. Beschreibung der Gebäudestandards für Rinderställe und Melkhäuser

	Standardstufe		
	3	4	5
Außenwände	Holzfachwerkwand; Holzstützen, Vollholz; Brettschalung oder Profilblech auf Holz-Unterkonstruktion	Kalksandstein- oder Ziegel-Mauerwerk; Metallstützen, Profil; Holz-Blockbohlen zwischen Stützen	Betonwand, Fertigteile, mehrschichtig; Stahlbetonstützen, Fertigteil; Klinkerverblendung
Dach	Holzkonstruktionen, Vollholzbalken, Nagelbrettbinder; Bitumenwellplatten, Profilblech	Stahlrahmen mit Holzpfetten; Faserzementwellplatten; Hartschaumplatten	Brettschichtholzbinder; Betondachsteine oder Dachziegel; Dämmung mit Profilholz oder Paneelen
Fenster und Außentüren bzw. -tore	Lichtplatten aus Kunststoff	Kunststofffenster, Windnetze aus Kunststoff, Jalousien mit Motorantrieb	Türen und Tore mehrschichtig mit Wärmedämmung, Holzfenster, hoher Fensteranteil
Innenwände	keine	tragende und nicht tragende Innenwand aus Holz; Anstrich	tragende und nicht tragende Innenwände aus Mauerwerk; Sperrholz, Putz, Fliesen
Deckenkonstruktion	keine	Holzkonstruktionen über Nebenräumen; Hartschaumplatten	Stahlbetonplatte über Nebenräumen; Dämmung mit Profilholz oder Paneelen

	Standardstufe		
	3	4	5
Fußböden	Stahlbetonplatte	zusätzlich/alternativ: Stahlbetonplatte mit Oberflächenprofil, Rautenmuster; Epoxidharzbeschichtung am Fressplatz, Liegematten im Tierbereich	zusätzlich/alternativ: Stahlbetonplatte als Stallprofil mit versetzten Ebenen; Estrich auf dem Futtertisch, Liegematratzen im Tierbereich, Gussasphalt oder Gummiauflage
baukonstruktive Einbauten	Aufstallung: Beton-Spaltenboden, Einzelbalken	Aufstallung: Beton-Spaltenboden, Flächenelemente; Krippenschalen aus Polyesterbeton; Güllerohre vom Stall zum Außenbehälter	Aufstallung: Spaltenboden mit Gummiauflage, Gussroste über Treibmistkanal; Krippenschalen aus Steinzeug; zusätzlich/alternativ: Spülleitungen für Einzelkanäle
Abwasser-, Wasser-, Gasanlagen	Regenwasserableitung; Wasserleitung	zusätzlich/alternativ: Abwasserleitungen, Sanitärobjekte (einfache Qualität) in Nebenräumen	zusätzlich/alternativ: Sanitärobjekte (gehobene Qualität); Gasanschluss
Wärme-, Versorgungsanlagen	keine	Elektroheizung im Melkstand	zusätzlich/alternativ: Raumheizflächen, Heizkessel
lufttechnische Anlagen	keine	Firstentlüftung	Be- und Entlüftungsanlage
Starkstrom-Anlage	Leitungen, Schalter, Dosen, Langfeldleuchten	zusätzlich/alternativ: Sicherungen und Verteilerschrank	zusätzlich/alternativ: Metall-Dampfleuchten
nutzungsspezifische Anlagen	Aufstallung: Fressgitter, Liegeboxenbügel, Kälberboxen, Abtrennungen aus Holz, Kurzstandanbindung Fütterung: Selbsttränke, Balltränke	Aufstallung: zusätzlich/alternativ: Einrichtungen aus verz. Stahlrohren Fütterung: Tränkewanne mit Schwimmer, Tränkeautomat für Kälber	Aufstallung: zusätzlich/alternativ: Komfortboxen Fütterung: Edelstahl-Kipptränke, computergesteuerte Kraftfutteranlage mit Tiererkennung Entmistung: Schubstangenentmistung Tierproduktentnahme: zu-

	Standardstufe		
	3	4	5
	Entmistung: keine Technik (Schlepper) Tierproduktentnahme: Fischgrätenmelkstand, Melkanlage, Maschinensatz, Milchkühltank, Kühlaggregat, Wärmerückgewinnung	Entmistung: Faltschieber mit Seilzug und Antrieb, Tauchschneidpumpe, Rührmixer Tierproduktentnahme: zusätzlich/alternativ Milchflussgesteuerte Anrüst- und Abschaltautomatik	sätzlich/alternativ: Melkstand-Schnellaustrieb, Tandem oder Karussellmelkstand, Automatisches Melksystem (Roboter)

13. Beschreibung der Gebäudestandards für Schweineställe

	Standardstufe		
	3	4	5
Außenwände	Holzfachwerkwand; Holzstützen, Vollholz; Brettschalung oder Profilblech auf Holz-Unterkonstruktion	Kalksandstein- oder Ziegel-Mauerwerk; Metallstützen, Profil; Holz-Blockbohlen zwischen Stützen, Beton-Schalungssteine mit Putz	Betonwand, Fertigteile, mehrschichtig; Stahlbetonstützen, Fertigteil; Kalksandstein-Vormauerung oder Klinkerverblendung mit Dämmung
Dach	Holzkonstruktionen, Vollholzbalken; Nagelbrettbinder; Bitumenwellplatten, Profilblech	Stahlrahmen mit Holzpfetten; Faserzementwellplatten; Hartschaumplatten	Brettschichtholzbinder; Betondachsteine oder Dachziegel; Dämmung, Kunststoffplatten, Paneele
Fenster und Außentüren bzw. -tore	Lichtplatten aus Kunststoff, Holz-Brettertüren	Kunststofffenster, Windnetze aus Kunststoff, Jalousien mit Motorantrieb, Metalltüren	Türen und Tore mehrschichtig mit Wärmedämmung, Holzfenster, hoher Fensteranteil
Innenwände	keine Innenwände	tragende Innenwände aus Mauerwerk, Putz und Anstrich; nichttragende Innenwände aus Kunststoff-Paneele mit Anstrich	tragende Innenwände als Betonwand, Fertigteile, Anstrich; nichttragende Innenwände aus Mauerwerk, Putz und Anstrich;

	Standardstufe		
	3	4	5
			Sperrholz, Putz, Fliesen
Deckenkonstruktion	keine Decke	Holzkonstruktionen über Nebenräumen; Hartschaumplatten	Stahlbetonplatten über Nebenräumen; Dämmung, Kunststoffplatten, Paneele
Fußböden	Stahlbetonplatte	Stahlbetonplatte; Verbundestrich	zusätzlich/alternativ: Stahlbetonplatte als Stallprofil mit versetzten Ebenen; Stallbodenplatten mit Dämmung, Fliesen auf Estrich in Nebenräumen
baukonstruktive Einbauten	Fütterung: Tröge aus Polyesterbeton	Aufstallung: Beton-Spaltenboden, Flächenelemente Fütterung: Tröge aus Polyesterbeton Entmistung: Güllerohre vom Stall zum Außenbehälter, Absperrschieber in Güllekanälen	Aufstallung: Gussroste in Sauenställen, Kunststoffroste in Ferkelställen Fütterung: Tröge aus Steinzeug Entmistung: zusätzlich/alternativ: Spülleitungen für Einzelkanäle
Abwasser-, Wasser-, Gasanlagen	Regenwasserableitung, Wasserleitung	zusätzlich/alternativ: Abwasserleitungen, Sanitärobjekte (einfache Qualität) in Nebenräumen	zusätzlich/alternativ: Sanitärobjekte (gehobene Qualität), Gasanschluss
Wärmeversorgungsanlagen	Warmluftgebläse, Elt.-Anschluss	Raumheizflächen oder Twin- bzw. Delta-Heizungsrohren, Anschluss an vorh. Heizsystem	zusätzlich/alternativ: Warmwasser-Fußbodenheizung, Heizkessel mit Gasbefeuerung, Wärmerückgewinnung aus Stallluft
lufttechnische Anlagen	Zuluftklappen, Lüftungsfirst	Be- und Entlüftungsanlage im Unterdruckverfahren; Zuluftkanäle oder Rieseldecke;	zusätzlich/alternativ: Gleichdrucklüftung, Zentralabsaugung, Luftwäscher

	Standardstufe		
	3	4	5
		Einzelabsaugung, Abluftkanäle, Ventilatoren	
Starkstrom-Anlage	Leitungen, Schalter, Dosen, Langfeldleuchten	zusätzlich/alternativ: Sicherungen und Verteilerschrank	zusätzlich/alternativ: Metall-Dampfleuchten
nutzungsspezifische Anlagen	Aufstallung: Buchtenabtrennungen aus Kunststoff-Paneelen, Pfosten und Beschläge aus verz. Stahl, Abferkelbuchten, Selbstfang-Kastenstände für Sauen Fütterung: Trockenfutterautomaten, Tränkenippel	Aufstallung: zusätzlich/alternativ: Pfosten und Beschläge aus V2A, Ruhekisten, Betteneinrichtungen Fütterung: zusätzlich/alternativ: Transportrohre, Drahtseilförderer, Rohrbreiautomaten mit Dosierung Entmistung: Tauchschneidpumpe, Rührmixer	Aufstallung: zusätzlich/alternativ: Sortierschleuse Fütterung: zusätzlich/alternativ: Flüssigfütterungsanlage mit Mixbehälter, Sensorsteuerung, Fütterungscomputer, Abrufstation, Tiererkennung, Selektion Entmistung: Schubstangenentmistung

14. Beschreibung der Gebäudestandards für Geflügelställe

	Standardstufe		
	3	4	5
Außenwände	Holzfachwerkwand, Holzstützen, Vollholz, Brettschalung oder Profilblech auf Holz-Unterkonstruktion	Kalksandstein- oder Ziegel-Mauerwerk, Metallstützen, Profil, Metall-Sandwichelemente mit Hartschaumdämmung	Betonwand, Fertigteile, mehrschichtig, Stahlbetonstützen, Fertigteil, Klinkerverblendung
Dach	Holzkonstruktionen, Vollholzbalken, Nagelbrettbinder, Bitumenwellplatten, Profilblech	Stahlrahmen mit Holzpfetten, Faserzementwellplatten, Hartschaumplatten	Brettschichtholzbinder, Betondachsteine oder Dachziegel, Dämmung, Profilholz oder Paneele

	Standardstufe		
	3	4	5
Fenster und Außentüren bzw. -tore	Lichtplatten aus Kunststoff; Holz-Brettertüren	Kunststofffenster; Windnetze aus Kunststoff, Jalousien mit Motorantrieb	Türen und Tore mehrschichtig mit Wärmedämmung, Holzfenster, hoher Fensteranteil
Innenwände	keine	tragende bzw. nicht tragende Innenwände aus Holz; Anstrich	tragende bzw. nicht tragende Innenwände als Mauerwerk; Profilblech, Plantafeln, Putz
Deckenkonstruktion	keine	Holzkonstruktionen über Nebenräumen; Hartschaumplatten	Stahlbetonplatten über Nebenräumen; Dämmung, Profilblech oder Paneelen
Fußböden	Stahlbetonplatte	zusätzlich/alternativ: Oberfläche maschinell geglättet; Estrich mit Anstrich (Eierverpackung)	zusätzlich/alternativ: Stallprofil mit versetzten Ebenen, Estrich mit Fliesen (Eierverpackung)
Abwasser-, Wasser-, Gasanlagen	Regenwasserableitung, Wasserleitung	zusätzlich/alternativ: Abwasserleitungen, Sanitärobjekte (einfache Qualität) in Nebenräumen	zusätzlich/alternativ: Sanitärobjekte (gehobene Qualität), Gasanschluss
Wärmeversorgungsanlagen	Warmluftgebläse, Elt.-Anschluss	zusätzlich/alternativ: Raumheizflächen oder Twin- bzw. Delta-Heizungsrohre, Heizkessel	zusätzlich: Wärmerückgewinnung aus der Stallluft
lufttechnische Anlagen	Firstentlüftung	Be- und Entlüftungsanlage im Unterdruckverfahren; Zuluftklappen, Abluftkamine, Ventilatoren	zusätzlich/alternativ: Gleichdrucklüftung, Zentralabsaugung, Luftwäscher
Starkstrom-Anlage	Leitungen, Schalter, Dosen, Langfeldleuchten	zusätzlich/alternativ: Sicherungen und Verteilerschrank	zusätzlich/alternativ: Metall-Dampfleuchten

	Standardstufe		
	3	4	5
nutzungsspezifische Anlagen	Aufstallung: Geflügelwaage	Aufstallung: zusätzlich/alternativ: Kotroste, Sitzstangen, Legenester Fütterung: Vollautomatische Kettenfütterung, Strang-Tränkeanlage, Nippeltränken Entmistung: Kotbandentmistung Tierproduktentnahme: Eier-Sammelband	Aufstallung: zusätzlich/alternativ: Etagensystem (Voliere, Kleingruppe) Entmistung: zusätzlich/alternativ: Entmistungsbänder mit Belüftung Tierproduktentnahme: zusätzlich/alternativ: Sortieranlage, Verpackung

15. Beschreibung der Gebäudestandards für landwirtschaftliche Mehrzweckhallen

	Standardstufe		
	3	4	5
Außenwände	Holzfachwerkwand; Holzstützen, Vollholz; Brettschalung oder Profilblech auf Holz-Unterkonstruktion	Kalksandstein- oder Ziegel-Mauerwerk; Metallstützen, Profil; Holz-Blockbohlen zwischen Stützen, Wärmedämmverbundsystem, Putz	Betonwand, Fertigteile, mehrschichtig; Stahlbetonstützen, Fertigteil; Kalksandstein-Vormauerung oder Klinkerverblendung mit Dämmung
Dach	Holzkonstruktionen, Nagelbrettbinder; Bitumenwellplatten, Profilblech	Stahlrahmen mit Holzpfetten; Faserzementwellplatten; Hartschaumplatten	Brettschichtholzbinder; Betondachsteine oder Dachziegel; Dämmung mit Profilholz oder Paneelen
Fenster und Außentüren bzw. -tore	Lichtplatten aus Kunststoff, Holztore	Kunststofffenster, Metall-Sektionaltore	Türen und Tore mehrschichtig mit Wärmedämmung, Holzfenster, hoher Fensteranteil
Innenwände	keine	tragende bzw. nicht tragende Innenwände aus Holz;	tragende bzw. nicht tragende Innenwände als Mauerwerk;

	Standardstufe		
	3	4	5
		Anstrich	Sperrholz, Gipskarton, Fliesen
Deckenkonstruktion	keine	Holzkonstruktionen über Nebenräumen; Hartschaumplatten	Stahlbetonplatte über Nebenräumen; Dämmung mit Profilholz oder Paneelen
Fußböden	Beton-Verbundsteinpflaster	zusätzlich/alternativ: Stahlbetonplatte	zusätzlich/alternativ: Oberfläche maschinell geglättet; Anstrich
Abwasser-, Wasser-, Gasanlagen	Regenwasserableitung	zusätzlich/alternativ: Abwasserleitungen, Sanitärobjekte (einfache Qualität) in Nebenräumen	zusätzlich/alternativ: Sanitärobjekte (gehobene Qualität) in Nebenräumen, Gasanschluss
Wärmeversorgungsanlagen	keine	Raumheizflächen in Nebenräumen, Anschluss an Heizsystem	zusätzlich/alternativ: Heizkessel
lufttechnische Anlagen	keine	Firstentlüftung	Be- und Entlüftungsanlage
Starkstrom-Anlage	Leitungen, Schalter, Dosen, Langfeldleuchten	zusätzlich/alternativ: Sicherungen und Verteilerschrank	zusätzlich/alternativ: Metall-Dampfleuchten
nutzungsspezifische Anlagen	keine	Schüttwände aus Holz zwischen Stahlstützen, Trocknungsanlage für Getreide	Schüttwände aus Beton-Fertigteilen

Anlage 5
(zu § 16 Absatz 3)

Katalog der Grundstücksmerkmale des Bodenrichtwertgrundstücks

Wertbeeinflussende Grundstücksmerkmale, die nicht in dieser Anlage aufgeführt sind, dürfen nur dann berücksichtigt werden, wenn die aufgeführten Grundstücksmerkmale zur marktgerechten Beschreibung des Bodenrichtwertgrundstücks nicht ausreichend sind.

I. Nutzungsartenkatalog

Für jeden Bodenrichtwert ist der Entwicklungszustand und die Art der Nutzung anzugeben. Lässt sich das Bodenrichtwertgrundstück aufgrund seiner rechtlichen und tatsächlichen Merkmale keinem der Entwicklungszustände nach § 3 Absatz 1 bis 4 zuordnen, ist das Bodenrichtwertgrundstück der Kategorie „Sonstige Flächen" im Sinne des § 3 Absatz 5 zuzuordnen. Zusätzlich zur Art der Nutzung kann eine Ergänzung zur Art der Nutzung angegeben werden.

Nr.	Art der Nutzung bzw. Ergänzung zur Art der Nutzung	Art der Nutzung	Ergänzung zur Art der Nutzung
Baureifes Land (B) **Rohbauland (R)** **Bauerwartungsland (E)**			
1	Wohnbaufläche	W	
1.1	Kleinsiedlungsgebiet	WS	
1.2	reines Wohngebiet	WR	
1.3	allgemeines Wohngebiet	WA	
1.4	besonderes Wohngebiet	WB	
2	gemischte Baufläche (auch Baufläche ohne nähere Spezifizierung)	M	
2.1	Dorfgebiet	MD	
2.2	Dörfliches Wohngebiet	MDW	
2.3	Mischgebiet	MI	
2.4	Kerngebiet	MK	
2.5	Urbanes Gebiet	MU	
3	gewerbliche Baufläche	G	
3.1	Gewerbegebiet	GE	
3.2	Industriegebiet	GI	
4	Sonderbaufläche	S	
4.1	Sondergebiet für Erholung	SE	
4.2	sonstige Sondergebiete	SO	
5	Baufläche für Gemeinbedarf	GB	

Nr.	Art der Nutzung bzw. Ergänzung zur Art der Nutzung	Art der Nutzung	Ergänzung zur Art der Nutzung
Die Bauflächen (1 bis 5) können zusätzlich durch folgende Ergänzungen zur Art der Nutzung weiter spezifiziert werden in:			
	Ein- und Zweifamilienhäuser		EFH
	Mehrfamilienhäuser		MFH
	Sozialer Mietwohnungsbau		SOW
	Geschäftshäuser (mehrgeschossig)		GH
	Wohn- und Geschäftshäuser		WGH
	Büro- und Geschäftshäuser		BGH
	Bürohäuser		BH
	Produktion und Logistik		PL
	Wochenendhäuser		WO
	Handel und dienstleistungsorientiertes Gewerbe		GD
	Ferienhäuser		FEH
	Freizeit und Touristik		FZT
	Läden (eingeschossig), nicht großflächiger Einzelhandel		LAD
	Einkaufszentren, großflächiger Einzelhandel		EKZ
	Messen, Ausstellungen, Kongresse, Großveranstaltungen aller Art		MES
	Bildungseinrichtungen		BI
	Gesundheitseinrichtungen		MED
	Hafen		HAF
	Garagen, Stellplatzanlagen, Parkhäuser		GAR
	Militär		MIL
	landwirtschaftliche Produktion		LP
	Bebaute Flächen im Außenbereich		ASB
	Bauflächen für Energieerzeugung		EE
Flächen der Land- oder Forstwirtschaft (LF)			
6	landwirtschaftliche Fläche	L	
6.1	Acker	A	
6.2	Grünland	GR	
6.3	Erwerbsgartenanbaufläche	EGA	
6.3.1	Obstanbaufläche	EGA	OG
6.3.2	Gemüseanbaufläche	EGA	GEM
6.3.3	Blumen- und Zierpflanzenanbaufläche	EGA	BLU
6.3.4	Baumschulfläche	EGA	BMS

Nr.	Art der Nutzung bzw. Ergänzung zur Art der Nutzung	Art der Nutzung	Ergänzung zur Art der Nutzung
6.4	Anbaufläche für Sonderkulturen	SK	
6.4.1	Spargelanbaufläche	SK	SPA
6.4.2	Hopfenanbaufläche	SK	HPF
6.4.3	Tabakanbaufläche	SK	TAB
6.5	Weingarten	WG	
6.5.1	Weingarten in Flachlage	WG	FL
6.5.2	Weingarten in Hanglage	WG	HL
6.5.3	Weingarten in Steillage	WG	STL
6.6	Kurzumtriebsplantagen, Agroforst	KUP	
6.7	Unland, Geringstland, Bergweide, Moor	UN	
7	forstwirtschaftliche Fläche	F	
Sonstige Flächen (SF)			
8.1	private Grünfläche	PG	
8.2	Kleingartenfläche (Bundeskleingartengesetz)	KGA	
8.3	Freizeitgartenfläche	FGA	
8.4	Campingplatz	CA	
8.5	Sportfläche (u.a. Golfplatz)	SPO	
8.6	sonstige private Fläche	SG	
8.7	Friedhof	FH	
8.8	Wasserfläche	WF	
8.9	Flughäfen, Flugplätze usw.	FP	
8.10	private Parkplätze, Stellplatzfläche	PP	
8.11	Lagerfläche	LG	
8.12	Abbauland	AB	
8.12.1	Abbauland von Sand und Kies	AB	SND
8.12.2	Abbauland von Ton und Mergel	AB	TON
8.12.3	Abbauland von Torf	AB	TOF
8.12.4	Steinbruch	AB	STN
8.12.5	Braunkohletagebau	AB	KOH
8.13	Gemeinbedarfsfläche (kein Bauland)	GF	
8.14	Sondernutzungsfläche	SN	

II. Weitere Grundstücksmerkmale

Bei baureifem Land ist der beitragsrechtliche Zustand anzugeben. Die weiteren Grundstücksmerkmale sind anzugeben, soweit sie wertbeeinflussend sind.

1. Beitragsrechtlicher Zustand

frei beitragsfrei

ebf	erschließungsbeitrags-/kostenerstattungsbetragsfrei und beitragspflichtig nach Kommunalabgabenrecht,
ebp	erschließungsbeitrags-/kostenerstattungsbetragspflichtig und beitragspflichtig nach Kommunalabgabenrecht

2. Bauweise oder Gebäudestellung zur Nachbarbebauung

o	offene Bauweise
g	geschlossene Bauweise
a	abweichende Bauweise
eh	Einzelhäuser
ed	Einzel- und Doppelhäuser
dh	Doppelhaushälften
rh	Reihenhäuser
rm	Reihenmittelhäuser
re	Reihenendhäuser

3. Maß der baulichen Nutzung

ZVG	Zahl der Vollgeschosse
ZOG	Zahl der oberirdischen Geschosse (§ 16 Absatz 4)
GFZ	Geschossflächenzahl
WGFZ	wertrelevante Geschossflächenzahl (§ 16 Absatz 4)
GRZ	Grundflächenzahl
BMZ	Baumassenzahl

4. Angaben zum Grundstück

t	Grundstückstiefe in Metern
b	Grundstücksbreite in Metern
f	Grundstücksfläche in Quadratmetern

5. Sanierungs- oder Entwicklungszusatz

SU	sanierungsunbeeinflusster Zustand, ohne Berücksichtigung der rechtlichen und tatsächlichen Neuordnung
SB	sanierungsbeeinflusster Zustand, unter Berücksichtigung der rechtlichen und tatsächlichen Neuordnung
EU	entwicklungsunbeeinflusster Zustand, ohne Berücksichtigung der rechtlichen und tatsächlichen Neuordnung
EB	entwicklungsbeeinflusster Zustand, unter Berücksichtigung der rechtlichen und tatsächlichen Neuordnung

6. Bewertung der Bodenschätzung

AZ	Ackerzahl
GZ	Grünlandzahl

3. Verordnung über die bauliche Nutzung der Grundstücke (Baunutzungsverordnung – BauNVO)

In der Fassung der Bekanntmachung vom 21. November 2017[1)]
(BGBl. I S. 3786)

FNA 213-1-2

zuletzt geänd. durch Art. 3 G zur sofortigen Verbesserung der Rahmenbedingungen für die erneuerbaren Energien im Städtebaurecht v. 4.1.2023 (BGBl. I Nr. 6)

Inhaltsübersicht

[1)] Neubekanntmachung der BauNVO idF der Bek. v. 27.1.1990 (BGBl. I S. 132) in der ab 1.10. 2017 geltenden Fassung.

Erster Abschnitt. Art der baulichen Nutzung

§ 1 Allgemeine Vorschriften für Bauflächen und Baugebiete. (1) Im Flächennutzungsplan können die für die Bebauung vorgesehenen Flächen nach der allgemeinen Art ihrer baulichen Nutzung (Bauflächen) dargestellt werden als

1. Wohnbauflächen (W)
2. gemischte Bauflächen (M)
3. gewerbliche Bauflächen (G)
4. Sonderbauflächen (S).

(2) Die für die Bebauung vorgesehenen Flächen können nach der besonderen Art ihrer baulichen Nutzung (Baugebiete) dargestellt werden als

1. Kleinsiedlungsgebiete (WS)
2. reine Wohngebiete (WR)
3. allgemeine Wohngebiete (WA)
4. besondere Wohngebiete (WB)
5. Dorfgebiete (MD)
6. dörfliche Wohngebiete (MDW)
7. Mischgebiete (MI)
8. urbane Gebiete (MU)
9. Kerngebiete (MK)
10. Gewerbegebiete (GE)
11. Industriegebiete (GI)
12. Sondergebiete (SO).

(3) [1] Im Bebauungsplan können die in Absatz 2 bezeichneten Baugebiete festgesetzt werden. [2] Durch die Festsetzung werden die Vorschriften der §§ 2 bis 14 Bestandteil des Bebauungsplans, soweit nicht auf Grund der Absätze 4 bis 10 etwas anderes bestimmt wird. [3] Bei Festsetzung von Sondergebieten finden die Vorschriften über besondere Festsetzungen nach den Absätzen 4 bis 10 keine Anwendung; besondere Festsetzungen über die Art der Nutzung können nach den §§ 10 und 11 getroffen werden.

(4) [1] Für die in den §§ 4 bis 9 bezeichneten Baugebiete können im Bebauungsplan für das jeweilige Baugebiet Festsetzungen getroffen werden, die das Baugebiet

1. nach der Art der zulässigen Nutzung,
2. nach der Art der Betriebe und Anlagen und deren besonderen Bedürfnissen und Eigenschaften

gliedern. [2] Die Festsetzungen nach Satz 1 können auch für mehrere Gewerbegebiete einer Gemeinde im Verhältnis zueinander getroffen werden; dies gilt auch für Industriegebiete. [3] Absatz 5 bleibt unberührt.

(5) Im Bebauungsplan kann festgesetzt werden, dass bestimmte Arten von Nutzungen, die nach den §§ 2 bis 9 sowie 13 und 13a allgemein zulässig sind, nicht zulässig sind oder nur ausnahmsweise zugelassen werden können, sofern die allgemeine Zweckbestimmung des Baugebiets gewahrt bleibt.

(6) Im Bebauungsplan kann festgesetzt werden, dass alle oder einzelne Ausnahmen, die in den Baugebieten nach den §§ 2 bis 9 vorgesehen sind,

1. nicht Bestandteil des Bebauungsplans werden oder
2. in dem Baugebiet allgemein zulässig sind, sofern die allgemeine Zweckbestimmung des Baugebiets gewahrt bleibt.

(7) In Bebauungsplänen für Baugebiete nach den §§ 4 bis 9 kann, wenn besondere städtebauliche Gründe dies rechtfertigen (§ 9 Absatz 3 des Baugesetzbuchs[1)]), festgesetzt werden, dass in bestimmten Geschossen, Ebenen oder sonstigen Teilen baulicher Anlagen

1. nur einzelne oder mehrere der in dem Baugebiet allgemein zulässigen Nutzungen zulässig sind,
2. einzelne oder mehrere der in dem Baugebiet allgemein zulässigen Nutzungen unzulässig sind oder als Ausnahme zugelassen werden können oder
3. alle oder einzelne Ausnahmen, die in den Baugebieten nach den §§ 4 bis 9 vorgesehen sind, nicht zulässig oder, sofern die allgemeine Zweckbestimmung des Baugebiets gewahrt bleibt, allgemein zulässig sind.

(8) Die Festsetzungen nach den Absätzen 4 bis 7 können sich auch auf Teile des Baugebiets beschränken.

(9) Wenn besondere städtebauliche Gründe dies rechtfertigen, kann im Bebauungsplan bei Anwendung der Absätze 5 bis 8 festgesetzt werden, dass nur bestimmte Arten der in den Baugebieten allgemein oder ausnahmsweise zulässigen baulichen oder sonstigen Anlagen zulässig oder nicht zulässig sind oder nur ausnahmsweise zugelassen werden können.

(10) [1]Wären bei Festsetzung eines Baugebiets nach den §§ 2 bis 9 in überwiegend bebauten Gebieten bestimmte vorhandene bauliche und sonstige Anlagen unzulässig, kann im Bebauungsplan festgesetzt werden, dass Erweiterungen, Änderungen, Nutzungsänderungen und Erneuerungen dieser Anlagen allgemein zulässig sind oder ausnahmsweise zugelassen werden können. [2]Im Bebauungsplan können nähere Bestimmungen über die Zulässigkeit getroffen werden. [3]Die allgemeine Zweckbestimmung des Baugebiets muss in seinen übrigen Teilen gewahrt bleiben. [4]Die Sätze 1 bis 3 gelten auch für die Änderung und Ergänzung von Bebauungsplänen.

§ 2 Kleinsiedlungsgebiete. (1) Kleinsiedlungsgebiete dienen vorwiegend der Unterbringung von Kleinsiedlungen einschließlich Wohngebäuden mit entsprechenden Nutzgärten und landwirtschaftlichen Nebenerwerbsstellen.

(2) Zulässig sind

1. Kleinsiedlungen einschließlich Wohngebäude mit entsprechenden Nutzgärten, landwirtschaftliche Nebenerwerbsstellen und Gartenbaubetriebe,
2. die der Versorgung des Gebiets dienenden Läden, Schank- und Speisewirtschaften sowie nicht störenden Handwerksbetriebe.

[1)] Nr. **1**.

(3) Ausnahmsweise können zugelassen werden
1. sonstige Wohngebäude mit nicht mehr als zwei Wohnungen,
2. Anlagen für kirchliche, kulturelle, soziale, gesundheitliche und sportliche Zwecke,
3. Tankstellen,
4. nicht störende Gewerbebetriebe.

§ 3 Reine Wohngebiete. (1) Reine Wohngebiete dienen dem Wohnen.

(2) Zulässig sind
1. Wohngebäude,
2. Anlagen zur Kinderbetreuung, die den Bedürfnissen der Bewohner des Gebiets dienen.

(3) Ausnahmsweise können zugelassen werden
1. Läden und nicht störende Handwerksbetriebe, die zur Deckung des täglichen Bedarfs für die Bewohner des Gebiets dienen, sowie kleine Betriebe des Beherbergungsgewerbes,
2. sonstige Anlagen für soziale Zwecke sowie den Bedürfnissen der Bewohner des Gebiets dienende Anlagen für kirchliche, kulturelle, gesundheitliche und sportliche Zwecke.

(4) Zu den nach Absatz 2 sowie den §§ 2, 4 bis 7 zulässigen Wohngebäuden gehören auch solche, die ganz oder teilweise der Betreuung und Pflege ihrer Bewohner dienen.

§ 4 Allgemeine Wohngebiete. (1) Allgemeine Wohngebiete dienen vorwiegend dem Wohnen.

(2) Zulässig sind
1. Wohngebäude,
2. die der Versorgung des Gebiets dienenden Läden, Schank- und Speisewirtschaften sowie nicht störenden Handwerksbetriebe,
3. Anlagen für kirchliche, kulturelle, soziale, gesundheitliche und sportliche Zwecke.

(3) Ausnahmsweise können zugelassen werden
1. Betriebe des Beherbergungsgewerbes,
2. sonstige nicht störende Gewerbebetriebe,
3. Anlagen für Verwaltungen,
4. Gartenbaubetriebe,
5. Tankstellen.

§ 4a Gebiete zur Erhaltung und Entwicklung der Wohnnutzung (besondere Wohngebiete) (1) [1]Besondere Wohngebiete sind überwiegend bebaute Gebiete, die aufgrund ausgeübter Wohnnutzung und vorhandener sonstiger in Absatz 2 genannter Anlagen eine besondere Eigenart aufweisen und in denen unter Berücksichtigung dieser Eigenart die Wohnnutzung erhalten und fortentwickelt werden soll. [2]Besondere Wohngebiete dienen vorwiegend dem Wohnen; sie dienen auch der Unterbringung von Gewerbebetrieben und sonstigen Anlagen im Sinne der Absätze 2 und 3, soweit diese Betriebe und

Anlagen nach der besonderen Eigenart des Gebiets mit der Wohnnutzung vereinbar sind.

(2) Zulässig sind

1. Wohngebäude,
2. Läden, Betriebe des Beherbergungsgewerbes, Schank- und Speisewirtschaften,
3. sonstige Gewerbebetriebe,
4. Geschäfts- und Bürogebäude,
5. Anlagen für kirchliche, kulturelle, soziale, gesundheitliche und sportliche Zwecke.

(3) Ausnahmsweise können zugelassen werden

1. Anlagen für zentrale Einrichtungen der Verwaltung,
2. Vergnügungsstätten, soweit sie nicht wegen ihrer Zweckbestimmung oder ihres Umfangs nur in Kerngebieten allgemein zulässig sind,
3. Tankstellen.

(4) Für besondere Wohngebiete oder Teile solcher Gebiete kann, wenn besondere städtebauliche Gründe dies rechtfertigen (§ 9 Absatz 3 des Baugesetzbuchs[1)]), festgesetzt werden, dass

1. oberhalb eines im Bebauungsplan bestimmten Geschosses nur Wohnungen zulässig sind oder
2. in Gebäuden ein im Bebauungsplan bestimmter Anteil der zulässigen Geschossfläche oder eine bestimmte Größe der Geschossfläche für Wohnungen zu verwenden ist.

§ 5 Dorfgebiete. (1) [1]Dorfgebiete dienen der Unterbringung der Wirtschaftsstellen land- und forstwirtschaftlicher Betriebe, dem Wohnen und der Unterbringung von nicht wesentlich störenden Gewerbebetrieben sowie der Versorgung der Bewohner des Gebiets dienenden Handwerksbetrieben. [2]Auf die Belange der land- und forstwirtschaftlichen Betriebe einschließlich ihrer Entwicklungsmöglichkeiten ist vorrangig Rücksicht zu nehmen.

(2) Zulässig sind

1. Wirtschaftsstellen land- und forstwirtschaftlicher Betriebe und die dazugehörigen Wohnungen und Wohngebäude,
2. Kleinsiedlungen einschließlich Wohngebäude mit entsprechenden Nutzgärten und landwirtschaftliche Nebenerwerbsstellen,
3. sonstige Wohngebäude,
4. Betriebe zur Be- und Verarbeitung und Sammlung land- und forstwirtschaftlicher Erzeugnisse,
5. Einzelhandelsbetriebe, Schank- und Speisewirtschaften sowie Betriebe des Beherbergungsgewerbes,
6. sonstige Gewerbebetriebe,
7. Anlagen für örtliche Verwaltungen sowie für kirchliche, kulturelle, soziale, gesundheitliche und sportliche Zwecke,
8. Gartenbaubetriebe,

---

1) Nr. **1**.

9. Tankstellen.

(3) Ausnahmsweise können Vergnügungsstätten im Sinne des § 4a Absatz 3 Nummer 2 zugelassen werden.

§ 5a Dörfliche Wohngebiete. (1) [1]Dörfliche Wohngebiete dienen dem Wohnen sowie der Unterbringung von land- und forstwirtschaftlichen Nebenerwerbsstellen und nicht wesentlich störenden Gewerbebetrieben. [2]Die Nutzungsmischung muss nicht gleichgewichtig sein.

(2) Zulässig sind

1. Wohngebäude,
2. Wirtschaftsstellen land- und forstwirtschaftlicher Nebenerwerbsbetriebe und die dazugehörigen Wohnungen und Wohngebäude,
3. Kleinsiedlungen einschließlich Wohngebäude mit entsprechenden Nutzgärten,
4. nicht gewerbliche Einrichtungen und Anlagen für die Tierhaltung,
5. die der Versorgung des Gebiets dienenden Läden sowie Schank- und Speisewirtschaften,
6. Betriebe des Beherbergungsgewerbes,
7. sonstige Gewerbebetriebe,
8. Anlagen für örtliche Verwaltungen sowie für kirchliche, kulturelle, soziale, gesundheitliche und sportliche Zwecke.

(3) Ausnahmsweise können zugelassen werden

1. Wirtschaftsstellen land- und forstwirtschaftlicher Betriebe und die dazugehörigen Wohnungen und Wohngebäude,
2. Gartenbaubetriebe,
3. Tankstellen.

§ 6 Mischgebiete. (1) Mischgebiete dienen dem Wohnen und der Unterbringung von Gewerbebetrieben, die das Wohnen nicht wesentlich stören.

(2) Zulässig sind

1. Wohngebäude,
2. Geschäfts- und Bürogebäude,
3. Einzelhandelsbetriebe, Schank- und Speisewirtschaften sowie Betriebe des Beherbergungsgewerbes,
4. sonstige Gewerbebetriebe,
5. Anlagen für Verwaltungen sowie für kirchliche, kulturelle, soziale, gesundheitliche und sportliche Zwecke,
6. Gartenbaubetriebe,
7. Tankstellen,
8. Vergnügungsstätten im Sinne des § 4a Absatz 3 Nummer 2 in den Teilen des Gebiets, die überwiegend durch gewerbliche Nutzungen geprägt sind.

(3) Ausnahmsweise können Vergnügungsstätten im Sinne des § 4a Absatz 3 Nummer 2 außerhalb der in Absatz 2 Nummer 8 bezeichneten Teile des Gebiets zugelassen werden.

§ 6a Urbane Gebiete. (1) [1]Urbane Gebiete dienen dem Wohnen sowie der Unterbringung von Gewerbebetrieben und sozialen, kulturellen und anderen Einrichtungen, die die Wohnnutzung nicht wesentlich stören. [2]Die Nutzungsmischung muss nicht gleichgewichtig sein.

(2) Zulässig sind

1. Wohngebäude,
2. Geschäfts- und Bürogebäude,
3. Einzelhandelsbetriebe, Schank- und Speisewirtschaften sowie Betriebe des Beherbergungsgewerbes,
4. sonstige Gewerbebetriebe,
5. Anlagen für Verwaltungen sowie für kirchliche, kulturelle, soziale, gesundheitliche und sportliche Zwecke.

(3) Ausnahmsweise können zugelassen werden

1. Vergnügungsstätten, soweit sie nicht wegen ihrer Zweckbestimmung oder ihres Umfangs nur in Kerngebieten allgemein zulässig sind,
2. Tankstellen.

(4) Für urbane Gebiete oder Teile solcher Gebiete kann festgesetzt werden, dass in Gebäuden

1. im Erdgeschoss an der Straßenseite eine Wohnnutzung nicht oder nur ausnahmsweise zulässig ist,
2. oberhalb eines im Bebauungsplan bestimmten Geschosses nur Wohnungen zulässig sind,
3. ein im Bebauungsplan bestimmter Anteil der zulässigen Geschossfläche oder eine im Bebauungsplan bestimmte Größe der Geschossfläche für Wohnungen zu verwenden ist, oder
4. ein im Bebauungsplan bestimmter Anteil der zulässigen Geschossfläche oder eine im Bebauungsplan bestimmte Größe der Geschossfläche für gewerbliche Nutzungen zu verwenden ist.

§ 7 Kerngebiete. (1) Kerngebiete dienen vorwiegend der Unterbringung von Handelsbetrieben sowie der zentralen Einrichtungen der Wirtschaft, der Verwaltung und der Kultur.

(2) Zulässig sind

1. Geschäfts-, Büro- und Verwaltungsgebäude,
2. Einzelhandelsbetriebe, Schank- und Speisewirtschaften, Betriebe des Beherbergungsgewerbes und Vergnügungsstätten,
3. sonstige nicht wesentlich störende Gewerbebetriebe,
4. Anlagen für kirchliche, kulturelle, soziale, gesundheitliche und sportliche Zwecke,
5. Tankstellen im Zusammenhang mit Parkhäusern und Großgaragen,
6. Wohnungen für Aufsichts- und Bereitschaftspersonen sowie für Betriebsinhaber und Betriebsleiter,
7. sonstige Wohnungen nach Maßgabe von Festsetzungen des Bebauungsplans.

(3) Ausnahmsweise können zugelassen werden
1. Tankstellen, die nicht unter Absatz 2 Nummer 5 fallen,
2. Wohnungen, die nicht unter Absatz 2 Nummer 6 und 7 fallen.

(4) [1] Für Teile eines Kerngebiets kann, wenn besondere städtebauliche Gründe dies rechtfertigen (§ 9 Absatz 3 des Baugesetzbuchs[1)]), festgesetzt werden, dass
1. oberhalb eines im Bebauungsplan bestimmten Geschosses nur Wohnungen zulässig sind oder
2. in Gebäuden ein im Bebauungsplan bestimmter Anteil der zulässigen Geschossfläche oder eine bestimmte Größe der Geschossfläche für Wohnungen zu verwenden ist.

[2] Dies gilt auch, wenn durch solche Festsetzungen dieser Teil des Kerngebiets nicht vorwiegend der Unterbringung von Handelsbetrieben sowie der zentralen Einrichtungen der Wirtschaft, der Verwaltung und der Kultur dient.

§ 8 Gewerbegebiete. (1) Gewerbegebiete dienen vorwiegend der Unterbringung von nicht erheblich belästigenden Gewerbebetrieben.

(2) Zulässig sind
1. Gewerbebetriebe aller Art, Lagerhäuser, Lagerplätze und öffentliche Betriebe,
2. Geschäfts-, Büro- und Verwaltungsgebäude,
3. Tankstellen,
4. Anlagen für sportliche Zwecke.

(3) Ausnahmsweise können zugelassen werden
1. Wohnungen für Aufsichts- und Bereitschaftspersonen sowie für Betriebsinhaber und Betriebsleiter, die dem Gewerbebetrieb zugeordnet und ihm gegenüber in Grundfläche und Baumasse untergeordnet sind,
2. Anlagen für kirchliche, kulturelle, soziale und gesundheitliche Zwecke,
3. Vergnügungsstätten.

§ 9 Industriegebiete. (1) Industriegebiete dienen ausschließlich der Unterbringung von Gewerbebetrieben, und zwar vorwiegend solcher Betriebe, die in anderen Baugebieten unzulässig sind.

(2) Zulässig sind
1. Gewerbebetriebe aller Art, Lagerhäuser, Lagerplätze und öffentliche Betriebe,
2. Tankstellen.

(3) Ausnahmsweise können zugelassen werden
1. Wohnungen für Aufsichts- und Bereitschaftspersonen sowie für Betriebsinhaber und Betriebsleiter, die dem Gewerbebetrieb zugeordnet und ihm gegenüber in Grundfläche und Baumasse untergeordnet sind,
2. Anlagen für kirchliche, kulturelle, soziale, gesundheitliche und sportliche Zwecke.

[1)] Nr. **1**.

§ 10 Sondergebiete, die der Erholung dienen. (1) Als Sondergebiete, die der Erholung dienen, kommen insbesondere in Betracht

Wochenendhausgebiete,
Ferienhausgebiete,
Campingplatzgebiete.

(2) [1] Für Sondergebiete, die der Erholung dienen, sind die Zweckbestimmung und die Art der Nutzung darzustellen und festzusetzen. [2] Im Bebauungsplan kann festgesetzt werden, dass bestimmte, der Eigenart des Gebiets entsprechende Anlagen und Einrichtungen zur Versorgung des Gebiets und für sportliche Zwecke allgemein zulässig sind oder ausnahmsweise zugelassen werden können.

(3) [1] In Wochenendhausgebieten sind Wochenendhäuser als Einzelhäuser zulässig. [2] Im Bebauungsplan kann festgesetzt werden, dass Wochenendhäuser nur als Hausgruppen zulässig sind oder ausnahmsweise als Hausgruppen zugelassen werden können. [3] Die zulässige Grundfläche der Wochenendhäuser ist im Bebauungsplan, begrenzt nach der besonderen Eigenart des Gebiets, unter Berücksichtigung der landschaftlichen Gegebenheiten festzusetzen.

(4) [1] In Ferienhausgebieten sind Ferienhäuser zulässig, die aufgrund ihrer Lage, Größe, Ausstattung, Erschließung und Versorgung für den Erholungsaufenthalt geeignet und dazu bestimmt sind, überwiegend und auf Dauer einem wechselnden Personenkreis zur Erholung zu dienen. [2] Im Bebauungsplan kann die Grundfläche der Ferienhäuser, begrenzt nach der besonderen Eigenart des Gebiets, unter Berücksichtigung der landschaftlichen Gegebenheiten festgesetzt werden.

(5) In Campingplatzgebieten sind Campingplätze und Zeltplätze zulässig.

§ 11 Sonstige Sondergebiete. (1) Als sonstige Sondergebiete sind solche Gebiete darzustellen und festzusetzen, die sich von den Baugebieten nach den §§ 2 bis 10 wesentlich unterscheiden.

(2) [1] Für sonstige Sondergebiete sind die Zweckbestimmung und die Art der Nutzung darzustellen und festzusetzen. [2] Als sonstige Sondergebiete kommen insbesondere in Betracht

Gebiete für den Fremdenverkehr, wie Kurgebiete und Gebiete für die Fremdenbeherbergung, auch mit einer Mischung von Fremdenbeherbergung oder Ferienwohnen einerseits sowie Dauerwohnen andererseits,
Ladengebiete,
Gebiete für Einkaufszentren und großflächige Handelsbetriebe,
Gebiete für Messen, Ausstellungen und Kongresse,
Hochschulgebiete,
Klinikgebiete,
Hafengebiete,
Gebiete für Anlagen, die der Erforschung, Entwicklung oder Nutzung erneuerbarer Energien, wie Wind- und Sonnenenergie, dienen.

(3) [1]

1. Einkaufszentren,
2. großflächige Einzelhandelsbetriebe, die sich nach Art, Lage oder Umfang auf die Verwirklichung der Ziele der Raumordnung und Landesplanung oder

auf die städtebauliche Entwicklung und Ordnung nicht nur unwesentlich auswirken können,

3. sonstige großflächige Handelsbetriebe, die im Hinblick auf den Verkauf an letzte Verbraucher und auf die Auswirkungen den in Nummer 2 bezeichneten Einzelhandelsbetrieben vergleichbar sind,

sind außer in Kerngebieten nur in für sie festgesetzten Sondergebieten zulässig. [2] Auswirkungen im Sinne des Satzes 1 Nummer 2 und 3 sind insbesondere schädliche Umwelteinwirkungen im Sinne des § 3 des Bundes-Immissionsschutzgesetzes sowie Auswirkungen auf die infrastrukturelle Ausstattung, auf den Verkehr, auf die Versorgung der Bevölkerung im Einzugsbereich der in Satz 1 bezeichneten Betriebe, auf die Entwicklung zentraler Versorgungsbereiche in der Gemeinde oder in anderen Gemeinden, auf das Orts- und Landschaftsbild und auf den Naturhaushalt. [3] Auswirkungen im Sinne des Satzes 2 sind bei Betrieben nach Satz 1 Nummer 2 und 3 in der Regel anzunehmen, wenn die Geschossfläche 1 200 m^2 überschreitet. [4] Die Regel des Satzes 3 gilt nicht, wenn Anhaltspunkte dafür bestehen, dass Auswirkungen bereits bei weniger als 1 200 m^2 Geschossfläche vorliegen oder bei mehr als 1 200 m^2 Geschossfläche nicht vorliegen; dabei sind in Bezug auf die in Satz 2 bezeichneten Auswirkungen insbesondere die Gliederung und Größe der Gemeinde und ihrer Ortsteile, die Sicherung der verbrauchernahen Versorgung der Bevölkerung und das Warenangebot des Betriebs zu berücksichtigen.

§ 12 Stellplätze und Garagen. (1) Stellplätze und Garagen sind in allen Baugebieten zulässig, soweit sich aus den Absätzen 2 bis 6 nichts anderes ergibt.

(2) In Kleinsiedlungsgebieten, reinen Wohngebieten und allgemeinen Wohngebieten sowie Sondergebieten, die der Erholung dienen, sind Stellplätze und Garagen nur für den durch die zugelassene Nutzung verursachten Bedarf zulässig.

(3) Unzulässig sind

1. Stellplätze und Garagen für Lastkraftwagen und Kraftomnibusse sowie für Anhänger dieser Kraftfahrzeuge in reinen Wohngebieten,
2. Stellplätze und Garagen für Kraftfahrzeuge mit einem Eigengewicht über 3,5 Tonnen sowie für Anhänger dieser Kraftfahrzeuge in Kleinsiedlungsgebieten und allgemeinen Wohngebieten.

(4) [1] Im Bebauungsplan kann, wenn besondere städtebauliche Gründe dies rechtfertigen (§ 9 Absatz 3 des Baugesetzbuchs[1]), festgesetzt werden, dass in bestimmten Geschossen nur Stellplätze oder Garagen und zugehörige Nebeneinrichtungen (Garagengeschosse) zulässig sind. [2] Eine Festsetzung nach Satz 1 kann auch für Geschosse unterhalb der Geländeoberfläche getroffen werden. [3] Bei Festsetzungen nach den Sätzen 1 und 2 sind Stellplätze und Garagen auf dem Grundstück nur in den festgesetzten Geschossen zulässig, soweit der Bebauungsplan nichts anderes bestimmt.

(5) [1] Im Bebauungsplan kann, wenn besondere städtebauliche Gründe dies rechtfertigen (§ 9 Absatz 3 des Baugesetzbuchs), festgesetzt werden, dass in Teilen von Geschossen nur Stellplätze und Garagen zulässig sind. [2] Absatz 4 Satz 2 und 3 gilt entsprechend.

---

[1] Nr. **1**.

(6) Im Bebauungsplan kann festgesetzt werden, dass in Baugebieten oder bestimmten Teilen von Baugebieten Stellplätze und Garagen unzulässig oder nur in beschränktem Umfang zulässig sind, soweit landesrechtliche Vorschriften nicht entgegenstehen.

(7) Die landesrechtlichen Vorschriften über die Ablösung der Verpflichtung zur Herstellung von Stellplätzen und Garagen sowie die Verpflichtung zur Herstellung von Stellplätzen und Garagen außerhalb der im Bebauungsplan festgesetzten Bereiche bleiben bei Festsetzungen nach den Absätzen 4 bis 6 unberührt.

§ 13 Gebäude und Räume für freie Berufe. Für die Berufsausübung freiberuflich Tätiger und solcher Gewerbetreibender, die ihren Beruf in ähnlicher Art ausüben, sind in den Baugebieten nach den §§ 2 bis 4 Räume, in den Baugebieten nach den §§ 4a bis 9 auch Gebäude zulässig.

§ 13a Ferienwohnungen. [1] Räume oder Gebäude, die einem ständig wechselnden Kreis von Gästen gegen Entgelt vorübergehend zur Unterkunft zur Verfügung gestellt werden und die zur Begründung einer eigenen Häuslichkeit geeignet und bestimmt sind (Ferienwohnungen), gehören unbeschadet des § 10 in der Regel zu den nicht störenden Gewerbebetrieben nach § 2 Absatz 3 Nummer 4 und § 4 Absatz 3 Nummer 2 oder zu den Gewerbebetrieben nach § 4a Absatz 2 Nummer 3, § 5 Absatz 2 Nummer 6, § 5a Absatz 2 Nummer 7, § 6 Absatz 2 Nummer 4, § 6a Absatz 2 Nummer 4 und § 7 Absatz 2 Nummer 3. [2] Abweichend von Satz 1 können Räume nach Satz 1 in den übrigen Fällen insbesondere bei einer baulich untergeordneten Bedeutung gegenüber der in dem Gebäude vorherrschenden Hauptnutzung zu den Betrieben des Beherbergungsgewerbes nach § 4 Absatz 3 Nummer 1, § 4a Absatz 2 Nummer 2, § 5 Absatz 2 Nummer 5, § 5a Absatz 2 Nummer 6, § 6 Absatz 2 Nummer 3, § 6a Absatz 2 Nummer 3 und § 7 Absatz 2 Nummer 2 oder zu den kleinen Betrieben des Beherbergungsgewerbes nach § 3 Absatz 3 Nummer 1 gehören.

§ 14 Nebenanlagen; Anlagen zur Nutzung solarer Strahlungsenergie und Kraft-Wärme-Kopplungsanlagen. (1) [1] Außer den in den §§ 2 bis 13 genannten Anlagen sind auch untergeordnete Nebenanlagen und Einrichtungen zulässig, die dem Nutzungszweck der in dem Baugebiet gelegenen Grundstücke oder des Baugebiets selbst dienen und die seiner Eigenart nicht widersprechen. [2] Soweit nicht bereits in den Baugebieten nach dieser Verordnung Einrichtungen und Anlagen für die Tierhaltung, einschließlich der Kleintiererhaltungszucht, zulässig sind, gehören zu den untergeordneten Nebenanlagen und Einrichtungen im Sinne des Satzes 1 auch solche für die Kleintierhaltung. [3] Im Bebauungsplan kann die Zulässigkeit der Nebenanlagen und Einrichtungen eingeschränkt oder ausgeschlossen werden.

(1a) In den Baugebieten nach den §§ 2 bis 11 sind Nebenanlagen, die der öffentlichen Versorgung mit Telekommunikationsdienstleistungen dienen, zulässig; Absatz 1 Satz 3 gilt entsprechend.

(2) [1] Die der Versorgung der Baugebiete mit Elektrizität, Gas, Wärme und Wasser sowie zur Ableitung von Abwasser dienenden Nebenanlagen können in den Baugebieten als Ausnahme zugelassen werden, auch soweit für sie im Bebauungsplan keine besonderen Flächen festgesetzt sind. [2] Dies gilt auch für

fernmeldetechnische Nebenanlagen sowie für Anlagen für erneuerbare Energien, soweit nicht Absatz 1 Satz 1 oder Absatz 1a Anwendung findet.

(3) Soweit baulich untergeordnete Anlagen zur Nutzung solarer Strahlungsenergie in, an oder auf Dach- und Außenwandflächen oder Kraft-Wärme-Kopplungsanlagen innerhalb von Gebäuden nicht bereits nach den §§ 2 bis 13 zulässig sind, gelten sie auch dann als Anlagen im Sinne des Absatzes 1 Satz 1, wenn die erzeugte Energie vollständig oder überwiegend in das öffentliche Netz eingespeist wird.

(4) [1] In einem Gebiet nach § 11 Absatz 2 für Anlagen, die der Nutzung der Sonnenenergie dienen, sind Anlagen zur Herstellung oder Speicherung von Wasserstoff zulässig, wenn die Voraussetzungen entsprechend § 249a Absatz 4 gegeben sind. [2] In Gewerbe- und Industriegebieten gilt Satz 1 entsprechend, wenn dort eine Anlage, die der Nutzung der Sonnenenergie dient und die keine Nebenanlage im Sinne dieser Vorschrift ist, tatsächlich vorhanden ist. [3] Absatz 1 Satz 3 gilt entsprechend.

§ 15 Allgemeine Voraussetzungen für die Zulässigkeit baulicher und sonstiger Anlagen. (1) [1] Die in den §§ 2 bis 14 aufgeführten baulichen und sonstigen Anlagen sind im Einzelfall unzulässig, wenn sie nach Anzahl, Lage, Umfang oder Zweckbestimmung der Eigenart des Baugebiets widersprechen. [2] Sie sind auch unzulässig, wenn von ihnen Belästigungen oder Störungen ausgehen können, die nach der Eigenart des Baugebiets im Baugebiet selbst oder in dessen Umgebung unzumutbar sind, oder wenn sie solchen Belästigungen oder Störungen ausgesetzt werden.

(2) Die Anwendung des Absatzes 1 hat nach den städtebaulichen Zielen und Grundsätzen des § 1 Absatz 5 des Baugesetzbuchs[1)] zu erfolgen.

(3) Die Zulässigkeit der Anlagen in den Baugebieten ist nicht allein nach den verfahrensrechtlichen Einordnungen des Bundes-Immissionsschutzgesetzes und der auf seiner Grundlage erlassenen Verordnungen zu beurteilen.

Zweiter Abschnitt. Maß der baulichen Nutzung

§ 16 Bestimmung des Maßes der baulichen Nutzung. (1) Wird im Flächennutzungsplan das allgemeine Maß der baulichen Nutzung dargestellt, genügt die Angabe der Geschossflächenzahl, der Baumassenzahl oder der Höhe baulicher Anlagen.

(2) Im Bebauungsplan kann das Maß der baulichen Nutzung bestimmt werden durch Festsetzung

1. der Grundflächenzahl oder der Größe der Grundflächen der baulichen Anlagen,
2. der Geschossflächenzahl oder der Größe der Geschossfläche, der Baumassenzahl oder der Baumasse,
3. der Zahl der Vollgeschosse,
4. der Höhe baulicher Anlagen.

---

1) Nr. **1**.

(3) Bei Festsetzung des Maßes der baulichen Nutzung im Bebauungsplan ist festzusetzen

1. stets die Grundflächenzahl oder die Größe der Grundflächen der baulichen Anlagen,
2. die Zahl der Vollgeschosse oder die Höhe baulicher Anlagen, wenn ohne ihre Festsetzung öffentliche Belange, insbesondere das Orts- und Landschaftsbild, beeinträchtigt werden können.

(4) [1] Bei Festsetzung des Höchstmaßes für die Geschossflächenzahl oder die Größe der Geschossfläche, für die Zahl der Vollgeschosse und die Höhe baulicher Anlagen im Bebauungsplan kann zugleich ein Mindestmaß festgesetzt werden. [2] Die Zahl der Vollgeschosse und die Höhe baulicher Anlagen können auch als zwingend festgesetzt werden.

(5) Im Bebauungsplan kann das Maß der baulichen Nutzung für Teile des Baugebiets, für einzelne Grundstücke oder Grundstücksteile und für Teile baulicher Anlagen unterschiedlich festgesetzt werden; die Festsetzungen können oberhalb und unterhalb der Geländeoberfläche getroffen werden.

(6) Im Bebauungsplan können nach Art und Umfang bestimmte Ausnahmen von dem festgesetzten Maß der baulichen Nutzung vorgesehen werden.

§ 17 Orientierungswerte für die Bestimmung des Maßes der baulichen Nutzung. [1] Bei der Bestimmung des Maßes der baulichen Nutzung nach § 16 bestehen, auch wenn eine Geschossflächenzahl oder eine Baumassenzahl nicht dargestellt oder festgesetzt wird, folgende Orientierungswerte für Obergrenzen:

1	2	3	4
Baugebiet	Grund-flächen-zahl (GRZ)	Geschoss-flächen-zahl (GFZ)	Bau-massenzahl (BMZ)
in Kleinsiedlungsgebieten (WS)	0,2	0,4	–
in reinen Wohngebieten (WR) allgemeinen Wohngebieten (WA) Ferienhausgebieten	0,4	1,2	–
in besonderen Wohngebieten (WB)	0,6	1,6	–
in Dorfgebieten (MD) Mischgebieten (MI) dörflichen Wohngebieten (MDW)	0,6	1,2	–
in urbanen Gebieten (MU)	0,8	3,0	–
in Kerngebieten (MK)	1,0	3,0	–
in Gewerbegebieten (GE) Industriegebieten (GI) sonstigen Sondergebieten	0,8	2,4	10,0
in Wochenendhausgebieten	0,2	0,2	–

[2] In Wochenendhausgebieten und Ferienhausgebieten dürfen die Orientierungswerte für Obergrenzen nach Satz 1 nicht überschritten werden.

§ 18 Höhe baulicher Anlagen. (1) Bei Festsetzung der Höhe baulicher Anlagen sind die erforderlichen Bezugspunkte zu bestimmen.

(2) Ist die Höhe baulicher Anlagen als zwingend festgesetzt (§ 16 Abs. 4 Satz 2), können geringfügige Abweichungen zugelassen werden.

§ 19 Grundflächenzahl, zulässige Grundfläche. (1) Die Grundflächenzahl gibt an, wieviel Quadratmeter Grundfläche je Quadratmeter Grundstücksfläche im Sinne des Absatzes 3 zulässig sind.

(2) Zulässige Grundfläche ist der nach Absatz 1 errechnete Anteil des Baugrundstücks, der von baulichen Anlagen überdeckt werden darf.

(3) [1] Für die Ermittlung der zulässigen Grundfläche ist die Fläche des Baugrundstücks maßgebend, die im Bauland und hinter der im Bebauungsplan festgesetzten Straßenbegrenzungslinie liegt. [2] Ist eine Straßenbegrenzungslinie nicht festgesetzt, so ist die Fläche des Baugrundstücks maßgebend, die hinter der tatsächlichen Straßengrenze liegt oder die im Bebauungsplan als maßgebend für die Ermittlung der zulässigen Grundfläche festgesetzt ist.

(4) [1] Bei der Ermittlung der Grundfläche sind die Grundflächen von

1. Garagen und Stellplätzen mit ihren Zufahrten,
2. Nebenanlagen im Sinne des § 14,
3. baulichen Anlagen unterhalb der Geländeoberfläche, durch die das Baugrundstück lediglich unterbaut wird,

mitzurechnen. [2] Die zulässige Grundfläche darf durch die Grundflächen der in Satz 1 bezeichneten Anlagen bis zu 50 vom Hundert überschritten werden, höchstens jedoch bis zu einer Grundflächenzahl von 0,8; weitere Überschreitungen in geringfügigem Ausmaß können zugelassen werden. [3] Im Bebauungsplan können von Satz 2 abweichende Bestimmungen getroffen werden. [4] Soweit der Bebauungsplan nichts anderes festsetzt, kann im Einzelfall von der Einhaltung der sich aus Satz 2 ergebenden Grenzen abgesehen werden

1. bei Überschreitungen mit geringfügigen Auswirkungen auf die natürlichen Funktionen des Bodens oder
2. wenn die Einhaltung der Grenzen zu einer wesentlichen Erschwerung der zweckentsprechenden Grundstücksnutzung führen würde.

§ 20 Vollgeschosse, Geschossflächenzahl, Geschossfläche. (1) Als Vollgeschosse gelten Geschosse, die nach landesrechtlichen Vorschriften Vollgeschosse sind oder auf ihre Zahl angerechnet werden.

(2) Die Geschossflächenzahl gibt an, wieviel Quadratmeter Geschossfläche je Quadratmeter Grundstücksfläche im Sinne des § 19 Abs. 3 zulässig sind.

(3) [1] Die Geschossfläche ist nach den Außenmaßen der Gebäude in allen Vollgeschossen zu ermitteln. [2] Im Bebauungsplan kann festgesetzt werden, dass die Flächen von Aufenthaltsräumen in anderen Geschossen einschließlich der zu ihnen gehörenden Treppenräume und einschließlich ihrer Umfassungswände ganz oder teilweise mitzurechnen oder ausnahmsweise nicht mitzurechnen sind.

(4) Bei der Ermittlung der Geschossfläche bleiben Nebenanlagen im Sinne des § 14, Balkone, Loggien, Terrassen sowie bauliche Anlagen, soweit sie nach Landesrecht in den Abstandsflächen (seitlicher Grenzabstand und sonstige Abstandsflächen) zulässig sind oder zugelassen werden können, unberücksichtigt.

§ 21 Baumassenzahl, Baumasse. (1) Die Baumassenzahl gibt an, wieviel Kubikmeter Baumasse je Quadratmeter Grundstücksfläche im Sinne des § 19 Abs. 3 zulässig sind.

(2) [1] Die Baumasse ist nach den Außenmaßen der Gebäude vom Fußboden des untersten Vollgeschosses bis zur Decke des obersten Vollgeschosses zu ermitteln. [2] Die Baumassen von Aufenthaltsräumen in anderen Geschossen einschließlich der zu ihnen gehörenden Treppenräume und einschließlich ihrer Umfassungswände und Decken sind mitzurechnen. [3] Bei baulichen Anlagen, bei denen eine Berechnung der Baumasse nach Satz 1 nicht möglich ist, ist die tatsächliche Baumasse zu ermitteln.

(3) Bauliche Anlagen und Gebäudeteile im Sinne des § 20 Abs. 4 bleiben bei der Ermittlung der Baumasse unberücksichtigt.

(4) Ist im Bebauungsplan die Höhe baulicher Anlagen oder die Baumassenzahl nicht festgesetzt, darf bei Gebäuden, die Geschosse von mehr als 3,50 m Höhe haben, eine Baumassenzahl, die das Dreieinhalbfache der zulässigen Geschossflächenzahl beträgt, nicht überschritten werden.

§ 21a Stellplätze, Garagen und Gemeinschaftsanlagen. (1) Garagengeschosse oder ihre Baumasse sind in sonst anders genutzten Gebäuden auf die Zahl der zulässigen Vollgeschosse oder auf die zulässige Baumasse nicht anzurechnen, wenn der Bebauungsplan dies festsetzt oder als Ausnahme vorsieht.

(2) Der Grundstücksfläche im Sinne des § 19 Abs. 3 sind Flächenanteile an außerhalb des Baugrundstücks festgesetzten Gemeinschaftsanlagen im Sinne des § 9 Abs. 1 Nr. 22 des Baugesetzbuchs[1)] hinzuzurechnen, wenn der Bebauungsplan dies festsetzt oder als Ausnahme vorsieht.

(3) Soweit § 19 Abs. 4 nicht entgegensteht, ist eine Überschreitung der zulässigen Grundfläche durch überdachte Stellplätze und Garagen bis zu 0,1 der Fläche des Baugrundstücks zulässig; eine weitergehende Überschreitung kann ausnahmsweise zugelassen werden

1. in Kerngebieten, Gewerbegebieten und Industriegebieten,
2. in anderen Baugebieten, soweit solche Anlagen nach § 9 Abs. 1 Nr. 4 des Baugesetzbuchs im Bebauungsplan festgesetzt sind.

(4) Bei der Ermittlung der Geschossfläche oder der Baumasse bleiben unberücksichtigt die Flächen oder Baumassen von

1. Garagengeschossen, die nach Absatz 1 nicht angerechnet werden,
2. Stellplätzen und Garagen, deren Grundflächen die zulässige Grundfläche unter den Voraussetzungen des Absatzes 3 überschreiten,
3. Stellplätzen und Garagen in Vollgeschossen, wenn der Bebauungsplan dies festsetzt oder als Ausnahme vorsieht.

(5) Die zulässige Geschossfläche oder die zulässige Baumasse ist um die Flächen oder Baumassen notwendiger Garagen, die unter der Geländeoberfläche hergestellt werden, insoweit zu erhöhen, als der Bebauungsplan dies festsetzt oder als Ausnahme vorsieht.

[1)] Nr. **1**.

Dritter Abschnitt. Bauweise, überbaubare Grundstücksfläche

§ 22 Bauweise. (1) Im Bebauungsplan kann die Bauweise als offene oder geschlossene Bauweise festgesetzt werden.

(2) [1] In der offenen Bauweise werden die Gebäude mit seitlichem Grenzabstand als Einzelhäuser, Doppelhäuser oder Hausgruppen errichtet. [2] Die Länge der in Satz 1 bezeichneten Hausformen darf höchstens 50 m betragen. [3] Im Bebauungsplan können Flächen festgesetzt werden, auf denen nur Einzelhäuser, nur Doppelhäuser, nur Hausgruppen oder nur zwei dieser Hausformen zulässig sind.

(3) In der geschlossenen Bauweise werden die Gebäude ohne seitlichen Grenzabstand errichtet, es sei denn, dass die vorhandene Bebauung eine Abweichung erfordert.

(4) [1] Im Bebauungsplan kann eine von Absatz 1 abweichende Bauweise festgesetzt werden. [2] Dabei kann auch festgesetzt werden, inwieweit an die vorderen, rückwärtigen und seitlichen Grundstücksgrenzen herangebaut werden darf oder muss.

§ 23 Überbaubare Grundstücksfläche. (1) [1] Die überbaubaren Grundstücksflächen können durch die Festsetzung von Baulinien, Baugrenzen oder Bebauungstiefen bestimmt werden. [2] § 16 Abs. 5 ist entsprechend anzuwenden.

(2) [1] Ist eine Baulinie festgesetzt, so muss auf dieser Linie gebaut werden. [2] Ein Vor- oder Zurücktreten von Gebäudeteilen in geringfügigem Ausmaß kann zugelassen werden. [3] Im Bebauungsplan können weitere nach Art und Umfang bestimmte Ausnahmen vorgesehen werden.

(3) [1] Ist eine Baugrenze festgesetzt, so dürfen Gebäude und Gebäudeteile diese nicht überschreiten. [2] Ein Vortreten von Gebäudeteilen in geringfügigem Ausmaß kann zugelassen werden. [3] Absatz 2 Satz 3 gilt entsprechend.

(4) [1] Ist eine Bebauungstiefe festgesetzt, so gilt Absatz 3 entsprechend. [2] Die Bebauungstiefe ist von der tatsächlichen Straßengrenze ab zu ermitteln, sofern im Bebauungsplan nichts anderes festgesetzt ist.

(5) [1] Wenn im Bebauungsplan nichts anderes festgesetzt ist, können auf den nicht überbaubaren Grundstücksflächen Nebenanlagen im Sinne des § 14 zugelassen werden. [2] Das gleiche gilt für bauliche Anlagen, soweit sie nach Landesrecht in den Abstandsflächen zulässig sind oder zugelassen werden können.

Vierter Abschnitt

§ 24 (weggefallen)

Fünfter Abschnitt. Überleitungs- und Schlussvorschriften

§ 25 Fortführung eingeleiteter Verfahren[1]. Für Bauleitpläne, deren Aufstellung oder Änderung bereits eingeleitet ist, sind die dieser Verordnung ent-

[1] **Amtl. Anm.:** Diese Vorschrift betrifft die Fortführung eingeleiteter Verfahren bei Inkrafttreten der Baunutzungsverordnung (1. August 1962) in der ursprünglichen Fassung vom 26. Juni 1962 (BGBl. I S. 429). Für die Fortführung eingeleiteter Verfahren bei Inkrafttreten der Änderungsver- →

sprechenden bisherigen Vorschriften weiterhin anzuwenden, wenn die Pläne bei dem Inkrafttreten dieser Verordnung bereits ausgelegt sind.

§ 25a Überleitungsvorschriften aus Anlass der zweiten Änderungsverordnung. (1) Für Bauleitpläne, deren Aufstellung oder Änderung bereits eingeleitet ist, gilt diese Verordnung in ihrer bis zum Inkrafttreten der Zweiten Verordnung zur Änderung dieser Verordnung vom 15. September 1977 (BGBl. I S. 1757) gültigen Fassung, wenn die Pläne bei Inkrafttreten der zweiten Änderungsverordnung nach § 2a Abs. 6 des Bundesbaugesetzes oder § 2 Abs. 6 des Bundesbaugesetzes in der bis zum 1. Januar 1977 geltenden Fassung ausgelegt sind.

(2) [1] Von der Geltung der Vorschriften der zweiten Änderungsverordnung über gesonderte Festsetzungen für übereinanderliegende Geschosse und Ebenen sowie sonstige Teile baulicher Anlagen sind solche Bebauungspläne ausgenommen, auf die § 9 Abs. 3 des Bundesbaugesetzes in der ab 1. Januar 1977 geltenden Fassung nach Maßgabe des Artikels 3 § 1 Abs. 3 des Gesetzes zur Änderung des Bundesbaugesetzes vom 18. August 1976 (BGBl. I S. 2221) keine Anwendung findet. [2] Auf diese Bebauungspläne finden die Vorschriften dieser Verordnung über gesonderte Festsetzungen für übereinanderliegende Geschosse und Ebenen und sonstige Teile baulicher Anlagen in der bis zum Inkrafttreten der zweiten Änderungsverordnung gültigen Fassung weiterhin Anwendung.

§ 25b Überleitungsvorschrift aus Anlass der dritten Änderungsverordnung. (1) [1] Ist der Entwurf eines Bebauungsplans vor dem Inkrafttreten der dritten Änderungsverordnung nach § 2a Abs. 6 des Bundesbaugesetzes öffentlich ausgelegt worden, ist auf ihn § 11 Abs. 3 Satz 3 in der bis zum Inkrafttreten der dritten Änderungsverordnung geltenden Fassung anzuwenden. [2] Das Recht der Gemeinde, das Verfahren zur Aufstellung des Bebauungsplans erneut einzuleiten, bleibt unberührt.

(2) Auf Bebauungspläne, auf die § 11 Abs. 3 in der Fassung der Bekanntmachung vom 15. September 1977 Anwendung findet, ist § 11 Abs. 3 Satz 4 entsprechend anzuwenden.

§ 25c Überleitungsvorschrift aus Anlass der vierten Änderungsverordnung. [1] Ist der Entwurf eines Bauleitplans vor dem 27. Januar 1990 nach § 3 Abs. 2 des Baugesetzbuchs[1)] öffentlich ausgelegt worden, ist auf ihn diese Verordnung in der bis zum 26. Januar 1990 geltenden Fassung anzuwenden. [2] Das Recht der Gemeinde, das Verfahren zur Aufstellung des Bauleitplans erneut einzuleiten, bleibt unberührt.

(Fortsetzung der Anm. von voriger Seite)
ordnung (1. Januar 1969) bestimmt Artikel 2 der Verordnung zur Änderung der Baunutzungsverordnung vom 26. November 1968 (BGBl. I S. 1233):

„Für Bauleitpläne, deren Aufstellung oder Änderung bereits eingeleitet ist, gilt die Verordnung in der bisherigen Fassung, wenn die Pläne bei Inkrafttreten dieser Verordnung bereits nach § 2 Abs. 6 des Bundesbaugesetzes ausgelegt sind."

[1)] Nr. **1**.

§ 25d Überleitungsvorschrift aus Anlass des Gesetzes zur Stärkung der Innenentwicklung in den Städten und Gemeinden und weiteren Fortentwicklung des Städtebaurechts. [1] Ist der Entwurf eines Bauleitplans vor dem 20. September 2013 nach § 3 Absatz 2 des Baugesetzbuchs[1)] öffentlich ausgelegt worden, ist auf ihn diese Verordnung in der bis zum 20. September 2013 geltenden Fassung anzuwenden. [2] Das Recht der Gemeinde, das Verfahren zur Aufstellung des Bauleitplans erneut einzuleiten, bleibt unberührt.

§ 25e Überleitungsvorschrift aus Anlass des Gesetzes zur Mobilisierung von Bauland. [1] Ist der Entwurf eines Bauleitplans vor dem 23. Juni 2021 nach § 3 Absatz 2 des Baugesetzbuchs[1)] oder nach dem Planungssicherstellungsgesetz[2)] öffentlich ausgelegt worden, ist auf ihn diese Verordnung in der bis zum 23. Juni 2021 geltenden Fassung anzuwenden. [2] Das Recht der Gemeinde, das Verfahren zur Aufstellung des Bauleitplans erneut einzuleiten, bleibt unberührt.

§ 25f Überleitungsvorschrift aus Anlass des Gesetzes zur sofortigen Verbesserung der Rahmenbedingungen für die erneuerbaren Energien im Städtebaurecht. [1] Ist der Entwurf eines Bauleitplans vor dem 1. Januar 2023 nach § 3 Absatz 2 des Baugesetzbuchs[1)] öffentlich ausgelegt oder nach § 3 Absatz 1 des Planungssicherstellungsgesetzes[2)] im Internet veröffentlicht worden, ist auf ihn diese Verordnung in der bis zum 1. Januar 2023 geltenden Fassung anzuwenden. [2] Das Recht der Gemeinde, das Verfahren zur Aufstellung des Bauleitplans erneut einzuleiten, bleibt unberührt.

§ 26 (Berlin-Klausel) *(gegenstandslos)*

§ 26a Überleitungsregelungen aus Anlass der Herstellung der Einheit Deutschlands. [1] Soweit in dieser Verordnung auf Vorschriften verwiesen wird, die in dem in Artikel 3 des Einigungsvertrages genannten Gebiet keine Anwendung finden, sind die entsprechenden Vorschriften der Deutschen Demokratischen Republik anzuwenden. [2] Bestehen solche Vorschriften nicht oder würde ihre Anwendung dem Sinn der Verweisung widersprechen, gelten die Vorschriften, auf die verwiesen wird, entsprechend.

§ 27 (Inkrafttreten)

[1)] Nr. **1**.
[2)] Nr. **1b**.

3a. Verordnung über die bauliche Nutzung der Grundstücke (Baunutzungsverordnung 1962)[1) 2)]

Vom 26. Juni 1962
(BGBl. I S. 429)

Inhaltsübersicht

Erster Abschnitt. Art der baulichen Nutzung

§ 1 Gliederung in Bauflächen und Baugebiete. (1) Im Flächennutzungsplan sind, soweit es erforderlich ist, die für die Bebauung vorgesehenen Flächen (§ 5 Abs. 2 Nr. 1 Bundesbaugesetz) nach der allgemeinen Art ihrer baulichen Nutzung (Bauflächen) darzustellen als

1. Wohnbauflächen (W)
2. gemischte Bauflächen (M)
3. gewerbliche Bauflächen (G)

[1)] Die Jahreszahl in der Kurzbezeichnung ist nichtamtlich.

[2)] Zur Weitergeltung der BauNVO 1962 vgl. §§ 25 ff. BauNVO (Nr. **3**); beachte ferner die unter Nr. **3b** abgedruckte Synopse der BauNVO 1968, 1977, 1990 und 2017.

4. Sonderbauflächen (S).

(2) Soweit es erforderlich ist, sind die Bauflächen nach der besonderen Art ihrer baulichen Nutzung in Baugebiete (§ 5 Abs. 2 Nr. 1 Bundesbaugesetz) zu gliedern, und zwar:

1. die Wohnbauflächen in
   a) Kleinsiedlungsgebiete (WS)
   b) reine Wohngebiete (WR)
   c) allgemeine Wohngebiete (WA)
2. die gemischten Bauflächen in
   a) Dorfgebiete (MD)
   b) Mischgebiete (MI)
   c) Kerngebiete (MK)
3. die gewerblichen Bauflächen in
   a) Gewerbegebiete (GE)
   b) Industriegebiete (GI)
4. die Sonderbauflächen in
   a) Wochenendhausgebiete (SW)
   b) Sondergebiete (SO).

(3) [1] Im Bebauungsplan sind, soweit es erforderlich ist, die in Absatz 2 bezeichneten Baugebiete festzusetzen. [2] Durch die Festsetzung werden die Vorschriften der §§ 2 bis 10 und 12 bis 14 Bestandteil des Bebauungsplanes soweit nicht aufgrund der Absätze 4 und 5 etwas anderes bestimmt wird.

(4) Im Bebauungsplan kann festgesetzt werden, daß Ausnahmen, die in den einzelnen Baugebieten nach den §§ 2 bis 9 vorgesehen sind, ganz oder teilweise nicht Bestandteil des Bebauungsplans werden.

(5) Im Bebaungsplan kann festgesetzt werden, daß Anlagen, die in den einzelnen Baugebieten nach den §§ 2 bis 9 ausnahmsweise zugelassen werden können, in dem jeweiligen Baugebiet ganz oder teilweise allgemein zulässig sind, sofern die Eigenart des Baugebietes im allgemeinen gewahrt bleibt.

§ 2 Kleinsiedlungsgebiete. (1) Kleinsiedlungsgebiete dienen vorwiegend der Unterbringung von Kleinsiedlungen und landwirtschaftlichen Nebenerwerbsstellen.

(2) Zulässig sind

1. Kleinsiedlungen, landwirtschaftliche Nebenerwerbsstellen und Gartenbaubetriebe,
2. die der Versorgung des Gebiets dienenden Läden, Schank- und Speisewirtschaften sowie nicht störenden Handwerksbetriebe.

(3) Ausnahmsweise können zugelassen werden

1. sonstige Wohngebäude mit nicht mehr als zwei Wohnungen,
2. Anlagen für kirchliche, kulturelle, soziale, gesundheitliche und sportliche Zwecke,
3. Tankstellen,
4. nicht störende Gewerbebetriebe.

§ 3 Reine Wohngebiete. (1) Reine Wohngebiete dienen ausschließlich dem Wohnen.

(2) Zulässig sind Wohngebäude.

(3) Ausnahmsweise können Läden und nicht störende Handwerksbetriebe, die zur Deckung des täglichen Bedarfs für die Bewohner des Gebietes dienen, sowie kleine Betriebe des Beherbergungsgewerbes zugelassen werden.

(4) Im Bebauungsplan kann festgesetzt werden, daß in dem Gebiet oder in bestimmten Teilen des Gebietes nur Wohngebäude mit nicht mehr als zwei Wohnungen zulässig sind.

§ 4 Allgemeine Wohngebiete. (1) Allgemeine Wohngebiete dienen vorwiegend dem Wohnen.

(2) Zulässig sind

1. Wohngebäude,
2. die der Versorgung des Gebiets dienenden Läden, Schank- und Speisewirtschaften sowie nicht störenden Handwerksbetriebe,
3. Anlagen für kirchliche, kulturelle, soziale, gesundheitliche und sportliche Zwecke.

(3) Ausnahmsweise können zugelassen werden

1. Betriebe des Beherbergungsgewerbes,
2. sonstige nicht störende Gewerbebetriebe,
3. Anlagen für Verwaltungen sowie für sportliche Zwecke,
4. Gartenbaubetriebe,
5. Tankstellen,
6. Ställe für Kleintierhaltung als Zubehör zu Kleinsiedlungen und landwirtschaftlichen Nebenerwerbsstellen.

(4) Im Bebauungsplan kann festgesetzt werden, daß in bestimmten Teilen des Gebietes nur Wohngebäude mit nicht mehr als zwei Wohnungen zulässig sind.

§ 5 Dorfgebiete. (1) Dorfgebiete dienen vorwiegend der Unterbringung der Wirtschaftsstellen land- und forstwirtschaftlicher Betriebe und dem Wohnen.

(2) Zulässig sind

1. Wirtschaftsstellen land- und forstwirtschaftlicher Betriebe,
2. Kleinsiedlungen und landwirtschaftliche Nebenerwerbsstellen,
3. Wohngebäude,
4. Betriebe zur Verarbeitung und Sammlung land- und forstwirtschaftlicher Erzeugnisse,
5. Einzelhandelsbetriebe, Schank- und Speisewirtschaften sowie Betriebe des Beherbergungsgewerbes,
6. Handwerksbetriebe, die der Versorgung der Bewohner des Gebiets dienen,
7. sonstige nicht störende Gewerbebetriebe,
8. Anlagen für örtliche Verwaltungen sowie für kirchliche, kulturelle, soziale, gesundheitliche und sportliche Zwecke,
9. Gartenbaubetriebe,
10. Tankstellen.

§ 6 Mischgebiete. (1) Mischgebiete dienen dem Wohnen und der Unterbringung von Gewerbebetrieben, die das Wohnen nicht wesentlich stören.

(2) Zulässig sind

1. Wohngebäude,
2. Geschäfts- und Bürogebäude,
3. Einzelhandelsbetriebe, Schank- und Speisewirtschaften sowie Betriebe des Beherbergungsgewerbes,
4. sonstige nicht wesentlich störende Gewerbebetriebe,
5. Anlagen für Verwaltungen sowie für kirchliche, kulturelle, soziale, gesundheitliche und sportliche Zwecke,
6. Gartenbaubetriebe,
7. Tankstellen,

(3) Ausnahmsweise können Ställe für Kleintierhaltung als Zubehör zu Kleinsiedlungen und landwirtschaftlichen Nebenerwerbsstellen zugelassen werden.

§ 7 Kerngebiete. (1) Kerngebiete dienen vorwiegend der Unterbringung von Handelsbetrieben sowie der zentralen Einrichtungen der Wirtschaft und der Verwaltung.

(2) Zulässig sind

1. Geschäfts-, Büro- und Verwaltungsgebäude,
2. Einzelhandelsbetriebe, Schank- und Speisewirtschaften, Betriebe des Beherbergungsgewerbes und Vergnügungsstätten,
3. sonstige nicht wesentlich störende Gewerbebetriebe,
4. Anlagen für kirchliche, kulturelle, soziale und gesundheitliche Zwecke,
5. Tankstellen,
6. Wohnungen für Aufsichts- und Bereitschaftspersonen sowie für Betriebsinhaber und Betriebsleiter.

(3) Ausnahmsweise können Wohnungen, die nicht unter Absatz 2 Nr. 6 fallen, zugelassen werden.

§ 8 Gewerbegebiete. (1) Gewerbegebiete dienen vorwiegend der Unterbringung von nicht erheblich belästigenden Gewerbebetrieben.

(2) Zulässig sind

1. Gewerbebetriebe aller Art, Lagerhäuser, Lagerplätze und öffentliche Betriebe, soweit diese Anlagen für die Umgebung keine erheblichen Nachteile oder Belästigungen zur Folge haben können,
2. Geschäfts-, Büro- und Verwaltungsgebäude,
3. Tankstellen.

(3) Ausnahmsweise können zugelassen werden

1. Wohnungen für Aufsichts- und Bereitschaftspersonen sowie für Betriebsinhaber und Betriebsleiter,
2. Anlagen für kirchliche, kulturelle, soziale, gesundheitliche und sportliche Zwecke.

(4) Die Gewerbegebiete einer Gemeinde oder Teile eines Gewerbegebietes können im Bebauungsplan nach der Art der Betriebe und Anlagen gegliedert werden.

§ 9 Industriegebiete. (1) Industriegebiete dienen ausschließlich der Unterbringung von Gewerbebetrieben, und zwar vorwiegend solcher Betriebe, die in anderen Baugebieten unzulässig sind.

(2) Zulässig sind

1. Gewerbebetriebe aller Art, Lagerhäuser, Lagerplätze und öffentliche Betriebe,
2. Tankstellen.

(3) Ausnahmsweise können zugelassen werden

1. Wohnungen für Aufsichts- und Bereitschaftspersonen sowie für Betriebsinhaber und Betriebsleiter,
2. Anlagen für kirchliche, kulturelle, soziale, gesundheitliche und sportliche Zwecke.

(4) Die Industriegebiete einer Gemeinde oder Teile eines Industriegebietes können im Bebauungsplan nach der Art der Betriebe und Anlagen gegliedert werden.

§ 10 Wochenendhausgebiete. [1]In Wochenendhausgebieten sind ausschließlich Wochenendhäuser als Einzelhäuser zulässig. [2]Ihre Grundfläche ist im Bebauungsplan, begrenzt nach der besonderen Eigenart des Gebietes unter Berücksichtigung der landschaftlichen Gegebenheiten, festzusetzen.

§ 11 Sondergebiete. (1) Als Sondergebiete dürfen nur solche Gebiete dargestellt und festgesetzt werden, die sich nach ihrer besonderen Zweckbestimmung wesentlich von den Baugebieten nach §§ 2 bis 10 unterscheiden, wie Hochschul-, Klinik-, Kur-, Hafen- oder Ladengebiete.

(2) Für Sondergebiete ist die Art der Nutzung entsprechend ihrer besonderen Zweckbestimmung darzustellen und festzusetzen.

§ 12 Stellplätze und Garagen für Kraftfahrzeuge. (1) Stellplätze und Garagen sind in allen Baugebieten zulässig, soweit sich aus den Absätzen 2 und 3 nichts anderes ergibt.

(2) In Kleinsiedlungsgebieten, reinen Wohngebieten, allgemeinen Wohngebieten und Wochenendhausgebieten sind Stellplätze und Garagen nur für den durch die zugelassene Nutzung verursachten Bedarf zulässig.

(3) Unzulässig sind

1. Stellplätze und Garagen für Lastkraftwagen und Kraftomnibusse in reinen Wohngebieten und Wochenendhausgebieten,
2. Stellplätze und Garagen für Kraftfahrzeuge mit einem Eigengewicht über 3,5 Tonnen in Kleinsiedlungsgebieten und allgemeinen Wohngebieten.

§ 13 Räume für freie Berufe. Räume für die Berufsausübung freiberuflich Tätiger und solcher Gewerbetreibender, die ihren Beruf in ähnlicher Art ausüben, sind in den Baugebieten nach §§ 2 bis 9 zulässig.

§ 14 Nebenanlagen. (1) [1]Außer den in §§ 2 bis 13 genannten Anlagen sind auch untergeordnete Nebenanlagen und Einrichtungen zulässig, die dem Nutzungszweck der in dem Baugebiet gelegenen Grundstücke oder des Baugebietes selbst dienen und die seiner Eigenart nicht widersprechen. [2]Im Bebauungsplan kann die Zulässigkeit solcher Nebenanlagen und Einrichtungen eingeschränkt oder ausgeschlossen werden.

(2) Die der Versorgung der Baugebiete mit Elektrizität, Gas, Wärme und Wasser sowie zur Ableitung von Abwasser dienenden Nebenanlagen können in den Baugebieten als Ausnahme zugelassen werden, auch soweit für sie im Bebauungsplan keine besonderen Flächen festgesetzt sind.

§ 15 Allgemeine Voraussetzungen für die Zulässigkeit baulicher und sonstiger Anlagen. (1) [1]Die in den §§ 2 bis 14 aufgeführten baulichen und sonstigen Anlagen sind im Einzelfall unzulässig, wenn sie nach Anzahl, Lage, Umfang oder Zweckbestimmung der Eigenart des Baugebietes widersprechen. [2]Sie sind insbesondere unzulässig, wenn von ihnen Belästigungen oder Störungen ausgehen können, die für die Umgebung nach der Eigenart des Gebietes unzumutbar sind.

(2) Absatz 1 gilt auch für die Änderung, Nutzungsänderung und Erweiterung baulicher und sonstiger Anlagen innerhalb der festgesetzten Baugebiete.

(3) Bei der Anwendung der Absätze 1 und 2 dürfen nur städtebauliche Gesichtspunkte berücksichtigt werden.

Zweiter Abschnitt. Maß der baulichen Nutzung

§ 16 Allgemeine Vorschriften. (1) Soweit es erforderlich ist, im Flächennutzungsplan das allgemeine Maß der baulichen Nutzung darzustellen, genügt die Angabe der Geschoßflächenzahl oder der Baumassenzahl nach Maßgabe des § 17.

(2) [1]Bei der Festsetzung des Maßes der baulichen Nutzung im Bebauungsplan sind die Vorschriften des § 17 einzuhalten. [2]Das Maß der baulichen Nutzung wird bestimmt durch Festsetzung

1. der Geschoßflächenzahl oder der Baumassenzahl,
2. der Grundflächenzahl oder der Grundflächen der baulichen Anlagen und
3. der Zahl der Vollgeschosse.

(3) [1]Von einzelnen der in Absatz 2 Satz 2 genannten Festsetzungen kann abgesehen werden, wenn die getroffenen Festsetzungen zur Bestimmung des Maßes der baulichen Nutzung im Rahmen des § 17 ausreichen. [2]Auf die Festsetzung der Zahl der Vollgeschosse darf jedoch nicht verzichtet werden, wenn dadurch die Gestaltung des Orts- und Landschaftsbildes beeinträchtigt werden kann.

(4) Im Bebauungsplan kann das Maß der baulichen Nutzung für Teile des Baugebietes oder für einzelne Grundstücke unterschiedlich festgesetzt werden.

§ 17 Zulässiges Maß der baulichen Nutzung. (1) Das Maß der baulichen Nutzung darf höchstens betragen

1	2	3	4	5
Baugebiet	Zahl der Vollgeschosse (Z)	Grundflächenzahl (GRZ)	Geschoßflächenzahl (GFZ)	Baumassenzahl (BMZ)
in Kleinsiedlungsgebieten (WS) bei:	1	0,2	0,2	–
	2	0,2	0,3	–
in reinen Wohngebieten (WR) allg. Wohngebieten (WA) Mischgebieten (MI) bei:	1	0,4	0,4	–
	2	0,4	0,7	–
	3	0,3	0,9	–
	4 und mehr	0,3	1,0	–
in Dorfgebieten (MD) bei:	1	0,4	0,4	–
	2 und mehr	0,4	0,6	–
in Kerngebieten (MK) Gewerbegebieten (GE) bei:	1	0,8	0,8	–
	2	0,8	1,2	–
	3	0,6	1,6	–
	4 und mehr	0,6	2,0	–
in Industriegebieten (GI)				
bei Stufe I	–	0,7	–	3,0
bei Stufe II	–	0,7	–	6,0
bei Stufe III	–	0,7	–	9,0
in Wochenendhausgebieten (WS)	1	0,1	0,1	–

(2) In Gebieten, die für eine Bebauung mit eingeschossigen Wohngebäuden mit einem fremder Sicht entzogenen Gartenhof, wie Gartenhof- und Atriumhäuser, vorgesehen sind, können im Bebauungsplan eine Grundflächenzahl und eine Geschoßflächenzahl bis 0,6 festgesetzt werden.

(3) In Gebieten, für die keine Baumassenzahl angegeben ist darf bei Gebäuden, die Geschosse von mehr als 3,50 m Höhe haben eine Baumassenzahl, die das Dreieinhalbfache der zulässigen Geschoßflächenzahl beträgt, nicht überschritten werden.

(4) Wird im Bebauungsplan die Zahl der Vollgeschosse festgesetzt, so ist sie entweder als zwingend oder als Höchstgrenze festzusetzen.

(5) Im Bebauungsplan kann vorgesehen werden, daß im Einzelfall von der Zahl der Vollgeschosse eine Ausnahme zugelassen werden kann, wenn die Grundflächenzahl und die Geschoßflächenzahl nicht überschritten werden.

(6) [1] Auf Grundstücke, die im Bebauungsplan ausschließlich für Stellplätze, Garagen oder Schutzraumbauten festgesetzt sind, sind die Vorschriften über die Grundflächenzahl nicht anzuwenden. [2] Als Ausnahme kann zugelassen werden, daß die nach Absatz 1 zulässige Geschoßflächenzahl oder Baumassenzahl überschritten wird.

(7) [1] Für Sondergebiete ist das Maß der baulichen Nutzung entsprechend ihrer besonderen Zweckbestimmung darzustellen und festzusetzen. [2] Dabei dürfen als Höchstwerte eine Grundflächenzahl von 0,8, eine Geschoßflächenzahl von 2,0 und eine Baumassenzahl von 9,0 nicht überschritten werden. [3] Die Höchstwerte gelten nicht für geschlossene Hafengebiete.

(8) In überwiegend bebauten Gebieten können im Bebauungsplan die Höchstwerte der Spalten 3 bis 5 des Absatzes 1 und des Absatzes 7 überschritten werden, wenn städtebauliche Gründe dies rechtfertigen und sonstige öffentliche Belange nicht entgegenstehen.

(9) Das Maß der baulichen Nutzung kann in Industiegebieten unterschiedlich entsprechend den Werten der Tabelle nach Absatz 1 festgesetzt werden.

§ 18 Vollgeschosse. Als Vollgeschosse gelten Geschosse, die nach landesrechtlichen Vorschriften Vollgeschosse sind oder auf ihre Zahl angerechnet werden.

§ 19 Grundflächenzahl, zulässige Grundfläche. (1) Die Grundflächenzahl gibt an, wieviel Quadratmeter Grundfläche je Quadratmeter Grundstücksfläche im Sinne des Absatzes 3 zulässig sind.

(2) Zulässige Grundfläche ist der nach Absatz 1 errechnete Anteil des Baugrundstücks, der von baulichen Anlagen überdeckt werden darf.

(3) [1] Für die Ermittlung der zulässigen Grundfläche ist die Fläche des Baugrundstücks maßgebend, die im Bauland und hinter der im Bebauungsplan festgesetzten Straßenbegrenzungslinie liegt. [2] Ist eine Straßenbegrenzungslinie nicht festgesetzt, so ist die Fläche des Baugrundstücks maßgebend, die hinter der tatsächlichen Straßengrenze liegt oder die im Bebauungsplan als maßgebend für die Ermittlung der zulässigen Grundfläche festgesetzt ist.

(4) [1] Auf die zulässige Grundfläche werden die Grundflächen von Nebenanlagen im Sinne des § 14 nicht angerechnet. [2] Das gleiche gilt für bauliche Anlagen, soweit sie nach Landesrecht im Bauwich oder in den Abstandsflächen zulässig sind oder zugelassen werden können.

(5) [1] In Kerngebieten, Gewerbegebieten und Industriegebieten können eingeschossige Garagen und überdachte Stellplätze ohne Anrechnung ihrer Grundflächen auf die zulässige Grundfläche zugelassen werden. [2] In den übrigen Baugebieten werden solche Anlagen auf die zulässige Grundfläche nicht angerechnet, soweit sie 0,1 der Fläche des Baugrundstücks nicht überschreiten. [3] Absatz 4 findet keine Anwendung.

§ 20 Geschoßflächenzahl, Geschoßfläche. (1) Die Geschoßflächenzahl gibt an, wieviel Quadratmeter Geschoßfläche je Quadratmeter Grundstücksfläche im Sinne des § 19 Abs. 3 zulässig sind.

(2) [1] Die Geschoßfläche ist nach den Außenmaßen der Gebäude in allen Vollgeschossen zu ermitteln. [2] Werden im Dachraum oder in Kellergeschossen Aufenthaltsräume zugelassen, so sind deren Flächen einschließlich der zu ihnen führenden Treppenräume und einschließlich ihrer Umfassungswände mitzurechnen.

(3) Balkone sowie bauliche Anlagen und Gebäudeteile, deren Grundflächen nach § 19 Abs. 4 und 5 nicht angerechnet werden, bleiben bei der Ermittlung der Geschoßfläche unberücksichtigt.

§ 21 Baumassenzahl, Baumasse. (1) Die Baumassenzahl gibt an, wieviel Kubikmeter Baumasse je Quadratmeter Grundstücksfläche im Sinne des § 19 Abs. 3 zulässig sind.

(2) [1] Die Baumasse ist nach den Außenmaßen der Gebäude vom Fußboden des untersten Vollgeschosses bis zur Decke des obersten Vollgeschosses zu

ermitteln. [2] Aufenthaltsräume, die im Dachraum oder in Kellergeschossen zugelassen werden, sind einschließlich der zu ihnen führenden Treppenräume und einschließlich ihrer Umfassungswände und Decken der Baumasse hinzuzurechnen. [3] Bei baulichen Anlagen, bei denen eine Berechnung der Baumasse nach Satz 1 möglich ist, ist die tatsächliche Baumasse zu ermitteln.

(3) Baumassen über Flächen, die nach § 19 Abs. 4 und 5 auf die zulässige Grundfläche nicht angerechnet werden, bleiben unberücksichtigt.

Dritter Abschnitt. Bauweise, überbaubare Grundstücksfläche

§ 22 Bauweise. (1) [1] Im Bebauungsplan ist, soweit es erforderlich ist, die Bauweise als offene oder geschlossene Bauweise festzusetzen. [2] Ist die Bauweise nicht festgesetzt, so sind die Vorschriften über die offene Bauweise anzuwenden.

(2) [1] In der offenen Bauweise werden die Gebäude mit seitlichem Grenzabstand (Bauwich) als Einzelhäuser, Doppelhäuser oder als Hausgruppen mit einer Länge von höchstens 50 m errichtet. [2] Im Bebauungsplan können Flächen festgesetzt werden, auf denen nur Einzelhäuser und Doppelhäuser oder nur Hausgruppen zulässig sind.

(3) In der geschlossenen Bauweise werden die Gebäude ohne seitlichen Grenzabstand errichtet, es sei denn, daß die vorhandene Bebauung eine Abweichung erfordert.

(4) Im Bebauungsplan kann eine von Absatz 1 abweichende Bauweise festgesetzt werden.

§ 23 Überbaubare Grundstücksfläche. (1) Die überbaubaren Grundstücksflächen können durch die Festsetzung von Baulinien, Baugrenzen oder Bebauungstiefen bestimmt werden.

(2) Ist eine Baulinie festgesetzt, so muß auf dieser Linie gebaut werden. Ein Vor- oder Zurücktreten von Gebäudeteilen in geringfügigem Ausmaß kann zugelassen werden.

(3) [1] Ist eine Baugrenze festgesetzt, so dürfen Gebäude und Gebäudeteile diese nicht überschreiten. [2] Ein Vortreten von Gebäudeteilen in geringfügigem Ausmaß kann zugelassen werden.

(4) [1] Ist eine Bebauungstiefe festgesetzt, so gilt Absatz 3 entsprechend. [2] Die Bebauungstiefe ist von der tatsächlichen Straßengrenze ab zu ermitteln, sofern im Bebauungsplan nichts anderes festgesetzt ist.

(5) [1] Wenn im Bebauungsplan nichts anderes festgesetzt ist, können auf den nicht überbaubaren Grundstücksflächen Nebenanlagen im Sinne des § 14 zugelassen werden. [2] Das gleiche gilt für bauliche Anlagen, soweit sie nach Landesrecht im Bauwich oder in den Abstandsflächen zulässig sind oder zugelassen werden können.

Vierter Abschnitt

§ 24 Anwendung der Verordnung in den Fällen der §§ 33, 34 Bundesbaugesetz. (1) In den Fällen des § 33 Bundesbaugesetz sind die Vorschriften dieser Verordnung entsprechend dem Stand der Planungsarbeiten anzuwenden.

(2) [1] In den Fällen des § 34 Bundesbaugesetz sind, soweit Festsetzungen, die Gegenstand dieser Verordnung sind, nicht bestehen, die Vorschriften dieser Verordnung entsprechend der vorhandenen Bebauung sinngemäß anzuwenden. [2] Dabei ist das Baugebiet nach der tatsächlichen Eigenart der näheren Umgebung zu bestimmen. [3] Die in § 17 Abs. 1 genannten Höchstwerte für die Grundflächenzahl und die Geschoßflächenzahl dürfen, bezogen auf die in der Umgebung überwiegend vorhandene tatsächliche Geschoßzahl, nicht überschritten werden.

(3) [1] In den Fällen des Absatzes 2 kann von den Vorschriften dieser Verordnung mit Zustimmung der höheren Verwaltungsbehörde oder der von der Landesregierung bestimmten Behörde (§ 147 Abs. 2 Bundesbaugesetz) abgewichen werden, wenn die sinngemäße Anwendung zu einer offenbar nicht beabsichtigten Härte führen würde und die Abweichung auch unter Würdigung nachbarlicher Interessen mit den öffentlichen Belangen vereinbar ist, oder wenn Gründe des Wohls der Allgemeinheit die Abweichung erfordern. [2] Die nach Satz 1 zuständige Behörde kann für genau begrenzte Fälle allgemein festlegen, daß ihre Zustimmung nicht erforderlich ist.

Fünfter Abschnitt. Überleitungs- und Schlußvorschriften

§ 25 Fortführung eingeleiteter Verfahren. Für Bauleitpläne, deren Aufstellung oder Änderung bereits eingeleitet ist, sind die dieser Verordnung entsprechenden bisherigen Vorschriften weiterhin anzuwenden, wenn die Pläne bei dem Inkrafttreten dieser Verordnung bereits ausgelegt sind.

§ 26 Berlin-Klausel. Diese Verordnung gilt nach § 14 des Dritten Überleitungsgesetzes vom 4. Januar 1952 (Bundesgesetzblatt I S. 1) in Verbindung mit § 187 Bundesbaugesetz auch im Land Berlin.

§ 27 Inkrafttreten. Diese Verordnung tritt am 1. des übernächsten Monats nach der Verkündung[1)] in Kraft.

[1)] Verkündet am 30.6.1962.

3b. Synoptische Gegenüberstellung der BauNVO 1968, 1977, 1990 und 2017/2021/2023

Inkrafttreten der Fassungen:

BauNVO 1968 (BGBl. I S. 1237, ber. BGBl. 1969 I S. 11):	1. 1. 1969
BauNVO 1977 (BGBl. I S. 1763):	1. 10. 1977
BauNVO 1990 (BGBl. I S. 132):	27. 1. 1990
BauNVO 2017 (BGBl. I S. 3786), zuletzt geänd. d. Art. 3 G zur sofortigen Verbesserung der Rahmenbedingungen für die erneuerbaren Energien im Städtebaurecht	1. 10. 2017/1. 1. 2023

BauNVO 1968

Erster Abschnitt. Art der baulichen Nutzung

§ 1 Gliederung in Bauflächen und Baugebiete. (1) Im Flächennutzungsplan sind, soweit es erforderlich ist, die für die Bebauung vorgesehenen Flächen (§ 5 Abs. 2 Nr. 1 Bundesbaugesetz) nach der allgemeinen Art ihrer baulichen Nutzung (Bauflächen) darzustellen als

1. Wohnbauflächen (W)
2. gemischte Bauflächen (M)
3. gewerbliche Bauflächen (G)
4. Sonderbauflächen (S).

(2) Soweit es erforderlich ist, sind die für die Bebauung vorgesehenen Flächen nach der besonderen Art ihrer baulichen Nutzung (Baugebiete) darzustellen als

1. Kleinsiedlungsgebiete (WS)
2. reine Wohngebiete (WR)
3. allgemeine Wohngebiete (WA)
4. Dorfgebiete (MD)
5. Mischgebiete (MI)
6. Kerngebiete (MK)
7. Gewerbegebiete (GE)
8. Industriegebiete (GI)
9. Wochenendhausgebiete (SW)
10. Sondergebiete (SO).

(3) Im Bebauungsplan sind, soweit es erforderlich ist, die in Absatz 2 bezeichneten Baugebiete festzusetzen. Durch die Festsetzung werden die Vorschriften der §§ 2 bis 10 und 12 bis 14 Bestandteil des Bebauungsplanes, soweit nicht aufgrund der Absätze 4 und 5 etwas anderes bestimmt wird.

BauNVO 1977

Erster Abschnitt. Art der baulichen Nutzung

§ 1 Allgemeine Vorschriften für Bauflächen und Baugebiete.

(1) Im Flächennutzungsplan sind, soweit es erforderlich ist, die für die Bebauung vorgesehenen Flächen (§ 5 Abs. 2 Nr. 1 des Bundesbaugesetzes) nach der allgemeinen Art ihrer baulichen Nutzung (Bauflächen) darzustellen als

1. Wohnbauflächen (W)
2. gemischte Bauflächen (M)
3. gewerbliche Bauflächen (G)
4. Sonderbauflächen (S).

(2) Soweit es erforderlich ist, sind die für die Bebauung vorgesehenen Flächen nach der besonderen Art ihrer baulichen Nutzung (Baugebiete) darzustellen als

1. Kleinsiedlungsgebiete (WS)
2. reine Wohngebiete (WR)
3. allgemeine Wohngebiete (WA)
4. besondere Wohngebiete (WB)
5. Dorfgebiete (MD)
6. Mischgebiete (MI)
7. Kerngebiete (MK)
8. Gewerbegebiete (GE)
9. Industriegebiete (GI)
10. Sondergebiete (SO).

(3) Im Bebauungsplan sind, soweit es erforderlich ist, die in Absatz 2 bezeichneten Baugebiete festzusetzen. Durch die Festsetzung werden die Vorschriften der §§ 2 bis 14 Bestandteil des Bebauungsplans, soweit nicht aufgrund der Absätze 4 bis 9 etwas anderes bestimmt wird.

BauNVO 1990

Erster Abschnitt. Art der baulichen Nutzung

§ 1 Allgemeine Vorschriften für Bauflächen und Baugebiete.

(1) Im Flächennutzungsplan können die für die Bebauung vorgesehenen Flächen nach der allgemeinen Art ihrer baulichen Nutzung (Bauflächen) dargestellt werden als

1. Wohnbauflächen	(W)
2. gemischte Bauflächen	(M)
3. gewerbliche Bauflächen	(G)
4. Sonderbauflächen	(S).

(2) Die für die Bebauung vorgesehenen Flächen können nach der besonderen Art ihrer baulichen Nutzung (Baugebiete) dargestellt werden als

1. Kleinsiedlungsgebiete	(WS)
2. reine Wohngebiete	(WR)
3. allgemeine Wohngebiete	(WA)
4. besondere Wohngebiete	(WB)
5. Dorfgebiete	(MD)
6. Mischgebiete	(MI)
7. Kerngebiete	(MK)
8. Gewerbegebiete	(GE)
9. Industriegebiete	(GI)
10. Sondergebiete	(SO).

(3) Im Bebauungsplan können die in Absatz 2 bezeichneten Baugebiete festgesetzt werden. Durch die Festsetzung werden die Vorschriften der §§ 2 bis 14 Bestandteil des Bebauungsplans, soweit nicht aufgrund der Absätze 4 bis 10 etwas anderes bestimmt wird. Bei Festsetzung von Sondergebieten finden die Vorschriften über besondere Festsetzungen nach den Absätzen 4

BauNVO 2017/2021/2023

Erster Abschnitt. Art der baulichen Nutzung

§ 1 [1)] Allgemeine Vorschriften für Bauflächen und Baugebiete.

(1) Im Flächennutzungsplan können die für die Bebauung vorgesehenen Flächen nach der allgemeinen Art ihrer baulichen Nutzung (Bauflächen) dargestellt werden als

1. Wohnbauflächen	(W)
2. gemischte Bauflächen	(M)
3. gewerbliche Bauflächen	(G)
4. Sonderbauflächen	(S).

(2) Die für die Bebauung vorgesehenen Flächen können nach der besonderen Art ihrer baulichen Nutzung (Baugebiete) dargestellt werden als

1. Kleinsiedlungsgebiete	(WS)
2. reine Wohngebiete	(WR)
3. allgemeine Wohngebiete	(WA)
4. besondere Wohngebiete	(WB)
5. Dorfgebiete	(MD)
6. dörfliche Wohngebiete	(MDW)
7. Mischgebiete	(MI)
8. Urbane Gebiete	(MU)
9. Kerngebiete	(MK)
10. Gewerbegebiete	(GE)
11. Industriegebiete	(GI)
12. Sondergebiete	(SO).

(3) Im Bebauungsplan können die in Absatz 2 bezeichneten Baugebiete festgesetzt werden. Durch die Festsetzung werden die Vorschriften der §§ 2 bis 14 Bestandteil des Bebauungsplans, soweit nicht auf Grund der Absätze 4 bis 10 etwas anderes bestimmt wird. Bei Festsetzung von Sondergebieten finden die Vorschriften über besondere Festsetzungen nach den Absätzen 4

[1)] § 1 Abs. 2 Nr. 6 eingef., bish. Nr. 6–11 werden Nr. 7–12 mWv 23.6.2021 durch G v. 14.6.2021 (BGBl. I S. 1802).

BauNVO 1968	BauNVO 1977
(4) Im Bebauungsplan kann festgesetzt werden, daß Ausnahmen, die in den einzelnen Baugebieten nach den §§ 2 bis 9 vorgesehen sind, ganz oder teilweise nicht Bestandteil des Bebauungsplans werden.	(4) Für die in den §§ 4 bis 9 und 11 bezeichneten Baugebiete können im Bebauungsplan für das jeweilige Baugebiet Festsetzungen getroffen werden, die das Baugebiet 1. nach der Art der zulässigen Nutzung, 2. nach der Art der Betriebe und Anlagen und deren besonderen Bedürfnissen und Eigenschaften gliedern. Die Festsetzungen nach Satz 1 können auch für mehrere Gewerbegebiete einer Gemeinde im Verhältnis zueinander getroffen werden; dies gilt auch für Industriegebiete. Absatz 5 bleibt unberührt.
(5) Im Bebauungsplan kann festgesetzt werden, daß Anlagen, die in den einzelnen Baugebieten nach den §§ 2 bis 9 ausnahmsweise zugelassen werden können, in dem jeweiligen Baugebiet ganz oder teilweise allgemein zulässig sind, sofern die Eigenart des Baugebietes im allgemeinen gewahrt bleibt.	(5) Im Bebauungsplan kann festgesetzt werden, daß bestimmte Arten von Nutzungen, die nach den §§ 2, 4 bis 9 und 13 allgemein zulässig sind, nicht zulässig sind oder nur ausnahmsweise zugelassen werden können, sofern die allgemeine Zweckbestimmung des Baugebiets gewahrt bleibt.
	(6) Im Bebauungsplan kann festgesetzt werden, daß alle oder einzelne Ausnahmen, die in den Baugebieten nach den §§ 2 bis 9 vorgesehen sind, 1. nicht Bestandteil des Bebauungsplans werden oder 2. in dem Baugebiet allgemein zulässig sind, sofern die allgemeine Zweckbestimmung des Baugebiets gewahrt bleibt.
	(7) In Bebauungsplänen für Baugebiete nach den §§ 4 bis 9 und 11 kann, wenn besondere städtebau-liche Gründe dies rechtfertigen (§ 9 Abs. 3 des Bundesbaugesetzes), festgesetzt werden, daß in bestimm-

BauNVO 1990

bis 10 keine Anwendung; besondere Festsetzungen über die Art der Nutzung können nach den §§ 10 und 11 getroffen werden.

(4) Für die in den §§ 4 bis 9 bezeichneten Baugebiete können im Bebauungsplan für das jeweilige Baugebiet Festsetzungen getroffen werden, die das Baugebiet

1. nach der Art der zulässigen Nutzung,
2. nach der Art der Betriebe und Anlagen und deren besonderen Bedürfnissen und Eigenschaften

gliedern. Die Festsetzungen nach Satz 1 können auch für mehrere Gewerbegebiete einer Gemeinde im Verhältnis zueinander getroffen werden; dies gilt auch für Industriegebiete. Absatz 5 bleibt unberührt.

(5) Im Bebauungsplan kann festgesetzt werden, daß bestimmte Arten von Nutzungen, die nach den §§ 2, 4 bis 9 und 13 allgemein zulässig sind, nicht zulässig sind oder nur ausnahmsweise zugelassen werden können, sofern die allgemeine Zweckbestimmung des Baugebiets gewahrt bleibt.

(6) Im Bebauungsplan kann festgesetzt werden, daß alle oder einzelne Ausnahmen, die in den Baugebieten nach den §§ 2 bis 9 vorgesehen sind,

1. nicht Bestandteil des Bebauungsplans werden oder
2. in dem Baugebiet allgemein zulässig sind, sofern die allgemeine Zweckbestimmung des Baugebiets gewahrt bleibt.

(7) In Bebauungsplänen für Baugebiete nach den §§ 4 bis 9 kann, wenn besondere städtebauliche Gründe dies rechtfertigen (§ 9 Abs. 3 des Baugesetzbuchs), festgesetzt werden, daß in bestimmten Geschossen, Ebenen oder sonstigen Teilen baulicher Anlagen

BauNVO 2017/2021/2023

bis 10 keine Anwendung; besondere Festsetzungen über die Art der Nutzung können nach den §§ 10 und 11 getroffen werden.

(4) Für die in den §§ 4 bis 9 bezeichneten Baugebiete können im Bebauungsplan für das jeweilige Baugebiet Festsetzungen getroffen werden, die das Baugebiet

1. nach der Art der zulässigen Nutzung,
2. nach der Art der Betriebe und Anlagen und deren besonderen Bedürfnissen und Eigenschaften

gliedern. Die Festsetzungen nach Satz 1 können auch für mehrere Gewerbegebiete einer Gemeinde im Verhältnis zueinander getroffen werden; dies gilt auch für Industriegebiete. Absatz 5 bleibt unberührt.

(5) Im Bebauungsplan kann festgesetzt werden, dass bestimmte Arten von Nutzungen, die nach den §§ 2 bis 9 sowie 13 und 13a allgemein zulässig sind, nicht zulässig sind oder nur ausnahmsweise zugelassen werden können, sofern die allgemeine Zweckbestimmung des Baugebiets gewahrt bleibt.

(6) Im Bebauungsplan kann festgesetzt werden, dass alle oder einzelne Ausnahmen, die in den Baugebieten nach den §§ 2 bis 9 vorgesehen sind,

1. nicht Bestandteil des Bebauungsplans werden oder
2. in dem Baugebiet allgemein zulässig sind, sofern die allgemeine Zweckbestimmung des Baugebiets gewahrt bleibt.

(7) In Bebauungsplänen für Baugebiete nach den §§ 4 bis 9 kann, wenn besondere städtebauliche Gründe dies rechtfertigen (§ 9 Absatz 3 des Baugesetzbuchs), festgesetzt werden, dass in bestimmten Geschossen, Ebenen oder sonstigen Teilen baulicher Anlagen

BauNVO 1968	BauNVO 1977
	ten Geschossen, Ebenen oder sonstigen Teilen baulicher Anlagen 1. nur einzelne oder mehrere der in dem Baugebiet allgemein zulässigen Nutzungen zulässig sind, 2. einzelne oder mehrere der in dem Baugebiet allgemein zulässigen Nutzungen unzulässig sind oder als Ausnahme zugelassen werden können oder 3. alle oder einzelne Ausnahmen, die in den Baugebieten nach den §§ 4 bis 9 vorgesehen sind, nicht zulässig oder, sofern die allgemeine Zweckbestimmung des Baugebiets gewahrt bleibt, allgemein zulässig sind. (8) Die Festsetzungen nach den Absätzen 4 bis 7 können sich auch auf Teile des Baugebiets beschränken. (9) Wenn besondere städtebauliche Gründe dies rechtfertigen, kann im Bebauungsplan bei Anwendung der Absätze 5 bis 8 festgesetzt werden, daß nur bestimmte Arten der in den Baugebieten allgemein oder ausnahmsweise zulässigen baulichen oder sonstigen Anlagen zulässig oder nicht zulässig sind oder nur ausnahmsweise zugelassen werden können.

BauNVO 1990

1. nur einzelne oder mehrere der in dem Baugebiet allgemein zulässigen Nutzungen zulässig sind,
2. einzelne oder mehrere der in dem Baugebiet allgemein zulässigen Nutzungen unzulässig sind oder als Ausnahme zugelassen werden können oder
3. alle oder einzelne Ausnahmen, die in den Baugebieten nach den §§ 4 bis 9 vorgesehen sind, nicht zulässig oder, sofern die allgemeine Zweckbestimmung des Baugebiets gewahrt bleibt, allgemein zulässig sind.

(8) Die Festsetzungen nach den Absätzen 4 bis 7 können sich auch auf Teile des Baugebiets beschränken.

(9) Wenn besondere städtebauliche Gründe dies rechtfertigen, kann im Bebauungsplan bei Anwendung der Absätze 5 bis 8 festgesetzt werden, daß nur bestimmte Arten der in den Baugebieten allgemein oder ausnahmsweise zulässigen baulichen oder sonstigen Anlagen zulässig oder nicht zulässig sind oder nur ausnahmsweise zugelassen werden können.

(10) Wären bei Festsetzung eines Baugebiets nach den §§ 2 bis 9 in überwiegend bebauten Gebieten bestimmte vorhandene bauliche und sonstige Anlagen unzulässig, kann im Bebauungsplan festgesetzt werden, daß Erweiterungen, Änderungen, Nutzungsänderungen und Erneuerungen dieser Anlagen allgemein zulässig sind oder ausnahmsweise zugelassen werden können. Im Bebauungsplan können nähere Bestimmungen über die Zulässigkeit getroffen werden. Die allgemeine Zweckbestimmung des Baugebiets muß in seinen übrigen Teilen gewahrt blei-

BauNVO 2017/2021/2023

1. nur einzelne oder mehrere der in dem Baugebiet allgemein zulässigen Nutzungen zulässig sind,
2. einzelne oder mehrere der in dem Baugebiet allgemein zulässigen Nutzungen unzulässig sind oder als Ausnahme zugelassen werden können oder
3. alle oder einzelne Ausnahmen, die in den Baugebieten nach den §§ 4 bis 9 vorgesehen sind, nicht zulässig oder, sofern die allgemeine Zweckbestimmung des Baugebiets gewahrt bleibt, allgemein zulässig sind.

(8) Die Festsetzungen nach den Absätzen 4 bis 7 können sich auch auf Teile des Baugebiets beschränken.

(9) Wenn besondere städtebauliche Gründe dies rechtfertigen, kann im Bebauungsplan bei Anwendung der Absätze 5 bis 8 festgesetzt werden, dass nur bestimmte Arten der in den Baugebieten allgemein oder ausnahmsweise zulässigen baulichen oder sonstigen Anlagen zulässig oder nicht zulässig sind oder nur ausnahmsweise zugelassen werden können.

(10) Wären bei Festsetzung eines Baugebiets nach den §§ 2 bis 9 in überwiegend bebauten Gebieten bestimmte vorhandene bauliche und sonstige Anlagen unzulässig, kann im Bebauungsplan festgesetzt werden, dass Erweiterungen, Änderungen, Nutzungsänderungen und Erneuerungen dieser Anlagen allgemein zulässig sind oder ausnahmsweise zugelassen werden können. Im Bebauungsplan können nähere Bestimmungen über die Zulässigkeit getroffen werden. Die allgemeine Zweckbestimmung des Baugebiets muss in seinen übrigen Teilen gewahrt blei-

BauNVO 1968	BauNVO 1977
§ 2 Kleinsiedlungsgebiete.	**§ 2 Kleinsiedlungsgebiete.**
(1) Kleinsiedlungsgebiete dienen vorwiegend der Unterbringung von Kleinsiedlungen und landwirtschaftlichen Nebenerwerbsstellen.	(1) *(wie BauNVO 1962, 1968)*
(2) Zulässig sind 1. Kleinsiedlungen, landwirtschaftliche Nebenerwerbsstellen und Gartenbaubetriebe, 2. die der Versorgung des Gebiets dienenden Läden, Schank- und Speisewirtschaften sowie nicht störenden Handwerksbetriebe.	(2) *(wie BauNVO 1962, 1968)*
(3) Ausnahmsweise können zugelassen werden 1. sonstige Wohngebäude mit nicht mehr als zwei Wohnungen, 2. Anlagen für kirchliche, kulturelle, soziale, gesundheitliche und sportliche Zwecke, 3. Tankstellen, 4. nicht störende Gewerbebetriebe.	(3) *(wie BauNVO 1962, 1968)*
§ 3 Reine Wohngebiete.	**§ 3 Reine Wohngebiete.**
(1) Reine Wohngebiete dienen ausschließlich dem Wohnen.	(1) *(wie BauNVO 1962, 1968)*
(2) Zulässig sind Wohngebäude.	(2) *(wie BauNVO 1962, 1968)*
(3) Ausnahmsweise können Läden und nicht störende Handwerksbetriebe, die zur Deckung des täglichen Bedarfs für die Bewohner des Gebietes dienen, sowie kleine Be-	(3) *(wie BauNVO 1962, 1968)*

BauNVO 1990	BauNVO 2017/2021/2023
ben. Die Sätze 1 bis 3 gelten auch für die Änderung und Ergänzung von Bebauungsplänen.	ben. Die Sätze 1 bis 3 gelten auch für die Änderung und Ergänzung von Bebauungsplänen.
§ 2 Kleinsiedlungsgebiete.	**§ 2 Kleinsiedlungsgebiete.**
(1) Kleinsiedlungsgebiete dienen vorwiegend der Unterbringung von Kleinsiedlungen einschließlich Wohngebäuden mit entsprechenden Nutzgärten und landwirtschaftlichen Nebenerwerbsstellen.	(1) Kleinsiedlungsgebiete dienen vorwiegend der Unterbringung von Kleinsiedlungen einschließlich Wohngebäuden mit entsprechenden Nutzgärten und landwirtschaftlichen Nebenerwerbsstellen.
(2) Zulässig sind	(2) Zulässig sind
1. Kleinsiedlungen einschließlich Wohngebäude mit entsprechenden Nutzgärten, landwirtschaftliche Nebenerwerbsstellen und Gartenbaubetriebe,	1. Kleinsiedlungen einschließlich Wohngebäude mit entsprechenden Nutzgärten, landwirtschaftliche Nebenerwerbsstellen und Gartenbaubetriebe,
2. die der Versorgung des Gebiets dienenden Läden, Schank- und Speisewirtschaften sowie nicht störenden Handwerksbetriebe.	2. die der Versorgung des Gebiets dienenden Läden, Schank- und Speisewirtschaften sowie nicht störenden Handwerksbetriebe.
(3) Ausnahmsweise können zugelassen werden	(3) Ausnahmsweise können zugelassen werden
1. sonstige Wohngebäude mit nicht mehr als zwei Wohnungen,	1. sonstige Wohngebäude mit nicht mehr als zwei Wohnungen,
2. Anlagen für kirchliche, kulturelle, soziale, gesundheitliche und sportliche Zwecke,	2. Anlagen für kirchliche, kulturelle, soziale, gesundheitliche und sportliche Zwecke,
3. Tankstellen,	3. Tankstellen,
4. nicht störende Gewerbebetriebe.	4. nicht störende Gewerbebetriebe.
§ 3 Reine Wohngebiete.	**§ 3 Reine Wohngebiete.**
(1) Reine Wohngebiete dienen dem Wohnen.	(1) Reine Wohngebiete dienen dem Wohnen.
(2) Zulässig sind Wohngebäude.	(2) Zulässig sind 1. Wohngebäude, 2. Anlagen zur Kinderbetreuung, die den Bedürfnissen der Bewohner des Gebiets dienen.
(3) Ausnahmsweise können zugelassen werden	(3) Ausnahmsweise können zugelassen werden
1. Läden und nicht störende Handwerksbetriebe, die zur Deckung des täglichen Bedarfs für die Be-	1. Läden und nicht störende Handwerksbetriebe, die zur Deckung des täglichen Bedarfs für die Be-

BauNVO 1968	BauNVO 1977
triebe des Beherbergungsgewerbes zugelassen werden.	
(4) Im Bebauungsplan kann festgesetzt werden, daß in dem Gebiet oder in bestimmten Teilen des Gebietes nur Wohngebäude mit nicht mehr als zwei Wohnungen zulässig sind.	(4) Im Bebauungsplan kann festgesetzt werden, daß in dem Gebiet oder in bestimmten Teilen des Gebiets Wohngebäude nicht mehr als zwei Wohnungen haben dürfen.
§ 4 Allgemeine Wohngebiete.	**§ 4 Allgemeine Wohngebiete.**
(1) Allgemeine Wohngebiete dienen vorwiegend dem Wohnen.	(1) *(wie BauNVO 1962, 1968)*
(2) Zulässig sind 1. Wohngebäude, 2. die der Versorgung des Gebiets dienenden Läden, Schank- und Speisewirtschaften sowie nicht störenden Handwerksbetriebe, 3. Anlagen für kirchliche, kulturelle, soziale und gesundheitliche Zwecke.	(2) *(wie BauNVO 1962, 1968)*
(3) Ausnahmsweise können zugelassen werden 1. Betriebe des Beherbergungsgewerbes, 2. sonstige nicht störende Gewerbebetriebe, 3. Anlagen für Verwaltungen sowie für sportliche Zwecke, 4. Gartenbaubetriebe, 5. Tankstellen, 6. Ställe für Kleintierhaltung als Zubehör zu Kleinsiedlungen und landwirtschaftlichen Nebenerwerbsstellen.	(3) Ausnahmsweise können zugelassen werden 1. Betriebe des Beherbergungsgewerbes, 2. sonstige nicht störende Gewerbebetriebe, 3. Anlagen für Verwaltungen sowie für sportliche Zwecke, 4. Gartenbaubetriebe, 5. Tankstellen, 6. Ställe für Kleintierhaltung als Zubehör zu Kleinsiedlungen und landwirtschaftlichen Nebenerwerbsstellen; die Zulässigkeit von untergeordneten Nebenanlagen und Einrichtungen für die Kleintierhaltung nach § 14 bleibt unberührt.

BauNVO 1990

wohner des Gebiets dienen, sowie kleine Betriebe des Beherbergungsgewerbes,

2. Anlagen für soziale Zwecke sowie den Bedürfnissen der Bewohnerdes Gebiets dienende Anlagen für kirchliche, kulturelle, gesundheitliche und sportliche Zwecke.

(4) Zu den nach Absatz 2 sowie den §§ 2, 4 bis 7 zulässigen Wohngebäuden gehören auch solche, die ganz oder teilweise der Betreuung und Pflege ihrer Bewohner dienen.

§ 4 Allgemeine Wohngebiete.

(1) Allgemeine Wohngebiete dienen vorwiegend dem Wohnen.

(2) Zulässig sind

1. Wohngebäude,
2. die der Versorgung des Gebiets dienenden Läden, Schank- und Speisewirtschaften sowie nicht störenden Handwerksbetriebe,
3. Anlagen für kirchliche, kulturelle, soziale, gesundheitliche und sportliche Zwecke.

(3) Ausnahmsweise können zugelassen werden

1. Betriebe des Beherbergungsgewerbes,
2. sonstige nicht störende Gewerbebetriebe,
3. Anlagen für Verwaltungen,
4. Gartenbaubetriebe,
5. Tankstellen.

BauNVO 2017/2021/2023

wohner des Gebiets dienen, sowie kleine Betriebe des Beherbergungsgewerbes,

2. sonstige Anlagen für soziale Zwecke sowie den Bedürfnissen der Bewohner des Gebiets dienende Anlagen für kirchliche, kulturelle, gesundheitliche und sportliche Zwecke.

(4) Zu den nach Absatz 2 sowie den §§ 2, 4 bis 7 zulässigen Wohngebäuden gehören auch solche, die ganz oder teilweise der Betreuung und Pflege ihrer Bewohner dienen.

§ 4 Allgemeine Wohngebiete.

(1) Allgemeine Wohngebiete dienen vorwiegend dem Wohnen.

(2) Zulässig sind

1. Wohngebäude,
2. die der Versorgung des Gebiets dienenden Läden, Schank- und Speisewirtschaften sowie nicht störenden Handwerksbetriebe,
3. Anlagen für kirchliche, kulturelle, soziale, gesundheitliche und sportliche Zwecke.

(3) Ausnahmsweise können zugelassen werden

1. Betriebe des Beherbergungsgewerbes,
2. sonstige nicht störende Gewerbebetriebe,
3. Anlagen für Verwaltungen,
4. Gartenbaubetriebe,
5. Tankstellen.

BauNVO 1968	BauNVO 1977
(4) Im Bebauungsplan kann festgesetzt werden, daß in bestimmten Teilen des Gebietes nur Wohngebäude mit nicht mehr als zwei Wohnungen zulässig sind.	(4) Im Bebauungsplan kann festgesetzt werden, daß in bestimmten Teilen des Gebiets Wohngebäude nicht mehr als zwei Wohnungen haben dürfen.
(5) Im Bebauungsplan kann festgesetzt werden, daß in dem Gebiet oder in bestimmten Teilen des Gebietes im Erdgeschoß nur die im Absatz 2 Nr. 2 genannten Nutzungsarten zulässig sind.	
	§ 4a Gebiete zur Erhaltung und Entwicklung der Wohnnutzung (besondere Wohngebiete).
	(1) Besondere Wohngebiete sind im wesentlichen bebaute Gebiete, die aufgrund ausgeübter Wohnnutzung und vorhandener sonstiger in Absatz 2 genannter Anlagen eine besondere Eigenart aufweisen und in denen unter Berücksichtigung dieser Eigenart die Wohnnutzung erhalten und fortentwickelt werden soll. Besondere Wohngebiete dienen vorwiegend dem Wohnen; sie dienen auch der Unterbringung von Gewerbebetrieben und sonstigen Anlagen im Sinne der Absätze 2 und 3, soweit diese Betriebe und Anlagen nach der besonderen Eigenart des Gebiets mit der Wohnnutzung vereinbar sind.
	(2) Zulässig sind 1. Wohngebäude, 2. Läden, Betriebe des Beherbergungsgewerbes, Schank- und Speisewirtschaften, 3. sonstige Gewerbebetriebe, 4. Geschäfts- und Bürogebäude, 5. Anlagen für kirchliche, kulturelle, soziale, sportliche und gesundheitliche Zwecke.
	(3) Ausnahmsweise können zugelassen werden

BauNVO 1990

§ 4a Gebiete zur Erhaltung und Entwicklung der Wohnnutzung (besondere Wohngebiete).

(1) Besondere Wohngebiete sind überwiegend bebaute Gebiete, die aufgrund ausgeübter Wohnnutzung und vorhandener sonstiger in Absatz 2 genannter Anlagen eine besondere Eigenart aufweisen und in denen unter Berücksichtigung dieser Eigenart die Wohnnutzung erhalten und fortentwickelt werden soll. Besondere Wohngebiete dienen vorwiegend dem Wohnen; sie dienen auch der Unterbringung von Gewerbebetrieben und sonstigen Anlagen im Sinne der Absätze 2 und 3, soweit diese Betriebe und Anlagen nach der besonderen Eigenart des Gebiets mit der Wohnnutzung vereinbar sind.

(2) Zulässig sind

1. Wohngebäude,
2. Läden, Betriebe des Beherbergungsgewerbes, Schank- und Speisewirtschaften,
3. sonstige Gewerbebetriebe,
4. Geschäfts- und Bürogebäude,
5. Anlagen für kirchliche, kulturelle, soziale, gesundheitliche und sportliche Zwecke.

(3) Ausnahmsweise können zugelassen werden

BauNVO 2017/2021/2023

§ 4a Gebiete zur Erhaltung und Entwicklung der Wohnnutzung (besondere Wohngebiete).

(1) Besondere Wohngebiete sind überwiegend bebaute Gebiete, die aufgrund ausgeübter Wohnnutzung und vorhandener sonstiger in Absatz 2 genannter Anlagen eine besondere Eigenart aufweisen und in denen unter Berücksichtigung dieser Eigenart die Wohnnutzung erhalten und fortentwickelt werden soll. Besondere Wohngebiete dienen vorwiegend dem Wohnen; sie dienen auch der Unterbringung von Gewerbebetrieben und sonstigen Anlagen im Sinne der Absätze 2 und 3, soweit diese Betriebe und Anlagen nach der besonderen Eigenart des Gebiets mit der Wohnnutzung vereinbar sind.

(2) Zulässig sind

1. Wohngebäude,
2. Läden, Betriebe des Beherbergungsgewerbes, Schank- und Speisewirtschaften,
3. sonstige Gewerbebetriebe,
4. Geschäfts- und Bürogebäude,
5. Anlagen für kirchliche, kulturelle, soziale, gesundheitliche und sportliche Zwecke.

(3) Ausnahmsweise können zugelassen werden

BauNVO 1968	BauNVO 1977
	1. Anlagen für zentrale Einrichtungen der Verwaltung,
	2. Vergnügungsstätten,
	3. Tankstellen.
§ 5 Dorfgebiete. (1) Dorfgebiete dienen vorwiegend der Unterbringung der Wirtschaftsstellen land- und forstwirtschaftlicher Betriebe und dem Wohnen.	**§ 5 Dorfgebiete.** (1) Dorfgebiete dienen vorwiegend der Unterbringung der Wirtschaftsstellen land- und forstwirtschaftlicher Betriebe und dem dazugehörigen Wohnen; sie dienen auch dem sonstigen Wohnen.
(2) Zulässig sind	(2) Zulässig sind
1. Wirtschaftsstellen land- und forstwirtschaftlicher Betriebe,	1. Wirtschaftsstellen land- und forstwirtschaftlicher Betriebe und die dazugehörigen Wohnungen und Wohngebäude,
2. Kleinsiedlungen und landwirtschaftliche Nebenerwerbsstellen,	2. Kleinsiedlungen und landwirtschaftliche Nebenerwerbsstellen,
3. Wohngebäude,	3. sonstige Wohngebäude,

BauNVO 1990

1. Anlagen für zentrale Einrichtungen der Verwaltung,
2. Vergnügungsstätten, soweit sie nicht wegen ihrer Zweckbestimmung oder ihres Umfangs nur in Kerngebieten allgemein zulässig sind,
3. Tankstellen.

§ 5 Dorfgebiete. (1) Dorfgebiete dienen der Unterbringung der Wirtschaftsstellen land- und forstwirtschaftlicher Betriebe, dem Wohnen und der Unterbringung von nicht wesentlich störenden Gewerbebetrieben sowie der Versorgung der Bewohner des Gebiets dienenden Handwerksbetrieben. Auf die Belange der land- und forstwirtschaftlichen Betriebe einschließlich ihrer Entwicklungsmöglichkeiten ist vorrangig Rücksicht zu nehmen.

(2) Zulässig sind

1. Wirtschaftsstellen land- und forstwirtschaftlicher Betriebe und die dazugehörigen Wohnungen und Wohngebäude,
2. Kleinsiedlungen einschließlich Wohngebäude mit entsprechenden Nutzgärten und landwirtschaftliche Nebenerwerbsstellen,
3. sonstige Wohngebäude,

BauNVO 2017/2021/2023

1. Anlagen für zentrale Einrichtungen der Verwaltung,
2. Vergnügungsstätten, soweit sie nicht wegen ihrer Zweckbestimmung oder ihres Umfangs nur in Kerngebieten allgemein zulässig sind,
3. Tankstellen.

(4) Für besondere Wohngebiete oder Teile solcher Gebiete kann, wenn besondere städtebauliche Gründe dies rechtfertigen (§ 9 Absatz 3 des Bundesbaugesetzes), festgesetzt werden, dass

1. oberhalb eines im Bebauungsplan bestimmten Geschosses nur Wohnungen zulässig sind oder
2. in Gebäuden ein im Bebauungsplan bestimmter Anteil der zulässigen Geschossfläche oder eine bestimmte Größe der Geschossfläche für Wohnungen zu verwenden ist.

§ 5 Dorfgebiete. (1) Dorfgebiete dienen der Unterbringung der Wirtschaftsstellen land- und forstwirtschaftlicher Betriebe, dem Wohnen und der Unterbringung von nicht wesentlich störenden Gewerbebetrieben sowie der Versorgung der Bewohner des Gebiets dienenden Handwerksbetrieben. Auf die Belange der land- und forstwirtschaftlichen Betriebe einschließlich ihrer Entwicklungsmöglichkeiten ist vorrangig Rücksicht zu nehmen.

(2) Zulässig sind

1. Wirtschaftsstellen land- und forstwirtschaftlicher Betriebe und die dazugehörigen Wohnungen und Wohngebäude,
2. Kleinsiedlungen einschließlich Wohngebäude mit entsprechenden Nutzgärten und landwirtschaftliche Nebenerwerbsstellen,
3. sonstige Wohngebäude,

BauNVO 1968

4. Betriebe zur Verarbeitung und Sammlung land- und forstwirtschaftlicher Erzeugnisse,
5. Einzelhandelsbetriebe, Schank- und Speisewirtschaften sowie Betriebe des Beherbergungsgewerbes,
6. Handwerksbetriebe, die der Versorgung der Bewohner des Gebiets dienen,
7. sonstige nicht störende Gewerbebetriebe,
8. Anlagen für örtliche Verwaltungen sowie für kirchliche, kulturelle, soziale, gesundheitliche und sportliche Zwecke,
9. Gartenbaubetriebe,
10. Tankstellen.

(3) Die Dorfgebiete einer Gemeinde oder Teile eines Dorfgebietes können im Bebauungsplan nach der Art der zulässigen Nutzung gegliedert werden.

BauNVO 1977

4. Betriebe zur Verarbeitung und Sammlung land- und forstwirtschaftlicher Erzeugnisse,
5. Einzelhandelsbetriebe, Schank- und Speisewirtschaften sowie Betriebe des Beherbergungsgewerbes,
6. Handwerksbetriebe, die der Versorgung der Bewohner des Gebiets dienen,
7. sonstige nicht störende Gewerbebetriebe,
8. Anlagen für örtliche Verwaltungen sowie für kirchliche, kulturelle, soziale, gesundheitliche und sportliche Zwecke,
9. Gartenbaubetriebe,
10. Tankstellen.

BauNVO 1990	BauNVO 2017/2021/2023
4. Betriebe zur Verarbeitung und Sammlung land- und forstwirtschaftlicher Erzeugnisse,	4. Betriebe zur Verarbeitung und Sammlung land- und forstwirtschaftlicher Erzeugnisse,
5. Einzelhandelsbetriebe, Schank- und Speisewirtschaften sowie Betriebe des Beherbergungsgewerbes,	5. Einzelhandelsbetriebe, Schank- und Speisewirtschaften sowie Betriebe des Beherbergungsgewerbes,
6. sonstige Gewerbebetriebe,	6. sonstige Gewerbebetriebe,
7. Anlagen für örtliche Verwaltungen sowie für kirchliche, kulturelle, soziale, gesundheitliche und sportliche Zwecke,	7. Anlagen für örtliche Verwaltungen sowie für kirchliche, kulturelle, soziale, gesundheitliche und sportliche Zwecke,
8. Gartenbaubetriebe,	8. Gartenbaubetriebe,
9. Tankstellen.	9. Tankstellen.
(3) Ausnahmsweise können Vergnügungsstätten im Sinne des § 4a Abs. 3 Nr. 2 zugelassen werden.	(3) Ausnahmsweise können Vergnügungsstätten im Sinne des § 4a Absatz 3 Nummer 2 zugelassen werden.
	§ 5a[1] Dörfliche Wohngebiete. (1) Dörfliche Wohngebiete dienen dem Wohnen sowie der Unterbringung von land- und forstwirtschaftlichen Nebenerwerbsstellen und nicht wesentlich störenden Gewerbebetrieben. Die Nutzungsmischung muss nicht gleichgewichtig sein.
	(2) Zulässig sind 1. Wohngebäude, 2. Wirtschaftsstellen land- und forstwirtschaftlicher Nebenerwerbsbetriebe und die dazugehörigen Wohnungen und Wohngebäude, 3. Kleinsiedlungen einschließlich Wohngebäude mit entsprechenden Nutzgärten, 4. nicht gewerbliche Einrichtungen und Anlagen für die Tierhaltung, 5. die der Versorgung des Gebiets dienenden Läden sowie Schank- und Speisewirtschaften,

[1] § 5a eingef. mWv 23.6.2021 durch G v. 14.6.2021 (BGBl. I S. 1802).

BauNVO 1968	BauNVO 1977
§ 6 Mischgebiete. (1) Mischgebiete dienen dem Wohnen und der Unterbringung von Gewerbebetrieben, die das Wohnen nicht wesentlich stören.	**§ 6 Mischgebiete.** (1) *(wie BauNVO 1962, 1968)*
(2) Zulässig sind	(2) Zulässig sind
1. Wohngebäude,	1. Wohngebäude,
2. Geschäfts- und Bürogebäude,	2. Geschäfts- und Bürogebäude,
3. Einzelhandelsbetriebe, Schank- und Speisewirtschaften sowie Betriebe des Beherbergungsgewerbes,	3. Einzelhandelsbetriebe, Schank- und Speisewirtschaften sowie Betriebe des Beherbergungsgewerbes,
4. sonstige nicht wesentlich störende Gewerbebetriebe,	4. sonstige Gewerbebetriebe,
5. Anlagen für Verwaltungen sowie für kirchliche, kulturelle, soziale, gesundheitliche und sportliche Zwecke,	5. Anlagen für Verwaltungen sowie für kirchliche, kulturelle, soziale, gesundheitliche und sportliche Zwecke,
6. Gartenbaubetriebe,	6. Gartenbaubetriebe,
7. Tankstellen.	7. Tankstellen.

BauNVO 1990	BauNVO 2017/2021/2023
	6. Betriebe des Beherbergungsgewerbes, 7. sonstige Gewerbebetriebe, 8. Anlagen für örtliche Verwaltungen sowie für kirchliche, kulturelle, soziale, gesundheitliche und sportliche Zwecke. (3) Ausnahmsweise können zugelassen werden 1. Wirtschaftsstellen land- und forstwirtschaftlicher Betriebe und die dazugehörigen Wohnungen und Wohngebäude, 2. Gartenbaubetriebe, 3. Tankstellen.
§ 6 Mischgebiete. (1) Mischgebiete dienen dem Wohnen und der Unterbringung von Gewerbebetrieben, die das Wohnen nicht wesentlich stören. (2) Zulässig sind 1. Wohngebäude, 2. Geschäfts- und Bürogebäude, 3. Einzelhandelsbetriebe, Schank- und Speisewirtschaften sowie Betriebe des Beherbergungsgewerbes, 4. sonstige Gewerbebetriebe, 5. Anlagen für Verwaltungen sowie für kirchliche, kulturelle, soziale, gesundheitliche und sportliche Zwecke, 6. Gartenbaubetriebe, 7. Tankstellen, 8. Vergnügungsstätten im Sinne des § 4a Abs. 3 Nr. 2 in den Teilen	**§ 6 Mischgebiete.** (1) Mischgebiete dienen dem Wohnen und der Unterbringung von Gewerbebetrieben, die das Wohnen nicht wesentlich stören. (2) Zulässig sind 1. Wohngebäude, 2. Geschäfts- und Bürogebäude, 3. Einzelhandelsbetriebe, Schank- und Speisewirtschaften sowie Betriebe des Beherbergungsgewerbes, 4. sonstige Gewerbebetriebe, 5. Anlagen für Verwaltungen sowie für kirchliche, kulturelle, soziale, gesundheitliche und sportliche Zwecke, 6. Gartenbaubetriebe, 7. Tankstellen, 8. Vergnügungsstätten im Sinne des § 4a Absatz 3 Nummer 2 in den

BauNVO 1968	BauNVO 1977
(3) Ausnahmsweise können Ställe für Kleintierhaltung als Zubehör zu Kleinsiedlungen und landwirtschaftlichen Nebenerwerbsstellen zugelassen werden.	(3) Ausnahmsweise können Ställe für Kleintierhaltung als Zubehör zu Kleinsiedlungen und landwirtschaftlichen Nebenerwerbsstellen zugelassen werden; die Zulässigkeit von untergeordneten Nebenanlagen und Einrichtungen für die Kleintierhaltung nach § 14 bleibt unberührt.
(4) Im Bebauungsplan kann festgesetzt werden, daß in dem Gebiet oder in bestimmten Teilen des Gebietes im Erdgeschoß nur die in Absatz 2 Nr. 3 genannten Nutzungsarten sowie sonstige Läden zulässig sind.	

BauNVO 1990	BauNVO 2017/2021/2023
des Gebiets, die überwiegend durch gewerbliche Nutzungen geprägt sind.	Teilen des Gebiets, die überwiegend durch gewerbliche Nutzungen geprägt sind.
(3) Ausnahmsweise können Vergnügungsstätten im Sinne des § 4a Abs. 3 Nr. 2 außerhalb der in Absatz 2 Nr. 8 bezeichneten Teile des Gebiets zugelassen werden.	(3) Ausnahmsweise können Vergnügungsstätten im Sinne des § 4a Absatz 3 Nummer 2 außerhalb der in Absatz 2 Nummer 8 bezeichneten Teile des Gebiets zugelassen werden.

§ 6a Urbane Gebiete. (1) Urbane Gebiete dienen dem Wohnen sowie der Unterbringung von Gewerbebetrieben und sozialen, kulturellen und anderen Einrichtungen, die die Wohnnutzung nicht wesentlich stören. Die Nutzungsmischung muss nicht gleichgewichtig sein.

(2) Zulässig sind

1. Wohngebäude,
2. Geschäfts- und Bürogebäude,
3. Einzelhandelsbetriebe, Schank- und Speisewirtschaften sowie Betriebe des Beherbergungsgewerbes,
4. sonstige Gewerbebetriebe,
5. Anlagen für Verwaltungen sowie für kirchliche, kulturelle, soziale, gesundheitliche und sportliche Zwecke.

(3) Ausnahmsweise können zugelassen werden

1. Vergnügungsstätten, soweit sie nicht wegen ihrer Zweckbestimmung oder ihres Umfangs nur in Kerngebieten allgemein zulässig sind,
2. Tankstellen.

(4) Für urbane Gebiete oder Teile solcher Gebiete kann festgesetzt werden, dass in Gebäuden

BauNVO 1968	BauNVO 1977
§ 7 Kerngebiete. (1) Kerngebiete dienen vorwiegend der Unterbringung von Handelsbetrieben sowie der zentralen Einrichtungen der Wirtschaft und der Verwaltung.	**§ 7 Kerngebiete.** (1) *(wie BauNVO 1962, 1968)*
(2) Zulässig sind 1. Geschäfts-, Büro- und Verwaltungsgebäude, 2. Einzelhandelsbetriebe, Schank- und Speisewirtschaften, Betriebe des Beherbergungsgewerbes und Vergnügungsstätten, 3. sonstige nicht störende Gewerbebetriebe, 4. Anlagen für kirchliche, kulturelle, soziale und gesundheitliche Zwecke, 5. Tankstellen im Zusammenhang mit Parkhäusern und Großgaragen, 6. Wohnungen für Aufsichts- und Bereitschaftspersonen sowie für Betriebsinhaber und Betriebsleiter, 7. sonstige Wohnungen oberhalb eines im Bebauungsplan bestimmten Geschosses.	(2) *(wie BauNVO 1968)*

BauNVO 1990	BauNVO 2017/2021/2023
	1. im Erdgeschoss an der Straßenseite eine Wohnnutzung nicht oder nur ausnahmsweise zulässig ist, 2. oberhalb eines im Bebauungsplan bestimmten Geschosses nur Wohnungen zulässig sind, 3. ein im Bebauungsplan bestimmter Anteil der zulässigen Geschossfläche oder eine im Bebauungsplan bestimmte Größe der Geschossfläche für Wohnungen zu verwenden ist, oder 4. ein im Bebauungsplan bestimmter Anteil der zulässigen Geschossfläche oder eine im Bebauungsplan bestimmte Größe der Geschossfläche für gewerbliche Nutzungen zu verwenden ist.
§ 7 Kerngebiete. (1) Kerngebiete dienen vorwiegend der Unterbringung von Handelsbetrieben sowie der zentralen Einrichtungen der Wirtschaft, der Verwaltung und der Kultur.	**§ 7 Kerngebiete.** (1) Kerngebiete dienen vorwiegend der Unterbringung von Handelsbetrieben sowie der zentralen Einrichtungen der Wirtschaft, der Verwaltung und der Kultur.
(2) Zulässig sind 1. Geschäfts-, Büro- und Verwaltungsgebäude, 2. Einzelhandelsbetriebe, Schank- und Speisewirtschaften, Betriebe des Beherbergungsgewerbes und Vergnügungsstätten, 3. sonstige nicht wesentlich störende Gewerbebetriebe, 4. Anlagen für kirchliche, kulturelle, soziale, gesundheitliche und sportliche Zwecke, 5. Tankstellen im Zusammenhang mit Parkhäusern und Großgaragen, 6. Wohnungen für Aufsichts- und Bereitschaftspersonen sowie für Betriebsinhaber und Betriebsleiter, 7. sonstige Wohnungen nach Maßgabe von Festsetzungen des Bebauungsplans.	(2) Zulässig sind 1. Geschäfts-, Büro- und Verwaltungsgebäude, 2. Einzelhandelsbetriebe, Schank- und Speisewirtschaften, Betriebe des Beherbergungsgewerbes und Vergnügungsstätten, 3. sonstige nicht wesentlich störende Gewerbebetriebe, 4. Anlagen für kirchliche, kulturelle, soziale, gesundheitliche und sportliche Zwecke, 5. Tankstellen im Zusammenhang mit Parkhäusern und Großgaragen, 6. Wohnungen für Aufsichts- und Bereitschaftspersonen sowie für Betriebsinhaber und Betriebsleiter, 7. sonstige Wohnungen nach Maßgabe von Festsetzungen des Bebauungsplans.

BauNVO 1968	BauNVO 1977
(3) Ausnahmsweise können zugelassen werden: 1. Tankstellen, die nicht unter Absatz 2 Nr. 5 fallen, 2. Wohnungen, die nicht unter Absatz 2 Nr. 6 und 7 fallen.	(3) *(wie BauNVO 1968)*
(4) Im Bebauungsplan kann festgesetzt werden, daß in dem Gebiet oder in bestimmten Teilen des Gebietes in Geschossen, die an begehbaren Verkehrsflächen liegen, nur die in Absatz 2 Nr. 2 genannten Nutzungsarten sowie sonstige Läden zulässig sind.	(4) Für Teile eines Kerngebiets kann, wenn besondere städtebauliche Gründe dies rechtfertigen (§ 9 Abs. 3 des Bundesbaugesetzes), festgesetzt werden, daß 1. oberhalb eines im Bebauungsplan bestimmten Geschosses nur Wohnungen zulässig sind oder 2. in Gebäuden ein im Bebauungsplan bestimmter Anteil der zulässigen Geschoßfläche oder eine bestimmte Größe der Geschoßfläche für Wohnungen zu verwenden ist. Dies gilt auch, wenn durch solche Festsetzungen dieser Teil des Kerngebiets nicht vorwiegend der Unterbringung von Handelsbetrieben sowie der zentralen Einrichtungen der Wirtschaft und Verwaltung dient.
(5) Die Kerngebiete einer Gemeinde oder Teile eines Kerngebietes können im Bebauungsplan nach der Art der zulässigen Nutzung gegliedert werden. Absatz 4 bleibt unberührt.	
§ 8 Gewerbegebiete. (1) Gewerbegebiete dienen vorwiegend der Unterbringung von nicht erheblich belästigenden Gewerbebetrieben.	**§ 8 Gewerbegebiete.** (1) *(wie BauNVO 1962, 1968)*
(2) Zulässig sind 1. Gewerbebetriebe aller Art mit Ausnahme von Einkaufszentren und Verbrauchermärkten im Sinne des § 11 Abs. 3, Lagerhäuser, Lagerplätze und öffentliche Betriebe, soweit diese Anlagen für die Umgebung keine erheblichen Nachteile oder Belästigungen zur Folge haben können, 2. Geschäfts-, Büro- und Verwaltungsgebäude, 3. Tankstellen.	(2) *(wie BauNVO 1962, 1968)*

BauNVO 1990

(3) Ausnahmsweise können zugelassen werden

1. Tankstellen, die nicht unter Absatz 2 Nr. 5 fallen,
2. Wohnungen, die nicht unter Absatz 2 Nr. 6 und 7 fallen.

(4) Für Teile eines Kerngebiets kann, wenn besondere städtebauliche Gründe dies rechtfertigen (§ 9 Abs. 3 des Baugesetzbuchs), festgesetzt werden, daß

1. oberhalb eines im Bebauungsplan bestimmten Geschosses nur Wohnungen zulässig sind oder
2. in Gebäuden ein im Bebauungsplan bestimmter Anteil der zulässigen Geschoßfläche oder eine bestimmte Größe der Geschoßfläche für Wohnungen zu verwenden ist.

Dies gilt auch, wenn durch solche Festsetzungen dieser Teil des Kerngebiets nicht vorwiegend der Unterbringung von Handelsbetrieben sowie der zentralen Einrichtungen der Wirtschaft, der Verwaltung und der Kultur dient.

§ 8 Gewerbegebiete. (1) Gewerbegebiete dienen vorwiegend der Unterbringung von nicht erheblich belästigenden Gewerbebetrieben.

(2) Zulässig sind

1. Gewerbebetriebe aller Art, Lagerhäuser, Lagerplätze und öffentliche Betriebe,
2. Geschäfts-, Büro- und Verwaltungsgebäude,
3. Tankstellen,
4. Anlagen für sportliche Zwecke.

BauNVO 2017/2021/2023

(3) Ausnahmsweise können zugelassen werden

1. Tankstellen, die nicht unter Absatz 2 Nummer 5 fallen,
2. Wohnungen, die nicht unter Absatz 2 Nummer 6 und 7 fallen.

(4) Für Teile eines Kerngebiets kann, wenn besondere städtebauliche Gründe dies rechtfertigen (§ 9 Absatz 3 des Baugesetzbuchs), festgesetzt werden, dass

1. oberhalb eines im Bebauungsplan bestimmten Geschosses nur Wohnungen zulässig sind oder
2. in Gebäuden ein im Bebauungsplan bestimmter Anteil der zulässigen Geschossfläche oder eine bestimmte Größe der Geschossfläche für Wohnungen zu verwenden ist.

Dies gilt auch, wenn durch solche Festsetzungen dieser Teil des Kerngebiets nicht vorwiegend der Unterbringung von Handelsbetrieben sowie der zentralen Einrichtungen der Wirtschaft, der Verwaltung und der Kultur dient.

§ 8 Gewerbegebiete. (1) Gewerbegebiete dienen vorwiegend der Unterbringung von nicht erheblich belästigenden Gewerbebetrieben.

(2) Zulässig sind

1. Gewerbebetriebe aller Art, Lagerhäuser, Lagerplätze und öffentliche Betriebe,
2. Geschäfts-, Büro- und Verwaltungsgebäude,
3. Tankstellen,
4. Anlagen für sportliche Zwecke.

BauNVO 1968	BauNVO 1977
(3) Ausnahmsweise können zugelassen werden 1. Wohnungen für Aufsichts- und Bereitschaftspersonen sowie für Betriebsinhaber und Betriebsleiter, 2. Anlagen für kirchliche, kulturelle, soziale, gesundheitliche und sportliche Zwecke.	(3) *(wie BauNVO 1962, 1968)*
(4) Die Gewerbegebiete einer Gemeinde oder Teile eines Gewerbegebietes können im Bebauungsplan nach der Art der Betriebe und Anlagen und deren besonderen Bedürfnissen und Eigenschaften gegliedert werden.	
§ 9 Industriegebiete. (1) Industriegebiete dienen ausschließlich der Unterbringung von Gewerbebetrieben, und zwar vorwiegend solcher Betriebe, die in anderen Baugebieten unzulässig sind.	**§ 9 Industriegebiete.** (1) *(wie BauNVO 1962, 1968)*
(2) Zulässig sind 1. Gewerbebetriebe aller Art mit Ausnahme von Einkaufszentren und Verbrauchermärkten im Sinne des § 11 Abs. 3, Lagerhäuser, Lagerplätze und öffentliche Betriebe, 2. Tankstellen.	(2) *(wie BauNVO 1962, 1968)*
(3) Ausnahmsweise können zugelassen werden 1. Wohnungen für Aufsichts- und Bereitschaftspersonen sowie für Betriebsinhaber und Betriebsleiter, 2. Anlagen für kirchliche, kulturelle, soziale, gesundheitliche und sportliche Zwecke.	(3) *(wie BauNVO 1962, 1968)*
(4) Die Industriegebiete einer Gemeinde oder Teile eines Industriegebietes können im Bebauungsplan nach der Art der Betriebe und An-	

BauNVO 1990	BauNVO 2017/2021/2023
(3) Ausnahmsweise können zugelassen werden	(3) Ausnahmsweise können zugelassen werden
1. Wohnungen für Aufsichts- und Bereitschaftspersonen sowie für Betriebsinhaber und Betriebsleiter, die dem Gewerbebetrieb zugeordnet und ihm gegenüber in Grundfläche und Baumasse untergeordnet sind,	1. Wohnungen für Aufsichts- und Bereitschaftspersonen sowie für Betriebsinhaber und Betriebsleiter, die dem Gewerbebetrieb zugeordnet und ihm gegenüber in Grundfläche und Baumasse untergeordnet sind,
2. Anlagen für kirchliche, kulturelle, soziale und gesundheitliche Zwecke,	2. Anlagen für kirchliche, kulturelle, soziale und gesundheitliche Zwecke,
3. Vergnügungsstätten.	3. Vergnügungsstätten.
§ 9 Industriegebiete. (1) Industriegebiete dienen ausschließlich der Unterbringung von Gewerbebetrieben, und zwar vorwiegend solcher Betriebe, die in anderen Baugebieten unzulässig sind.	**§ 9 Industriegebiete.** (1) Industriegebiete dienen ausschließlich der Unterbringung von Gewerbebetrieben, und zwar vorwiegend solcher Betriebe, die in anderen Baugebieten unzulässig sind.
(2) Zulässig sind	(2) Zulässig sind
1. Gewerbebetriebe aller Art, Lagerhäuser, Lagerplätze und öffentliche Betriebe,	1. Gewerbebetriebe aller Art, Lagerhäuser, Lagerplätze und öffentliche Betriebe,
2. Tankstellen.	2. Tankstellen.
(3) Ausnahmsweise können zugelassen werden	(3) Ausnahmsweise können zugelassen werden
1. Wohnungen für Aufsichts- und Bereitschaftspersonen sowie für Betriebsinhaber und Betriebsleiter, die dem Gewerbebetrieb zugeordnet und ihm gegenüber in Grundfläche und Baumasse untergeordnet sind,	1. Wohnungen für Aufsichts- und Bereitschaftspersonen sowie für Betriebsinhaber und Betriebsleiter, die dem Gewerbebetrieb zugeordnet und ihm gegenüber in Grundfläche und Baumasse untergeordnet sind,
2. Anlagen für kirchliche, kulturelle, soziale, gesundheitliche und sportliche Zwecke.	2. Anlagen für kirchliche, kulturelle, soziale, gesundheitliche und sportliche Zwecke.

BauNVO 1968	BauNVO 1977
lagen und deren besonderen Bedürfnissen und Eigenschaften gegliedert werden.	
§ 10 Wochenendhausgebiete. In Wochenendhausgebieten sind ausschließlich Wochenendhäuser als Einzelhäuser zulässig. Ihre Grundfläche ist im Bebauungsplan, begrenzt nach der besonderen Eigenart des Gebietes unter Berücksichtigung der landschaftlichen Gegebenheiten, festzusetzen.	**§ 10 Sondergebiete, die der Erholung dienen.** (1) Als Sondergebiete, die der Erholung dienen, kommen insbesondere in Betracht Wochenendhausgebiete, Ferienhausgebiete, Campingplatzgebiete.
	(2) Für Sondergebiete, die der Erholung dienen, sind die Zweckbestimmung und die Art der Nutzung darzustellen und festzusetzen. Im Bebauungsplan kann festgesetzt werden, daß bestimmte, der Eigenart des Gebiets entsprechende Anlagen und Einrichtungen zur Versorgung des Gebiets und für sportliche Zwecke allgemein zulässig sind oder ausnahmsweise zugelassen werden können.
	(3) In Wochenendhausgebieten sind Wochenendhäuser als Einzelhäuser zulässig. Im Bebauungsplan kann festgesetzt werden, daß Wochenendhäuser nur als Hausgruppen zulässig sind oder ausnahmsweise als Hausgruppen zugelassen werden können. Die zulässige Grundfläche der Wochenendhäuser ist im Bebauungsplan, begrenzt nach der besonderen Eigenart des Gebiets, unter Berücksichtigung der landschaftlichen Gegebenheiten festzusetzen.
	(4) In Ferienhausgebieten sind Ferienhäuser zulässig, die aufgrund ihrer Lage, Größe, Ausstattung, Erschließung und Versorgung für den Erholungsaufenthalt geeignet und dazu bestimmt sind, überwiegend und auf Dauer einem wechselnden Personenkreis zur Erholung zu dienen. Im Bebauungsplan kann

BauNVO 1990

§ 10 Sondergebiete, die der Erholung dienen. (1) Als Sondergebiete, die der Erholung dienen, kommen insbesondere in Betracht
Wochenendhausgebiete,
Ferienhausgebiete,
Campingplatzgebiete.

(2) Für Sondergebiete, die der Erholung dienen, sind die Zweckbestimmung und die Art der Nutzung darzustellen und festzusetzen. Im Bebauungsplan kann festgesetzt werden, daß bestimmte, der Eigenart des Gebietes entsprechende Anlagen und Einrichtungen zur Versorgung des Gebiets und für sportliche Zwecke allgemein zulässig sind oder ausnahmsweise zugelassen werden können.

(3) In Wochenendhausgebieten sind Wochenendhäuser als Einzelhäuser zulässig. Im Bebauungsplan kann festgesetzt werden, daß Wochenendhäuser nur als Hausgruppen zulässig sind oder ausnahmsweise als Hausgruppen zugelassen werden können. Die zulässige Grundfläche der Wochenendhäuser ist im Bebauungsplan, begrenzt nach der besonderen Eigenart des Gebiets, unter Berücksichtigung der landschaftlichen Gegebenheiten festzusetzen.

(4) In Ferienhausgebieten sind Ferienhäuser zulässig, die aufgrund hrer Lage, Größe, Ausstattung, Erschließung und Versorgung für den Erholungsaufenthalt geeignet und dazu bestimmt sind, überwiegend und auf Dauer einem wechselnden Personenkreis zur Erholung zu dienen. Im Bebauungsplan kann die

BauNVO 2017/2021/2023

§ 10 Sondergebiete, die der Erholung dienen. (1) Als Sondergebiete, die der Erholung dienen, kommen insbesondere in Betracht
Wochenendhausgebiete,
Ferienhausgebiete,
Campingplatzgebiete.

(2) Für Sondergebiete, die der Erholung dienen, sind die Zweckbestimmung und die Art der Nutzung darzustellen und festzusetzen. Im Bebauungsplan kann festgesetzt werden, dass bestimmte, der Eigenart des Gebietes entsprechende Anlagen und Einrichtungen zur Versorgung des Gebiets und für sportliche Zwecke allgemein zulässig sind oder ausnahmsweise zugelassen werden können.

(3) In Wochenendhausgebieten sind Wochenendhäuser als Einzelhäuser zulässig. Im Bebauungsplan kann estgesetzt werden, dass Wochenendhäuser nur als Hausgruppen zulässig sind oder ausnahmsweise als Hausgruppen zugelassen werden können. Die zulässige Grundfläche der Wochenendhäuser ist im Bebauungsplan, begrenzt nach der besonderen Eigenart des Gebiets, unter Berücksichtigung der landschaftlichen Gegebenheiten festzusetzen.

(4) In Ferienhausgebieten sind Ferienhäuser zulässig, die aufgrund ihrer Lage, Größe, Ausstattung, Erschließung und Versorgung für den Erholungsaufenthalt geeignet und dazu bestimmt sind, überwiegend und auf Dauer einem wechselnden Personenkreis zur Erholung zu dienen. Im Bebauungsplan kann

BauNVO 1968	BauNVO 1977
	die Grundfläche der Ferienhäuser, begrenzt nach der besonderen Eigenart des Gebiets, unter Berücksichtigung der landschaftlichen Gegebenheiten festgesetzt werden.
	(5) In Campingplatzgebieten sind Campingplätze und Zeltplätze zulässig.
§ 11 Sondergebiete. (1) Als Sondergebiete sind solche Gebiete darzustellen und festzusetzen, die sich von den Baugebieten nach den §§ 2 bis 10 wesentlich unterscheiden.	**§ 11 Sonstige Sondergebiete.** (1) Als sonstige Sondergebiete sind solche Gebiete darzustellen und festzusetzen, die sich von den Baugebieten nach den §§ 2 bis 10 wesentlich unterscheiden.
(2) Für Sondergebiete ist die Art der Nutzung entsprechend ihrer Zweckbestimmung darzustellen und festzusetzen.	(2) Für sonstige Sondergebiete sind die Zweckbestimmung und die Art der Nutzung darzustellen und festzusetzen. Als sonstige Sondergebiete kommen insbesondere in Betracht Kurgebiete, Ladengebiete, Gebiete für Einkaufszentren und großflächige Handelsbetriebe, Gebiete für Messen, Ausstellungen und Kongresse, Hochschulgebiete, Klinikgebiete, Hafengebiete.
(3) Einkaufszentren und Verbrauchermärkte, die außerhalb von Kerngebieten errichtet werden sollen und die nach Lage, Umfang und Zweckbestimmung vorwiegend der übergemeindlichen Versorgung dienen sollen, sind als Sondergebiete darzustellen und festzusetzen.	(3) 1. Einkaufszentren, 2. großflächige Einzelhandelsbetriebe, die sich nach Art, Lage oder Umfang auf die Verwirklichung der Ziele der Raumordnung und Landesplanung oder auf die städte-

BauNVO 1990

Grundfläche der Ferienhäuser, begrenzt nach der besonderen Eigenart des Gebiets, unter Berücksichtigung der landschaftlichen Gegebenheiten festgesetzt werden.

(5) In Campingplatzgebieten sind Campingplätze und Zeltplätze zulässig.

§ 11 Sonstige Sondergebiete.

(1) Als sonstige Sondergebiete sind solche Gebiete darzustellen und festzusetzen, die sich von den Baugebieten nach den §§ 2 bis 10 wesentlich unterscheiden.

(2) Für sonstige Sondergebiete sind die Zweckbestimmung und die Art der Nutzung darzustellen und festzusetzen. Als sonstige Sondergebiete kommen insbesondere in Betracht

Gebiete für den Fremdenverkehr, wie Kurgebiete und Gebiete für die Fremdenbeherbergung,

Ladengebiete,
Gebiete für Einkaufszentren und großflächige Handelsbetriebe,
Gebiete für Messen, Ausstellungen und Kongresse,
Hochschulgebiete,
Klinikgebiete,
Hafengebiete,
Gebiete für Anlagen, die der Erforschung, Entwicklung oder Nutzung erneuerbarer Energien, wie Wind- und Sonnenenergie, dienen.

(3)

1. Einkaufszentren,
2. großflächige Einzelhandelsbetriebe, die sich nach Art, Lage oder Umfang auf die Verwirklichung der Ziele der Raumordnung und Landesplanung oder auf die städte-

BauNVO 2017/2021/2023

die Grundfläche der Ferienhäuser, begrenzt nach der besonderen Eigenart des Gebiets, unter Berücksichtigung der landschaftlichen Gegebenheiten festgesetzt werden.

(5) In Campingplatzgebieten sind Campingplätze und Zeltplätze zulässig.

§ 11 Sonstige Sondergebiete.

(1) Als sonstige Sondergebiete sind solche Gebiete darzustellen und festzusetzen, die sich von den Baugebieten nach den §§ 2 bis 10 wesentlich unterscheiden.

(2) Für sonstige Sondergebiete sind die Zweckbestimmung und die Art der Nutzung darzustellen und festzusetzen. Als sonstige Sondergebiete kommen insbesondere in Betracht

Gebiete für den Fremdenverkehr, wie Kurgebiete und Gebiete für die Fremdenbeherbergung, auch mit einer Mischung von Fremdenbeherbergung oder Ferienwohnen einerseits sowie Dauerwohnen andererseits,
Ladengebiete,
Gebiete für Einkaufszentren und großflächige Handelsbetriebe,
Gebiete für Messen, Ausstellungen und Kongresse,
Hochschulgebiete,
Klinikgebiete,
Hafengebiete,
Gebiete für Anlagen, die der Erforschung, Entwicklung oder Nutzung erneuerbarer Energien, wie Wind- und Sonnenenergie, dienen.

(3)

1. Einkaufszentren,
2. großflächige Einzelhandelsbetriebe, die sich nach Art, Lage oder Umfang auf die Verwirklichung der Ziele der Raumordnung und Landesplanung oder auf die städte-

BauNVO 1968	BauNVO 1977
	bauliche Entwicklung und Ordnung nicht nur unwesentlich auswirken können, 3. sonstige großflächige Handelsbetriebe, die im Hinblick auf den Verkauf an letzte Verbraucher und auf die Auswirkungen den in Nummer 2 bezeichneten Einzelhandelsbetrieben vergleichbar sind, sind außer in Kerngebieten nur in für sie festgesetzten Sondergebieten zulässig. Auswirkungen im Sinne des Satzes 1 Nr. 2 und 3 sind insbesondere schädliche Umwelteinwirkungen im Sinne des § 3 des Bundes-Immissionsschutzgesetzes vom 15. März 1974 (BGBl. I S. 721, 1193), zuletzt geändert durch Artikel 45 des Gesetzes vom 14. Dezember 1976 (BGBl. I S. 3341), sowie Auswirkungen auf die infrastrukturelle Ausstattung, auf den Verkehr, auf die Versorgung der Bevölkerung im Einzugsbereich der in Satz 1 bezeichneten Betriebe, auf die Entwicklung zentraler Versorgungsbereiche in der Gemeinde oder in anderen Gemeinden, auf das Orts- und Landschaftsbild und auf den Naturhaushalt. Auswirkungen im Sinne des Satzes 2 sind bei Betrieben nach Satz 1 Nr. 2 und 3 in der Regel anzunehmen, wenn die Geschoßfläche 1500 m² überschreitet. Fassung der Dritten Änderungsverordnung mit Wirkung ab 1. 1. 1987 (vgl. auch § 25b): ... in der Regel anzunehmen, wenn die Geschoßfläche 1200 m² überschreitet. Die Regel des Satzes 3 gilt nicht, wenn Anhaltspunkte dafür bestehen, daß Auswirkungen bereits bei weniger als 1200 m² Geschoßfläche vorliegen oder bei mehr als 1200 m² Geschoßfläche nicht vorliegen; dabei sind in bezug auf die in Satz 2 bezeichneten Auswirkungen insbesondere die Gliederung und Größe der Gemeinde und

BauNVO 1990	BauNVO 2017/2021/2023
bauliche Entwicklung und Ordnung nicht nur unwesentlich auswirken können,	bauliche Entwicklung und Ordnung nicht nur unwesentlich auswirken können,
3. sonstige großflächige Handelsbetriebe, die im Hinblick auf den Verkauf an letzte Verbraucher und auf die Auswirkungen den in Nummer 2 bezeichneten Einzelhandelsbetrieben vergleichbar sind,	3. sonstige großflächige Handelsbetriebe, die im Hinblick auf den Verkauf an letzte Verbraucher und auf die Auswirkungen den in Nummer 2 bezeichneten Einzelhandelsbetrieben vergleichbar sind,
sind außer in Kerngebieten nur in für sie festgesetzten Sondergebieten zulässig. Auswirkungen im Sinne des Satzes 1 Nr. 2 und 3 sind insbesondere schädliche Umwelteinwirkungen im Sinne des § 3 des Bundes-Immissionsschutzgesetzes sowie Auswirkungen auf die infrastrukturelle Ausstattung, auf den Verkehr, auf die Versorgung der Bevölkerung im Einzugsbereich der in Satz 1 bezeichneten Betriebe, auf die Entwicklung zentraler Versorgungsbereiche in der Gemeinde oder in anderen Gemeinden, auf das Orts- und Landschaftsbild und auf den Naturhaushalt. Auswirkungen im Sinne des Satzes 2 sind bei Betrieben nach Satz 1 Nr. 2 und 3 in der Regel anzunehmen, wenn die Geschoßfläche 1200 m² überschreitet. Die Regel des Satzes 3 gilt nicht, wenn Anhaltspunkte dafür bestehen, daß Auswirkungen bereits bei weniger als 1200 m² Geschoßfläche vorliegen oder bei mehr als 1200 m² Geschoßfläche nicht vorliegen; dabei sind in bezug auf die in Satz 2 bezeichneten Auswirkungen insbesondere die Gliederung und Größe der Gemeinde und ihrer Ortsteile, die Sicherung der verbrauchernahen Versorgung der Bevölkerung und das Warenangebot des Betriebs zu berücksichtigen.	sind außer in Kerngebieten nur in für sie festgesetzten Sondergebieten zulässig. Auswirkungen im Sinne des Satzes 1 Nummer 2 und 3 sind insbesondere schädliche Umwelteinwirkungen im Sinne des § 3 des Bundes-Immissionsschutzgesetzes sowie Auswirkungen auf die infrastrukturelle Ausstattung, auf den Verkehr, auf die Versorgung der Bevölkerung im Einzugsbereich der in Satz 1 bezeichneten Betriebe, auf die Entwicklung zentraler Versorgungsbereiche in der Gemeinde oder in anderen Gemeinden, auf das Orts- und Landschaftsbild und auf den Naturhaushalt. Auswirkungen im Sinne des Satzes 2 sind bei Betrieben nach Satz 1 Nummer 2 und 3 in der Regel anzunehmen, wenn die Geschoßfläche 1200 m² überschreitet. Die Regel des Satzes 3 gilt nicht, wenn Anhaltspunkte dafür bestehen, dass Auswirkungen bereits bei weniger als 1200 m² Geschossfläche vorliegen oder bei mehr als 1200 m² Geschossfläche nicht vorliegen; dabei sind in bezug auf die in Satz 2 bezeichneten Auswirkungen insbesondere die Gliederung und Größe der Gemeinde und ihrer Ortsteile, die Sicherung der verbrauchernahen Versorgung der Bevölkerung und das Warenangebot des Betriebs zu berücksichtigen.

BauNVO 1968	BauNVO 1977
	ihrer Ortsteile, die Sicherung der verbrauchernahen Versorgung der Bevölkerung und das Warenangebot des Betriebs zu berücksichtigen.
§ 12 Stellplätze und Garagen für Kraftfahrzeuge. (1) Stellplätze und Garagen sind in allen Baugebieten zulässig, soweit sich aus den Absätzen 2 und 3 nichts anderes ergibt.	**§ 12 Stellplätze und Garagen.** (1) Stellplätze und Garagen sind in allen Baugebieten zulässig, soweit sich aus den Absätzen 2 bis 6 nichts anderes ergibt.
(2) In Kleinsiedlungsgebieten, reinen Wohngebieten, allgemeinen Wohngebieten und Wochenendhausgebieten sind Stellplätze und Garagen nur für den durch die zugelassene Nutzung verursachten Bedarf zulässig.	(2) In Kleinsiedlungsgebieten, reinen Wohngebieten und allgemeinen Wohngebieten sowie Sondergebieten, die der Erholung dienen, sind Stellplätze und Garagen nur für den durch die zugelassene Nutzung verursachten Bedarf zulässig.
(3) Unzulässig sind	(3) Unzulässig sind
1. Stellplätze und Garagen für Lastkraftwagen und Kraftomnibusse in reinen Wohngebieten und Wochenendhausgebieten,	1. Stellplätze und Garagen für Lastkraftwagen und Kraftomnibusse sowie für Anhänger dieser Kraftfahrzeuge in reinen Wohngebieten,
2. Stellplätze und Garagen für Kraftfahrzeuge mit einem Eigengewicht über 3,5 Tonnen in Kleinsiedlungsgebieten und allgemeinen Wohngebieten.	2. Stellplätze und Garagen für Kraftfahrzeuge mit einem Eigengewicht über 3,5 Tonnen sowie für Anhänger dieser Kraftfahrzeuge in Kleinsiedlungsgebieten und allgemeinen Wohngebieten.
(4) Im Bebauungsplan kann festgesetzt werden, daß in bestimmten Geschossen nur Stellplätze oder Garagen und zugehörige Nebeneinrichtungen (Garagengeschosse) zulässig sind.	(4) Im Bebauungsplan kann, wenn besondere städtebauliche Gründe dies rechtfertigen (§ 9 Abs. 3 des Bundesbaugesetzes), festgesetzt werden, daß in bestimmten Geschossen nur Stellplätze oder Garagen und zugehörige Nebeneinrichtungen (Garagengeschosse) zulässig sind. Eine Festsetzung nach Satz 1 kann auch für Geschosse unterhalb der Geländeoberfläche getroffen werden. Bei Festsetzungen nach den Sätzen 1 und 2 sind Stellplätze und Garagen auf dem Grundstück nur in den festgesetzten Geschossen zulässig, soweit der Bebauungsplan nichts anderes bestimmt.
	(5) Im Bebauungsplan kann, wenn besondere städtebauliche Gründe dies

BauNVO 1990

§ 12 Stellplätze und Garagen.

(1) Stellplätze und Garagen sind in allen Baugebieten zulässig, soweit sich aus den Absätzen 2 bis 6 nichts anderes ergibt

(2) In Kleinsiedlungsgebieten, reinen Wohngebieten und allgemeinen Wohngebieten sowie Sondergebieten, die der Erholung dienen, sind Stellplätze und Garagen nur für den durch die zugelassene Nutzung verursachten Bedarf zulässig.

(3) Unzulässig sind

1. Stellplätze und Garagen für Lastkraftwagen und Kraftomnibusse sowie für Anhänger dieser Kraftfahrzeuge in reinen Wohngebieten,
2. Stellplätze und Garagen für Kraftfahrzeuge mit einem Eigengewicht über 3,5 Tonnen sowie für Anhänger dieser Kraftfahrzeuge in Kleinsiedlungsgebieten und allgemeinen Wohngebieten.

(4) Im Bebauungsplan kann, wenn besondere städtebauliche Gründe dies rechtfertigen (§ 9 Abs. 3 des Baugesetzbuchs), festgesetzt werden, daß in bestimmten Geschossen nur Stellplätze oder Garagen und zugehörige Nebeneinrichtungen (Garagengeschosse) zulässig sind. Eine Festsetzung nach Satz 1 kann auch für Geschosse unterhalb der Geländeoberfläche getroffen werden. Bei Festsetzungen nach den Sätzen 1 und 2 sind Stellplätze und Garagen auf dem Grundstück nur in den festgesetzten Geschossen zulässig, soweit der Bebauungsplan nichts anderes bestimmt.

(5) Im Bebauungsplan kann, wenn besondere städtebauliche Gründe dies

BauNVO 2017/2021/2023

§ 12 Stellplätze und Garagen.

(1) Stellplätze und Garagen sind in allen Baugebieten zulässig, soweit sich aus den Absätzen 2 bis 6 nichts anderes ergibt.

(2) In Kleinsiedlungsgebieten, reinen Wohngebieten und allgemeinen Wohngebieten sowie Sondergebieten, die der Erholung dienen, sind Stellplätze und Garagen nur für den durch die zugelassene Nutzung verursachten Bedarf zulässig.

(3) Unzulässig sind

1. Stellplätze und Garagen für Lastkraftwagen und Kraftomnibusse sowie für Anhänger dieser Kraftfahrzeuge in reinen Wohngebieten,
2. Stellplätze und Garagen für Kraftfahrzeuge mit einem Eigengewicht über 3,5 Tonnen sowie für Anhänger dieser Kraftfahrzeuge in Kleinsiedlungsgebieten und allgemeinen Wohngebieten.

(4) Im Bebauungsplan kann, wenn besondere städtebauliche Gründe dies rechtfertigen (§ 9 Absatz 3 des Baugesetzbuchs), festgesetzt werden, dass in bestimmten Geschossen nur Stellplätze oder Garagen und zugehörige Nebeneinrichtungen (Garagengeschosse) zulässig sind. Eine Festsetzung nach Satz 1 kann auch für Geschosse unterhalb der Geländeoberfläche getroffen werden. Bei Festsetzungen nach den Sätzen 1 und 2 sind Stellplätze und Garagen auf dem Grundstück nur in den festgesetzten Geschossen zulässig, soweit der Bebauungsplan nichts anderes bestimmt.

(5) Im Bebauungsplan kann, wenn besondere städtebauliche Gründe dies

BauNVO 1968	BauNVO 1977
	rechtfertigen (§ 9 Abs. 3 des Bundesbaugesetzes), festgesetzt werden, daß in Teilen von Geschossen nur Stellplätze und Garagen zulässig sind. Absatz 4 Satz 2 und 3 gilt entsprechend.
	(6) Im Bebauungsplan kann festgesetzt werden, daß in Baugebieten oder bestimmten Teilen von Baugebieten Stellplätze und Garagen unzulässig oder nur in beschränktem Umfang zulässig sind, soweit landesrechtliche Vorschriften nicht entgegenstehen.
	(7) Die landesrechtlichen Vorschriften über die Ablösung der Verpflichtung zur Herstellung von Stellplätzen und Garagen sowie die Verpflichtung zur Herstellung von Stellplätzen und Garagen außerhalb der im Bebauungsplan festgesetzten Bereiche bleiben bei Festsetzungen nach den Absätzen 4 bis 6 unberührt.
§ 13 Räume für freie Berufe. Räume für die Berufsausübung freiberuflich Tätiger und solcher Gewerbetreibender, die ihren Beruf in ähnlicher Art ausüben, sind in den Baugebieten nach §§ 2 bis 9 zulässig.	**§ 13 Gebäude und Räume für freie Berufe.** Für die Berufsausübung freiberuflich Tätiger und solcher Gewerbetreibender, die ihren Beruf in ähnlicher Art ausüben, sind in den Baugebieten nach den §§ 2 bis 4 Räume, in den Baugebieten nach den §§ 4a bis 9 auch Gebäude zulässig.

BauNVO 1990

rechtfertigen (§ 9 Abs. 3 des Baugesetzbuchs), festgesetzt werden, daß n Teilen von Geschossen nur Stellplätze und Garagen zulässig sind. Absatz 4 Satz 2 und 3 gilt entsprechend.

(6) Im Bebauungsplan kann festgesetzt werden, daß in Baugebieten oder bestimmten Teilen von Baugebieten Stellplätze und Garagen unzulässig oder nur in beschränktem Umfang zulässig sind, soweit landesrechtliche Vorschriften nicht entgegenstehen.

(7) Die landesrechtlichen Vorschriften über die Ablösung der Verpflichtung zur Herstellung von Stellplätzen und Garagen sowie die Verpflichtung zur Herstellung von Stellplätzen und Garagen außerhalb der im Bebauungsplan festgesetzten Bereiche bleiben bei Festsetzungen nach den Absätzen 4 bis 6 unberührt.

§ 13 Gebäude und Räume für freie Berufe. Für die Berufsausübung freiberuflich Tätiger und solcher Gewerbetreibender, die ihren Beruf in ähnlicher Art ausüben, sind in den Baugebieten nach den §§ 2 bis 4 Räume, in den Baugebieten nach den §§ 4 a bis 9 auch Gebäude zulässig.

BauNVO 2017/2021/2023

rechtfertigen (§ 9 Absatz 3 des Baugesetzbuchs), festgesetzt werden, dass in Teilen von Geschossen nur Stellplätze und Garagen zulässig sind. Absatz 4 Satz 2 und 3 gilt entsprechend.

(6) Im Bebauungsplan kann festgesetzt werden, dass in Baugebieten oder bestimmten Teilen von Baugebieten Stellplätze und Garagen unzulässig oder nur in beschränktem Umfang zulässig sind, soweit landesrechtliche Vorschriften nicht entgegenstehen.

(7) Die landesrechtlichen Vorschriften über die Ablösung der Verpflichtung zur Herstellung von Stellplätzen und Garagen sowie die Verpflichtung zur Herstellung von Stellplätzen und Garagen außerhalb der im Bebauungsplan festgesetzten Bereiche bleiben bei Festsetzungen nach den Absätzen 4 bis 6 unberührt

§ 13 Gebäude und Räume für freie Berufe. Für die Berufsausübung freiberuflich Tätiger und solcher Gewerbetreibender, die ihren Beruf in ähnlicher Art ausüben, sind in den Baugebieten nach den §§ 2 bis 4 Räume, in den Baugebieten nach den §§ 4 a bis 9 auch Gebäude zulässig.

§ 13a[1] Ferienwohnungen. Räume oder Gebäude, die einem ständig wechselnden Kreis von Gästen gegen Entgelt vorübergehend zur Unterkunft zur Verfügung gestellt werden und die zur Begründung einer eigenen Häuslichkeit geeignet und bestimmt sind (Ferienwohnungen), gehören unbeschadet des § 10 in der Regel zu den nicht störenden Gewerbebetrieben nach § 2 Absatz 3 Nummer 4 und § 4 Absatz 3 Nummer 2 oder zu den Gewerbebetrieben nach

[1] § 13a Sätze 1 und 2 geänd. mWv 23.6. 2021 durch G v. 14.6.2021 (BGBl. I S. 1802).

BauNVO 1968	BauNVO 1977
§ 14 Nebenanlagen. (1) Außer den in §§ 2 bis 13 genannten Anlagen sind auch untergeordnete Nebenanlagen und Einrichtungen zulässig, die dem Nutzungszweck der in dem Baugebiet gelegenen Grundstücke oder des Baugebietes selbst dienen und die seiner Eigenart nicht widersprechen. Im Bebauungsplan kann die Zulässigkeit solcher Nebenanlagen und Einrichtungen eingeschränkt oder ausgeschlossen werden.	**§ 14 Nebenanlagen.** (1) Außer den in den §§ 2 bis 13 genannten Anlagen sind auch untergeordnete Nebenanlagen und Einrichtungen zulässig, die dem Nutzungszweck der in dem Baugebiet gelegenen Grundstücke oder des Baugebiets selbst dienen und die seiner Eigenart nicht widersprechen. Soweit nicht bereits in den Baugebieten nach dieser Verordnung Einrichtungen und Anlagen für die Tierhaltung zulässig sind, gehören zu den untergeordneten Nebenanlagen und Einrichtungen im Sinne des Satzes 1 auch solche für die Kleintierhaltung. Im Bebauungsplan kann die Zulässigkeit der Nebenanlagen und Einrichtungen eingeschränkt oder ausgeschlossen werden.

BauNVO 1990

§ 14 Nebenanlagen. (1) Außer den in den §§ 2 bis 13 genannten Anlagen sind auch untergeordnete Nebenanlagen und Einrichtungen zulässig, die dem Nutzungszweck der in dem Baugebiet gelegenen Grundstücke oder des Baugebiets selbst dienen und die seiner Eigenart nicht widersprechen. Soweit nicht bereits in den Baugebieten nach dieser Verordnung Einrichtungen und Anlagen für die Tierhaltung zulässig sind, gehören zu den untergeordneten Nebenanlagen und Einrichtungen im Sinne des Satzes 1 auch solche für die Kleintierhaltung. Im Bebauungsplan kann die Zulässigkeit der Nebenanlagen und Einrichtungen eingeschränkt oder ausgeschlossen werden.

BauNVO 2017/2021/2023

§ 4a Absatz 2 Nummer 3, § 5 Absatz 2 Nummer 6, § 5a Absatz 2 Nummer 7, § 6 Absatz 2 Nummer 4, § 6a Absatz 2 Nummer 4 und § 7 Absatz 2 Nummer 3. Abweichend von Satz 1 können Räume nach Satz 1 in den übrigen Fällen insbesondere bei einer baulich untergeordneten Bedeutung gegenüber der in dem Gebäude vorherrschenden Hauptnutzung zu den Betrieben des Beherbergungsgewerbes nach § 4 Absatz 3 Nummer 1, § 4a Absatz 2 Nummer 2, § 5 Absatz 2 Nummer 5, § 5a Absatz 2 Nummer 6, § 6 Absatz 2 Nummer 3, § 6a Absatz 2 Nummer 3 und § 7 Absatz 2 Nummer 2 oder zu den kleinen Betrieben des Beherbergungsgewerbes nach § 3 Absatz 3 Nummer 1 gehören.

§ 14[1] Nebenanlagen; Anlagen zur Nutzung solarer Strahlungsenergie und Kraft-Wärme-Kopplungsanlagen. (1) Außer den in den §§ 2 bis 13 genannten Anlagen sind auch untergeordnete Nebenanlagen und Einrichtungen zulässig, die dem Nutzungszweck der in dem Baugebiet gelegenen Grundstücke oder des Baugebiets selbst dienen und die seiner Eigenart nicht widersprechen. Soweit nicht bereits in den Baugebieten nach dieser Verordnung Einrichtungen und Anlagen für die Tierhaltung, einschließlich der Kleintiererhaltungszucht, zulässig sind, gehören zu den untergeordneten Nebenanlagen und Einrichtungen im Sinne des Satzes 1 auch solche für die Kleintierhaltung. Im Bebauungsplan kann die Zulässigkeit der Nebenanlagen und Einrichtungen eingeschränkt oder ausgeschlossen werden.

[1] § 14 Abs. 1a eingef., Abs. 2 Satz 2 geänd. mWv 23.6.2021 durch G v. 14.6.2021 (BGBl. I S. 1802); Abs. 4 angef. mWv 1.1.2023 durch G v. 4.1.2023 (BGBl. I Nr. 6).

BauNVO 1968	BauNVO 1977
(2) Die der Versorgung der Baugebiete mit Elektrizität, Gas, Wärme und Wasser sowie zur Ableitung von Abwasser dienenden Nebenanlagen können in den Baugebieten als Ausnahme zugelassen werden, auch soweit für sie im Bebauungsplan keine besonderen Flächen festgesetzt sind.	(2) *(wie BauNVO 1962, 1968)*

BauNVO 1990	BauNVO 2017/2021/2023
	(1a) In den Baugebieten nach den §§ 2 bis 11 sind Nebenanlagen, die der öffentlichen Versorgung mit Telekommunikationsdienstleistungen dienen, zulässig; Absatz 1 Satz 3 gilt entsprechend.
(2) Die der Versorgung der Baugebiete mit Elektrizität, Gas, Wärme und Wasser sowie zur Ableitung von Abwasser dienenden Nebenanlagen können in den Baugebieten als Ausnahme zugelassen werden, auch soweit für sie im Bebauungsplan keine besonderen Flächen festgesetzt sind. Dies gilt auch für fernmeldetechnische Nebenanlagen sowie für Anlagen für erneuerbare Energien, soweit nicht Absatz 1 Satz 1 Anwendung findet.	(2) Die der Versorgung der Baugebiete mit Elektrizität, Gas, Wärme und Wasser sowie zur Ableitung von Abwasser dienenden Nebenanlagen können in den Baugebieten als Ausnahme zugelassen werden, auch soweit für sie im Bebauungsplan keine besonderen Flächen festgesetzt sind. Dies gilt auch für fernmeldetechnische Nebenanlagen sowie für Anlagen für erneuerbare Energien, soweit nicht Absatz 1 Satz 1 oder Absatz 1a Anwendung findet.
	(3) Soweit baulich untergeordnete Anlagen zur Nutzung solarer Strahlungsenergie in, an oder auf Dach- und Außenwandflächen oder Kraft-Wärme-Kopplungsanlagen innerhalb von Gebäuden nicht bereits nach den §§ 2 bis 13 zulässig sind, gelten sie auch dann als Anlagen im Sinne des Absatzes 1 Satz 1, wenn die erzeugte Energie vollständig oder überwiegend in das öffentliche Netz eingespeist wird.
	(4) [1]In einem Gebiet nach § 11 Absatz 2 für Anlagen, die der Nutzung der Sonnenenergie dienen, sind Anlagen zur Herstellung oder Speicherung von Wasserstoff zulässig, wenn die Voraussetzungen entsprechend § 249a Absatz 4 gegeben sind. [2]In Gewerbe- und Industriegebieten gilt Satz 1 entsprechend, wenn dort eine Anlage, die der Nutzung der Sonnenenergie dient und die keine Nebenanlage im Sinne dieser Vorschrift ist, tatsächlich vorhanden ist. [3]Absatz 1 Satz 3 gilt entsprechend.

BauNVO 1968	BauNVO 1977
§ 15 Allgemeine Voraussetzungen für die Zulässigkeit baulicher und sonstiger Anlagen. (1) Die in den §§ 2 bis 14 aufgeführten baulichen und sonstigen Anlagen sind im Einzelfall unzulässig, wenn sie nach Anzahl, Lage, Umfang oder Zweckbestimmung der Eigenart des Baugebietes widersprechen. Sie sind insbesondere unzulässig, wenn von ihnen Belästigungen oder Störungen ausgehen können, die für die Umgebung nach der Eigenart des Gebietes unzumutbar sind.	**§ 15 Allgemeine Voraussetzungen für die Zulässigkeit baulicher und sonstiger Anlagen.** (1) Die in den §§ 2 bis 14 aufgeführten baulichen und sonstigen Anlagen sind im Einzelfall unzulässig, wenn sie nach Anzahl, Lage, Umfang oder Zweckbestimmung der Eigenart des Baugebiets widersprechen. Sie sind auch unzulässig, wenn von ihnen Belästigungen oder Störungen ausgehen können, die nach der Eigenart des Baugebiets im Baugebiet selbst oder in dessen Umgebung unzumutbar sind.
(2) Absatz 1 gilt auch für die Änderung, Nutzungsänderung und Erweiterung baulicher und sonstiger Anlagen innerhalb der festgesetzten Baugebiete.	(2) *(wie BauNVO 1962, 1968)*
(3) Bei der Anwendung der Absätze 1 und 2 dürfen nur städtebauliche Gesichtspunkte berücksichtigt werden.	(3) *(wie BauNVO 1962, 1968)*
Zweiter Abschnitt. Maß der baulichen Nutzung	**Zweiter Abschnitt. Maß der baulichen Nutzung**
§ 16 Allgemeine Vorschriften. (1) Soweit es erforderlich ist, im Flächennutzungsplan das allgemeine Maß der baulichen Nutzung darzustellen, genügt die Angabe der Geschoßflächenzahl oder der Baumassenzahl nach Maßgabe des § 17.	**§ 16 Allgemeine Vorschriften.** (1) Soweit es erforderlich ist, im Flächennutzungsplan das allgemeine Maß der baulichen Nutzung darzustellen, genügt die Angabe der Geschoßflächenzahl oder der Baumassenzahl nach Maßgabe des § 17. Im Flächennutzungsplan kann die Begrenzung der Höhe baulicher Anlagen dargestellt werden.
(2) Bei der Festsetzung des Maßes der baulichen Nutzung im Bebauungsplan sind die Vorschriften des	(2) Bei der Festsetzung des Maßes der baulichen Nutzung im Bebauungsplan sind die Vorschriften des

BauNVO 1990

§ 15 Allgemeine Voraussetzungen für die Zulässigkeit baulicher und sonstiger Anlagen.

(1) Die in den §§ 2 bis 14 aufgeführten baulichen und sonstigen Anlagen sind im Einzelfall unzulässig, wenn sie nach Anzahl, Lage, Umfang oder Zweckbestimmung der Eigenart des Baugebiets widersprechen. Sie sind auch unzulässig, wenn von ihnen Belästigungen oder Störungen ausgehen können, die nach der Eigenart des Baugebiets im Baugebiet selbst oder in dessen Umgebung unzumutbar sind, oder wenn sie solchen Belästigungen oder Störungen ausgesetzt werden.

(2) Die Anwendung des Absatzes 1 hat nach den städtebaulichen Zielen und Grundsätzen des § 1 Abs. 5 des Baugesetzbuchs zu erfolgen.

(3) Die Zulässigkeit der Anlagen in den Baugebieten ist nicht allein nach den verfahrensrechtlichen Einordnungen des Bundes-Immissionsschutzgesetzes und der auf seiner Grundlage erlassenen Verordnungen zu beurteilen.

Zweiter Abschnitt. Maß der baulichen Nutzung

§ 16 Bestimmung des Maßes der baulichen Nutzung. (1) Wird im Flächennutzungsplan das allgemeine Maß der baulichen Nutzung dargestellt, genügt die Angabe der Geschoßflächenzahl, der Baumassenzahl oder der Höhe baulicher Anlagen.

(2) Im Bebauungsplan kann das Maß der baulichen Nutzung bestimmt werden durch Festsetzung

BauNVO 2017/2021/2023

§ 15 Allgemeine Voraussetzungen für die Zulässigkeit baulicher und sonstiger Anlagen.

(1) Die in den §§ 2 bis 14 aufgeführten baulichen und sonstigen Anlagen sind im Einzelfall unzulässig, wenn sie nach Anzahl, Lage, Umfang oder Zweckbestimmung der Eigenart des Baugebiets widersprechen. Sie sind auch unzulässig, wenn von ihnen Belästigungen oder Störungen ausgehen können, die nach der Eigenart des Baugebiets im Baugebiet selbst oder in dessen Umgebung unzumutbar sind, oder wenn sie solchen Belästigungen oder Störungen ausgesetzt werden.

(2) Die Anwendung des Absatzes 1 hat nach den städtebaulichen Zielen und Grundsätzen des § 1 Absatz 5 des Baugesetzbuchs zu erfolgen.

(3) Die Zulässigkeit der Anlagen in den Baugebieten ist nicht allein nach den verfahrensrechtlichen Einordnungen des Bundes-Immissionsschutzgesetzes und der auf seiner Grundlage erlassenen Verordnungen zu beurteilen.

Zweiter Abschnitt. Maß der baulichen Nutzung

§ 16 Bestimmung des Maßes der baulichen Nutzung. (1) Wird im Flächennutzungsplan das allgemeine Maß der baulichen Nutzung dargestellt, genügt die Angabe der Geschossflächenzahl, der Baumassenzahl oder der Höhe baulicher Anlagen.

(2) Im Bebauungsplan kann das Maß der baulichen Nutzung bestimmt werden durch Festsetzung

BauNVO 1968	BauNVO 1977
§ 17 einzuhalten. Das Maß der baulichen Nutzung wird bestimmt durch Festsetzung 1. der Geschoßflächenzahl oder der Größe der Geschoßfläche, der Baumassenzahl oder der Baumasse, 2. der Grundflächenzahl oder der Größe der Grundflächen der baulichen Anlagen und 3. der Zahl der Vollgeschosse.	§ 17 einzuhalten. Das Maß der baulichen Nutzung wird bestimmt durch Festsetzung 1. der Geschoßflächenzahl oder der Größe der Geschoßfläche, der Baumassenzahl oder der Baumasse, 2. der Grundflächenzahl oder der Größe der Grundflächen der baulichen Anlagen und 3. der Zahl der Vollgeschosse.
Die Geschoßfläche kann für jedes Vollgeschoß gesondert festgesetzt werden. Wird nach Nummer 1 die Geschoßfläche oder die Baumasse festgesetzt, so sind auch die Grundflächen der baulichen Anlagen festzusetzen. In Industriegebieten und in Sondergebieten kann die Höhe der Gebäude als Höchstgrenze festgesetzt werden.	Die Geschoßfläche kann für jedes Vollgeschoß gesondert festgesetzt werden. Wird nach Nummer 1 die Geschoßfläche oder die Baumasse festgesetzt, so sind auch die Grundflächen der baulichen Anlage festzusetzen.
	(3) Im Bebauungsplan kann die Höhe baulicher Anlagen zwingend, als Höchstgrenze oder als Mindestgrenze festgesetzt werden. Wird eine Höchstgrenze festgesetzt, so kann zugleich eine Mindestgrenze festgesetzt werden.
(3) Von einzelnen der in Absatz 2 Satz 2 genannten Festsetzungen kann abgesehen werden, wenn die getroffenen Festsetzungen zur Bestimmung des Maßes der baulichen Nutzung im Rahmen des § 17 ausreichen. Auf die Festsetzung der Zahl der Vollgeschosse darf jedoch nicht verzichtet werden, wenn dadurch die Gestaltung des Orts- und Landschaftsbildes beeinträchtigt werden kann.	(4) Von einzelnen der in Absatz 2 Satz 2 genannten Festsetzungen kann abgesehen werden, wenn die getroffenen Festsetzungen zur Bestimmung des Maßes der baulichen Nutzung im Rahmen des § 17 ausreichen. Von der Festsetzung der Zahl der Vollgeschosse oder der Höhe baulicher Anlagen darf nicht abgesehen werden, wenn sonst öffentliche Belange, insbesondere die Gestaltung des Orts- und Landschaftsbildes, beeinträchtigt werden können.

BauNVO 1990	BauNVO 2017/2021/2023
1. der Grundflächenzahl oder der Größe der Grundflächen der baulichen Anlagen, 2. der Geschoßflächenzahl oder der Größe der Geschoßfläche, der Baumassenzahl oder der Baumasse, 3. der Zahl der Vollgeschosse, 4. der Höhe baulicher Anlagen.	1. der Grundflächenzahl oder der Größe der Grundflächen der baulichen Anlagen, 2. der Geschossflächenzahl oder der Größe der Geschossfläche, der Baumassenzahl oder der Baumasse, 3. der Zahl der Vollgeschosse, 4. der Höhe baulicher Anlagen.
(3) Bei Festsetzung des Maßes der baulichen Nutzung im Bebauungsplan ist festzusetzen 1. stets die Grundflächenzahl oder die Größe der Grundflächen der baulichen Anlagen, 2. die Zahl der Vollgeschosse oder die Höhe baulicher Anlagen wenn ohne ihre Festsetzung öffentliche Belange, insbesondere das Orts- und Landschaftsbild, beeinträchtigt werden können.	(3) Bei Festsetzung des Maßes der baulichen Nutzung im Bebauungsplan ist festzusetzen 1. stets die Grundflächenzahl oder die Größe der Grundflächen der baulichen Anlagen, 2. die Zahl der Vollgeschosse oder die Höhe baulicher Anlagen wenn ohne ihre Festsetzung öffentliche Belange, insbesondere das Orts- und Landschaftsbild, beeinträchtigt werden können.

BauNVO 1968	BauNVO 1977
(4) Im Bebauungsplan kann das Maß der baulichen Nutzung für Teile des Baugebietes oder für einzelne Grundstücke unterschiedlich festgesetzt werden.	(5) *(wie BauNVO 1962, 1968)*
§ 17 Zulässiges Maß der baulichen Nutzung. (1) Das Maß der baulichen Nutzung darf höchstens betragen	**§ 17 Zulässiges Maß der baulichen Nutzung.** (1) Das Maß der baulichen Nutzung darf höchstens betragen

BauNVO 1990	BauNVO 2017/2021/2023
(4) Bei Festsetzung des Höchstmaßes für die Geschoßflächenzahl oder die Größe der Geschoßfläche, für die Zahl der Vollgeschosse und die Höhe baulicher Anlagen im Bebauungsplan kann zugleich ein Mindestmaß festgesetzt werden. Die Zahl der Vollgeschosse und die Höhe baulicher Anlagen können auch als zwingend festgesetzt werden.	(4) Bei Festsetzung des Höchstmaßes für die Geschossflächenzahl oder die Größe der Geschossfläche, für die Zahl der Vollgeschosse und die Höhe baulicher Anlagen im Bebauungsplan kann zugleich ein Mindestmaß festgesetzt werden. Die Zahl der Vollgeschosse und die Höhe baulicher Anlagen können auch als zwingend festgesetzt werden.
(5) Im Bebauungsplan kann das Maß der baulichen Nutzung für Teile des Baugebiets, für einzelne Grundstücke oder Grundstücksteile und für Teile baulicher Anlagen unterschiedlich festgesetzt werden; die Festsetzungen können oberhalb und unterhalb der Geländeoberfläche getroffen werden.	(5) Im Bebauungsplan kann das Maß der baulichen Nutzung für Teile des Baugebiets, für einzelne Grundstücke oder Grundstücksteile und für Teile baulicher Anlagen unterschiedlich festgesetzt werden; die Festsetzungen können oberhalb und unterhalb der Geländeoberfläche getroffen werden.
(6) Im Bebauungsplan können nach Art und Umfang bestimmte Ausnahmen von dem festgesetzten Maß der baulichen Nutzung vorgesehen werden.	(6) Im Bebauungsplan können nach Art und Umfang bestimmte Ausnahmen von dem festgesetzten Maß der baulichen Nutzung vorgesehen werden.
§ 17 Obergrenzen für die Bestimmung des Maßes der baulichen Nutzung. (1) Bei der Bestimmung des Maßes der baulichen Nutzung nach § 16 dürfen, auch wenn eine Geschoßflächenzahl oder eine Baumassenzahl nicht dargestellt oder festgesetzt wird, folgende Obergrenzen nicht überschritten werden:	**§ 17[1] Orientierungswerte für die Bestimmung des Maßes der baulichen Nutzung.** [1]Bei der Bestimmung des Maßes der baulichen Nutzung nach § 16 bestehen, auch wenn eine Geschossflächenzahl oder eine Baumassenzahl nicht dargestellt oder festgesetzt wird, folgende Orientierungswerte für Obergrenzen:

[1] § 17 neu gef. mWv 23.6.2021 durch G v. 14.6.2021 (BGBl. I S. 1802).

BauNVO 1968

1	2	3	4	5
Baugebiet	Zahl der Vollgeschosse (Z)	Grundflächenzahl (GRZ)	Geschoßflächenzahl (GFZ)	Baumassenzahl (BMZ)
in Kleinsiedlungsgebieten (WS) bei:	1	0,2	0,3	–
	2	0,2	0,4	–
in reinen Wohngebieten (WR) allg. Wohngebieten (WA) Mischgebieten (MI) bei:	1	0,4	0,5	–
	2	0,4	0,8	–
	3	0,4	1,0	–
	4 und 5	0,4	1,1	–
	6 und mehr	0,4	1,2	–
in Dorfgebieten (MD) bei:	1	0,4	0,5	–
	2 und mehr	0,4	0,8	–

BauNVO 1977

1	2	3	4	5
Baugebiet	Zahl der Vollgeschosse (Z)	Grundflächenzahl (GRZ)	Geschoßflächenzahl (GFZ)	Baumassenzahl (BMZ)
in Kleinsiedlungsgebieten (WS) bei:	1	0,2	0,3	–
	2	0,2	0,4	–
in reinen Wohngebieten (WR) allgem. Wohngebieten (WA) Mischgebieten (MI) Ferienhausgebieten bei:	1	0,4	0,5	–
	2	0,4	0,8	–
	3	0,4	1,0	–
	4 und 5	0,4	1,1	–
	6 und mehr	0,4	1,2	–
in Dorfgebieten (MD) bei:	1	0,4	0,5	–
	2 und mehr	0,4	0,8	–

BauNVO 1990				BauNVO 2017/2021/2023			
1	2	3	4	1	2	3	4
Baugebiet	Grundflächenzahl (GRZ)	Geschoßflächenzahl (GFZ)	Baumassenzahl (BMZ)	Baugebiet	Grundflächenzahl (GRZ)	Geschossflächenzahl (GFZ)	Baumassenzahl (BMZ)
in Kleinsiedlungsgebieten (WS)	0,2	0,4	–	in Kleinsiedlungsgebieten (WS)	0,2	0,4	–
in reinen Wohngebieten (WR) allgem. Wohngebieten (WA) Ferienhausgebieten	0,4	1,2	–	in reinen Wohngebieten (WR) allgem. Wohngebieten (WA) Ferienhausgebieten	0,4	1,2	–
in besonderen Wohngebieten (WB)	0,6	1,6	–	in besonderen Wohngebieten (WB)	0,6	1,6	–
in Dorfgebieten (MD) Mischgebieten (MI)	0,6	1,2	–	in Dorfgebieten (MD) Mischgebieten (MI) dörflichen Wohngebieten (MDW)	0,6	1,2	–
				in urbanen Gebieten	0,8	3,0	–

BauNVO 1968

1	2	3	4	5
Baugebiet	Zahl der Vollgeschosse (Z)	Grundflächenzahl (GRZ)	Geschoßflächenzahl (GFZ)	Baumassenzahl (BMZ)
in Kerngebieten (MK) bei	1	1,0	1,0	–
	2	1,0	1,6	–
	3	1,0	2,0	–
	4 und 5	1,0	2,2	–
	6 und mehr	1,0	2,4	–
in Gewerbegebieten (GE) bei:	1	0,8	1,0	–
	2	0,8	1,6	–
	3	0,8	2,0	–
	4 und 5	0,8	2,2	–
	6 und mehr	0,8	2,4	–
in Industriegebieten (GI)	–	0,8	–	9,0
in Wochenendhausgebieten (SW)	1	0,2	0,2	–

BauNVO 1977

1	2	3	4	5
Baugebiet	Zahl der Vollgeschosse (Z)	Grundflächenzahl (GRZ)	Geschoßflächenzahl (GFZ)	Baumassenzahl (BMZ)
in Kerngebieten (MK) bei:	1	1,0	1,0	–
	2	1,0	1,6	–
	3	1,0	2,0	–
	4 und 5	1,0	2,2	–
	6 und mehr	1,0	2,4	–
in Gewerbegebieten (GE) bei:	1	0,8	1,0	–
	2	0,8	1,6	–
	3	0,8	2,0	–
	4 und 5	0,8	2,2	–
	6 und mehr	0,8	2,4	–
in Industriegebieten (GI)	–	0,8	–	9,0
in Wochenendhausgebieten bei:	1 und 2	0,2	0,2	–

BauNVO 1990

1	2	3	4
Baugebiet	Grundflächenzahl (GRZ)	Geschoßflächenzahl (GFZ)	Baumassenzahl (BMZ)
in Kerngebieten (MK)	1,0	3,0	–
in Gewerbegebieten (GE) Industriegebieten (GI) sonstigen Sondergebieten	0,8	2,4	10,0
in Wochenendhausgebieten	0,2	0,2	–

BauNVO 2017/2021

1	2	3	4
Baugebiet	Grundflächenzahl (GRZ)	Geschossflächenzahl (GFZ)	Baumassenzahl (BMZ)
in Kerngebieten (MK)	1,0	3,0	–
in Gewerbegebieten (GE) Industriegebieten (GI) sonstigen Sondergebieten	0,8	2,4	10,0
in Wochenendhausgebieten	0,2	0,2	–

[2] In Wochenendhausgebieten und Ferienhausgebieten dürfen die Orientierungswerte für Obergrenzen nach Satz 1 nicht überschritten werden.

BauNVO 1968	BauNVO 1977
(2) In Gebieten, die für eine Bebauung mit eingeschossigen Wohngebäuden mit einem fremder Sicht entzogenen Gartenhof, wie Gartenhof- und Atriumhäuser, vorgesehen sind, können im Bebauungsplan eine Grundflächenzahl und eine Geschoßflächenzahl bis 0,6 festgesetzt werden.	(2) *(wie BauNVO 1962, 1968)*
(3) In Gebieten, für die keine Baumassenzahl angegeben ist, darf bei Gebäuden, die Geschosse von mehr als 3,50 m Höhe haben eine Baumassenzahl, die das Dreieinhalbfache der zulässigen Geschoßflächenzahl beträgt, nicht überschritten werden.	(3) In Gebieten, für die keine Baumassenzahl angegeben ist, darf bei Gebäuden, die Geschosse von mehr als 3,50 m Höhe haben, eine Baumassenzahl, die das Dreieinhalbfache der zulässigen Geschoßflächenzahl beträgt, nicht überschritten werden. Im Bebauungsplan kann festgesetzt werden, daß eine größere Geschoßhöhe als 3,50 m außer Betracht bleibt, soweit diese ausschließlich durch die Unterbringung technischer Anlagen des Gebäudes wie Heizungs-, Lüftungs- und Reinigungsanlagen bedingt ist.
(4) Wird im Bebauungsplan die Zahl der Vollgeschosse festgesetzt, so ist sie entweder als zwingend oder als Höchstgrenze festzusetzen. Wird eine Höchstgrenze festgesetzt, so kann zugleich eine Mindestgrenze festgesetzt werden.	(4) *(wie BauNVO 1968)*
(5) Im Bebauungsplan kann vorgesehen werden, daß im Einzelfall von der Zahl der Vollgeschosse, der Grundflächenzahl oder der Grundfläche Ausnahmen zugelassen werden können, wenn die Geschoßflächenzahl oder die Geschoßfläche nicht überschritten wird.	(5) Im Bebauungsplan kann vorgesehen werden, daß im Einzelfall von der Zahl der Vollgeschosse, der Grundflächenzahl oder der Grundfläche Ausnahmen zugelassen werden können, wenn die Geschoßflächenzahl oder die Geschoßfläche, die Baumassenzahl oder die Baumasse nicht überschritten wird.
(6) Auf Grundstücke, die im Bebauungsplan ausschließlich für Stellplätze, Garagen oder Schutzraumbauten festgesetzt sind, sind die Vorschriften über die Grundflächenzahl nicht anzuwenden. Als Ausnahme kann zugelassen werden, daß die nach Absatz 1 zulässige Geschoßflächenzahl oder Baumassenzahl überschritten wird.	(6) *(wie BauNVO 1962, 1968)*

BauNVO 1968	BauNVO 1977
	(7) Für besondere Wohngebiete ist das Maß der baulichen Nutzung entsprechend der besonderen Eigenart und Zweckbestimmung der Gebiete darzustellen und festzusetzen; dabei dürfen jedoch eine Grundflächenzahl von 0,6 und eine Geschoßflächenzahl von 1,6 nur überschritten werden, wenn städtebauliche Gründe dies rechtfertigen und sonstige öffentliche Belange nicht entgegenstehen.
(7) Für Sondergebiete ist das Maß der baulichen Nutzung entsprechend ihrer Zweckbestimmung darzustellen und festzusetzen. Dabei darf eine Geschoßflächenzahl von 2,4 und eine Baumassenzahl von 9,0 nicht überschritten werden. Die Höchstwerte gelten nicht für Hafengebiete.	(8) Für Sondergebiete mit Ausnahme der Wochenendhausgebiete und der Ferienhausgebiete ist das Maß der baulichen Nutzung entsprechend ihrer Zweckbestimmung darzustellen und festzusetzen. Dabei darf eine Geschoßflächenzahl von 2,4 und eine Baumassenzahl von 9,0 nicht überschritten werden. Die Höchstwerte gelten nicht für Hafengebiete.
(9) Im Bebauungsplan können die Höchstwerte des Absatzes 1 Spalte 3 bis 5 und der Absätze 2 und 7 überschritten werden, wenn	(10) Im Bebauungsplan können höhere Werte, als sie nach Absatz 1 Spalte 3 bis 5 sowie den Absätzen 2 und 8 zulässig sind, festgesetzt oder als Ausnahme vorgesehen werden, wenn
1. besondere städtebauliche Gründe dies rechtfertigen,	1. besondere städtebauliche Gründe dies rechtfertigen,
2. die Überschreitungen durch Umstände ausgeglichen sind oder durch Maßnahmen ausgeglichen werden, durch die sichergestellt ist, daß die allgemeinen Anforderungen an gesunde Wohn- und Arbeitsverhältnisse nicht beeinträchtigt und die Bedürfnisse des Verkehrs befriedigt werden, und	2. die Überschreitungen durch Umstände ausgeglichen sind oder durch Maßnahmen ausgeglichen werden, durch die sichergestellt ist, daß die allgemeinen Anforderungen an gesunde Wohn- und Arbeitsverhältnisse nicht beeinträchtigt und die Bedürfnisse des Verkehrs befriedigt werden, und
3. sonstige öffentliche Belange nicht entgegenstehen.	3. sonstige öffentliche Belange nicht entgegenstehen.
Dies gilt nicht für Kleinsiedlungsgebiete, Dorfgebiete und Wochenendhausgebiete.	Dies gilt nicht für Kleinsiedlungsgebiete, Dorfgebiete, Wochenendhausgebiete und Ferienhausgebiete.

(2) Die Obergrenzen des Absatzes 1 können überschritten werden, wenn

1. besondere städtebauliche Gründe dies erfordern,
2. die Überschreitungen durch Umstände ausgeglichen sind oder durch Maßnahmen ausgeglichen werden, durch die sichergestellt ist, daß die allgemeinen Anforderungen an gesunde Wohn- und Arbeitsverhältnisse nicht beeinträchtigt, nachteilige Auswirkungen auf die Umwelt vermieden und die Bedürfnisse des Verkehrs befriedigt werden, und
3. sonstige öffentliche Belange nicht entgegenstehen.

Dies gilt nicht für Wochenendhausgebiete und Ferienhausgebiete.

BauNVO 1968	BauNVO 1977
(8) In Gebieten, die bei Inkrafttreten der Baunutzungsverordnung überwiegend bebaut waren, können in den Bauleitplänen die Höchstwerte des Absatzes 1 Spalte 3 bis 5 und des Absatzes 7 überschritten werden, wenn städtebauliche Gründe dies rechtfertigen und sonstige öffentliche Belange nicht entgegenstehen.	(9) In Gebieten, die bei Inkrafttreten der Baunutzungsverordnung überwiegend bebaut waren, können in den Bauleitplänen die Höchstwerte des Absatzes 1 Spalte 3 bis 5 und des Absatzes 8 überschritten werden, wenn städtebauliche Gründe dies rechtfertigen und sonstige öffentliche Belange nicht entgegenstehen.
§ 18 Vollgeschosse. Als Vollgeschosse gelten Geschosse, die nach landesrechtlichen Vorschriften Vollgeschosse sind oder auf ihre Zahl angerechnet werden.	**§ 18 Vollgeschosse.** *(wie BauNVO 1962, 1968)*
§ 19 Grundflächenzahl, zulässige Grundfläche. (1) Die Grundflächenzahl gibt an, wieviel Quadratmeter Grundfläche je Quadratmeter Grundstücksfläche im Sinne des Absatzes 3 zulässig sind.	**§ 19 Grundflächenzahl, zulässige Grundfläche.** (1) *(wie BauNVO 1962, 1968)*
(2) Zulässige Grundfläche ist der nach Absatz 1 errechnete Anteil des Baugrundstücks, der von baulichen Anlagen überdeckt werden darf.	(2) *(wie BauNVO 1962, 1968)*
(3) Für die Ermittlung der zulässigen Grundfläche ist die Fläche des Baugrundstücks maßgebend, die im Bauland und hinter der im Bebauungsplan festgesetzten Straßenbegrenzungslinie liegt. Ist eine Straßenbegrenzungslinie nicht festgesetzt, so ist die Fläche des Baugrundstücks maßgebend, die hinter der tatsächlichen Straßengrenze liegt oder die im Bebauungsplan als maßgebend für die Ermittlung der zulässigen Grundfläche festgesetzt ist.	(3) *(wie BauNVO 1962, 1968)*

BauNVO 1990

(3) In Gebieten, die am 1. August 1962 überwiegend bebaut waren, können die Obergrenzen des Absatzes 1 überschritten werden, wenn städtebauliche Gründe dies erfordern und sonstige öffentliche Belange nicht entgegenstehen. Absatz 2 Satz 1 Nr. 2 ist entsprechend anzuwenden.

§ 18 Höhe baulicher Anlagen.
(1) Bei Festsetzung der Höhe baulicher Anlagen sind die erforderlichen Bezugspunkte zu bestimmen.

(2) Ist die Höhe baulicher Anlagen als zwingend festgesetzt (§ 16 Abs. 4 Satz 2), können geringfügige Abweichungen zugelassen werden.

§ 19 Grundflächenzahl, zulässige Grundfläche. (1) Die Grundflächenzahl gibt an, wieviel Quadratmeter Grundfläche je Quadratmeter Grundstücksfläche im Sinne des Absatzes 3 zulässig sind.

(2) Zulässige Grundfläche ist der nach Absatz 1 errechnete Anteil des Baugrundstücks, der von baulichen Anlagen überdeckt werden darf.

(3) Für die Ermittlung der zulässigen Grundfläche ist die Fläche des Baugrundstücks maßgebend, die im Bauland und hinter der im Bebauungsplan festgesetzten Straßenbegrenzungslinie liegt. Ist eine Straßenbegrenzungslinie nicht festgesetzt, so ist die Fläche des Baugrundstücks maßgebend, die hinter der tatsächlichen Straßengrenze liegt oder die im Bebauungsplan als maßgebend für die Ermittlung der zulässigen Grundfläche festgesetzt ist.

BauNVO 2017/2021/2023

§ 18 Höhe baulicher Anlagen.
(1) Bei Festsetzung der Höhe baulicher Anlagen sind die erforderlichen Bezugspunkte zu bestimmen.

(2) Ist die Höhe baulicher Anlagen als zwingend festgesetzt (§ 16 Absatz 4 Satz 2), können geringfügige Abweichungen zugelassen werden.

§ 19 Grundflächenzahl, zulässige Grundfläche. (1) Die Grundflächenzahl gibt an, wieviel Quadratmeter Grundfläche je Quadratmeter Grundstücksfläche im Sinne des Absatzes 3 zulässig sind.

(2) Zulässige Grundfläche ist der nach Absatz 1 errechnete Anteil des Baugrundstücks, der von baulichen Anlagen überdeckt werden darf.

(3) Für die Ermittlung der zulässigen Grundfläche ist die Fläche des Baugrundstücks maßgebend, die im Bauland und hinter der im Bebauungsplan festgesetzten Straßenbegrenzungslinie liegt. Ist eine Straßenbegrenzungslinie nicht festgesetzt, so ist die Fläche des Baugrundstücks maßgebend, die hinter der tatsächlichen Straßengrenze liegt oder die im Bebauungsplan als maßgebend für die Ermittlung der zulässigen Grundfläche festgesetzt ist.

BauNVO 1968	BauNVO 1977
(4) Auf die zulässige Grundfläche werden die Grundflächen von Nebenanlagen im Sinne des § 14 nicht angerechnet. Das gleiche gilt für Balkone, Loggien, Terrassen sowie für bauliche Anlagen, soweit sie nach Landesrecht im Bauwich oder in den Abstandsflächen zulässig sind oder zugelassen werden können.	(4) *(wie BauNVO 1968)*
§ 20 Geschoßflächenzahl, Geschoßfläche. (1) Die Geschoßflächenzahl gibt an, wieviel Quadratmeter Geschoßfläche je Quadratmeter Grundstücksfläche im Sinne des § 19 Abs. 3 zulässig sind.	**§ 20 Geschoßflächenzahl, Geschoßfläche.** (1) *(wie BauNVO 1962, 1968)*
(2) Die Geschoßfläche ist nach den Außenmaßen der Gebäude in allen Vollgeschossen zu ermitteln. Die Flächen von Aufenthaltsräumen in anderen Geschossen einschließlich der zu ihnen gehörenden Treppenräume	(2) *(wie BauNVO 1968)*

BauNVO 1990

(4) Bei der Ermittlung der Grundfläche sind die Grundflächen von

1. Garagen und Stellplätzen mit ihren Zufahrten,
2. Nebenanlagen im Sinne des § 14,
3. baulichen Anlagen unterhalb der Geländeoberfläche, durch die das Baugrundstück lediglich unterbaut wird,

mitzurechnen. Die zulässige Grundfläche darf durch die Grundflächen der in Satz 1 bezeichneten Anlagen bis zu 50 vom Hundert überschritten werden, höchstens jedoch bis zu einer Grundflächenzahl von 0,8; weitere Überschreitungen in geringfügigem Ausmaß können zugelassen werden. Im Bebauungsplan können von Satz 2 abweichende Bestimmungen getroffen werden. Soweit der Bebauungsplan nichts anderes festsetzt, kann im Einzelfall von der Einhaltung der sich aus Satz 2 ergebenden Grenzen abgesehen werden

1. bei Überschreitungen mit geringfügigen Auswirkungen auf die natürlichen Funktionen des Bodens oder
2. wenn die Einhaltung der Grenzen zu einer wesentlichen Erschwerung der zweckentsprechenden Grundstücksnutzung führen würde.

§ 20 Vollgeschosse, Geschoßflächenzahl, Geschoßfläche.

(1) Als Vollgeschosse gelten Geschosse, die nach landesrechtlichen Vorschriften Vollgeschosse sind oder auf ihre Zahl angerechnet werden.

(2) Die Geschoßflächenzahl gibt an, wieviel Quadratmeter Geschoßfläche je Quadratmeter Grundstücksfläche im Sinne des § 19 Abs. 3 zulässig sind.

BauNVO 2017/2021/2023

(4) Bei der Ermittlung der Grundfläche sind die Grundflächen von

1. Garagen und Stellplätzen mit ihren Zufahrten,
2. Nebenanlagen im Sinne des § 14,
3. baulichen Anlagen unterhalb der Geländeoberfläche, durch die das Baugrundstück lediglich unterbaut wird,

mitzurechnen. Die zulässige Grundfläche darf durch die Grundflächen der in Satz 1 bezeichneten Anlagen bis zu 50 vom Hundert überschritten werden, höchstens jedoch bis zu einer Grundflächenzahl von 0,8; weitere Überschreitungen in geringfügigem Ausmaß können zugelassen werden. Im Bebauungsplan können von Satz 2 abweichende Bestimmungen getroffen werden. Soweit der Bebauungsplan nichts anderes festsetzt, kann im Einzelfall von der Einhaltung der sich aus Satz 2 ergebenden Grenzen abgesehen werden

1. bei Überschreitungen mit geringfügigen Auswirkungen auf die natürlichen Funktionen des Bodens oder
2. wenn die Einhaltung der Grenzen zu einer wesentlichen Erschwerung der zweckentsprechenden Grundstücksnutzung führen würde.

§ 20 Vollgeschosse, Geschossflächenzahl, Geschossfläche.

(1) Als Vollgeschosse gelten Geschosse, die nach landesrechtlichen Vorschriften Vollgeschosse sind oder auf ihre Zahl angerechnet werden.

(2) Die Geschossflächenzahl gibt an, wieviel Quadratmeter Geschossfläche je Quadratmeter Grundstücksfläche im Sinne des § 19 Absatz 3 zulässig sind.

BauNVO 1968	BauNVO 1977
und einschließlich ihrer Umfassungswände sind mitzurechnen.	
(3) Bauliche Anlagen und Gebäudeteile im Sinne des § 19 Abs. 4 bleiben bei der Ermittlung der Geschoßfläche unberücksichtigt.	(3) *(wie BauNVO 1968)*
§ 21 Baumassenzahl, Baumasse. (1) Die Baumassenzahl gibt an, wieviel Kubikmeter Baumasse je Quadratmeter Grundstücksfläche im Sinne des § 19 Abs. 3 zulässig sind.	**§ 21 Baumassenzahl, Baumasse.** (1) *(wie BauNVO 1962, 1968)*
(2) Die Baumasse ist nach den Außenmaßen der Gebäude vom Fußboden des untersten Vollgeschosses bis zur Decke des obersten Vollgeschosses zu ermitteln. Die Baumassen von Aufenthaltsräumen in anderen Geschossen einschließlich der zu ihnen gehörenden Treppenräume und einschließlich ihrer Umfassungswände und Decken sind mitzurechnen. Bei baulichen Anlagen, bei denen eine Berechnung der Baumasse nach Satz 1 nicht möglich ist, ist die tatsächliche Baumasse zu ermitteln.	(2) *(wie BauNVO 1968)*
(3) Bauliche Anlagen und Gebäudeteile im Sinne des § 19 Abs. 4 blei-	(3) *(wie BauNVO 1968)*

BauNVO 1990

(3) Die Geschoßfläche ist nach den Außenmaßen der Gebäude in allen Vollgeschossen zu ermitteln. Im Bebauungsplan kann festgesetzt werden, daß die Flächen von Aufenthaltsräumen in anderen Geschossen einschließlich der zu ihnen gehörenden Treppenräume und einschließlich ihrer Umfassungswände ganz oder teilweise mitzurechnen oder ausnahmsweise nicht mitzurechnen sind.

(4) Bei der Ermittlung der Geschoßfläche bleiben Nebenanlagen im Sinne des § 14, Balkone, Loggien, Terrassen sowie bauliche Anlagen, soweit sie nach Landesrecht in den Abstandsflächen (seitlicher Grenzabstand und sonstigen Abstandsflächen) zulässig sind oder zugelassen werden können, unberücksichtigt.

§ 21 Baumassenzahl, Baumasse. (1) Die Baumassenzahl gibt an, wieviel Kubikmeter Baumasse je Quadratmeter Grundstücksfläche im Sinne des § 19 Abs. 3 zulässig sind.

(2) Die Baumasse ist nach den Außenmaßen der Gebäude vom Fußboden des untersten Vollgeschosses bis zur Decke des obersten Vollgeschosses zu ermitteln. Die Baumassen von Aufenthaltsräumen in anderen Geschossen einschließlich der zu ihnen gehörenden Treppenräume und einschließlich ihrer Umfassungswände und Decken sind mitzurechnen. Bei baulichen Anlagen, bei denen eine Berechnung der Baumasse nach Satz 1 nicht möglich ist, ist die tatsächliche Baumasse zu ermitteln.

(3) Bauliche Anlagen und Gebäudeteile im Sinne des § 20 Abs. 4 blei-

BauNVO 2017/2021/2023

(3) Die Geschossfläche ist nach den Außenmaßen der Gebäude in allen Vollgeschossen zu ermitteln. Im Bebauungsplan kann festgesetzt werden, dass die Flächen von Aufenthaltsräumen in anderen Geschossen einschließlich der zu ihnen gehörenden Treppenräume und einschließlich ihrer Umfassungswände ganz oder teilweise mitzurechnen oder ausnahmsweise nicht mitzurechnen sind.

(4) Bei der Ermittlung der Geschossfläche bleiben Nebenanlagen im Sinne des § 14, Balkone, Loggien, Terrassen sowie bauliche Anlagen, soweit sie nach Landesrecht in den Abstandsflächen (seitlicher Grenzabstand und sonstigen Abstandsflächen) zulässig sind oder zugelassen werden können, unberücksichtigt.

§ 21 Baumassenzahl, Baumasse. (1) Die Baumassenzahl gibt an, wieviel Kubikmeter Baumasse je Quadratmeter Grundstücksfläche im Sinne des § 19 Absatz 3 zulässig sind.

(2) Die Baumasse ist nach den Außenmaßen der Gebäude vom Fußboden des untersten Vollgeschosses bis zur Decke des obersten Vollgeschosses zu ermitteln. Die Baumassen von Aufenthaltsräumen in anderen Geschossen einschließlich der zu ihnen gehörenden Treppenräume und einschließlich ihrer Umfassungswände und Decken sind mitzurechnen. Bei baulichen Anlagen, bei denen eine Berechnung der Baumasse nach Satz 1 nicht möglich ist, ist die tatsächliche Baumasse zu ermitteln.

(3) Bauliche Anlagen und Gebäudeteile im Sinne des § 20 Absatz 4

BauNVO 1968

bleiben bei der Ermittlung der Baumasse unberücksichtigt.

§ 21 a Stellplätze, Garagen und Gemeinschaftsanlagen.

(1) Garagengeschosse oder ihre Baumasse sind in sonst anders genutzten Gebäuden auf die Zahl der zulässigen Vollgeschosse oder auf die zulässige Baumasse nicht anzurechnen, wenn der Bebauungsplan dies festsetzt oder als Ausnahme vorsieht.

(2) Der Grundstücksfläche im Sinne des § 19 Abs. 3 sind Flächenanteile an außerhalb des Baugrundstücks festgesetzten Gemeinschaftsanlagen im Sinne des § 9 Abs. 1 Nr. 12 und 13 Bundesbaugesetz hinzuzurechnen, wenn der Bebauungsplan dies festsetzt oder als Ausnahme vorsieht.

(3) Auf die zulässige Grundfläche (§ 19 Abs. 2) sind überdachte Stellplätze und Garagen nicht anzurechnen, soweit sie 0,1 der Fläche des Baugrundstücks nicht überschreiten. Darüber hinaus können sie ohne Anrechnung ihrer Grundfläche auf die zulässige Grundfläche zugelassen werden

1. in Kerngebieten, Gewerbegebieten und Industriegebieten,
2. in anderen Baugebieten, soweit solche Anlagen nach § 9 Abs. 1 Nr. 1 Buchstabe e des Bundesbaugesetzes im Bebauungsplan festgesetzt sind.

§ 19 Abs. 4 findet keine Anwendung.

(4) Bei der Ermittlung der Geschoßfläche (§ 20) oder der Baumasse (§ 21) bleiben unberücksichtigt die Flächen oder Baumassen von

BauNVO 1977

§ 21 a Stellplätze, Garagen und Gemeinschaftsanlagen.

(1) *(wie BauNVO 1968)*

(2) Der Grundstücksfläche im Sinne des § 19 Abs. 3 sind Flächenanteile an außerhalb des Baugrundstücks festgesetzten Gemeinschaftsanlagen im Sinne des § 9 Abs. 1 Nr. 22 des Bundesbaugesetzes hinzuzurechnen, wenn der Bebauungsplan dies festsetzt oder als Ausnahme vorsieht.

(3) Auf die zulässige Grundfläche (§ 19 Abs. 2) sind überdachte Stellplätze und Garagen nicht anzurechnen, soweit sie 0,1 der Fläche des Baugrundstücks nicht überschreiten. Darüber hinaus können sie ohne Anrechnung ihrer Grundfläche auf die zulässige Grundfläche zugelassen werden

1. in Kerngebieten, Gewerbegebieten und Industriegebieten,
2. in anderen Baugebieten, soweit solche Anlagen nach § 9 Abs. 1 Nr. 4 des Bundesbaugesetzes im Bebauungsplan festgesetzt sind.

§ 19 Abs. 4 findet keine Anwendung.

(4) Bei der Ermittlung der Geschoßfläche (§ 20) oder der Baumasse (§ 21) bleiben unberücksichtigt die Flächen oder Baumassen von

BauNVO 1990

ben bei der Ermittlung der Baumasse unberücksichtigt.

(4) Ist im Bebauungsplan die Höhe baulicher Anlagen oder die Baumassenzahl nicht festgesetzt, darf bei Gebäuden, die Geschosse von mehr als 3,50 m Höhe haben, eine Baumassenzahl, die das dreieinhalbfache der zulässigen Geschoßflächenzahl beträgt, nicht überschritten werden.

§ 21 a Stellplätze, Garagen und Gemeinschaftsanlagen.

(1) Garagengeschosse oder ihre Baumasse sind in sonst anders genutzten Gebäuden auf die Zahl der zulässigen Vollgeschosse oder auf die zulässige Baumasse nicht anzurechnen, wenn der Bebauungsplan dies festsetzt oder als Ausnahme vorsieht.

(2) Der Grundstücksfläche im Sinne des § 19 Abs. 3 sind Flächenanteile an außerhalb des Baugrundstücks festgesetzten Gemeinschaftsanlagen im Sinne des § 9 Abs. 1 Nr. 22 des Baugesetzbuchs hinzuzurechnen, wenn der Bebauungsplan dies festsetzt oder als Ausnahme vorsieht.

(3) Soweit § 19 Abs. 4 nicht entgegensteht, ist eine Überschreitung der zulässigen Grundfläche durch überdachte Stellplätze und Garagen bis zu 0,1 der Fläche des Baugrundstücks zulässig; eine weitergehende Überschreitung kann ausnahmsweise zugelassen werden

1. in Kerngebieten, Gewerbegebieten und Industriegebieten,
2. in anderen Baugebieten, soweit solche Anlagen nach § 9 Abs. 1 Nr. 4 des Baugesetzbuchs im Bebauungsplan festgesetzt sind.

(4) Bei der Ermittlung der Geschoßfläche oder der Baumasse bleiben unberücksichtigt die Flächen oder Baumassen von

BauNVO 2017/2021/2023

ben bei der Ermittlung der Baumasse unberücksichtigt.

(4) Ist im Bebauungsplan die Höhe baulicher Anlagen oder die Baumassenzahl nicht festgesetzt, darf bei Gebäuden, die Geschosse von mehr als 3,50 m Höhe haben, eine Baumassenzahl, die das dreieinhalbfache der zulässigen Geschossflächenzahl beträgt, nicht überschritten werden.

§ 21 a Stellplätze, Garagen und Gemeinschaftsanlagen.

(1) Garagengeschosse oder ihre Baumasse sind in sonst anders genutzten Gebäuden auf die Zahl der zulässigen Vollgeschosse oder auf die zulässige Baumasse nicht anzurechnen, wenn der Bebauungsplan dies festsetzt oder als Ausnahme vorsieht.

(2) Der Grundstücksfläche im Sinne des § 19 Absatz 3 sind Flächenanteile an außerhalb des Baugrundstücks festgesetzten Gemeinschaftsanlagen im Sinne des § 9 Absatz 1 Nummer 22 des Baugesetzbuchs hinzuzurechnen, wenn der Bebauungsplan dies festsetzt oder als Ausnahme vorsieht.

(3) Soweit § 19 Absatz 4 nicht entgegensteht, ist eine Überschreitung der zulässigen Grundfläche durch überdachte Stellplätze und Garagen bis zu 0,1 der Fläche des Baugrundstücks zulässig; eine weitergehende Überschreitung kann ausnahmsweise zugelassen werden

1. in Kerngebieten, Gewerbegebieten und Industriegebieten,
2. in anderen Baugebieten, soweit solche Anlagen nach § 9 Absatz 1 Nummer 4 des Baugesetzbuchs im Bebauungsplan festgesetzt sind.

(4) Bei der Ermittlung der Geschoßfläche oder der Baumasse bleiben unberücksichtigt die Flächen oder Baumassen von

BauNVO 1968	BauNVO 1977
1. Garagengeschossen, die nach Absatz 1 nicht angerechnet werden,	1. Garagengeschossen, die nach Absatz 1 nicht angerechnet werden,
2. Stellplätzen und Garagen, deren Grundflächen nach Absatz 3 nicht angerechnet werden,	2. Stellplätzen und Garagen, deren Grundflächen nach Absatz 3 nicht angerechnet werden,
3. Stellplätzen und Garagen in Vollgeschossen oberhalb der Geländeoberfläche, wenn der Bebauungsplan dies festsetzt oder als Ausnahme vorsieht.	3. Stellplätzen und Garagen in Vollgeschossen, wenn der Bebauungsplan dies festsetzt oder als Ausnahme vorsieht.
(5) Die zulässige Geschoßfläche (§ 20) oder die zulässige Baumasse (§ 21) ist um die Flächen oder Baumassen notwendiger Garagen, die unter der Geländeoberfläche hergestellt werden, insoweit zu erhöhen, als der Bebauungsplan dies festsetzt oder als Ausnahme vorsieht.	(5) *(wie BauNVO 1968)*
Dritter Abschnitt. Bauweise, überbaubare Grundstücksfläche	**Dritter Abschnitt. Bauweise, überbaubare Grundstücksfläche**
§ 22 Bauweise. (1) Im Bebauungsplan ist, soweit es erforderlich ist, die Bauweise als offene oder geschlossene Bauweise festzusetzen.	**§ 22 Bauweise.** (1) *(wie BauNVO 1968)*
(2) In der offenen Bauweise werden die Gebäude mit seitlichem Grenzabstand (Bauwich) als Einzelhäuser, Doppelhäuser oder als Hausgruppen mit einer Länge von höchstens 50 m errichtet. Im Bebauungsplan können Flächen festgesetzt werden, auf denen nur Einzelhäuser, nur Doppelhäuser, nur Hausgruppen oder nur zwei dieser Hausformen zulässig sind.	(2) *(wie BauNVO 1968)*
(3) In der geschlossenen Bauweise werden die Gebäude ohne seitlichen Grenzabstand errichtet, es sei denn, daß die vorhandene Bebauung eine Abweichung erfordert.	(3) *(wie BauNVO 1962, 1968)*

BauNVO 1990

1. Garagengeschossen, die nach Absatz 1 nicht angerechnet werden,
2. Stellplätzen und Garagen, deren Grundflächen die zulässige Grundfläche unter den Voraussetzungen des Absatzes 3 überschreiten,
3. Stellplätzen und Garagen in Vollgeschossen, wenn der Bebauungsplan dies festsetzt oder als Ausnahme vorsieht.

(5) Die zulässige Geschoßfläche oder die zulässige Baumasse ist um die Flächen oder Baumassen notwendiger Garagen, die unter der Geländeoberfläche hergestellt werden, insoweit zu erhöhen, als der Bebauungsplan dies festsetzt oder als Ausnahme vorsieht.

Dritter Abschnitt. Bauweise, überbaubare Grundstücksfläche

§ 22 Bauweise. (1) Im Bebauungsplan kann die Bauweise als offene oder geschlossene Bauweise festgesetzt werden.

(2) In der offenen Bauweise werden die Gebäude mit seitlichem Grenzabstand als Einzelhäuser, Doppelhäuser oder Hausgruppen errichtet. Die Länge der in Satz 1 bezeichneten Hausformen darf höchstens 50 m betragen. Im Bebauungsplan können Flächen festgesetzt werden, auf denen nur Einzelhäuser, nur Doppelhäuser, nur Hausgruppen oder nur zwei dieser Hausformen zulässig sind.

(3) In der geschlossenen Bauweise werden die Gebäude ohne seitlichen Grenzabstand errichtet, es sei denn, daß die vorhandene Bebauung eine Abweichung erfordert.

BauNVO 2017/2021/2023

1. Garagengeschossen, die nach Absatz 1 nicht angerechnet werden,
2. Stellplätzen und Garagen, deren Grundflächen die zulässige Grundfläche unter den Voraussetzungen des Absatzes 3 überschreiten,
3. Stellplätzen und Garagen in Vollgeschossen, wenn der Bebauungsplan dies festsetzt oder als Ausnahme vorsieht.

(5) Die zulässige Geschossfläche oder die zulässige Baumasse ist um die Flächen oder Baumassen notwendiger Garagen, die unter der Geländeoberfläche hergestellt werden, insoweit zu erhöhen, als der Bebauungsplan dies festsetzt oder als Ausnahme vorsieht.

Dritter Abschnitt. Bauweise, überbaubare Grundstücksfläche

§ 22 Bauweise. (1) Im Bebauungsplan kann die Bauweise als offene oder geschlossene Bauweise festgesetzt werden.

(2) In der offenen Bauweise werden die Gebäude mit seitlichem Grenzabstand als Einzelhäuser, Doppelhäuser oder Hausgruppen errichtet. Die Länge der in Satz 1 bezeichneten Hausformen darf höchstens 50 m betragen. Im Bebauungsplan können Flächen festgesetzt werden, auf denen nur Einzelhäuser, nur Doppelhäuser, nur Hausgruppen oder nur zwei dieser Hausformen zulässig sind.

(3) In der geschlossenen Bauweise werden die Gebäude ohne seitlichen Grenzabstand errichtet, es sei denn, daß die vorhandene Bebauung eine Abweichung erfordert.

BauNVO 1968	BauNVO 1977
(4) Im Bebauungsplan kann eine von Absatz 1 abweichende Bauweise festgesetzt werden.	(4) *(wie BauNVO 1962, 1968)*
§ 23 Überbaubare Grundstücksfläche. (1) Die überbaubaren Grundstücksflächen können durch die Festsetzung von Baulinien, Baugrenzen oder Bebauungstiefen bestimmt werden. Die Festsetzungen können geschoßweise unterschiedlich getroffen werden.	**§ 23 Überbaubare Grundstücksfläche.** (1) *(wie BauNVO 1968)*
(2) Ist eine Baulinie festgesetzt, so muß auf dieser Linie gebaut werden. Ein Vor- oder Zurücktreten von Gebäudeteilen in geringfügigem Ausmaß kann zugelassen werden. Im Bebauungsplan können weitere nach Art und Umfang bestimmte Ausnahmen vorgesehen werden.	(2) *(wie BauNVO 1968)*
(3) Ist eine Baugrenze festgesetzt, so dürfen Gebäude und Gebäudeteile diese nicht überschreiten. Ein Vortreten von Gebäudeteilen in geringfügigem Ausmaß kann zugelassen werden. Absatz 2 Satz 3 gilt entsprechend.	(3) *(wie BauNVO 1968)*
(4) Ist eine Bebauungstiefe festgesetzt, so gilt Absatz 3 entsprechend. Die Bebauungstiefe ist von der tatsächlichen Straßengrenze ab zu ermitteln, sofern im Bebauungsplan nichts anderes festgesetzt ist.	(4) *(wie BauNVO 1962, 1968)*
(5) Wenn im Bebauungsplan nichts anderes festgesetzt ist, können auf den nicht überbaubaren Grundstücksflächen Nebenanlagen im Sinne des § 14 zugelassen werden. Das gleiche gilt für bauliche Anlagen, soweit sie nach Landesrecht im Bauwich oder in den Abstandsflächen zulässig sind oder zugelassen werden können.	(5) *(wie BauNVO 1962, 1968)*

BauNVO 1990	BauNVO 2017/2021/2023
(4) Im Bebauungsplan kann eine von Absatz 1 abweichende Bauweise festgesetzt werden. Dabei kann auch festgesetzt werden, inwieweit an die vorderen, rückwärtigen und seitlichen Grundstücksgrenzen herangebaut werden darf oder muß.	(4) Im Bebauungsplan kann eine von Absatz 1 abweichende Bauweise festgesetzt werden. Dabei kann auch festgesetzt werden, inwieweit an die vorderen, rückwärtigen und seitlichen Grundstücksgrenzen herangebaut werden darf oder muss.
§ 23 Überbaubare Grundstücksfläche. (1) Die überbaubaren Grundstücksflächen können durch die Festsetzung von Baulinien, Baugrenzen oder Bebauungstiefen bestimmt werden. § 16 Abs. 5 ist entsprechend anzuwenden.	**§ 23 Überbaubare Grundstücksfläche.** (1) Die überbaubaren Grundstücksflächen können durch die Festsetzung von Baulinien, Baugrenzen oder Bebauungstiefen bestimmt werden. § 16 Absatz 5 ist entsprechend anzuwenden.
(2) Ist eine Baulinie festgesetzt, so muß auf dieser Linie gebaut werden. Ein Vor- oder Zurücktreten von Gebäudeteilen in geringfügigem Ausmaß kann zugelassen werden. Im Bebauungsplan können weitere nach Art und Umfang bestimmte Ausnahmen vorgesehen werden.	(2) Ist eine Baulinie festgesetzt, so muß auf dieser Linie gebaut werden. Ein Vor- oder Zurücktreten von Gebäudeteilen in geringfügigem Ausmaß kann zugelassen werden. Im Bebauungsplan können weitere nach Art und Umfang bestimmte Ausnahmen vorgesehen werden.
(3) Ist eine Baugrenze festgesetzt, so dürfen Gebäude und Gebäudeteile diese nicht überschreiten. Ein Vortreten von Gebäudeteilen in geringfügigem Ausmaß kann zugelassen werden. Absatz 2 Satz 3 gilt entsprechend.	(3) Ist eine Baugrenze festgesetzt, so dürfen Gebäude und Gebäudeteile diese nicht überschreiten. Ein Vortreten von Gebäudeteilen in geringfügigem Ausmaß kann zugelassen werden. Absatz 2 Satz 3 gilt entsprechend.
(4) Ist eine Bebauungstiefe festgesetzt, so gilt Absatz 3 entsprechend. Die Bebauungstiefe ist von der tatsächlichen Straßengrenze ab zu ermitteln, sofern im Bebauungsplan nichts anderes festgesetzt ist.	(4) Ist eine Bebauungstiefe festgesetzt, so gilt Absatz 3 entsprechend. Die Bebauungstiefe ist von der tatsächlichen Straßengrenze ab zu ermitteln, sofern im Bebauungsplan nichts anderes festgesetzt ist.
(5) Wenn im Bebauungsplan nichts anderes festgesetzt ist, können auf den nicht überbaubaren Grundstücksflächen Nebenanlagen im Sinne des § 14 zugelassen werden. Das gleiche gilt für bauliche Anlagen, soweit sie nach Landesrecht in den Abstandsflächen zulässig sind oder zugelassen werden können.	(5) Wenn im Bebauungsplan nichts anderes festgesetzt ist, können auf den nicht überbaubaren Grundstücksflächen Nebenanlagen im Sinne des § 14 zugelassen werden. Das gleiche gilt für bauliche Anlagen, soweit sie nach Landesrecht in den Abstandsflächen zulässig sind oder zugelassen werden können.

BauNVO 1968	BauNVO 1977
Vierter Abschnitt	**Vierter Abschnitt**
§ 24 Anwendung der Verordnung in den Fällen der §§ 33, 34 Bundesbaugesetz. (1) In den Fällen des § 33 Bundesbaugesetz sind die Vorschriften dieser Verordnung entsprechend dem Stand der Planungsarbeiten anzuwenden. (2) In den Fällen des § 34 Bundesbaugesetz sind, soweit Festsetzungen, die Gegenstand dieser Verordnung sind, nicht bestehen, die Vorschriften dieser Verordnung entsprechend der vorhandenen Bebauung sinngemäß anzuwenden.	**§ 24 Anwendung der Verordnung im Falle des § 33 des Bundesbaugesetzes.** In den Fällen des § 33 des Bundesbaugesetzes sind die Vorschriften dieser Verordnung entsprechend dem Stand der Planungsarbeiten anzuwenden.
Fünfter Abschnitt. Überleitungs- und Schlußvorschriften	**Fünfter Abschnitt. Überleitungs- und Schlußvorschriften**
§ 25 Fortführung eingeleiteter Verfahren.* Für Bauleitpläne, deren Aufstellung oder Änderung bereits eingeleitet ist, sind die dieser Verordnung entsprechenden bisherigen Vorschriften weiterhin anzuwenden, wenn die Pläne bei dem Inkrafttreten dieser Verordnung bereits ausgelegt sind.	**§ 25 Fortführung eingeleiteter Verfahren.*** *(wie BauNVO 1962, 1968)*

* **Amtl. Anm.:** Diese Vorschrift betrifft die Fortführung eingeleiteter Verfahren bei Inkrafttreten der Baunutzungsverordnung (1. August 1962) in der ursprünglichen Fassung vom 26. Juni 1962 (BGBl. I S. 429) [Nr. **4 a**]. Für die Fortführung eingeleiteter Verfahren bei Inkrafttreten der Änderungsverordnung (1. Januar 1969) bestimmt Artikel 2 der Verordnung zur Änderung der Baunutzungsverordnung vom 26. November 1968 (BGBl. I S. 1233):

„Für Bauleitpläne, deren Aufstellung oder Änderung bereits eingeleitet ist, gilt die Verordnung in der bisherigen Fassung, wenn die Pläne bei Inkrafttreten dieser Verordnung bereits nach § 2 Absatz 6 Bundesbaugesetz ausgelegt sind.“

* Vgl. Spalte 1.

BauNVO 1990

Vierter Abschnitt

§ 24. (weggefallen)

Fünfter Abschnitt. Überleitungs- und Schlußvorschriften

§ 25 Fortführung eingeleiteter Verfahren.* Für Bauleitpläne, deren Aufstellung oder Änderung bereits eingeleitet ist, sind die dieser Verordnung entsprechenden bisherigen Vorschriften weiterhin anzuwenden, wenn die Pläne bei dem Inkrafttreten dieser Verordnung bereits ausgelegt sind.

* Vgl. Spalte 1.

BauNVO 2017/2021/2023

Vierter Abschnitt

§ 24. (weggefallen)

Fünfter Abschnitt. Überleitungs- und Schlussvorschriften

§ 25 Fortführung eingeleiteter Verfahren.* Für Bauleitpläne, deren Aufstellung oder Änderung bereits eingeleitet ist, sind die dieser Verordnung entsprechenden bisherigen Vorschriften weiterhin anzuwenden, wenn die Pläne bei dem Inkrafttreten dieser Verordnung bereits ausgelegt sind.

* Vgl. Spalte 1.

BauNVO 1968	BauNVO 1977
	§ 25 a Überleitungsvorschriften aus Anlaß der zweiten Änderungsverordnung. (1) Für Bauleitpläne, deren Aufstellung oder Änderung bereits eingeleitet ist, gilt diese Verordnung in ihrer bis zum Inkrafttreten der Zweiten Verordnung zur Änderung dieser Verordnung vom 15. September 1977 (BGBl. I S. 1757) gültigen Fassung, wenn die Pläne bei Inkrafttreten der zweiten Änderungsverordnung nach § 2a Absatz 6 des Bundesbaugesetzes oder § 2 Absatz 6 des Bundesbaugesetzes in der bis zum 1. Januar 1977 geltenden Fassung ausgelegt sind. (2) Von der Geltung der Vorschriften der zweiten Änderungsverordnung über gesonderte Festsetzungen für übereinanderliegende Geschosse und Ebenen sowie sonstige Teile baulicher Anlagen sind solche Bebauungspläne ausgenommen, auf die § 9 Absatz 3 des Bundesbaugesetzes in der ab 1. Januar 1977 geltenden Fassung nach Maßgabe des Artikels 3 § 1 Absatz 3 des Gesetzes zur Änderung des Bundesbaugesetzes vom 18. August 1976 (BGBl. I S. 2221) keine Anwendung findet. Auf diese Bebauungspläne finden die Vorschriften dieser Verordnung über gesonderte Festsetzungen für übereinanderliegende Geschosse und Ebenen und sonstige Teile baulicher Anlagen in der bis zum Inkrafttreten der zweiten Änderungsverordnung gültigen Fassung weiterhin Anwendung.
	§ 25 b Überleitungsvorschrift aus Anlaß der dritten Änderungsverordnung. (1) Ist der Entwurf eines Bebauungsplans vor dem Inkrafttreten der dritten Änderungsverordnung nach § 2a Absatz 6 des Bundesbaugesetzes öffentlich ausgelegt worden, ist auf ihn § 11 Absatz 3

BauNVO 1990	BauNVO 2017/2021/2023
§ 25 a Überleitungsvorschriften aus Anlaß der zweiten Änderungsverordnung. *(wie BauNVO 1977)*	**§ 25 a Überleitungsvorschriften aus Anlass der zweiten Änderungsverordnung.** *(wie BauNVO 1977)*
§ 25 b Überleitungsvorschrift aus Anlaß der dritten Änderungsverordnung. *(wie BauNVO 1977)*	**§ 25 b Überleitungsvorschrift aus Anlass der dritten Änderungsverordnung.** *(wie BauNVO 1977)*

BauNVO 1968	BauNVO 1977
	Satz 3 in der bis zum Inkrafttreten der dritten Änderungsverordnung geltenden Fassung anzuwenden. Das Recht der Gemeinde, das Verfahren zur Aufstellung des Bebauungsplans erneut einzuleiten, bleibt unberührt. (2) Auf Bebauungspläne, auf die § 11 Absatz 3 in der Fassung der Bekanntmachung vom 15. September 1977 Anwendung findet, ist § 11 Absatz 3 Satz 4 entsprechend anzuwenden.

BauNVO 1990	BauNVO 2017/2021/2023
§ 25c Überleitungsvorschrift aus Anlaß der vierten Änderungsverordnung. (1) Ist der Entwurf eines Bauleitplans vor dem 27. Januar 1990 nach § 3 Abs. 2 des Baugesetzbuchs öffentlich ausgelegt worden, ist auf ihn diese Verordnung in der bis zum 26. Januar 1990 geltenden Fassung anzuwenden. Das Recht der Gemeinde, das Verfahren zur Aufstellung des Bauleitplans erneut einzuleiten, bleibt unberührt.	**§ 25c Überleitungsvorschrift aus Anlass der vierten Änderungsverordnung.** Ist der Entwurf eines Bauleitplans vor dem 27. Januar 1990 nach § 3 Absatz 2 des Baugesetzbuchs öffentlich ausgelegt worden, ist auf ihn diese Verordnung in der bis zum 26. Januar 1990 geltenden Fassung anzuwenden. Das Recht der Gemeinde, das Verfahren zur Aufstellung des Bauleitplans erneut einzuleiten, bleibt unberührt.
(2)[1] *Wird in Gebieten mit Bebauungsplänen, auf die § 20 Abs. 2 Satz 2 in einer früheren Fassung anzuwenden ist, die zulässige Geschoßfläche durch Flächen von Aufenthaltsräumen in anderen als Vollgeschossen überschritten, kann die Überschreitung zugelassen werden, wenn öffentliche Belange nicht entgegenstehen.*	
(3)[1] *Die Vorschriften dieser Verordnung über die Zulässigkeit von Vergnügungsstätten in den Baugebieten sind auch in Gebieten mit Bebauungsplänen anzuwenden, die auf der Grundlage einer früheren Fassung dieser Verordnung aufgestellt worden sind; besondere Festsetzungen in diesen Bebauungsplänen über die Zulässigkeit von Vergnügungsstätten bleiben unberührt. In den im Zusammen-*	

[1] § 25 c Abs. 2 u. 3 aufgeh. mWv. 1. 5. 1993 durch Art. 3 Inv-WoBaulG v. 22. 4. 1993 (BGBl. I S. 466).

BauNVO 1990	BauNVO 2017/2021/2023

hang bebauten Gebieten, auf die § 34 Abs. 1 des Baugesetzbuchs Anwendung findet, können in einem Bebauungsplan aus besonderen städtebaulichen Gründen Bestimmungen über die Zulässigkeit von Vergnügungsstätten festgesetzt werden, um eine Beeinträchtigung

1. *von Wohnnutzungen oder*
2. *von anderen schutzbedürftigen Anlagen, wie Kirchen, Schulen und Kindertagesstätten, oder*
3. *der sich aus der vorhandenen Nutzung ergebenden städtebaulichen Funktion des Gebiets*

zu verhindern; in Gebieten mit überwiegend gewerblicher Nutzung können solche Bestimmungen nur zum Schutz der in Nummer 2 bezeichneten Anlagen oder zur Verhinderung einer städtebaulich nachteiligen Massierung von Vergnügungsstätten festgesetzt werden. Von den Sätzen 1 und 2 unberührt bleiben am 27. Januar 1990 vorhandene, baurechtlich genehmigte Vergnügungsstätten einschließlich notwendiger Änderungen, die sich aus behördlichen Auflagen oder gewerberechtlichen Bestimmungen ergeben.

§ 25d[1] Überleitungsvorschrift aus Anlass des Gesetzes zur Stärkung der Innenentwicklung in den Städten und Gemeinden und weiteren Fortentwicklung des Städtebaurechts. Ist der Entwurf eines Bauleitplans vor dem 20. September 2013 nach § 3 Absatz 2 des Baugesetzbuchs öffentlich ausgelegt worden, ist auf ihn diese Verordnung in der bis zum 20. September 2013 geltenden Fassung anzuwenden. Das Recht der Gemeinde, das Verfahren zur Aufstellung des Bauleitplans erneut einzuleiten, bleibt unberührt.

[1] § 25 d eingef. mWv. 20. 9. 2013 durch G v. 11. 6. 2013 (BGBl. I S. 1548).

BauNVO 1968	BauNVO 1977
§ 26 Berlin-Klausel. Diese Verordnung gilt nach § 14 des Dritten Überleitungsgesetzes vom 4. Januar 1952 (Bundesgesetzblatt I S. 1) in Verbindung mit § 187 Bundesbaugesetz auch im Land Berlin.	**§ 26 Berlin-Klausel.** Diese Verordnung gilt nach § 14 des Dritten Überleitungsgesetzes in Verbindung mit § 187 des Bundesbaugesetzes auch im Land Berlin.

§ 25e[1)] Überleitungsvorschrift aus Anlass des Gesetzes zur Mobilisierung von Bauland [1]Ist der Entwurf eines Bauleitplans vor dem 23. Juni 2021 nach § 3 Absatz 2 des Baugesetzbuchs oder nach dem Planungssicherstellungsgesetz öffentlich ausgelegt worden, ist auf ihn diese Verordnung in der bis zum 23. Juni 2021 geltenden Fassung anzuwenden. [2]Das Recht der Gemeinde, das Verfahren zur Aufstellung des Bauleitplans erneut einzuleiten, bleibt unberührt.

§ 25f[2)] Überleitungsvorschrift aus Anlass des Gesetzes zur sofortigen Verbesserung der Rahmenbedingungen für die erneuerbaren Energien im Städtebaurecht [1]Ist der Entwurf eines Bauleitplans vor dem 1. Januar 2023 nach § 3 Absatz 2 des Baugesetzbuchs öffentlich ausgelegt oder nach § 3 Absatz 1 des Planungssicherstellungsgesetzes im Internet veröffentlicht worden, ist auf ihn diese Verordnung in der bis zum 1. Januar 2023 geltenden Fassung anzuwenden. [2]Das Recht der Gemeinde, das Verfahren zur Aufstellung des Bauleitplans erneut einzuleiten, bleibt unberührt.

§ 26 Berlin-Klausel. *(gegenstandslos)*

§ 26 Berlin-Klausel. *(gegenstandslos)*

[1)] § 25e eingef. mWv 23.6.2021 durch G v. 14.6.2021 (BGBl. I S. 1802).
[2)] § 25f eingef. mWv 1.1.20231 durch G v. 4.1.2023 (BGBl. I Nr. 6).

BauNVO 1968

§ 27[1)] (Inkrafttreten).

[1)] Die Vorschrift bezieht sich auf die Fassung der BauNVO 1962 (Nr. **4 a**). Nach Artikel 5 der ÄndVO v. 26. 11. 1968 (BGBl. I S. 1233) ist die 1. ÄndVO am 1. 1. 1969 in Kraft getreten.

BauNVO 1977

§ 27[1)] (Inkrafttreten).

[1)] Die Vorschrift bezieht sich auf die Fassung der BauNVO 1962 (Nr. **4 a**). Nach Artikel 4 der ÄndVO v. 15. 9. 1977 (BGBl. I S. 1757) ist die 2. ÄndVO am 1. 10. 1977 in Kraft getreten.

BauNVO 1990

§ 26 a[1)] Überleitungsregelungen aus Anlaß der Herstellung der Einheit Deutschlands. (1) In dem in Artikel 3 des Einigungsvertrages genannten Gebiet ist § 17 Abs. 3 auf Gebiete anzuwenden, die am 1. Juli 1990 überwiegend bebaut waren.

(2) Soweit in dieser Verordnung auf Vorschriften verwiesen wird, die in dem in Artikel 3 des Einigungsvertrages genannten Gebiet keine Anwendung finden, sind die entsprechenden Vorschriften der Deutschen Demokratischen Republik anzuwenden. Bestehen solche Vorschriften nicht oder würde ihre Anwendung dem Sinn der Verweisung widersprechen, gelten die Vorschriften, auf die verwiesen wird, entsprechend.

§ 27[2)] (Inkrafttreten).

[1)] Eingef. durch EVertr. v. 31. 8. 1990 (BGBl. II S. 889, 1124).

[2)] Nach Artikel 4 der ÄndVO v. 23. 1. 1990 (BGBl. I S. 127) ist die 4. ÄndVO am Tage nach ihrer Verkündung, dh am 27. 1. 1990 in Kraft getreten. Nach Artikel 3 der ÄndVO v. 19. 12. 1986 (BGBl. I S. 2665) ist die 3. ÄndVO, die – der 4. ÄndVO vorgezogen – § 11 Abs. 3 novellierte (vgl. auch § 25 b), am 1. 1. 1987 in Kraft getreten.

BauNVO 2017/2021/2023

§ 26 a[1)] Überleitungsregelungen aus Anlass der Herstellung der Einheit Deutschlands.

Soweit in dieser Verordnung auf Vorschriften verwiesen wird, die in dem in Artikel 3 des Einigungsvertrages genannten Gebiet keine Anwendung finden, sind die entsprechenden Vorschriften der Deutschen Demokratischen Republik anzuwenden. Bestehen solche Vorschriften nicht oder würde ihre Anwendung dem Sinn der Verweisung widersprechen, gelten die Vorschriften, auf die verwiesen wird, entsprechend.

§ 27[2)] (Inkrafttreten).

[1)] Eingef. durch EVertr. v. 31.8. 1990 (BGBl. II S. 889, 1124), Abs. 1 aufgeh. mWv 20.9. 2013 durch G v. 11.6. 2013 (BGBl. I S. 1548).

[2)] Nach Art. 3 Abs. 1 des G v. 20. 6. 2011, BGBl. I S. 1548, ist die BauNVO 2013 am 20. 9. 2013 in Kraft getreten. Nach Artikel 4 der ÄndVO v. 23. 1. 1990 (BGBl. I S. 127) ist die 4. ÄndVO am Tage nach ihrer Verkündung, dh am 27. 1. 1990 in Kraft getreten. Nach Artikel 3 der ÄndVO v. 19. 12. 1986 (BGBl. I S. 2665) ist die 3. ÄndVO, die – der 4. ÄndVO vorgezogen – § 11 Abs. 3 novellierte (vgl. auch § 25 b), am 1. 1. 1987 in Kraft getreten.

4. Verordnung über die Ausarbeitung der Bauleitpläne und die Darstellung des Planinhalts (Planzeichenverordnung – PlanZV)

Vom 18. Dezember 1990
(BGBl. 1991 I S. 58)

FNA 213-1-6

zuletzt geänd. durch Art. 3 BaulandmobilisierungsG v. 14.6.2021 (BGBl. I S. 1802)

Auf Grund des § 2 Abs. 5 Nr. 4 des Baugesetzbuchs[1)] in der Fassung der Bekanntmachung vom 8. Dezember 1986 (BGBl. I S. 2253) verordnet der Bundesminister für Raumordnung, Bauwesen und Städtebau:

§ 1 Planunterlagen. (1) [1] Als Unterlagen für Bauleitpläne sind Karten zu verwenden, die in Genauigkeit und Vollständigkeit den Zustand des Plangebiets in einem für den Planinhalt ausreichenden Grade erkennen lassen (Planunterlagen). [2] Die Maßstäbe sind so zu wählen, daß der Inhalt der Bauleitpläne eindeutig dargestellt oder festgesetzt werden kann.

(2) [1] Aus den Planunterlagen für Bebauungspläne sollen sich die Flurstücke mit ihren Grenzen und Bezeichnungen in Übereinstimmung mit dem Liegenschaftskataster, die vorhandenen baulichen Anlagen, die Straßen, Wege und Plätze sowie die Geländehöhe ergeben. [2] Von diesen Angaben kann insoweit abgesehen werden, als sie für die Festsetzungen nicht erforderlich sind. [3] Der Stand der Planunterlagen (Monat, Jahr) soll angegeben werden.

§ 2 Planzeichen. (1) [1] Als Planzeichen in den Bauleitplänen sollen die in der Anlage zu dieser Verordnung enthaltenen Planzeichen verwendet werden. [2] Dies gilt auch insbesondere für Kennzeichnungen, nachrichtliche Übernahmen und Vermerke. [3] Die Darstellungsarten können miteinander verbunden werden. [4] Linien können auch in Farbe ausgeführt werden. [5] Kennzeichnungen, nachrichtliche Übernahmen und Vermerke sollen zusätzlich zu den Planzeichen als solche bezeichnet werden.

(2) [1] Die in der Anlage enthaltenen Planzeichen können ergänzt werden, soweit dies zur eindeutigen Darstellung des Planinhalts erforderlich ist. [2] Soweit Darstellungen des Planinhalts erforderlich sind, für die in der Anlage keine oder keine ausreichenden Planzeichen enthalten sind, können Planzeichen verwendet werden, die sinngemäß aus den angegebenen Planzeichen entwickelt worden sind.

(3) Die Planzeichen sollen in Farbton, Strichstärke und Dichte den Planunterlagen so angepaßt werden, daß deren Inhalt erkennbar bleibt.

(4) Die verwendeten Planzeichen sollen im Bauleitplan erklärt werden.

(5) Eine Verletzung von Vorschriften der Absätze 1 bis 4 ist unbeachtlich, wenn die Darstellung, Festsetzung, Kennzeichnung, nachrichtliche Übernahme oder der Vermerk hinreichend deutlich erkennbar ist.

---

1) Nr. **1**.

§ 3 Überleitungsvorschrift. Die bis zum 31. Oktober 1981 sowie die bis zum Inkrafttreten dieser Verordnung geltenden Planzeichen können weiterhin verwendet werden

1. für Änderungen oder Ergänzungen von Bauleitplänen, die bis zu diesen Zeitpunkten rechtswirksam geworden sind,
2. für Bauleitpläne, deren Aufstellung die Gemeinde bis zu diesen Zeitpunkten eingeleitet hat, wenn mit der Beteiligung der Träger öffentlicher Belange nach § 4 des Baugesetzbuchs[1] oder vor Inkrafttreten des Baugesetzbuchs nach § 2 Abs. 5 des Bundesbaugesetzes begonnen worden ist sowie für Änderungen oder Ergänzungen dieser Bauleitpläne.

§ 4 Inkrafttreten. (1) Diese Verordnung tritt am ersten Tage des auf die Verkündung[2] folgenden dritten Kalendermonats in Kraft.

(2) Gleichzeitig tritt die Planzeichenverordnung 1981 vom 30. Juli 1981 (BGBl. I S. 833) außer Kraft.

[1] Nr. **1**.
[2] Verkündet am 22.1.1991.

Anlage

Planzeichen für Bauleitpläne

1. Art der baulichen Nutzung

(§ 5 Abs. 2 Nr. 1, § 9 Abs. 1 Nr. 1 des Baugesetzbuchs – BauGB –, §§ 1 bis 11 der Baunutzungsverordnung – BauNVO –)

schwarz/weiß farbig

1.1. Wohnbauflächen
(§ 1 Abs. 1 Nr. 1 BauNVO)

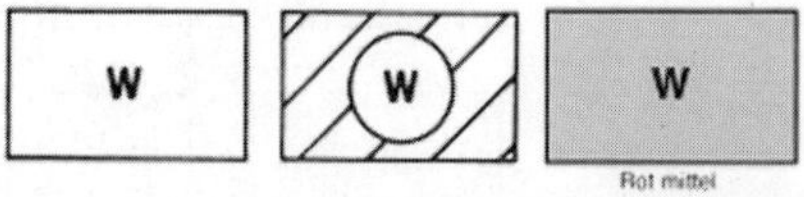

1.1.1. Kleinsiedlungsgebiete
(§ 2 BauNVO)

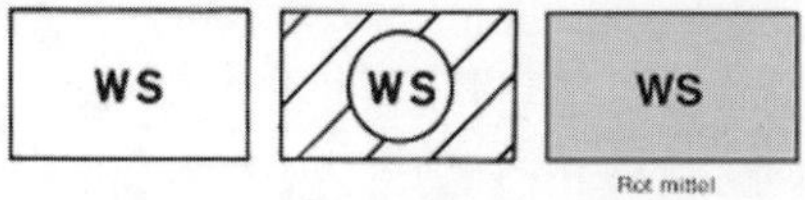

1.1.2. Reine Wohngebiete
(§ 3 BauNVO)

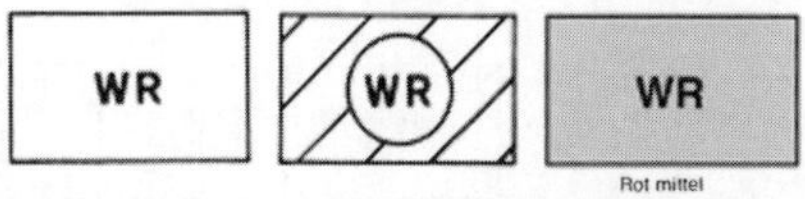

1.1.3. Allgemeine Wohngebiete
(§ 4 BauNVO)

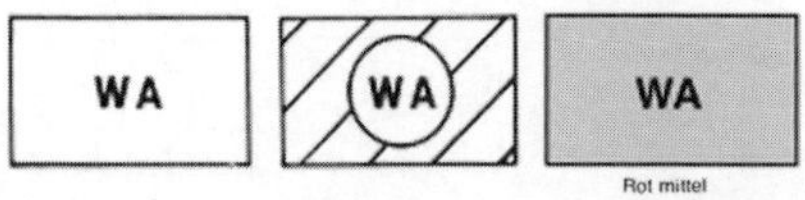

1.1.4. Besondere Wohngebiete
(§ 4a BauNVO)

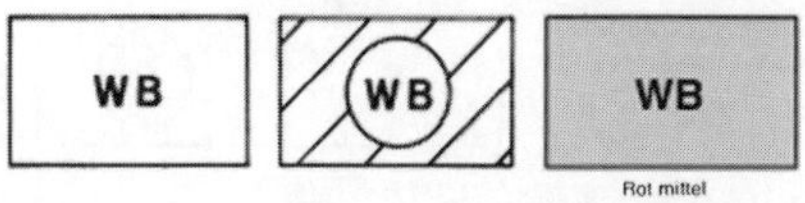

1.2. Gemischte Bauflächen
(§ 1 Abs. 1 Nr. 2 BauNVO)

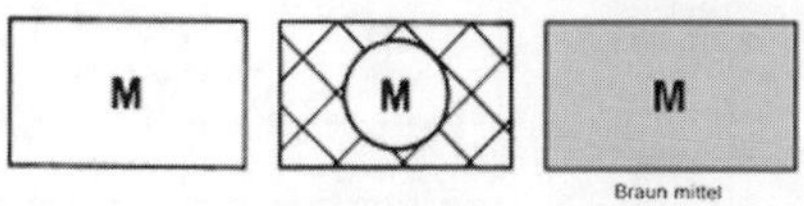

1.2.1. Dorfgebiete
(§ 5 BauNVO)

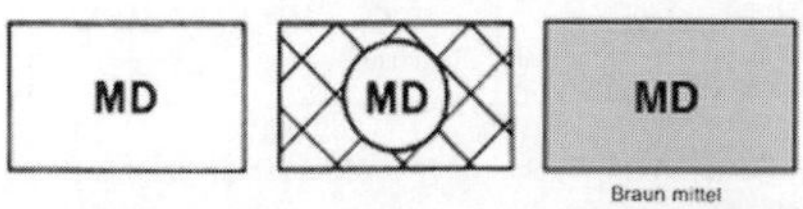

1.2.2. Dörfliche Wohngebiete
(§ 5a BauNVO)

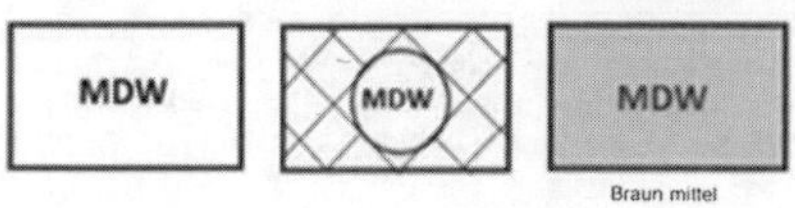

		schwarz/weiß		farbig
1.2.3.	Mischgebiete (§ 6 BauNVO)	MI	MI	MI Braun mittel
1.2.4.	Urbane Gebiete (§ 6a BauNVO)	MU	MU	MU Braun mittel
1.2.5.	Kerngebiete (§ 7 BauNVO)	MK	MK	MK Braun mittel
1.3.	Gewerbliche Bauflächen (§ 1 Abs. 1 Nr. 3 BauNVO)	G	G	G Grau mittel
1.3.1.	Gewerbegebiete (§ 8 BauNVO)	GE	GE	GE Grau mittel
1.3.2.	Industriegebiete (§ 9 BauNVO)	GI	GI	GI Grau mittel
1.4.	Sonderbauflächen (§ 1 Abs. 1 Nr. 4 BauNVO)	S	S	S Orange mittel
1.4.1.	Sondergebiete, die der Erholung dienen (§ 10 BauNVO) z. B.: Wochenendhausgebiete	SO WOCH	SO WOCH	SO WOCH Orange mittel
1.4.2.	Sonstige Sondergebiete (§ 11 BauNVO) z. B.: Klinikgebiete	SO KLINIK	SO KLINIK	SO KLINIK Orange mittel

Zur weiteren Unterscheidung der Baugebiete sind Farbabstufungen zulässig.

Im Bebauungsplan können die farbigen Flächensignaturen auch als Randsignaturen verwendet werden.

Im Flächennutzungsplan kann bei den Planzeichen für die Bauflächen der Nummern 1.1. bis 1.4. bei farbiger Darstellung der Buchstabe entfallen.

1.5. Beschränkung der Zahl der Wohnungen
(§ 9 Abs. 1 Nr. 6 BauGB)

Aus besonderen städtebaulichen Gründen kann die höchstzulässige Zahl der Wohnungen in Wohngebäuden durch Ergänzungen der Planzeichen festgesetzt werden.

z. B.	**WR** / 2 Wo	(**WR** / 2 Wo) im Kreis

2. Maß der baulichen Nutzung

(§ 5 Abs. 2 Nr. 1, § 9 Abs. 1 Nr. 1 BauGB, § 16 BauNVO)

2.1. Geschoßflächenzahl

Dezimalzahl im Kreis, als Höchstmaß	z. B.	(0,7)
als Mindest- und Höchstmaß	z. B.	(0,5) bis (0,7)
oder **GFZ** mit Dezimalzahl, als Höchstmaß	z. B.	**GFZ 0,7**
als Mindest- und Höchstmaß	z. B.	**GFZ 0,5** bis **0,7**

2.2. Geschoßfläche

GF mit Flächenangabe, als Höchstmaß	z. B.	**GF 500 m^2**
als Mindest- und Höchstmaß	z. B.	**GF 400 m^2** bis **500 m^2**

2.3. Baumassenzahl

Dezimalzahl im Rechteck	z. B.	[3,0]
oder **BMZ** mit Dezimalzahl	z. B.	**BMZ 3,0**

2.4. Baumasse

BM mit Volumenangabe	z. B.	**BM 4000 m^3**

2.5. Grundflächenzahl

Dezimalzahl	z. B.	**0,4**
oder **GRZ** mit Dezimalzahl	z. B.	**GRZ 0,4**

2.6. Grundfläche

GR mit Flächenangabe	z. B.	**GR 100 m^2**

2.7.	Zahl der Vollgeschosse			
	als Höchstmaß	römische Ziffer,	z. B.	III
	als Mindest- und Höchstmaß	römische Ziffer,	z. B.	III–V
	zwingend	römische Ziffer in einem Kreis,	z. B.	Ⓥ

2.8.	Höhe baulicher Anlagen		in ....m über einem Bezugspunkt		
	als Höchstmaß				
	Traufhöhe	**TH**	z. B.	**TH**	12,4 m über Gehweg
	Firsthöhe	**FH**	z. B.	**FH**	53,5 m über NN
	Oberkante	**OK**	z. B.	**OK**	124,5 m über NN
	als Mindest- und Höchstmaß		z. B.	**OK**	116,0 m bis 124,5 m über NN
	zwingend		z. B.	(OK)	124,5 m über NN

3. Bauweise, Baulinien, Baugrenzen
(§ 9 Abs. 1 Nr. 2 BauGB, § 22 und 23 BauNVO)

3.1.	Offene Bauweise	**o**
3.1.1.	nur Einzelhäuser zulässig	△ E
3.1.2.	nur Doppelhäuser zulässig	△ D
3.1.3.	nur Hausgruppen zulässig	△ H
3.1.4.	nur Einzel- und Doppelhäuser zulässig	△ ED

3.2. Geschlossene Bauweise **g**

3.3. Abweichende Bauweise — Im Bebauungsplan ist die von 3.1. oder 3.2. abweichende Bauweise näher zu bestimmen.

		schwarz/weiß	farbig
3.4.	Baulinie		 Rot
3.5.	Baugrenze		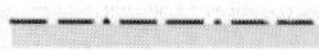 Blau

Die Bestimmungslinien der Nummern 3.4. und 3.5. können bei farbiger Darstellung auch in durchgezogenen Linien ausgeführt werden.

4. Einrichtungen und Anlagen zur Versorgung mit Gütern und Dienstleistungen des öffentlichen und privaten Bereichs, Flächen für den Gemeinbedarf, Flächen für Sport- und Spielanlagen

(§ 5 Absatz 2 Nummer 2 Buchstabe a und Absatz 4, § 9 Absatz 1 Nummer 5 und Absatz 6 BauGB)

4.1. Flächen für den Gemeinbedarf

schwarz/weiß

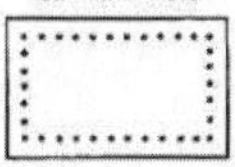

farbig

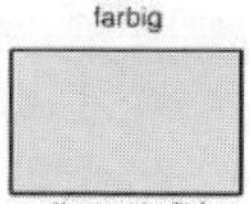

Karminrot mittel

Im Bebauungsplan kann die farbige Flächensignatur auch als Randsignatur verwendet werden.

Einrichtungen und Anlagen:

Öffentliche Verwaltungen	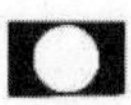	Sportlichen Zwecken dienende Gebäude und Einrichtungen	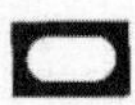
Schule	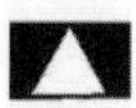	Post	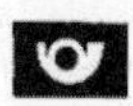
Kirchen und kirchlichen Zwecken dienende Gebäude und Einrichtungen	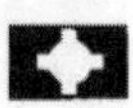	Schutzbauwerk	

Sozialen Zwecken dienende Gebäude und Einrichtungen 

Feuerwehr 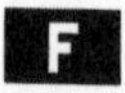

Gesundheitlichen Zwecken dienende Gebäude und Einrichtungen 

Kulturellen Zwecken dienende Gebäude und Einrichtungen 

Die vorstehenden Zeichen können bei Bedarf durch Buchstaben ergänzt werden.

Im Flächennutzungsplan können die vorstehenden Zeichen zur Kennzeichnung der Lage auch ohne Flächendarstellung verwendet werden.

4.2. Flächen für Sport- und Spielanlagen

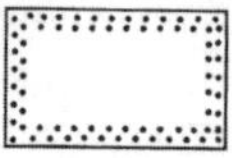

Sportanlagen 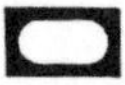

Spielanlagen 

Die vorstehenden Zeichen können bei Bedarf durch Buchstaben ergänzt werden.

Im Flächennutzungsplan können die vorstehenden Zeichen zur Kennzeichnung der Lage auch ohne Flächendarstellung verwendet werden.

5. Flächen für den überörtlichen Verkehr und für die örtlichen Hauptverkehrszüge

(§ 5 Abs. 2 Nr. 3 und Abs. 4 BauGB)

5.1. Straßenverkehr

schwarz/weiß | farbig

5.1.1. Autobahnen und autobahnähnliche Straßen

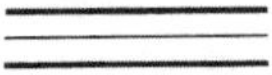

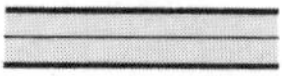

Goldocker

5.1.2. Sonstige überörtliche und örtliche Hauptverkehrsstraßen

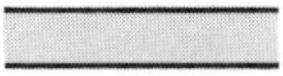

Goldocker

5.1.3. Ruhender Verkehr

5.2. Bahnen

5.2.1. Bahnanlagen

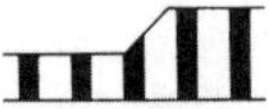

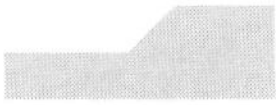

Violett mittel

5.2.2. Straßenbahnen

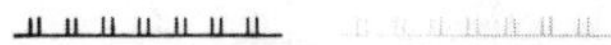

Violett dunkel

5.2.3. Seilbahnen

Violett dunkel

5.3. Überörtliche Wege und örtliche Hauptwege

z. B. Hauptwanderweg

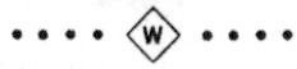

5.4. Umgrenzung der Flächen für den Luftverkehr

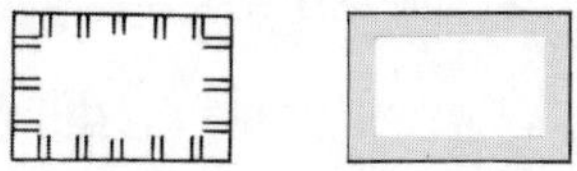

Violett dunkel

Zweckbestimmung:

Flughafen

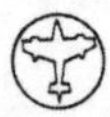

Landeplatz

Segelfluggelände

Hubschrauberlandeplatz

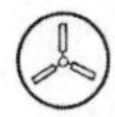

6. Verkehrsflächen

(§ 9 Abs. 1 Nr. 11 und Abs. 6 BauGB)

schwarz/weiß farbig

6.1. Straßenverkehrsflächen

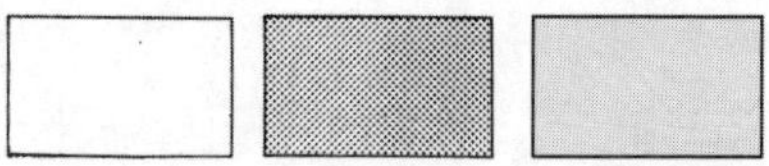

Goldocker

6.2. Straßenbegrenzungslinie auch gegenüber Verkehrsflächen besonderer Zweckbestimmung

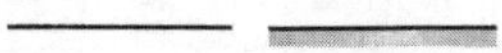

Permanentgrün hell

Die Straßenbegrenzungslinie entfällt, wenn sie mit einer Baulinie oder Baugrenze zusammenfällt.

6.3. Verkehrsflächen besonderer Zweckbestimmung

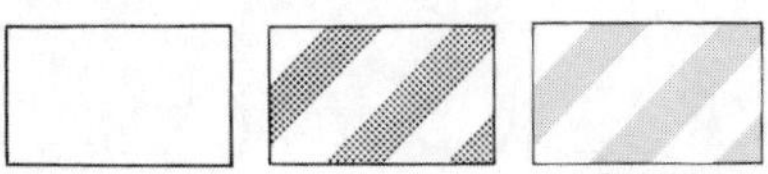

Goldocker

Zweckbestimmung:

Öffentliche Parkfläche 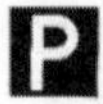 Fußgängerbereich 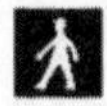

Verkehrsberuhigter Bereich 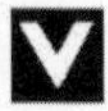

6.4. Ein- bzw. Ausfahrten und Anschluß anderer Flächen an die Verkehrsflächen
(§ 9 Abs. 1 Nr. 4, 11 und Abs. 6 BauGB)

z. B. Einfahrt 

z. B. Einfahrtbereich 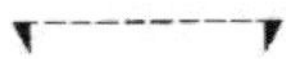

z. B. Bereich ohne Ein- und Ausfahrt

6.5. Bahnen — Planzeichen vgl. Abschnitt 5.2.

6.6. Luftverkehr — Planzeichen vgl. Abschnitt 5.4.

7. Flächen für Versorgungsanlagen, für die Abfallentsorgung und Abwasserbeseitigung sowie für Ablagerungen; Anlagen, Einrichtungen und sonstige Maßnahmen, die dem Klimawandel entgegenwirken
(§ 5 Absatz 2 Nummer 2 Buchstabe b, Nummer 4 und Absatz 4, § 9 Absatz 1 Nummer 12, 14 und Absatz 6 BauGB)

schwarz/weiß
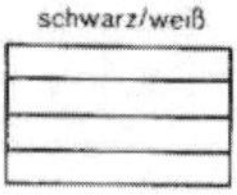

farbig
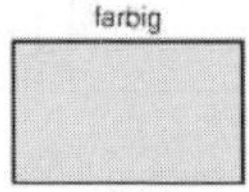
Gelb hell

Im Bebauungsplan kann die farbige Flächensignatur auch als Randsignatur verwendet werden.

Zweckbestimmung bzw. Anlagen und Einrichtungen:

Elektrizität 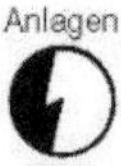 Abwasser 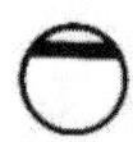

Gas 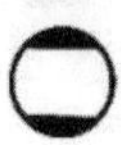 Abfall 

Fernwärme  Ablagerung 

Wasser  Erneuerbare Energien 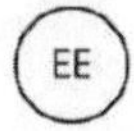

Kraft-Wärme-Kopplung 

Die vorstehenden Zeichen können bei Bedarf durch Buchstaben ergänzt werden.

Im Flächennutzungsplan können die vorstehenden Zeichen zur Kennzeichnung der Lage auch ohne Flächendarstellung verwendet werden.

8. Hauptversorgungs- und Hauptabwasserleitungen
(§ 5 Abs. 2 Nr. 4 und Abs. 4, § 9 Abs. 1 Nr. 13 und Abs. 6 BauGB)

oberirdisch 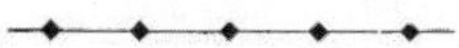

unterirdisch 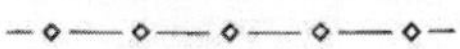

Die Art der Leitungen soll näher bezeichnet werden.

9. Grünflächen
(§ 5 Abs. 2 Nr. 5 und Abs. 4, § 9 Abs. 1 Nr. 15 und Abs. 6 BauGB)

schwarz/weiß 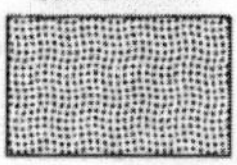

farbig 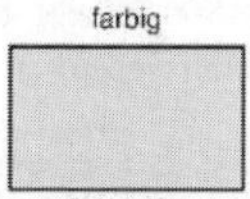
Grün mittel

Im Bebauungsplan sind Grünflächen als öffentliche oder private Grünflächen besonders zu bezeichnen.

Im Bebauungsplan kann die Flächensignatur auch als Randsignatur verwendet werden.

Zweckbestimmung:

Parkanlage 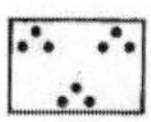 Zeltplatz 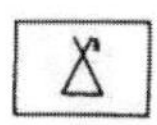

Dauerkleingärten 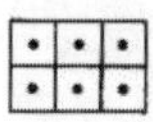 Badeplatz, Freibad 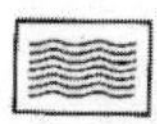

Sportplatz 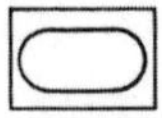 Friedhof 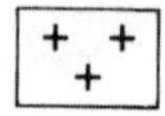

Spielplatz 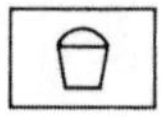

Im Flächennutzungsplan können die vorstehenden Zeichen zur Kennzeichnung der Lage auch ohne Flächendarstellung verwendet werden.

10. Wasserflächen und Flächen für die Wasserwirtschaft, den Hochwasserschutz und die Regelung des Wasserabflusses

(§ 5 Abs. 2 Nr. 7 und Abs. 4, § 9 Abs. 1 Nr. 16 und Abs. 6 BauGB)

10.1. Wasserflächen

schwarz/weiß

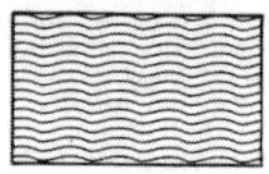

farbig

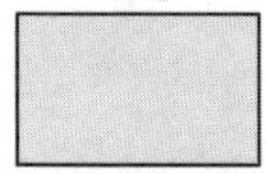

Blau mittel

Die Flächensignatur kann auch als Randsignatur verwendet werden.

Zweckbestimmung z. B.:

Hafen

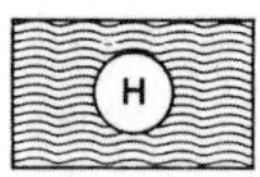

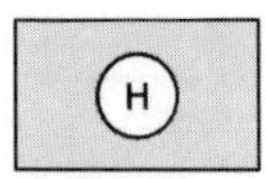

Blau mittel

10.2. Umgrenzung von Flächen für die Wasserwirtschaft, den Hochwasserschutz und die Regelung des Wasserabflusses

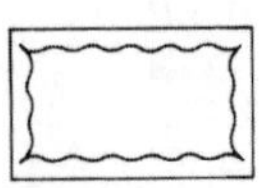

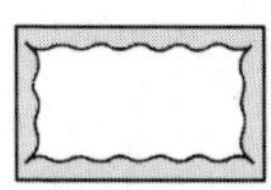

Blau dunkel

Zweckbestimmung z. B.:

Hochwasserrückhaltebecken

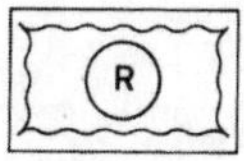

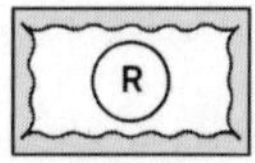

Blau dunkel

Überschwemmungsgebiet

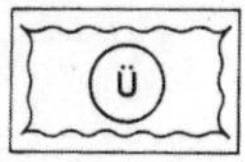

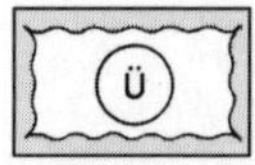

Blau dunkel

10.3. Umgrenzung der Flächen mit wasserrechtlichen Festsetzungen

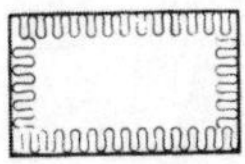

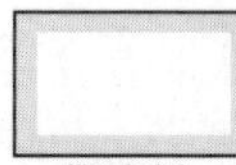
Blau dunkel

Zweckbestimmung z. B.:

Schutzgebiet für Grund- und Quellwassergewinnung

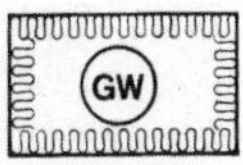

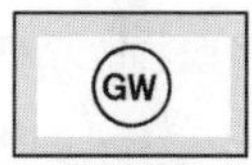

Blau dunkel

Schutzgebiet für Oberflächengewässer

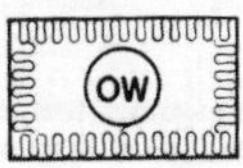

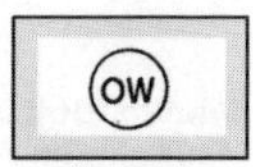

Blau dunkel

11. Flächen für Aufschüttungen, Abgrabungen oder für die Gewinnung von Bodenschätzen

(§ 5 Abs. 2 Nr. 8 und Abs. 4, § 9 Abs. 1 Nr. 17 und Abs. 6 BauGB)

11.1. Flächen für Aufschüttungen

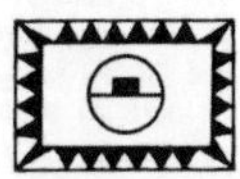

11.2. Flächen für Abgrabungen oder für die Gewinnung von Bodenschätzen

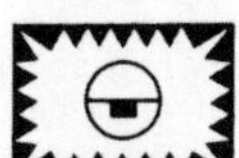

Bei kleinen Flächen kann die Randsignatur im Flächennutzungsplan entfallen.

12. Flächen für die Landwirtschaft und Wald

(§ 5 Abs. 2 Nr. 9 und Abs. 4, § 9 Abs. 1 Nr. 18 und Abs. 6 BauGB)

schwarz/weiß | farbig

12.1. Flächen für die Landwirtschaft

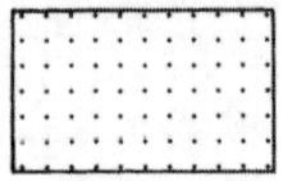

Gelbgrün

12.2. Flächen für Wald

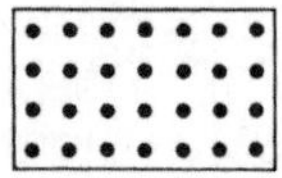

Blaugrün

Die Flächensignaturen können auch als Randsignaturen verwendet werden.

Zweckbestimmung z. B.:

Erholungswald

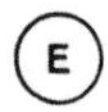

13. Planungen, Nutzungsregelungen, Maßnahmen und Flächen für Maßnahmen zum Schutz, zur Pflege und zur Entwicklung von Natur und Landschaft

(§ 5 Abs. 2 Nr. 10 und Abs. 4, § 9 Abs. 1 Nr. 20, 25 und Abs. 6 BauGB)

13.1. Umgrenzung von Flächen für Maßnahmen zum Schutz, zur Pflege und zur Entwicklung von Natur und Landschaft
(§ 5 Abs. 2 Nr. 10 und Abs. 4, § 9 Abs. 1 Nr. 20 und Abs. 6 BauGB)

schwarz/weiß | farbig

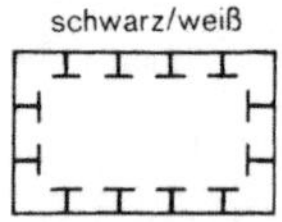

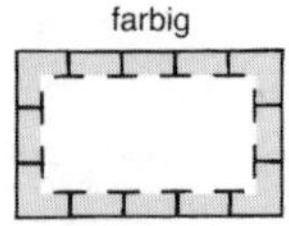

Grün dunkel

Maßnahmen zum Schutz, zur Pflege und zur Entwicklung von Natur und Landschaft, soweit solche Festsetzungen nicht nach anderen Vorschriften getroffen werden können

(§ 9 Abs. 1 Nr. 20 und Abs. 6 BauGB)

Im Bebauungsplan sind die Maßnahmen näher zu bestimmen.

13.2. Anpflanzen von Bäumen, Sträuchern und sonstigen Bepflanzungen sowie Bindungen für Bepflanzungen und für die Erhaltung von Bäumen, Sträuchern und sonstigen Bepflanzungen sowie von Gewässern
(§ 9 Abs. 1 Nr. 25 und Abs. 6 BauGB)

Anpflanzen: Bäume

Sträucher

Sonstige Bepflanzungen

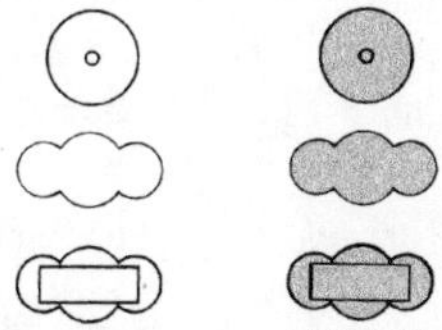

Grün dunkel

Erhaltung: Bäume

Sträucher

Sonstige Bepflanzungen

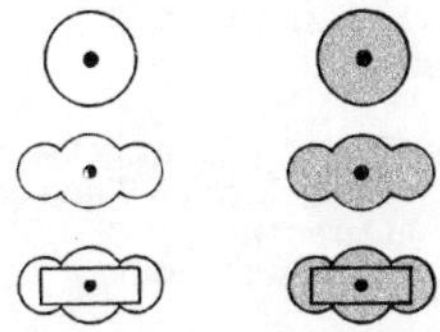

Grün dunkel

Festsetzungen für Teile baulicher Anlagen sind im Bebauungsplan näher zu bestimmen.

13.2.1. Umgrenzung von Flächen zum Anpflanzen von Bäumen, Sträuchern und sonstigen Bepflanzungen
(§ 9 Abs. 1 Nr. 25 Buchstabe a) und Abs. 6 BauGB)

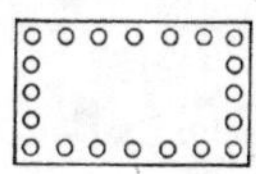

Anpflanzen: Bäume

Sträucher

Sonstige Bepflanzungen

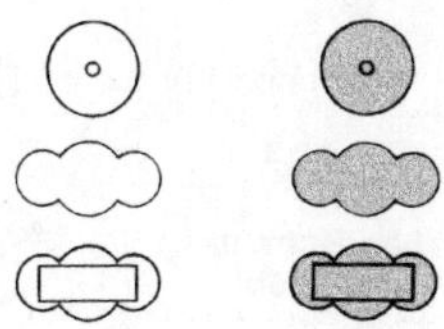

Grün dunkel

13.2.2. Umgrenzung von Flächen mit Bindungen für Bepflanzungen und für die Erhaltung von Bäumen, Sträuchern und sonstigen Bepflanzungen sowie von Gewässern
(§ 9 Abs. 1 Nr. 25 Buchstabe b) und Abs. 6 BauGB)

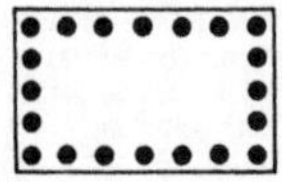

Erhaltung:

Bäume

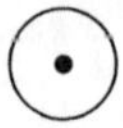

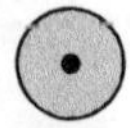

Sträucher

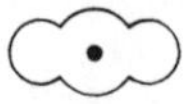

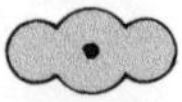

Sonstige Bepflanzungen

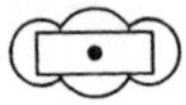

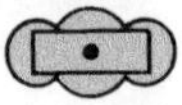

Grün dunkel

13.3. Umgrenzung von Schutzgebieten und Schutzobjekten im Sinne des Naturschutzrechts
(§ 5 Abs. 4, § 9 Abs. 6 BauGB)

schwarz/weiß

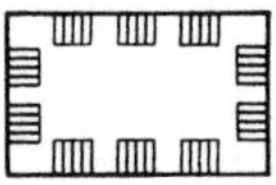

farbig

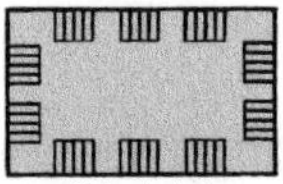

Grün dunkel

Bei Bedarf sind zur weiteren Unterscheidung der Schutzgebiete und Schutzobjekte Differenzierungen in der Umgrenzungssignatur zulässig.

Schutzgebiete und Schutzobjekte:

Naturschutzgebiet

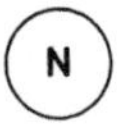

Naturpark

Nationalpark

Naturdenkmal

Landschafts-schutzgebiet

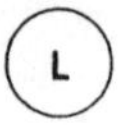

Geschützter Landschafts-bestandteil

14. Regelungen für die Stadterhaltung und für den Denkmalschutz
(§ 5 Abs. 4, § 9 Abs. 6, § 172 Abs. 1 BauGB)

14.1. Umgrenzung von Erhaltungsbereichen, wenn im Bebauungsplan bezeichnet
(§ 172 Abs. 1 BauGB)

schwarz/weiß

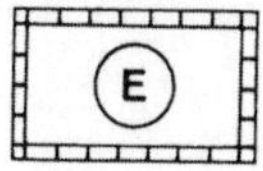

farbig

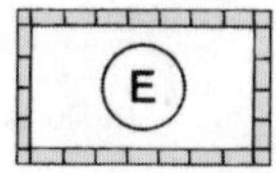

Rot

14.2. Umgrenzung von Gesamtanlagen (Ensembles), die dem Denkmalschutz unterliegen
(§ 5 Abs. 4, § 9 Abs. 6 BauGB)

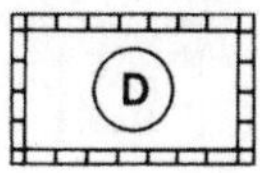

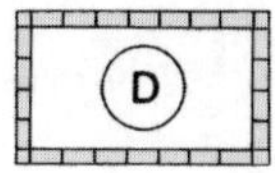

Rot

14.3. Einzelanlagen (unbewegliche Kulturdenkmale), die dem Denkmalschutz unterliegen
(§ 5 Abs. 4, § 9 Abs. 6 BauGB)

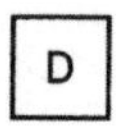

15. Sonstige Planzeichen

15.1. Umgrenzung der Bauflächen, für die eine zentrale Abwasserbeseitigung nicht vorgesehen ist
(§ 5 Abs. 2 Nr. 1 und Abs. 4 BauGB)

schwarz/weiß

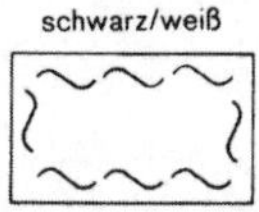

farbig

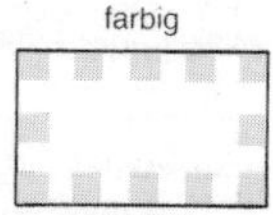

Gelb hell

15.2. Mindestmaße für die Größe, Breite und Tiefe von Baugrundstücken und Höchstmaße für Wohnbaugrundstücke
(§ 9 Abs. 1 Nr. 3 BauGB)

Mindest-/Höchstgröße	**F**	**mind./höchst.**	z. B. **F mind./höchst. 1000 m²**
Mindest-/Höchstbreite	**b**	**mind./höchst.**	z. B. **b mind./höchst. 20 m**
Mindest-/Höchsttiefe	**t**	**mind./höchst.**	z. B. **t mind./höchst. 60 m**

15.3. Umgrenzung von Flächen für Nebenanlagen, Stellplätze, Garagen und Gemeinschaftsanlagen
(§ 9 Abs. 1 Nr. 4 und 22 BauGB)

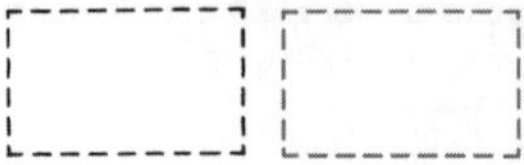

Rot

Zweckbestimmung:

Stellplätze	**St**	Gemeinschafts-stellplätze	**GSt**
Garagen	**GA**	Gemeinschafts-garagen	**GGa**

Spielplatz 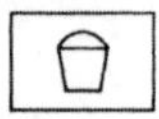

15.4. Besonderer Nutzungszweck von Flächen, der durch besondere städtebauliche Gründe erforderlich wird
(§ 9 Abs. 1 Nr. 9 BauGB)

z. B. 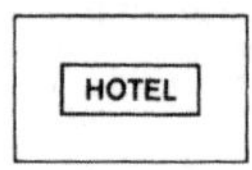

15.5. Mit Geh-, Fahr- und Leitungsrechten zu belastende Flächen
(§ 9 Abs. 1 Nr. 21 und Abs. 6 BauGB)

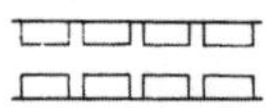

bei schmalen Flächen

15.6. Umgrenzung der Flächen für Nutzungsbeschränkungen oder für Vorkehrungen zum Schutz gegen schädliche Umwelteinwirkungen im Sinne des Bundes-Immissionsschutzgesetzes
(§ 5 Abs. 2 Nr. 6 und Abs. 4 BauGB)

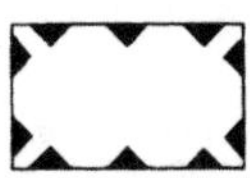

Umgrenzungen der Flächen für besondere Anlagen und Vorkehrungen zum Schutz vor schädlichen Umwelteinwirkungen im Sinne des Bundes-Immissionsschutzgesetzes
(§ 9 Abs. 1 Nr. 24 und Abs. 4 BauGB)

Im Bebauungsplan sind die Maßnahmen innerhalb der Flächen näher zu bestimmen.

15.7. Umgrenzung der Gebiete, in denen bestimmte, die Luft erheblich verunreinigende Stoffe nicht oder nur beschränkt verwendet werden dürfen
(§ 9 Abs. 1 Nr. 23 und Abs. 6 BauGB)

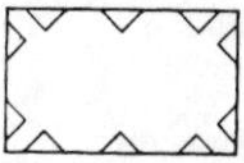

Im Bebauungsplan sind die Maßnahmen innerhalb der Gebiete näher zu bestimmen.

15.8. Umgrenzung der Flächen, die von der Bebauung freizuhalten sind
(§ 9 Abs. 1 Nr. 10 und Abs. 6 BauGB)

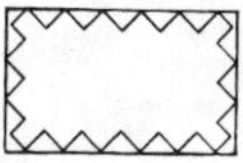

Umgrenzung der von der Bebauung freizuhaltenden Schutzflächen
(§ 9 Abs. 1 Nr. 24 und Abs. 6 BauGB)

Im Bebauungsplan sind die Maßnahmen innerhalb der Flächen näher zu bestimmen.

15.9 Flächen für Aufschüttungen, Abgrabungen und Stützmauern, soweit sie zur Herstellung des Straßenkörpers erforderlich sind
(§ 9 Abs. 1 Nr. 26 und Abs. 6 BauGB)

Aufschüttung 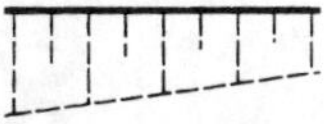

Abgrabung 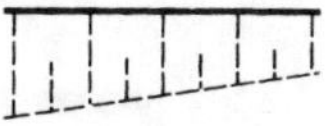

Stützmauer

15.10. Höhenlage bei Festsetzungen
(§ 9 Abs. 2 und 6 BauGB)

z.B.	⊕ **Ok** (Oberkante)	**Gehweg**	124,5 m ü. NN
z.B.	⊕ **Uk** (Unterkante)	**Brücke**	116,0 m ü. NN

15.11. Umgrenzung der Flächen, bei deren Bebauung besondere bauliche Vorkehrungen gegen äußere Einwirkungen oder bei denen besondere bauliche Sicherungsmaßnahmen gegen Naturgewalten erforderlich sind
(§ 5 Abs. 3 Nr. 1 und Abs. 4, § 9 Abs. 5 Nr. 1 und Abs. 6 BauGB)

schwarz/weiß

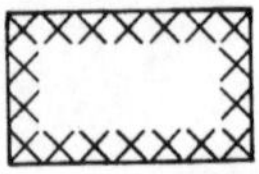

farbig

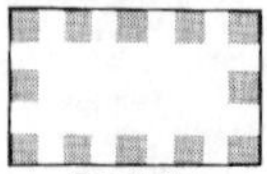

Grau dunkel

Umgrenzung der Flächen, unter denen der Bergbau umgeht oder die für den Abbau von Mineralien bestimmt sind
(§ 5 Abs. 3 Nr. 2 und Abs. 4, § 9 Abs. 5 Nr. 2 und Abs. 6 BauGB)

15.12. Umgrenzung der für bauliche Nutzungen vorgesehenen Flächen, deren Böden erheblich mit umweltgefährdenden Stoffen belastet sind
(§ 5 Abs. 3 Nr. 3 und Abs. 4 BauGB)

schwarz/weiß

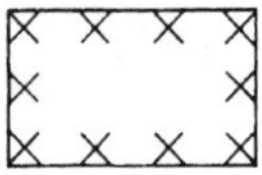

Umgrenzung der Flächen, deren Böden erheblich mit umweltgefährdenden Stoffen belastet sind
(§ 9 Abs. 5 Nr. 3 und Abs. 6 BauGB)

Im Flächennutzungsplan kann nachstehendes Zeichen zur Kennzeichnung der Lage ohne Flächendarstellung verwendet werden.

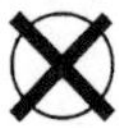

15.13. Grenze des räumlichen Geltungsbereichs des Bebauungsplans
(§ 9 Abs. 7 BauGB)

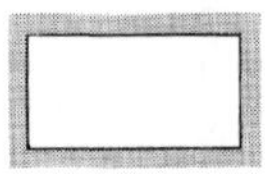

Grau dunkel

15.14. Abgrenzung unterschiedlicher Nutzung, z. B. von Baugebieten, oder Abgrenzung des Maßes der Nutzung innerhalb eines Baugebiets
(z. B. § 1 Abs. 4, § 16 Abs. 5 BauNVO)

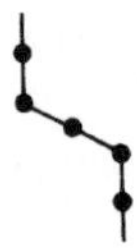

5. Raumordnungsgesetz (ROG)[1) 2) 3) 4)]

Vom 22. Dezember 2008
(BGBl. I S. 2986)

FNA 2301-2

zuletzt geänd. durch Art. 3 G zur Erhöhung und Beschleunigung des Ausbaus von Windenergieanlagen an Land v. 20.7.2022 (BGBl. I S. 1353)

Inhaltsübersicht

[1)] **Amtl. Anm.:** Das Gesetz dient der Umsetzung folgender Rechtsakte des Gemeinschaftsrechts:

Richtlinie 79/409/EWG des Rates vom 2. April 1979 über die Erhaltung der wild lebenden Vogelarten (ABl. EG Nr. L 103 S. 1), zuletzt geändert durch Art. 1 der Änderungsrichtlinie 2006/105/EG vom 20. November 2006 (ABl. EU Nr. L 363 S. 368),

Richtlinie 92/43/EWG des Rates vom 21. Mai 1992 zur Erhaltung der natürlichen Lebensräume sowie der wild lebenden Tiere und Pflanzen (ABl. EG Nr. L 206 S. 7), zuletzt geändert durch Art. 1 der Änderungsrichtlinie 2006/105/EG vom 20. November 2006 (ABl. EU Nr. L 363 S. 368),

Richtlinie 2001/42/EG des europäischen Parlaments und des Rates vom 27. Juni 2001 über die Prüfung der Umweltauswirkungen bestimmter Pläne und Programme (ABl. EG Nr. L 197 S. 30).

[2)] Verkündet als Art. 1 G v. 22.12.2008 (BGBl. I S. 2986); Inkrafttreten von Abschnitt 3 (§§ 17–25) und § 29 gem. Art. 9 Nr. 1 Satz 1 dieses G am 31.12.2008; die übrigen Abschnitte und Paragraphen treten gem. Art. 9 Nr. 1 Satz 2 dieses G am 30.6.2009 in Kraft.

[3)] Beachte hierzu ua das Planungssicherstellungsgesetz v. 20.5.2020 (BGBl. I S. 1041).

[4)] Zu abweichendem Landesrecht siehe:

- **Bayern:** Abweichungen im Bay. LandesplanungsG mWv 1.7.2012 mit Ausnahme von § 4 Abs. 3, § 5 und Abschnitt 3 ROG, vgl. Hinweis v. 30.8.2012 (BGBl. I S. 1820).
- **Niedersachsen:** Abweichungen im Nds. RaumordungsG mWv 20.10.2021, vgl. Hinweis v. 29.4.2022 (BGBl. I S. 691) und mWv 6.7.2022, vgl. Hinweis v. 31.8.2022 (BGBl. I S. 1450).
- **Nordrhein-Westfalen:** Abweichungen im Landesplanungsgesetz NRW mWv 25.5.2016; vgl. Hinweis v. 13.12.2017 (BGBl. I S. 3902).
- **Schleswig-Holstein:** Abweichungen im Landesplanungsgesetz mWv 29.6.2018 und mWv 4.9.2020, vgl. Hinweis v. 23.11.2020 (BGBl. I S. 2453).

Abschnitt 1. Allgemeine Vorschriften

§ 1 Aufgabe und Leitvorstellung der Raumordnung (1) [1]Der Gesamtraum der Bundesrepublik Deutschland und seine Teilräume sind durch Raumordnungspläne, durch raumordnerische Zusammenarbeit und durch Abstimmung raumbedeutsamer Planungen und Maßnahmen zu entwickeln, zu ordnen und zu sichern. [2]Dabei sind

1. unterschiedliche Anforderungen an den Raum aufeinander abzustimmen und die auf der jeweiligen Planungsebene auftretenden Konflikte auszugleichen,
2. Vorsorge für einzelne Nutzungen und Funktionen des Raums zu treffen.

(2) Leitvorstellung bei der Erfüllung der Aufgabe nach Absatz 1 ist eine nachhaltige Raumentwicklung, die die sozialen und wirtschaftlichen Ansprüche an den Raum mit seinen ökologischen Funktionen in Einklang bringt und zu einer dauerhaften, großräumig ausgewogenen Ordnung mit gleichwertigen Lebensverhältnissen in den Teilräumen führt.

(3) Die Entwicklung, Ordnung und Sicherung der Teilräume soll sich in die Gegebenheiten und Erfordernisse des Gesamtraums einfügen; die Entwicklung, Ordnung und Sicherung des Gesamtraums soll die Gegebenheiten und Erfordernisse seiner Teilräume berücksichtigen (Gegenstromprinzip).

(4) Raumordnung findet im Rahmen der Vorgaben des Seerechtsübereinkommens der Vereinten Nationen vom 10. Dezember 1982 (BGBl. 1994 II S. 1798) auch in der deutschen ausschließlichen Wirtschaftszone statt.

§ 2 Grundsätze der Raumordnung. (1) Die Grundsätze der Raumordnung sind im Sinne der Leitvorstellung einer nachhaltigen Raumentwicklung nach § 1 Abs. 2 anzuwenden und durch Festlegungen in Raumordnungsplänen zu konkretisieren, soweit dies erforderlich ist.

(2) Grundsätze der Raumordnung sind insbesondere:

1. [1]Im Gesamtraum der Bundesrepublik Deutschland und in seinen Teilräumen sind ausgeglichene soziale, infrastrukturelle, wirtschaftliche, ökologische und kulturelle Verhältnisse anzustreben. [2]Dabei ist die nachhaltige Daseinsvorsorge zu sichern, nachhaltiges Wirtschaftswachstum und Innovation sind zu unterstützen, Entwicklungspotenziale sind zu sichern und Ressourcen nachhaltig zu schützen. [3]Diese Aufgaben sind gleichermaßen in Ballungsräumen wie in ländlichen Räumen, in strukturschwachen wie in strukturstarken Regionen zu erfüllen. [4]Demographischen, wirtschaftlichen, sozialen sowie

anderen strukturverändernden Herausforderungen ist Rechnung zu tragen, auch im Hinblick auf den Rückgang und den Zuwachs von Bevölkerung und Arbeitsplätzen; regionale Entwicklungskonzepte und Bedarfsprognosen der Landes- und Regionalplanung sind einzubeziehen. [5] Auf einen Ausgleich räumlicher und struktureller Ungleichgewichte zwischen den Regionen ist hinzuwirken. [6] Die Gestaltungsmöglichkeiten der Raumnutzung sind langfristig offen zu halten.

2. [1] Die prägende Vielfalt des Gesamtraums und seiner Teilräume ist zu sichern. [2] Es ist dafür Sorge zu tragen, dass Städte und ländliche Räume auch künftig ihre vielfältigen Aufgaben für die Gesellschaft erfüllen können. [3] Mit dem Ziel der Stärkung und Entwicklung des Gesamtraums und seiner Teilräume ist auf Kooperationen innerhalb von Regionen und von Regionen miteinander, die in vielfältigen Formen, auch als Stadt-Land-Partnerschaften, möglich sind, hinzuwirken. [4] Die Siedlungstätigkeit ist räumlich zu konzentrieren, sie ist vorrangig auf vorhandene Siedlungen mit ausreichender Infrastruktur und auf Zentrale Orte auszurichten. [5] Der Freiraum ist durch übergreifende Freiraum-, Siedlungs- und weitere Fachplanungen zu schützen; es ist ein großräumig übergreifendes, ökologisch wirksames Freiraumverbundsystem zu schaffen. [6] Die weitere Zerschneidung der freien Landschaft und von Waldflächen ist dabei so weit wie möglich zu vermeiden; die Flächeninanspruchnahme im Freiraum ist zu begrenzen.

3. [1] Die Versorgung mit Dienstleistungen und Infrastrukturen der Daseinsvorsorge, insbesondere die Erreichbarkeit von Einrichtungen und Angeboten der Grundversorgung für alle Bevölkerungsgruppen, ist zur Sicherung von Chancengerechtigkeit in den Teilräumen in angemessener Weise zu gewährleisten; dies gilt auch in dünn besiedelten Regionen. [2] Die soziale Infrastruktur ist vorrangig in Zentralen Orten zu bündeln; die Erreichbarkeits- und Tragfähigkeitskriterien des Zentrale-Orte-Konzepts sind flexibel an regionalen Erfordernissen auszurichten. [3] Es sind die räumlichen Voraussetzungen für die Erhaltung der Innenstädte und örtlichen Zentren als zentrale Versorgungsbereiche zu schaffen. [4] Dem Schutz kritischer Infrastrukturen ist Rechnung zu tragen. [5] Es sind die räumlichen Voraussetzungen für nachhaltige Mobilität und ein integriertes Verkehrssystem zu schaffen. [6] Auf eine gute Erreichbarkeit der Teilräume untereinander durch schnellen und reibungslosen Personen- und Güterverkehr ist hinzuwirken. [7] Vor allem in verkehrlich hoch belasteten Räumen und Korridoren sind die Voraussetzungen zur Verlagerung von Verkehr auf umweltverträglichere Verkehrsträger wie Schiene und Wasserstraße zu verbessern. [8] Raumstrukturen sind so zu gestalten, dass die Verkehrsbelastung verringert und zusätzlicher Verkehr vermieden wird.

4. [1] Der Raum ist im Hinblick auf eine langfristig wettbewerbsfähige und räumlich ausgewogene Wirtschaftsstruktur und wirtschaftsnahe Infrastruktur sowie auf ein ausreichendes und vielfältiges Angebot an Arbeits- und Ausbildungsplätzen zu entwickeln. [2] Regionale Wachstums- und Innovationspotenziale sind in den Teilräumen zu stärken. [3] Insbesondere in Räumen, in denen die Lebensverhältnisse in ihrer Gesamtheit im Verhältnis zum Bundesdurchschnitt wesentlich zurückgeblieben sind oder ein solches Zurückbleiben zu befürchten ist (strukturschwache Räume), sind die Entwicklungsvoraussetzungen zu verbessern. [4] Es sind die räumlichen Voraussetzungen für die vorsorgende Sicherung sowie für die geordnete Aufsuchung und Gewin-

nung von standortgebundenen Rohstoffen zu schaffen. [5] Den räumlichen Erfordernissen für eine kostengünstige, sichere und umweltverträgliche Energieversorgung einschließlich des Ausbaus von Energienetzen ist Rechnung zu tragen. [6] Ländliche Räume sind unter Berücksichtigung ihrer unterschiedlichen wirtschaftlichen und natürlichen Entwicklungspotenziale als Lebens- und Wirtschaftsräume mit eigenständiger Bedeutung zu erhalten und zu entwickeln; dazu gehört auch die Umwelt- und Erholungsfunktion ländlicher Räume. [7] Es sind die räumlichen Voraussetzungen für die Land- und Forstwirtschaft in ihrer Bedeutung für die Nahrungs- und Rohstoffproduktion zu erhalten oder zu schaffen.

5. [1] Kulturlandschaften sind zu erhalten und zu entwickeln. [2] Historisch geprägte und gewachsene Kulturlandschaften sind in ihren prägenden Merkmalen und mit ihren Kultur- und Naturdenkmälern sowie dem UNESCO-Kultur- und Naturerbe der Welt zu erhalten. [3] Die unterschiedlichen Landschaftstypen und Nutzungen der Teilräume sind mit den Zielen eines harmonischen Nebeneinanders, der Überwindung von Strukturproblemen und zur Schaffung neuer wirtschaftlicher und kultureller Konzeptionen zu gestalten und weiterzuentwickeln. [4] Es sind die räumlichen Voraussetzungen dafür zu schaffen, dass die Land- und Forstwirtschaft ihren Beitrag dazu leisten kann, die natürlichen Lebensgrundlagen in ländlichen Räumen zu schützen sowie Natur und Landschaft zu pflegen und zu gestalten.

6. [1] Der Raum ist in seiner Bedeutung für die Funktionsfähigkeit der Böden, des Wasserhaushalts, der Tier- und Pflanzenwelt sowie des Klimas einschließlich der jeweiligen Wechselwirkungen zu entwickeln, zu sichern oder, soweit erforderlich, möglich und angemessen, wiederherzustellen. [2] Bei der Gestaltung räumlicher Nutzungen sind Naturgüter sparsam und schonend in Anspruch zu nehmen; Grundwasservorkommen und die biologische Vielfalt sind zu schützen. [3] Die erstmalige Inanspruchnahme von Freiflächen für Siedlungs- und Verkehrszwecke ist zu verringern, insbesondere durch quantifizierte Vorgaben zur Verringerung der Flächeninanspruchnahme sowie durch die vorrangige Ausschöpfung der Potenziale für die Wiedernutzbarmachung von Flächen, für die Nachverdichtung und für andere Maßnahmen zur Innenentwicklung der Städte und Gemeinden sowie zur Entwicklung vorhandener Verkehrsflächen. [4] Beeinträchtigungen des Naturhaushalts sind auszugleichen, den Erfordernissen des Biotopverbundes ist Rechnung zu tragen. [5] Für den vorbeugenden Hochwasserschutz an der Küste und im Binnenland ist zu sorgen, im Binnenland vor allem durch Sicherung oder Rückgewinnung von Auen, Rückhalteflächen und Entlastungsflächen. [6] Der Schutz der Allgemeinheit vor Lärm und die Reinhaltung der Luft sind sicherzustellen. [7] Den räumlichen Erfordernissen des Klimaschutzes ist Rechnung zu tragen, sowohl durch Maßnahmen, die dem Klimawandel entgegenwirken, als auch durch solche, die der Anpassung an den Klimawandel dienen. [8] Dabei sind die räumlichen Voraussetzungen für den Ausbau der erneuerbaren Energien, für eine sparsame Energienutzung sowie für den Erhalt und die Entwicklung natürlicher Senken für klimaschädliche Stoffe und für die Einlagerung dieser Stoffe zu schaffen. [9] Die nachhaltige Entwicklung im Meeresbereich ist unter Anwendung eines Ökosystemansatzes gemäß der Richtlinie 2014/89/EU des Europäischen Parlaments und des Rates vom 23. Juli 2014 zur Schaffung eines Rahmens für die maritime Raumplanung (ABl. L 257 vom 28.8.2014, S. 135) zu unterstützen.

7. Den räumlichen Erfordernissen der Verteidigung und des Zivilschutzes ist Rechnung zu tragen.
8. [1]Die räumlichen Voraussetzungen für den Zusammenhalt der Europäischen Union und im größeren europäischen Raum sowie für den Ausbau und die Gestaltung der transeuropäischen Netze sind zu gewährleisten. [2]Raumbedeutsamen Planungen und Maßnahmen der Europäischen Union und der europäischen Staaten ist Rechnung zu tragen. [3]Die Zusammenarbeit der Staaten und die grenzüberschreitende Zusammenarbeit der Städte und Regionen sind zu unterstützen.

§ 3 Begriffsbestimmungen. (1) Im Sinne dieses Gesetzes sind

1. Erfordernisse der Raumordnung:
Ziele der Raumordnung, Grundsätze der Raumordnung und sonstige Erfordernisse der Raumordnung;
2. Ziele der Raumordnung:
verbindliche Vorgaben in Form von räumlich und sachlich bestimmten oder bestimmbaren, vom Träger der Raumordnung abschließend abgewogenen textlichen oder zeichnerischen Festlegungen in Raumordnungsplänen zur Entwicklung, Ordnung und Sicherung des Raums;
3. Grundsätze der Raumordnung:
Aussagen zur Entwicklung, Ordnung und Sicherung des Raums als Vorgaben für nachfolgende Abwägungs- oder Ermessensentscheidungen; Grundsätze der Raumordnung können durch Gesetz oder als Festlegungen in einem Raumordnungsplan aufgestellt werden;
4. sonstige Erfordernisse der Raumordnung:
in Aufstellung befindliche Ziele der Raumordnung, Ergebnisse förmlicher landesplanerischer Verfahren wie des Raumordnungsverfahrens und landesplanerische Stellungnahmen;
5. öffentliche Stellen:
Behörden des Bundes und der Länder, kommunale Gebietskörperschaften, bundesunmittelbare und die der Aufsicht eines Landes unterstehenden Körperschaften, Anstalten und Stiftungen des öffentlichen Rechts;
6. raumbedeutsame Planungen und Maßnahmen:
Planungen einschließlich der Raumordnungspläne, Vorhaben und sonstige Maßnahmen, durch die Raum in Anspruch genommen oder die räumliche Entwicklung oder Funktion eines Gebietes beeinflusst wird, einschließlich des Einsatzes der hierfür vorgesehenen öffentlichen Finanzmittel;
7. Raumordnungspläne:
zusammenfassende, überörtliche und fachübergreifende Pläne nach §§ 13 und 17.

(2) Werden die Begriffe nach Absatz 1 Nr. 1 bis 4 in anderen Bundesgesetzen verwandt, sind sie, soweit sich aus diesen Bundesgesetzen nicht etwas anderes ergibt, im Sinne von Absatz 1 auszulegen.

§ 4 Bindungswirkung der Erfordernisse der Raumordnung. (1) [1]Bei

1. raumbedeutsamen Planungen und Maßnahmen öffentlicher Stellen,
2. Entscheidungen öffentlicher Stellen über die Zulässigkeit raumbedeutsamer Planungen und Maßnahmen anderer öffentlicher Stellen,

3. Entscheidungen öffentlicher Stellen über die Zulässigkeit raumbedeutsamer Planungen und Maßnahmen von Personen des Privatrechts, die der Planfeststellung oder der Genehmigung mit der Rechtswirkung der Planfeststellung bedürfen,

sind Ziele der Raumordnung zu beachten sowie Grundsätze und sonstige Erfordernisse der Raumordnung in Abwägungs- oder Ermessensentscheidungen zu berücksichtigen. [2] Satz 1 Nr. 1 und 2 gilt entsprechend bei raumbedeutsamen Planungen und Maßnahmen, die Personen des Privatrechts in Wahrnehmung öffentlicher Aufgaben durchführen, wenn öffentliche Stellen an den Personen mehrheitlich beteiligt sind oder die Planungen und Maßnahmen überwiegend mit öffentlichen Mitteln finanziert werden. [3] Weitergehende Bindungswirkungen von Erfordernissen der Raumordnung nach Maßgabe der für diese Entscheidungen geltenden Vorschriften bleiben unberührt.

(2) Bei sonstigen Entscheidungen öffentlicher Stellen über die Zulässigkeit raumbedeutsamer Planungen und Maßnahmen von Personen des Privatrechts sind die Erfordernisse der Raumordnung nach den für diese Entscheidungen geltenden Vorschriften zu berücksichtigen.

(3) Bei Genehmigungen über die Errichtung und den Betrieb von öffentlich zugänglichen Abfallbeseitigungsanlagen von Personen des Privatrechts nach den Vorschriften des Bundes-Immissionsschutzgesetzes sind die Ziele der Raumordnung zu beachten sowie die Grundsätze der Raumordnung und die sonstigen Erfordernisse der Raumordnung zu berücksichtigen.

§ 5 Beschränkung der Bindungswirkung nach § 4. (1) Bei raumbedeutsamen Planungen und Maßnahmen von öffentlichen Stellen des Bundes, von anderen öffentlichen Stellen, die im Auftrag des Bundes tätig sind, sowie von Personen des Privatrechts nach § 4 Abs. 1 Satz 2, die für den Bund öffentliche Aufgaben durchführen, gilt die Bindungswirkung der Ziele der Raumordnung in Raumordnungsplänen nach § 13 Absatz 1 nur, wenn die zuständige Stelle oder Person bei der Aufstellung des Raumordnungsplans nach § 9 beteiligt worden ist und sie innerhalb einer Frist von zwei Monaten nach Mitteilung des rechtsverbindlichen Ziels nicht widersprochen hat.

(2) Der Widerspruch nach Absatz 1 lässt die Bindungswirkung des Ziels der Raumordnung gegenüber der widersprechenden Stelle oder Person nicht entstehen, wenn

1. das ihre Belange berührende Ziel der Raumordnung auf einer fehlerhaften Abwägung beruht oder
2. sie ihre raumbedeutsamen Planungen und Maßnahmen nicht auf anderen geeigneten Flächen durchführen kann als auf denen, für die ein entgegenstehendes Ziel im Raumordnungsplan festgelegt wurde.

(3) [1] Macht eine Veränderung der Sachlage ein Abweichen von den Zielen der Raumordnung erforderlich, kann die Stelle oder Person nach Absatz 1 mit Zustimmung der nächsthöheren Behörde innerhalb angemessener Frist, spätestens sechs Monate ab Kenntnis der veränderten Sachlage, unter den Voraussetzungen von Absatz 2 nachträglich widersprechen. [2] Muss infolge des nachträglichen Widerspruchs der Raumordnungsplan geändert, ergänzt oder aufgehoben werden, hat die widersprechende Stelle oder Person die dadurch entstehenden Kosten zu ersetzen.

(4) Die Absätze 1 bis 3 gelten entsprechend für raumbedeutsame Planungen und Maßnahmen öffentlicher Stellen der Länder und der Träger der Regionalplanung hinsichtlich der Bindungswirkung der Ziele der Raumordnung in Raumordnungsplänen des Bundes nach § 17 Absatz 2.

§ 6 Ausnahmen und Zielabweichung. (1) Von Zielen der Raumordnung können im Raumordnungsplan Ausnahmen festgelegt werden.

(2) [1] Von Zielen der Raumordnung kann abgewichen werden, wenn die Abweichung unter raumordnerischen Gesichtspunkten vertretbar ist und die Grundzüge der Planung nicht berührt werden. [2] Antragsberechtigt sind die öffentlichen Stellen und die Personen des Privatrechts, die das Ziel, von dem eine Abweichung zugelassen werden soll, nach § 4 zu beachten haben.

§ 7 Allgemeine Vorschriften über Raumordnungspläne. (1) [1] In Raumordnungsplänen sind für einen bestimmten Planungsraum und einen regelmäßig mittelfristigen Zeitraum Festlegungen als Ziele und Grundsätze der Raumordnung zur Entwicklung, Ordnung und Sicherung des Raums, insbesondere zu den Nutzungen und Funktionen des Raums, zu treffen. [2] Es kann festgelegt werden, dass bestimmte Nutzungen und Funktionen des Raums nur für einen bestimmten Zeitraum oder ab oder bis zum Eintritt bestimmter Umstände vorgesehen sind; eine Folge- oder Zwischennutzung kann festgelegt werden. [3] Die Festlegungen nach Satz 1 und 2 können auch in räumlichen und sachlichen Teilplänen getroffen werden. [4] Ziele und Grundsätze der Raumordnung sind als solche zu kennzeichnen.

(2) [1] Bei der Aufstellung der Raumordnungspläne sind die öffentlichen und privaten Belange, soweit sie auf der jeweiligen Planungsebene erkennbar und von Bedeutung sind, gegeneinander und untereinander abzuwägen. [2] Das Ergebnis der Umweltprüfung nach § 8 sowie die Stellungnahmen im Beteiligungsverfahren nach § 9 sind in der Abwägung nach Satz 1 zu berücksichtigen. [3] Raumordnungspläne benachbarter Planungsräume sind aufeinander abzustimmen.

(3) [1] Die Festlegungen nach Absatz 1 können auch Gebiete bezeichnen. [2] Insbesondere können dies Gebiete sein,

1. die für bestimmte raumbedeutsame Funktionen oder Nutzungen vorgesehen sind und andere raumbedeutsame Funktionen oder Nutzungen in diesem Gebiet ausschließen, soweit diese mit den vorrangigen Funktionen oder Nutzungen nicht vereinbar sind (Vorranggebiete),
2. die bestimmten raumbedeutsamen Funktionen oder Nutzungen vorbehalten bleiben sollen, denen bei der Abwägung mit konkurrierenden raumbedeutsamen Funktionen oder Nutzungen besonderes Gewicht beizumessen ist (Vorbehaltsgebiete),
3. in denen bestimmten raumbedeutsamen Maßnahmen oder Nutzungen, die städtebaulich nach § 35 des Baugesetzbuchs[1)] zu beurteilen sind, andere raumbedeutsame Belange nicht entgegenstehen, wobei diese Maßnahmen oder Nutzungen an anderer Stelle im Planungsraum ausgeschlossen sind (Eignungsgebiete),
4. die im Meeresbereich liegen, und in denen bestimmten raumbedeutsamen Funktionen oder Nutzungen andere raumbedeutsame Belange nicht ent-

---

[1)] Nr. **1**.

gegenstehen, wobei diese Funktionen oder Nutzungen an anderer Stelle im Planungsraum ausgeschlossen sind (Eignungsgebiete für den Meeresbereich).

[3]Bei Vorranggebieten kann festgelegt werden, dass sie zugleich die Wirkung von Eignungsgebieten nach Satz 2 Nummer 3 oder 4 haben.

(4) Die Raumordnungspläne sollen auch diejenigen Festlegungen zu raumbedeutsamen Planungen und Maßnahmen von öffentlichen Stellen und Personen des Privatrechts nach § 4 Absatz 1 Satz 2 enthalten, die zur Aufnahme in Raumordnungspläne geeignet und zur Koordinierung von Raumansprüchen erforderlich sind und die durch Ziele oder Grundsätze der Raumordnung gesichert werden können.

(5) Den Raumordnungsplänen ist eine Begründung beizufügen.

(6) Soweit ein Gebiet von gemeinschaftlicher Bedeutung oder ein europäisches Vogelschutzgebiet in seinen für die Erhaltungsziele oder den Schutzzweck maßgeblichen Bestandteilen erheblich beeinträchtigt werden kann, sind bei der Aufstellung von Raumordnungsplänen nach den § 13 und § 17 Absatz 1 und 2 die Vorschriften des Bundesnaturschutzgesetzes[1)] über die Zulässigkeit und Durchführung von derartigen Eingriffen einschließlich der Einholung der Stellungnahme der Europäischen Kommission anzuwenden.

(7) Die Vorschriften dieses Gesetzes über die Aufstellung von Raumordnungsplänen gelten auch für ihre Änderung, Ergänzung und Aufhebung.

(8) Raumordnungspläne nach § 13 Absatz 6 und § 17 sind mindestens alle zehn Jahre zu überprüfen.

§ 8 Umweltprüfung bei der Aufstellung von Raumordnungsplänen.

(1) [1]Bei der Aufstellung von Raumordnungsplänen ist von der für den Raumordnungsplan zuständigen Stelle eine Umweltprüfung durchzuführen, in der die voraussichtlichen erheblichen Auswirkungen des Raumordnungsplans auf

1. Menschen, einschließlich der menschlichen Gesundheit, Tiere, Pflanzen und die biologische Vielfalt,
2. Fläche, Boden, Wasser, Luft, Klima und Landschaft,
3. Kulturgüter und sonstige Sachgüter sowie
4. die Wechselwirkung zwischen den vorgenannten Schutzgütern

zu ermitteln und in einem Umweltbericht frühzeitig zu beschreiben und zu bewerten sind; der Umweltbericht enthält die Angaben nach der Anlage 1. [2]Der Untersuchungsrahmen der Umweltprüfung einschließlich des erforderlichen Umfangs und Detaillierungsgrads des Umweltberichts ist festzulegen; die öffentlichen Stellen, deren umwelt- und gesundheitsbezogener Aufgabenbereich von den Umweltauswirkungen des Raumordnungsplans berührt werden kann, sind hierbei zu beteiligen. [3]Die Umweltprüfung bezieht sich auf das, was nach gegenwärtigem Wissensstand und allgemein anerkannten Prüfmethoden sowie nach Inhalt und Detaillierungsgrad des Raumordnungsplans angemessenerweise verlangt werden kann.

(2) [1]Bei geringfügigen Änderungen von Raumordnungsplänen kann von einer Umweltprüfung abgesehen werden, wenn durch eine überschlägige Prüfung unter Berücksichtigung der in Anlage 2 genannten Kriterien festgestellt

[1)] Auszugsweise abgedruckt unter Nr. **1a**.

wurde, dass sie voraussichtlich keine erheblichen Umweltauswirkungen haben werden. [2] Diese Prüfung ist unter Beteiligung der öffentlichen Stellen, deren umwelt- und gesundheitsbezogener Aufgabenbereich von den Umweltauswirkungen des Raumordnungsplans berührt werden kann, durchzuführen. [3] Sofern festgestellt wurde, dass keine erheblichen Umweltauswirkungen zu erwarten sind, sind die zu diesem Ergebnis führenden Erwägungen in die Begründung des Plans aufzunehmen.

(3) [1] Die Umweltprüfung soll bei der Aufstellung eines Raumordnungsplans auf zusätzliche oder andere erhebliche Umweltauswirkungen beschränkt werden, wenn in anderen das Plangebiet ganz oder teilweise umfassenden Plänen oder Programmen bereits eine Umweltprüfung nach Absatz 1 durchgeführt wurde. [2] Die Umweltprüfung kann mit anderen Prüfungen zur Ermittlung oder Bewertung von Umweltauswirkungen verbunden werden.

(4) [1] Die erheblichen Auswirkungen der Durchführung der Raumordnungspläne auf die Umwelt sind auf Grundlage der in der zusammenfassenden Erklärung nach § 10 Abs. 3 genannten Überwachungsmaßnahmen von der in den Landesplanungsgesetzen genannten Stelle, oder, sofern Landesplanungsgesetze keine Regelung treffen, von der für den Raumordnungsplan zuständigen oder der im Raumordnungsplan bezeichneten öffentlichen Stelle zu überwachen, um insbesondere unvorhergesehene nachteilige Auswirkungen frühzeitig zu ermitteln und um in der Lage zu sein, geeignete Maßnahmen zur Abhilfe zu ergreifen. [2] Die in ihren Belangen berührten öffentlichen Stellen unterrichten die öffentliche Stelle nach Satz 1, sofern nach den ihnen vorliegenden Erkenntnissen die Durchführung des Raumordnungsplans erhebliche, insbesondere unvorhergesehene nachteilige Auswirkungen auf die Umwelt hat.

(5) [1] Das Bundesministerium für Wohnen, Stadtentwicklung und Bauwesen wird ermächtigt, im Einvernehmen mit dem Bundesministerium für Umwelt, Naturschutz, nukleare Sicherheit und Verbraucherschutz mit Zustimmung des Bundesrates durch Rechtsverordnung Vorgaben zu erlassen zur Berücksichtigung von artenschutzrechtlichen Belangen im Rahmen der Umweltprüfung bei der Aufstellung von Raumordnungsplänen. [2] Sofern dabei auch Fragen der Windenergie an Land berührt sind, sind die Vorgaben auch im Einvernehmen mit dem Bundesministerium für Wirtschaft und Klimaschutz zu erlassen.

§ 9 Beteiligung bei der Aufstellung von Raumordnungsplänen.

(1) [1] Die Öffentlichkeit sowie die in ihren Belangen berührten öffentlichen Stellen sind von der Aufstellung des Raumordnungsplans zu unterrichten. [2] Die öffentlichen Stellen sind aufzufordern, Aufschluss über diejenigen von ihnen beabsichtigten oder bereits eingeleiteten Planungen und Maßnahmen sowie über deren zeitliche Abwicklung zu geben, die für die Planaufstellung bedeutsam sein können. [3] Gleiches gilt für weitere ihnen vorliegende Informationen, die für die Ermittlung und Bewertung des Abwägungsmaterials zweckdienlich sind.

(2) [1] Der Öffentlichkeit sowie den in ihren Belangen berührten öffentlichen Stellen ist frühzeitig Gelegenheit zur Stellungnahme zum Entwurf des Raumordnungsplans, zu seiner Begründung und im Falle einer durchgeführten Umweltprüfung zum Umweltbericht zu geben. [2] Dazu sind die in Satz 1 genannten sowie weitere nach Einschätzung der für den Raumordnungsplan zuständigen Stelle zweckdienliche Unterlagen für die Dauer von mindestens einem Monat

öffentlich auszulegen.[1] [3]Ort und Dauer der Auslegung sind mindestens eine Woche vor Beginn der Auslegung öffentlich bekannt zu machen; dabei ist unter Angabe einer angemessenen Frist, die zumindest der Auslegungsfrist entspricht, darauf hinzuweisen, dass Stellungnahmen abgegeben werden können. [4]Mit Ablauf der Frist nach Satz 3 sind alle Stellungnahmen ausgeschlossen, die nicht auf besonderen privatrechtlichen Titeln beruhen; hierauf ist in der Bekanntmachung nach Satz 3 hinzuweisen. [5]Bei der Beteiligung nach den Sätzen 1 bis 3 sollen elektronische Informationstechnologien ergänzend genutzt werden. [6]Die zuständige Stelle gewährleistet durch organisatorische und technische Maßnahmen, dass die verwendete elektronische Informationstechnologie vor fremden Zugriffen gesichert wird.

(3) [1]Wird der Planentwurf nach Durchführung der Verfahrensschritte nach Absatz 2 dergestalt geändert, dass dies zu einer erstmaligen oder stärkeren Berührung von Belangen führt, so ist der geänderte Teil erneut auszulegen; in Bezug auf die Änderung ist erneut Gelegenheit zur Stellungnahme zu geben. [2]Die Dauer der Auslegung und die Frist zur Stellungnahme können angemessen verkürzt werden. [3]Die Beteiligung nach den Sätzen 1 und 2 kann auf die von der Änderung berührte Öffentlichkeit sowie auf die in ihren Belangen berührten öffentlichen Stellen beschränkt werden, wenn durch die Änderung des Planentwurfs die Grundzüge der Planung nicht berührt werden.

(4) [1]Wird die Durchführung eines Raumordnungsplans voraussichtlich erhebliche Auswirkungen auf das Gebiet eines Nachbarstaates haben, so ist die von diesem Staat als zuständig benannte oder, sofern der Staat keine Behörde benannt hat, die oberste für Raumordnung zuständige Behörde zu unterrichten; ihr ist ein Exemplar des Planentwurfs zu übermitteln. [2]Der Behörde nach Satz 1 ist eine angemessene Frist zu setzen, innerhalb derer sie Gelegenheit zur Stellungnahme hat. [3]Absatz 2 Satz 5 und 6 sowie Absatz 3 gelten entsprechend. [4]Soweit die Durchführung des Plans erhebliche Umweltauswirkungen auf einen Nachbarstaat haben kann, ist dieser nach den §§ 60 und 61 des Gesetzes über die Umweltverträglichkeitsprüfung zu beteiligen.

§ 10 Bekanntmachung von Raumordnungsplänen; Bereithaltung von Raumordnungsplänen und von Unterlagen. (1) Soweit der Raumordnungsplan nicht als Gesetz oder Rechtsverordnung verkündet wird, ist er oder seine Genehmigung oder der Beschluss über ihn öffentlich bekannt zu machen; mit der Bekanntmachung wird der Raumordnungsplan wirksam.

(2) [1]Der Raumordnungsplan ist mit der Begründung und, soweit über die Annahme des Raumordnungsplans nicht durch Gesetz entschieden wird, einer Rechtsbehelfsbelehrung sowie im Falle einer durchgeführten Umweltprüfung mit der zusammenfassenden Erklärung nach Absatz 3 und der Aufstellung der Überwachungsmaßnahmen nach § 8 Absatz 4 Satz 1 zu jedermanns Einsicht bereitzuhalten. [2]Bei der Bekanntmachung nach Absatz 1 oder der Verkündung ist darauf hinzuweisen, wo die Einsichtnahme erfolgen kann. [3]Bei der Bekanntmachung oder Verkündung von Raumordnungsplänen sowie bei der Bereithaltung von Raumordnungsplänen und von Unterlagen sollen elektronische Informationstechnologien ergänzend genutzt werden. [4]§ 9 Absatz 2 Satz 6 gilt entsprechend.

---

[1] Siehe ergänzend PlanSiG (Nr. **1b**).

(3) Dem Raumordnungsplan ist eine zusammenfassende Erklärung beizufügen über die Art und Weise, wie die Umweltbelange und die Ergebnisse der Öffentlichkeits- und Behördenbeteiligung in dem Aufstellungsverfahren berücksichtigt wurden, und aus welchen Gründen der Plan nach Abwägung mit den geprüften in Betracht kommenden anderweitigen Planungsmöglichkeiten gewählt wurde, sowie über die im Rahmen der Überwachung der Auswirkungen auf die Umwelt nach § 8 Abs. 4 Satz 1 durchzuführenden Maßnahmen.

(4) Im Falle der Beteiligung von Nachbarstaaten nach § 9 Absatz 4 werden die in den Absätzen 2 und 3 genannten Informationen der dort zuständigen Behörde übermittelt.

§ 11 Planerhaltung. (1) Eine Verletzung von Verfahrens- und Formvorschriften dieses Gesetzes ist für die Rechtswirksamkeit eines Raumordnungsplans nur beachtlich, wenn

1. die Vorschriften des § 9 über die Beteiligung verletzt worden sind; dabei ist unbeachtlich, wenn einzelne Personen oder öffentliche Stellen nicht beteiligt worden sind oder eine grenzüberschreitende Beteiligung fehlerhaft erfolgte, die entsprechenden Belange jedoch unerheblich waren oder in der Entscheidung berücksichtigt worden sind;
2. die Vorschriften des § 7 Absatz 5 und des § 9 Absatz 2 über die Begründung des Raumordnungsplans sowie seiner Entwürfe verletzt worden sind; dabei ist unbeachtlich, wenn die Begründung unvollständig ist;
3. der mit der Bekanntmachung (§ 10) verfolgte Hinweiszweck nicht erreicht wurde.

(2) Für die Rechtswirksamkeit eines Regionalplans ist auch unbeachtlich, wenn

1. § 13 Absatz 2 Satz 1 hinsichtlich des Entwickelns des Regionalplans aus dem Raumordnungsplan für das Landesgebiet verletzt worden ist, ohne dass hierbei die sich aus dem Raumordnungsplan für das Landesgebiet ergebende geordnete räumliche Entwicklung beeinträchtigt worden ist, oder
2. der Regionalplan aus einem Raumordnungsplan für das Landesgebiet entwickelt worden ist, dessen Unwirksamkeit wegen Verletzung von Verfahrens- oder Formvorschriften sich nach Bekanntmachung oder Verkündung des Regionalplans herausstellt.

(3) [1] Für die Abwägung nach § 7 Abs. 2 ist die Sach- und Rechtslage im Zeitpunkt der Beschlussfassung über den Raumordnungsplan maßgebend. [2] Mängel im Abwägungsvorgang sind nur erheblich, wenn sie offensichtlich und auf das Abwägungsergebnis von Einfluss gewesen sind.

(4) Bei Anwendung des § 8 gilt ergänzend zu den Absätzen 1 bis 3:

1. Ein für die Rechtmäßigkeit des Raumordnungsplans beachtlicher Mangel des nach § 9 Absatz 2 bei der Beteiligung beizufügenden Umweltberichts (§ 8 Abs. 1) besteht, wenn dieser in wesentlichen Punkten unvollständig ist und diese Punkte nicht Bestandteil der zusammenfassenden Erklärung nach § 10 Abs. 3 sind.
2. Unterbleibt nach § 8 Abs. 2 eine Umweltprüfung, gilt die Vorprüfung des Einzelfalls als ordnungsgemäß durchgeführt, wenn sie entsprechend den Vorgaben von § 8 Abs. 2 durchgeführt worden ist und ihr Ergebnis nachvollziehbar ist; dabei ist unbeachtlich, wenn einzelne öffentliche Stellen nicht

beteiligt worden sind; andernfalls besteht ein für die Rechtswirksamkeit des Raumordnungsplans beachtlicher Mangel.

(5) [1] Unbeachtlich werden

1. eine nach Absatz 1 Nr. 1 und 2 beachtliche Verletzung der dort bezeichneten Verfahrens- und Formvorschriften,
2. nach Absatz 3 beachtliche Mängel des Abwägungsvorgangs,
3. eine nach Absatz 4 beachtliche Verletzung der Vorschriften über die Umweltprüfung,

wenn sie nicht innerhalb eines Jahres seit Bekanntmachung des Raumordnungsplans gegenüber der zuständigen Stelle unter Darlegung des die Verletzung begründenden Sachverhalts geltend gemacht worden sind. [2] Bei Inkraftsetzung des Raumordnungsplans ist auf die Voraussetzungen für die Geltendmachung der Verletzung von Vorschriften sowie auf die Rechtsfolgen hinzuweisen.

(6) Der Raumordnungsplan kann durch ein ergänzendes Verfahren zur Behebung von Fehlern auch rückwirkend in Kraft gesetzt werden.

§ 12 Untersagung raumbedeutsamer Planungen und Maßnahmen.

(1) Die Raumordnungsbehörde kann raumbedeutsame Planungen und Maßnahmen sowie die Entscheidung über deren Zulässigkeit gegenüber den in § 4 genannten öffentlichen Stellen unbefristet untersagen, wenn Ziele der Raumordnung entgegenstehen.

(2) [1] Die Raumordnungsbehörde kann raumbedeutsame Planungen und Maßnahmen sowie die Entscheidung über deren Zulässigkeit gegenüber den in § 4 genannten öffentlichen Stellen befristet untersagen, wenn sich ein Raumordnungsplan in Aufstellung befindet und wenn zu befürchten ist, dass die Planung oder Maßnahme die Verwirklichung der vorgesehenen Ziele der Raumordnung unmöglich machen oder wesentlich erschweren würde. [2] Die Dauer der Untersagung beträgt bis zu zwei Jahre. [3] Die Untersagung kann um ein weiteres Jahr verlängert werden.

(3) Rechtsbehelfe gegen eine Untersagung haben keine aufschiebende Wirkung.

Abschnitt 2. Raumordnung in den Ländern

§ 13 Landesweite Raumordnungspläne, Regionalpläne und regionale Flächennutzungspläne. (1) [1] In den Ländern sind aufzustellen:

1. ein Raumordnungsplan für das Landesgebiet (landesweiter Raumordnungsplan) und
2. Raumordnungspläne für die Teilräume der Länder (Regionalpläne).

[2] In den Ländern Berlin, Bremen und Hamburg kann ein Flächennutzungsplan nach § 5 des Baugesetzbuchs[1)] die Funktion eines Plans nach Satz 1 Nummer 1 übernehmen; hierfür gelten die Absätze 5 und 6, § 7 Absatz 3, 4 und 8 sowie die §§ 9 und 10 entsprechend. [3] Satz 1 Nummer 2 gilt nicht in den Ländern Berlin, Bremen, Hamburg und Saarland.

[1)] Nr. 1.

(2) [1] Die Regionalpläne sind aus dem Raumordnungsplan für das Landesgebiet zu entwickeln. [2] Die Flächennutzungspläne und die Ergebnisse der von Gemeinden beschlossenen sonstigen städtebaulichen Planungen sind entsprechend § 1 Absatz 3 in der Abwägung nach § 7 Absatz 2 zu berücksichtigen.

(3) Ist eine Planung angesichts bestehender Verflechtungen, insbesondere in einem verdichteten Raum, über die Grenzen eines Landes hinaus erforderlich, soll eine gemeinsame Regionalplanung erwogen werden.

(4) [1] Erfolgt die Regionalplanung durch Zusammenschlüsse von Gemeinden und Gemeindeverbänden zu regionalen Planungsgemeinschaften, kann ein Regionalplan zugleich die Funktion eines gemeinsamen Flächennutzungsplans nach § 204 des Baugesetzbuchs übernehmen, wenn er den §§ 7 bis 13 dieses Gesetzes und den Vorschriften des Baugesetzbuchs entspricht (regionaler Flächennutzungsplan). [2] Im Plan nach Satz 1 sind sowohl die Festlegungen im Sinne des Absatzes 5 und des § 7 Absatz 3 und 4 als auch die Darstellungen im Sinne des § 5 des Baugesetzbuchs zu kennzeichnen; Ziele und Grundsätze der Raumordnung sind als solche zu kennzeichnen.

(5) [1] Die Raumordnungspläne sollen Festlegungen zur Raumstruktur enthalten, insbesondere zu

1. der anzustrebenden Siedlungsstruktur; hierzu können gehören
   a) Raumkategorien,
   b) Zentrale Orte,
   c) besondere Gemeindefunktionen wie Entwicklungsschwerpunkte und Entlastungsorte,
   d) Siedlungsentwicklungen,
   e) Achsen;
2. der anzustrebenden Freiraumstruktur; hierzu können gehören
   a) großräumig übergreifende Freiräume und Freiraumschutz,
   b) Nutzungen im Freiraum wie Standorte für die vorsorgende Sicherung sowie die geordnete Aufsuchung und Gewinnung von standortgebundenen Rohstoffen,
   c) Sanierung und Entwicklung von Raumfunktionen,
   d) Freiräume zur Gewährleistung des vorbeugenden Hochwasserschutzes;
3. den zu sichernden Standorten und Trassen für Infrastruktur; hierzu können gehören
   a) Verkehrsinfrastruktur und Umschlaganlagen von Gütern,
   b) Ver- und Entsorgungsinfrastruktur einschließlich Energieleitungen und -anlagen.

[2] Bei Festlegungen nach Satz 1 Nummer 2 kann zugleich bestimmt werden, dass in diesem Gebiet unvermeidbare Beeinträchtigungen der Leistungsfähigkeit des Naturhaushalts oder des Landschaftsbildes an anderer Stelle ausgeglichen, ersetzt oder gemindert werden.

(6) [1] Soweit ein Plan nach Absatz 1 Regelungen für ein Gebiet der deutschen Küstengewässer nach § 3 Nummer 2 des Wasserhaushaltsgesetzes trifft, soll er unter Berücksichtigung etwaiger Wechselwirkungen zwischen Land und Meer sowie unter Berücksichtigung von Sicherheitsaspekten Festlegungen treffen insbesondere

1. zur Gewährleistung der Sicherheit und Leichtigkeit des Schiffsverkehrs,

2. zu weiteren wirtschaftlichen Nutzungen,
3. zu wissenschaftlichen Nutzungen sowie
4. zum Schutz und zur Verbesserung der Meeresumwelt.

[2]Die Absätze 2 bis 5 finden insoweit keine Anwendung.

§ 14 Raumordnerische Zusammenarbeit. (1) [1]Zur Vorbereitung oder Verwirklichung von Raumordnungsplänen oder von sonstigen raumbedeutsamen Planungen und Maßnahmen sollen die Träger der Landes- und Regionalplanung mit den hierfür maßgeblichen öffentlichen Stellen und Personen des Privatrechts einschließlich Nichtregierungsorganisationen und der Wirtschaft zusammenarbeiten oder auf die Zusammenarbeit dieser Stellen und Personen hinwirken. [2]Die Zusammenarbeit nach Satz 1 kann sowohl zur Entwicklung einer Region als auch im Hinblick auf regionen- oder grenzübergreifende Belange erfolgen; die Zusammenarbeit von Gemeinden zur Stärkung teilräumlicher Entwicklungen (interkommunale Zusammenarbeit) ist zu unterstützen.

(2) [1]Formelle und informelle Arten der Zusammenarbeit nach Absatz 1 können insbesondere sein:

1. Vertragliche Vereinbarungen, insbesondere zur Koordinierung oder Verwirklichung von raumordnerischen Entwicklungskonzepten und zur Vorbereitung oder Verwirklichung von Raumordnungsplänen,
2. Maßnahmen wie regionale Entwicklungskonzepte, überregionale, regionale und interkommunale Netzwerke und Kooperationsstrukturen, regionale Foren und Aktionsprogramme zu aktuellen Handlungsanforderungen,
3. Durchführung einer Raumbeobachtung und Bereitstellung der Ergebnisse für regionale und kommunale Träger sowie für Träger der Fachplanung im Hinblick auf raumbedeutsame Planungen und Maßnahmen, sowie Beratung dieser Träger.

[2]Im Falle des Satzes 1 Nr. 1 kann Gegenstand der vertraglichen Vereinbarung auch die Übernahme von Kosten sein, die dem Träger der Landes- oder Regionalplanung bei der im Interesse des Vertragspartners liegenden Vorbereitung oder Verwirklichung von Raumordnungsplänen entstehen.

§ 15 Raumordnungsverfahren. (1) [1]Die für Raumordnung zuständige Landesbehörde prüft nach Maßgabe der folgenden Absätze in einem besonderen Verfahren die Raumverträglichkeit raumbedeutsamer Planungen und Maßnahmen im Sinne von § 1 der Raumordnungsverordnung[1)] (Raumordnungsverfahren). [2]Hierbei sind die raumbedeutsamen Auswirkungen der Planung oder Maßnahme unter überörtlichen Gesichtspunkten zu prüfen; insbesondere werden die Übereinstimmung mit den Erfordernissen der Raumordnung und die Abstimmung mit anderen raumbedeutsamen Planungen und Maßnahmen geprüft. [3]Gegenstand der Prüfung nach Satz 2 sollen auch ernsthaft in Betracht kommende Standort- oder Trassenalternativen sein.

(2) [1]Der Träger der raumbedeutsamen Planung oder Maßnahme legt der für Raumordnung zuständigen Landesbehörde die Verfahrensunterlagen vor, die notwendig sind, um eine Bewertung der raumbedeutsamen Auswirkungen des Vorhabens zu ermöglichen. [2]Die Verfahrensunterlagen sollen in einem ver-

---

[1)] Nr. **6**.

kehrsüblichen elektronischen Format eingereicht werden. [3] Bei raumbedeutsamen Planungen und Maßnahmen der Verteidigung entscheidet das Bundesministerium der Verteidigung oder die von ihm bestimmte Stelle, bei raumbedeutsamen Planungen und Maßnahmen des Zivilschutzes die zuständige Stelle über Art und Umfang der Angaben für die Planung oder Maßnahme.

(3) [1] Die in ihren Belangen berührten öffentlichen Stellen und die Öffentlichkeit sind zu beteiligen. [2] Die Verfahrensunterlagen sind für die Dauer von mindestens einem Monat im Internet zu veröffentlichen. [3] Der Träger der raumbedeutsamen Planung oder Maßnahme hat Anspruch darauf, dass seine Betriebs- und Geschäftsgeheimnisse von der Behörde nicht unbefugt offenbart werden. [4] Ort und Dauer der Veröffentlichung sind mindestens eine Woche vor Beginn der Veröffentlichung öffentlich bekannt zu machen; dabei ist unter Angabe einer angemessenen Frist, die zumindest der Veröffentlichungsfrist entspricht, darauf hinzuweisen, dass Stellungnahmen abgegeben werden können und bei der Abgabe elektronische Informationstechnologien genutzt werden sollen. [5] In der Bekanntmachung nach Satz 4 ist darauf hinzuweisen, dass und wo die Veröffentlichung im Internet nach Satz 2 erfolgt. [6] Als zusätzliches Informationsangebot nach Satz 2 sind zusätzlich zur Veröffentlichung im Internet andere leicht zu erreichende Zugangsmöglichkeiten, etwa durch Versendung oder öffentlich zugängliche Lesegeräte, zur Verfügung zu stellen, soweit dies nach Feststellung der nach Absatz 2 Satz 1 zuständigen Behörde angemessen und zumutbar ist. [7] Auf diese Zugangsmöglichkeiten ist in der Bekanntmachung nach Satz 4 hinzuweisen. [8] § 9 Absatz 2 Satz 6 gilt entsprechend. [9] Bei raumbedeutsamen Planungen und Maßnahmen, die erhebliche Auswirkungen auf Nachbarstaaten haben können, erfolgt die Beteiligung der betroffenen Nachbarstaaten im Raumordnungsverfahren nach den Grundsätzen der Gegenseitigkeit und Gleichwertigkeit. [10] Bei raumbedeutsamen Planungen und Maßnahmen nach Absatz 2 Satz 3 erfolgt die Entscheidung darüber, ob und in welchem Umfang die Öffentlichkeit einbezogen wird, im Einvernehmen mit den dort genannten Stellen.

(4) [1] Das Raumordnungsverfahren ist nach Vorliegen der vollständigen Unterlagen innerhalb einer Frist von sechs Monaten abzuschließen. [2] Hält der Vorhabenträger nach Abschluss des Raumordnungsverfahrens an der Realisierung der raumbedeutsamen Planung oder Maßnahme nach Absatz 1 Satz 1 fest, soll er zeitnah die Durchführung des hierfür erforderlichen Zulassungsverfahrens oder, sofern dies gesetzlich vorgesehen ist, des Verfahrens zur Bestimmung der Planung und Linienführung beantragen. [3] Die nach Absatz 2 Satz 1 zuständige Behörde soll der Zulassungsbehörde die Verfahrensunterlagen, die Gegenstand des Raumordnungsverfahrens waren, unverzüglich nach der Antragstellung des Vorhabenträgers in einem verkehrsüblichen elektronischen Format übermitteln. [4] Im Zulassungsverfahren soll die Prüfung auf Belange beschränkt werden, die nicht Gegenstand des Raumordnungsverfahrens waren. [5] Wird das Vorhaben abschnittsweise zugelassen, können das Raumordnungsverfahren sowie das Zulassungsverfahren oder, sofern dies gesetzlich vorgesehen ist, das Verfahren zur Bestimmung der Planung und Linienführung insoweit aufeinander abgestimmt werden.

(5) [1] Der Träger einer raumbedeutsamen Planung oder Maßnahme kann die Durchführung eines Raumordnungsverfahrens bei der für Raumordnung zuständigen Landesbehörde beantragen. [2] Stellt der Träger der raumbedeutsamen Planung oder Maßnahme keinen Antrag, zeigt er dies der für Raumordnung

zuständigen Landesbehörde unter Beifügung der für die Raumverträglichkeitsprüfung erforderlichen Unterlagen vor Einleitung eines Zulassungsverfahrens oder, sofern dies gesetzlich vorgesehen ist, eines Verfahrens zur Bestimmung der Planung und Linienführung an. [3] In diesem Fall soll die für Raumordnung zuständige Landesbehörde ein Raumordnungsverfahren einleiten, wenn sie befürchtet, dass die Planung oder Maßnahme im Hinblick auf die in Absatz 1 Satz 2 zweiter Halbsatz genannten Kriterien zu raumbedeutsamen Konflikten führen wird. [4] Die für Raumordnung zuständige Landesbehörde teilt ihre Entscheidung dem Träger der raumbedeutsamen Planung oder Maßnahme innerhalb von vier Wochen nach dessen Anzeige gemäß Satz 2 mit. [5] Bei raumbedeutsamen Planungen und Maßnahmen von öffentlichen Stellen des Bundes, von anderen öffentlichen Stellen, die im Auftrag des Bundes tätig sind, sowie von Personen des Privatrechts nach § 5 Absatz 1 trifft die für Raumordnung zuständige Landesbehörde die Entscheidung nach Satz 4 im Benehmen mit dieser Stelle oder Person.

(6) [1] Für die Länder Berlin, Bremen und Hamburg gilt Absatz 1 Satz 1 nicht. [2] Schaffen diese Länder allein oder gemeinsam mit anderen Ländern Rechtsgrundlagen für Raumordnungsverfahren, finden die Absätze 1 bis 5 Anwendung.

(7) Das Ergebnis des Raumordnungsverfahrens kann nur im Rahmen des Rechtsbehelfsverfahrens gegen die nachfolgende Zulassungsentscheidung überprüft werden.

§ 16 Beschleunigtes Raumordnungsverfahren; Absehen von Raumordnungsverfahren. (1) [1] Bei der Prüfung der Raumverträglichkeit raumbedeutsamer Planungen und Maßnahmen kann, soweit keine anderen Rechtsvorschriften entgegenstehen, auf die Beteiligung einzelner öffentlicher Stellen nach § 15 Abs. 3 Satz 1 und 6 verzichtet werden, wenn die raumbedeutsamen Auswirkungen dieser Planungen und Maßnahmen gering sind oder wenn für die Prüfung der Raumverträglichkeit erforderliche Stellungnahmen schon in einem anderen Verfahren abgegeben wurden (beschleunigtes Raumordnungsverfahren). [2] Die Frist nach § 15 Abs. 4 Satz 2 beträgt beim beschleunigten Raumordnungsverfahren grundsätzlich drei Monate.

(2) [1] Von der Durchführung eines Raumordnungsverfahrens kann bei solchen Planungen und Maßnahmen abgesehen werden, für die sichergestellt ist, dass ihre Raumverträglichkeit anderweitig geprüft wird. [2] Die Landesregierungen können durch Rechtsverordnung regeln, welche Fälle die Durchführung eines Raumordnungsverfahrens erübrigen.

Abschnitt 3. Raumordnung im Bund

§ 17 Raumordnungspläne für die deutsche ausschließliche Wirtschaftszone und für den Gesamtraum. (1) [1] Das Bundesministerium des Innern, für Bau und Heimat stellt im Einvernehmen mit den fachlich betroffenen Bundesministerien für die deutsche ausschließliche Wirtschaftszone einen Raumordnungsplan als Rechtsverordnung auf. [2] Der Raumordnungsplan soll unter Berücksichtigung etwaiger Wechselwirkungen zwischen Land und Meer sowie unter Berücksichtigung von Sicherheitsaspekten Festlegungen treffen

1. zur Gewährleistung der Sicherheit und Leichtigkeit des Schiffsverkehrs,
2. zu weiteren wirtschaftlichen Nutzungen,

3. zu wissenschaftlichen Nutzungen sowie
4. zum Schutz und zur Verbesserung der Meeresumwelt.

[3]Das Bundesamt für Seeschifffahrt und Hydrographie führt mit Zustimmung des Bundesministeriums des Innern, für Bau und Heimat die vorbereitenden Verfahrensschritte zur Aufstellung des Raumordnungsplans durch. [4]Das Bundesministerium des Innern, für Bau und Heimat arbeitet mit den angrenzenden Staaten und Ländern zusammen, um die Abstimmung und Kohärenz des Raumordnungsplans mit den Raumplanungen der angrenzenden Staaten und Länder sicherzustellen.

(2) [1]Das Bundesministerium des Innern, für Bau und Heimat kann im Einvernehmen mit den fachlich betroffenen Bundesministerien länderübergreifende Raumordnungspläne für den Hochwasserschutz sowie zu Standortkonzepten für Häfen und Flughäfen als Grundlage für ihre verkehrliche Anbindung im Rahmen der Bundesverkehrswegeplanung als Rechtsverordnung aufstellen. [2]Voraussetzung ist, dass dies für die räumliche Entwicklung und Ordnung des Bundesgebietes unter nationalen oder europäischen Gesichtspunkten erforderlich ist. [3]Die Beratungs- und Unterrichtungspflicht nach § 24 Absatz 1 und 4 ist zu beachten. [4]Das Bundesamt für Bauwesen und Raumordnung führt mit Zustimmung des Bundesministeriums des Innern, für Bau und Heimat die vorbereitenden Verfahrensschritte zur Aufstellung der Raumordnungspläne durch. [5]Das Bundesministerium des Innern, für Bau und Heimat beteiligt bei der Planaufstellung die Bundesministerien und stellt das Benehmen mit den Ländern und den angrenzenden Staaten her.

(3) [1]Das Bundesministerium des Innern, für Bau und Heimat kann im Einvernehmen mit den fachlich betroffenen Bundesministerien für die räumliche Entwicklung des Bundesgebietes einzelne Grundsätze der Raumordnung nach § 2 Absatz 2 durch Grundsätze in einem Raumordnungsplan konkretisieren. [2]Die Beratungs- und Unterrichtungspflicht nach § 24 Absatz 1 und 4 ist zu beachten. [3]Das Bundesamt für Bauwesen und Raumordnung führt mit Zustimmung des Bundesministeriums des Innern, für Bau und Heimat die vorbereitenden Verfahrensschritte zur Aufstellung des Raumordnungsplans durch. [4]Das Bundesministerium des Innern, für Bau und Heimat beteiligt bei der Planaufstellung die Bundesministerien und stellt das Benehmen mit den Ländern und den angrenzenden Staaten her.

(4) Zur Vorbereitung oder Verwirklichung von Raumordnungsplänen nach den Absätzen 1 und 2 kann der Träger der Bundesraumordnung entsprechend § 14 Absatz 1 und Absatz 2 Satz 1 Nummer 1 vertragliche Vereinbarungen treffen; Gegenstand dieser Vereinbarungen kann auch die Übernahme von Kosten sein, die dem Träger der Bundesraumordnung bei der im Interesse des Vertragspartners liegenden Vorbereitung oder Verwirklichung von Raumordnungsplänen entstehen.

(5) [1]Auf den Raumordnungsplan nach Absatz 3 finden die §§ 8 und 10 keine Anwendung. [2]Der Raumordnungsplan nach Absatz 3 ist im Bundesanzeiger bekannt zu machen; mit der Bekanntmachung tritt er in Kraft. [3]Die Bekanntmachung kann auch dadurch bewirkt werden, dass der Raumordnungsplan bei der Bundesverwaltung zu jedermanns Einsicht ausgelegt und im Bundesanzeiger darauf hingewiesen wird, wo der Raumordnungsplan eingesehen werden kann. [4]Elektronische Informationstechnologien sollen ergänzend genutzt werden; § 9 Absatz 2 Satz 6 gilt entsprechend.

§ 18 Beteiligung bei der Aufstellung von Raumordnungsplänen des Bundes. (1) Bei der Aufstellung des Raumordnungsplans nach § 17 Absatz 1 sind Ort und Dauer der Auslegung nach § 9 Absatz 2 mindestens eine Woche vor Beginn der Auslegung im Verkündungsblatt und auf der Internetseite der auslegenden Behörde nach § 17 Absatz 1 Satz 3 amtlich bekannt zu machen.

(2) Bei der Aufstellung der Raumordnungspläne nach § 17 Absatz 2 sind Ort und Dauer der Auslegung nach § 9 Absatz 2 mindestens eine Woche vor Beginn der Auslegung im Verkündungsblatt und auf der Internetseite der auslegenden Behörde nach § 17 Absatz 2 Satz 4 amtlich bekannt zu machen.

§ 19 Zielabweichung bei Raumordnungsplänen des Bundes. [1]Hinsichtlich der Zielabweichung bei Raumordnungsplänen des Bundes gilt § 6 Abs. 2 mit der Maßgabe, dass über den Antrag auf Zielabweichung bei Raumordnungsplänen nach § 17 Absatz 1 das Bundesamt für Seeschifffahrt und Hydrographie und bei Raumordnungsplänen nach § 17 Absatz 2 das Bundesministerium des Innern, für Bau und Heimat entscheidet. [2]Wird über den Antrag auf Zielabweichung im Zulassungsverfahren über eine raumbedeutsame Planung oder Maßnahme oder in einem anderen Verfahren entschieden, ist das Benehmen mit dem Bundesministerium des Innern, für Bau und Heimat erforderlich.

§ 20 Untersagung raumbedeutsamer Planungen und Maßnahmen bei Raumordnungsplänen des Bundes. Für die Untersagung raumbedeutsamer Planungen und Maßnahmen bei Raumordnungsplänen des Bundes gilt § 12 Abs. 2 und 3 mit der Maßgabe, dass für die Untersagung das Bundesministerium des Innern, für Bau und Heimat zuständig ist.

§ 21 Ermächtigung zum Erlass von Rechtsverordnungen. (1) Die Bundesregierung wird ermächtigt, durch Rechtsverordnung mit Zustimmung des Bundesrates Planungen und Maßnahmen zu bestimmen, für die ein Raumordnungsverfahren durchgeführt werden soll, wenn sie im Einzelfall raumbedeutsam sind und überörtliche Bedeutung haben.

(2) [1]Das Bundesministerium des Innern, für Bau und Heimat wird ermächtigt, durch Rechtsverordnung die Bedeutung und Form der Planzeichen zu bestimmen, die für die Festlegungen in Raumordnungsplänen notwendig sind. [2]Die Rechtsverordnung nach Satz 1 bedarf der Zustimmung des Bundesrates, wenn sie die Bedeutung und Form der Planzeichen bestimmt, die für Festlegungen in Raumordnungsplänen der Länder notwendig sind.

§ 22 Zuständigkeiten des Bundesamtes für Bauwesen und Raumordnung. (1) [1]Das Bundesamt für Bauwesen und Raumordnung führt ein Informationssystem zur räumlichen Entwicklung im Bundesgebiet und in den angrenzenden Gebieten. [2]Das Bundesministerium des Innern, für Bau und Heimat stellt den Ländern die Ergebnisse des Informationssystems zur Verfügung.

(2) [1]Das Bundesamt für Bauwesen und Raumordnung erstattet dem Bundesministerium des Innern, für Bau und Heimat zur Vorlage an den Deutschen Bundestag in regelmäßigen Abständen Berichte, insbesondere über

1. die bei der räumlichen Entwicklung des Bundesgebietes zugrunde zu legenden Tatsachen (Bestandsaufnahme, Entwicklungstendenzen),

2. die im Rahmen der angestrebten räumlichen Entwicklung durchgeführten und beabsichtigten raumbedeutsamen Planungen und Maßnahmen,
3. die räumliche Verteilung der raumbedeutsamen Planungen und Maßnahmen des Bundes und der Europäischen Union im Bundesgebiet und deren Wirkung,
4. die Auswirkungen der europäischen Integration auf die räumliche Entwicklung des Bundesgebietes.

[2]Die Berichte können sich auf fachliche und teilräumliche Aspekte beschränken.

§ 23 Beirat für Raumentwicklung. (1) Der Beirat für Raumentwicklung hat die Aufgabe, das Bundesministerium des Innern, für Bau und Heimat in Grundsatzfragen der räumlichen Entwicklung zu beraten.

(2) Das Bundesministerium des Innern, für Bau und Heimat beruft im Benehmen mit den zuständigen Spitzenverbänden in den Beirat Vertreter aus der Wissenschaft und der Praxis aus Bereichen mit relevanten Bezügen zur räumlichen Entwicklung des Bundesgebietes.

Abschnitt 4. Ergänzende Vorschriften und Schlussvorschriften

§ 24 Zusammenarbeit von Bund und Ländern. (1) Grundsätzliche Angelegenheiten der Raumordnung sollen vom Bundesministerium des Innern, für Bau und Heimat und den für Raumordnung zuständigen obersten Landesbehörden in der Ministerkonferenz für Raumordnung gemeinsam beraten werden.

(2) Bund und Länder können im Rahmen der Ministerkonferenz für Raumordnung Leitbilder für die räumlichen Entwicklung des Bundesgebietes oder von über die Länder hinausgreifenden Zusammenhängen entwickeln.

(3) [1]Der Bund beteiligt sich in Zusammenarbeit mit den Ländern an einer Politik des räumlichen Zusammenhalts in der Europäischen Union und im größeren europäischen Raum. [2]Bund und Länder wirken bei der grenzüberschreitenden Zusammenarbeit mit den Nachbarstaaten im Bereich der Raumordnung eng zusammen.

(4) Bund und Länder sind verpflichtet, sich gegenseitig alle Auskünfte zu erteilen, die zur Durchführung der Aufgaben der Raumordnung notwendig sind.

§ 25 Beteiligung bei der Aufstellung von Raumordnungsplänen der Nachbarstaaten. (1) Wird die Durchführung eines in einem Nachbarstaat vorgesehenen Raumordnungsplans voraussichtlich erhebliche Auswirkungen auf das angrenzende Plangebiet in der Bundesrepublik Deutschland haben, so ersucht diejenige deutsche Stelle, an deren Plangebiet der ausländische Raumordnungsplan angrenzt und die für einen gleichartigen Raumordnungsplan in Deutschland zuständig wäre, die zuständige Behörde des Nachbarstaates um Unterlagen über den Raumordnungsplan, insbesondere um eine Beschreibung des Planinhalts und um Angaben über grenzüberschreitende Auswirkungen des Plans.

(2) [1]Hält die deutsche Stelle nach Absatz 1 eine Beteiligung für erforderlich, so teilt sie dies der zuständigen Behörde des Nachbarstaates mit und ersucht,

soweit erforderlich, um weitere Angaben zum Raumordnungsplan. [2] Sodann unterrichtet sie die in ihren Belangen berührten öffentlichen Stellen und die Öffentlichkeit, gibt ihnen Gelegenheit zur Einsichtnahme in die Unterlagen und weist, sofern sie nicht die Abgabe einer einheitlichen Stellungnahme für angezeigt hält, darauf hin, welcher Behörde des Nachbarstaates innerhalb welcher Frist eine Stellungnahme zugeleitet werden kann. [3] Die deutsche Stelle nach Absatz 1 gibt der zuständigen Behörde des Nachbarstaates zudem alle ihr vorliegenden Informationen, die für die Aufstellung des Raumordnungsplans bedeutsam sein können.

(3) Grenzt das Plangebiet eines ausländischen Raumordnungsplans an die deutsche ausschließliche Wirtschaftszone an, so ist im Hinblick auf die dortigen Auswirkungen die für das Beteiligungsverfahren zuständige deutsche Stelle das Bundesministerium des Innern, für Bau und Heimat.

§ 26 *(aufgehoben)*

§ 27 Anwendungsvorschrift für die Raumordnung in den Ländern.

(1) [1] Verfahren zur Aufstellung von Raumordnungsplänen nach § 13 sowie Raumordnungsverfahren nach § 15, die vor dem 29. November 2017 förmlich eingeleitet wurden, werden nach den bis zum 28. November 2017 geltenden Raumordnungsgesetzen von Bund und Ländern abgeschlossen. [2] Ist mit gesetzlich vorgeschriebenen einzelnen Schritten des Verfahrens noch nicht begonnen worden, können diese auch nach den Vorschriften dieses Gesetzes durchgeführt werden.

(2) [1] § 11 ist auch auf Raumordnungspläne der Länder anzuwenden, die vor dem 29. November 2017 in Kraft getreten sind. [2] Weiter gehende landesrechtliche Regelungen zur Unbeachtlichkeit von Fehlern bei der Planaufstellung oder durch Fristablauf bleiben unberührt.

(3) Am 29. November 2017 geltendes Landesrecht, das § 2 Absatz 2, die §§ 6 bis 12 oder die Vorschriften des Abschnitts 2 dieses Gesetzes ergänzt, sowie landesrechtliche Gebührenregelungen und weiter gehendes Landesrecht zur Beschleunigung des Verfahrens bei Änderung eines ausgelegten Raumordnungsplanentwurfs bleiben unberührt.

(4) Für Raumordnungspläne, die Windenergiegebiete im Sinne von § 2 Nummer 1 des Windenergieflächenbedarfsgesetzes[1)] vom 20. Juli 2022 (BGBl. I S. 1353) beinhalten, sind die Überleitungsvorschriften des § 245e des Baugesetzbuchs[2)] und die Sonderregelungen des § 249 des Baugesetzbuchs vorrangig anzuwenden.

Anlage 1
(zu § 8 Abs. 1)

Der Umweltbericht nach § 8 Abs. 1 besteht aus

1. einer Einleitung mit folgenden Angaben:
   a) Kurzdarstellung des Inhalts und der wichtigsten Ziele des Raumordnungsplans,

---

[1)] Nr. **1c**.
[2)] Nr. **1**.

b) Darstellung der in den einschlägigen Gesetzen und Plänen festgelegten Ziele des Umweltschutzes, die für den Raumordnungsplan von Bedeutung sind, und der Art, wie diese Ziele und die Umweltbelange bei der Aufstellung berücksichtigt wurden;

2. einer Beschreibung und Bewertung der Umweltauswirkungen, die in der Umweltprüfung nach § 8 Abs. 1 ermittelt wurden, mit Angaben der
   a) Bestandsaufnahme der einschlägigen Aspekte des derzeitigen Umweltzustands, einschließlich der Umweltmerkmale der Gebiete, die voraussichtlich erheblich beeinflusst werden, einschließlich der Gebiete von gemeinschaftlicher Bedeutung und der Europäischen Vogelschutzgebiete im Sinne des Bundesnaturschutzgesetzes,
   b) Prognose über die Entwicklung des Umweltzustands bei Durchführung der Planung und bei Nichtdurchführung der Planung,
   c) geplanten Maßnahmen zur Vermeidung, Verringerung und zum Ausgleich der nachteiligen Auswirkungen und
   d) in Betracht kommenden anderweitigen Planungsmöglichkeiten, wobei die Ziele und der räumliche Geltungsbereich des Raumordnungsplans zu berücksichtigen sind;
3. folgenden zusätzlichen Angaben:
   a) Beschreibung der wichtigsten Merkmale der verwendeten technischen Verfahren bei der Umweltprüfung sowie Hinweise auf Schwierigkeiten, die bei der Zusammenstellung der Angaben aufgetreten sind, zum Beispiel technische Lücken oder fehlende Kenntnisse,
   b) Beschreibung der geplanten Maßnahmen zur Überwachung der erheblichen Auswirkungen der Durchführung des Raumordnungsplans auf die Umwelt und
   c) allgemein verständliche Zusammenfassung der erforderlichen Angaben nach dieser Anlage.

Anlage 2
(zu § 8 Abs. 2)

Nachstehende Kriterien sind anzuwenden, soweit auf Anlage 2 Bezug genommen wird:

1. Merkmale des Raumordnungsplans, insbesondere in Bezug auf

1.1 das Ausmaß, in dem der Raumordnungsplan einen Rahmen im Sinne des § 35 Absatz 3 des Gesetzes über die Umweltverträglichkeitsprüfung setzt;

1.2 das Ausmaß, in dem der Raumordnungsplan andere Pläne und Programme beeinflusst;

1.3 die Bedeutung des Raumordnungsplans für die Einbeziehung umweltbezogener, einschließlich gesundheitsbezogener Erwägungen, insbesondere im Hinblick auf die Förderung der nachhaltigen Entwicklung;

1.4 die für den Raumordnungsplan relevanten umweltbezogenen, einschließlich gesundheitsbezogener Probleme;

1.5 die Bedeutung des Raumordnungsplans für die Durchführung nationaler und europäischer Umweltvorschriften.

2. Merkmale der möglichen Auswirkungen und der voraussichtlich betroffenen Gebiete, insbesondere in Bezug auf

2.1 die Wahrscheinlichkeit, Dauer, Häufigkeit und Umkehrbarkeit der Auswirkungen;

2.2 den kumulativen und grenzüberschreitenden Charakter der Auswirkungen;

2.3 die Risiken für die Umwelt, einschließlich der menschlichen Gesundheit (zum Beispiel bei Unfällen);

2.4 den Umfang und die räumliche Ausdehnung der Auswirkungen;

2.5 die Bedeutung und die Sensibilität des voraussichtlich betroffenen Gebiets auf Grund der besonderen natürlichen Merkmale, des kulturellen Erbes, der Intensität der Bodennutzung des Gebiets jeweils unter Berücksichtigung der Überschreitung von Umweltqualitätsnormen und Grenzwerten;

2.6 folgende Gebiete:

2.6.1 Natura 2000-Gebiete nach § 7 Absatz 1 Nummer 8 des Bundesnaturschutzgesetzes,

2.6.2 Naturschutzgebiete gemäß § 23 des Bundesnaturschutzgesetzes, soweit nicht bereits von Nummer 2.6.1 erfasst,

2.6.3 Nationalparke gemäß § 24 des Bundesnaturschutzgesetzes, soweit nicht bereits von Nummer 2.6.1 erfasst,

2.6.4 Biosphärenreservate und Landschaftsschutzgebiete gemäß den §§ 25 und 26 des Bundesnaturschutzgesetzes,

2.6.5 gesetzlich geschützte Biotope gemäß § 30 des Bundesnaturschutzgesetzes,

2.6.6 Wasserschutzgebiete gemäß § 51 des Wasserhaushaltsgesetzes, Heilquellenschutzgebiete gemäß § 53 Absatz 4 des Wasserhaushaltsgesetzes sowie Überschwemmungsgebiete gemäß § 76 des Wasserhaushaltsgesetzes,

2.6.7 Gebiete, in denen die in den Gemeinschaftsvorschriften festgelegten Umweltqualitätsnormen bereits überschritten sind,

2.6.8 Gebiete mit hoher Bevölkerungsdichte, insbesondere Zentrale Orte im Sinne des § 2 Abs. 2 Nr. 2 dieses Gesetzes,

2.6.9 in amtlichen Listen oder Karten verzeichnete Denkmäler, Denkmalensembles, Bodendenkmäler oder Gebiete, die von der durch die Länder bestimmten Denkmalschutzbehörde als archäologisch bedeutende Landschaften eingestuft worden sind.

6. Raumordnungsverordnung (RoV)

Vom 13. Dezember 1990
(BGBl. I S. 2766)

FNA 2300-1-1

zuletzt geänd. durch Art. 6 Investitionen-BeschleunigungsG v. 3.12.2020 (BGBl. I S. 2694)

Auf Grund des § 6a Abs. 2 Satz 1 des Raumordnungsgesetzes[1)] in der Fassung der Bekanntmachung vom 19. Juli 1989 (BGBl. I S. 1461) verordnet die Bundesregierung:

§ 1 Anwendungsbereich. [1] Die Durchführung eines Raumordnungsverfahrens erfolgt nur auf Grundlage eines Antrags nach § 15 Absatz 5 Satz 1 des Raumordnungsgesetzes[1)] oder auf Grundlage einer Entscheidung nach § 15 Absatz 5 Satz 3 des Raumordnungsgesetzes für die nachfolgend aufgeführten Planungen und Maßnahmen, wenn sie im Einzelfall raumbedeutsam sind und überörtliche Bedeutung haben. [2] Die Befugnis der für die Raumordnung zuständigen Landesbehörden, weitere raumbedeutsame Planungen und Maßnahmen von überörtlicher Bedeutung nach landesrechtlichen Vorschriften in einem Raumordnungsverfahren zu überprüfen, bleibt unberührt. [3]

1. Errichtung einer Anlage im Außenbereich im Sinne des § 35 des Baugesetzbuchs[2)], die der Genehmigung in einem Verfahren unter Einbeziehung der Öffentlichkeit nach § 4 des Bundes-Immissionsschutzgesetzes bedarf und die in den Nummern 1 bis 10 der Anlage 1 zum Gesetz über die Umweltverträglichkeitsprüfung aufgeführt ist; sachlich und räumlich miteinander im Verbund stehende Anlagen sind dabei als Einheit anzusehen;
2. Errichtung einer ortsfesten kerntechnischen Anlage, die der Genehmigung in einem Verfahren unter Einbeziehung der Öffentlichkeit nach § 7 des Atomgesetzes bedarf;
3. Errichtung einer Anlage zur Sicherstellung und zur Endlagerung radioaktiver Abfälle, die einer Planfeststellung nach § 9b des Atomgesetzes bedarf;
4. Errichtung einer Anlage zur Ablagerung von Abfällen (Deponie), die der Planfeststellung nach § 35 Absatz 2 des Kreislaufwirtschaftsgesetzes bedarf;
5. Bau einer Abwasserbehandlungsanlage, die einer Genehmigung nach § 60 Absatz 3 Satz 1 des Wasserhaushaltsgesetzes bedarf;
6. Errichtung und wesentliche Trassenänderung einer Rohrleitungsanlage zum Befördern wassergefährdender Stoffe, die der Genehmigung nach § 20 des Gesetzes über die Umweltverträglichkeitsprüfung bedarf;
7. Herstellung, Beseitigung und wesentliche Umgestaltung eines Gewässers oder seiner Ufer, die einer Planfeststellung nach § 68 Absatz 1 des Wasserhaushaltsgesetzes bedürfen, sowie von Häfen ab einer Größe von 100 ha, Deich- und Dammbauten und Anlagen zur Landgewinnung am Meer;
8. Bau einer Bundesfernstraße, die der Entscheidung nach § 16 des Bundesfernstraßengesetzes bedarf;

---

1) Nr. **5**.
2) Nr. **1**.

9. Neubau und wesentliche Trassenänderung von Schienenstrecken der Eisenbahnen des Bundes sowie Neubau von Rangierbahnhöfen und von Umschlagseinrichtungen für den kombinierten Verkehr;
10. Errichtung einer Versuchsanlage nach dem Gesetz über den Bau und den Betrieb von Versuchsanlagen zur Erprobung von Techniken für den spurgeführten Verkehr;
11. Ausbau, Neubau und Beseitigung einer Bundeswasserstraße, die der Bestimmung der Planung und Linienführung nach § 13 des Bundeswasserstraßengesetzes bedürfen;
12. Anlage und wesentliche Änderung eines Flugplatzes, die einer Planfeststellung nach § 8 des Luftverkehrsgesetzes bedürfen;
13. *(aufgehoben)*
14. Errichtung von Hochspannungsfreileitungen mit einer Nennspannung von 110 kV oder mehr, ausgenommen Errichtungen in Bestandstrassen, unmittelbar neben Bestandstrassen oder unter weit überwiegender Nutzung von Bestandstrassen, und von Gasleitungen mit einem Durchmesser von mehr als 300 mm;
15. Errichtung von Feriendörfern, Hotelkomplexen und sonstigen großen Einrichtungen für die Ferien- und Fremdenbeherbergung sowie von großen Freizeitanlagen;
16. bergbauliche Vorhaben, soweit sie der Planfeststellung nach § 52 Abs. 2a bis 2c des Bundesberggesetzes bedürfen;
17. andere als bergbauliche Vorhaben zum Abbau von oberflächennahen Rohstoffen mit einer vom Vorhaben beanspruchten Gesamtfläche von 10 ha oder mehr;
18. Neubau und wesentliche Trassenänderung von Magnetschwebebahnen;
19. Errichtung von Einkaufszentren, großflächigen Einzelhandelsbetrieben und sonstigen großflächigen Handelsbetrieben.

§ 2 *(aufgehoben)*

§ 3 Inkrafttreten. Diese Verordnung tritt am Tage nach der Verkündung[1] in Kraft.

[1] Verkündet am 19.12.1990.

7. Verzeichnis baurechtlicher Vorschriften der Länder

(Stand: 15. Februar 2023)

a) Ausführungsrecht zum BauGB

Baden-Württemberg

- Verordnung der Landesregierung über die Gutachterausschüsse, Kaufpreissammlungen und Bodenrichtwerte nach dem Baugesetzbuch (Gutachterausschußverordnung) v. 11.12.1989 (GBl. S. 541), zuletzt geänd. durch VO v. 21.12.2021 (GBl. 2022 S. 1)
- Verordnung der Landesregierung, des Ministeriums für Verkehr und Infrastruktur und des Finanz- und Wirtschaftsministeriums zur Durchführung des Baugesetzbuchs (Durchführungsverordnung zum Baugesetzbuch – BauGB-DVO) v. 2.3.1998 (GBl. S. 185), zuletzt geänd. durch VO v. 21.12.2021 (GBl. 2022 S. 1)

Bayern

- Gesetz zur Ausführung des Gesetzes zur Änderung des Baugesetzbuchs und zur Neuregelung des Rechts der Raumordnung (Gesetz zur Ausführung des Bau- und Raumordnungsgesetzes 1998 – AGBauROG) v. 9.5.1998 (GVBl. S. 242)
- Verordnung über die Umlegungsausschüsse und das Vorverfahren in Umlegungsangelegenheiten (Umlegungsausschussverordnung – UmlegAusschV) v. 18.1.1961 (BayRS III S. 483), zuletzt geänd. durch V v. 30.9.2014 (GVBl S. 411)
- Zuständigkeitsverordnung im Bauwesen (ZustVBau) v. 5.7.1994 (GVBl. S. 573), zuletzt geänd. durch V v. 8.11.2022 (GVBl. S. 661)
- Verordnung über gerichtliche Zuständigkeiten im Bereich des Staatsministeriums der Justiz (Gerichtliche Zuständigkeitsverordnung Justiz – GZVJu) v. 11.6.2012 (GVBl. S. 295), zuletzt geänd. durch V v. 13.12.2022 (GVBl. S. 727)
- Verordnung über die Gutachterausschüsse, die Kaufpreissammlungen und die Bodenrichtwerte nach dem Baugesetzbuch (GutachterausschussV) v. 5.4.2005 (GVBl. S. 88), zuletzt geänd. durch V v. 24.5.2022 (GVBl. S. 246)

Berlin

- Gesetz zur Ausführung des Baugesetzbuchs (AGBauGB) idF der Bek. v. 7.11. 1999 (GVBl. S. 578), zuletzt geänd. durch G v. 14.10.2022 (GVBl. S. 578)
- Verordnung zur Durchführung des Baugesetzbuchs (DVO-BauGB) v. 5.6. 2018 (GVBl. S. 407), zuletzt geänd. durch G v. 27.9.2021 (GVBl. S. 1119)
- Erschließungsbeitragsgesetz (EBG) v. 12.7.1995 (GVBl. S. 444), zuletzt geänd. durch G v. 12.10.2020 (GVBl. S. 807)
- Verordnung zur Festsetzung von Einheitssätzen des Erschließungsbeitragsgesetzes v. 2.4.2019 (GVBl. S. 256)

Brandenburg

- Verordnung über Zuständigkeiten nach dem Baugesetzbuch (Baugesetzbuchzuständigkeitsverordnung – BauGBZV) v. 15.10.1997 (GVBl. II S. 821), zuletzt geänd. durch VO v. 31.7.2018 (GVBl. II Nr. 51)
- Verordnung über die Gutachterausschüsse für Grundstückswerte des Landes Brandenburg (Brandenburgische Gutachterausschussverordnung – BbgGAV) v. 12.5.2010 (GVBl. II Nr. 27), geänd. durch VO v. 21.9.2017 (GVBl. II Nr. 52)
- Gebührenordnung für die Gutachterausschüsse für Grundstückswerte des Landes Brandenburg und deren Geschäftsstellen (Brandenburgische Gutachterausschuss-Gebührenordnung – BbgGAGebO) v. 30.7.2010 (GVBl. II Nr. 51), zuletzt geänd. durch VO v. 29.8.2022 (GVBl. II Nr. 61)

Bremen

- Verordnung zur Durchführung des Baugesetzbuches v. 22.6.1993 (Brem.GBl. S. 234), zuletzt geänd. durch Bek. v. 20.10.2020 (Brem.GBl. S. 1172)
- Ortsgesetz über die Erhebung von Beiträgen für die Erweiterung und Verbesserung von Erschließungsanlagen v. 12.6.1973 (Brem.GBl. S. 127), zuletzt geänd. durch G v. 25.5.2010 (Brem.GBl. S. 365)
- Ortsgesetz über die Erhebung von Erschließungsbeiträgen v. 20.12.1982 (Brem.GBl. S. 405), zuletzt geänd. durch G v. 25.5.2010 (Brem.GBl. S. 365)
- Gesetz über den Wegfall von Genehmigungen oder Zustimmungen nach dem Baugesetzbuch idF der Bek. v. 7.7.1987 (Brem.GBl. S. 215), zuletzt geänd. durch G v. 26.5.1998 (Brem. GBl. S. 134)
- Kostenverordnung für das amtliche Vermessungswesen und die Gutachterausschüsse für Grundstückswerte nach dem Baugesetzbuch (VermWertKostV) v. 25.11.2014 (Brem.GBl. S. 739), zuletzt geänd. durch Bek. v. 20.10.2020 (Brem.GBl. S. 1172)
- Verordnung über die Gutachterausschüsse für Grundstückswerte nach dem Baugesetzbuch v. 2.9.2008 (Brem.GBl. S. 321), geänd. durch VO v. 17.6. 2014 (Brem.GBl. S. 314)

Hamburg

- Gesetz über die Kommission für Bodenordnung v. 29.4.1997 (HmbGVBl. S. 131), zuletzt geänd. durch G v. 18.12.2020 (HmbGVBl. S. 703)
- Bekanntmachung zur Erhebung von Wegebaukosten v. 17.1.1961 (Amtl. Anz. S. 73)
- Bekanntmachung zum Bundesbaugesetz und zum Städtebauförderungsgesetz v. 30.3.1977 (HmbGVBl. S. 96)
- Anordnung zur Durchführung des Baugesetzbuchs und des Bauleitplanfeststellungsgesetzes v. 5.5.1988 (Amtl. Anz. S. 937), zuletzt geänd. durch AO v. 2.11.2021 (Amtl. Anz. S. 1910)
- Verordnung über den Gutachterausschuss für Grundstückswerte v. 12.5.2009 (HmbGVBl. S. 124)
- Gesetz zur Erhebung von Kostenerstattungsbeträgen nach §§ 135a bis c des Baugesetzbuchs (Kostenerstattungsgesetz – KostEG –) v. 25.6.1997 (HmbGVBl. S. 265), zuletzt geänd. durch G v. 19.12.2000 (HmbGVBl. S. 411)

- Gesetz über die Feststellung von Bauleitplänen und ihre Sicherung (Bauleitplanfeststellungsgesetz) idF der Bek. v. 30.11.1999 (HmbGVBl. S. 271), zuletzt geänd. durch G v. 9.2.2022 (HmbGVBl. S. 104)
- Gesetz zur Durchführung des Enteignungsverfahrens und des Bodenordnungsverfahrens nach dem Baugesetzbuch v. 18.2.2004 (HmbGVBl. S. 107), geänd. durch G v. 31.3.2021 (HmbGVBl. S. 182)

Hessen

- Ausführungsverordnung zum Baugesetzbuch (BauGB-AV) v. 15.6.2018 (GVBl. S. 258), zuletzt geänd. durch G v. 30.9.2021 (GVBl. S. 602)

Mecklenburg-Vorpommern

- Gesetz des Landes Mecklenburg-Vorpommern zur Ausführung des Baugesetzbuches (Baugesetzbuchausführungsgesetz – AG-BauGB M-V) v. 30.1. 1998 (GVOBl. M-V S. 110), zuletzt geänd. durch G v. 19.3.2021 (GVOBl. M-V S. 270)
- Durchführungserlaß zum städtebaulichen Erhaltungsrecht des Baugesetzbuchs v. 19.3.1991 (AmtsBl. M-V S. 383)
- Erlaß über die städtebauliche Rahmenplanung im Sinne von § 140 Nr. 4 Baugesetzbuch (BauGB) v. 23.5.1991 (AmtsBl. M-V S. 485)
- Hinweise zur Durchführung der Städtebauförderungsrichtlinien v. 13.1.1992 (AmtsBl. M-V S. 2)
- Verordnung zur Durchführung des Enteignungsverfahrens nach dem Baugesetzbuch v. 4.5.1993 (GVOBl. M-V S. 515)
- Landesverordnung über die Bildung von Umlegungsausschüssen und das Vorverfahren in Umlegungsangelegenheiten (Umlegungsausschusslandesverordnung – UmlALVO M-V) v. 15.11.2006 (GVOBl. M-V S. 827)
- Landesverordnung über die Gutachterausschüsse für Grundstückswerte (Gutachterausschusslandesverordnung – GutALVO M-V) v. 29.6.2011 (GVOBl. M-V S. 441)

Niedersachsen

- Niedersächsische Verordnung zur Durchführung des Baugesetzbuches (DVO-BauGB) idF der Bek. v. 24.5.2005 (Nds. GVBl. S. 183), zuletzt geänd. durch VO v. 11.10.2022 (Nds. GVBl. S. 634)
- Verwaltungsvorschriften zum Baugesetzbuch (VV-BauGB) v. 2.5.1988 (Nds. MBl. S. 547), zuletzt geänd. durch RdErl. v. 18.4.1996 (Nds. MBl. S. 835)
- Gebührenordnung für die Gutachterausschüsse und den Oberen Gutachterausschuss für Grundstückswerte (GOGut) v. 25.6.2019 (Nds. GVBl. S. 156), geänd. durch VO v. 23.2.2021 (Nds. GVBl. S. 77)

Nordrhein-Westfalen

- Gesetz zur Ausführung des Baugesetzbuches in Nordrhein-Westfalen (BauGB-AG NRW) v. 3.2.2015 (GV. NRW. S. 211), zuletzt geänd. durch G v. 13.4.2022 (GV. NRW. S. 671)
- Verordnung zur Durchführung des Baugesetzbuches v. 7.7.1987 (GV. NRW. S. 220), zuletzt geänd. durch VO v. 14.12.2021 (GV. NRW. S. 1473)

- Verordnung über die Zusammenfassung der Baulandsachen v. 21.10.1994 (GV. NRW. S. 961), zuletzt geänd. durch VO v. 24.9.2014 (GV. NRW. S. 647)
- Verordnung über die amtliche Grundstückswertermittlung Nordrhein-Westfalen (Grundstückswertermittlungsverordnung Nordrhein-Westfalen – GrundWertVO NRW) v. 8.12.2020 (GV. NRW. S. 1186), geänd. durch VO v. 9.6.2021 (GV. NRW. S. 751)

Rheinland-Pfalz

- Landesverordnung über Zuständigkeiten nach dem Baugesetzbuch v. 21.12. 2007 (GVBl. 2008 S. 22)
- Umlegungsausschussverordnung (UAVO) v. 27.6.2007 (GVBl. S. 102)
- Landesverordnung über die Gebühren der Vermessungs- und Katasterbehörden und der Gutachterausschüsse (Besonderes Gebührenverzeichnis) v. 17.8. 2022 (GVBl. S. 287)
- Landesverordnung über Gutachterausschüsse, Kaufpreissammlungen und Bodenrichtwerte (Gutachterausschussverordnung – GAVO –) v. 20.4.2005 (GVBl. S. 139), zuletzt geänd. durch G v. 19.12.2018 (GVBl. S. 448)

Saarland

- Erlaß des Ministers für Umwelt, Raumordnung und Bauwesen betreffend Zustimmung der Obersten Bauaufsichtsbehörde in den Fällen der §§ 31 Abs. 2 und 33 Bundesbaugesetz v. 18.3.1982 (GMBl. Saar S. 192)
- Verordnung über die Gutachterausschüsse, Kaufpreissammlungen und Bodenrichtwerte nach dem Baugesetzbuch (Gutachterausschußverordnung – GutVO –) v. 21.8.1990 (Amtsbl. S. 957), zuletzt geänd. durch G v. 8.12.2021 (Amtsbl. I S. 2629)
- Verordnung über die Bildung von Umlegungsausschüssen (UmlegungsausschußV) v. 11.9.1998 (Amtsbl. S. 950), zuletzt geänd. durch G v. 4.12.2019 (Amtsbl. 2020 I S. 211)
- Verordnung über Zuständigkeiten nach dem Baugesetzbuch v. 13.12.2012 (Amtsbl. 2013 I S. 3), zuletzt geänd. durch VO v. 7.4.2020 (Amtsbl. I S. 249)

Sachsen

- Verordnung der Sächsischen Staatsregierung über die Gutachterausschüsse, Kaufpreissammlungen und Bodenrichtwerte nach dem Baugesetzbuch (Sächsische Gutachterausschussverordnung – SächsGAVO) v. 15.11.2011 (SächsGVBl. S. 598), zuletzt geänd. durch VO v. 25.3.2021 (SächsGVBl. S. 426)
- Verordnung der Sächsischen Staatsregierung über die Umlegungsausschüsse nach dem Baugesetzbuch (Sächsische Umlegungsausschussverordnung – SächsUAVO) v. 20.8.2008 (SächsGVBl. S. 588)

Sachsen-Anhalt

- Durchführung des Baugesetzbuchs; Hinweise zur Beteiligung der Träger öffentlicher Belange im Verfahren für Flächennutzungspläne und Satzungen v. 1.12.1999 (MBl. LSA 2000 S. 227)

- Verordnung über die Bodenordnung nach dem Baugesetzbuch (VO Bod) v. 31.10.1991 (GVBl. LSA S. 430), zuletzt geänd. durch G v. 19.3.2002 (GVBl. LSA S. 130)
- Verordnung über den Gutachterausschuss für Grundstückswerte (GutVO) v. 18.12.2013 (GVBl. LSA S. 555), geänd. durch G v. 7.7.2020 (GVBl. LSA S. 372)
- Verordnung zur Untersagung der Einführung der Teilungsgenehmigung nach § 19 Abs. 5 des Baugesetzbuches v. 2.1.1998 (GVBl. LSA S. 2)

Schleswig-Holstein

- Gesetz zur Ausführung des Baugesetzbuchs v. 21.10.1998 (GVOBl. Schl.-H. S. 303), zuletzt geänd. durch G v. 8.10.2009 (GVOBl. Schl.-H. S. 640)
- Vierte Verordnung zur Durchführung des Bundesbaugesetzes über die Bildung von Umlegungsausschüssen und das Vorverfahren in Umlegungs- und Grenzregelungsangelegenheiten v. 30.3.1961 (GVOBl. Schl.-H. S. 45), zuletzt geänd. durch VO v. 17.10.1980 (GVOBl. Schl.-H. S. 315)
- Sechste Verordnung zur Durchführung des Bundesbaugesetzes über die Weitergeltung von Aufbauplänen v. 14.6.1961 (GVOBl. Schl.-H. S. 108)
- Siebente Verordnung zur Durchführung des Bundesbaugesetzes über die Freistellung von Gebieten von der erhöhten Grundsteuer für unbebaute baureife Grundstücke v. 28.2.1963 (GVOBl. Schl.-H. S. 19)
- Landesverordnung zur Bestimmung der zuständigen Behörde nach dem Baugesetzbuch v. 2.9.2021 (GVOBl. Schl.-H. S. 1057)
- Landesverordnung über die Bildung und das Tätigwerden der Gutachterausschüsse und der Zentralen Geschäftsstelle (Gutachterausschussverordnung – GAVO) v. 27.4.2022 (GVOBl. Schl.-H. S. 588)
- Landesverordnung über die Durchführung des Baugesetzbuches durch die Enteignungsbehörde und die höhere Verwaltungsbehörde zur Festsetzung von Entschädigungen v. 9.5.1997 (GVOBl. Schl.-H. S. 312), zuletzt geänd. durch VO v. 16.1.2019 (GVOBl. Schl.-H. S. 30)

Thüringen

- Vorläufige Zuständigkeitsverordnung zum Baugesetzbuch v. 25.3.1991 (GVBl. S. 67)
- Thüringer Verordnung über die Gutachterausschüsse für Grundstückswerte nach dem Baugesetzbuch (Thüringer Gutachterausschussverordnung – ThürGAVO –) v. 30.6.2021 (GVBl. S. 356)
- Thüringer Umlegungsausschussverordnung (ThürUaVO) v. 22.3.2005 (GVBl. S. 155), zuletzt geänd. durch G v. 18.12.2018 (GVBl. S. 731)
- Thüringer Verwaltungskostenordnung für Bodenordnungsmaßnahmen nach dem Baugesetzbuch (ThürVwKostOBo) v. 22.3.2005 (GVBl. S. 157), zuletzt geänd. durch VO v. 6.12.2010 (GVBl. S. 546)

b) Bauordnungen und zugehörige Vorschriften

Baden-Württemberg

- Landesbauordnung für Baden-Württemberg (LBO) idF der Bek. v. 5.3.2010 (GBl. S. 357, ber. S. 416), zuletzt geänd. durch G v. 7.2.2023 (GBl. S. 26)
- Allgemeine Ausführungsverordnung des Ministeriums für Verkehr und Infrastruktur zur Landesbauordnung (LBOAVO) v. 5.2.2010 (GBl. S. 24), zuletzt geänd. durch VO v. 21.12.2021 (GBl. 2022 S. 1)
- Verordnung des Wirtschaftsministeriums über den Bau von Betriebsräumen für elektrische Anlagen (EltBauVO) v. 8.12.2020 (GBl. S. 1182, 1192), geänd. durch VO v. 21.12.2021 (GBl. 2022 S. 1)
- Verordnung des Ministeriums für Verkehr und Infrastruktur über Camping- und Zeltplätze (Campingplatzverordnung – CPlVO) v. 15.7.1984 (GBl. S. 545, ber. 1985 S. 20), zuletzt geänd. durch VO v. 21.12.2021 (GBl. 2022 S. 1)
- Verordnung der Landesregierung, des Ministeriums für Verkehr und Infrastruktur und des Umweltministeriums über das baurechtliche Verfahren (Verfahrensverordnung zur Landesbauordnung – LBOVVO) v. 13.11.1995 (GBl. S. 794), zuletzt geänd. durch VO v. 21.12.2021 (GBl. 2022 S. 1)
- Verordnung des Wirtschaftsministeriums über Anforderungen an Feuerungsanlagen, Wärme- und Brennstoffversorgungsanlagen (Feuerungsverordnung – FeuVO) v. 8.12.2020 (GBl. S. 1182, 1184), geänd. durch VO v. 21.12.2021 (GBl. 2022 S. 1)
- Verordnung des Umweltministeriums über die bautechnische Prüfung baulicher Anlagen (Bauprüfverordnung – BauPrüfVO) v. 10.5.2010 (GBl. S. 446), zuletzt geänd. durch VO v. 21.12.2021 (GBl. 2022 S. 1)
- Verordnung des Ministeriums für Verkehr und Infrastruktur über den Bau und Betrieb von Verkaufsstätten (Verkaufsstättenverordnung – VkVO) v. 11.2.1997 (GBl. S. 84), zuletzt geänd. durch VO v. 21.12.2021 (GBl. 2022 S. 1)
- Verordnung des Ministeriums für Verkehr und Infrastruktur über Garagen und Stellplätze (Garagenverordnung – GaVO) v. 7.7.1997 (GBl. S. 332), zuletzt geänd. durch VO v. 21.12.2021 (GBl. 2022 S. 1)
- Verordnung des Ministeriums für Verkehr und Infrastruktur über den Bau und Betrieb von Versammlungsstätten (Versammlungsstättenverordnung – VStättVO) v. 28.4.2004 (GBl. S. 311, ber. S. 653), zuletzt geänd. durch VO v. 21.12.2021 (GBl. 2022 S. 1)

Bayern

- Bayerische Bauordnung (BayBO) idF der Bek. v. 14.8.2007 (GVBl. S. 588), zuletzt geänd. durch G v. 10.2.2023 (GVBl. S. 22)
- Verordnung über den Bau von Betriebsräumen für elektrische Anlagen (EltBauV) v. 13.4.1977 (BayRS III S. 575), zuletzt geänd. durch V v. 8.12.1997 (GVBl. S. 827)
- Verordnung über die Prüfingenieure, Prüfämter und Prüfsachverständigen im Bauwesen (PrüfVBau) v. 29.11.2007 (GVBl. S. 829), zuletzt geänd. durch G v. 23.12.2020 (GVBl. S. 663)
- Landesverordnung über den Bau und Betrieb von Versammlungsstätten (Versammlungsstättenverordnung – VStättV) v. 2.11.2007 (GVBl. S. 736), zuletzt geänd. durch V v. 7.8.2018 (GVBl. S. 694)

- Verordnung über den Bau und Betrieb von Garagen sowie über die Zahl der notwendigen Stellplätze (GaStellV) v. 30.11.1993 (GVBl. S. 910), zuletzt geänd. durch V v. 7.8.2018 (GVBl. S. 694)
- Verordnung über den Bau und Betrieb von Verkaufsstätten (Verkaufsstättenverordnung – VkV) v. 6.11.1997 (GVBl. S. 751), zuletzt geänd. durch V v. 5.12.2022 (GVBl. S. 752)
- Verordnung über Bauvorlagen und bauaufsichtliche Anzeigen (Bauvorlagenverordnung – BauVorlV) v. 10.11.2007 (GVBl. S. 792), zuletzt geänd. durch G v. 23.12.2020 (GVBl. S. 663)
- Feuerungsverordnung (FeuV) v. 11.11.2007 (GVBl. S. 800), zuletzt geänd. durch V v. 7.8.2018 (GVBl. S. 694)
- Verordnung über die Feuerbeschau (FBV) v. 5.6.1999 (GVBl. S. 270), zuletzt geänd. durch V v. 16.5.2019 (GVBl. S. 315)

Berlin

- Bauordnung für Berlin (BauO Bln) v. 29.9.2005 (GVBl. S. 495), zuletzt geänd. durch G v. 12.10.2020 (GVBl. S. 807)
- Verordnung über Lauben (Laubenverordnung – LaubenVO –) v. 18.6.1987 (GVBl. S. 1882), aufgeh. durch G v. 11.7.2006 (GVBl. S. 819)
- Verordnung über den Betrieb von baulichen Anlagen (Betriebs-Verordnung – BetrVO) v. 10.10.2007 (GVBl. S. 516), zuletzt geänd. durch VO v. 10.5.2019 (GVBl. S. 273)
- Bautechnische Prüfungsverordnung (BauPrüfV) v. 12.2.2010 (GVBl. S. 62), zuletzt geänd. durch VO v. 15.12.2020 (GVBl. S. 1506)
- Verordnung über Bauvorlagen und das Verfahren im Einzelnen (Bauverfahrensverordnung – BauVerfV) v. 15.11.2017 (GVBl. S. 636, ber. 2018 S. 147), zuletzt geänd. durch VO v. 20.9.2020 (GVBl. S. 742)
- Verordnung über die Erhebung von Gebühren im Bauwesen (Baugebührenordnung – BauGebO) v. 17.6.2008 (GVBl. S. 156), zuletzt geänd. durch VO v. 1.10.2019 (GVBl. S. 710)

Brandenburg

- Brandenburgische Bauordnung (BbgBO) idF der Bek. v. 15.11.2018 (GVBl. I Nr. 39), zuletzt geänd. durch G v. 9.2.2021 (GVBl. I Nr. 5)
- Brandenburgische Verordnung über den Bau von Garagen und Stellplätzen und den Betrieb von Garagen (Brandenburgische Garagen- und Stellplatzverordnung – BbgGStV) v. 8.11.2017 (GVBl. II Nr. 61)
- Brandenburgische Verordnung über den Bau und Betrieb von Verkaufsstätten (Brandenburgische Verkaufsstätten-Bauverordnung – BbgVBauV) v. 8.11.2017 (GVBl. II Nr. 60)
- Verordnung über Vorlagen und Nachweise in bauaufsichtlichen Verfahren im Land Brandenburg (Brandenburgische Bauvorlagenverordnung – BbgBauVorlV) v. 7.11.2016 (GVBl. II Nr. 60), zuletzt geänd. durch VO v. 31.3.2021 (GVBl. II Nr. 33)

- Verordnung über die Gebühren in bauordnungsrechtlichen Angelegenheiten im Land Brandenburg (Brandenburgische Baugebührenordnung – BbgBauGebO) v. 20.8.2009 (GVBl. II S. 562), zuletzt geänd. durch VO v. 12.5.2021 (GVBl. II Nr. 50)
- Verordnung über bauaufsichtliche Anforderungen an Camping- und Wochenendhausplätze im Land Brandenburg (Brandenburgische Camping- und Wochenendhausplatz-Verordnung – BbgCWPV) v. 18.5.2005 (GVBl. II S. 254)
- Verordnung über den Bau und Betrieb von Versammlungsstätten im Land Brandenburg (Brandenburgische Versammlungsstättenverordnung – BbgVStättV) v. 28.11.2017 (GVBl. 2018 II Nr. 1)
- Brandenburgische Feuerungsverordnung (BbgFeuV) v. 13.1.2006 (GVBl. II S. 58), geänd. durch VO v. 13.9.2010 (GVBl. II Nr. 61 S. 1)
- Verordnung über die Anerkennung von Prüfingenieuren und über die bautechnischen Prüfungen im Land Brandenburg (Brandenburgische Bautechnische Prüfungsverordnung – BbgBauPrüfV) v. 10.9.2008 (GVBl. II S. 374), zuletzt geänd. durch VO v. 24.8.2021 (GVBl. II Nr. 79)

Bremen

- Bremische Landesbauordnung v. 18.10.2022 (Brem.GBl. S. 603)
- Bremische Verordnung über die Prüfingenieurinnen, Prüfingenieure und Prüfsachverständigen (BremPPV) v. 7.1.2016 (Brem.GBl. S. 41)
- Bremische Bauvorlagenverordnung (BremBauVorlV) v. 1.9.2022 (Brem.GBl. S. 753)

Hamburg

- Hamburgische Bauordnung (HBauO) v. 14.12.2005 (HmbGVBl. S. 525, ber. S. 563), zuletzt geänd. durch G v. 20.2.2020 (HmbGVBl. S. 148)
- Verordnung zur Verhütung von Luftverunreinigungen durch Feuerungsanlagen für flüssige Brennstoffe v. 19.6.1973 (HmbGVBl. S. 219), geänd. durch G v. 1.7.1986 (HmbGVBl. S. 183)
- Verordnung über den Bau und Betrieb von Garagen und offenen Stellplätzen (Garagenverordnung – GarVO) v. 17.1.2012 (HmbGVBl. S. 8)
- Feuerungsverordnung (FeuVO) v. 25.9.2007 (HmbGVBl. S. 338), geänd. durch VO v. 2.11.2010 (HmbGVBl. S. 582)
- Verordnung über den Bau und Betrieb von Verkaufsstätten (Verkaufsstättenverordnung – VkVO) v. 5.8.2003 (HmbGVBl. S. 413)
- Bauvorlagenverordnung (BauVorlVO) v. 30.6.2020 (HmbGVBl. S. 391, ber. 2021 S. 280)
- Verordnung über Prüfingenieurinnen und Prüfingenieure, Prüfsachverständige und Technische Prüfungen (Prüfverordnung – PVO) v. 14.2.2006 (HmbGVBl. S. 79, ber. S. 222), zuletzt geänd. durch VO v. 17.1.2012 (HmbGVBl. S. 8)
- Baugebührenordnung (BauGebO) v. 23.5.2006 (HmbGVBl. S. 261), zuletzt geänd. durch VO v. 6.12.2022 (HmbGVBl. S. 637)

Hessen

- Hessische Bauordnung (HBO) v. 28.5.2018 (GVBl. S. 198), zuletzt geänd. durch G v. 22.11.2022 (GVBl. S. 571)
- Verordnung über Feuerungsanlagen und Brennstofflagerung (Feuerungsverordnung – FeuV) v. 15.10.2020 (GVBl. S. 748)
- Hessische Verordnung über Prüfberechtigte und Prüfsachverständige nach der Hessischen Bauordnung (Hessische Prüfberechtigten- und Prüfsachverständigenverordnung – HPPVO) v. 18.12.2006 (GVBl. I S. 745), zuletzt geänd. durch VO v. 28.10.2022 (GVBl. S. 554)
- Verordnung über den Bau und Betrieb von Garagen und Stellplätzen (Garagenverordnung – GaV) v. 15.11.2022 (GVBl. S. 648)

Mecklenburg-Vorpommern

- Landesbauordnung Mecklenburg-Vorpommern (LBauO M-V) idF der Bek. v. 15.10.2015 (GVOBl. M-V S. 334, ber. 2016 S. 28), zuletzt geänd. durch G v. 26.6.2021 (GVOBl. M-V S. 1033)
- Verordnung über den Bau und Betrieb von Garagen und Stellplätzen (Garagenverordnung – GarVO M-V) v. 8.3.2013 (GVOBl. M-V S. 254)
- Verordnung über Camping- und Wochenendplätze (CWVO) v. 9.1.1996 (GVOBl. M-V S. 84), zuletzt geänd. durch VO v. 7.12.2010 (GVOBl. M-V S. 771)
- Verordnung über den Bau und Betrieb von Verkaufsstätten (Verkaufsstättenverordnung – VkVO M-V) v. 16.2.2017 (GVOBl. M-V S. 18)
- Verordnung über den Bau und Betrieb von Versammlungsstätten (Versammlungsstättenverordnung – VstättVO M-V) v. 2.1.2018 (GVOBl. M-V S. 5)
- Verordnung über die Prüfingenieurinnen, Prüfingenieure, Prüfsachverständigen und die Prüfung technischer Anlagen (Bauprüfverordnung – BauPrüfVO M-V) v. 14.4.2016 (GVOBl. M-V S. 171), geänd. durch VO v. 11.6.2021 (GVOBl. M-V S. 1019)
- Verordnung über Bauvorlagen und bauaufsichtliche Anzeigen (Bauvorlagenverordnung – BauVorlVO M-V) v. 10.7.2006 (GVOBl. M-V S. 612), zuletzt geänd. durch VO v. 30.11.2022 (GVOBl. M-V S. 581)
- Feuerungsverordnung (FeuVO M-V) v. 7.5.2021 (GVOBl. M-V S. 574)

Niedersachsen

- Niedersächsische Bauordnung (NBauO) v. 3.4.2012 (Nds. GVBl. S. 46), zuletzt geänd. durch G v. 22.9.2022 (Nds. GVBl. S. 578)
- Allgemeine Durchführungsverordnung zur Niedersächsischen Bauordnung (DVO-NBauO) v. 26.9.2012 (Nds. GVBl. S. 382), zuletzt geänd. durch VO v. 18.5.2022 (Nds. GVBl. S. 357)
- Verordnung über den Bau von Betriebsräumen für elektrische Anlagen (EltBauVO) v. 25.1.2011 (Nds. GVBl. S. 19)
- Verordnung über Campingplätze, Wochenendplätze und Wochenendhäuser (CPl-Woch-VO) v. 12.4.1984 (Nds. GVBl. S. 109), zuletzt geänd. durch VO v. 13.11.2012 (Nds. GVBl. S. 438)

- Verordnung über die bautechnische Prüfung von Baumaßnahmen (Bautechnische Prüfungsverordnung – BauPrüfVO) v. 24.7.1987 (Nds. GVBl. S. 129), zuletzt geänd. durch VO v. 23.11.2021 (Nds. GVBl. S. 758)
- Verordnung über den Bau und Betrieb von Garagen und Stellplätzen (Garagen- und Stellplatzverordnung – GaStplVO) v. 4.9.1989 (Nds. GVBl. S. 327), zuletzt geänd. durch VO v. 18.5.2022 (Nds. GVBl. S. 357)
- Niedersächsische Verordnung über Bauvorlagen sowie baurechtliche Anträge, Anzeigen und Mitteilungen (Niedersächsische Bauvorlagenverordnung – NBauVorlVO) v. 23.11.2021 (Nds. GVBl. S. 760)
- Verordnung über den Bau und Betrieb von Verkaufsstätten (Verkaufsstättenverordnung – VKVO) v. 23.11.2021 (Nds. GVBl. S. 760)
- Feuerungsverordnung (FeuVO) v. 27.3.2008 (Nds. GVBl. S. 96), zuletzt geänd. durch VO v. 30.6.2020 (Nds. GVBl. S. 199)
- Verordnung über die Gebühren und Auslagen für Amtshandlungen der Bauaufsicht (Baugebührenordnung – BauGO –) v. 13.1.1998 (Nds. GVBl. S. 3), zuletzt geänd. durch VO v. 21.3.2022 (Nds. GVBl. S. 221)
- Niedersächsische Versammlungsstättenverordnung (NVStättVO) v. 8.11.2004 (Nds. GVBl. S. 426), zuletzt geänd. durch VO v. 23.11.2021 (Nds. GVBl. S. 758)

Nordrhein-Westfalen

- Bauordnung für das Land Nordrhein-Westfalen (Landesbauordnung 2018 - BauO NRW 2018) v. 21.7.2018 (GV. NRW. S. 421), zuletzt geänd. durch G v. 14.9.2021 (GV. NRW. S. 1086)
- Verordnung über Bau und Betrieb von Sonderbauten (Sonderbauverordnung – SBauVO) v. 2.12.2016 (GV. NRW. 2017 S. 2, ber. 2020 S. 148, 2020 148)
- Verordnung über Camping- und Wochenendplätze (Camping- und Wochenendplatzverordnung – CWVO) v. 24.3.2011 (GV. NRW. S. 197), zuletzt geänd. durch VO v. 10.12.2018 (GV. NRW. S. 680)
- Verordnung über bautechnische Prüfungen (BauPrüfVO) v. 6.12.1995 (GV. NRW. S. 1241), zuletzt geänd. durch VO v. 2.7.2021 (GV. NRW. S. 845)
- Feuerungsverordnung (FeuVO NRW) v. 10.12.2018 (GV. NRW. S. 675)

Rheinland-Pfalz

- Landesbauordnung Rheinland-Pfalz (LBauO) v. 24.11.1998 (GVBl. S. 365), zuletzt geänd. durch G v. 7.12.2022 (GVBl. S. 403)
- Landesverordnung über den Bau und Betrieb von Versammlungsstätten (Versammlungsstättenverordnung – VStättVO –) v. 13.3.2018 (GVBl. S. 29), geänd. durch VO v. 15.11.2018 (GVBl. S. 388)
- Landesverordnung über Betriebsräume für elektrische Anlagen (zu § 76 der Landesbauordnung) v. 6.7.1977 (GVBl. S. 254), geänd. durch G v. 16.12. 2002 (GVBl. S. 481)
- Landesverordnung über Camping- und Wochenendplätze (Camping- und Wochenendplatzverordnung) v. 18.9.1984 (GVBl. S. 195), zuletzt geänd. durch VO v. 8.8.2017 (GVBl. S. 184)

- Landesverordnung über Prüfungsingenieurinnen und Prüfungsingenieure für Baustatik (PrüfIngBaustatikVO) v. 11.12.2007 (GVBl. 2008 S. 2), zuletzt geänd. durch VO v. 10.2.2021 (GVBl. S. 92)
- Landesverordnung über den Bau und Betrieb von Garagen und Stellplatzanlagen (Garagen- und Stellplatzanlagenverordnung – GarStellVO –) v. 8.12.2022 (GVBl. S. 445)
- Landesverordnung über die Prüfung technischer Anlagen (AnlPrüfVO) v. 13.7.2022 (GVBl. S. 260), geänd. durch G v. 8.12.2022 (GVBl. S. 445)
- Feuerungsverordnung (FeuVO) v. 8.4.2020 (GVBl. S. 118)
- Landesverordnung über den Bau und Betrieb von Verkaufsstätten (Verkaufsstättenverordnung – VkVO –) v. 8.7.1998 (GVBl. S. 229), zuletzt geänd. durch G v. 16.12.2002 (GVBl. S. 481)

Saarland

- Landesbauordnung (LBO) v. 18.2.2004 (Amtsbl. S. 822), zuletzt geänd. durch G v. 16.3.2022 (Amtsbl. I S. 648)
- Verordnung über den Bau und Betrieb von Beherbergungsstätten (Beherbergungsstättenverordnung – BeVO) v. 25.8.2008 (Amtsbl. S. 1520), zuletzt geänd. durch VO v. 12.11.2015 (Amtsbl. I S. 888)
- Dritte Verordnung zur Landesbauordnung (Garagenverordnung – GarVO) idF der Bek. v. 30.8.1976 (Amtsbl. S. 951), geänd. durch VO v. 25.8.2008 (Amtsbl. S. 1470)
- Verordnung über den Bau und Betrieb von Versammlungsstätten (Versammlungsstättenverordnung – VStättVO –) v. 21.6.2021 (Amtsbl. I S. 1684), geänd. durch G v. 16.3.2022 (Amtsbl. I S. 648)
- Verordnung über die Prüfberechtigten und Prüfsachverständigen nach der Landesbauordnung (Prüfberechtigten- und Prüfsachverständigenverordnung – PPVO) v. 26.1.2011 (Amtsbl. I S. 30), zuletzt geänd. durch G v. 16.2.2022 (Amtsbl. I S. 456)
- Verordnung über Prüfungen von technischen Anlagen und Einrichtungen nach der Landesbauordnung (Technische Prüfverordnung – TPrüfVO) v. 26.1.2011 (Amtsbl. I S. 30, 48), zuletzt geänd. durch VO v. 12.11.2015 (Amtsbl. I S. 888)
- Verordnung über den Bau von Betriebsräumen für elektrische Anlagen (EltBauVO) v. 27.1.2014 (Amtsbl. I S. 17)
- Verordnung über Camping-, Wochenendplätze und Wochenendhäuser v. 22.6.1999 (Amtsbl. S. 1158), zuletzt geänd. durch G v. 15.7.2015 (Amtsbl. I S. 632)
- Verordnung über den Bau und Betrieb von Verkaufsstätten (Verkaufsstättenverordnung – VkVO) v. 25.9.2000 (Amtsbl. S. 1934), zuletzt geänd. durch G v. 15.7.2015 (Amtsbl. I S. 632)
- Bauvorlagenverordnung (BauVorlVO) v. 15.6.2011 (Amtsbl. I S. 254), zuletzt geänd. durch G v. 16.2.2022 (Amtsbl. I S. 456)

Sachsen

- Sächsische Bauordnung (SächsBO) idF der Bek. v. 11.5.2016 (SächsGVBl. S. 186), zuletzt geänd. durch G v. 20.12.2022 (SächsGVBl. S. 705)
- Verordnung des Sächsischen Staatsministeriums des Innern zur Durchführung der Sächsischen Bauordnung (Durchführungsverordnung zur SächsBO – DVOSächsBO) v. 2.9.2004 (SächsGVBl. S. 427), zuletzt geänd. durch VO v. 12.4.2021 (SächsGVBl. S. 517)
- Verordnung des Sächsischen Staatsministeriums des Innern über Garagen und Stellplätze (Sächsische Garagen- und Stellplatzverordnung – SächsGarStellplVO) v. 13.7.2011 (SächsGVBl. S. 312)
- Verordnung des Sächsischen Staatsministeriums des Innern über Bauvorlagen und bautechnische Prüfungen (Bauvorl-/BauPrüfVO) v. 2.9.1997 (SächsABl. S. 533)
- Verordnung des Sächsichen Staatsministeriums des Innern über den Bau und Betrieb von Feuerungsanlagen (Sächsische Feuerungsverordnung – SächsFeuVO) v. 15.10.2007 (SächsGVBl. S. 432), zuletzt geänd. durch VO v. 18.3. 2020 (SächsGVBl. S. 134)
- Verwaltungsvorschrift des Sächsischen Staatsministeriums des Innern zur Sächsischen Bauordnung (VwVSächsBO) v. 18.3.2005 (SächsABl. SDr. S. 59, ber. S. 363), zuletzt geänd. durch VwV v. 9.5.2019 (SächsABl. S. 782)
- Verordnung des Sächsischen Staatsministeriums des Innern über den Bau und Betrieb von Versammlungsstätten (Sächsische Versammlungsstättenverordnung – SächsVStättVO) v. 7.9.2004 (SächsGVBl. S. 443), zuletzt geänd. durch VO v. 4.12.2019 (SächsGVBl. 2020 S. 2)

Sachsen-Anhalt

- Bauordnung des Landes Sachsen-Anhalt (BauO LSA) idF der Bek. v. 10.9. 2013 (GVBl. LSA S. 440), zuletzt geänd. durch G v. 18.11.2020 (GVBl. LSA S. 660)
- Feuerungsverordnung (FeuVO) v. 27.3.2006 (GVBl. LSA S. 177), geänd. durch VO v. 20.10.2008 (GVBl. LSA S. 374)
- Baugebührenverordnung (BauGVO) v. 4.5.2006 (GVBl. LSA S. 315), zuletzt geänd. durch VO v. 17.8.2018 (GVBl. LSA S. 284)
- Verordnung über technische Anlagen und Einrichtungen nach Bauordnungsrecht (TAnlVO) v. 29.5.2006 (GVBl. LSA S. 337), zuletzt geänd. durch VO v. 25.11.2014 (GVBl. LSA S. 475)
- Verordnung über Prüfingenieure und Prüfsachverständige (PPVO) v. 25.11. 2014 (GVBl. LSA S. 476), zuletzt geänd. durch VO v. 9.8.2021 (GVBl. LSA S. 469)
- Verordnung über Bauvorlagen und bauaufsichtliche Anzeigen (Bauvorlagenverordnung – BauVorlVO) v. 8.6.2006 (GVBl. LSA S. 351), zuletzt geänd. durch VO v. 13.9.2021 (GVBl. LSA S. 489)
- Verordnung über Campingplätze und Wochenendplätze (CWVO) v. 14.7. 2006 (GVBl. LSA S. 412), geänd. durch VO v. 6.9.2013 (GVBl. LSA S. 477)
- Garagenverordnung (GaVO) v. 14.9.2006 (GVBl. LSA S. 495), zuletzt geänd. durch VO v. 26.5.2015 (GVBl. LSA S. 191)

Schleswig-Holstein

- Landesbauordnung für das Land Schleswig-Holstein (Landesbauordnung – LBO) v. 6.12.2021 (GVOBl. Schl.-H. S. 1422)
- Allgemeine Landesverordnung zur Durchführung der LBO (1. VOLBO) v. 25.4.1968 (GVOBl. Schl.-H. S. 105), zuletzt geänd. durch VO v. 10.7.1980 (GVOBl. Schl.-H. S. 263)
- Landesverordnung über den Bau von Betriebsräumen für elektrische Anlagen (EltBauVO) v. 2.5.2022 (GVOBl. Schl.-H. S. 602)
- Landesverordnung über Bauvorlagen im bauaufsichtlichen Verfahren und bauaufsichtliche Anzeigen (Bauvorlagenverordnung – BauVorlVO) v. 5.1. 2022 (GVOBl. Schl.-H. S. 26)
- Landesverordnung über die Zuständigkeiten der Landesbauämter (LBÄ-ZustVO) v. 19.5.1995 (GVOBl. Schl.-H. S. 227)
- Landesverordnung über die Prüfingenieurinnen oder Prüfingenieure für Standsicherheit, Prüfingenieurinnen oder Prüfingenieure für Brandschutz sowie Prüfsachverständigen (PPVO) v. 26.7.2022 (GVOBl. Schl.-H. S. 747)
- Landesverordnung über den Bau und Betrieb von Garagen (Garagenverordnung – GarVO) v. 22.4.2020 (GVOBl. Schl.-H. S. 203)
- Landesverordnung über Feuerungsanlagen (Feuerungsverordnung – FeuVO) v. 2.9.2022 (GVOBl. Schl.-H. S. 803)
- Landesverordnung über Verwaltungsgebühren in Angelegenheiten der Bauaufsicht (Baugebührenverordnung – BauGebVO)
- Landesverordnung über den Bau und Betrieb von Verkaufsstätten (Verkaufsstättenverordnung – VkVO) v. 7.6.2022 (GVOBl. Schl.-H. S. 686)

Thüringen

- Thüringer Bauordnung (ThürBO) v. 13.3.2014 (GVBl. S. 49), zuletzt geänd. durch G v. 29.7.2022 (GVBl. S. 321)
- Thüringer Verordnung über Bauvorlagen und bauaufsichtliche Anzeigen (Thüringer Bauvorlagenverordnung – ThürBauVorlVO –) v. 23.3.2010 (GVBl. S. 129), geänd. durch VO v. 2.12.2015 (GVBl. S. 212)
- Thüringer Verordnung über den Bau und Betrieb von Garagen (Thüringer Garagenverordnung – ThürGarVO –) v. 28.3.1995 (GVBl. S. 185)
- Thüringer Feuerungsverordnung (ThürFeuVO) v. 10.8.2009 (GVBl. S. 745), zuletzt geänd. durch VO v. 16.6.2021 (GVBl. S. 274)
- Thüringer Verordnung über den Bau und Betrieb von Verkaufsstätten (Thüringer Verkaufsstättenverordnung – ThürVStVO –) v. 13.6.1997 (GVBl. S. 242)
- Thüringer Verordnung über die Prüfingenieure und Prüfsachverständigen (ThürPPVO) v. 22.2.2018 (GVBl. S. 47), geänd. durch VO v. 4.1.2021 (GVBl. S. 10)

Sachverzeichnis

Die fetten Ziffern kennzeichnen die Nummern, unter denen die Gesetze und Verordnungen in dieser Ausgabe abgedruckt sind. Die mageren Ziffern bedeuten die Paragraphen.

Beherrscht die Rechtssprache
wie kein anderer.

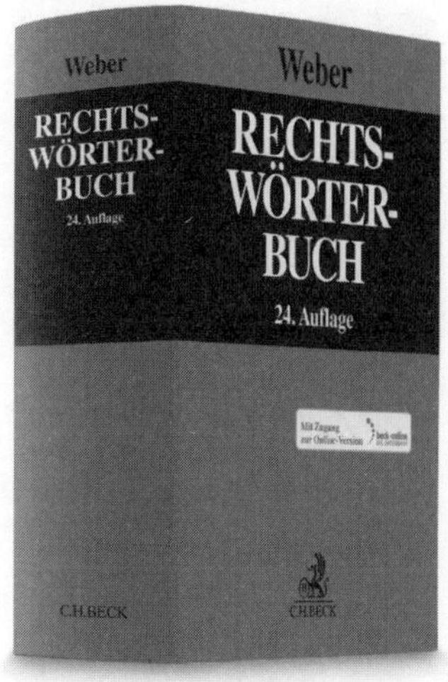

Vorteile auf einen Blick

- gesamte Rechtsordnung
- knapp und präzise in Stichworten
- allgemein verständlich
- mit Zugang zum Werk in beck-online mit vierteljährlicher Aktualisierung bis zum Erscheinen der Neuauflage inklusive Verlinkung zu den zitierten Gesetzen

Die 24. Auflage

u.a. mit **FüPoG II, DiRUG, Lieferkettensorgfaltspflichtengesetz, StaRUG,** dem Gesetz zur Stärkung des Verbraucherschutzes im Wettbewerbs- und Gewerberecht, Gesetz für faire Verbraucherverträge, Gesetz zur Änderung des Strafgesetzbuches – Strafbarkeit des Betreibens krimineller Handelsplattformen im Internet, Mietspiegelreformgesetz, Reform des WEG, Infektionsschutzrecht.

Die ständig wachsende Materie wird durch **zusätzliche Stichwörter** erschlossen, z.B. in den Bereichen Infektionsschutz, Sozialrecht, Mietrecht, Ausländer- und Asylrecht, Gewerblicher Rechtsschutz, Bau- und Werkvertragsrecht, Arbeitsrecht und Kaufrecht (digitale Elemente).

Weber (vormals Creifelds)
Rechtswörterbuch
24. Auflage. 2022. XXIII, 1989 Seiten.
Inklusive Online-Zugang.
In Leinen € 69,–
ISBN 978-3-406-77572-7

≡ **beck-shop.de/32405820**

Erhältlich im Buchhandel oder bei: **beck-shop.de** | Verlag C.H.BECK oHG · 80791 München | kundenservice@beck.de | Preise inkl. MwSt. | 173932
facebook.com/verlagCHBECK linkedin.com/company/verlag-c-h-beck twitter.com/CHBECKRecht

C.H.BECK

Alles Wissenswerte
in nur einem Band.

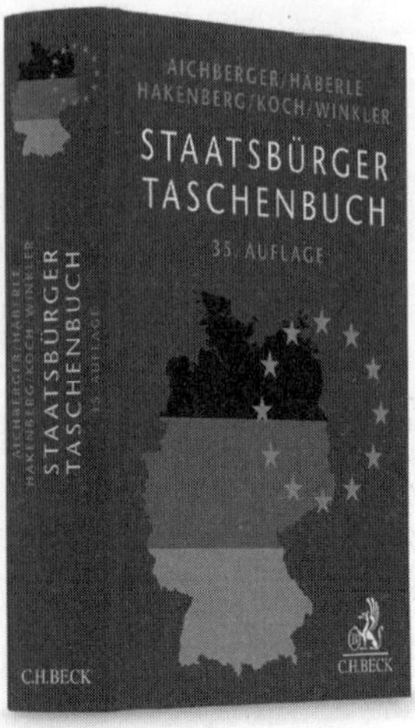

Neue Themen: Corona, Datenschutz, Migration

Aichberger/Häberle/Hakenberg/Koch/Winkler
(vormals Model/Creifelds)
Staatsbürger-Taschenbuch
35. Auflage. 2022. XLVI, 1281 Seiten.
Gebunden € 34,90
ISBN 978-3-406-76667-1
beck-shop.de/31838146

Der Klassiker der politischen Bildung

Auf über 1400 Seiten enthält das Staatsbürger-Taschenbuch alles Wissenswerte über Europa, Staat, Verwaltung, Recht und Wirtschaft. In **mehr als 600 Kapiteln** gibt das Werk detailliert Auskunft über:

- Deutschland in der Europäischen Union
- Staats- und Verwaltungsrecht
- Bürgerliches Recht
- Strafrecht
- Wehrrecht
- Rechtspflege
- Steuerrecht
- Arbeits- und Sozialrecht
- Kirchenrecht
- Wirtschaftsrecht
- Völkerrecht und internationale Beziehungen.

Die 35. Auflage

berücksichtigt unter anderem folgende **wichtige Neuerungen** und **aktuelle Inhalte:**

- Thema Corona: Rechtsfolgen der COVID-19-Pandemie
- Thema Flucht, Migration, Genfer Flüchtlingskonvention
- Thema Datenschutz: Nachdem das Datenschutzrecht inhaltlich ausgeweitet wurde, werden die Erfahrungen mit der Datenschutz-Grundverordnung eingehend erläutert.
- Ausbau und Vertiefung des Themas »Nachrichtendienste«

Erhältlich im Buchhandel oder bei: **beck-shop.de** | Verlag C.H.BECK oHG · 80791 München | kundenservice@beck.de | Preise inkl. MwSt. | 174126
facebook.com/verlagCHBECK linkedin.com/company/verlag-c-h-beck twitter.com/CHBECKRecht

C.H.BECK

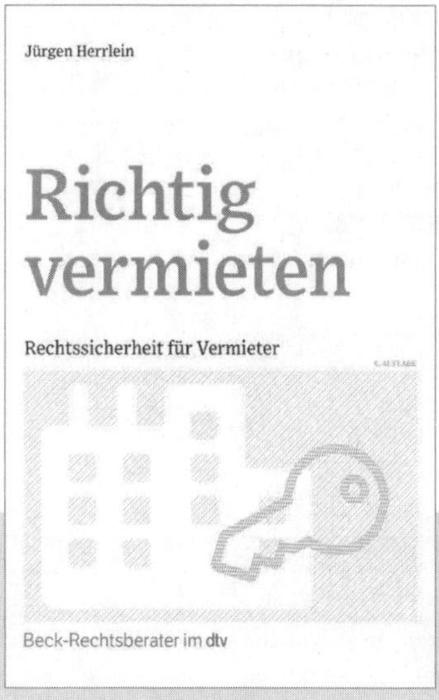

Herrlein
Richtig vermieten
Rechtssicherheit für Vermieter.
Rechtsberater im großen Format TOPTITEL
4. Aufl. 2022. 409 S.
€ 29,90. dtv 51261
Auch als **ebook** erhältlich

ALLES WAS RECHT IST.
Zuverlässige Antworten von renommierten Autorinnen und Autoren auf alle Rechtsfragen.
Beck-Rechtsberater im dtv

Rechtssicherheit für Vermieter.

Das Buch bietet dem Nutzer alles Wichtige, um seine Wohnung(en) rechtssicher vermieten zu können. Vom Abschluss des Mietvertrages über die Durchführung von Schönheitsreparaturen, korrekte Erhöhung der Miete, Abwehr von Mietminderungen bis hin zur Durchführung von Modernisierungen.
Die Neuauflage berücksichtigt vor allem die praktischen Konsequenzen der **Mietpreisbremse** für Vermieter sowie **Änderungen zum Betriebskostenrecht.** Daneben die Änderungen durch das WEMoG, etwa im Bereich der Nebenkostenabrechnung vermieteter Eigentumswohnungen sowie der Elektromobilität.
Daneben findet sich ein Kapitel zum Datenschutz mit vielen **praktischen Tipps** und weiterführenden Links zu Mustern und Handreichungen für Vermieter.

Vorteile auf einen Blick:
- kompakte Darstellung
- praxisorientiert
- mit zahlreichen Tipps und Mustern

Der Autor Rechtsanwalt **Dr. Jürgen Herrlein** ist Fachanwalt für Miet- und Wohnungseigentumsrecht sowie für Steuerrecht in Frankfurt am Main.

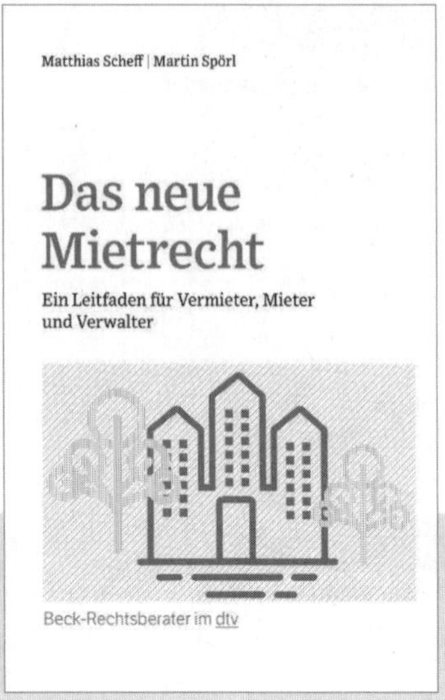

Scheff/Spörl

Das neue Mietrecht

Ein Leitfaden für Vermieter, Mieter und Verwalter.

Rechtsberater im großen Format

2023. Rund 250 S. NEU

ca. € 24,90. dtv 51274

Neu im Juli 2023

ALLES WAS RECHT IST.

Zuverlässige Antworten von renommierten Autorinnen und Autoren auf alle Rechtsfragen.

Beck-Rechtsberater im dtv

Immer bestens informiert!

Nach mehreren Mietrechtsreformen in den letzten Jahren und einer in einigen Bereichen immer komplizierter werdenden Rechtsprechung ist das Mietrecht unübersichtlicher geworden (bspw. die Regelungen zur energetischen Modernisierung und zur Mietpreisbremse). Entsprechend hoch ist der Informationsbedarf von Vermietern, Mietern und Verwaltern, dem dieser Rechtsberater praxisnah und in verständlicher Sprache Rechnung trägt. Das Buch gibt anschaulich Rat zu allen maßgeblichen Streitfragen, die in der Praxis auftauchen, enthält vor allem aber viele Hinweise, wie sich ein Streit von vornherein vermeiden lässt.

Vorteile auf einen Blick:

- Umfassende Informationen über die aktuelle Rechtslage
- Alles über Rechte und Pflichten von Mietern und Vermietern
- Tipps um Auseinandersetzungen von Vornherein zu vermeiden

Autoren sind die Hamburger Rechtsanwälte **Matthias Scheff** und **Martin Spörl.** Beide verfügen über langjährige praktische Erfahrung in der Beratung von Vermietern, Mietern und Immobilienverwaltern.

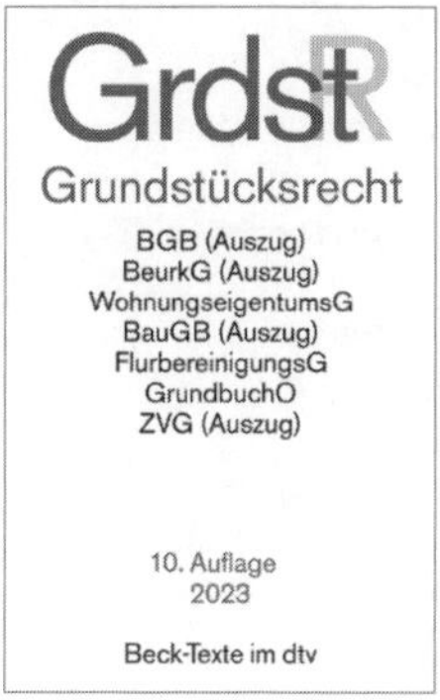

Kaufen

GrdstR · Grundstücksrecht
Textausgabe NEU
10. Aufl. 2023. Rund 700 Seiten S.
Ca. 17,90. dtv 5586
Neu im Mai 2023

Mit u.a. Bürgerlichem Gesetzbuch (Auszug), Wohnungseigentumsgesetz, Beurkundungsgesetz (Auszug), Flurbereinigungsgesetz, Grundstückverkehrsgesetz, Grundstücksverkehrsordnung, Grundbuchordnung, Zwangsversteigerungsgesetz (Auszug), Grunderwerbsteuergesetz und Grundsteuergesetz.

Grziwotz/Saller
Ratgeber Nachbarrecht
Meine Rechten und Pflichten als Nachbar.
Rechtsberater TOPTITEL
2. Aufl. 2019. 262 S.
€ 15,90. dtv 51226
Auch als **ebook** erhältlich.

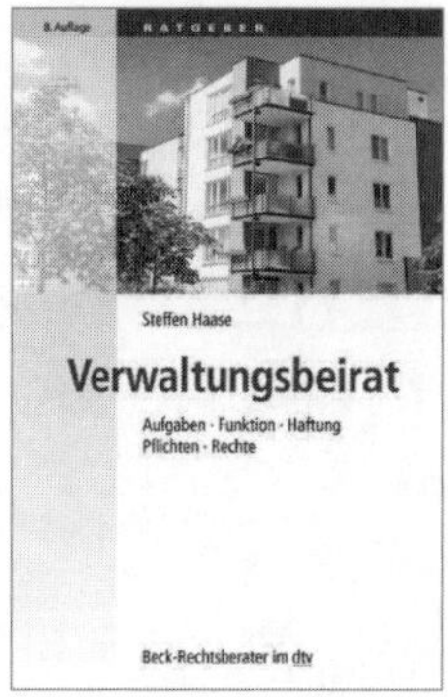

Haase
Verwaltungsbeirat
Aufgaben, Funktion, Haftung, Pflichten, Rechte.
Rechtsberater
8. Aufl. 2018. 205 S.
€ 17,90. dtv 51212
Auch als **ebook** erhältlich.

i

Haus & Grund Bayern

Haus & Grund Bayern unterstützt die 105 Haus & Grund Vereine in Bayern bei ihrer täglichen Arbeit und informiert über die für Immobilieneigentümer relevante Gesetzesentwicklung und Rechtsprechung.

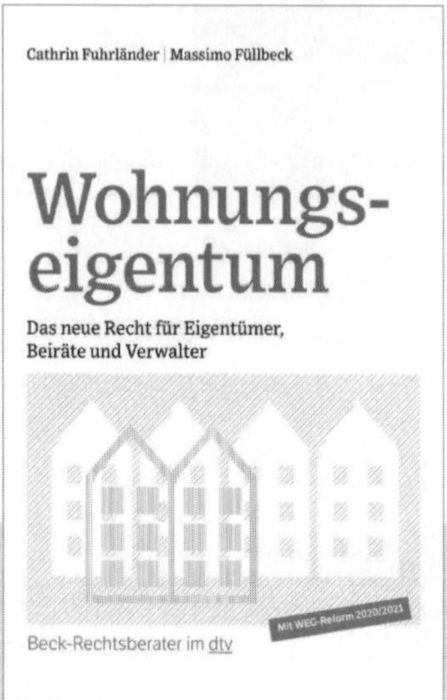

Fuhrländer/Füllbeck
Wohnungseigentum
Das neue Recht für Eigentümer, Beiräte und Verwalter
Rechtsberater im großen Format **TOPTITEL**
2023. Rd. 160 S. **NEU**
ca. € 21,90. dtv 51263
Auch als **ebook** erhältlich
Neu im August 2023

ALLES WAS RECHT IST.
Zuverlässige Antworten von renommierten Autorinnen und Autoren auf alle Rechtsfragen.
Beck-Rechtsberater im dtv

Das neue Recht für Eigentümer, Beiräte und Verwalter.

Dieser Praxisratgeber vermittelt Verwaltungsbeiräten, Wohnungseigentümern und Verwaltern alle **wichtigen Änderungen des neuen WEG-Rechts** und geht dabei auch auf typische Fragestellungen und Probleme ein:

- Änderungen bei den Rechten und Pflichten des Verwaltungsbeirats und der Wohnungseigentümer
- Änderungen bei der Entstehungsphase einer WEG
- Bauliche Maßnahmen und deren Kosten
- Änderungen bei der Kostenverteilung und Eigentümerversammlung
- Alle Änderungen rund um das Thema Eigentümerversammlung (z.B. digitale ETV)
- Neue Regeln für Verwalter und der Jahresabrechnung sowie Wirtschaftsplan
- Neu: Einführung eines Vermögensberichts
- Neu: Regeln bei der vermieteten Eigentumswohnung (Harmonisierung WEG- und Mietrecht).

Das Autorenteam: **Cathrin Fuhrländer,** Fachanwältin für Miet- und Wohnungseigentumsrecht und **Massimo Füllbeck,** Immobilien-Ökonom (VWA) und Sachverständiger für WEG-Verwaltung.

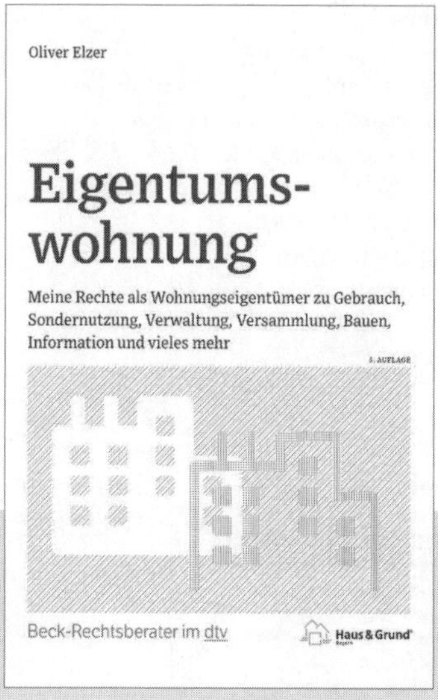

Elzer
Eigentumswohnung
Meine Rechte als Wohnungseigentümer zu Gebrauch, Sondernutzung, Verwaltung, Versammlung, Bauen, Information und vieles mehr.
Rechtsberater im großen Format **TOPTITEL**
5. Aufl. 2021. 578 S.
€ 29,90. dtv 51255
Auch als **ebook** erhältlich

ALLES WAS RECHT IST.
Zuverlässige Antworten von renommierten Autorinnen und Autoren auf alle Rechtsfragen.
Beck-Rechtsberater im dtv

Empfohlen von
Haus & Grund Bayern

Gebrauch, Sondernutzung, Verwaltung, Versammlung, Bauen und mehr.

Dieser Rechtsberater erläutert alle Fragen zu den **Rechten des Wohnungseigentümers:**

- Verhalten in der Wohnung und im Gemeinschaftseigentum
- Gebrauchsrechte eines Wohnungseigentümers
- Sondernutzungsrechte
- Verwaltungsrechte
- Rechte des Wohnungseigentümers in der Versammlung
- Das Recht des Wohnungseigentümers zu bauen
- Informationsrechte des Wohnungseigentümers
- Der Wohnungseigentümer als Verwalter und als Beirat
- Verfahrensrechte des Wohnungseigentümers
- Der Wohnungseigentümer als Mitglied des Verbandes
- Die Pflichten der anderen Wohnungseigentümer (Verhaltenspflichten, Duldungspflichten, Beitragsleistung, Verbandspflichten Pflichten als Beklagter)

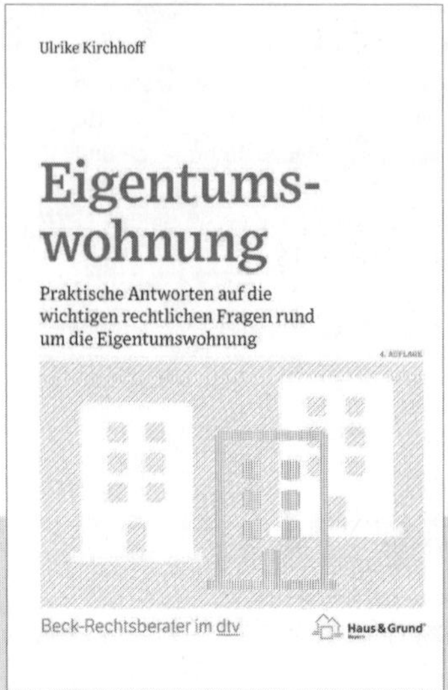

Kirchhoff
Eigentumswohnung
Praktische Antworten auf die wichtigen rechtlichen Fragen rund um die Eigentumswohnung.
Rechtsberater im großen Format **TOPTITEL**
4. Aufl. 2021. 239 S.
€ 24,90. dtv 51253
Auch als **ebook** erhältlich.

ALLES WAS RECHT IST.
Zuverlässige Antworten von renommierten Autorinnen und Autoren auf alle Rechtsfragen.
Beck-Rechtsberater im dtv

Empfohlen von
Haus & Grund Bayern

Eigentümer werden – Eigentümer sein.

Dieser bewährte Rechtsberater beantwortet die wichtigen rechtlichen und praktischen Fragen rund um die Eigentumswohnung.
Leicht verständlich: Die rechtlichen Aspekte sind einfach aufbereitet und in einer verständlichen Sprache dargestellt.
Anschaulich: Zahlreiche Beispiele machen die Ausführungen anschaulich.
Übersichtlich: Jede Frage ist zusammenhängend umfassend beantwortet.

Zu diesen Themen finden Sie Antworten auf Ihre Fragen:
- Erwerb und Finanzierung der Wohnung
- Eigentümerversammlung
- Verwaltung der Anlage
- Instandhaltung, Reparatur und Modernisierung
- Gebrauch und Verwertung des Wohneigentums
- Eigentümerwechsel

Die Autorin **Dr. Ulrike Kirchhoff** ist Vorsitzende des Landesverbandes bayerischer Haus-, Wohnungs- und Grundbesitzer e.V. (Haus & Grund Bayern) und hat Beiträge zu Themen rund um Immobilien veröffentlicht.

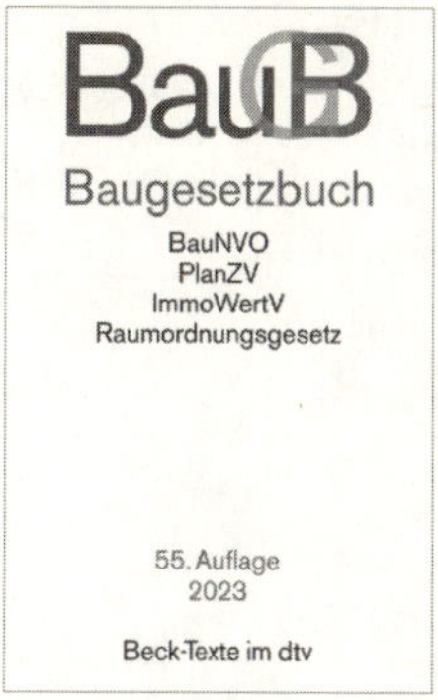

NachbR · Nachbarrecht
Textausgabe
2. Aufl. 2011. 286 S.
€ 9,90. dtv 5771

Alheit
Nachbarrecht von A–Z
490 Stichwörter zur aktuellen Rechtslage.
Rechtsberater
12. Aufl. 2010. 413 S.
€ 12,90. dtv 5067

Bauen

BauGB · Baugesetzbuch
Textausgabe — TOPTITEL
55. Aufl. 2023. Rund 530 S. — NEU
ca. € 11,90. dtv 5018
Neu im April 2023

Mit Immobilienwertermittlungsverordnung, Baunutzungsverordnung, Planzeichenverordnung, Raumordnungsgesetz, Raumordnungsverordnung.

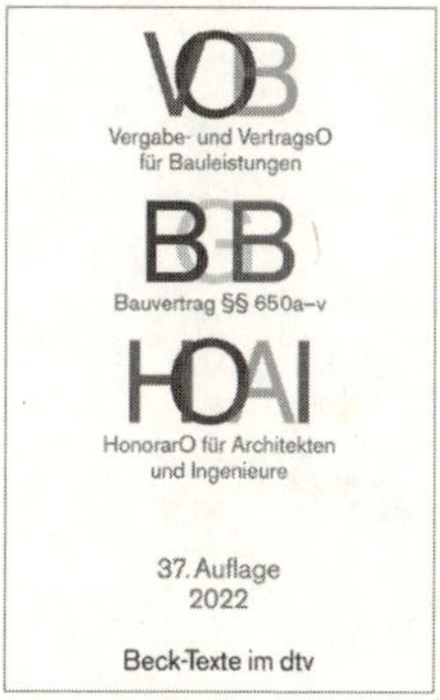

VOB/BGB/HOAI
Vergabe- und Vertragsordnung für Bauleistungen Teil A und B / Bauvertrag §§ 650a-v / Verordnung über Honorare für Leistungen der Architekten und der Ingenieure
Textausgabe
37. Aufl. 2022. 448 S.
€ 12,90. dtv 5596

Bauforderungssicherungsgesetz; Baustellenverordnung; Bauvertragsgesetz (§§ 650a-v BGB); Bürgerliches Gesetzbuch (Auszug); Erlass Baumaterialien Lieferengpässe; Erlass Vergabe- und Vertragsordnung für Bauleistungen Teil A; Gesetz zur Regelung von Ingenieur- und Architektenleistungen; GewO (Auszug: § 34c); HOAI – Honorarordnung für Architekten und Ingenieure; Makler- und Bauträgerverordnung (MaBV); SOBau – Schlichtungs- und Schiedsordnung für Baustreitigkeiten; Unterlassungsklagengesetz; Verordnung über Abschlagszahlungen bei Bauträgerverträgen, VOB – Vergabe- und Vertragsordnung für Bauleistungen (Teile A und B).

Aus aktuellem Anlass wurde der »Erlass Lieferengpässe und Preissteigerungen wichtiger Baumaterialien als Folge des Ukraine-Kriegs« neu mit aufgenommen.

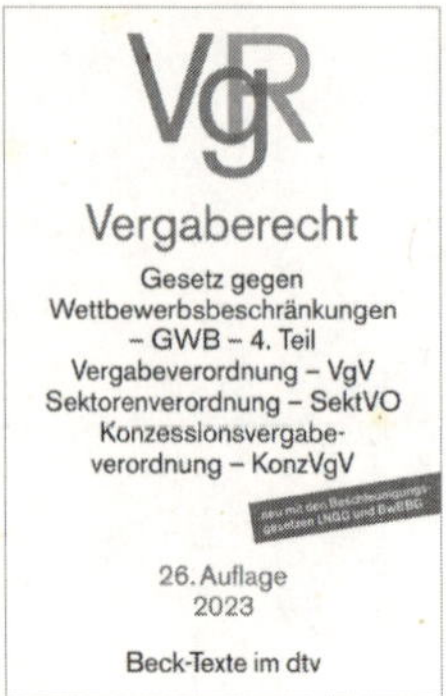

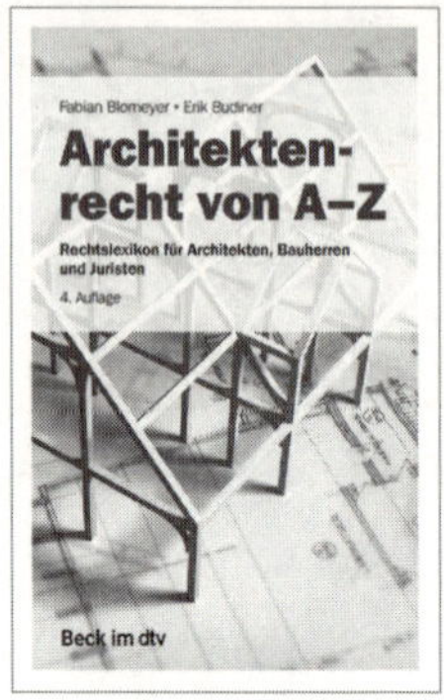

Empfohlen von Haus & Grund Bayern

VgR · Vergaberecht
Textausgabe TOPTITEL
26. Aufl. 2023. 761 S.
€ 22,90. dtv 5595

Gesetz gegen Wettbewerbsbeschränkungen – GWB – 4. Teil, Vergabeverordnung – VgV, Sektorenverordnung – SektVO, Vergabeverordnung Verteidigung und Sicherheit – VSVgV, Konzessionsvergabeverordnung – KonzVgV, Wettbewerbsregistergesetz – WRegG, Wettbewerbsregisterverordnung – WRegV, Vergabe- und Vertragsordnung für Bauleistungen Teil A und B – VOB, Unterschwellenvergabeordnung – UVgO, Allgemeine Vertragsbedingungen für die Ausführung von Leistungen – VOL/B

Neu in der 24. Auflage:

Mit dem Lieferkettensorgfaltspflichtengesetz (LKSorgPflG) und der PreisV 30/53

Blomeyer/Budiner
Architektenrecht von A–Z
Rechtslexikon für Architekten, Bauherren und Juristen.
Rechtsberater TOPTITEL
4. Aufl. 2022. 290 S.
€ 24,90. dtv 51248
Auch als **ebook** erhältlich.

Der Rechtsberater informiert **knapp** und **verständlich** über den Architektenvertrag, die Haftung des Architekten, das Architektenhonorar und alle weiteren Fragen im Zusammenhang mit der Architektentätigkeit.

Berücksichtigt ist die neue **HOAI 2021.**

Hauth
Vom Bauleitplan zur Baugenehmigung
Bauplanungsrecht · Bauordnungsrecht · Baunachbarrecht.
Rechtsberater im großen Format TOPTITEL
14. Aufl. 2022. 224 S.
€ 24,90. dtv 51279
Auch als **ebook** erhältlich.